QUANGUO DAOYOU RENYUAN ZIGE
TONGYI KAOSHI MONI SHITI HUIBIAN

全国导游人员资格统一考试模拟试题汇编

第9版

全国导游人员资格考试教材编写组 编

北京·旅游教育出版社

图书在版编目（CIP）数据

全国导游人员资格统一考试模拟试题汇编 / 全国导游人员资格考试教材编写组编. -- 9 版. -- 北京：旅游教育出版社，2024. 8.（2025.3重印）-- ISBN 978-7-5637-4747-4

Ⅰ. F590.63-44

中国国家版本馆CIP数据核字第20243TP694号

全国导游人员资格统一考试模拟试题汇编
（第9版）

全国导游人员资格考试教材编写组　编

策　　划	陈卫伟　施云峰　李荣强　黄明秋
责任编辑	陈卫伟　贾东丽　李荣强　黄明秋
出版单位	旅游教育出版社
地　　址	北京市朝阳区定福庄南里1号
邮　　编	100024
发行电话	（010）65778403　65728372　65767462（传真）
本社网址	www.tepcb.com
E - mail	tepfx@163.com
排版单位	北京旅教文化传播有限公司
印刷单位	唐山玺诚印务有限公司
经销单位	新华书店
开　　本	787毫米×1092毫米　1/16
印　　张	38.25
字　　数	744千字
版　　次	2024年8月第9版
印　　次	2025年3月第2次印刷
定　　价	86.00元

（图书如有装订差错请与发行部联系）

出版说明

作为专业的全国旅游教材出版机构，我社曾于1994年配合国家旅游局人教司编写出版了全国第一套导游人员资格考试教材。该套教材是全国诸多同类教材中历史最久、使用面最广、内容最权威的教材，对帮助广大考生学习导游专业知识、规范全国导游人员考试起到了积极的作用。为适应旅游业的蓬勃发展，我们不断对该套教材进行修订。该套教材因其权威性、实用性和先进性，一直广受好评，畅销不衰。

为给国家和社会选拔合格和更高素质的导游人才，国家旅游局从2016年起实行全国统一的导游人员资格考试制度。过去的几年里，我社都在以往导游考试教材基础上根据新大纲修订编写新的导游考试教材。该教材为考生顺利通过导游考试发挥了积极作用。今年，根据社会对考试情况的反馈，文化和旅游部又及时修订了大纲以适应新形势的发展要求。我社在前几年统编教材的基础上组织了一批有多年旅游行业管理、一线旅游院校教学、导游人才培训和丰富命题经验的专家组成教材编写组，重新修订编写了全国导游人员资格考试系列教材。同时，为了帮助广大考生尽快熟悉新教材，顺利通过考试，我社组织专家编写了《全国导游人员资格统一考试模拟试题汇编》，包括《政策与法律法规》《导游业务》《全国导游基础知识》《地方导游基础知识》四个科目的试题汇编内容。本试题汇编紧紧围绕考试大纲和教材，涵盖各类考试题型，通过模拟题训练帮助考生巩固专业知识、提高应试能力。具体来说，本书主要有以下几个特点：

第一，作者权威，针对性强。参与本次编写的老师长期从事旅游教学工作，有着丰富的教学经验。另外，大多数作者曾参与过各级导游考试的培训和命题工作，对考试的命题思路、重点和难点都比较熟悉。

第二，题目全面，紧扣大纲。本试题汇编题目全面，涵盖考试大纲的各个方面，包括教材的各个重点和难点，适合各层次考生复习备考。考生通过模拟练习，可以提升对教材知识的掌握和运用的能力，以便顺利通过考试。本试题汇编的题型涵盖判断题、单项选择题和多项选择题，与真实考试的题型完全吻合，并且题量更大，让考生能够得到更好的考前训练。除此之外，我社在纸质书出版后，会及时在"我是导游"小程序上推出与此配套的在线题库，帮助考生随时随地利用碎片时间高效备考。

第三，配有解析，效果更好。该试题汇编中的每一题都附有解析，在全面解析的基础上，区分了重难点。针对试卷中考生答错率较高、不易理解的部分题目，我们提供了更加详尽的解析,以帮助考生从根本上理解、记忆,避免再次失误。考生通过做题,可达到"一举三得"的效果:一可串联、复习、巩固知识点,明确考试重点;二可有效辨别命题"陷阱",降低失误率;三可迅速提高答题技巧,从容应对考试。参考答案及解析放置在每章的二维码中,扫码即可查看。

我们真诚地希望读者在使用中能及时反馈不足,使本书不断提高与完善。

旅游教育出版社

2024.8

目 录

《政策与法律法规》模拟试题汇编

第一章　以中国式现代化全面推进中华民族伟大复兴……………………………………2
第二章　全面推进法治中国建设……………………………………………………………9
第三章　国家"十四五"发展规划及旅游业专项发展规划………………………………16
第四章　旅游方针政策………………………………………………………………………21
第五章　宪法相关法的基本知识……………………………………………………………40
第六章　维护国家安全法律制度……………………………………………………………50
第七章　民法基本知识………………………………………………………………………62
第八章　合同法律制度………………………………………………………………………70
第九章　侵权责任法律制度…………………………………………………………………78
第十章　旅游法基础知识……………………………………………………………………87
第十一章　旅游者与消费者法律制度………………………………………………………97
第十二章　旅行社法律制度………………………………………………………………108
第十三章　导游管理法律制度……………………………………………………………119
第十四章　旅游安全与保险法律制度……………………………………………………131
第十五章　入出境及交通法律制度………………………………………………………141
第十六章　食品安全、娱乐场所、住宿业法律制度……………………………………151
第十七章　旅游资源管理法律制度………………………………………………………161
第十八章　解决旅游纠纷的相关法律制度………………………………………………168

《导游业务》模拟试题汇编

第一章　导游服务…………………………………………………………………………180
第二章　导游…………………………………………………………………………………194

第三章	团队导游服务规范	210
第四章	散客导游服务规范	238
第五章	导游语言技能	245
第六章	导游带团技能	253
第七章	导游讲解技能	265
第八章	导游应变技能	275
第九章	导游相关知识	309

《全国导游基础知识》模拟试题汇编

第一章	中国共产党成立以来的光辉历程与伟大成就	338
第二章	中国旅游业发展概况	347
第三章	中国历史文化	356
第四章	中国文学知识及旅游诗词、楹联、游记名篇赏析	379
第五章	中国建筑艺术	398
第六章	中国园林艺术	412
第七章	中国饮食文化	427
第八章	中国传统工艺美术	436
第九章	中国民族与宗教知识	447
第十章	中国旅游景观	459
第十一章	中国主要客源国（地）和目的地国（地）概况	475

《地方导游基础知识》模拟试题汇编

第一章	华北地区各省市自治区导游基础知识	494
第二章	东北地区各省导游基础知识	511
第三章	华东地区各省市导游基础知识	521
第四章	华中地区各省导游基础知识	544
第五章	华南地区各省自治区导游基础知识	554
第六章	西南地区各省市自治区导游基础知识	564
第七章	西北地区各省自治区导游基础知识	580
第八章	港澳台地区导游基础知识	596

《政策与法律法规》模拟试题汇编

参考答案及解析

第一章 以中国式现代化全面推进中华民族伟大复兴

一、判断题（判断下列各题是否正确，正确的请在答卷中相应题号后的括号内打"√"，错误的打"×"）

1. 习近平新时代中国特色社会主义思想实现了马克思主义中国化时代化新的飞跃，为新时代党和国家事业发展提供了根本遵循。（   ）
2. 只有把马克思主义基本原理同中国具体实际相结合、同中华优秀传统文化相结合，坚持运用辩证唯物主义和历史唯物主义，才能正确回答时代和实践提出的重大问题，才能始终保持马克思主义的蓬勃生机和旺盛活力。（   ）
3. 我们经历了对党和人民事业具有重大现实意义和深远历史意义的三件大事：一是迎来中国共产党成立一百周年，二是中国特色社会主义进入新时代，三是完成脱贫攻坚、全面建成小康社会的历史任务，实现第一个百年奋斗目标。（   ）
4. 新时代十年伟大变革在党史、新中国史、改革开放史、社会主义发展史、中华民族发展史上具有里程碑意义。（   ）
5. 中国特色社会主义最本质的特征是中国共产党领导，中国特色社会主义制度的最大优势是中国共产党领导。（   ）
6. 中国共产党的中心任务就是团结带领全国各族人民全面建成社会主义现代化强国、实现第二个百年奋斗目标，以中国式现代化全面推进中华民族伟大复兴。（   ）
7. 中国式现代化，是中国共产党领导的社会主义现代化，既有各国现代化的共同特征，更有基于自己国情的中国特色。（   ）
8. 中国式现代化的本质要求是：坚持中国共产党领导，坚持中国特色社会主义，实现高质量发展，发展全过程人民民主，丰富人民精神世界，实现全体人民共同富裕，促进人与自然和谐共生，推动构建人类命运共同体，创造人类文明新形态。（   ）
9. 高质量发展是全面建设社会主义现代化国家的首要任务。（   ）
10. 全面建成社会主义现代化强国，总的战略安排是分两步走：从二〇二〇年到二〇三五年基本实现社会主义现代化；从二〇三五年到本世纪中叶把我国建成富强民主文明和谐美丽的社会主义现代化强国。（   ）
11. 中国坚定奉行独立自主的和平外交政策，始终根据事情本身的是非曲直决定自己的立场和政策。（   ）
12. 党的二十大报告中第一次专章部署"坚持全面依法治国，推进法治中国建设"。（   ）

13. 党的二十大报告提出全面依法治国"关系党执政兴国，关系人民幸福安康，关系党和国家长治久安"的重大判断。（　　）
14. 意识形态工作是为国家立心、为民族立魂的工作。要建设具有强大凝聚力和引领力的社会主义意识形态。（　　）
15. 全面建设社会主义现代化国家，必须坚持中国特色社会主义文化发展道路，增强文化自信。（　　）
16. 党的二十大报告擘画了法治中国建设未来5年的主要目标任务和到2035年的总体目标，即未来5年，中国特色社会主义法治体系更加完善；到2035年，基本建成法治国家、法治政府、法治社会。（　　）
17. 中国共产党是最高政治领导力量，坚持党中央集中统一领导是最高政治原则。（　　）
18. 我国社会主要矛盾是人民日益增长的美好生活需要和不平衡不充分的发展之间的矛盾。（　　）
19. 中国式现代化，是中国共产党领导的社会主义现代化，既有各国现代化的共同特征，更有基于自己国情的中国特色。（　　）
20. 党的二十大报告提出，从现在起，中国共产党的中心任务就是团结带领全国各族人民全面建成社会主义现代化强国、实现第二个百年奋斗目标，以中国式现代化全面推进中华民族伟大复兴。（　　）

二、单项选择题（下列各题的选项中，只有一项是正确的，请将正确答案的选项填入括号内）

1. 党的二十大主题是：高举中国特色社会主义伟大旗帜，全面贯彻新时代中国特色社会主义思想，弘扬伟大建党精神，（　　），守正创新，踔厉奋发、勇毅前行，为全面建设社会主义现代化国家、全面推进中华民族伟大复兴而团结奋斗。
   A. 自信自强　　　B. 牢记使命　　　C. 方得始终　　　D. 砥砺前行
2. 中国共产党第二十次全国代表大会于（　　）在北京开幕。
   A. 2022年10月14日　　　　　　B. 2022年10月15日
   C. 2022年10月16日　　　　　　D. 2022年10月17日
3. （　　）是实践全过程人民民主的重要形式。
   A. 民主监督　　　B. 民主选举　　　C. 民主协商　　　D. 协商民主
4. （　　）是坚持和发展中国特色社会主义的必由之路。
   A. 坚持党的全面领导　　　　　　B. 团结奋斗
   C. 贯彻新发展理念　　　　　　　D. 全面从严治党
5. （　　）是社会主义民主政治的本质属性，是最广泛、最真实、最管用的民主。
   A. 全过程人民民主　　　　　　　B. 人民至上
   C. 以人为本　　　　　　　　　　D. 以人民为中心
6. 从现在起，中国共产党的（　　）就是团结带领全国各族人民全面建成社会主义现代化强国、实现第二个百年奋斗目标，以中国式现代化全面推进中华民族伟大复兴。
   A. 中心任务　　　B. 首要任务　　　C. 重要任务　　　D. 中心目标
7. 全党同志务必不忘初心、（　　），务必谦虚谨慎、艰苦奋斗，务必敢于斗争、善于斗争,坚定历史自信,增强历史主动,谱写新时代中国特色社会主义更加绚丽的华章。

A. 继续前行   B. 牢记使命   C. 方得始终   D. 砥砺前行

8. 我们全面加强党的领导,确保党中央权威和集中统一领导,确保党发挥(　　)的领导核心作用。

A. 统领全局、引导各方   B. 总领全局、协调各方
C. 总揽全局、协调各方   D. 统揽全局、领导各方

9. 我们经过接续奋斗,实现了(　　)这个中华民族的千年梦想,我国发展站在了更高历史起点上。

A. 中国梦   B. 小康   C. 强国   D. 强军

10. 党和国家以巨大的政治勇气全面深化(　　),许多领域实现历史性变革、系统性重塑、整体性重构,中国特色社会主义制度更加成熟更加定型,国家治理体系和治理能力现代化水平明显提高。

A. 发展   B. 改革   C. 建设   D. 稳定

11. 深入推进全面(　　),坚持打铁必须自身硬,提出和落实新时代党的建设总要求。

A. 从严治党   B. 依法治国   C. 依法治党   D. 从严治国

12. (　　)是我们立党立国、兴党兴国的根本指导思想。

A. 马克思主义   B. 毛泽东思想
C. 邓小平理论   D. "三个代表"重要思想

13. 走过百年奋斗历程的中国共产党在革命性锻造中更加坚强有力,在坚持和发展中国特色社会主义的历史进程中始终成为坚强(　　)。

A. 领导核心   B. 引导者   C. 领导者   D. 领导力量

14. 拥有(　　)指导是我们党坚定信仰信念、把握历史主动的根本所在。

A. 马克思主义科学理论   B. 社会主义
C. 新民主主义   D.《共产党宣言》

15. 新时代十年的伟大变革,在党史、新中国史、改革开放史、社会主义发展史、中华民族发展史上具有(　　)意义。

A. 里程碑   B. 跨时代   C. 划时代   D. 重要现实

16. 实践告诉我们,中国共产党为什么能,中国特色社会主义为什么好,归根到底是马克思主义行,是(　　)的马克思主义行。

A. 中国化科学化   B. 中国化现代化   C. 中国化民主化   D. 中国化时代化

17. (　　)是全面建设社会主义现代化国家的基础性、战略性支撑。

A. 知识、人才、创新   B. 资金、技术、教育
C. 科技、人才、创新   D. 教育、科技、人才

18. 中国特色社会主义最本质的特征是(　　)。

A. 突出政治建设   B. 坚持以人为本
C. 中国共产党领导   D. 集中统一领导

19. 党的二十大报告指出,我们坚持精准扶贫、尽锐出战,打赢了人类历史上规模最大的脱贫攻坚战,全国八百三十二个贫困县全部摘帽,近(　　)农村贫困人口实现脱贫,九百六十多万贫困人口实现易地搬迁,历史性地解决了绝对贫困问题,为全球减贫事

业作出了重大贡献。

　　A. 八千万　　　　B. 九千万　　　　C. 一亿　　　　D. 一亿三千万

20. 党的二十大报告指出，我们要实现好、维护好、发展好（　　），紧紧抓住人民最关心最直接最现实的利益问题，坚持尽力而为、量力而行，深入群众、深入基层，采取更多惠民生、暖民心举措，着力解决好人民群众急难愁盼问题，健全基本公共服务体系，提高公共服务水平，增强均衡性和可及性，扎实推进共同富裕。

　　A. 多数人的利益　　　　　　　　B. 民生
　　C. 国家经济　　　　　　　　　　D. 最广大人民根本利益

21. 党的二十大报告指出，完善个人所得税制度，规范（　　），规范财富积累机制，保护合法收入，调节过高收入，取缔非法收入。

　　A. 收入来源　　B. 收入分配秩序　　C. 法律法规　　D. 薪资水平

22. 党的二十大报告指出，我们要推进（　　），坚持山水林田湖草沙一体化保护和系统治理，统筹产业结构调整、污染治理、生态保护、应对气候变化，协同推进降碳、减污、扩绿、增长，推进生态优先、节约集约、绿色低碳发展。

　　A. 美丽中国建设　　B. 生态环境整治　　C. 乡村振兴　　D. 环境保护

23. 党的二十大报告指出，如期实现建军一百年奋斗目标，加快把人民军队建成世界一流军队，是全面建设社会主义现代化国家的（　　）。

　　A. 方针政策　　B. 战略要求　　C. 历史使命　　D. 安全保障

24. 中国共产党第二十次全国代表大会，是在全党全国各族人民迈上（　　）、向第二个百年奋斗目标进军的关键时刻召开的一次十分重要的大会。

　　A. 全面建设社会主义现代化国家新征程
　　B. 全面建设中国特色社会主义现代化国家新征程
　　C. 全面建成小康社会
　　D. 建设中国特色社会主义现代化国家新征程

25. 党的二十大报告指出，我们隆重庆祝中国共产党成立一百周年、中华人民共和国成立七十周年，制定（　　）历史决议，在全党开展党史学习教育，建成中国共产党历史展览馆，号召全党学习和践行伟大建党精神，在新的征程上更加坚定、更加自觉地牢记初心使命、开创美好未来。

　　A. 第一个　　　B. 第二个　　　C. 第三个　　　D. 第四个

26. 党的二十大报告指出，继续推进实践基础上的理论创新，首先要把握好新时代中国特色社会主义思想的（　　），坚持好、运用好贯穿其中的（　　）。

　　A. 世界观和方法论　立场观点方法　　B. 世界观　立场观点方法
　　C. 世界观和方法论　立场观点　　　　D. 世界观　立场观点

27. （　　）是全面建设社会主义现代化国家的首要任务。

　　A. 高质量发展　　B. 改革　　C. 可持续发展　　D. 改革开放

28. 党的二十大报告指出，基础研究和原始创新不断加强，一些关键核心技术实现突破，战略性新兴产业发展壮大，载人航天、探月探火、深海深地探测、超级计算机、卫星导航、量子信息、核电技术、新能源技术、大飞机制造、生物医药等取得重大成果，进入（　　）国家行列。

A. 发达　　　　　B. 创新型　　　　　C. 科技型　　　　　D. 稳健型

29. 坚持绿水青山就是（　　）的理念，坚持山水林田湖草沙一体化保护和系统治理，全方位、全地域、全过程加强生态环境保护，生态环境保护发生历史性、转折性、全局性变化，我们的祖国天更蓝、山更绿、水更清。

　　A. 金山银山　　　B. 硬道理　　　　C. 财富密码　　　D. 可持续发展

30. 经过不懈努力，党找到了（　　）这一跳出治乱兴衰历史周期率的第二个正确答案，确保党永远不变质、不变色、不变味。

　　A. 从严治党　　　B. 自我扬弃　　　C. 自我革新　　　D. 自我革命

31. 在五千多年中华文明深厚基础上开辟和发展中国特色社会主义，把马克思主义基本原理同中国具体实际、同（　　）相结合是必由之路。

　　A. 中华优秀传统文化　　　　　　B. 经济发展水平
　　C. 基层治理水平　　　　　　　　D. 群众观念认知

32. （　　）是党执政兴国的第一要务。

　　A. 改革　　　　　B. 创新　　　　　C. 发展　　　　　D. 稳定

33. 党的二十大报告指出，要构建高水平社会主义市场经济体制，建设现代化产业体系，全面推进（　　）、促进区域协调发展、推进高水平对外开放。

　　A. 乡村振兴　　　B. 中华文脉　　　C. 公平竞争　　　D. 社会治理

34. 党的二十大报告指出，坚持发扬（　　）精神。增强全党全国各族人民的志气、骨气、底气，不信邪、不怕鬼、不怕压，知难而进、迎难而上，统筹发展和安全，全力战胜前进道路上各种困难和挑战，依靠顽强斗争打开事业发展新天地。

　　A. 斗争　　　　　B. 奉献　　　　　C. 创新　　　　　D. 契约

35. （　　）是民族复兴的根基，社会稳定是国家强盛的前提。

　　A. 国家安全　　　B. 经济发展　　　C. 文化繁荣　　　D. 生态文明

三、多项选择题（每题有2~5个正确答案，少选或错选均不得分，请将你认为正确的选项填入括号内）

1. 党的二十大报告指出，我们必须坚持解放思想、实事求是、与时俱进、求真务实，一切从实际出发，着眼解决新时代改革开放和社会主义现代化建设的实际问题，不断回答（　　），作出符合中国实际和时代要求的正确回答，得出符合客观规律的科学认识，形成与时俱进的理论成果，更好指导中国实践。

　　A. 中国之问　　　B. 世界之问　　　C. 人民之问　　　D. 时代之问
　　E. 和平之问

2. 党的二十大报告指出，推动货物贸易优化升级，创新服务贸易发展机制，发展数字贸易，加快建设贸易强国。合理缩减外资准入负面清单，依法保护外商投资权益，营造（　　）一流营商环境。

　　A. 市场化　　　　B. 法治化　　　　C. 现代化　　　　D. 国际化
　　E. 时代化

3. 党的二十大报告指出，深入实施区域协调发展战略、（　　）、新型城镇化战略，优化重大生产力布局，构建优势互补、高质量发展的区域经济布局和国土空间体系。

A. 全面经济发展战略 B. 区域重大战略
C. 主体功能区战略 D. 新农村建设战略
E. 乡村振兴战略

4. 党的二十大报告指出，我们党立志于中华民族千秋伟业，致力于人类和平与发展崇高事业，责任无比重大，使命无上光荣。全党同志（　　），坚定历史自信，增强历史主动，谱写新时代中国特色社会主义更加绚丽的华章。
A. 务必不忘初心、牢记使命 B. 务必谦虚谨慎、艰苦奋斗
C. 务必勤劳勇敢、自强不息 D. 务必敢于斗争、善于斗争
E. 务必踔厉奋发、砥砺前行

5. 党的二十大报告指出，十年来，我们经历了对党和人民事业具有重大现实意义和深远历史意义的三件大事：（　　），实现第一个百年奋斗目标。
A. 迎来中国共产党成立一百周年
B. 中国特色社会主义进入新时代
C. 完成脱贫攻坚、全面建成小康社会的历史任务
D. 全面建成社会主义现代化国家
E. 进入了社会主义高级阶段

6. 党的二十大报告指出，中国共产党人深刻认识到，只有把马克思主义基本原理同（　　）相结合，坚持运用辩证唯物主义和历史唯物主义，才能正确回答时代和实践提出的重大问题，才能始终保持马克思主义的蓬勃生机和旺盛活力。
A. 中国具体实际 B. 中华优秀传统文化
C. 世界发展形势 D. 国际发展规则
E. 时代特色

7. 党的二十大报告指出，我们要坚持（　　），加快建设教育强国、科技强国、人才强国，坚持为党育人、为国育才，全面提高人才自主培养质量，着力造就拔尖创新人才，聚天下英才而用之。
A. 教育优先发展 B. 独立自主创新 C. 科技自立自强 D. 人才引领驱动
E. 积极主动开放

8. 党的二十大报告指出，推进（　　），建设（　　）的学习型社会、学习型大国。
A. 教育数字化 B. 全民学习 C. 全民终身学习 D. 数字教育化
E. 科技强国

9. 中国式现代化的重大原则是（　　）。
A. 坚持和加强党的全面领导 B. 坚持中国特色社会主义道路
C. 坚持以人民为中心的发展思想 D. 坚持深化改革开放
E. 坚持发扬斗争精神

10. 中国式现代化，是中国共产党领导的社会主义现代化，既有各国现代化的共同特征，更有基于自己国情的中国特色，主要包括（　　）。
A. 中国式现代化是人口规模巨大的现代化
B. 中国式现代化是全体人民共同富裕的现代化
C. 中国式现代化是物质文明和精神文明相协调的现代化

D. 中国式现代化是人与自然和谐共生的现代化

E. 中国式现代化是走和平发展道路的现代化

11. 2020年11月16日至17日,习近平在中央全面依法治国工作会议上强调,要坚持依法治国、依法执政、依法行政,共同推进(　　)一体建设。

A. 法治国家　　　B. 法治政府　　　C. 法治社会　　　D. 法治根基

E. 法治保障

12. 2020年11月16日至17日,习近平在中央全面依法治国工作会议上指出,要坚持建设中国特色社会主义法治体系。中国特色社会主义法治体系是推进全面依法治国的总抓手。要加快形成(　　),形成完善的党内法规体系。

A. 完备的法律规范体系　　　　　B. 高效的法治实施体系

C. 严密的法治监督体系　　　　　D. 有力的法治保障体系

E. 完善的涉外法治体系

13. 经过不懈努力,党找到了自我革命这一跳出治乱兴衰历史周期率的第二个答案,(　　)能力显著增强,管党治党宽松软状况得到根本扭转,风清气正的党内政治生态不断形成和发展,确保党永远不变质、不变色、不变味。

A. 自我净化　　　B. 自我完善　　　C. 自我革新　　　D. 自我提高

E. 自我革命

14. 党的二十大报告第一次全面概括了贯穿党的最新创新理论的世界观和方法论,即必须(　　)、坚持系统观念、坚持胸怀天下。

A. 坚持人民至上　　B. 坚持自信自立　　C. 坚持守正创新　　D. 坚持问题导向

E. 坚持合纵连横

15. 在新时代新征程上全党必须坚持以马克思主义中国化时代化最新成果为指导,坚定中国特色社会主义(　　),坚持道不变、志不改,确保党和国家事业始终沿着正确方向胜利前进。

A. 道路自信　　　B. 理论自信　　　C. 制度自信　　　D. 文化自信

E. 历史自信

参考答案及解析

第二章　全面推进法治中国建设

一、判断题（判断下列各题是否正确，正确的请在答卷中相应题号后的括号内打"√"，错误的打"×"）

1. 党的领导、人民当家作主和依法治国之间具有内在的统一性，三者的有机统一决定着社会主义民主法治乃至中国特色社会主义伟大事业的兴衰成败，直接关系着我们党、国家和人民的前途命运。（　　）
2. 中国共产党第十八届中央委员会第三次全体会议于 2014 年 10 月 20 日至 23 日召开，首次专题讨论、部署全面推进依法治国的问题，通过了《中共中央关于全面推进依法治国若干重大问题的决定》。（　　）
3. 党的十八大报告提出，全面落实经济建设、政治建设、文化建设、社会建设、生态文明建设"五位一体"的总体布局。（　　）
4. 实行法治的主要标志，是一个国家从立法、执法、司法、守法到法律监督等方面，都有比较完备的法律和制度。（　　）
5. 优化司法职权配置要求改革法院案件受理制度，变立案审查制为立案登记制。（　　）
6. 深化行政执法体制改革要求健全行政执法和刑事司法衔接机制，支持以罚代刑。（　　）
7. 党的十八届四中全会把建成中国特色社会主义制度、推进国家治理体系和治理能力现代化作为全面深化改革的总目标，并提出建设法治中国的历史性任务。（　　）
8. 人民当家作主既是我国社会主义法治建设的一条基本经验，也是社会主义法治建设的根本要求。（　　）
9. 保障人民群众参与司法要求把完善审级制度作为深入推进司法民主的基本立足点。（　　）
10. 依法执政是依法治国的关键，提高党的依法执政能力、加强和改善党的领导是改革和完善中国共产党的领导方式和执政方式的重要途径。（　　）
11.《中共中央关于全面推进依法治国若干重大问题的决定》对科学立法、严格执法、公正司法、全民守法、法治队伍建设、加强和改进党对全面推进依法治国的领导作出了全面部署，有针对性地回应了人民群众呼声和社会关切。（　　）
12. 2015 年，在省部级主要领导干部学习贯彻十八届四中全会精神全面推进依法治国专题研讨班的讲话中，习近平总书记提出了"四个全面"战略布局，即全面建设社会主义现代化国家、全面深化改革、全面依法治国、全面从严治党。（　　）
13. 习近平总书记指出，推进国家治理体系和治理能力现代化，当然要高度重视法治问题，采取有力措施全面推进依法治国，建设社会主义法治国家，建设法治中国。（　　）

14. 中国共产党要跳出"历史周期率",实现长期执政,确保人民幸福安康、党和国家长治久安,就必须坚定不移地厉行法治,全面从严治党。（　　）
15. 在党的领导、人民当家作主、依法治国的有机统一体中,依法治国是核心,是人民当家作主和党的领导的根本政治保证。（　　）
16. 坚决维护宪法法律权威、依法维护人民利益、维护社会公平正义、维护国家安全稳定,是全面推进依法治国永远的价值追求。（　　）
17. 全面推进依法治国,总目标是建设中国特色社会主义法治体系,建设社会主义法治国家。（　　）
18. 坚持和实现人民当家作主,既是我国社会主义法治建设的一条基本经验,也是社会主义法治建设的根本要求。（　　）

二、单项选择题（下列各题的选项中,只有一项是正确的,请将正确答案的选项填入括号内）

1. 在党的领导、人民当家作主、依法治国的有机统一体中,下列三者关系表述正确的是（　　）。
   A. 依法治国是人民当家作主和依法治国的根本政治保证
   B. 人民当家作主是由社会主义制度的本质属性决定的
   C. 依法治国是社会主义民主政治的本质要求和基本目标
   D. 人民当家作主是党领导人民治理国家的基本方略
2. 中国特色社会主义理论体系不包括（　　）。
   A. 毛泽东思想　　　　　　　　　B. "三个代表"重要思想
   C. 科学发展观　　　　　　　　　D. 习近平新时代中国特色社会主义思想
3. 下列关于"德治"与"法治",表述不正确的选项是（　　）。
   A. 道德是法律的精神内涵　　　　B. 法律是道德的制度底线
   C. 强化法律对道德建设的抑制作用　D. 强化道德对法治文化的支撑作用
4. "四个维护"不包括（　　）。
   A. 维护党中央权威　　　　　　　B. 维护人民利益
   C. 维护社会公平正义　　　　　　D. 维护国家安全稳定
5. 全面推进依法治国,需要坚持法治国家、法治政府、（　　）一体建设。
   A. 法治政党　　B. 法治人大　　C. 法治政协　　D. 法治社会
6. 监督体系由党内监督、人大监督、民主监督、行政监督、司法监督、审计监督、社会监督、舆论监督等方面构成。其中,最关键的就是（　　）。
   A. 党内监督和人大监督　　　　　B. 行政监督和司法监督
   C. 民主监督和审计监督　　　　　D. 社会监督和舆论监督
7. 全面推进依法治国的总目标是（　　）。
   A. 建设中国特色社会主义法制体系,建设社会主义法治国家
   B. 建设中国特色社会主义法治体系,建设社会主义法制国家
   C. 建设中国特色社会主义法制体系,建设社会主义法制国家
   D. 建设中国特色社会主义法治体系,建设社会主义法治国家

8. 党的十九大报告指出，深化依法治国实践要求推进科学立法、民主立法、（　　），以良法促进发展、保障善治。
   A. 全面立法　　　　B. 依法立法　　　　C. 文明立法　　　　D. 监督立法

9. （　　）既是中国特色社会主义最本质的特征，也是社会主义法治最根本的政治保证。
   A. 党的领导　　　　　　　　　　B. 人民当家作主
   C. 从中国实际出发　　　　　　　D. 依法治国和以德治国相结合

10. 下列关于完善立法体制的工作任务，表述不正确的是（　　）。
    A. 加强党对立法工作的领导　　　B. 健全人大主导的立法体制机制
    C. 加强和改进政府立法制度建设　D. 保障群众参与立法过程

11. 下列对于依法治国和以德治国，表述不正确的是（　　）。
    A. 道德是法律的精神内涵，法律是道德的制度底线
    B. 以道德滋养法治精神，强化法治对道德的支撑作用
    C. 以法治体现道德观念，强化法律建设对道德的促进作用
    D. 实现法律和道德相辅相成、法治和德治相得益彰

12. 下列关于法律面前人人平等表述不正确的是（　　）。
    A. 平等是社会主义法律的基本属性
    B. 法律对所有社会成员一视同仁
    C. 任何个人都必须在宪法和法律范围内活动
    D. 处于弱势的公民可以享有一定法外特权

13. （　　）不仅是法治社会建设的重要内容，而且是有效维护人民群众合法权益的必然要求，也是维护社会和谐稳定的迫切需要。
    A. 推动全社会树立法治意识　　　B. 推进多层次多领域依法治理
    C. 建设完备的法律服务体系　　　D. 健全依法维权和化解纠纷机制

14. 重大行政决策的法定程序不包括（　　）。
    A. 公众参与　　　　B. 政府论证　　　　C. 风险评估　　　　D. 合法性审查

15. 强有力的法治保障体系不包括（　　）。
    A. 制度保障　　　　　　　　　　B. 文化保障
    C. 组织和人才保障　　　　　　　D. 物质和基础保障

16. 提高司法公信力需要优化司法职权配置，在（　　）设立巡回法庭，审理跨行政区域重大行政和民商事案件。
    A. 最高人民法院　　B. 高级人民法院　　C. 中级人民法院　　D. 基层人民法院

17. 形成有力的法治保障体系，关键是要做好（　　）、组织和人才保障、物质和基础保障。
    A. 制度保障　　　　B. 法律保障　　　　C. 政策保障　　　　D. 程序保障

18. （　　）在法治实施体系中具有基础性的意义。
    A. 加强宪法实施，坚持以宪执政　　B. 坚持严格执法，完善执法程序
    C. 保证公正司法　　　　　　　　　D. 推进全民守法

19. 下列不属于我国专门法治队伍的是（　　）。
    A. 在人大和政府从事立法的工作人员　　B. 在行政机关从事执法工作的人员

C. 在司法机关从事司法工作的人员　　　D. 基层法律工作者

20. 党的十八届四中全会决定进一步要求提高党员干部（　　），并把法治建设成效作为衡量各级领导班子和领导干部工作实绩的重要内容，纳入政绩考核指标体系。
    A. 运用法治思维能力　　　　　　　　B. 运用法治方式能力
    C. 法治思维和依法办事能力　　　　　D. 依法办事能力

21. 下列关于完善立法体制表述不正确的是（　　）。
    A. 加强党对立法工作的领导　　　　　B. 健全人大主导的立法体制机制
    C. 加强和改进人民立法制度建设　　　D. 明确立法权力边界

22. 推进基层治理法治化的工作不包括（　　）。
    A. 发挥基层党组织的战斗堡垒作用
    B. 加强基层法治机构建设
    C. 强化基层法治队伍
    D. 建立重心上移、力量下沉的法治工作机制

23. 依法保障"一国两制"的实践和推进祖国统一的任务不包括（　　）。
    A. 依法保障香港、澳门长期稳定繁荣
    B. 坚持"一国两制"的基本方针，推进两岸和平统一
    C. 共同打击跨境违法犯罪活动
    D. 加强内地同香港和澳门、祖国大陆同台湾的立法协作

24. （　　）是形成高效的法治实施体系的首要任务。
    A. 加强宪法实施，坚持依宪执政　　　B. 坚持严格执法，完善执法程序
    C. 保证公正司法　　　　　　　　　　D. 推进全民守法

25. 深化行政执法体制改革要求，推行综合执法，完善（　　）政府行政执法管理。
    A. 县乡两级　　　B. 市县两级　　　C. 省市县三级　　　D. 国家省市县四级

26. 依法治国，就是广大人民群众在党的领导下，依照宪法和法律规定，通过各种途径和形式管理国家事务，管理（　　），管理社会事务，保证国家各项工作都依法进行。
    A. 政治事务　　　B. 文化事务　　　C. 生态文明事务　　　D. 经济文化事业

27. 党的十八届三中全会把完善和发展（　　）、推进国家治理体系和治理能力现代化作为全面深化改革的总目标，并提出了建设法治中国的历史性任务。
    A. 党的领导　　　　　　　　　　　　B. 中国特色社会主义制度
    C. 人民代表大会制度　　　　　　　　D. 全面依法治国

28. 人民当家作主是社会主义民主政治的（　　），这是由社会主义制度的本质属性决定的。
    A. 根本政治保障　　　　　　　　　　B. 基本方略
    C. 最终目标　　　　　　　　　　　　D. 本质要求和基本目标

29. 全面推进依法治国必须维护（　　）的最高权威，把其作为保证党和国家兴旺发达和长治久安的根本法。
    A. 宪法和法律　　　B. 党中央　　　C. 宪法　　　D. 人民

30. 坚持（　　），有助于维护国家法制统一，切实保障宪法和法律的有效实施。
    A. 以人为本　　　　　　　　　　　　B. 全过程民主

C. 党的领导 D. 法律面前人人平等的原则

31. 只有健全（　　），深入推进科学立法、民主立法，加强重点领域立法，才能为建设中国特色社会主义法治体系夯实基础。
A. 立法体制　　B. 立法机制　　C. 法律体系　　D. 法律制度

32. 习近平总书记指出，法律的生命力在于（　　），法律的权威也在于（　　）。
A. 公正　　B. 平等　　C. 实施　　D. 执法

33. 加强宪法实施，坚持（　　）是形成高效的法治实施体系的首要任务。
A. 依法执政　　B. 依宪执政　　C. 依法治国　　D. 依法行政

34. 坚持严格执法，完善（　　）是形成高效的法治实施体系的重要内容。
A. 法律体系　　B. 司法监督　　C. 执法队伍　　D. 执法程序

三、多项选择题（每题有2~5个正确答案，少选或错选均不得分，请将你认为正确的选项填入括号内）

1. 全面推进依法治国必须全面贯彻和坚持的基本原则包括（　　）。
A. 坚持中国共产党的领导　　B. 坚持人民主体地位
C. 坚持依法治国　　D. 坚持社会公平正义
E. 坚持从中国实际出发

2. 加强重点领域立法主要包括（　　）。
A. 完善市场经济法律制度　　B. 推进社会主义民主政治法治化
C. 建立健全文化法律制度　　D. 加强社会建设领域法律制度建设
E. 用严格的法律制度保护生态环境

3. 要完善以党章为根本、民主集中制为核心的党内法规制度，形成一个以党章为根本、涵盖党内（　　）的完善系统、配套协调的党内法规制度体系。
A. 根本制度　　B. 基本制度　　C. 具体制度　　D. 相关制度
E. 追责制度

4. 推进基层治理法治化的主要任务包括（　　）。
A. 充分发挥党中央在全面推进依法治国中的战斗堡垒作用
B. 加强基层法制机构建设
C. 建立重心平移、力量均衡的法治工作机制
D. 强化基层法治队伍建设
E. 推进上级法治干部下基层活动

5. 全面推进依法治国的重大意义包括（　　）。
A. 贯彻"四个全面"战略布局坚强有力的法治保障
B. 实现国家治理体系和治理能力现代化的必然要求
C. 新常态下培育新经济新增长点的需要
D. 完善中国特色社会主义法律体系的重要基础
E. 确保党和国家长治久安的根本要求

6. 全面推行政务公开，主要包括：推进（　　）、结果公开；推行行政执法公示制度；推进政务公开信息化。

A. 制度公开　　　B. 决策公开　　　C. 执行公开　　　D. 管理公开
E. 服务公开

7. 社会主义法治体系包括（　　）。
   A. 建立完备的法律法规体系　　　　B. 建立高效的法治实施体系
   C. 建立严密的法治监督体系　　　　D. 建立有力的法治保障体系
   E. 建立完善的法律救济体系

8. 加强涉外法律工作主要包括（　　）。
   A. 完善涉外法律法规体系，促进构建开放型经济新体制
   B. 积极参与国际规则制定，推动依法处理涉外经济、社会事务
   C. 强化涉外法律服务，维护我国公民、法人在海外及外国公民、法人在我国的正当权益
   D. 深化司法领域国际合作，完善我国司法协助体制，扩大国际司法协助覆盖面
   E. 参与规则制定，严把法律关口，维护合法权益，保障贸易畅通

9. 全面推进依法治国的重大任务包括（　　）。
   A. 完善中国特色社会主义法律体系　　　B. 加快建设法治政府
   C. 提高司法公信力　　　　　　　　　　D. 加强生态文明建设
   E. 推进法治社会建设

10. 党的十九大报告指出，全面依法治国是国家治理的一场深刻革命，必须坚持厉行法治，推进（　　），并决定成立中央全面依法治国领导小组，加强对法治中国建设的统一领导。
    A. 科学立法　　　B. 严格执法　　　C. 公正司法　　　D. 依法执政
    E. 全民守法

11. 《中共中央关于全面推进依法治国若干重大问题的决定》对（　　）、加强和改进党对全面推进依法治国的领导作出了全面部署，有针对性地回应了人民群众呼声和社会关切。
    A. 科学立法　　　B. 严格执法　　　C. 公正司法　　　D. 全民守法
    E. 法治队伍建设

12. 坚持人民主体地位就必须坚持法治建设，（　　），充分发挥人民的主体作用，以保障人民根本权益为出发点和落脚点，保证人民依法享有广泛的权利和自由，承担应尽的义务，维护社会公平正义，促进共同富裕。
    A. 为了人民　　　B. 依靠人民　　　C. 造福人民　　　D. 保护人民
    E. 服务人民

13. 中国特色社会主义（　　）是全面推进依法治国的根本遵循，统一于中国特色社会主义建设的伟大实践中。
    A. 道路　　　B. 理论　　　C. 理论体系　　　D. 文化
    E. 制度

14. 下列关于加快形成高效的法治实施体系表述正确的是（　　）。
    A. 坚持依宪执政是形成高效的法治实施体系的首要任务
    B. 完善执法程序是形成高效的法治实施体系的重要内容

C. 确保司法机关依法独立公正行使职权是维护社会公平正义的最后一道防线

D. 推进全民守法在法治实施体系中具有基础性的意义

E. 执法司法要求以约束公权力为重点

15. 形成有力的法治保障体系,关键是要做好（　　）。

    A. 领导保障　　　　　　　　　　B. 制度保障

    C. 组织和人才保障　　　　　　　D. 物质和基础保障

    E. 资金保障

16. 下列关于加强党内法规体系化的建设表述正确的是（　　）。

    A. 要完善以党章为根本、党纪为核心的党内法规制度

    B. 形成一个以党章为根本、涵盖党外根本制度、基本制度和具体制度的完善系统、配套协调的党内法规制度体系

    C. 要推进党内法规同国家法律的衔接和协调

    D. 坚持以党章和宪法为基本遵循、党纪严于国法

    E. 各级组织和党员干部进一步增强遵守党的纪律和国家法律的自觉性和主动性

17. 下列关于健全宪法实施和监督制度表述正确的是（　　）。

    A. 完善宪法监督制度

    B. 健全宪法解释程序机制

    C. 建立健全宪法文化法律制度

    D. 加强党对立法工作的领导

    E. 加强备案审查制度和能力建设

18. 下列关于依法全面履行政府职能表述正确的是（　　）。

    A. 完善行政组织和行政程序法律制度

    B. 严格按照法定职责实施行政行为

    C. 积极推行政府法律顾问制度

    D. 推行政府权力清单制度

    E. 推进各级政府事权规范化、法律化

参考答案及解析

第三章 国家"十四五"发展规划及旅游业专项发展规划

一、判断题（判断下列各题是否正确，正确的请在答卷中相应题号后的括号内打"√"，错误的打"×"）

1. 我国已经全面建成小康社会，实现第一个百年奋斗目标，"十四五"时期是向第二个百年奋斗目标进军的第一个五年，将进入新的发展阶段。（　　）
2. 我国已经实现全面建设小康社会和社会主义现代化。（　　）
3. 我国已转向高质量发展阶段，制度优势明显，治理效能提升，经济长期向好，物质基础雄厚，人力资源丰富、市场空间广阔，发展韧性强劲，社会大局稳定，继续发展具有多方面优势和条件。同时，发展不平衡不充分问题已经得到有效解决。（　　）
4. "十四五"时期推动高质量发展，必须强化国际循环的主导作用，以国际循环提升国内大循环效率和水平，实现国内国际双循环互促共进。（　　）
5. "十四五"旅游业发展应坚持创新驱动发展，强化自主创新，集合优势资源，加快推进以数字化、网络化、智能化为特征的智慧旅游，深化"互联网＋旅游"，扩大新技术场景应用。（　　）
6. 社会主义文化繁荣发展工程加强文化遗产保护传承，计划建设20个国家重点区域考古标本库房、30个国家级文化生态保护区和30个国家级非物质文化遗产馆。（　　）
7. "十四五"时期应加强优秀文化作品创作生产传播，把提高质量作为文艺作品的生命线，提高文艺原创能力。（　　）
8. "十四五"时期健全现代文化产业体系应坚持把经济效益放在首位。（　　）
9. 当今世界正经历百年未有之大变局，新一轮科技革命和产业变革深入发展，国际力量对比深刻调整，仍然是时代主题，人类命运共同体理念深入人心。（　　）
10. 第十四届全国人民代表大会第四次会议批准通过了《中华人民共和国国民经济和社会发展第十四个五年规划和2035年远景目标纲要》。（　　）
11. 改革开放是解决我国一切问题的基础和关键。（　　）
12. "十四五"时期推动高质量发展，必须强化国际循环的主导作用，以国际循环提升国内大循环效率和水平，实现国内国际双循环互促共进。（　　）
13. "十四五"时期提升公共文化服务水平应加强优秀文化作品创作生产传播，应把提高数量作为文艺作品的生命线，提高文艺原创能力。（　　）
14. 我国经济社会发展的根本目的是满足人民日益增长的美好生活需要。（　　）
15. 《中华人民共和国国民经济和社会发展第十四个五年规划和2035年远景目标纲要》共

规划了 7 项社会主义文化繁荣发展工程。（   ）
16. "十四五"时期是向第二个百年奋斗目标进军的第二个五年，将进入新的发展阶段，发展基础更加坚实，发展条件深刻变化，发展机遇大于挑战。（   ）
17. 我国开始转向高质量发展阶段，发展不平衡不充分的问题已经得到解决。（   ）
18. 《"十四五"旅游业发展规划》关于旅游城市布局的重点任务包括建设旅游枢纽城市、建设重点旅游城市和建设特色旅游地。（   ）
19. "十三五"期间，我国决战脱贫攻坚取得全面胜利，5575 万农村贫困人口实现脱贫，困扰中华民族几千年的绝对贫困问题得到历史性解决，创造了人类减贫史上的奇迹。（   ）
20. "十四五"时期，我国在生态文明建设方面实现新进步，生态环境持续改善，城乡人居环境明显改善。（   ）
21. "十四五"时期健全现代文化产业体系应坚持把经济效益放在首位。（   ）
22. "十四五"时期必须强化国内大循环的主导作用，以国际循环提升国内大循环效率和水平，实现国内国际双循环互促共进。（   ）
23. "十三五"时期，我国国内生产总值突破 120 万亿元。（   ）
24. "十四五"时期，我国应优化旅游城市和旅游目的地布局，建设一批旅游枢纽城市，逐步完善综合交通服务功能，提升对区域旅游的辐射带动作用。（   ）
25. "十四五"时期，我国应加快智慧旅游景区建设，要推动国家 3A 级以上旅游景区基本实现智慧化转型升级。（   ）
26. "十四五"时期，我国应构建科学保护利用体系，保护传承好人文资源，坚持发展优先，在保护中发展、发展中保护。（   ）
27. "十四五"时期，我国应增强旅游市场主体活力，充分发挥大型旅游集团在投资旅游和创业创新的积极性，推动市场在旅游资源配置中起决定性作用。（   ）

二、单项选择题（下列各题的选项中，只有一项是正确的，请将正确答案的选项填入括号内）

1. 第（   ）届全国人民代表大会第四次会议批准通过了《中华人民共和国国民经济和社会发展第十四个五年规划和 2035 年远景目标纲要》。
   A. 十二　　　　B. 十三　　　　C. 十四　　　　D. 十五
2. "十四五"时期，我国在生态文明建设方面实现新进步，森林覆盖率计划提高到（   ）。
   A. 14.1%　　　B. 24.1%　　　C. 34.1%　　　D. 44.1%
3. 当今世界正经历百年未有之大变局，新一轮科技革命和产业变革深入发展，国际力量对比深刻调整，（   ）仍然是时代主题，人类命运共同体理念深入人心。
   A. 和平与进步　B. 和平与发展　C. 进步与发展　D. 改革与开放
4. （   ）是解决我国一切问题的基础和关键。
   A. 改革　　　　B. 开放　　　　C. 创新　　　　D. 发展
5. "十四五"时期必须强化国内大循环的（   ）作用，以国际循环提升国内大循环效率和水平，实现国内国际双循环互促共进。

A. 主导　　　　　B. 引导　　　　　C. 倡导　　　　　D. 疏导

6. 展望（　　）年，我国将基本实现社会主义现代化。
   A. 2025　　　　B. 2030　　　　C. 2035　　　　D. 2050

7. "十四五"时期文化建设需要坚持马克思主义在意识形态领域的指导地位，坚定文化自信，坚持以社会主义核心价值观引领文化建设，围绕举旗帜、聚民心、育新人、兴文化、展形象的使命任务，促进满足人民文化需求和增强人民精神力量相统一，推进建设社会主义（　　）。
   A. 文化强国　　B. 经济强国　　C. 科技强国　　D. 现代化强国

8. "十四五"时期发展中国特色哲学社会科学，应加强对习近平新时代中国特色社会主义思想的整体性系统性研究、出版传播、宣传阐释，推进马克思主义（　　）。
   A. 中国化、时代化、普及化　　　B. 中国化、实践化、大众化
   C. 中国化、实践化、普及化　　　D. 中国化、时代化、大众化

9. "十四五"时期应传承弘扬中华优秀传统文化，深入实施中华优秀传统文化传承发展工程，强化重要文化和自然遗产、非物质文化遗产（　　）保护，推动中华优秀传统文化创造性转化、创新性发展。
   A. 完整性　　　B. 系统性　　　C. 针对性　　　D. 选择性

10. "十四五"时期应加强优秀文化作品创作生产传播，把（　　）作为文艺作品的生命线，提高文艺原创能力。
    A. 提升水平　　B. 增加数量　　C. 提高质量　　D. 扩大影响

11. "十四五"时期健全现代文化产业体系，应坚持把（　　）放在首位。
    A. 社会效益　　B. 经济效益　　C. 文化效益　　D. 市场效益

12. 《中华人民共和国国民经济和社会发展第十四个五年规划和2035年远景目标纲要》共规划了（　　）项社会主义文化繁荣发展工程。
    A. 6　　　　　B. 7　　　　　C. 8　　　　　D. 9

13. 《"十四五"旅游业发展规划》关于国家智慧旅游建设工程专栏指出，"十四五"期间，推动国家（　　）级以上旅游景区基本实现智慧化转型升级。
    A. 2A　　　　B. 3A　　　　C. 4A　　　　D. 5A

14. "十四五"发展旅游业应构建科学保护利用体系，坚持文化引领、生态优先，把（　　）融入旅游业发展全过程。
    A. 旅游内涵　　B. 市场内涵　　C. 经济内涵　　D. 文化内涵

15. "十四五"旅游业发展的根本目的是（　　）。
    A. 推动旅游业高质量发展　　　　B. 深化旅游业供给侧结构性改革
    C. 完善现代旅游业体系　　　　　D. 满足人民日益增长的美好生活需求

16. "十四五"期间，我国要坚持（　　）观念，加强前瞻性思考、全局性谋划、战略性布局、整体性推进，统筹国内国际两个大局，办好发展安全两件大事，坚持全国一盘棋，更好发挥中央、地方和各方面积极性，着力固根基、扬优势、补短板、强弱项，注重防范化解重大风险挑战，实现发展质量、结构、规模、速度、效益、安全相统一。
    A. 科学　　　　B. 规模　　　　C. 系统　　　　D. 效益

17. "十三五"时期，我国决战脱贫攻坚取得全面胜利，5575万农村贫困人口实现脱贫，

困扰中华民族几千年的（　　）问题得到历史性解决，创造了人类减贫史上的奇迹。
A. 农村贫困　　　　B. 历史贫困　　　　C. 相对贫困　　　　D. 绝对贫困

18. "十三五"时期，我国国内生产总值突破（　　）元。
A. 100万亿　　　　B. 110万亿　　　　C. 120万亿　　　　D. 130万亿

19. 下列各项中，关于社会主义文化繁荣发展工程中重点提升的旅游目的地表述不正确的是（　　）。
A. 海南国际旅游消费中心　　　　B. 长江国际黄金旅游带
C. 黄河文化旅游带　　　　　　　D. 胶东半岛国际旅游胜地

20. "十四五"时期推进"旅游+"和"+旅游"，应加强文化和旅游业态融合、产品融合、市场融合、（　　）融合，促进优势互补、形成发展合力。
A. 服务　　　　　B. 人才　　　　　C. 资源　　　　　D. 教育

三、多项选择题（每题有2~5个正确答案，少选或错选均不得分，请将你认为正确的选项填入括号内）

1. 下列关于我国2035年远景目标，表述正确的是（　　）。
A. 经济实力、科技实力、综合国力将大幅跃升
B. 基本实现新型工业化、信息化、城镇化、农村现代化，建成现代化经济体系
C. 基本实现国家治理体系和治理能力现代化
D. 建成文化强国、教育强国、人才强国、体育强国、健康中国，国民素质和社会文明程度达到新高度，国家文化软实力显著增强
E. 形成对外开放新格局，参与国际经济合作和竞争新优势明显增强

2. "十四五"时期，我国经济社会发展必须遵循的原则包括：坚持（　　）。
A. 党的全面领导　　B. 以人民为中心　　C. 新发展理念　　D. 深化改革开放
E. 生态观念

3. "十四五"时期，我国经济社会发展主要目标不包括（　　）。
A. 经济发展取得新成效　　　　　B. 社会文明程度得到新提高
C. 生态文明建设实现新进步　　　D. 基本养老保险覆盖率达到100%
E. 实现全体人民共同富裕

4. "十四五"时期，我国文化建设的重点任务包括（　　）。
A. 提高社会文明程度　　　　　　B. 提升公共文化服务水平
C. 健全现代文化产业体系　　　　D. 提升传统文化行业发展活力
E. 建设国家文化软实力

5. "十四五"时期，我国提高社会文明程度的具体任务包括（　　）。
A. 推动理想信念教育常态化制度化　　B. 发展中国特色哲学社会科学
C. 传承弘扬中华优秀传统文化　　　　D. 持续提升公民文明素养
E. 大力实施文化人才战略

6. "十四五"时期，我国提升公共文化服务水平的具体任务包括（　　）。
A. 加强优秀文化作品创作生产传播　　B. 完善公共文化服务体系
C. 提升中华文化影响力　　　　　　　D. 扩大优质文化产品供给

E. 实施文化产业数字化战略

7. "十四五"时期，我国健全现代文化产业体系的具体任务包括（　　）。
   A. 扩大优质文化产品供给　　　　B. 提升传统文化行业发展活力
   C. 推动文化和旅游融合发展　　　D. 深化文化体制改革
   E. 规范文化市场秩序

8. 提升中华文化影响力，应加强对外文化交流和多层次文明对话，创新推进国际传播，利用网上网下，讲好中国故事，传播好中国声音，促进民心相通。开展（　　）活动，办好中国文化年（节）、旅游年（节）。
   A. "传播中国"　　B. "文化中国"　　C. "感知中国"　　D. "走读中国"
   E. "视听中国"

9. "十四五"旅游业发展的基本原则为（　　）。
   A. 坚持以文塑旅、以旅彰文　　　B. 坚持系统观念、筑牢防线
   C. 坚持旅游为民、旅游带动　　　D. 坚持创新驱动、优质发展
   E. 坚持生态优先、科学利用

10. "十四五"时期，国家智慧旅游建设工程的重点任务包括（　　）。
    A. 坚持智慧旅游创新发展　　　　B. 加快智慧旅游景区建设
    C. 完善智慧旅游公共服务　　　　D. 丰富智慧旅游产品供给
    E. 拓展智慧旅游场景应用

第四章　旅游方针政策

参考答案及解析

一、判断题（判断下列各题是否正确，正确的请在答卷中相应题号后的括号内打"√"，错误的打"×"）

1. 2023年6月2日，习近平总书记在文化传承发展座谈会上的讲话中指出，在五千多年中华文明深厚基础上开辟和发展中国特色社会主义，把马克思主义基本原理同中国具体实际、同中华优秀传统文化相结合是必由之路。（　　）

2. 习近平总书记指出，农村精神文明建设要同城市精神文明建设结合起来，同农民群众日用而不觉的共同价值理念结合起来，弘扬敦亲睦邻、守望相助、诚信重礼的乡风民风。（　　）

3. 2023年9月20日至21日，习近平总书记在浙江考察时强调，大运河是世界上最长的人工运河，是十分宝贵的文化遗产。大运河文化是中国优秀传统文化的重要组成部分，要在保护、传承、利用上下功夫，让古老大运河焕发时代新风貌。（　　）

4. 2023年11月28日至12月2日，习近平总书记在上海考察时指出，要注重传承城市文脉，加强文物和文化遗产保护，传承弘扬海派文化，深入实施文化惠民工程，扎实推进群众性精神文明创建，深化拓展新时代文明实践中心建设，推进书香社会建设，全面提升市民文明素质和城市文明程度。（　　）

5. 2024年5月，习近平总书记对旅游工作作出重要指示，改革开放特别是党的十八大以来，我国旅游业从小到大、由弱渐强，日益成为新兴的战略性支柱产业和具有显著时代特征的民生产业、幸福产业，成功走出了一条独具特色的中国旅游发展之路。（　　）

6. 2023年4月28日，习近平总书记在中共中央政治局会议上强调，要多渠道增加城乡居民收入，改善消费环境，促进文化旅游等服务消费。（　　）

7. 2023年2月10日，习近平主席在会见柬埔寨首相洪森时指出，中方将优先恢复增加中柬直航航班，鼓励文化合作，开展文化遗产保护和修复工作，支持柬方发展教育、卫生等事业。（　　）

8. 2023年2月14日，习近平主席在同伊朗总统莱希举行会谈时强调，中方愿同伊方继续开展共建"一带一路"合作，促进互联互通，扩大人文交流。（　　）

9. 2023年7月28日，习近平主席在成都亚运会开幕式欢迎宴会上的致辞中指出，文明是多样的，世界是多彩的。青年充满了活力，应该也能够以平等、包容、友爱的视角看待和而不同，用欣赏、互学、互鉴的态度对待多种文化。（　　）

10. 《关于释放旅游消费潜力推动旅游业高质量发展的若干措施》指出，要推进文化和旅游深度融合发展，开展中国文化主题游径建设和"读万卷书行万里路"文物主题旅游推

广活动。（   ）

11. 《关于释放旅游消费潜力推动旅游业高质量发展的若干措施》指出，要实施体育旅游精品示范工程，结合重大、特色赛事，培育"跟着赛事去旅行"品牌项目，打造一批具有影响力的体育旅游精品线路、赛事和基地。（   ）

12. 《关于释放旅游消费潜力推动旅游业高质量发展的若干措施》指出，要建设一批富有地域文化特色的乡村旅游重点村镇，打造"游购乡村"线路产品，开展"乡村四时好风光"系列活动。（   ）

13. 《关于释放旅游消费潜力推动旅游业高质量发展的若干措施》指出，要优化邮轮航线和邮轮旅游产品设计，推进国际邮轮运输全面复航。（   ）

14. 《关于释放旅游消费潜力推动旅游业高质量发展的若干措施》指出，要用好各类财政、金融、投资政策，支持旅游企业盘活存量旅游项目与存量旅游资产。（   ）

15. 《关于释放旅游消费潜力推动旅游业高质量发展的若干措施》指出，要完善入境旅游服务，提高入境游客使用境外银行卡及各类电子支付方式便捷程度以及外币兑换便利性。（   ）

16. 《关于释放旅游消费潜力推动旅游业高质量发展的若干措施》指出，要支持旅游企业发展，坚持同等质量标准，依法支持旅游企业参与政府采购和服务外包，不得以星级、所有制等为门槛限制相关企业参与政府采购的住宿、会议、餐饮等项目。（   ）

17. 《国内旅游提升计划（2023—2025年）》提出，要创新旅游产品体系，着力推动研学、银发、冰雪、海洋、邮轮、探险、观星、避暑避寒、城市漫步等旅游新产品。（   ）

18. 《国内旅游提升计划（2023—2025年）》提出，要推动省市级夜间文化和旅游消费集聚区规范创新发展，开展24小时生活圈建设试点，提升夜间消费品质。（   ）

19. 《国内旅游提升计划（2023—2025年）》提出，要推动放宽旅游民宿市场准入，培养一批优秀旅游民宿主人和管家，培育和发布一批等级旅游民宿，推动旅游民宿持续规范发展。（   ）

20. 《国内旅游提升计划（2023—2025年）》提出，要开展旅游服务质量提升活动，传播质量理念，培育质量文化，宣传推广服务质量提升经验。（   ）

21. 《国内旅游提升计划（2023—2025年）》提出，要发挥全国旅游市场服务质量监测点作用，开展定期化质量监测和评估，推进监测结果应用。（   ）

22. 《国内旅游提升计划（2023—2025年）》提出，要引导游客理性消费，树立优质优价的消费理念。（   ）

23. 《国内旅游提升计划（2023—2025年）》提出，要健全以"双随机、一公开"监管和"互联网＋监管"为基本手段、以信用监管为补充、以重点监管为基础的新型监管机制。（   ）

24. 《关于深化"互联网＋旅游"推动旅游业高质量发展的意见》指出，要制定出台智慧旅游景区建设指南和相关要求，明确在线预约预订、分时段预约游览、流量监测监控、科学引导分流、非接触式服务、智能导游导览等建设规范，落实"限量、预约、错峰"要求。（   ）

25. 《关于深化"互联网＋旅游"推动旅游业高质量发展的意见》指出，在为老年人等特殊群体保留线下服务的基础上，应支持旅游公共服务平台开发专门应用程序和界面，优化使用体验。   (   )

26.《关于深化"互联网＋旅游"推动旅游业高质量发展的意见》指出，对列入失信名单的市场主体和从业人员，依法依规实施联合惩戒，构建放心消费环境。   (   )

27.《关于深化"互联网＋旅游"推动旅游业高质量发展的意见》指出，深化"互联网＋旅游"过程中，应保障旅游数据收集、传输、存储、共享、使用、销毁等全生命周期安全，防止数据丢失、毁损、泄露和篡改。   (   )

28.《关于深化"互联网＋旅游"推动旅游业高质量发展的意见》指出，创新投融资方式，支持符合条件的"互联网＋旅游"企业发行债券。   (   )

29.《关于深化"互联网＋旅游"推动旅游业高质量发展的意见》指出，到2025年，国家A级及以上旅游景区、省级及以上旅游度假区基本实现智慧化转型升级。   (   )

30.《关于深化"互联网＋旅游"推动旅游业高质量发展的意见》指出，鼓励电商平台拓展"旅游＋地理标志产品＋互联网＋现代物流"功能，扩大线上销售规模。   (   )

31.《关于深化"互联网＋旅游"推动旅游业高质量发展的意见》指出，进一步规范各地区旅游大数据中心建设，建立市域统一的数据标准并逐步推广至全省，实现涉旅数据整合和共享，发挥数据综合服务和应用效能。   (   )

32.《关于深化"互联网＋旅游"推动旅游业高质量发展的意见》指出，引导云旅游、云演艺、云娱乐、云直播、云展览等新业态发展，培育"云营销＋消费"新模式。(   )

33.《关于深化"互联网＋旅游"推动旅游业高质量发展的意见》指出，加快提升国家全域旅游示范区、国家A级旅游景区、国家级旅游度假区等各类旅游重点区域5G网络覆盖水平。   (   )

34.《文化和旅游部关于推动在线旅游市场高质量发展的意见》提出，要指导在线旅游平台经营者强化平台内经营者资质审核，对市场主体、行政许可资质等信息进行真实性核验。   (   )

35.《文化和旅游部关于推动在线旅游市场高质量发展的意见》指出，鼓励在线旅游经营者主动向社会作出信用承诺，将守信情况纳入质量等级评定。   (   )

36.《文化和旅游部关于推动在线旅游市场高质量发展的意见》指出，要完善文化和旅游市场政务服务"好差评"系统，健全好评激励机制和差评处理督导机制。   (   )

37.《文化和旅游部关于推动在线旅游市场高质量发展的意见》指出，要做好普惠性减税降费政策在旅游业领域的落地实施，鼓励银行业金融机构尽量增加在线旅游经营者有效信贷供给。   (   )

38.《关于推动非物质文化遗产与旅游深度融合发展的通知》指出，旅游作为一种新的大众生活方式，为非物质文化遗产提供了更多的实践和应用场景，激发了非物质文化遗产的生机和活力。   (   )

39.《关于推动非物质文化遗产与旅游深度融合发展的通知》指出，在非物质文化遗产保护传承中，要坚持生活化转化和生产性发展，积极适应当代旅游需求和旅游所带来的生产生活方式的变化，不断提高传承发展利用水平，持续为旅游提供丰富的文化资源。
                                                                (   )

40.《关于推动非物质文化遗产与旅游深度融合发展的通知》指出，在非物质文化遗产和旅游深度融合发展中，要弘扬非物质文化遗产所蕴含的民族价值观念和思想情感，讲好

中华优秀传统文化故事，推动中华文化更好走向世界。（　　）
41.《关于推动非物质文化遗产与旅游深度融合发展的通知》指出，要深入挖掘民间文学的价值和精神内涵，讲好当地传说故事，让游客了解地方历史文化。（　　）
42.《关于推动非物质文化遗产与旅游深度融合发展的通知》指出，鼓励从其他地区引入非物质文化遗产项目，要突出其他地区非物质文化遗产项目的特色，彰显与当地文化生态的不同。（　　）
43.《关于推动非物质文化遗产与旅游深度融合发展的通知》指出，要在有效开发的前提下，推动非物质文化遗产与旅游在更广范围、更深层次、更高水平上融合。（　　）
44.《关于推动非物质文化遗产与旅游深度融合发展的通知》指出，要秉持"见人见物见生活"理念，保障当地村民、居民的生活，保护好非物质文化遗产相关的实物和场所，保护文化生态不受破坏。（　　）
45.《关于推动非物质文化遗产与旅游深度融合发展的通知》指出，可以发挥传统体育、游艺参与性强的特点，让游客感受当地民风民俗，提升中华文化认同感。（　　）
46.《关于以标准化促进餐饮节约反对餐饮浪费的意见》指出，要通过大数据等手段精准分析不同人群的口味和消费习惯，推动餐品信息个性化，方便消费者科学点餐。（　　）
47.《关于进一步加强和改进旅游客运安全管理工作的指导意见》指出，由于有的地方信号不好，可能无法实时定位，故旅行社可以租用未安装卫星定位装置的车辆。（　　）
48.《关于进一步加强和改进旅游客运安全管理工作的指导意见》指出，对依法取得道路客运经营许可资质的市场主体，交通运输主管部门要及时将相关许可信息交换至市场监管部门，由市场监管部门通过国家企业信用信息公示系统归集于市场主体名下，并向社会公示。（　　）
49.《关于进一步加强和改进旅游客运安全管理工作的指导意见》指出，交通运输主管部门要从严查处驾驶员疲劳驾驶、超速、超员、行车中使用手机、不按规定使用安全带等道路交通违法行为。（　　）
50.《关于进一步加强和改进旅游客运安全管理工作的指导意见》指出，要切实履行"双告知"职责，对登记为"道路旅客运输经营"的，由申请人口头承诺在取得许可前不擅自从事相关经营活动。（　　）
51.《关于进一步加强和改进旅游客运安全管理工作的指导意见》指出，推动实现旅游包车客运标志牌和旅游团组行程单信息共享比对，运用"电子围栏"等技术强化旅游包车和旅游团组精准监管。（　　）
52.《关于进一步加强和改进旅游客运安全管理工作的指导意见》指出，全面排查现有登记从事道路客运活动的市场主体许可资质，对不具备道路客运经营许可资质的，通过政府网站等渠道向社会公开信息。（　　）
53.《关于进一步加强和改进旅游客运安全管理工作的指导意见》指出，对发生安全生产责任事故或者存在重大安全隐患企业依法实施联合惩戒。（　　）
54.《关于进一步加强和改进旅游客运安全管理工作的指导意见》指出督促旅游包车企业通过驾驶员口头告知或者播放安全告知音像资料等方式，严格执行客运安全告知制度。
（　　）
55. 在旅游行程中，某旅行团原租用的旅游包车发生故障，由于情况紧急可以临时租用未

持有效道路运输证的车辆。( )
56.《关于进一步加强和改进旅游客运安全管理工作的指导意见》指出,鼓励出台老旧客车淘汰更新政策,引导使用年限较长的旅游包车加快淘汰。( )
57.《关于进一步规范旅游客运安全带使用保障游客出行安全有关工作的通知》指出,对安全带残缺不全、装置损坏、座套遮挡等问题导致无法正常使用的,旅游包车企业要立即采取措施纠正,但可以正常安排运输任务。( )
58.《关于进一步规范旅游客运安全带使用保障游客出行安全有关工作的通知》指出,导游在发车前(包含车辆途中休息再次发车时)应当提醒游客全程系好安全带,并在行车途中特别是行经高速公路、危险路段时监督提醒游客检查、系好安全带。( )
59.《关于进一步规范旅游客运安全带使用保障游客出行安全有关工作的通知》指出,各地文化和旅游部门要将未履行督促游客系好安全带的旅行社、导游纳入文明旅游评价范围。( )
60.《关于进一步规范旅游客运安全带使用保障游客出行安全有关工作的通知》提出,鼓励引导旅游包车企业安装司机不系安全带报警装置。( )
61.《关于进一步规范旅游客运安全带使用保障游客出行安全有关工作的通知》提出,定线旅游客运车辆在客运站发车的,客运站经营者要确保出站游客系好安全带。( )
62.《剧本娱乐经营场所消防安全指南(试行)》提出,剧本娱乐经营场所的建筑面积若为大于 $50m^2$ 的房间,其疏散门数量不应少于 3 个。( )
63.《剧本娱乐经营场所消防安全指南(试行)》提出,剧本娱乐经营场所所在建筑应当为合法建筑,不得设置在住宅建筑内。( )
64.《剧本娱乐经营场所消防安全指南(试行)》提出,具有蓄电功能的游戏娱乐设施,应当在营业期间充电。( )
65.《剧本娱乐经营场所消防安全指南(试行)》提出,剧本娱乐经营场所严禁泡沫人造雪、彩带喷雾发泡剂使用。( )
66.《剧本娱乐经营场所消防安全指南(试行)》提出,剧本娱乐经营场所内严禁吸烟,严禁携带火种、火源进入游玩场景,因剧情布景需要可以临时动用明火。( )
67.《剧本娱乐经营场所消防安全指南(试行)》提出,剧本娱乐经营场所的疏散门可以采用平开门、推拉门、卷帘门、吊门、转门、折叠门。( )
68.《剧本娱乐经营场所消防安全指南(试行)》提出,剧本娱乐经营场所应设置游玩场景全覆盖且 24 小时可视监控系统,并安排专人值班,监控值班区应当设置在游玩场景区域。( )
69.《关于加强电竞酒店管理中未成年人保护工作的通知》指出,电竞酒店每间电竞房的床位数不得超过 5 张。( )
70.《关于加强电竞酒店管理中未成年人保护工作的通知》指出,电竞酒店每间电竞房的计算机数量可以超过床位数,但入住人员不得超过床位数。( )
71.《关于加强电竞酒店管理中未成年人保护工作的通知》指出,电竞酒店包括所有客房均为电竞房的专业电竞酒店和利用部分客房开设电竞房区域的非专业电竞酒店。( )
72.《关于加强电竞酒店管理中未成年人保护工作的通知》指出,专业电竞酒店属于不适宜未成年人活动的场所,不得允许未成年人进入,未成年人只可以进入非专业电竞酒店

的电竞房区域。( )
73.《关于加强电竞酒店管理中未成年人保护工作的通知》指出，鼓励非专业电竞酒店经营者对电竞房区域进行物理隔离、电梯控制，防止未成年人擅自进入。( )
74.《关于加强电竞酒店管理中未成年人保护工作的通知》指出，非专业电竞酒店经营者应当将电竞房分散设置在不同的楼层，以防止未成年人擅自进入。( )
75.《关于以标准化促进餐饮节约反对餐饮浪费的意见》提出，要支撑打造集约高效的餐饮供应链，最大程度减少餐饮浪费。( )
76.《关于以标准化促进餐饮节约反对餐饮浪费的意见》提出，要在旅游行业相关标准中增加绿色餐饮有关内容，优化团餐设计，倡导光盘行动。( )
77.《关于以标准化促进餐饮节约反对餐饮浪费的意见》提出，支持餐饮企业及上下游产业相关单位开展标准化试点，将促进餐饮节约作为试点创建的重要内容。( )
78.《关于以标准化促进餐饮节约反对餐饮浪费的意见》提出，推动相关行业协会、科研机构、电商平台依据标准开展第三方评价，推介节约型餐饮服务组织。( )

二、单项选择题（下列各题的选项中，只有一项是正确的，请将正确答案的选项填入括号内）

1. 2023年7月5日至7日，习近平总书记在江苏考察时强调，江苏要加强优秀传统文化的保护传承和创新发展，积极参与建设（　　）两大国家文化公园。
   A. 长江和大运河　　　　　　　　B. 长江和淮河
   C. 长江和海上丝绸之路　　　　　D. 长江和黄河

2. 2023年9月20日至21日，习近平总书记在浙江考察时强调，弘扬（　　），广泛培育和践行社会主义核心价值观，发展社会主义先进文化。
   A. 红船精神　　B. 工匠精神　　C. 劳模精神　　D. 伟大建党精神

3. 2023年9月7日，习近平总书记在新时代推动东北全面振兴座谈会上强调，加快边境地区交通、通信、能源、水利等基础设施的规划布局建设，加强边境村屯公共服务设施建设，全面推进乡村振兴，努力留住现有人口，同时鼓励发展边境贸易、（　　）和农产品加工等特色产业。
   A. 冰雪旅游　　B. 边境旅游　　C. 生态旅游　　D. 工业旅游

4. 2023年10月12日，习近平总书记在进一步推动长江经济带高质量发展座谈会上发表重要讲话强调，积极推进文化和（　　）深度融合发展，建设一批具有自然山水特色和历史人文内涵的滨江城市、小城镇和美丽乡村，打造长江国际黄金旅游带。
   A. 城市　　　　B. 交通　　　　C. 旅游　　　　D. 生态

5. 2023年5月21日，习近平总书记在给中国美术馆的老专家、老艺术家回信中强调，新征程上，希望中国美术馆坚持正确政治方向，坚持（　　）办馆理念，践行社会主义核心价值观，在高质量收藏、高水平利用、高品质服务上下功夫。
   A. 人民至上　　B. 艺术至上　　C. 生命至上　　D. 专业至上

6. 2023年6月7日，习近平总书记在致首届文化强国建设高峰论坛开幕的贺信中强调，我们要全面贯彻新时代中国特色社会主义思想和党的二十大精神，更好担负起新的文化使命，坚定文化自信，秉持开放包容，坚持守正创新，激发全民族文化创新创造活力，在新的历史起点上继续推动文化繁荣、建设文化强国、建设（　　），不断促进人类文明交流互鉴，为强国建设、民族复兴注入强大精神力量。

A. 人类命运共同体　　　　　　　　B. 中华民族现代文明
C. 人类精神文明家园　　　　　　　D. 中国共产党精神谱系

7. 2023年8月，习近平总书记在《求是》杂志发表题为《中国式现代化是强国建设、民族复兴的康庄大道》的文章指出，要顺应人民日益增长的精神文化需求，建设具有强大凝聚力和引领力的社会主义意识形态，加强（　　），培育和弘扬社会主义核心价值观，发展社会主义先进文化，推出更多优秀文艺作品，不断丰富人民精神世界，提高全社会文明程度，促进人的全面发展。

A. 思想政治教育和"四史"宣传教育　　B. 理想信念教育和"四史"宣传教育
C. 思想政治教育和道德法治教育　　　D. 理想信念教育和道德法治教育

8. 2023年10月23日，习近平总书记在中共中央政治局第九次集体学习时强调，实施中华优秀传统文化传承发展工程，研究和挖掘中华传统文化的优秀基因和时代价值，推动中华优秀传统文化创造性转化、创新性发展，繁荣发展社会主义先进文化，构建和运用中华文化特征、（　　）的表达体系，不断增强各族群众的中华文化认同。

A. 中华民族精神、中华文明内涵　　　B. 中国历史文脉、中华文明内涵
C. 中华民族精神、中国国家形象　　　D. 中国历史文脉、中国国家形象

9. 2023年11月，习近平主席在给费城交响乐团总裁兼首席执行官马思艺复信中强调，希望费城交响乐团和包括中美在内的世界各国艺术家一道，坚持文明（　　），密切交流合作，促进艺术繁荣，为中美人文交流和各国人民友好再续新篇。

A. 平等、互鉴、吸收、包容　　　　B. 平等、交流、吸收、包容
C. 平等、交流、对话、包容　　　　D. 平等、互鉴、对话、包容

10. 2023年12月3日，习近平主席在致首届"良渚论坛"的贺信中指出，希望各方充分利用"良渚论坛"平台，深化同共建"一带一路"国家的文明对话，践行（　　）、加强文明交流借鉴，弘扬平等、互鉴、对话、包容的文明观，推动不同文明和谐共处、相互成就，促进各国人民出入相友、相知相亲。

A. 全球治理倡议　　B. 全球安全倡议　　C. 全球发展倡议　　D. 全球文明倡议

11. 2024年5月，习近平总书记对旅游工作作出重要指示，新时代新征程，旅游发展面临新机遇新挑战。要以新时代中国特色社会主义思想为指导，完整准确全面贯彻新发展理念，坚持守正创新、提质增效、融合发展，统筹（　　）、保护与开发、国内与国际、发展与安全。

A. 物质与精神、促进与监管　　　　B. 政府与市场、促进与监管
C. 物质与精神、供给与需求　　　　D. 政府与市场、供给与需求

12. 2023年3月31日，习近平主席在会见西班牙首相桑切斯时强调，中国和西班牙都是具有世界影响的文明古国和文化大国，双方要搞好中西（　　）活动，推动世界文明对话交流，在联合国、二十国集团等多边框架内密切沟通，为应对人类共同挑战作出积极贡献。

A. 文化和旅游年　　B. 文化年　　C. 旅游年　　D. 文物与遗产年

13. 《关于释放旅游消费潜力推动旅游业高质量发展的若干措施》的制定，主要是为了丰富

优质旅游供给，释放旅游消费潜力，推动旅游业（　　）发展。
   A. 特色化　　　　B. 高质量　　　　C. 全方面　　　　D. 高能级

14.《关于释放旅游消费潜力推动旅游业高质量发展的若干措施》指出，要在（　　）的基础上，依法依规合理利用国家公园、自然保护区、风景名胜区、森林公园、湿地公园、沙漠公园、地质公园等自然生态资源，积极开发森林康养、生态观光、自然教育等生态旅游产品。
   A. 有效利用　　　B. 科学利用　　　C. 严格保护　　　D. 科学保护

15.《关于释放旅游消费潜力推动旅游业高质量发展的若干措施》指出，要推动利用（　　）改造提升传统旅游消费场所，打造智慧旅游、沉浸式体验新空间，改善旅游消费环境。
   A. 文化内涵　　　B. 创意思维　　　C. 科学管理　　　D. 数字技术

16.《国内旅游提升计划（2023—2025年）》提出，要加强标准制定实施开展《（　　）服务规范》等旅游业国家标准宣贯工作。
   A. 旅行社　　　　B. 导游　　　　　C. 民宿管家　　　D. 酒店管家

17.《国内旅游提升计划（2023—2025年）》提出，要推动实施旅游民宿国家标准，制定（　　）服务规范行业标准。
   A. 旅行社　　　　B. 导游　　　　　C. 民宿管家　　　D. 酒店管家

18.《关于深化"互联网+旅游"推动旅游业高质量发展的意见》提出，支持旅游景区运用数字技术充分展示（　　），积极打造数字博物馆、数字展览馆等，提升旅游体验。
   A. 特色文化内涵　B. 智慧建设成果　C. 特色旅游资源　D. 科技创新成果

19.《关于深化"互联网+旅游"推动旅游业高质量发展的意见》提出，依法依规推动（　　）相关数据资源共享。
   A. 政府部门间　　　　　　　　　　B. 政府与企业间
   C. 企业间　　　　　　　　　　　　D. 企业与第三方平台间

20.《关于深化"互联网+旅游"推动旅游业高质量发展的意见》提出，加强要素支撑，创新投融资方式，支持符合条件的"互联网+旅游"企业发行（　　）。
   A. 股票　　　　　B. 基金　　　　　C. 债券　　　　　D. 期货

21.《关于深化"互联网+旅游"推动旅游业高质量发展的意见》提出，开展长城、大运河、长征、黄河等国家文化公园，以及丝绸之路等重要主题旅游线上推广行动，打造一批（　　）旅游线路。
   A. 市级　　　　　B. 省级　　　　　C. 国家级　　　　D. 世界级

22.《关于深化"互联网+旅游"推动旅游业高质量发展的意见》提出，结合旅游扶贫，通过人员培训或技术帮扶等多种方式，推动更多贫困地区旅游业商户"（　　）"，利用网络直播平台开展营销。
   A. 联网　　　　　B. 触网　　　　　C. 接网　　　　　D. 入网

23.《关于深化"互联网+旅游"推动旅游业高质量发展的意见》提出，对列入（　　）的市场主体和从业人员，依法依规实施联合惩戒，构建放心消费环境。
   A. 黑名单　　　　B. 失信名单　　　C. 轻微失信名单　D. 严重失信名单

24.《文化和旅游部关于推动在线旅游市场高质量发展的意见》指出，要完善监管手段，建立健全以（　　）为核心的产业链监管机制。
A. 旅游者　　　　　　　　　　B. 在线旅游平台经营者
C. 旅游行政管理部门　　　　　D. 第三方专业机构

25.《文化和旅游部关于推动在线旅游市场高质量发展的意见》指出，要依托全国旅游监管服务平台构建业务全量覆盖、信息全程跟踪、手段动态调整的在线旅游信息化监管机制，建立违法线索线上发现、流转等（　　）监管机制。
A. 智慧化　　　B. 全程化　　　C. 非接触式　　　D. 接触式

26.《关于推动非物质文化遗产与旅游深度融合发展的通知》指出，推动非物质文化遗产与旅游深度融合发展对于扎实做好非物质文化遗产的系统性保护、促进旅游业高质量发展，更好满足人民日益增长的（　　）需求具有重要意义。
A. 物质文化　　B. 精神文化　　C. 美好生活　　D. 休闲娱乐

27.《关于推动非物质文化遗产与旅游深度融合发展的通知》指出，要挖掘（　　）非物质文化遗产的丰厚内涵，让游客体验当地民众的生活方式，体会中国人顺应时节、尊重自然、利用自然的思想理念和独特智慧。
A. 饮食类　　　B. 医药类　　　C. 节日类　　　D. 民俗类

28.《关于推动非物质文化遗产与旅游深度融合发展的通知》指出，（　　）非物质文化遗产是游客深度认知、学习非物质文化遗产的有效途径，也能促进非物质文化遗产传承传播。
A. 观摩参观　　B. 调查研究　　C. 参与体验　　D. 交流研讨

29.《关于推动非物质文化遗产与旅游深度融合发展的通知》指出，要创新（　　）非物质文化遗产展示利用方式，树立和突出各民族共享的中华文化符号和中华民族形象，向游客讲好中华民族共同体、中华文明多元一体的故事。
A. 音乐舞蹈　　B. 民间文学　　C. 游艺杂技　　D. 民族村寨

30.《关于推动非物质文化遗产与旅游深度融合发展的通知》指出，要将（　　）作为展示弘扬中华优秀传统文化的重要载体，面向国外游客讲好中国故事，提升中华文化国际传播效能。
A. 大众媒体　　B. 旅游空间　　C. 民族村寨　　D. 文化场所

31.《关于推动非物质文化遗产与旅游深度融合发展的通知》指出，在非物质文化遗产和旅游深度融合发展中，要弘扬非物质文化遗产所蕴含的（　　），讲好中华优秀传统文化故事，推动中华文化更好走向世界。
A. 民族特色价值观念和思想情感　　B. 民族特色文化底蕴和精神内涵
C. 人类共同价值观念和思想情感　　D. 人类共同文化底蕴和精神内涵

32.《关于推动非物质文化遗产与旅游深度融合发展的通知》指出，对在旅游空间范围内传承的非物质文化遗产代表性项目，要为（　　）在旅游空间开展传承实践和旅游服务提供便利条件，鼓励（　　）参与旅游管理。
A. 游客　　　　B. 传承人　　　C. 经营者　　　D. 旅游行政主管部门

33.《关于进一步加强和改进旅游客运安全管理工作的指导意见》提出，（　　）要依法查处未经许可经营旅行社业务、出租或者出借旅行社业务经营许可证、未取得导游证从事导游活动、向无相应许可资质的客运企业等不合格供应商订购产品和服务等违法行为_____。
A. 公安机关　　　　　　　　　　B. 文化和旅游部门
C. 市场监督管理部门　　　　　　D. 交通运输主管部门

34. 根据《关于进一步加强和改进旅游客运安全管理工作的指导意见》，督促旅游包车企业通过驾驶员（　　）等方式，严格执行客运安全告知制度。
A. 口头告知　　　　　　　　　　B. 播放安全告知音像资料
C. 口头告知或者播放安全告知音像资料　　D. 口头告知和播放安全告知音像资料

35.《关于进一步加强和改进旅游客运安全管理工作的指导意见》提出，对发生安全生产责任事故或者存在重大安全隐患的旅行社、旅游包车企业，依法实施（　　），督促及时消除安全隐患。
A. 清退　　　　B. 信息公开　　　　C. 约谈　　　　D. 挂牌督办

36.《关于进一步加强和改进旅游客运安全管理工作的指导意见》提出，市场主体拟从事道路客运活动的，营业执照统一登记为"道路旅客运输经营"，并（　　）承诺在取得许可前不擅自从事相关经营活动。
A. 口头　　　　B. 书面　　　　C. 口头和书面　　　　D. 口头或书面

37.《关于进一步规范旅游客运安全带使用保障游客出行安全有关工作的通知》指出，对安全带残缺不全、装置损坏、座套遮挡等问题导致无法正常使用的，旅游包车企业要立即采取措施纠正，安全带恢复正常使用功能前（　　）安排运输任务。
A. 可以　　　　B. 应当　　　　C. 不得　　　　D. 严禁

38.《关于进一步规范旅游客运安全带使用保障游客出行安全有关工作的通知》指出，各地文化和旅游部门要督促指导（　　）将游客规范使用安全带作为旅游安全全链条管理的重要环节，落实安全事项告知责任。
A. 旅行社　　　　B. 导游　　　　C. 驾驶员　　　　D. 旅游客运企业

39.《关于进一步规范旅游客运安全带使用保障游客出行安全有关工作的通知》指出，导游在发车前（包含车辆途中休息再次发车时）应当提醒游客（　　）系好安全带，并在行车途中特别是行经高速公路、危险路段时监督提醒游客检查、系好安全带。
A. 出发前　　　　B. 出站时　　　　C. 遇到检查时　　　　D. 全程

40.《关于进一步规范旅游客运安全带使用保障游客出行安全有关工作的通知》指出，各地交通运输部门要督促旅游包车企业严格执行客运安全告知制度，在行车前通过驾驶员（　　）等方式，提醒游客行车中按规定使用安全带。
A. 口头告知　　　　　　　　　　B. 播放安全告知音像资料
C. 口头告知或者播放安全告知音像资料　　D. 口头告知和播放安全告知音像资料

41.《剧本娱乐经营场所消防安全指南（试行）》提出，剧本娱乐经营场所所在建筑应当为合法建筑，不得设置在（　　）楼层。
A. 最高　　　　　　　　　　　　B. 地上一层及以下
C. 地下一层及以下　　　　　　　D. 地下二层及以下

42.《剧本娱乐经营场所消防安全指南（试行）》提出，剧本娱乐经营场所的疏散门应采用向疏散方向开启的（　　）。
A. 平开门　　　　B. 推拉门　　　　C. 卷帘门　　　　D. 转门

43.《剧本娱乐经营场所消防安全指南（试行）》提出，场所应制定灭火和应急疏散预案，（　　）至少组织开展一次全员灭火和应急疏散演练，并应分别选定白天与夜间开展演练。
A. 每月　　　　B. 季度　　　　C. 每半年　　　　D. 每年

44.《剧本娱乐经营场所消防安全指南（试行）》提出，剧本娱乐经营场所建筑面积（　　）以上的房间、建筑内长度大于20m的疏散走道应具备自然排烟条件或设置机械排烟设施。
A. 50m²　　　　B. 80m²　　　　C. 100m²　　　　D. 120m²

45.《剧本娱乐经营场所消防安全指南（试行）》提出，剧本娱乐经营场所建筑面积大于50m²的房间，其疏散门数量不应少于（　　）个。
A. 1　　　　B. 2　　　　C. 3　　　　D. 4

46.《剧本娱乐经营场所消防安全指南（试行）》提出，剧本娱乐经营场所（　　）剧本娱乐活动结束后必须进行一次防火巡查，至少每月进行一次全面防火检查，定期对消防设施进行维护检测。
A. 每局　　　　B. 每小时　　　　C. 每日　　　　D. 每周

47.《剧本娱乐经营场所消防安全指南（试行）》提出，剧本娱乐经营场所（　　）至少开展一次消防安全培训，从业人员应掌握本场所火灾风险和消防安全常识，熟练掌握消防设施操作使用方法，知晓"119"火警报警方法，具备扑救初期火灾的能力和组织人员应急疏散逃生的能力。
A. 每月　　　　B. 季度　　　　C. 每半年　　　　D. 每年

48.《关于加强电竞酒店管理中未成年人保护工作的通知》指出，通过电子商务平台等开展客房预订的，应当以（　　）方式提示消费者电竞房区域不接待未成年人。
A. 文字　　　　B. 图片　　　　C. 显著　　　　D. 隐晦

49.《关于加强电竞酒店管理中未成年人保护工作的通知》指出，电竞酒店经营者对图像采集信息应当依法留存，（　　）披露、传播，并在文化和旅游行政等部门检查电竞房时提供查询。
A. 严禁　　　　B. 可以　　　　C. 不得　　　　D. 不得不当

50.《关于加强电竞酒店管理中未成年人保护工作的通知》指出，电竞酒店经营者应当建立日常巡查制度，发现有未成年人违规进入、未实名登记擅自进入等违法行为的，应当立即制止并分别向（　　）文化和旅游行政部门、公安机关报告。
A. 所在区级　　　　B. 所在地县级　　　　C. 所在市级　　　　D. 所在省级

51.《关于加强电竞酒店管理中未成年人保护工作的通知》指出，专业电竞酒店经营者应当在（　　）的显著位置悬挂未成年人禁入标志。
A. 酒店入口处　　　　B. 酒店前台　　　　C. 酒店电梯中　　　　D. 酒店房间门口

52.《关于以标准化促进餐饮节约反对餐饮浪费的意见》提出，要加快建立覆盖餐饮食材采购、仓储、加工、运输配送、经营服务、餐厨回收等全产业链的（　　）餐饮标准体系。
A. 节约型　　　　B. 绿色型　　　　C. 环保型　　　　D. 科学型

53.《关于以标准化促进餐饮节约反对餐饮浪费的意见》提出，要健全（　　）餐饮标准体系，开展绿色餐饮创建活动，鼓励各类主体参与绿色餐饮评价和监督工作。
　　A. 节约　　　　　B. 绿色　　　　　C. 环保　　　　　D. 科学
54.《关于以标准化促进餐饮节约反对餐饮浪费的意见》提出，研制外卖餐饮（　　）加工和配送标准，推广实施绿色可降解餐饮具标准。
　　A. 节约　　　　　B. 绿色　　　　　C. 环保　　　　　D. 科学

三、多项选择题（每题有2~5个正确答案，少选或错选均不得分，请将你认为正确的选项填入括号内）

1. 2023年6月2日，习近平总书记在文化传承发展座谈会上的讲话中指出，中华文明具有突出的（　　）。
　　A. 连续性　　　　B. 创新性　　　　C. 统一性　　　　D. 包容性
　　E. 和平性

2. 关于马克思主义基本原理同中国具体实际、同中华优秀传统文化相结合表述正确的是（　　）。
　　A. "结合"的前提是彼此契合　　　　B. "结合"的结果是互相成就
　　C. "结合"筑牢了道路根基　　　　　D. "结合"打开了创新空间
　　E. "结合"巩固了制度主体性

3. 2023年5月16日，习近平总书记在山西考察时强调，要认真贯彻落实党中央关于（　　）的工作要求，全面提升文物保护利用和文化遗产保护传承水平。
　　A. 坚持规划第一　　B. 加强管理　　C. 挖掘价值　　D. 有效利用
　　E. 让文物活起来

4. 2023年7月25日至27日，习近平总书记在四川考察时指出，要发挥好博物馆（　　）人类文明的重要作用，守护好中华文脉，并让文物活起来，扩大中华文化的影响力。
　　A. 保护　　　　　B. 利用　　　　　C. 传承　　　　　D. 研究
　　E. 展示

5. 新时代新征程，要着力完善现代旅游业体系，加快建设旅游强国，让旅游业更好（　　）。
　　A. 服务美好生活　　B. 促进对外交往　　C. 构筑精神家园　　D. 展示中国形象
　　E. 增进文明互鉴

6. 2023年8月26日，习近平总书记在听取新疆维吾尔自治区党委和政府、新疆生产建设兵团工作汇报后发表重要讲话强调，要加强文物和文化遗产保护利用，引导干部群众树立正确的（　　）。
　　A. 国家观　　　　B. 民族观　　　　C. 社会观　　　　D. 历史观
　　E. 宗教观

7. 2023年9月6日至8日，习近平总书记在黑龙江考察时强调，要大力发展特色文化旅游。把发展冰雪经济作为新增长点，推动（　　）全产业链发展。
　　A. 冰雪运动　　　B. 冰雪文化　　　C. 冰雪装备　　　D. 冰雪科技
　　E. 冰雪旅游

8. 2023年10月，习近平总书记对宣传思想文化工作作出重要指示，提出"七个着力"

的要求，下列表述正确的是（　　）。
A. 着力加强党对宣传思想文化工作的领导
B. 着力建设具有强大凝聚力和引领力的社会主义意识形态
C. 着力培育和践行社会主义核心价值观
D. 着力提升新闻舆论传播力引导力影响力公信力
E. 着力赓续中华文脉、推动中华优秀传统文化创造性转化和创新性发展

9. 2023 年 10 月 23 日，习近平总书记在中共中央政治局第九次集体学习时强调，要立足中华民族悠久历史，把马克思主义民族理论同中国具体实际相结合、同中华优秀传统文化相结合，遵循中华民族发展的（　　），科学揭示中华民族形成和发展的道理、学理、哲理。
A. 现实逻辑　　　B. 时代逻辑　　　C. 历史逻辑　　　D. 理论逻辑
E. 实践逻辑

10. 2023 年 4 月 25 日，习近平主席在致亚洲文化遗产保护联盟大会的贺信中指出，4 年来，各方积极响应、共同努力，在（　　）等方面开展务实合作，为保护人类文明精华作出亚洲新贡献。
A. 现代文明研究　　B. 联合考古　　C. 古迹修复　　D. 博物馆交流
E. 人员培训

11.《关于释放旅游消费潜力推动旅游业高质量发展的若干措施》指出，为推进文化和旅游深度融合发展，应有序发展红色旅游，（　　）红色资源。
A. 开发好　　　B. 保护好　　　C. 经营好　　　D. 管理好
E. 运用好

12.《关于释放旅游消费潜力推动旅游业高质量发展的若干措施》指出，要发展冰雪经济，推动（　　）全产业链发展，指导加强滑雪旅游度假地建设。
A. 冰雪运动　　B. 冰雪健身　　C. 冰雪装备　　D. 冰雪度假
E. 冰雪旅游

13.《关于释放旅游消费潜力推动旅游业高质量发展的若干措施》指出，要在严格保护的基础上，依法依规合理利用国家公园、自然保护区、风景名胜区、森林公园、湿地公园、沙漠公园、地质公园等自然生态资源，积极开发（　　）等生态旅游产品。
A. 户外运动　　B. 森林康养　　C. 生态观光　　D. 农耕体验
E. 自然教育

14.《国内旅游提升计划（2023—2025 年）》的制定，是为了进一步改善旅游消费环境，提振旅游消费信心，满足游客（　　）需求，推动旅游业高质量发展。
A. 品质化　　　B. 多元化　　　C. 个性化　　　D. 规模化
E. 特色化

15.《国内旅游提升计划（2023—2025 年）》提出，要围绕"旅游中国美好生活"国内旅游宣传主题，实施（　　）等专项推广，以加强旅游形象推广。
A. 跟着季节游中国　　　　　　B. 读万卷书行万里路
C. 城市巡游记　　　　　　　　D. 跟着赛事去旅行
E. 我的家乡有宝藏

16.《国内旅游提升计划（2023—2025年）》提出，要统筹跨省区域旅游宣传推广，鼓励支持区域性旅游宣传推广联盟和相关省市（　　）。
   A.共建机制　　　B.共拓市场　　　C.共推产品　　　D.共享成果
   E.共促消费

17.《国内旅游提升计划（2023—2025年）》提出，鼓励各地与中国银联、合作银行、平台企业等加强合作，实施（　　）等惠民措施。
   A.消费满减　　　B.旅游年卡　　　C.票价优惠　　　D.积分兑换
   E.免费体验

18.《国内旅游提升计划（2023—2025年）》提出，要推动旅行社转型发展，引导旅行社结合行业发展和自身发展定位加快理念、技术、产品、服务和模式创新，因地制宜推进旅行社（　　）转型、（　　）和（　　）发展。
   A.智慧化　　　B.数字化　　　C.特色化　　　D.品牌化
   E.多样化

19.《国内旅游提升计划（2023—2025年）》提出，要推动旅游业标准化、专业化、品牌化发展，培育一批（　　）的服务精品，充分发挥服务品牌对旅游服务质量提升的引领带动作用。
   A.专业度高　　　B.覆盖面广　　　C.影响力大　　　D.带动性强
   E.放心安全

20.《国内旅游提升计划（2023—2025年）》提出，要推动建立健全旅游（　　）等制度机制，探索旅游纠纷投诉调解与仲裁衔接机制，多元化解投诉纠纷。
   A.调解　　　B.投诉　　　C.仲裁　　　D.诉讼
   E.巡回法庭

21.《国内旅游提升计划（2023—2025年）》提出，要完善"文旅市场通"APP功能，开展文化和旅游市场电子证照应用试点，提高政务服务（　　）水平。
   A.掌上办　　　B.网上办　　　C.指尖办　　　D.码上办
   E.动态办

22.《关于深化"互联网+旅游"推动旅游业高质量发展的意见》提出，推动北斗系统等导航定位、可穿戴设备、电子围栏、遥感卫星等技术和设备在（　　）中的运用。
   A.自助旅游　　　B.特种旅游　　　C.自驾旅游　　　D.定制旅游
   E.团队旅游

23.《关于深化"互联网+旅游"推动旅游业高质量发展的意见》提出，深化"互联网+旅游"推动旅游业高质量发展的重点任务包括（　　）。
   A.加快建设智慧旅游景区　　　B.完善旅游信息基础设施
   C.创新旅游企业服务模式　　　D.加大线上旅游营销力度
   E.保障旅游数据安全

24.《关于深化"互联网+旅游"推动旅游业高质量发展的意见》提出，完善旅游信息基础设施具体举措包括（　　）。
   A.加快旅游重点区域5G网络覆盖水平
   B.推动旅游集散与咨询中心数字化智能化改造

C. 推进物联网感知设施建设

D. 推动无人化、非接触式基础设施普及

E. 扩增更多的旅游景区

25.《关于深化"互联网＋旅游"推动旅游业高质量发展的意见》提出，推动（　　）等技术和设备在自助旅游、特种旅游中的运用。

　　A. 导航定位　　　　B. 可穿戴设备　　　C. 人脸识别　　　　D. 电子围栏

　　E. 遥感卫星

26.《关于深化"互联网＋旅游"推动旅游业高质量发展的意见》提出，保障旅游数据收集、传输、存储、共享、使用、销毁等全生命周期安全，防止数据（　　）。

　　A. 共享　　　　　　B. 丢失　　　　　　C. 毁损　　　　　　D. 泄露

　　E. 篡改

27.《关于深化"互联网＋旅游"推动旅游业高质量发展的意见》提出，提升旅游治理能力，创新旅游统计应用，提高旅游统计的（　　）。

　　A. 时效性　　　　　B. 有用性　　　　　C. 科学性　　　　　D. 精准性

　　E. 共享性

28.《文化和旅游部关于推动在线旅游市场高质量发展的意见》要求，在线旅游经营者完善安全生产管理制度和应急预案，对上架的旅游产品或者服务做好风险监测和安全评估，从（　　）等多环节加强产品安全保障。

　　A. 预警识别　　　　B. 算法推荐　　　　C. 举报处理　　　　D. 内容审核

　　E. 隐患消除

29.《文化和旅游部关于推动在线旅游市场高质量发展的意见》指出，要对（　　）的产品提前进行核验。

　　A. 涉及旅游者数量多　　　　　　B. 容易造成人群聚集

　　C. 可能存在安全风险隐患　　　　D. 社会影响恶劣

　　E. 旅游者投诉集中

30.《文化和旅游部关于推动在线旅游市场高质量发展的意见》指出，要加强市场监管巡查，重点巡查在线旅游经营服务（　　）等问题。

　　A. 信息内容安全　　　　　　　　B. 未经许可从事旅行社业务经营活动

　　C. 售卖"不合理低价游"产品　　 D. 违规收集、利用用户个人信息

　　E. 旅游服务产品的安全隐患

31.《文化和旅游部关于推动在线旅游市场高质量发展的意见》指出，要强化执法监督检查。各级文化和旅游行政部门应当按照线上线下一体化监管原则，建立（　　）的监督管理制度，依法对在线旅游经营服务实施监督检查，查处违法违规行为。

　　A. 公众监督　　　　　　　　　　B. 日常检查

　　C. 定期检查　　　　　　　　　　D. 与相关部门联合检查

　　E. 第三方专业机构参与

32.《文化和旅游部关于推动在线旅游市场高质量发展的意见》指出，要依托全国旅游监管服务平台构建（　　）的在线旅游信息化监管机制，建立违法线索线上发现、流转等非接触式监管机制。

A. 公众监督服务 B. 业务全量覆盖 C. 定期检查评价 D. 信息全程跟踪
E. 手段动态调整

33. 《文化和旅游部关于推动在线旅游市场高质量发展的意见》指出，要开展在线旅游市场风险（　　），及时发布风险提示信息。
A. 预防 B. 监测 C. 识别 D. 分析
E. 处置

34. 《文化和旅游部关于推动在线旅游市场高质量发展的意见》指出，要用好（　　）等措施手段，支持在线旅游经营者参与文化和旅游消费惠民活动，增强发展信心。
A. 财政奖补 B. 项目投资 C. 消费促进 D. 减税降费
E. 政务服务

35. 《文化和旅游部关于推动在线旅游市场高质量发展的意见》指出，要加强旅游消费类金融产品创新，为旅游者提供便利的（　　）等消费金融服务。
A. 综合授信 B. 产品分期贷款 C. 小额消费信贷 D. 先游后付
E. 装备赊销

36. 《文化和旅游部关于推动在线旅游市场高质量发展的意见》指出，要探索平台经营旅游预售业务，督促在线旅游经营者切实履行优先退赔承诺、供应商和产品审核义务、旅游产品的退改义务，加强预售资金监管，防控（　　）等潜在风险。
A. 不退不赔 B. 过度销售 C. 过度贷款 D. 履约困难
E. 集资诈骗

37. 《关于推动非物质文化遗产与旅游深度融合发展的通知》指出，让旅游成为（　　）的重要载体。
A. 满足人民休闲娱乐需求 B. 弘扬中华优秀传统文化
C. 不断铸牢中华民族共同体意识 D. 促进人的全面发展
E. 服务人民高品质生活

38. 《关于推动非物质文化遗产与旅游深度融合发展的通知》指出，要以社会主义核心价值观为引领，坚持以文塑旅、以旅彰文，牢牢把握非物质文化遗产保护传承和旅游发展的规律特点，在有效保护的前提下，推动非物质文化遗产与旅游在（　　）上融合。
A. 更广范围 B. 更深层次 C. 更宽领域 D. 更高水平
E. 更多维度

39. 《关于推动非物质文化遗产与旅游深度融合发展的通知》指出，要引导旅游从业人员和游客（　　）非物质文化遗产。
A. 欣赏 B. 尊重 C. 认同 D. 夸赞
E. 传播

40. 《关于推动非物质文化遗产与旅游深度融合发展的通知》指出，非物质文化遗产具有（　　），很多非物质文化遗产代表性项目具备与旅游融合发展的良好基础。
A. 深厚的文化内涵 B. 独特的表现形式
C. 丰富的传播载体 D. 繁多的项目门类
E. 鲜明的地域和民族特色

41. 《关于推动非物质文化遗产与旅游深度融合发展的通知》指出，要将非物质文化遗产融入旅游空间,推动建设一批( )的非物质文化遗产特色景区。
A. 特色鲜明　　　B. 文化突出　　　C. 氛围浓厚　　　D. 活动丰富
E. 当地群众和游客认可

42.《关于推动非物质文化遗产与旅游深度融合发展的通知》指出,鼓励从当地非物质文化遗产与旅游融合发展推荐目录中选择适合的代表性项目进旅游空间,从其他地区引入非物质文化遗产项目要适合本地文化生态,被当地群众和游客接受认可,避免( )。
A. 数量过多　　　B. 生搬硬套　　　C. 简单移植　　　D. 同质化发展
E. 过度商业化

43.《关于进一步加强和改进旅游客运安全管理工作的指导意见》提出,推动旅游客运安全生产形势持续向好,有效推动旅游客运高质量发展,不断增强人民群众旅游出行( )。
A. 舒适感　　　B. 获得感　　　C. 幸福感　　　D. 满足感
E. 安全感

44.《关于进一步加强和改进旅游客运安全管理工作的指导意见》提出,严格落实旅游客运相关企业安全生产主体责任和相关管理部门监管责任,着力解决( )问题。
A. 基础性　　　B. 源头性　　　C. 关键性　　　D. 方向性
E. 瓶颈性

45.《关于进一步加强和改进旅游客运安全管理工作的指导意见》提出,从源头准入、事中事后监管、基层基础等环节补齐短板,严格落实旅游客运相关企业安全生产主体责任和相关管理部门监管责任,加强( )治理。
A. 源头　　　B. 事中　　　C. 事后　　　D. 综合
E. 精准

46.《关于进一步加强和改进旅游客运安全管理工作的指导意见》提出,旅行社、旅游包车企业在包租车辆环节互查( )资质资格。
A. 企业　　　B. 车辆　　　C. 从业人员　　　D. 设施设备
E. 管理制度

47. 根据《关于进一步加强和改进旅游客运安全管理工作的指导意见》,规范旅行社安全管理,严格落实《旅行社行前说明服务规范》,把好旅游团队"( )"。
A. 组团关　　　B. 行前关　　　C. 行程关　　　D. 落地关
E. 接待关

48.《关于进一步加强和改进旅游客运安全管理工作的指导意见》提出,各地有关部门要提高思想认识,树立"一盘棋"思想,加强部门协同,形成工作合力,加快形成( )的旅游客运安全管理格局。
A. 权责一致　　　B. 分工负责　　　C. 同频共振　　　D. 协调配合
E. 综合治理

49.《关于进一步加强和改进旅游客运安全管理工作的指导意见》提出,机动车所有人申请机动车使用性质登记为( )时,公安机关核对交通运输主管部门提供的道路客运经营资质信息和车辆使用性质信息。

A. 公路客运　　　B. 道路客运　　　C. 班车客运　　　D. 包车客运
E. 旅游客运

50.《关于进一步规范旅游客运安全带使用保障游客出行安全有关工作的通知》指出，导游在发车前应当提醒游客全程系好安全带，并在行车途中特别是（　　）时监督提醒游客检查、系好安全带。
A. 危险路段　　　B. 颠簸路段　　　C. 行经高架桥　　　D. 行经高速公路
E. 行径十字路口

51.《关于进一步规范旅游客运安全带使用保障游客出行安全有关工作的通知》指出，各地公安部门要持续深化"一盔一带"安全守护行动，以（　　）等大中型客车通行集中的路段为重点，加大现场执法检查力度，依法查处纠正驾驶员和游客不按规定使用安全带等违法违规行为。
A. 客运站　　　　　　　　　B. 高速公路收费站
C. 服务区　　　　　　　　　D. 交通枢纽
E. 景区周边道路

52.《关于进一步规范旅游客运安全带使用保障游客出行安全有关工作的通知》指出，要督促旅游包车企业、旅行社全面落实安全带（　　）等关键制度措施。
A. 源头有效配备　　　　　　B. 行前检查落实
C. 事前合同约定　　　　　　D. 行程前和行程中提醒劝导
E. 事后检查维护

53. 根据《剧本娱乐经营场所消防安全指南（试行）》，剧本娱乐经营场所不得设置在（　　）。
A. 地下二层及以下楼层　　　B. 住宅建筑内　　　C. 商业建筑内
D. 住宿与生产、储存、经营合用场所　　　E. 村（居）民自建房内

54. 根据《剧本娱乐经营场所消防安全指南（试行）》，若剧本娱乐经营场所经营服务对象主要为儿童的场所，则不得设置在（　　）楼层。
A. 地上一层　　　B. 地上二层　　　C. 地上五层　　　D. 地下
E. 半地下

55. 根据《剧本娱乐经营场所消防安全指南（试行）》，剧本娱乐经营场所不得违规使用（　　）等易燃可燃装饰造型物。
A. 塑料仿真植物　　　B. 瓷器花瓶　　　C. 陶土雕塑　　　D. 氢气球
E. 塑料道具

56. 根据《剧本娱乐经营场所消防安全指南（试行）》，剧本娱乐经营场所严禁在（　　）设置栅栏、镜面反光材料和遮挡物等影响逃生和灭火救援的障碍物。
A. 疏散走道　　　B. 安全出口　　　C. 疏散楼梯　　　D. 窗户
E. 入户门

57.《关于加强电竞酒店管理中未成年人保护工作的通知》指出，电竞酒店非电竞房区域接待未成年人入住时，经营者应当严格落实"五必须"规定，包括（　　）；必须加强安全巡查和访客管理，预防对未成年人的不法侵害；必须立即向公安机关报告可疑情况，并及时联系未成年人的父母或者其他监护人，并同时采取相应安全保护措施。

A. 必须查验入住未成年人身份并如实登记

B. 必须严格监控并记录未成年人入住行踪

C. 必须到未成年人入住的房间询问确认

D. 必须询问同住人员身份关系等情况并记录备案

E. 必须询问未成年人父母或者其他监护人的联系方式并记录备案

58.《关于加强电竞酒店管理中未成年人保护工作的通知》指出，电竞酒店经营者应当在（　　）明示电竞房区域分布图。

A. 大厅显著位置　　B. 前台显著位置　　C. 客房管理系统　　D. 通道墙上

E. 电梯中

59.《关于加强电竞酒店管理中未成年人保护工作的通知》指出，电竞酒店经营者应当按照有关规定，在（　　）等公共区域内的合理位置安装图像采集设备并设置采集区域提示标志。

A. 酒店门口　　　　B. 大厅　　　　　　C. 前台　　　　　　D. 通道

E. 电竞房区域主要出入口

60.《关于以标准化促进餐饮节约反对餐饮浪费的意见》的发布主要是为支撑餐饮供应链（　　）发展。

A. 绿色化　　　　　B. 规范化　　　　　C. 集约化　　　　　D. 科学化

E. 合理化

61.《关于以标准化促进餐饮节约反对餐饮浪费的意见》提出，加快建立覆盖餐饮食材采购、仓储、加工、运输配送、经营服务、餐厨回收等全产业链的节约型餐饮标准体系，重点补齐餐饮（　　）重要基础国家标准。

A. 供应链　　　　　B. 产业链　　　　　C. 生产链　　　　　D. 消费链

E. 监督链

62.《关于以标准化促进餐饮节约反对餐饮浪费的意见》指出，鼓励餐饮企业、旅游景区等接受社会监督，推动相关（　　）依据标准开展第三方评价。

A. 行业协会　　　　　　　　　　　　　B. 食品安全监管部门

C. 科研机构　　　　　　　　　　　　　D. 消费者组织

E. 电商平台

参考答案及解析

第五章　宪法相关法的基本知识

一、判断题（判断下列各题是否正确，正确的请在答卷中相应题号后的括号内打"√"，错误的打"×"）

1. 中华人民共和国成立后，我国先后颁行了四部宪法，现行宪法曾经过五次修正。（　　）
2. 各少数民族居住的地方实行区域自治，设立自治机关，行使自治权。（　　）
3. 宪法序言规定了国家的根本任务以及实现根本任务的国内外有利条件，确定了四项基本原则，确认了宪法是国家的根本大法，具有最高的法律效力。（　　）
4. 《宪法》指导思想包括：马克思列宁主义、毛泽东思想、邓小平理论、"三个代表"重要思想、科学发展观、习近平新时代中国特色社会主义思想。（　　）
5. 各级人民代表大会及其常务委员会、人民法院和人民检察院等是实行个人负责制的机关。（　　）
6. 宪法确认的国家奋斗目标是把我国建设成为富强民主文明和谐美丽的社会主义现代化强国，实现中华民族伟大复兴。（　　）
7. 坚持中国共产党的领导是历史和人民的选择，是由我国的政体决定的，也是由中华民族伟大复兴崇高目标和国家根本任务决定的。（　　）
8. 我国的民主集中制离不开广泛的人民民主，这是民主集中制原则运行的前提。（　　）
9. 国家行政机关、审判机关、检察机关等全部国家机构均由人民代表大会产生，对它负责、受它监督。（　　）
10. 与社会主义制度相适应，我国采取的是按劳分配为主体、多种分配方式并存的分配制度。（　　）
11. 《宪法》规定，监察委员会依照法律规定独立行使监察权，不受行政机关、社会团体和个人的干涉。（　　）
12. 全国人民代表大会代表受原选举单位的监督，原选举单位有权依照法律规定的程序罢免本单位选出的代表。（　　）
13. 《宪法》规定，由于国家机关和国家工作人员侵犯公民权利而受到损失的人，有依照法律规定取得赔偿的权利。（　　）
14. 中华人民共和国主席、副主席，国务院总理、副总理连续任职均不得超过两届。（　　）
15. 《宪法》规定，国家的根本任务是沿着中国特色社会主义道路，集中力量进行社会主义现代化建设。（　　）
16. 《宪法》规定，自治区的自治条例，报国务院批准后生效。（　　）

17. 中华人民共和国公民对于任何国家机关和国家工作人员的违法失职行为，有向有关国家机关提出申诉、控告或者检举的权利。（ ）
18. 中华人民共和国国旗长与高为五与三之比，旗面左上方缀黄色五角星五颗。（ ）
19. 奏唱国歌时，在场人员应当肃立，举止庄重，不得有不尊重国歌的行为。（ ）
20. 乡镇的人民代表大会会场可选择不悬挂国徽。（ ）
21. 宪法是规定国家根本制度和根本任务，规定国家机关的组织与活动的基本原则，确认和保障公民的基本权利，集中表现各种政治力量对比关系的国家根本法。（ ）
22. 宪法序言对宪法条文具有统领性和指导性作用，因而具有更高法律效力。（ ）
23. 我国宪法是充分保障人民权利、实现人民当家作主的宪法，是人民的宪法。（ ）
24. 根据宪法规定，全国人民代表大会每届任期五年，地方各级人民代表大会每届任期三年。（ ）
25. 全国人民代表大会根据中华人民共和国主席的提名，决定副主席的人选。（ ）
26. 中华人民共和国公民的人格尊严不受侵犯。禁止用任何方法对公民进行侮辱、诽谤和诬告陷害。（ ）
27. 《宪法》第四十三条规定，中华人民共和国公民有休息的权利。（ ）
28. 《国旗法》学校应当每日升挂国旗。（ ）

二、单项选择题（下列各题的选项中，只有一项是正确的，请将正确答案的选项填入括号内）

1. 依照宪法和法律规定，由居民（村民）选举的成员组成居民（村民）委员会，实行自我管理、自我服务、（   ）、自我监督。
   A. 自我经营　　　B. 自我教育　　　C. 自我约束　　　D. 自我发展
2. 下列关于宪法的表述中，不正确的是（   ）。
   A. 宪法是立法的基础
   B. 宪法具有最高的法律效力
   C. 任何法律、法规不得同宪法相抵触
   D. 宪法是一切组织和个人的活动的基本行为准则
3. 国务院及其各部委、中央军委以及地方各级人民政府实行（   ）负责制。
   A. 个人　　　B. 领导　　　C. 集体　　　D. 领导和集体共同
4. （   ）是我们立党立国的根本指导思想。
   A. 马克思主义　　　　　　B. 中国特色社会主义理论体系
   C. 以人民为中心　　　　　D. 社会主义制度
5. 下列关于中国人民政治协商会议表述中，不正确的是（   ）。
   A. 政协是我国国家机关的组成部分
   B. 政协是实现中国共产党领导的多党合作和政治协商制度的重要机构
   C. 政协是发展社会主义民主和实现各党派之间互相监督的重要形式
   D. 政协是在我国政治体制中具有十分重要的地位和影响的政治性组织
6. 《宪法》规定，国家发展（   ）和社会科学事业，普及科学和技术知识，奖励科学研究成果和技术发明创造。

A. 自然科学　　　B. 哲学　　　C. 文学　　　D. 教育

7. 国家的最高权力属于（　　）。
   A. 中国共产党　　　　　　B. 全国人民代表大会
   C. 中央人民政府　　　　　D. 人民

8. 下列职务中连续任职不受"不得超过两届"规定限制的是（　　）。
   A. 国务院总理　　　　　　B. 全国人民代表大会常务委员会副委员长
   C. 国务院副总理　　　　　D. 中央军事委员会主席

9. 根据《国旗法》，下半旗不适用于（　　）。
   A. 中国人民政治协商会议全国委员会副主席逝世
   B. 对中华人民共和国作出杰出贡献的人逝世
   C. 为世界和平或者人类进步事业作出杰出贡献的人逝世
   D. 举行国家公祭仪式

10. 下列不属于公民基本权利是（　　）。
    A. 监督权　　　B. 宗教信仰自由　　　C. 平等权　　　D. 依法纳税

11. 下列不属于公民基本义务的是（　　）。
    A. 维护世界和平　　　　　B. 维护国家统一
    C. 维护各民族团结　　　　D. 依法服兵役

12. 下列关于我国教育制度的表述中，不正确的是（　　）。
    A. 国家发展社会主义教育事业，提高全国人民的科学文化水平
    B. 国家举办各种学校，普及学前教育，发展初等义务教育、中等教育、职业教育和高等教育
    C. 国家发展各种教育设施，扫除文盲
    D. 国家鼓励集体经济组织、国家企业事业组织和其他社会力量依照法律规定举办各种教育事业

13. 下列关于宪法的社会主义法治原则的表述中，不正确的是（　　）。
    A. 以社会公平正义为价值取向，以民主政治为基础
    B. 以宪法法律至上为前提，以尊重和保障财产为核心
    C. 以确保权力正当运行为重点
    D. 是人类政治文明进步的重要标志

14. 下列关于公民的平等权基本内容的表述中，不正确的是（　　）。
    A. 法律面前一律平等　　　　B. 行为能力的绝对平等
    C. 禁止不合理的差别对待　　D. 不允许有超越法律规定的任何特权

15. 下列关于宗教信仰自由表述中，不正确的是（　　）。
    A. 任何国家机关、社会团体和个人不得强制公民不信仰宗教
    B. 国家保护一切宗教活动
    C. 任何人不得利用宗教妨碍国家教育制度
    D. 宗教团体和宗教事务不受外国势力的支配

16. 下列选项中，（　　）不属于《宪法》规定的选举权与被选举权的资格限制要求。
    A. 年龄　　　B. 国籍　　　C. 宗教信仰　　　D. 政治权利

17. 下列选项中，不属于公民的社会经济权的是（　　）。
    A. 财产权　　　　B. 劳动权　　　　C. 休息权　　　　D. 受教育权

18. 下列关于人民的文化教育权利表述中，不正确的是（　　）。
    A. 公民有受教育的权利和义务
    B. 平等权是公民享有其他文化教育权利的前提和基础
    C. 公民有进行科学研究、文学艺术创作和其他文化活动的自由
    D. 国家对于从事教育、科学、技术、文学、艺术和其他文化事业的公民的有益于人民的创造性工作，给以鼓励和帮助

19. 下列关于国旗的表述不正确的是（　　）。
    A. 举行降旗仪式时，应当奏唱国歌
    B. 不得升挂或者使用破损、污损、褪色或者不合规格的国旗
    C. 不得随意丢弃国旗
    D. 国旗及其图案不得用作商标

20. 下列关于奏唱国歌的表述不正确的是（　　）。
    A. 奏唱国歌时，在场人员因需要可以走动
    B. 举止庄重，不得有不尊重国歌的行为
    C. 不得在私人丧事活动等场合使用国歌
    D. 不得作为公共场所的背景音乐

21. 下列关于国务院职权的表述不正确的是（　　）。
    A. 制定行政法规　　　　　　　　　　B. 规定行政措施
    C. 批准省、自治区、直辖市的区域划分　　D. 依法决定国家进入紧急状态

22. 《国歌法》规定，国歌纳入（　　），应当将国歌作为爱国主义教育的重要内容，组织学生学唱国歌，教育学生了解国歌的历史和精神内涵、遵守国歌奏唱礼仪。
    A. 中小学教育　　B. 大学教育　　C. 职业教育　　D. 成人教育

23. 《宪法》规定，在法律规定范围内的个体经济、私营经济等非公有制经济，是（　　）。
    A. 社会主义经济制度的补充部分　　B. 社会主义市场经济的重要组成部分
    C. 社会主义经济制度的基础　　　　D. 保持国民经济稳定的杠杆

24. （　　）是中国特色社会主义最本质的特征。
    A. 人民当家作主　　　　　　B. 中国共产党领导
    C. 生产资料公有制　　　　　D. 按劳分配为主

25. 下列关于我国劳动就业制度表述不正确的是（　　）。
    A. 国家通过各种途径，创造劳动就业条件
    B. 国家加强劳动保护，改善劳动条件
    C. 国家不断提高劳动报酬和福利待遇
    D. 国家发展劳动者休息和休养的设施

26. 《宪法》第五十七条规定，（　　）是最高国家权力机关。
    A. 中央军事委员会　　　　　B. 全国人民代表大会
    C. 中央人民政府　　　　　　D. 全国人民代表大会常务委员会

27. 下列关于国家发展文学艺术及其他文化事业的表述中，不正确的是（　　）。

A. 国家发展为人民服务、为社会主义服务的文学艺术事业

B. 国家发展体育事业

C. 国家保护名胜古迹、珍贵文物

D. 国家保护重点 A 级旅游景区

28. 下列关于监察委员会的表述中，不正确的是（　　）。

　　A. 监察委员会主任每届任期同本级人民代表大会每届任期相同

　　B. 国家监察委员会领导地方各级监察委员会的工作

　　C. 国家监察委员会对中共中央委员会负责

　　D. 监察委员会依照法律规定独立行使监察权

29. 下列关于我国社会保障制度表述不正确的是（　　）。

　　A. 国家建立健全与经济发展水平相适应的社会保障制度

　　B. 退休人员的生活受到国家和社会的保障

　　C. 公民在年幼、疾病或者丧失劳动能力的情况下，有从国家和社会获得物质帮助的权利

　　D. 国家和社会保障残废军人的生活

30. 《宪法》第二十九条规定，中华人民共和国的武装力量属于（　　）。

　　A. 国家　　　　　B. 中央军委　　　　C. 人民　　　　D. 中国共产党

31. 《宪法》第九十八条规定，地方各级人民代表大会每届任期（　　）。

　　A. 1 年　　　　　B. 2 年　　　　　C. 3 年　　　　D. 5 年

32. 根据《宪法》的规定，"宣布进入紧急状态，宣布战争状态"属于（　　）的职权范围。

　　A. 中央军委主席　　　　　　　　B. 中华人民共和国主席

　　C. 国务院总理　　　　　　　　　D. 公安部部长

33. 《宪法》第四十条规定，除因国家安全或者追查刑事犯罪的需要，由（　　）依照法律规定的程序对通信进行检查外，任何组织或者个人不得以任何理由侵犯公民的通信自由和通信秘密。

　　A. 公安机关或者纪律检查委员会　　B. 公安机关或者检察机关

　　C. 公安机关或者人民法院　　　　　D. 国家安全机关、人民法院或者公安机关

34. 我国选举制度的基本原则不包括（　　）。

　　A. 普遍性原则　　B. 平等性原则　　C. 诚实信用原则　　D. 秘密投票原则

35. 下列关于人民法院的表述中，不正确的是（　　）。

　　A. 人民法院是国家的审判机关

　　B. 上级人民法院监督下级人民法院的审判工作

　　C. 最高人民法院有死刑核准权

　　D. 地方各级人民法院对产生它的国家权力机关和上级人民法院负责

36. 下列关于社会保障制度的表述中，不正确的是（　　）。

　　A. 国家建立健全适度超前的社会保障制度

　　B. 国家依照法律规定实行企业事业组织的职工退休制度

　　C. 国家和社会保障残废军人的生活

D. 国家保护妇女的权利和利益

37. 根据《宪法》的规定,（　　）由全国人民代表大会选举产生。
   A. 国家监察委员会主任　　　　　B. 国务院总理
   C. 审计长　　　　　　　　　　　D. 中央军委副主席

38. 《宪法》第四十八条规定,我国妇女在政治的、经济的、文化的、社会的生活等各方面,享有（　　）的权利。
   A. 同男子平等　　　　　　　　　B. 优先
   C. 同等条件下优先于男子　　　　D. 相对优先

39. 宪法规定,国家建立健全同（　　）相适应的社会保障制度。
   A. 经济发展水平　B. 政治发展水平　C. 文化发展水平　D. 生态发展水平

40. 根据《宪法》的规定,下列关于人身自由的表述中,不正确的是（　　）。
   A. 禁止非法搜查公民的身体　　　B. 人格尊严不受侵犯
   C. 办公场所不受侵犯　　　　　　D. 通信自由受法律保护

41. 下列关于中华人民共和国主席的表述中,正确的是（　　）。
   A. 国家主席对内对外代表国家,是我国国家机构的重要组成部分
   B. 国家主席、副主席由全国人大直接决定
   C. 国家主席、副主席年龄须满55周岁
   D. 国家主席连续任职不得超过两届

42. 下列关于我国社会治理制度表述不正确的是（　　）。
   A. 公民有参与国家经济、政治、文化和社会事业治理的权利
   B. 国家打击危害社会秩序和国家安全及社会治安的违法犯罪活动
   C. 基层群众性自治组织有发展居住区域经济事务、社会事业的职权
   D. 各种经济组织、社会组织实行民主管理

43. 根据《国徽法》的规定,国徽及其图案可以用于（　　）。
   A. 商标的外观设计　　　　　　　B. 法规正式出版版本封面
   C. 私人节庆活动　　　　　　　　D. 日常用品

44. 根据《国徽法》的规定,下列不属于应当悬挂国徽场所的是（　　）。
   A. 北京天安门城楼　　　　　　　B. 人民大会堂
   C. 乡镇人民代表大会会场　　　　D. 世界遗产地

45. 下列关于人民检察院的表述中,不正确的是（　　）。
   A. 是最高检察机关
   B. 上级人民检察院领导下级人民检察院的工作
   C. 最高人民检察院对中央人民政府会负责
   D. 地方各级人民检察院对产生它的国家权力机关和上级人民检察院负责

46. 下列关于劳动权的表述中,不正确的是（　　）。
   A. 公民有劳动的权利和义务　　　B. 国家创造劳动就业条件
   C. 国家提倡社会主义劳动竞赛　　D. 国家要求公民从事义务劳动

47. 宪法的基本原则不包括（　　）。
   A. 法律面前人人平等　　　　　　B. 尊重和保障人权

C. 社会主义法治　　　　　　　　　　D. 坚持中国共产党的领导

48. 人权是人民当家作主的（　　）的宪法化、法律化的表现形式。
    A. 主体地位和核心利益　　　　　B. 主体地位和根本利益
    C. 本质属性和核心利益　　　　　D. 本质属性和根本利益

49. 法治国家体现了（　　）的精神和价值内涵。
    A. 人权　　　　B. 民主　　　　C. 法治　　　　D. 宪法

50. 社会主义民主离不开集中，民主集中制的集中不是少数人的独断，而是用民主方式集中（　　）的智慧，为广大人民群众的根本利益服务。
    A. 中国共产党　　B. 精英阶层　　C. 人大代表　　D. 广大人民群众

51. 选民如果是文盲或者因残疾不能写选票的，可以（　　）。
    A. 由家人代写　　　　　　　　　B. 由工作人员代写
    C. 委托他信任的人　　　　　　　D. 弃权

52. 下列关于全国人民代表大会行使下列职权表述正确的是（　　）。
    A. 制定宪法　　　　　　　　　　B. 决定中华人民共和国主席
    C. 选举国务院总理　　　　　　　D. 决定战争和和平的问题

53. 国家主席的任免权不包括（　　）。
    A. 中央军事委员会委员　　　　　B. 国务院总理
    C. 国务委员　　　　　　　　　　D. 各部部长

54. 自治州、自治县的自治条例和单行条例，报（　　）批准后生效，并报全国人民代表大会常务委员会备案。
    A. 全国人民代表大会
    B. 省或者自治区的人民代表大会
    C. 省或者自治区的人民代表大会常务委员会
    D. 自治州、自治县的人民代表大会常务委员会

55. 财产权，指公民个人通过劳动或其他合法方式取得、（　　）财产的权利。
    A. 占有、使用、处理　　　　　　B. 占用、使用、处分
    C. 占有、使用、处分　　　　　　D. 占用、使用、处理

56. 《宪法》第四十七条规定，中华人民共和国公民有进行（　　）、文学艺术创作和其他文化活动的自由。
    A. 文学作品阅读　　B. 科学研究　　C. 文化作品展演　　D. 知识学习

57. 对于任何国家机关和国家工作人员的违法失职行为，有向有关国家机关提出（　　）或者检举的权利。
    A. 申诉、控告　　B. 投诉、控告　　C. 申诉、举报　　D. 投诉、举报

58. 国旗旗杆套的颜色为（　　）。
    A. 黄色　　　　B. 白色　　　　C. 红色　　　　D. 金色

59. 国歌不得用于（　　）。
    A. 宪法宣誓仪式　　B. 国家公祭仪式　　C. 重大体育赛事　　D. 商场背景音乐

60. 国徽及其图案可以用于（　　）。
    A. 商标、商业广告　　　　　　　B. 授予专利权的外观设计

C. 国家机关颁发的营业执照　　　　　D. 日常生活的陈设布置

三、多项选择题（每题有2~5个正确答案，少选或错选均不得分，请将你认为正确的选项填入括号内）

1. 我国国家文明体系的重要组成部分包括（　　）。
   A. 物质文明　　　B. 政治文明　　　C. 精神文明　　　D. 社会文明
   E. 生态文明

2. 全国人民代表大会的职权包括（　　）。
   A. 修改宪法和监督宪法实施　　　　B. 制定和修改基本法律
   C. 公布法律，发布命令　　　　　　D. 罢免中央国家机关组成人员
   E. 决定重大国家事项

3. 公民的社会经济权利主要有（　　）。
   A. 劳动权　　　B. 休息权　　　C. 财产权　　　D. 受教育权
   E. 物质帮助权

4. 《国徽法》规定，印章应当刻有国徽图案的机构包括（　　）。
   A. 全国人民代表大会常务委员会　　B. 国务院各部
   C. 乡镇级人民代表大会　　　　　　D. 专门人民检察院
   E. 国家驻外使馆

5. 我国新时期爱国统一战线的范围包括（　　）。
   A. 全体社会主义劳动者和社会主义事业建设者
   B. 致力于中华民族伟大复兴的爱国者
   C. 拥护社会主义的爱国者
   D. 拥护祖国统一的爱国者
   E. 台湾同胞、港澳同胞和海外侨胞

6. 全国人大的重大事项决定权包括（　　）。
   A. 审批国民经济和社会发展计划、预算以及执行情况的报告
   B. 批准省、自治区、直辖市的建置和区域划分
   C. 决定民族自治区的设立及其制度
   D. 决定战争和和平问题
   E. 决定全国或者个别省、自治区、直辖市进入紧急状态

7. 下列选项中，属于中华人民共和国主席职权的是（　　）。
   A. 立法权　　　　　　　　　　　　B. 任免国务院组成人员
   C. 外交权　　　　　　　　　　　　D. 荣典权
   E. 公布法律，发布命令

8. 中央军事委员会职权包括（　　）。
   A. 统一指挥全国武装力量　　　　　B. 决定军事战略和武装力量的作战方针
   C. 领导和管理中国人民解放军的建设　D. 向军委主席提出议案
   E. 根据宪法和法律制定军事法规

9. 《宪法》的基本原则包括（　　）。

A. 人民主权原则 B. 尊重和保障人权
C. 社会主义法治 D. 三权分立原则
E. 民主集中制

10. 下列选项中，属于国家机构的是（　　）。
    A. 中华人民共和国主席 B. 全国人民代表大会及其常务委员会
    C. 民族自治地方的自治机关 D. 中国人民政治协商会议
    E. 地方各级人民政府

11. 按照《国歌法》的规定，应当奏唱国歌的场合包括（　　）。
    A. 全国人民代表大会会议和地方各级人民代表大会会议的开幕、闭幕
    B. 中国人民政治协商会议全国委员会会议的开幕、闭幕
    C. 各级机关举行或者组织的庆典
    D. 国家公祭仪式
    E. 各级各类企事业单位组织的体育赛事

12. 民族自治地方的自治权包括（　　）。
    A. 变通自治权 B. 地方财政自治权
    C. 经济建设自治权 D. 组织本地方军队
    E. 只使用当地语言文字

13. 下列关于罢免权的表述中，不正确的是（　　）。
    A. 全国人民代表大会有权罢免中华人民共和国主席、副主席
    B. 全国人民代表大会无权罢免国务院总理、副总理
    C. 国家主席有权罢免各部部长、各委员会主任、审计长、秘书长
    D. 省级人民代表大会有权罢免本级人民政府的省长、副省长
    E. 县级人民代表大会有权罢免本级监察委员会主任、副主任

14. 下列选项中，属于《宪法》规定的公民遵守宪法和法律义务的是（　　）。
    A. 保守国家秘密 B. 爱护公共财产
    C. 遵守劳动纪律 D. 尊重社会公德
    E. 恪守家庭美德

15. 下列选项中，属于《国旗法》规定的每日升挂国旗的场所或机构包括（　　）。
    A. 北京天安门广场、新华门
    B. 中国共产党中央委员会、中央军事委员会，中国共产党中央纪律检查委员会
    C. 全国人民代表大会常务委员会、国务院
    D. 中国共产党中央各部门和地方各级委员会
    E. 国务院各部门、地方各级人民政府

16. 下列关于劳动权的表述正确的是（　　）。
    A. 国家要求公民从事义务劳动 B. 国家创造劳动就业条件
    C. 国家提倡社会主义劳动竞赛 D. 国家奖励劳动模范和先进工作者
    E. 国家对就业前的公民进行必要的劳动就业训练

17. 根据《国徽法》的规定，下列应当悬挂国徽的场所是（　　）。
    A. 北京天安门城楼 B. 人民大会堂

C. 乡镇人民代表大会会场　　　　　　D. 世界遗产地

E. 国家 A 级旅游景区

18. 根据《宪法》的规定，下列关于人身自由的表述正确的是（　　）。

A. 禁止搜查公民的身体　　　　　　B. 人格尊严不受侵犯

C. 公民的住宅不受侵犯　　　　　　D. 通信自由受法律保护

E. 禁止非法拘禁

19. 下列关于社会保障制度的表述正确的是（　　）。

A. 国家建立健全与经济发展水平相适应的社会保障制度

B. 国家依照法律规定实行企业事业组织的职工退休制度

C. 国家和社会帮助安排贫困公民的劳动、生活和教育

D. 国家和社会保障残废军人的生活

E. 国家保护妇女的权利和利益

20. 下列关于国务院职权的表述正确的是（　　）。

A. 制定法律法规　　　　　　　　　B. 规定行政措施

C. 保护华侨正当的权利和利益　　　D. 依法决定国家进入紧急状态

E. 领导和管理国防建设事业

21. 下列关于宗教信仰自由的表述正确的是（　　）。

A. 任何社会团体不得强制公民不信仰宗教

B. 任何国家机关不得强制公民信仰宗教

C. 任何人不得利用宗教妨碍国家教育制度

D. 宗教团体可以接受外国势力的支配

E. 国家保护一切宗教活动

22. 我国选举制度的基本原则包括（　　）。

A. 普遍性原则　　B. 公平性原则　　C. 诚实信用原则　　D. 秘密投票原则

E. 直接选举和间接选举并用原则

23. 下列关于《宪法》的表述正确的是（　　）。

A. 确认和保障公民的基本权利　　　B.《宪法》具有最高的法律效力

C. 任何法律法规不得同《宪法》相抵触　　D.《宪法》确定了四项基本原则

E.《宪法》是国家的根本大法

参考答案及解析

第六章 维护国家安全法律制度

一、判断题（判断下列各题是否正确，正确的请在答卷中相应题号后的括号内打"√"，错误的打"×"）

1. 中央人民政府对香港特别行政区有关的国家安全事务负有根本责任。（ ）
2. 《香港维护国家安全法》规定，香港特别行政区负有维护国家安全的宪制责任，应当履行维护国家安全的职责。（ ）
3. 《宗教事务条例》规定，宗教活动场所符合法人条件的，经所在地宗教团体同意，并报县级人民政府宗教事务部门审查同意后，可以到市场监督管理部门办理法人登记。（ ）
4. 《香港维护国家安全法》规定，维护国家主权、统一和领土完整是包括香港同胞在内的全中国人民的共同义务。（ ）
5. 组织、策划、实施或者参与实施将香港特别行政区从中华人民共和国分离出去等旨在分裂国家、破坏国家统一行为的，不论是否使用武力或者以武力相威胁，即属犯罪。（ ）
6. 中央人民政府驻香港特别行政区维护国家安全公署依法履行维护国家安全职责，行使相关权力。（ ）
7. 《宗教事务条例》规定，各级人民政府应当听取宗教团体、宗教院校、宗教活动场所和信教公民的意见，协调宗教事务管理工作，为宗教团体、宗教院校和宗教活动场所提供公共服务。（ ）
8. 《香港维护国家安全法》规定，驻香港特别行政区维护国家安全公署人员依法接受国家立法机关的监督。（ ）
9. 在英雄烈士没有近亲属，或者近亲属不提起诉讼的情况下，就无法通过起诉来保护英雄烈士的合法权益。（ ）
10. 《香港维护国家安全法》规定，公司、团体等法人或者非法人组织因犯本法规定的罪行受到刑事处罚的，应责令其暂停运作或者吊销其执照或者营业许可证。（ ）
11. 以侮辱、诽谤或者其他方式侵害英雄烈士的姓名、肖像、名誉、荣誉，损害社会公共利益的，依法承担民事责任。（ ）
12. 县级以上人民政府应当将英雄烈士保护工作经费列入本级预算，县级以上人民政府负责英雄烈士保护工作的部门和其他有关部门应当依法履行职责，做好英雄烈士保护工作。（ ）
13. 对现实中的英雄模范人物和群体的褒奖、人格等合法权益的保护，适用《英雄烈士保护法》。（ ）

14. 依据《英雄烈士保护法》，烈士纪念日为每年的 9 月 30 日。（   ）
15. 《香港维护国家安全法》规定，驻香港特别行政区维护国家安全公署的经费由香港特别行政区财政保障。（   ）
16. 《宗教事务条例》规定，任何组织或者个人不得强制公民信仰宗教或者不信仰宗教，不得歧视信仰宗教的公民或者不信仰宗教的公民。（   ）
17. 驻香港特别行政区维护国家安全公署及其人员依据《香港维护国家安全法》执行职务的行为，不受香港特别行政区管辖。（   ）
18. 《宗教事务条例》规定，国家依法保护正常的宗教活动，积极引导宗教与社会主义社会相适应，维护宗教团体、宗教院校、宗教活动场所和信教公民的合法权益。（   ）
19. 《香港维护国家安全法》规定，不具有香港特别行政区永久性居民身份的人实施本法规定的犯罪的，可以独立适用或者附加适用驱逐出境。（   ）
20. 《宗教事务条例》规定，宗教活动场所包括寺观教堂和其他流动宗教活动处所。（   ）
21. 学校及其他教育机构可以为相关信教师生设立宗教活动场所。（   ）
22. 《香港维护国家安全法》规定，防范、制止和惩治危害国家安全犯罪，应当坚持法治原则。（   ）
23. 《宗教事务条例》规定，宗教活动场所内可以经销宗教用品、宗教艺术品和宗教出版物。（   ）
24. 《宗教事务条例》规定，非宗教团体、非宗教院校、非宗教活动场所、非指定的临时活动地点不得组织、举行宗教活动，但是可以接受宗教性的捐赠。（   ）
25. 任何组织和个人不得将英雄烈士的姓名、肖像用于或者变相用于商标、商业广告，损害英雄烈士的名誉、荣誉。（   ）
26. 为了保障公民宗教信仰自由，坚持我国宗教中国化方向，规范伊斯兰教朝觐事务管理，维护朝觐活动正常秩序，国家制定实施《伊斯兰教朝觐事务管理办法》。（   ）
27. 信仰伊斯兰教的中国公民前往沙特阿拉伯麦加朝觐，由国家宗教事务管理局负责组织。（   ）
28. 《香港维护国家安全法》规定了分裂国家罪、颠覆国家政权罪、恐怖活动罪、勾结外国或者境外势力危害国家安全罪罪行及处罚。（   ）
29. 中国伊斯兰教协会负责归口管理全国伊斯兰教朝觐事务。（   ）
30. 地方各级人民政府宗教事务应当将本地全部朝觐名额逐级进行分配。（   ）
31. 驻香港特别行政区维护国家安全公署依法履行职责时，香港特别行政区政府有关部门须提供必要的便利和配合。（   ）
32. 每年朝觐人数超过 50 人的省、自治区、直辖市伊斯兰教协会组织成立地方朝觐工作省区团。（   ）
33. 人民英雄纪念碑是国家和人民纪念缅怀为中国革命和国家建设而英勇献身的英雄烈士的标志性纪念设施。（   ）
34. 朝觐人员应当遵守有关国家法律，反对宗教极端思想，展现良好形象。（   ）
35. 英雄烈士遗属按照国家规定享受教育、就业、养老、住房、医疗等方面的优待。（   ）

二、单项选择题（下列各题的选项中，只有一项是正确的，请将正确答案的选项填入括号内）

1. 《香港维护国家安全法》规定，香港特别行政区负有维护国家安全的（　　），应当履行维护国家安全的职责。
   A. 根本责任　　　B. 宪制责任　　　C. 主要责任　　　D. 全部责任

2. 香港特别行政区任何机构、组织和个人行使权利和自由，不得违背香港特别行政区基本法第（　　）条和第（　　）条的规定。
   A. 1　12　　　B. 1　2　　　C. 2　12　　　D. 2　21

3. 《香港维护国家安全法》规定，中央人民政府对香港特别行政区有关的国家安全事务负有（　　）。
   A. 基本责任　　　B. 主要责任　　　C. 根本责任　　　D. 全部责任

4. 《英雄烈士保护法》规定，（　　）是国家和人民纪念、缅怀英雄烈士的永久性纪念设施。
   A. 天安门广场　　　　　　　B. 人民英雄纪念碑
   C. 毛主席纪念堂　　　　　　D. 八宝山烈士陵园

5. （　　）是包括香港同胞在内的全中国人民的共同义务。
   A. 维护国家主权　　　　　　B. 维护国家统一
   C. 维护国家领土完整　　　　D. 以上三项都是

6. 依据《香港维护国家安全法》，犯分裂国家罪，对首要分子或者罪行重大的，处无期徒刑或者（　　）以上有期徒刑。
   A. 5 年　　　B. 10 年　　　C. 15 年　　　D. 20 年

7. 《香港维护国家安全法》对（　　）相关罪行和处罚做出了明确规定。
   A. 分裂国家罪　　　　　　　B. 颠覆国家政权罪
   C. 恐怖活动罪　　　　　　　D. 以上三项都是

8. 持有驻香港特别行政区维护国家安全公署制发的证件或者证明文件的人员和车辆等在执行职务时（　　）香港特别行政区执法人员检查、搜查和扣押。
   A. 可以不受　　　B. 应当接受　　　C. 必须接受　　　D. 主动接受

9. 中央人民政府驻香港特别行政区（　　）依法履行维护国家安全职责，行使相关权力，工作人员由中央人民政府维护国家安全的有关机关联合派出。
   A. 联络办公室　　　　　　　B. 外交部特派员公署
   C. 维护国家安全公署　　　　D. 维护国家安全委员会

10. 依据《香港维护国家安全法》，积极参与恐怖活动组织的，处（　　）有期徒刑，并处罚金。
    A. 1 年以上 3 年以下　　　　B. 3 年以上 5 年以下
    C. 3 年以上 10 年以下　　　　D. 5 年以上 10 年以下

11. 依据《香港维护国家安全法》规定，防范、制止和惩治危害国家安全犯罪，应当坚持（　　）。
    A. 严打原则　　　B. 法治原则　　　C. 从严原则　　　D. 治本原则

12.《香港维护国家安全法》规定，香港特别行政区设立（　　），负责香港特别行政区维护国家安全事务，承担维护国家安全的主要责任，并接受中央人民政府的监督和问责。
   A. 立法会　　　　　　　　　　　　B. 保安局
   C. 警务处　　　　　　　　　　　　D. 维护国家安全委员会

13. 依据《香港维护国家安全法》，任何人教唆他人实施分裂国家行为的，即属犯罪。情节严重的，处（　　）有期徒刑。
   A. 1年以上3年以下　　　　　　　　B. 1年以上5年以下
   C. 3年以上5年以下　　　　　　　　D. 5年以上10年以下

14. 依据《香港维护国家安全法》，驻香港特别行政区维护国家安全公署及其人员依据本法执行职务的行为，（　　）管辖。
   A. 不受香港特别行政区　　　　　　B. 视情况受香港特别行政区
   C. 必须受香港特别行政区　　　　　D. 应当受香港特别行政区

15. 依据《香港维护国家安全法》，公司、团体等法人或者非法人组织实施本法规定的犯罪的，对该组织判处（　　）。
   A. 罚款　　　　B. 罚金　　　　C. 没收违法所得　　　　D. 没收财产

16. 国家和人民永远（　　）、（　　）英雄烈士为国家、人民和民族作出的（　　）和（　　）。
   A. 尊崇　怀念　牺牲　奉献　　　　B. 尊崇　铭记　牺牲　贡献
   C. 崇仰　铭记　牺牲　奉献　　　　D. 崇仰　怀念　牺牲　贡献

17. 2018年4月25日，《英雄烈士保护法（草案）》增加了（　　）的相应条款。
   A. 保护人民英雄纪念碑　　　　　　B. 烈士和遗属抚恤
   C. 褒扬烈士　　　　　　　　　　　D. 惩治宣扬、美化侵略战争行为

18.《英雄烈士保护法》一共（　　）条，对英雄烈士的历史功勋、法律地位、纪念缅怀英雄烈士活动、弘扬传承英雄烈士精神、烈士褒扬和遗属抚恤、英雄烈士名誉荣誉法律保护及相关法律责任做出了规定。
   A. 30　　　　B. 35　　　　C. 40　　　　D. 45

19. 国家依法保护（　　）的宗教活动，积极引导宗教与社会主义社会相适应，维护宗教团体、宗教院校、宗教活动场所和信教公民的合法权益。
   A. 正常　　　　B. 自发　　　　C. 自愿　　　　D. 公平

20.《英雄烈士保护法》规定，国家保护英雄烈士，对英雄烈士予以（　　），加强对英雄烈士事迹和精神的宣传、教育，维护英雄烈士尊严和合法权益。
   A. 褒扬、缅怀　　B. 礼遇、纪念　　C. 褒扬、纪念　　D. 礼遇、缅怀

21.《英雄烈士保护法》规定，每年（　　）为烈士纪念日，国家在首都北京天安门广场人民英雄纪念碑前举行纪念仪式，缅怀英雄烈士。
   A. 7月1日　　　B. 8月1日　　　C. 9月30日　　　D. 10月1日

22.《香港维护国家安全法》规定，香港特别行政区居民在参选或者就任公职时应当依法签署文件确认或者宣誓拥护（　　）。
   A.《中华人民共和国宪法》
   B.《中华人民共和国国务院组织法》

C.《中华人民共和国香港特别行政区基本法》
D.《中华人民共和国香港特别行政区维护国家安全法》

23.《英雄烈士保护法》规定,（   ）应当将英雄烈士纪念设施建设和保护纳入国民经济和社会发展规划、城乡规划,加强对英雄烈士纪念设施的保护和管理。
  A. 县级以上人民政府　　　　　　　B. 市级以上人民政府
  C. 省级以上人民政府　　　　　　　D. 国家军队有关部门

24.《英雄烈士保护法》规定,教育行政部门应当以（   ）为重点,将英雄烈士事迹和精神的宣传教育纳入国民教育体系。
  A. 少年儿童　　　　　　　　　　　B. 国家机关工作人员
  C. 青少年学生　　　　　　　　　　D. 部队指战员

25. 英雄烈士没有近亲属或者近亲属不提起诉讼的,（   ）依法对侵害英雄烈士的姓名、肖像、名誉、荣誉,损害社会公共利益的行为向人民法院提起诉讼。
  A. 公安部门　　　　　　　　　　　B. 检察机关
  C. 法律援助志愿者　　　　　　　　D. 英雄烈士生前所属单位

26. 下列关于《香港维护国家安全法》的效力范围表述中,不正确的一项是（   ）。
  A. 任何人在香港特别行政区内实施本法规定的犯罪的,适用本法
  B. 犯罪的行为和结果必须两项同时发生在香港特别行政区内的,方可认定是在香港特别行政区内犯罪,适用本法
  C. 在香港特别行政区注册的船舶或者航空器内实施本法规定的犯罪的,适用本法
  D. 不具有香港特别行政区永久性居民身份的人在香港特别行政区以外针对香港特别行政区实施本法规定的犯罪的,适用本法

27.《英雄烈士保护法》规定,禁止（   ）、否定英雄烈士事迹和精神。
  A. 歪曲　　　B. 丑化　　　C. 亵渎　　　D. 以上三项都是

28.《宗教事务条例》规定,各宗教坚持（   ）的原则,宗教团体、宗教院校、宗教活动场所和宗教事务不受外国势力的支配。
  A. 独立自主　　B. 独立自办　　C. 自主自办　　D. 独立自主自办

29. 寺观教堂和其他固定宗教活动处所的区分标准由（   ）人民政府宗教事务部门制定,报国务院宗教事务部门备案。
  A. 省、自治区、直辖市　　　　　　B. 市级
  C. 县级　　　　　　　　　　　　　D. 乡级

30.《宗教事务条例》规定,以宗教活动场所为主要游览内容的景区的规划建设,应当与宗教活动场所的（   ）相协调。
  A. 风格、环境　　B. 地理、历史　　C. 建筑、文化　　D. 位置、面积

31. 县级人民政府宗教事务部门应当自收到申请之日起30日内对该宗教活动场所的管理组织、规章制度建设等情况进行审核,对符合条件的予以登记,发给（   ）。
  A.《宗教活动场所执业证》　　　　B.《宗教活动场所营业证》
  C.《宗教活动场所合格证》　　　　D.《宗教活动场所登记证》

32.《宗教事务条例》规定,宗教活动场所经批准筹备并建设完工后,应当向所在地的（   ）申请登记。

A. 县级人民政府　　　　　　　　　　B. 县级人民政府宗教事务部门
C. 县级以上人民政府　　　　　　　　D. 县级以上人民政府宗教事务部门

33. 依据《宗教事务条例》，宗教活动场所应当成立管理组织，实行（　　）管理。
    A. 科学　　　　　B. 严格　　　　　C. 民主　　　　　D. 统一

34.《宗教事务条例》规定，县级人民政府宗教事务部门应当自收到筹备设立宗教活动场所申请之日起（　　）内提出审核意见，报设区的市级人民政府宗教事务部门。
    A. 15日　　　　　B. 30日　　　　　C. 15个工作日　　D. 30个工作日

35.《宗教事务条例》规定，在宗教活动场所外举行大型宗教活动，应当由主办的宗教团体、寺观教堂在拟举行日的（　　）前，向大型宗教活动举办地的设区的市级人民政府宗教事务部门提出申请。
    A. 15日　　　　　B. 30日　　　　　C. 15个工作日　　D. 30个工作日

36.《宗教事务条例》规定，设区的市级人民政府宗教事务部门应当自受理在宗教活动场所外举行大型宗教活动申请之日起（　　）内，在征求本级人民政府公安机关意见后，作出批准或者不予批准的决定。
    A. 10日　　　　　B. 15日　　　　　C. 20日　　　　　D. 30日

37. 宗教院校以外的学校及其他教育机构（　　）传教、举行宗教活动、成立宗教组织、设立宗教活动场所。
    A. 禁止　　　　　B. 可以　　　　　C. 应当　　　　　D. 鼓励

38.《宗教事务条例》规定，从事互联网宗教信息服务，应当经（　　）宗教事务部门审核同意后，按照国家互联网信息服务管理有关规定办理。
    A. 县级人民政府　B. 市级人民政府　C. 省级人民政府　D. 国务院

39. 依据《宗教事务条例》，信仰伊斯兰教的中国公民前往国外朝觐，由（　　）负责组织。
    A. 旅行社　　　　　　　　　　　　B. 所在单位
    C. 全国性宗教团体　　　　　　　　D. 伊斯兰教全国性宗教团体

40.《英雄烈士保护法》明确了英雄烈士的保护范围，不包括（　　）。
    A. 为人民作出牺牲和贡献的先驱　　B. 为民族作出牺牲和贡献的革命先行者
    C. 为国家作出牺牲和贡献的烈士　　D. 当代在世的英雄模范

41.（　　）应当制定并落实朝觐人员境外住房租赁及分配办法，确保程序合规、工作透明、价格合理、分配公平。
    A. 国家宗教事务管理局　　　　　　B. 中国伊斯兰教协会
    C. 沙特阿拉伯伊斯兰教协会　　　　D. 国际宗教事务管理组织

42.（　　）负责建立健全境外朝觐组织工作制度，统一负责对外联络、宣传，开展对外交往。
    A. 总团　　　　　B. 省区团　　　　C. 综合团　　　　D. 分团

43.（　　）在负责组织在境内统一接送朝觐人员，维护社会正常秩序。
    A. 省级人民政府宗教事务部门　　　B. 出入境管理部门
    C. 公安部门　　　　　　　　　　　D. 省、自治区、直辖市伊斯兰教协会

44. 省区团、综合团应当配备教务人员，教务人员与朝觐人员的比例不高于（　　）。

A. 1∶300　　　B. 1∶200　　　C. 1∶100　　　D. 1∶50

45. 省区团、综合团应当配备带队人员，带队人员与朝觐人员的比例一般为（　　）。

A. 1∶15　　　B. 1∶30　　　C. 1∶45　　　D. 1∶60

46. 国务院有关部门、军队有关部门和地方人民政府应当关心英雄烈士遗属的生活情况，（　　）走访慰问英雄烈士遗属。

A. 每年定期　　B. 每季定期　　C. 每月定期　　D. 不定期

47. 宗教团体、寺观教堂拟在寺观教堂内修建大型露天宗教造像，应当由省、自治区、直辖市宗教团体向省、自治区、直辖市人民政府宗教事务部门提出申请，省、自治区、直辖市人民政府宗教事务部门应当自收到申请之日起（　　）内提出意见，报国务院宗教事务部门审批。

A. 3日　　　B. 7日　　　C. 15日　　　D. 30日

48. （　　）应当参加由国家宗教事务局会同国家卫生健康委员会组织的培训。

A. 朝觐人员　　B. 医务人员　　C. 教务人员　　D. 带队人员

49. 体检不合格的不得参加朝觐，负责收取朝觐费用的伊斯兰教协会或者代为收取朝觐费用的人民政府宗教事务部门应当在（　　）内退还朝觐费用。

A. 3个工作日　　B. 7个工作日　　C. 15个工作日　　D. 30个工作日

50. （　　）确定年度全国朝觐总名额及各省、自治区、直辖市朝觐名额。

A. 国家宗教事务局征求中国伊斯兰教协会意见后

B. 国家宗教事务局

C. 中国伊斯兰教协会

D. 国家宗教事务局与中国伊斯兰教协会分别

三、多项选择题（每题有2~5个正确答案，少选或错选均不得分，请将你认为正确的选项填入括号内）

1. 依据《香港维护国家安全法》，香港特别行政区应当加强维护国家安全和防范恐怖活动的工作，对（　　）等涉及国家安全的事宜，香港特别行政区政府应当采取必要措施，加强宣传、指导、监督和管理。

A. 学校　　　B. 媒体　　　C. 网络　　　D. 社会团体

E. 政府机关

2. 关于《香港维护国家安全法》，下列表述正确的是（　　）。

A. 香港特别行政区负有维护国家安全的根本责任，应当履行维护国家安全的职责

B. 香港特别行政区行政机关、立法机关、司法机关应当依据本法和其他有关法律规定有效防范、制止和惩治危害国家安全的行为和活动

C. 香港特别行政区维护国家安全应当尊重和保障人权

D. 防范、制止和惩治危害国家安全犯罪，应当坚持法治原则

E. 香港特别行政区应当尽早完成香港特别行政区基本法规定的维护国家安全立法，完善相关法律

3. 下列《香港维护国家安全法》关于分裂国家罪的罪行和处罚表述错误的是（　　）。

A. 任何人煽动、协助、教唆他人实施分裂国家行为的，即属犯罪

B. 任何人以金钱或者其他财物资助他人实施分裂国家行为的，即属犯罪

C. 对首要分子或者罪行重大的，处死刑或无期徒刑

D. 任何人组织、策划、实施或者参与实施破坏国家统一行为的，不论是否使用武力或者以武力相威胁，即属犯罪

E. 对积极参加的，处三年以下有期徒刑、拘役或者管制

4. 下列属于《香港维护国家安全法》规定的恐怖活动罪罪行的是（　　）。

A. 组织、策划造成或者意图造成严重社会危害恐怖活动的

B. 组织、领导恐怖活动组织的

C. 攻击、破坏香港特别行政区政权机关履职场所致使其无法正常履行职能的

D. 为恐怖活动人员提供培训的

E. 宣扬恐怖主义、煽动实施恐怖活动的

5. 《香港维护国家安全法》的立法目的是（　　）。

A. 坚定不移并全面准确贯彻"一国两制"、"港人治港"、高度自治的方针

B. 维护国家安全，防范、制止和惩治与香港特别行政区有关的分裂国家等犯罪

C. 保持香港特别行政区的繁荣和稳定

D. 促进大陆内地和香港的境外合作与交流

E. 保障香港特别行政区居民的合法权益

6. 依据《香港维护国家安全法》，下列属于香港特别行政区维护国家安全委员会职责的是（　　）。

A. 分析研判香港特别行政区维护国家安全形势

B. 推进香港特别行政区维护国家安全的法律制度和执行机制建设

C. 协调香港特别行政区维护国家安全的重点工作和重大行动

D. 调查危害国家安全犯罪案件

E. 收集分析国家安全情报信息

7. 下列关于对英雄烈士名誉荣誉法律保护的说法中，符合《英雄烈士保护法》的是（　　）。

A. 明确了侵害英雄烈士合法权益的民事、行政、刑事责任

B. 惩治一切宣扬、美化侵略战争行为

C. 禁止歪曲、丑化、亵渎、否定英雄烈士事迹和精神

D. 网信部门无权管理和打击损害英雄烈士名誉荣誉的境外信息

E. 国家建立侵害英雄烈士名誉荣誉的公益诉讼制度

8. 依据《香港维护国家安全法》，下列关于中央人民政府驻香港特别行政区维护国家安全公署人员的说法中，正确的是（　　）。

A. 驻香港特别行政区维护国家安全公署人员由中央人民政府派出

B. 驻香港特别行政区维护国家安全公署人员除须遵守全国性法律外，还应当遵守香港特别行政区法律

C. 驻香港特别行政区维护国家安全公署人员依法接受国家监察机关的监督

D. 驻香港特别行政区维护国家安全公署人员享有香港特别行政区法律规定的其他权利和豁免

E.驻香港特别行政区维护国家安全公署人员依据本法执行职务的行为,不受香港特别行政区管辖

9.关于《香港维护国家安全法》,下列表述错误的是（　　）。
A.未以武力相威胁而破坏国家统一的行为,不属犯罪
B.对提供重要线索的有关犯罪行为人可以从轻、减轻处罚
C.法人或者非法人组织实施本法规定的犯罪的,对该组织判处罚金
D.因实施本法规定的犯罪而获得的资助、收益、报酬等违法所得以及用于或者意图用于犯罪的资金和工具,应当予以追缴、没收
E.接受外国或者境外机构的指使的,从重处罚

10.国家保护英雄烈士,对英雄烈士予以（　　）、（　　）,加强对英雄烈士事迹和精神的（　　）、（　　）,维护英雄烈士尊严和合法权益。
A.推崇　　　B.褒扬　　　C.纪念　　　D.宣传
E.教育

11.下列关于《英雄烈士保护法》的说法中,错误的是（　　）。
A.于2018年4月起执行
B.彰显了国家坚决捍卫英雄烈士的鲜明价值导向和人民群众保护英雄烈士的坚定政治立场
C.以法律武器守护和捍卫英烈尊严,有力抵制了历史虚无主义
D.一共有30条法律条款
E.保护的对象既包括已经为国捐躯的英雄烈士,也包括当代的英雄模范

12.下列对英烈褒扬的表述中,符合《英雄烈士保护法》的是（　　）。
A.军队有关部门按照国务院、中央军事委员会的规定,做好英雄烈士保护工作
B.英雄烈士事迹和精神是社会主义核心价值观的重要体现
C.各级人民政府应将宣传、弘扬英雄烈士事迹和精神作为社会主义精神文明建设的重要内容
D.市级以上人民政府应当将英雄烈士保护工作经费列入本级预算
E.全社会都应当崇尚、学习、捍卫英雄烈士

13.下列关于对英雄烈士纪念设施保护管理的说法中,不符合《英雄烈士保护法》的是（　　）。
A.英雄烈士纪念设施包括烈士陵园、纪念堂、纪念碑、纪念像等
B.英雄烈士纪念设施必须免费向社会开放,供公众开展纪念教育活动
C.县级以上人民政府应当将英雄烈士纪念设施建设和保护纳入国民经济和社会发展规划、城乡规划
D.英雄烈士纪念设施保护单位应当保持英雄烈士纪念设施庄严、肃穆、清净的环境和氛围
E.县级人民政府财政对革命老区、民族地区、边疆地区、贫困地区英雄烈士纪念设施的修缮保护,应当按照国家规定予以补助

14.根据《香港维护国家安全法》,下列由驻香港特别行政区维护国家安全公署对本法规定的危害国家安全犯罪案件行使管辖权的情形包括（　　）。

A. 出现香港特别行政区政府无法有效执行本法的严重情况的
B. 香港特别行政区政府依法委托的
C. 香港特别行政区维护国家安全委员会依法委托的
D. 出现国家安全面临重大现实威胁的情况的
E. 案件涉及外国或者境外势力介入的复杂情况，香港特别行政区管辖确有困难的

15. 下列关于违反《英雄烈士保护法》承担相关法律责任的说法中，错误的选项包括（   ）。
    A. 破坏、污损英雄烈士纪念设施的，构成犯罪的，由地方县级以上公安机关依法给予治安管理处罚
    B. 不听纪念设施保护单位劝阻，从事有损纪念英雄烈士环境和氛围的活动的，由国务院文物主管部门规定给予批评教育，责令改正
    C. 宣扬、美化侵略战争和侵略行为，寻衅滋事，扰乱公共秩序，构成违反治安管理行为的，由公安机关依法给予治安管理处罚
    D. 以侮辱、诽谤侵害英雄烈士的肖像，损害社会公共利益的，依法承担民事责任
    E. 在英雄烈士保护工作中滥用职权、玩忽职守、徇私舞弊的，对直接负责的主管人员和其他直接责任人员，依法给予处分

16. 下列关于弘扬传承英雄烈士精神的表述中，正确的是（   ）。
    A. 国家鼓励和支持开展对英雄烈士事迹和精神的研究
    B. 各级人民政府应当加强对英雄烈士遗物、史料的收集、保护工作
    C. 国家鼓励和支持革命老区发挥当地资源优势，开展英雄烈士事迹和精神的研究、宣传和教育工作
    D. 电视台应当通过播放英雄烈士题材作品广泛宣传英雄烈士事迹和精神
    E. 教育行政部门应当以成人为重点，将英雄烈士事迹和精神的宣传教育纳入终身教育

17. 《宗教事务条例》规定，有关单位和个人在宗教活动场所内从事（   ）活动，应当事先征得该宗教活动场所同意。
    A. 设立商业服务网点　　　　　　B. 拍摄电影电视片
    C. 合影留念　　　　　　　　　　D. 举办陈列展览
    E. 安全检查

18. 下列关于宗教事务管理的表述中，错误的是（   ）。
    A. 国家依法保护正常的宗教活动
    B. 各级人民政府应当为宗教团体、宗教院校和宗教活动场所提供公共服务
    C. 乡级人民政府应当做好本行政区域的宗教事务管理工作
    D. 组织或者个人在对外经济、文化等合作、交流活动中可以接受附加宗教条件
    E. 宗教活动场所的区分标准由县级人民政府制定，报上一级人民政府备案

19. 根据《宗教事务条例》，设立宗教活动场所应当具备的条件包括（   ）。
    A. 当地信教公民有临时性进行集体宗教活动的需要
    B. 有拟主持宗教活动的宗教教职人员或者符合本宗教规定的其他人员
    C. 有必要的资金，资金来源渠道合法
    D. 布局合理，符合城乡规划要求，不妨碍周围单位和居民的正常生产、生活

E. 设立宗旨不违背本条例第四、第五条的规定

20. 《宗教事务条例》规定，信教公民的集体宗教活动，一般应当在宗教活动场所内举行，由（　　）组织，由宗教教职人员或者符合本宗教规定的其他人员主持，按照教义教规进行。
   A. 宗教活动场所　　B. 宗教团体　　C. 宗教院校　　D. 政府宗教事务部门
   E. 高校宗教研究所

21. 下列关于宗教对外交往原则的表述正确的是（　　）
   A. 宗教事务不受外国势力的支配
   B. 各宗教坚持独立自主自办的原则
   C. 宗教团体应在相互尊重的基础上交往合作
   D. 宗教教职人员可以平等友好开展对外交流
   E. 其他组织在对外合作活动中可以接受附加的宗教条件

22. 《宗教事务条例》规定，（　　）不得组织、举行宗教活动，不得接受宗教性的捐赠。
   A. 非宗教团体　　B. 非宗教院校　　C. 非宗教活动场所　　D. 非宗教教职人员
   E. 非指定的经常活动

23. 《宗教事务条例》规定，禁止在宗教院校以外的学校及其他教育机构（　　）。
   A. 传教　　B. 成立宗教研究所　　C. 举行宗教活动　　D. 成立宗教组织
   E. 设立宗教活动场所

24. 《宗教事务条例》规定，互联网宗教信息服务的内容应当符合有关（　　）的相关规定。
   A. 法律　　B. 法规　　C. 规章　　D. 国家标准
   E. 宗教事务管理

25. 《宗教事务条例》规定，宗教活动场所、大型露天宗教造像的建设应当符合（　　）等有关法律法规。
   A. 文物保护　　　　　　　　　B. 城乡规划和工程建设
   C. 旅游总体规划　　　　　　　D. 土地利用总体规划
   E. 交通总体规划

26. 下列关于朝觐人员教育和培训的表述正确的是（　　）。
   A. 应对朝觐人员开展政策法规、爱国主义、民族团结的教育培训
   B. 应对朝觐人员开展外事纪律、安全防范、领事保护和协助常识的教育培训
   C. 应当对朝觐人员开展宗教知识、中国伊斯兰教传统等方面的教育培训
   D. 朝觐人员应当参加中国伊斯兰教协会组织的教务培训
   E. 朝觐人员应当参加由国家宗教事务局会同国家卫生健康委员会组织的医务培训

27. （　　）应当配备医务人员，医务人员与朝觐人员的比例一般为（　　）。省级人民政府宗教事务部门、卫生健康行政部门应当将选派医务人员情况报（　　）备案。
   A. 省区团、综合团　　　　　　B. 1∶200
   C. 1∶100　　　　　　　　　　D. 国家卫生健康委员会
   E. 国家宗教事务局

28. （　　）组织成立中国朝觐工作（　　），每年朝觐人数超过（　　）人的省、自治区、

直辖市伊斯兰教协会组织成立地方朝觐工作（　　）。
   A. 国家宗教事务局　　　　　　　　B. 中国伊斯兰教协会
   C. 总团　　　　　　　　　　　　　D. 100
   E. 省区团

29. 下列关于公民申请朝觐的基本条件表述正确的是（　　）。
   A. 爱国守法，品行端正
   B. 身体健康，无不适宜乘坐飞机、汽车长途旅行的病症
   C. 不具有《中华人民共和国出境入境管理法》规定不准出境的情形
   D. 有能力支付朝觐相关费用
   E. 参加过朝觐，能够独立完成朝觐期间各项宗教活动

30. 《伊斯兰教朝觐事务管理办法》第九条规定，省级人民政府宗教事务部门应当综合考虑本地（　　）等因素，每年向国家宗教事务局申报拟参加朝觐名额。
   A. 宗教信仰情况　　　　　　　　　B. 经济发展水平
   C. 伊斯兰教协会组织能力　　　　　D. 宗教事务管理能力
   E. 群众生活条件及朝觐需求

31. （　　）等部门应当对有关中介机构、旅行社及相关企业进行监督管理，依法制止利用（　　）、（　　）、（　　）等进行的非法朝觐活动。
   A. 商务　　　　　　　　　　　　　B. 旅游
   C. 探亲　　　　　　　　　　　　　D. 人民政府公安、文化旅游、市场监管
   E. 人民政府宗教事务管理

32. （　　）按照国家有关规定可以编印、发送宗教内部资料性出版物。
   A. 宗教团体　　　B. 宗教院校　　　C. 寺观教堂　　　D. 宗教学者
   E. 宗教管理部门

33. 下列关于英雄烈士遗属抚恤优待的表述错误的是（　　）。
   A. 国家鼓励和支持自然人、法人和非法人组织以捐赠财产方式参与英雄烈士保护工作
   B. 国家鼓励和支持自然人、法人和非法人组织帮扶英雄烈士遗属
   C. 英雄烈士遗属按照国家规定享受教育、就业、养老、住房、医疗等方面的优待
   D. 自然人、法人和非法人组织捐赠财产用于英雄烈士保护的，依法享受免税优惠
   E. 抚恤优待英雄烈士遗属的水平应当高当地基本国民经济和社会发展情况

34. 省区团、综合团应当配备带队人员，带队人员从（　　）选派。
   A. 国家宗教事务局　　　　　　　　B. 地方人民政府宗教事务部门
   C. 伊斯兰教协会　　　　　　　　　D. 伊斯兰教经学院
   E. 朝觐目的地宗教事务组织

35. 下列关于维护国家安全公署职责的表述正确的是（　　）。
   A. 分析研判香港特别行政区维护国家安全形势
   B. 监督、指导、协调、支持香港特别行政区履行维护国家安全的职责
   C. 依法办理危害国家安全犯罪案件
   D. 收集分析国家安全情报信息
   E. 驻香港特别行政区维护国家安全公署人员不受国家监察机关监督

第七章 民法基本知识

一、判断题（判断下列各题是否正确，正确的请在答卷中相应题号后的括号内打"√"，错误的打"×"）

1. 处理民事纠纷，应当依照法律；法律没有规定的，可以适用法规，但是不得违背公序良俗。（　　）
2. 16周岁以上的未成年人，以自己的劳动收入为主要生活来源的，视为完全民事行为能力人。（　　）
3. 法人是指具有民事权利能力和民事行为能力，依法独立享有民事权利和承担民事义务的人。（　　）
4. 法人的民事行为能力和民事权利能力同时产生、同时终止。（　　）
5. 民事主体从事民事活动，应当有利于节约资源、保护生态环境。（　　）
6. 民法调整平等主体的自然人、法人和非法人组织之间的人身关系和财产关系。（　　）
7. 民事主体从事民事活动，应当遵循自愿原则，合理确定各方的权利和义务。（　　）
8. 依法不需要办理法人登记的事业单位，从成立之日起，具有事业单位法人资格。（　　）
9. 人格权受到侵害的，受害人应当依照《民法典》的规定请求行为人承担民事责任。（　　）
10. 法律、行政法规规定或者当事人约定民事法律行为采用特定形式的，应当采用特定形式。（　　）
11. 以非对话方式作出的意思表示，相对人知道其内容时生效。（　　）
12. 基于误解实施的民事法律行为，行为人有权请求人民法院或者仲裁机构予以撤销。（　　）
13. 二人以上依法承担按份责任，无论责任大小，平均承担责任。（　　）
14. 基金会和社会服务机构依法不需要办理法人登记的，从成立之日起，取得法人资格。（　　）
15. 民事主体因同一行为应当承担民事责任、行政责任和刑事责任，民事主体的财产不足以支付的，优先用于承担民事责任。（　　）
16. 胎儿娩出时为死体的，其民事权利能力自娩出时不存在。（　　）
17. 无民事行为能力人、限制民事行为能力人的监护人是其近亲属。（　　）
18. 自然人以户籍登记或者其他有效身份登记记载的居所为住所；经常居所与住所不一致的，经常居所视为住所。（　　）
19. 法人以其法定代表人全部财产独立承担民事责任。（　　）

20. 法人合并的,其权利和义务由合并后的法人享有和承担。( )
21. 法人分立的,其权利和义务由分立后的法人享有按份债权,承担按份债务,但是债权人和债务人另有约定的除外。( )
22. 清算期间法人不存续,同时不得从事与清算无关的活动。( )
23. 法人存续期间登记事项发生变化的,应当依法向登记机关申请注销后重新登记。( )
24. 民事法律行为可以基于双方或者多方的意思表示一致成立,也可以基于单方的意思表示成立。( )
25. 无民事行为能力人实施的民事法律行为无效,法律另有规定的除外。( )

二、单项选择题(下列各题的选项中,只有一项是正确的,请将正确答案的选项填入括号内)

1. 《中华人民共和国民法典》自( )起施行。
   A. 2020 年 5 月 28 日　　　　　　B. 2020 年 10 月 1 日
   C. 2021 年 1 月 1 日　　　　　　　D. 2021 年 5 月 1 日
2. 民法调整的是平等主体之间的( )。
   A. 人身关系　　　　　　　　　　B. 财产关系
   C. 人身关系或财产关系　　　　　D. 人身关系和财产关系
3. 涉及遗产继承、接受赠与等胎儿利益保护的,胎儿( )。
   A. 具有民事权利能力　　　　　　B. 具有部分民事权利能力
   C. 视为具有民事权利能力　　　　D. 无民事行为能力
4. 16 周岁以上的未成年人,以自己的劳动收入为主要生活来源的,( )。
   A. 是完全民事行为能力人　　　　B. 视为完全民事行为能力人
   C. 是限制民事行为能力人　　　　D. 是无民事行为能力人
5. 无民事行为能力人由其( )代理实施民事法律行为。
   A. 法定代理人　　　　　　　　　B. 委托代理人
   C. 指定代理人　　　　　　　　　D. 委托代理人或指定代理人
6. 不能辨认或者不能完全辨认自己行为的成年人,其利害关系人或者有关组织,可以向( )申请认定该成年人为无民事行为能力人或者限制民事行为能力人。
   A. 公安机关　　　　　　　　　　B. 人民法院
   C. 人民检察院　　　　　　　　　D. 居民委员会或村民委员会
7. 行为人拒不承担相应民事责任的,人民法院可以采取在报刊、网络等媒体上发布公告或者公布生效裁判文书等方式执行,产生的费用由( )负担。
   A. 行为人　　　　　　　　　　　B. 人民法院
   C. 行为人或人民法院　　　　　　D. 行为人和人民法院
8. 隐私是自然人的私人生活安宁和不愿为他人知晓的私密空间、私密活动和( )。
   A. 私密照片　　B. 私密财产　　C. 私密习惯　　D. 私密信息
9. 物权的种类和内容,由( )规定。
   A. 法律　　　　　　　　　　　　B. 行政法规

C. 法律或行政法规　　　　　　　　D. 法律和行政法规

10. 为了公共利益的需要，依照法律规定的权限和程序征收、征用不动产或者动产的，应当给予公平、合理的（　　）。
    A. 赔偿　　　B. 补偿　　　C. 赔偿或补偿　　　D. 赔偿和补偿

11. 没有法定的或者约定的义务，为避免他人利益受损失而进行管理的人，有权请求受益人偿还由此支出的（　　）费用。
    A. 合法　　　B. 合理　　　C. 必要　　　D. 适当

12. 以对话方式作出的意思表示，（　　）时生效。
    A. 告知相对人　　　　　　　　B. 到达相对人
    C. 相对人知道其内容　　　　　D. 相对人理解其内容

13. 无相对人的意思表示，（　　）时生效。
    A. 表示开始　　　　　　　　　B. 表示完成
    C. 到达第三人　　　　　　　　D. 第三人知道内容

14. 民事法律行为自（　　）时生效，但是法律另有规定或者当事人另有约定的除外。
    A. 发生　　　B. 成立　　　C. 完成　　　D. 认定

15. 相对人可以催告无民事行为能力人或者限制民事行为能力人的法定代理人自收到通知之日起（　　）内予以追认。
    A. 15 日　　　　　　　　　　B. 15 个工作日
    C. 30 日　　　　　　　　　　D. 30 个工作日

16. 法人清算后的剩余财产，按照（　　）处理。
    A. 法人章程的规定　　　　　　B. 法人权力机构
    C. 法人章程的规定或者法人权力机构　　D. 法人章程的规定和法人权力机构

17. 当事人自知道或者应当知道撤销事由之日起（　　）内没有行使撤销权的，撤销权消灭。
    A. 30 日　　　B. 60 日　　　C. 90 日　　　D. 1 年

18. 重大误解的当事人自知道或者应当知道撤销事由之日起（　　）内没有行使撤销权的，撤销权消灭。
    A. 30 日　　　B. 60 日　　　C. 90 日　　　D. 1 年

19. 当事人受胁迫，自胁迫行为终止之日起（　　）内没有行使撤销权的，撤销权消灭。
    A. 30 日　　　B. 60 日　　　C. 90 日　　　D. 1 年

20. 当事人自民事法律行为发生之日起（　　）内没有行使撤销权的，撤销权消灭。
    A. 1 年　　　B. 3 年　　　C. 5 年　　　D. 10 年

21. 民事法律行为无效、被撤销或者确定不发生效力后，行为人因该行为取得的财产，应当予以返还；不能返还或者没有必要返还的，应当（　　）补偿。
    A. 适当　　　B. 合理　　　C. 等额　　　D. 折价

22. 因保护他人民事权益使自己受到损害的，由侵权人承担民事责任，受益人可以给予（　　）。
    A. 合理补偿　　　B. 合理赔偿　　　C. 适当补偿　　　D. 适当赔偿

23. 因自愿实施紧急救助行为造成受助人损害的，救助人（　　）。

A. 不承担民事责任 B. 应当承担全部民事责任
C. 应当承担部分民事责任 D. 可以免除民事责任

24. 法定代表人因执行职务造成他人损害的，由（　　）承担民事责任。
A. 法定代表人 B. 法人
C. 法定代表人或法人 D. 法定代表人和法人

25. 法人依法需要办理登记的，应当将（　　）登记为住所。
A. 核心办事机构所在地 B. 重要办事机构所在地
C. 主要办事机构所在地 D. 总部办事机构所在地

26. 当事人对肖像许可使用合同中关于肖像使用条款的理解有争议的，应当作出有利于（　　）的解释。
A. 肖像权人 B. 肖像权使用人
C. 肖像权人或肖像权使用人 D. 肖像权人和肖像权使用人

27. 其他法律对民事关系有特别规定，依照（　　）。
A.《民法典》规定 B. 该法律规定
C.《民法典》或者该法律规定 D.《民法典》和该法律规定

28. 分支机构以自己的名义从事民事活动，产生的民事责任由（　　）承担。
A. 分支机构 B. 法人
C. 分支机构或法人 D. 分支机构和法人

29. 没有侵权人、侵权人逃逸或者无力承担民事责任，受害人请求补偿的，受益人（　　）。
A. 可以给予适当补偿 B. 应当给予适当补偿
C. 可以给予合理补偿 D. 应当给予合理补偿

30. 二人以上依法承担连带责任的，权利人（　　）承担责任。
A. 应当请求部分连带责任人 B. 应当请求全部连带责任人
C. 可以请求部分或者全部连带责任人 D. 应当请求部分或者全部连带责任人

31. 设立人为设立法人从事的民事活动，如果法人未成立，其法律后果由（　　）承受。
A. 法人 B. 设立人
C. 法人或设立人 D. 法人和设立人

32. 在自然人或者其监护人同意的范围内合理实施的处理个人信息的行为，（　　）。
A. 不承担责任 B. 应当承担部分责任
C. 应当承担全部责任 D. 可以减免法律责任

33. 任何组织或者个人需要获取他人个人信息的，应当依法取得并确保信息（　　），不得非法收集、使用、加工、传输他人个人信息，不得非法买卖、提供或者公开他人个人信息。
A. 准确 B. 安全 C. 完整 D. 可靠

34. 代理人知道或者应当知道代理事项违法仍然实施代理行为，或者被代理人知道或者应当知道代理人的代理行为违法未作反对表示的，被代理人和代理人应当承担（　　）责任。
A. 共同 B. 按份 C. 连带 D. 补充

35. 法定代表人以法人名义从事的民事活动，其法律后果由（　　）承受。
    A. 法人　　　　　　　　　　　　B. 法定代表人
    C. 法人或法定代表人　　　　　　D. 法人和法定代表人

36. 自然人可以将自己的姓名、肖像等许可他人使用，但是（　　）的除外。
    A. 依照法律、行政法规规定不得许可
    B. 根据其使用范围不得许可
    C. 依照法律规定或者根据其性质不得许可
    D. 依照法律规定和根据其性质不得许可

37. 依照法律或者（　　）的规定，代表法人从事民事活动的负责人是法人的法定代表人。
    A. 法规　　　　B. 规章　　　　C. 法人章程　　　　D. 法人制度

38. 不满（　　）的未成年人为无民事行为能力人。
    A. 8 周岁　　　　B. 10 周岁　　　　C. 14 周岁　　　　D. 16 周岁

39. 民事主体从事民事活动，应当遵循（　　）原则，合理确定各方的权利和义务。
    A. 自愿　　　　B. 公平　　　　C. 平等　　　　D. 诚信

40. 有相对人的意思表示的解释，应当按照所使用的词句，结合相关条款、行为的性质和目的、习惯以及（　　），确定意思表示的含义。
    A. 平等原则　　　B. 自愿原则　　　C. 公平原则　　　D. 诚信原则

41. 民事主体从事民事活动，应当遵循（　　）原则，合理确定各方的权利和义务。
    A. 自愿　　　　B. 公平　　　　C. 合法　　　　D. 公序良俗

42. 自然人没有出生证明的，出生时间以（　　）为准。
    A. 户籍登记时间
    B. 其他有效身份登记记载的时间
    C. 户籍登记或者其他有效身份登记记载的时间
    D. 户籍登记和其他有效身份登记记载的时间

43. 以虚假的意思表示隐藏的民事法律行为，（　　）。
    A. 一律无效　　　　　　　　　　B. 效力待定
    C. 一律无效，法律另有规定的除外　D. 依照有关法律规定处理

44. 基于重大误解实施的民事法律行为，行为人有权请求（　　）予以撤销。
    A. 人民法院　　　　　　　　　　B. 仲裁机构
    C. 人民法院或者仲裁机构　　　　D. 人民法院和仲裁机构

45. 委托代理人按照（　　）行使代理权。
    A. 被代理人的委托　　　　　　　B. 法律的规定
    C. 被代理人的委托或法律的规定　D. 被代理人的委托和法律的规定

46. 如果代理人和相对人恶意串通，损害被代理人合法权益的，代理人和相对人应当承担（　　）责任。
    A. 共同　　　　B. 按份　　　　C. 连带　　　　D. 补充

47. 相对人知道或者应当知道行为人无权代理的，相对人和行为人（　　）。
    A. 承担连带责任　　　　　　　　B. 按照各自的过错承担责任
    C. 承担共同责任　　　　　　　　D. 按照各自的过失承担责任

48. 民事主体可以将自己的姓名、名称、肖像等许可他人使用，但是依照法律规定或者（　　）的除外。
    A. 根据其性质不得许可　　　　　　B. 根据当事人约定
    C. 根据其性质不得许可或当事人约定　D. 根据其性质不得许可和当事人约定

49. 民事主体有证据证明行为人正在实施或者即将实施侵害其人格权的违法行为，不及时制止将使其合法权益受到难以弥补的损害的，有权依法向（　　）申请采取责令行为人停止有关行为的措施。
    A. 人民法院　　　　　　　　　　　B. 仲裁机构
    C. 人民法院或者仲裁机构　　　　　D. 人民法院和仲裁机构

50. 危险由自然原因引起的，紧急避险人不承担民事责任，（　　）。
    A. 应当给予适当补偿　　　　　　　B. 应当给予合理补偿
    C. 可以给予适当补偿　　　　　　　D. 可以给予合理补偿

三、多项选择题（每题有2~5个正确答案，少选或错选均不得分，请将你认为正确的选项填入括号内）

1. 依据我国民法典规定，法人的类型包括（　　）。
   A. 营利法人　　B. 非营利法人　　C. 公益法人　　D. 一般法人
   E. 特别法人

2. 处理个人信息的，应当遵循（　　）原则，不得过度处理。
   A. 合法　　　　B. 合理　　　　　C. 正当　　　　D. 适当
   E. 必要

3. 营利法人是指以取得利润并分配给股东等出资人为目的成立的法人，包括（　　）等。
   A. 有限责任公司　B. 股份有限公司　C. 合伙企业　　D. 其他企业法人
   E. 个体工商户

4. 为公共利益实施新闻报道、舆论监督等行为的，可以合理使用民事主体的（　　）等；使用不合理侵害民事主体人格权的，应当依法承担民事责任。
   A. 姓名　　　　B. 名称　　　　　C. 肖像　　　　D. 财产
   E. 个人信息

5. 自然人享有隐私权，任何组织或者个人不得以（　　）等方式侵害他人的隐私权。
   A. 言语　　　　B. 侵扰　　　　　C. 刺探　　　　D. 泄露
   E. 公开

6. 非营利法人是指以公益目的或者其他非营利目的成立，不向出资人、设立人或者会员分配所取得利润的法人，包括（　　）。
   A. 事业单位　　B. 社会团体　　　C. 基金会　　　D. 私立学校
   E. 社会服务机构

7. 自然人的个人信息受法律保护，个人信息是以电子或者其他方式记录的能够单独或者与其他信息结合识别特定自然人的各种信息，包括自然人的（　　）等。
   A. 姓名　　　　B. 出生日期　　　C. 籍贯　　　　D. 身份证件号码
   E. 行踪信息

8. 个人信息的处理包括个人信息的收集、存储、使用、（　　）等。
   A. 加工　　　　　B. 编辑　　　　　C. 传输　　　　　D. 提供
   E. 公开

9. 侵害英雄烈士等的（　　），损害社会公共利益的，应当承担民事责任。
   A. 姓名　　　　　B. 肖像　　　　　C. 名誉　　　　　D. 荣誉
   E. 名称

10. 自然人享有肖像权，有权依法（　　）自己的肖像。
    A. 制作　　　　　B. 使用　　　　　C. 公开　　　　　D. 转让
    E. 许可他人使用

11. 民事法律行为的生效要件包括（　　）。
    A. 行为人具有完全民事行为能力　　　B. 行为人具有相应的民事行为能力
    C. 意思表示真实　　　　　　　　　　D. 不违反法律、行政法规的强制性规定
    E. 不违背公序良俗

12. 一方利用对方处于（　　）等情形，致使民事法律行为成立时显失公平的，受损害方有权请求人民法院或者仲裁机构予以撤销。
    A. 危困状态　　　B. 危急状态　　　C. 危险状态　　　D. 缺乏判断能力
    E. 丧失辨识能力

13. 下列属于绝对无效的民事法律行为的有（　　）。
    A. 违反法律的强制性规定的民事法律行为
    B. 违反行政法规的强制性规定的民事法律行为
    C. 违背公序良俗的民事法律行为
    D. 行为人与相对人恶意串通，损害他人合法权益的民事法律行为
    E. 行为人以欺诈手段，使对方在违背真实意思的情况下实施的民事法律行为

14. 下列属于可撤销的民事法律行为的有（　　）。
    A. 基于误解实施的民事法律行为
    B. 因一方欺诈，当事人在违背真实意思的情况下实施的民事法律行为
    C. 因第三人胁迫，当事人在违背真实意思的情况下实施的民事法律行为
    D. 一方利用对方处于危困状态，致使成立时显失公平的民事法律行为
    E. 一方利用对方处于缺乏判断能力等情形，致使成立时显失公平的民事法律行为

15. 依据我国民法典规定，特别法人包括（　　）。
    A. 机关法人　　　　　　　　　　　　B. 农村集体经济组织法人
    C. 城镇农村的合作经济组织法人　　　D. 基层群众性自治组织法人
    E. 事业单位法人

16. 不能完全辨认自己行为的成年人可以独立实施纯获利益的民事法律行为或者与其（　　）相适应的民事法律行为。
    A. 年龄　　　　　B. 智力　　　　　C. 职业　　　　　D. 财产状况
    E. 精神健康状况

17. 8周岁以上的未成年人可以独立实施纯获利益的民事法律行为或者与其（　　）相适应的民事法律行为。

A. 年龄　　　　　B. 智力　　　　　C. 职业　　　　　D. 财产状况
E. 精神健康状况

18. 被人民法院认定为无民事行为能力人或者限制民事行为能力人的，经（　　）申请，人民法院可以根据其智力、精神健康恢复的状况，认定该成年人恢复为限制民事行为能力人或者完全民事行为能力人。
    A. 本人　　　　　B. 利害关系人　　C. 居民委员会　　D. 村民委员会
    E. 公安机关

19. 有下列（　　）原因之一并依法完成清算、注销登记的，法人终止。
    A. 法人的权力机构决议解散　　　　B. 因法人合并需要解散
    C. 法人被宣告破产　　　　　　　　D. 法律规定的其他原因
    E. 行政法规规定的其他原因

20. 限制民事行为能力人实施的纯获利益的民事法律行为或者与其（　　）相适应的民事法律行为有效。
    A. 年龄　　　　　B. 智力　　　　　C. 职业　　　　　D. 财产状况
    E. 精神健康状况

参考答案及解析

第八章 合同法律制度

一、判断题（判断下列各题是否正确，正确的请在答卷中相应题号后的括号内打"√"，错误的打"×"）

1. 组团社因未达到约定人数不能出团的，可以直接委托其他旅行社履行合同。（　）
2. 客运合同的主体是承运人的运送行为，即将旅客运输到约定地点的行为。（　）
3. 逾期交付标的物的，遇价格下降时，按照原价格执行。（　）
4. 合同是平等主体的自然人、法人和其他组织之间建立的一种行政法律关系。（　）
5. 合同执行政府指导价的，在合同约定的交付期限内政府价格调整时，按照交付时的价格计价。（　）
6. 对格式条款有两种以上解释的，应当作出有利于格式条款提供一方的解释。（　）
7. 合同依法成立后，无论是否生效，均对当事人产生法律约束力。（　）
8. 合同转让是合同内容发生变化，不是合同主体的改变。（　）
9. 合同的变更，是指合同内容的变化，包括合同当事人或者合同主体的改变。（　）
10. 债务人将合同的债务全部或者部分转移给第三人，未经债权人同意的，不具有法律效力。（　）
11. 当事人无约定、法律未规定须采用特定形式的合同，可以采用口头形式。（　）
12. 旅游行程结束前，因旅游者原因解除合同的，组团社无须退还余款。（　）
13. 不论何种情形导致行程中合同解除、旅游者需要返程的，旅行社都必须协助其返程。（　）
14. 旅游者在自由活动期间发生意外事故的，旅行社应当承担相应责任。（　）
15. 由于旅游者自身原因导致包价旅游合同不能按照约定履行的，旅行社不承担责任。（　）
16. 委托代理人授权可采用书面形式，也可采用口头形式。（　）
17. 依法成立的合同，不仅对当事人具有法律约束力，也对当事人所在的组织机构或相关人员具有一定约束力。（　）
18. 因不可抗力等客观原因对旅游合同做部分变更后，合同的其他部分依然可以继续履行。（　）
19. 逾期提取标的物或者逾期付款的，遇价格下降时，按照原价格执行。（　）
20. 因不可抗力造成旅游者滞留的，旅行社应当采取相应的安置措施，因此支出的费用，由旅游者承担。（　）
21. 承运人擅自降低服务标准的，不需向旅客退票或者减收票款。（　）
22. 旅客因自身的原因不能按照客票记载的时间乘坐的可以随时办理退票或者变更

手续。   (   )
23. 法律、行政法规规定或者当事人约定合同采用书面形式订立，当事人未采用书面形式但是一方已经履行主要义务，该合同成立。   (   )
24. 按时将旅客送达是承运人的最大义务。   (   )
25. 任何情况下未经委托人同意，受托人都应当对转委托的第三人的行为承担责任。
                                                                  (   )
26. 当事人采用合同书形式订立合同的，自当事人均签名、盖章或者按指印时合同成立。在签名、盖章或者按指印之前，当事人一方已经履行主要义务时，该合同成立。
                                                                  (   )
27. 合同编作为《民法典》的重要组成部分，不仅可以调整因合同产生的民事法律关系，还可以调整行政法律关系。   (   )
28. 约定的违约金低于造成的损失的，人民法院或者仲裁机构可以根据当事人请求予以增加。   (   )
29. 当事人就迟延履行约定违约金的，违约方支付违约金后，不需要再履行债务。(   )
30. 从事公共运输的承运人不得拒绝旅客、托运人的运输要求。   (   )
31. 债务人可以将合同的债务全部或者部分转移给第三人，必须经过债权人的同意。
                                                                  (   )

二、单项选择题（下列各题的选项中，只有一项是正确的，请将正确答案的选项填入括号内）

1. 旅游交通工具的档次、住宿饭店的星级标准属于旅游合同的（   ）。
   A. 标的   B. 质量   C. 数量   D. 价款
2. 对有争议的合同条款，应当按照所使用的词句，结合（   ）原则，确定意思表示的含义。
   A. 公平   B. 诚信   C. 合理   D. 平等
3. 下列关于情势变更与不可抗力的相同点的说法中，不正确的是（   ）。
   A. 均不属商业风险
   B. 当事人事先无法预见
   C. 发生及影响可部分归责于当事人
   D. 均可能对合同的履行和责任承担造成影响，并产生相应法律后果
4. 某社组团赴西藏旅游，合同载明"本旅游团须有15人以上签约方能成行，如人数未达到，旅行社可于约定出发前5日通知游客解除合同"。该合同解除属于（   ）。
   A. 法定解除   B. 约定解除   C. 协商解除   D. 单方解除
5. 根据《民法典》的规定，违反合同一方要承担违约责任，下列选项中不属于承担违约责任的方式的是（   ）。
   A. 继续履行   B. 采取补救措施   C. 仲裁解决   D. 赔偿损失
6. 《民法典》对格式条款的解释原则作了规定，下列选项中不符合规定的是（   ）。
   A. 格式条款与非格式条款不一致的，应当采用非格式条款
   B. 对格式条款有两种以上理解的，应作出不利于提供格式条款一方的解释

C. 对格式条款的理解发生争议的，应当按照通常的理解予以解释
D. 对格式条款有两种以上理解的，其解释权属于提供格式条款的一方

7. 合同文本采用两种以上文字订立，各文本使用的词句不一致的，应当根据（　　）原则予以解释。
   A. 公平　　　　B. 诚信　　　　C. 合理　　　　D. 平等

8. 《民法典》第四百九十六条第二款对格式条款做出限制性规定：采用格式条款订立合同的，提供格式条款的一方应当遵循（　　）原则确定当事人之间的权利和义务。
   A. 公平　　　　B. 诚信　　　　C. 合理　　　　D. 平等

9. 合同是民事主体之间设立、变更、终止（　　）法律关系的协议。
   A. 民事　　　　B. 刑事　　　　C. 经济　　　　D. 行政

10. 根据《旅游法》的规定，下列选项中，不是包价旅游合同应当包括的内容是（　　）。
    A. 旅行社的基本信息　　　　　　B. 旅游行程安排
    C. 旅游团成团的最低人数　　　　D. 导游及领队的基本信息

11. 甲、乙两旅行社均未按照合同约定履行义务，对此，（　　）违约责任。
    A. 双方当事人均不承担　　　　　B. 双方当事人分担
    C. 双方当事人各自承担相应的　　D. 先违约的一方承担

12. 某当事人因迟延履行合同后发生不可抗力导致合同无法履行的，该当事人（　　）。
    A. 因不可抗力，不承担责任　　　B. 因不可抗力，责任得以减轻
    C. 不能免除责任　　　　　　　　D. 与另一方分担责任

13. 下列关于合同履行可能出现的特殊情况中，说法错误的是（　　）。
    A. 债权人变更住所没有通知债务人，致使债务履行发生困难的，债务人可以中止履行
    B. 债务人提前履行债务给债权人增加的费用，由债务人负担
    C. 任何情况下，债权人都有权拒绝债务人提前履行债务
    D. 合同生效后，当事人不得因法定代表人、负责人、承办人的变动而不履行合同义务

14. 根据《民法典》的规定，给付定金的一方不履行约定的债务的，无权要求返还定金；收受定金的一方不履行约定的债务的，应当（　　）返还定金。
    A. 差额　　　　B. 等额　　　　C. 双倍　　　　D. 三倍

15. 下列有关不可抗力与情势变更的不同之处，说法错误的是（　　）。
    A. 法律效果不同　　　　　　　　B. 对合同的影响方式和程度不同
    C. 适用对象不同　　　　　　　　D. 当事人行使方式和程度不同

16. 下列选项中，不属于合同特征的是（　　）。
    A. 合同是一种民事法律关系
    B. 订立合同的主体在法律上是平等的
    C. 合同是两个当事人意思一致的表示
    D. 合同以设立、变更或终止民事权利义务关系为目的和宗旨

17. 可以作为旅游合同主体的是（　　）。
    A. 患有精神病的张某　　　　　　B. 15岁的刘某
    C. 13岁李某的父亲　　　　　　　D. 17岁的中学生王某

18. 下列选项中，不属于合同依法成立条件的是（　　）。

A. 合同当事人是合格的主体　　　　　B. 合同双方意思表示一致
C. 符合合同编规定的合同成立时间　　D. 符合合同编规定的合同成立条件

19. 根据《民法典》总则编的规定，订立合同的当事人，应当具有相应的（　　）。
A. 民事权利能力　　　　　　　　　　B. 民事行为能力
C. 民事权利能力或民事行为能力　　　D. 民事权利能力和民事行为能力

20. 订立包价旅游服务合同，（　　）。
A. 应当采用口头形式　　　　　　　　B. 应当采用书面形式
C. 应当采用口头形式或书面形式　　　D. 应当同时采用口头形式和书面形式

21. 依法成立的合同受法律保护，下列（　　）情形除外。
A. 当事人必须按照合同的约定、全面履行合同义务
B. 不允许任何一方当事人擅自解除或者变更合同
C. 违反合同要采取补救措施或者承担违约责任
D. 与当事人有直接利益关系的第三人，可以适当干预合同的履行

22. 根据《民法典》的规定，下列选项中，不属于格式条款无效的情形是（　　）。
A. 与无民事行为能力人签订的合同　　B. 提供格式条款一方减轻其责任的
C. 违反公序良俗的　　　　　　　　　D. 违反法律、行政法规的强制性规定的

23. 下列关于电子合同履行规则的说法中，不正确的是（　　）。
A. 标的为交付商品并采用快递物流方式交付的，收货人的寄出时间为交付时间
B. 标的为提供服务的，生成的电子凭证或者实物凭证中载明的时间为提供服务时间
C. 标的为提供服务的，生成的电子凭证或者实物凭证中没有载明时间的，以实际提供服务的时间为准
D. 标的为提供服务的，载明时间与实际提供服务时间不一致的，以实际提供服务的时间为准

24. 下列有关委托合同的解除说法不正确的是（　　）。
A. 委托人或者受托人可以随时解除委托合同
B. 因解除合同造成对方损失的，无偿委托合同的解除方不需赔偿相关损失
C. 因解除合同造成对方损失的，除不可归责于该当事人的事由外，有偿委托合同的解除方应当赔偿对方的直接损失
D. 因解除合同造成对方损失的，除不可归责于该当事人的事由外，有偿委托合同的解除方应当赔偿对方合同履行后可以获得的利益

25. 下列关于执行政府定价、指导价，价格调整处理的说法中，正确的是（　　）。
A. 在合同约定的交付期限内政府价格调整时，按照合同订立时的价格计价
B. 逾期交付标的物的，遇价格下降时，按照原价格执行
C. 逾期提取标的物的，遇价格下降时，按照新价格执行
D. 逾期付款的，遇价格下降时，按照原价格执行

26. 下列选项中，不可进行债权转让的情形是（　　）。
A. 根据债权性质不得转让的　　　　　B. 按照当事人约定不得转让的
C. 依照公序良俗不得转让的　　　　　D. 依照法律规定不得转让的

27. 订立包价旅游合同时，旅行社不必向旅游者告知的事项是（　　）。

A. 导游和领队的相关信息
B. 旅游活动中的安全注意事项
C. 旅行社依法可以减免责任的信息
D. 旅游者应当注意的旅游目的地相关法律法规和风俗习惯、宗教禁忌，依照中国法律不宜参加的活动等

28. 下列选项中，不属于债权债务终止情形的是（　　）。
    A. 债务人依法将标的物提存　　　B. 债权相互抵销
    C. 债权债务同归于一人　　　　　D. 债权人免除债务

29. 根据《民法典》的规定，合同一方当事人违约时，对方有配合减损的义务。下列关于该义务的说法中，错误的是（　　）。
    A. 对方应当采取适当措施防止损失的扩大
    B. 对方无须采取措施防止损失扩大
    C. 对方没有采取适当措施致使损失扩大的，扩大的损失应由其自己承担
    D. 当事人因防止损失扩大而支出的合理费用，由违约方承担

30. 旅行社招徕旅游者组团旅游，因未达到约定人数不能出团的，组团社可以解除合同。境内旅游应当至少提前（　　）通知旅游者。
    A. 3 日　　　　B. 5 日　　　　C. 7 日　　　　D. 10 日

31. 合同转让是指（　　）。
    A. 合同效力发生变化　　　　　B. 合同的履行发生变化
    C. 合同内容发生变化　　　　　D. 合同主体发生变化

32. （　　）既是订立合同的出发点，也是订立合同的最终目的，是整个合同制度的核心。
    A. 合同的订立　　B. 合同的变更　　C. 合同的解除　　D. 合同的履行

33. 当事人就有关合同的内容对质量要求不明确的，如果不能达成补充协议，则（　　）。
    A. 首先按照国家标准、行业标准履行　　B. 首先按照交易习惯履行
    C. 首先按照通常标准履行　　　　　　　D. 首先按照符合合同目的地的特定标准履行

34. 旅游行程中解除合同的，旅行社应当协助旅游者返回（　　）。
    A. 签订合同所在地　　　　　　B. 旅游者户籍所在地
    C. 旅游者常住地　　　　　　　D. 出发地或者旅游者指定的合理地点

35. 下列情形中，当事人不可以解除合同的是（　　）。
    A. 因不可抗力不能实现合同目的
    B. 当事人一方迟延履行主要债务
    C. 在履行期限届满前，当事人一方明确表示不履行主要债务
    D. 在履行期限届满前，当事人一方以自己的行为表明不履行主要债务

36. 下列选项中，不属于合同履行原则的是（　　）。
    A. 全面履行原则　　B. 绿色原则　　C. 公平原则　　D. 诚实信用原则

37. 《旅游法》规定，由于旅行社或者履行辅助人的原因导致合同解除的，返程费用由（　　）承担。
    A. 旅游者　　　　B. 履行辅助人　　C. 地接社　　　　D. 旅行社

38. 下列有关委托合同的说法不正确的是（　　）。

A. 委托人可以委托受托人处理一项事务
B. 委托人可以委托受托人处理数项事务
C. 委托人可以概括委托受托人处理一切事务
D. 委托人可以在受托人之外委托第三人处理委托事务

39. 下列选项中，关于包价旅游合同的特征表述中，错误的是（　　）。
    A. 合同内容预先安排　　　　　　B. 服务的数量符合法律规定
    C. 合同价款以总价方式一揽子支付　D. 必须由组团社直接提供服务

40. 下列选项中，关于合同内容约定不明确的履行规定，正确的是（　　）。
    A. 质量要求不明确的，按照行业标准履行
    B. 价款或者报酬不明确的，按照合同订立地的市场价格履行
    C. 履行地点不明确，给付货币的，在接受货币一方所在地履行
    D. 履行费用的负担不明确的，由债权人负担

41. 某旅行社欲将其已签约收费的游客转给其他旅行社组团，该旅行社（　　）。
    A. 无须征求游客意见　　　　　　B. 只需通知游客
    C. 必须征得游客同意　　　　　　D. 必须征得主管部门同意

42. 旅游者有下列情形的，旅行社可以解除合同（　　）。
    A. 携带危害公共安全的物品　　　B. 患有传染病
    C. 从事严重影响其他旅游者权益的活动　D. 从事违法或者违反社会公德的活动

43. 发生危及旅游者人身、财产安全的情形下，旅行社应当采取相应的安全措施，因此支出的费用，由（　　）。
    A. 旅游者承担　　　　　　　　　B. 旅行社承担
    C. 旅游者或旅行社承担　　　　　D. 旅游者和旅行社分担

44. 下列选项中，不属于不可抗力的是（　　）。
    A. 地震　　　　B. 罢工　　　　C. 堵车　　　　D. 政治骚乱

45. 因不可抗力导致旅游行程变更而增加的费用由（　　）。
    A. 旅游者承担　　　　　　　　　B. 旅行社承担
    C. 旅游者或旅行社承担　　　　　D. 旅游者和旅行社分担

三、多项选择题（每题有 2~5 个正确答案，少选或错选均不得分，请将你认为正确的选项填入括号内）

1. 合同是民事主体之间（　　）民事法律关系的协议。
   A. 设立　　　　B. 变更　　　　C. 撤销　　　　D. 调整
   E. 终止

2. 下列选项中，关于合同内容约定不明确的合同履行的表述，正确的是（　　）。
   A. 质量要求不明确的，首先按照强制性国家标准履行
   B. 价款或者报酬不明确的，按照合同订立地的市场价格履行
   C. 履行地点不明确，给付货币的，在给付货币一方所在地履行
   D. 履行期限不明确的，债务人可以随时履行
   E. 履行费用的负担不明确的，由履行义务一方负担

3. 合同具有的特征包括（　　）。
   A. 合同是民事法律关系
   B. 订立合同的主体在法律上是平等的
   C. 合同关系具有相对性
   D. 合同以设立、变更或终止民事权利义务关系为目的和宗旨
   E. 合同是行政法律关系

4. 根据《民法典》的规定，以下关于定金的说法，正确的是（　　）。
   A. 当事人可以约定一方向对方给付定金作为债权担保
   B. 债务人履行债务后，定金应当抵作价款或者收回
   C. 给付定金的一方不履行约定的债权的，无权要求返还定金
   D. 收受定金的一方不履行约定的债务的，应当双倍返还定金
   E. 当事人既约定违约金又约定定金的，一方违约时，对方可以选择同时适用违约金和定金条款

5. 合同订立的主体资格包括（　　）。
   A. 具有民事行为能力　　　　　　B. 具有民事权利能力
   C. 个人信誉好　　　　　　　　　D. 无违法犯罪记录
   E. 没受过行政处罚

6. 下列关于合同转让的说法，正确的是（　　）。
   A. 根据债权性质不得转让的，合同权利不得转让
   B. 按照当事人约定不得转让的，合同权利不得转让
   C. 转让合同权利时，合同的从权利不得转让
   D. 在合理期限内合同权利人未作表示则视为同意转让合同
   E. 合同义务转让必须经权利人同意

7. 下列关于包价旅游合同解除后费用承担的说法中，正确的是（　　）。
   A. 旅游者因个人原因主动解除合同的，返程费用由旅游者自己承担
   B. 因不可抗力导致合同不能继续履行的，返程费用由旅行社与旅游者合理分担
   C. 由于旅行社或履行辅助人的原因导致合同解除的，返程费用由旅行社承担
   D. 旅行社因旅游者从事违反社会公德的活动行使解除权的，返程费用由旅行社承担
   E. 旅游者不同意调整行程而解除合同的，返程费用由旅行社与旅游者合理分担

8. 合同中的下列免责条款无效的是（　　）。
   A. 造成对方人身伤害的　　　　　B. 显失公平的
   C. 无法满足对方要求的　　　　　D. 因故意造成对方财产损失的
   E. 因重大过失造成对方财产损失的

9. 根据《民法典》的规定，债权债务终止的情形包括（　　）。
   A. 债务已经履行　　　　　　　　B. 债权已经履行
   C. 债务相互抵销　　　　　　　　D. 债务人依法将标的物提存
   E. 债权人免除债务

10. 违约责任的承担方式包括（　　）。
    A. 暂停开展经营活动　　　　　　B. 继续履行

C. 采取补救措施　　　　　　　D. 赔偿损失

E. 行政罚款

11. 根据《民法典》的规定，合同一方当事人违约时，对方有配合减损的义务。以下关于该义务的说法中，正确的是（　　）。

　　A. 对方应当采取适当措施防止损失扩大

　　B. 对方没有义务采取措施防止损失扩大

　　C. 对方没有采取适当措施致使损失扩大的，不得就扩大的损失要求赔偿

　　D. 对方因防止损失扩大而支出的合理费用由双方分担

　　E. 对方因防止损失扩大而支出的合理费用由违约方承担

12. 旅游者在旅游活动中有下列行为的，应承担相应的赔偿责任（　　）。

　　A. 不遵守行程时间安排，造成团队滞留　　B. 损毁酒店物品

　　C. 在景区内乱涂乱画　　　　　　　　　　D. 侮辱、打骂旅游从业人员

　　E. 与当地经营者发生经济纠纷

13. 下列关于电子合同履行规则的说法中，正确的是（　　）。

　　A. 标的为交付商品并采用快递物流方式交付的，收货人的签收时间为交付时间

　　B. 标的为提供服务的，生成的电子凭证或者实物凭证中载明的时间为提供服务时间

　　C. 标的为提供服务的，生成的电子凭证或者实物凭证中没有载明时间的，以实际提供服务的时间为准

　　D. 标的为提供服务的，载明时间与实际提供服务时间不一致的，以实际提供服务的时间为准

　　E. 电子合同的标的物为采用在线传输方式交付的，合同标的物进入对方当事人指定的特定系统的时间为交付时间

14. 《旅游法》规定，旅游者有下列情形之一的，旅行社可以解除合同（　　）。

　　A. 患有传染病　　　　　　　　　　B. 携带危害公共安全的物品

　　C. 从事违反社会公德的活动　　　　D. 从事严重影响其他旅游者权益的活动

　　E. 从事违法活动

15. 下列属于委托合同特征的是（　　）。

　　A. 委托合同的标的是劳务

　　B. 与人们生活有关的一切事务都可以委托

　　C. 委托合同可以是口头的也可以是书面的

　　D. 委托合同可以是有偿的也可以是无偿的

　　E. 委托合同可以是双务合同，也可以是单务合同

16. 合同的法律约束力表现在（　　）。

　　A. 当事人必须尊重合同，按照合同的约定、全面履行合同义务

　　B. 不允许任何一方当事人擅自解除或者变更合同

　　C. 违反合同要采取补救措施或者承担违约责任

　　D. 对合同之外的第三人不具有法律约束力

　　E. 当事人之外的任何第三人，均不得非法干预、阻止依法成立的合同正常履行

参考答案及解析

第九章　侵权责任法律制度

一、判断题（判断下列各题是否正确，正确的请在答卷中相应题号后的括号内打"√"，错误的打"×"）

1. 提供劳务期间，因第三人的行为造成提供劳务一方损害的，提供劳务一方有权请求第三人承担侵权责任，也有权请求接受劳务一方给予补偿。（　　）
2. 劳务派遣期间，被派遣的工作人员因执行工作任务造成他人损害的，由劳务派遣单位承担侵权责任。（　　）
3. 因租赁、借用等情形机动车所有人、管理人与使用人不是同一人时，发生交通事故造成损害，属于该机动车一方责任的，由机动车使用人承担赔偿责任。（　　）
4. 二人以上实施危及他人人身、财产安全的行为，其中一人或者数人的行为实际造成他人损害，如果不能确定具体侵权人的，行为人按份承担责任。（　　）
5. 二人以上分别实施侵权行为造成同一损害，每个人的侵权行为都足以造成全部损害的，行为人承担连带责任。（　　）
6. 二人以上依法承担连带责任的，连带责任人的责任份额根据各自责任大小确定；难以确定责任大小的，平均承担责任。（　　）
7. 自愿参加具有一定风险的文体活动，因其他参加者的行为受到损害的，受害人不得请求其他参加者承担侵权责任；但是，其他参加者对损害的发生有故意或者重大过失的除外。（　　）
8. 承担侵权责任的方式，只可单独适用。（　　）
9. 无民事行为能力人造成他人损害的，监护人尽到监护责任的，应当减轻其侵权责任。（　　）
10. 受害人和行为人对损害的发生都没有过错的，由双方平均分担损失。（　　）
11. 依照法律、行政法规规定推定行为人有过错，其不能证明自己没有过错的，应当承担侵权责任。（　　）
12. 行为人造成他人民事权益损害，不论行为人有无过错，法律、行政法规、规章规定应当承担侵权责任的，依照其规定。（　　）
13. 二人以上分别实施侵权行为，造成他人损害的，应当承担连带责任。（　　）
14. 教唆无民事行为能力人实施侵权行为的，如果该无民事行为能力人的监护人未尽到监护责任的，应当承担连带责任。（　　）
15. 二人以上实施危及他人人身、财产安全的行为，其中一人或者数人的行为实际造成他人损害，则行为人承担连带责任。（　　）

16. 正当防卫超过必要的限度，造成不应有的损害的，正当防卫人应当承担民事责任。
（　　）

17. 侵权人因同一行为应当承担民事责任、行政责任和刑事责任的，承担行政责任或者刑事责任不影响承担侵权责任。（　　）

18. 被侵权人人身权益被侵害因此受到的损失以及侵权人因此获得的利益难以确定，被侵权人和侵权人就赔偿数额协商不一致，向人民法院提起诉讼的，由人民法院根据实际情况确定赔偿数额。（　　）

19. 因同一侵权行为造成多人死亡的，应当以相同数额确定死亡赔偿金。（　　）

20. 被侵权人死亡的，其近亲属无权请求侵权人承担侵权责任。（　　）

二、单项选择题（下列各题的选项中，只有一项是正确的，请将正确答案的选项填入括号内）

1. 某酒店大堂处有醒目提示语：贵重物品，请放前台保管。游客王某在大堂卫生间洗手时因地滑摔倒，并摔碎了手上价值 10 万元的定情玉镯。经查明，因该酒店雇用的清洁人员李某清洁不彻底，地面湿滑导致王某摔倒。下列说法中正确的是（　　）。
   A. 王某应自行承担玉镯损失
   B. 酒店应承担玉镯的全部损失
   C. 王某有权请求酒店赔偿精神损失
   D. 酒店和李某对王某的损害承担连带责任

2. 下列关于饲养动物致人损害责任的说法中，错误的是（　　）。
   A. 某游客 8 周岁的儿子王某在民宿翻墙进入隔壁居民家玩耍，被院内藏獒咬伤，邻居应承担侵权责任
   B. 某游客 8 周岁的儿子王某在路上故意逗老李饲养的狗，造成同行的游客孙某被咬伤，只能由王某的监护人承担侵权责任
   C. 游客王某驾车在野生动物园游览时，不听工作人员劝阻，强行下车被老虎咬伤，动物园不承担侵权责任
   D. 游客王某带女儿到动物园游览时，动物园饲养的老虎从破损的虎笼里蹿出将其女儿咬伤，动物园应承担侵权责任

3. 甲电器销售公司的安装工人张某在为消费者李某安装空调的过程中，不慎从高处掉落安装工具，将游客王某砸成重伤。张某是乙公司的劳务派遣人员，此前曾多次发生类似小事故，甲公司曾要求乙公司另派他人，但乙公司最终未换人。下列说法正确的是（　　）。
   A. 对王某的侵权责任应由张某承担，李某承担相应的责任
   B. 对王某的侵权责任应由甲公司承担，乙公司承担相应的责任
   C. 甲公司与乙公司应对王某承担连带侵权责任
   D. 甲公司、乙公司、李某应对王某承担连带侵权责任

4. 李某赴宴饮酒，请持有驾照的孙某代驾其车，孙某违章撞伤游客王某，交管部门认定孙某负全责。以下假定情形中对王某的赔偿责任，表述正确的选项是（　　）。
   A. 如孙某是与李某一同赴宴的好友，孙某不承担赔偿责任
   B. 如孙某是代驾公司派出的驾驶员，该公司应承担赔偿责任

C. 如孙某是酒店雇用的为饮酒客人提供代驾服务的驾驶员，则孙某承担赔偿责任

D. 如孙某是出租车公司驾驶员，公司明文禁止代驾，孙某为获高额报酬而代驾，则承担赔偿责任

5. 小偷张某在某购物商店窃得游客王某的钱包后逃逸，王某发现后急追。张某在逃跑过程中撞上欲借用商店厕所的李某，因商店地板湿滑，李某摔成重伤。下列说法错误的是（　　）。

A. 小偷张某应当赔偿李某的损失

B. 购物商店对李某的损失承担补充赔偿责任

C. 王某不需要赔偿李某的损失

D. 小偷张某和购物商店对李某的损失承担连带责任

6. 侵害自然人（　　）的，被侵权人有权请求精神损害赔偿。

A. 财产权益或人身权益造成精神损害

B. 人身权益造成精神损害

C. 财产权益或人身权益造成严重精神损害

D. 人身权益造成严重精神损害

7. 教唆、帮助他人实施侵权行为的，应当（　　）。

A. 与行为人承担连带责任　　　　B. 承担补充赔偿责任

C. 承担全部民事责任　　　　　　D. 承担主要民事责任

8. 被侵权人死亡的，下列有权请求侵权人承担侵权责任的民事主体是（　　）。

A. 祖父母　　　B. 舅父母　　　C. 伯父母　　　D. 曾祖父母

9. 侵害他人人身权益造成财产损失的，按照（　　）赔偿。

A. 被侵权人因此受到的损失

B. 侵权人因此获得的利益

C. 被侵权人因此受到的损失或者侵权人因此获得的利益

D. 被侵权人因此受到的损失和侵权人因此获得的利益

10. 损害是因第三人造成的，第三人（　　）侵权责任。

A. 不承担　　　B. 视情况承担　　　C. 应当承担　　　D. 应当减轻

11. 甲、乙、丙按照不同的比例共有一套房屋，约定轮流使用。在甲居住期间，房屋廊檐脱落砸伤游客王某。下列选项错误的是（　　）。

A. 甲、乙、丙如不能证明自己无过错，应对王某承担连带赔偿责任

B. 甲承担侵权责任

C. 如甲承担了侵权责任，则乙、丙应按照各自份额分担损失

D. 甲、乙、丙、王某按照公平责任原则分担损失

12. 游客王某一家在李某承包的水库戏水，李某的雇工张某和孙某以为王某在偷鱼苗而发生冲突，将王某打伤。下列选项正确的是（　　）。

A. 李某、张某、孙某应承担连带责任　　　B. 李某应承担补充赔偿责任

C. 李某应承担赔偿责任　　　　　　　　　D. 张某和孙某应承担连带责任

13. 游客王某在旅游时抱着当地一个小女孩拍了一张照片，并将该照片发到微信朋友圈，结果该照片辗转被某杂志社采用，并配以母女情深的文字说明，但是王某并未结婚，

因此遭人议论，深受其扰。下列选项错误的是（　　）。
A. 杂志社侵害了王某的肖像权　　　　B. 杂志社侵害了王某的名誉权
C. 杂志社侵害了王某的隐私权　　　　D. 王某有权向杂志社要求精神损害赔偿

14. 旅游大巴司机张某在倒车时操作失误，撞上李某新买的轿车，致其严重受损，李某因处理事故耽误了与女友约会，并因此争吵分手。张某同意承担全部赔偿费用，但是李某要求赔一辆新轿车，并支付精神损害赔偿金。下列选项正确的是（　　）。
A. 张某应当赔偿李某一辆新车
B. 张某应向李某支付精神损害赔偿金
C. 张某应消除李某与其女友的误会
D. 法院不应当支持李某的精神损害赔偿请求

15. 游客王某在酒店用餐，邻座的张某和孙某因喝酒发生争执，并动手打斗。酒店保安见状并未制止，张某拿起酒瓶向孙某砸去，孙某急忙躲闪，结果王某头部被砸伤。则王某的医疗费应当由（　　）承担。
A. 由张某承担，酒店无责任　　　　　B. 由酒店承担，但酒店可向张某追偿
C. 由张某承担，酒店承担补充赔偿责任　D. 由张某和酒店承担连带赔偿责任

16. 甲公司铺设管道，在路中挖了一个深坑，并设置了路障和警示标志。乙驾车撞倒全部标志，致丙骑摩托车路经该地时避让不及而驶向人行道，造成在人行道行走的三名游客轻伤。对于这三名游客的损伤，下列说法正确的是（　　）。
A. 应由乙承担赔偿责任　　　　　　　B. 应由甲和乙共同承担赔偿责任
C. 应由乙和丙共同承担赔偿责任　　　D. 应由甲、乙和丙共同承担赔偿责任

17. 当事人之间已经以买卖或者其他方式转让并交付机动车但是未办理登记，发生交通事故造成损害，属于该机动车一方责任的，由（　　）承担赔偿责任。
A. 出让人　　　　　　　　　　　　　B. 受让人
C. 出让人或受让人　　　　　　　　　D. 出让人和受让人

18. 某旅行社导游张某带团游览一处地势险峻的景点时，众人争相拍照，该团游客李某不慎将王某撞下陡坡摔伤，而此前张某未提示游客注意安全。下列选项正确的是（　　）。
A. 旅行社对王某不承担赔偿责任　　　B. 李某对王某不承担赔偿责任
C. 旅行社应当对王某承担补充赔偿责任　D. 张某应当对王某承担赔偿责任

19. 某大型主题公园甲委托广告公司乙制作了一块宣传企业形象的广告牌，并由乙负责安装在景区入口。某日风大，广告牌被吹落砸伤入园的三名游客。经查，广告牌的安装存在质量问题，同时该公园也没及时将广告牌移到安全区域。关于这三名游客的损害，下列说法正确的是（　　）。
A. 甲承担赔偿责任，乙承担补充赔偿责任
B. 乙承担赔偿责任，甲承担补充赔偿责任
C. 甲承担赔偿责任，但有权向乙追偿
D. 乙承担赔偿责任，甲不承担赔偿责任

20. 李某饲养的一条狗在甲公司施工的道路上追咬孙某饲养的一条狗，而在施工道路旁边行走的游客王某在避让中失足掉入施工形成的坑里，受伤严重。下列说法正确的是

( )。
A. 如李某证明自己没有过错,不应承担对王某的赔偿责任
B. 如甲公司能证明自己没有过错,不应承担对王某的赔偿责任
C. 如孙某证明自己没有过错,不应承担对王某的赔偿责任
D. 此属意外事件,李某、孙某、甲公司均不应承担对王某的赔偿责任

21. 受害人合法权益受到侵害,情况紧迫且不能及时获得国家机关保护,不立即采取措施将使其合法权益受到难以弥补的损害的,受害人可以在保护自己合法权益的必要范围内采取( )侵权人的财物等合理措施。
    A. 没收   B. 扣留   C. 留置   D. 保全

22. 因故意或者( )侵害自然人具有人身意义的特定物造成严重精神损害的,被侵权人有权请求精神损害赔偿。
    A. 过失   B. 一般过失   C. 轻微过失   D. 重大过失

23. 用人单位的工作人员因执行工作任务造成他人损害的,由( )承担侵权责任。
    A. 工作人员   B. 用人单位
    C. 用人单位或工作人员   D. 用人单位和工作人员

24. 个人之间形成劳务关系,提供劳务一方因劳务造成他人损害的,由( )承担侵权责任。
    A. 提供劳务一方   B. 接受劳务一方
    C. 提供或接受劳务一方   D. 提供和接受劳务双方

25. 以挂靠形式从事道路运输经营活动的机动车,发生交通事故造成损害,属于该机动车一方责任的,由( )。
    A. 挂靠人承担责任
    B. 被挂靠人承担责任
    C. 挂靠人和被挂靠人承担连带责任
    D. 挂靠人承担责任,被挂靠人承担补充责任

26. 紧急避险采取措施不当或者超过必要的限度,造成不应有的损害的,紧急避险人应当承担( )的民事责任。
    A. 适当   B. 必要   C. 合理   D. 次要

27. 因第三人的行为造成他人损害的,由第三人承担侵权责任;管理人或组织者未尽到安全保障义务的,承担相应的( )。
    A. 赔偿责任   B. 过错责任   C. 补充责任   D. 连带责任

28. 无民事行为能力人或者限制民事行为能力人在幼儿园、学校或者其他教育机构学习、生活期间,受到幼儿园、学校或者其他教育机构以外的第三人人身损害的,由第三人承担侵权责任;幼儿园、学校或者其他教育机构未尽到管理职责的,承担相应的( )责任。
    A. 主要   B. 连带   C. 补充   D. 按份

29. 未经许可进入高度危险活动区域受到损害,管理人能够证明已经采取足够安全措施并尽到充分警示义务的,( )。
    A. 可以减轻责任   B. 应当减轻责任

C. 可以减轻或者不承担责任　　　　　　D. 应当减轻或者不承担责任

30. 导游员张某在带团路经某居民小区时，突然从小区的高楼内抛出一只烟灰缸，将游客王某砸伤。关于砸伤王某的责任承担，下列说法正确的是（　　）。
   A. 导游员张某违反安全保障义务，应承担侵权责任
   B. 顶层业主通过证明当日家中无人，可以免责
   C. 小区物业违反安全保障义务，应承担侵权责任
   D. 如果查明烟灰缸系从八层抛出，八层以上业主仍应承担补充责任

31. 被侵权人对同一损害的发生或者扩大有过错的，（　　）。
   A. 可以减轻侵权人的责任　　　　　　B. 应当减轻侵权人的责任
   C. 可以免除侵权人的责任　　　　　　D. 应当免除侵权人的责任

32. 因不可抗力不能履行民事义务的，不承担民事责任。（　　）另有规定的，依照其规定。
   A. 宪法　　　　B. 法律　　　　C. 法规　　　　D. 规章

33. 因紧急避险造成损害的，由（　　）承担责任。
   A. 行为人　　　　　　　　　　　　B. 引起险情发生的人
   C. 行为人或引起险情发生的人　　　　D. 行为人和引起险情发生的人

34. 危险由自然原因引起的，紧急避险人不承担民事责任，（　　）。
   A. 应当给予适当补偿　　　　　　　　B. 应当给予必要补偿
   C. 可以给予适当补偿　　　　　　　　D. 可以给予必要补偿

35. 因同一行为应当承担侵权责任和行政责任、刑事责任，侵权人的财产不足以支付的，优先用于承担（　　）。
   A. 侵权责任　　　B. 行政责任　　　C. 刑事责任　　　D. 民事责任

36. 侵害他人财产的，财产损失按照损失发生时的市场价格或者其他（　　）计算。
   A. 合法方式　　　B. 适当方式　　　C. 合理方式　　　D. 必要方式

37. 无民事行为能力人造成他人损害的，由（　　）承担侵权责任。
   A. 无民事行为能力人　　　　　　　　B. 监护人
   C. 监护人或无民事行为能力人　　　　D. 监护人和无民事行为能力人

38. 有财产的无民事行为能力人造成他人损害的，（　　）支付赔偿费用。
   A. 本人　　　B. 监护人　　　C. 本人或监督人　　　D. 本人和监护人

39. 无民事行为能力人、限制民事行为能力人造成他人损害，监护人将监护职责委托给他人的，监护人应当承担侵权责任；受托人有过错的，承担（　　）责任。
   A. 连带　　　B. 补充　　　C. 相应　　　D. 主要

40. 因第三人的行为造成他人损害的，由第三人承担侵权责任；经营者、管理者或者组织者未尽到安全保障义务的，承担相应的（　　）责任。
   A. 连带　　　B. 补充　　　C. 主要　　　D. 必要

三、多项选择题（每题有2~5个正确答案，少选或错选均不得分，请将你认为正确的选项填入括号内）

1. 下列关于幼儿园、学校等教育机构责任说法正确的是（　　）。

A. 无民事行为能力人在幼儿园、学校或者其他教育机构学习、生活期间受到人身损害的，幼儿园、学校或者其他教育机构应当承担侵权责任

B. 无民事行为能力人在幼儿园、学校或者其他教育机构学习、生活期间受到人身损害的，幼儿园、学校或者其他教育机构能够证明尽到教育、管理职责的，可以减轻侵权责任

C. 限制民事行为能力人在学校或者其他教育机构学习、生活期间受到人身损害，学校或者其他教育机构未尽到教育、管理职责的，应当承担侵权责任

D. 无民事行为能力人或者限制民事行为能力人在幼儿园、学校或者其他教育机构学习、生活期间，受到第三人人身损害的，由第三人承担侵权责任

E. 无民事行为能力人或者限制民事行为能力人在幼儿园、学校或者其他教育机构学习、生活期间，受到第三人人身损害的，幼儿园、学校或者其他教育机构未尽到管理职责的，承担相应的补充责任

2. 宾馆、商场、银行、车站、机场、体育场馆、娱乐场所等（　　）未尽到安全保障义务，造成他人损害的，应当承担侵权责任。

A. 经营场所的经营者　　　　　　　B. 经营场所的管理者
C. 公共场所的经营者　　　　　　　D. 公共场所的管理者
E. 群众性活动的组织者

3. 某旅行社法定代表人甲安排车队驾驶员乙开车去机场接站，乙以身体不适为由拒绝。甲遂临时安排丙出车，丙在途中将行人丁撞成重伤。有关部门认定丙和丁对事故的发生承担同等责任。关于丁人身损害赔偿责任的承担，下列说法错误的是（　　）。

A. 甲用人不当应当承担部分责任　　B. 乙不服从领导安排应当承担部分责任
C. 丙应当承担部分赔偿责任　　　　D. 丁不承担任何责任
E. 旅行社应当承担全部赔偿责任

4. 某机动车发生交通事故造成损害，属于该机动车一方责任的，下列关于赔付顺序的说法正确的是（　　）。

A. 先由承保机动车强制保险的保险人在强制保险责任限额范围内予以赔偿

B. 由承保机动车的保险人在强制保险责任限额范围内或按照商业保险合同的约定予以赔偿

C. 强制保险责任限额赔偿不足部分，由承保机动车商业保险的保险人按照保险合同的约定予以赔偿

D. 强制保险责任限额范围内或按照商业保险合同的约定赔偿不足部分，由侵权人赔偿

E. 没有投保机动车商业保险的，由侵权人赔偿

5. 侵害他人造成人身损害的，应当赔偿（　　）等为治疗和康复支出的合理费用，以及因误工减少的收入。

A. 医疗费　　　　B. 护理费　　　　C. 交通费　　　　D. 律师费
E. 营养费

6. 甲公司总经理张某在装修餐饮店门面房，其朋友李某来帮忙。在帮忙过程中，李某因自身工作失误从高处摔下受伤，并砸伤门外的游客王某。下列关于张某的法律责任，说法错误的是（　　）。

A. 张某不承担赔偿责任　　　　　　　B. 张某应承担连带责任
C. 张某应承担补充责任　　　　　　　D. 张某应承担相主要责任
E. 张某应承担侵权责任

7. 依据《民法典》总则编关于民事权利的规定，民事主体享有的权益主要包括（　　）等人身、财产权益。
   A. 生命权　　　　B. 隐私权　　　　C. 继承权　　　　D. 知识产权
   E. 信息权

8. 下列关于侵权损害赔偿归责原则的说法中，正确的是（　　）。
   A. 行为人因过错侵害他人民事权益，应当承担侵权责任
   B. 依照法律规定推定行为人有过错，其不能证明自己没有过错的
   C. 行为人造成他人民事权益损害，不论行为人有无过错，法律规定应当承担侵权责任的，依照其规定
   D. 受害人和行为人对损害的发生都没有过错的，依照法律的规定由双方分担损失
   E. 受害人和行为人对损害的发生都没有过错的，双方都不承担责任

9. 免责或减轻责任的事由包括（　　）。
   A. 侵权人故意或过失　　　　　　　B. 第三人原因
   C. 正当防卫或紧急避险　　　　　　D. 不可抗力
   E. 受害人自甘风险

10. 承担侵权责任的方式主要有（　　）。
    A. 停止侵害　　　B. 返还财产　　　C. 继续履行　　　D. 支付违约金
    E. 赔偿损失

11. 下列关于监护人责任承担的说法中，正确的是（　　）。
    A. 监护人尽到监护责任的，可以减轻其侵权责任
    B. 监护人尽到监护责任的，应当免除其侵权责任
    C. 教唆、帮助无民事行为能力人实施侵权行为的，应当承担侵权责任
    D. 无民事行为能力人造成他人损害，监护人将监护职责委托给他人的，受托人有过错的，承担相应的责任，监护人不承担侵权责任
    E. 无民事行为能力人造成他人损害，监护人将监护职责委托给他人的，监护人应当承担侵权责任；受托人有过错的，承担相应的责任

12. 堆放物（　　）造成他人损害，堆放人不能证明自己没有过错的，应当承担侵权责任。
    A. 倒塌　　　　B. 滚落　　　　C. 滑落　　　　D. 堆放
    E. 倾倒

13. 从事（　　）等活动造成他人损害的，经营者应当承担侵权责任。
    A. 高空　　　　B. 高压　　　　C. 深海　　　　D. 地下挖掘
    E. 使用高速轨道运输工具

14. 下列关于数人侵权责任的说法中，正确的是（　　）。
    A. 二人以上共同实施侵权行为，造成他人损害的，应当承担连带责任
    B. 二人以上实施危及他人人身安全的行为，不能确定具体侵权人的，行为人承担连带责任

C. 二人以上分别实施侵权行为造成同一损害,行为人承担连带责任

D. 二人以上分别实施侵权行为造成同一损害,难以确定责任大小的,平均承担责任

E. 二人以上依法承担连带责任的,权利人只能请求全部连带责任人承担责任

15. 下列关于饲养动物损害责任的说法中,正确的是( )。

    A. 如果动物园证明尽到管理职责,不承担侵权责任

    B. 如果动物园证明受害人对于损害的发生也有过错的,可以减轻或免除动物园的责任

    C. 如果动物园证明损害是受害人故意造成的,动物园不承担责任

    D. 如果是第三人过错致使动物造成他人损害的,被侵权人可以选择向动物园请求赔偿,也可以向第三人请求赔偿

    E. 受害人在选择向动物园请求赔偿时,动物园不能以第三人的过错提出抗辩

16. 依据《民法典》的规定,损害可以分为( )。

    A. 人身损害　　B. 财产损失　　C. 权利损害　　D. 精神损害

    E. 物质损害

17. 盗窃、抢劫或者抢夺的机动车发生交通事故造成损害的,由( )承担赔偿责任。

    A. 盗窃人　　B. 抢劫人　　C. 抢夺人　　D. 机动车所有人

    E. 机动车管理人

18. 饲养的动物造成他人损害的,动物饲养人或者管理人应当承担侵权责任;但是,能够证明损害是因被侵权人故意或重大过失造成的,( )。

    A. 可以不承担责任　　B. 可以减轻责任　　C. 应当不承担责任　　D. 应当减轻责任

    E. 应当加重责任

19. 在公共道路上堆放、倾倒、遗撒妨碍通行的物品造成他人损害的,由行为人承担侵权责任。公共道路管理人不能证明已经尽到( )等义务的,应当承担相应的责任。

    A. 告知　　B. 赔偿　　C. 清理　　D. 防护

    E. 警示

20. 在公共场所或者道路上挖掘、修缮安装地下设施等造成他人损害,施工人不能证明已经( )的,应当承担侵权责任。

    A. 设置明显标志　　B. 设置合理标志　　C. 设置醒目标志　　D. 采取安全措施

    E. 安装照明设施

参考答案及解析

第十章　旅游法基础知识

一、判断题（判断下列各题是否正确，正确的请在答卷中相应题号后的括号内打"√"，错误的打"×"）

1. 旅游者违反安全警示规定，或者对国家应对重大突发事件暂时限制旅游活动的措施、安全防范和应急处置措施不配合的，依法承担相应责任。（　　）
2. 《旅游法》规定，对所有城市公园、博物馆、纪念馆等应当逐步免费开放。（　　）
3. 在中华人民共和国境内组织到境外的游览、度假、休闲等形式的旅游活动，不适用《旅游法》。（　　）
4. 《旅游法》规定，将不同景区的门票或者同一景区内不同游览场所的门票合并出售的，合并后的价格原则上不得高于各单项门票的价格之和，有特殊情况的除外。旅游者有权选择购买其中的单项票。（　　）
5. 旅游主管部门及其工作人员不得参与旅游经营活动。（　　）
6. 旅游主管部门实施监督检查时，不得对涉嫌违法的合同、票据、账簿及其他资料进行查阅、复制。（　　）
7. 景区应当在醒目位置公示门票价格、另行收费项目的价格及团体收费价格。景区提高门票价格应当提前5个月公布。（　　）
8. 旅游者有被尊重的权利和自由，故旅游者可以拒绝提供有关个人的健康信息。（　　）
9. 旅游经营者已尽合理注意义务仍不能避免的事件，不属于可以解除合同的法定情形，旅游经营者不得擅自解除合同。（　　）
10. 旅游规划公司是组织编制旅游发展规划的主体。（　　）
11. 各级人民政府应建立健全旅游综合协调机制，对旅游业发展进行综合协调。（　　）
12. 因不可抗力影响造成合同不能继续履行的，旅行社和旅游者均可以解除合同。（　　）
13. 国务院旅游主管部门和县级以上地方人民政府应当根据需要建立旅游公共信息和咨询平台，无偿向旅游者提供旅游景区线路、交通等必要信息和咨询服务。（　　）
14. 旅游者有任意解除合同的权利，旅游经营者除法定情形外，不得擅自解除合同。（　　）
15. 《旅游法》规定，在旅游活动中，旅游者一旦从事严重影响其他旅游者权益的活动，旅行社即可解除合同。（　　）
16. 《旅游法》规定，旅游业发展应当遵循社会效益、经济效益和生态效益相统一的原则。（　　）
17. 对跨行政区域且适宜进行整体利用的旅游资源进行利用时，应当由上级人民政府组织编制或者由相关地方人民政府协商编制统一的旅游发展规划。（　　）

18. 旅游经营者违反有关安全生产管理和消防安全管理的法律法规或者国家标准、行业标准的，由旅游主管部门依照有关法律法规的规定处罚。（　　）
19. 因不可抗力造成旅游者滞留国外的，旅行社应当采取相应的安置措施。由此增加的食宿费用和返程费用，均由旅行社承担。（　　）
20. 旅游经营者是指为旅游者提供导游服务的旅行社。（　　）
21. 保护旅游资源是旅游开发利用的前提，合理利用是实现资源保护的有效途径。（　　）
22. 《旅游法》规定，国家鼓励各类市场主体在有效保护旅游资源的前提下，依法合理利用旅游资源。（　　）
23. 《旅游法》的立法目的是为保障旅游者和旅游经营者的合法权益，规范旅游市场秩序，保护和合理利用旅游资源，促进旅游业持续健康发展。（　　）
24. 旅游立法强调在有效保护旅游资源的前提下，依法合理利用旅游资源，实现保护和合理利用的有机统一。（　　）
25. 《旅游法》作为国内法，其效力仅限于我国境内的旅游活动和旅游经营活动，因此不包括对境外导游的监督。（　　）
26. 外国公民在中国境内的参加旅游活动及行为，无须遵守我国法律法规。（　　）
27. 旅游发展规划应当与土地利用总体规划、城乡规划、环境保护规划以及其他自然资源和文物等人文资源的保护和利用规划相衔接。（　　）
28. 各级人民政府应当组织对本级政府编制的旅游发展规划的执行情况进行评估，无须向社会公布。（　　）
29. 投入资金促进旅游业发展是政府的职责。（　　）
30. 国家旅游形象确立有特殊市场针对性、国家文化识别性和政治社会代表性。（　　）
31. 所有县级人民政府都要建立旅游客运专线或者游客中转站，为旅游者在城市及周边旅游提供服务。（　　）
32. 政府在公共服务提供方面的责任是统筹职责。（　　）
33. 国家鼓励和支持发展旅游职业教育和培训。（　　）
34. 旅游经营者的主体类型包括自然人、法人。（　　）
35. 是否经过工商登记是判断旅游经营者的唯一标准。（　　）
36. 旅游经营者既包括营利性的，也包括非营利性的。（　　）
37. 景区是流量控制的责任主体。（　　）
38. 景区主管部门具有核定和监督景区承载量的职责。（　　）
39. 相关旅游经营行为，主要包括旅行社及其从业人员、景区以及为旅游者提供交通、住宿、餐饮、娱乐等服务的经营者的经营行为。（　　）
40. 旅游主管部门履行监督管理职责，可向监督管理对象适度收取费用。（　　）

二、单项选择题（下列各题的选项中，只有一项是正确的，请将正确答案的选项填入括号内）

1. 2016年11月7日，第十二届全国人民代表大会常务委员会第二十四次会议通过了同日生效的对《旅游法》关于（　　）规定的修改。
   A. 导游　　　　　B. 出境社　　　　　C. 领队　　　　　D. 入境社

2. （　　）是旅游公共服务的主体。
   A. 政府　　　　B. 旅游企业　　　　C. 旅游景区　　　　D. 旅游协会
3. 我国《旅游法》于（　　）施行。
   A. 2013 年 5 月 1 日　　　　　　　　B. 2013 年 10 月 1 日
   C. 2014 年 5 月 1 日　　　　　　　　D. 2014 年 10 月 1 日
4. （　　）统筹组织国家旅游形象的境外推广工作，建立旅游形象推广机构和网络，开展旅游国际合作与交流。
   A. 国务院旅游主管部门　　　　　　B. 各级人民政府
   C. 外交部　　　　　　　　　　　　D. 旅游企业
5. 《旅游法》由第十二届全国人民代表大会常务委员第二次会议于（　　）通过。
   A. 2012 年 4 月　　B. 2012 年 5 月　　C. 2013 年 4 月　　D. 2013 年 5 月
6. 《旅游法》规定利用公共资源建设的游览场所应当体现（　　）的原则。
   A. 经济性　　　　B. 公益性　　　　C. 营利性　　　　D. 文化性
7. 我国《旅游法》规定，景区提高门票价格应当提前（　　）公布。
   A. 1 个月　　　　B. 3 个月　　　　C. 6 个月　　　　D. 12 个月
8. 利用公共资源建设的游览场所应当更多地体现（　　）。
   A. 经济效益　　　B. 生态效益　　　C. 综合效益　　　D. 社会效益
9. 根据旅游发展规划，（　　）可以编制重点旅游资源开发利用的专项规划，对特定区域内的旅游项目、设施和服务功能配套提出专门要求。
   A. 旅游主管部门　　　　　　　　　B. 省级以上人民政府
   C. 县级以上人民政府　　　　　　　D. 乡级以上人民政府
10. 我国《旅游法》规定，各级（　　）应当组织对本级政府编制的旅游发展规划的执行情况进行评估，并向社会公布。
    A. 市场监督管理部门　　　　　　　B. 旅游主管部门
    C. 人民政府　　　　　　　　　　　D. 规划研究院
11. （　　）统筹组织本地旅游形象的推广工作。
    A. 国务院旅游主管部门　　　　　　B. 地方旅游主管部门
    C. 省级以上地方人民政府　　　　　D. 县级以上地方人民政府
12. 我国《旅游法》规定，景区不符合规定的开放条件接待旅游者的，由景区主管部门责令停业整顿直至符合开放条件，并处（　　）罚款。
    A. 1 万元以上 10 万元以下　　　　　B. 2 万元以上 20 万元以下
    C. 3 万元以上 30 万元以下　　　　　D. 5 万元以上 15 万元以下
13. 下列关于旅游者的要求履约权的表述中，错误的选项是（　　）。
    A. 旅游者有权要求旅游经营者按照约定提供旅游产品和服务
    B. 旅游者有权要求旅游经营者严格按照合同约定的旅游行程单的安排全面履行合同义务
    C. 旅游者可以解除合同
    D. 旅游经营者有任意解除合同的权利
14. 根据《旅游法》的规定，对于公益性的城市公园、博物馆、纪念馆等，除（　　）和珍贵文物收藏单位外,应当逐步免费开放。
A. 爱国主义教育基地　　　　　　　B. 国家历史文化名城
C. 国家历史文化名镇　　　　　　　D. 重点文物保护单位

15. 景区、住宿经营者将其部分经营项目或者场地交由他人从事住宿、餐饮、购物、游览、娱乐、旅游交通等经营的,应当对实际经营者的经营行为给旅游者造成的损害承担(　　)。
A. 赔偿责任　　B. 有限责任　　C. 无限责任　　D. 连带责任

16. 根据旅游活动的风险程度,对旅行社、住宿、旅游交通以及《旅游法》规定的高风险旅游项目等经营者实施(　　)制度。
A. 财产保险　　B. 质量保证金　　C. 责任保险　　D. 人身意外保险

17. 在旅游者数量可能达到最大承载量时,景区应当依据《旅游法》的规定,提前公告并同时向(　　)报告。
A. 当地旅游主管部门　　　　　　　B. 当地人民政府
C. 县级以上旅游主管部门　　　　　D. 县级以上人民政府

18. 我国《旅游法》规定,旅游经营者给予或者收受贿赂的,由(　　)依照有关法律法规的规定处罚。
A. 工商行政管理部门　　　　　　　B. 市场监督管理部门
C. 旅游主管部门　　　　　　　　　D. 公安机关

19. 利用公共资源建设的景区的门票以及景区内的游览场所、交通工具等另行收费项目,实行(　　),严格控制价格上涨。
A. 政府定价　　　　　　　　　　　B. 政府指导价
C. 政府定价或政府指导价　　　　　D. 政府定价或市场定价

20. 下列关于旅游者救助请求权的表述中,不正确的是(　　)。
A. 旅游者在人身、财产安全遇有危险时,有请求救助和保护的权利
B. 旅游者享有国家及有关组织提供的求助权,但须支付相关费用
C. 旅游者有依法获得无限赔偿的权利
D. 旅游者人身、财产受到损害后可以依法请求赔偿

21. 景区内的核心游览项目因故暂停向旅游者开放或者停止提供服务的,根据《旅游法》的规定,应当(　　)。
A. 公示、费用可保持不变　　　　　B. 相应减少费用
C. 公示并相应减少费用　　　　　　D. 公示或相应减少费用

22. 我国《旅游法》规定,城镇和乡村居民利用自有住宅或其他条件依法从事旅游经营,其管理办法由(　　)制定。
A. 县级人民政府　　　　　　　　　B. 省、自治区、直辖市
C. 县级以上旅游主管部门　　　　　D. 国家旅游主管部门

23. 我国《旅游法》规定,(　　)是旅游发展规划评估的组织主体。
A. 人大　　B. 政府　　C. 旅游主管部门　　D. 规划编制单位

24. 景区在旅游者数量可能达到最大承载量时,未依照《旅游法》的规定公告或者未向当地人民政府报告,未及时采取疏导、分流等措施,或者超过最大承载量接待旅游者的,

由景区主管部门责令改正,情节严重的,责令停业整顿( )。
A. 1个月至3个月 B. 1个月至6个月
C. 3个月至6个月 D. 6个月至12个月

25. 根据《旅游法》的规定,旅游市场实施监督管理的主体为( )人民政府旅游主管部门和有关部门。
A. 省级以上 B. 市级以上 C. 县级以上 D. 各级

26. 下列关于旅游者"不得非法滞留、擅自分团或脱团"的说法中,不正确的是( )。
A. 出境旅游者不得在境外非法滞留
B. 随团出境的旅游者不得擅自分团、脱团
C. 该规定适用于我国旅游者前往其他国家和地区参加旅游活动
D. 该规定不适用于来中国参加旅游活动的外国旅游者

27. 旅游主管部门和有关部门依法实施监督检查,按照《旅游法》的规定,其监督检查人员不得少于( )。
A. 2人 B. 3人 C. 4人 D. 5人

28. 对跨行政区域且适宜进行整体利用的旅游资源进行利用时,应当由( )组织编制或由相关地方政府协商编制统一的旅游发展规划。
A. 上级人民政府 B. 第三方规划部门
C. 区域共同协商 D. 国家统一

29. 我国《旅游法》规定,国家建立健全( ),禁止行业垄断和地区垄断。
A. 旅游服务标准 B. 市场规则
C. 旅游服务标准或市场规则 D. 旅游服务标准和市场规则

30. 下列关于旅游经营者提供合格产品义务的表述中,不正确的是( )。
A. 旅游经营者应当保证其提供的商品和服务符合保障旅游者人身安全的要求
B. 旅游经营者应当保证其提供的商品和服务符合保障旅游者财产安全的要求
C. 旅游经营者取得相关质量标准等级的,其设施和服务必须完全按照相应标准
D. 旅游经营者未取得质量标准等级的,不得使用相关质量等级的称谓和标识

31. 依法成立的旅游行业组织依照法律、行政法规和章程的规定,制定行业经营规范和服务标准,对其会员的经营行为和服务质量进行( ),组织开展职业道德教育和业务培训,提高从业人员素质。
A. 民主管理 B. 监督管理 C. 协商管理 D. 自律管理

32. 我国《旅游法》第二十七条规定,国家鼓励和支持发展( ),提高旅游从业人员素质。
A. 旅游专业研究生教育 B. 旅游应用型本科教育
C. 旅游职业教育和培训 D. 旅游成人教育和培训

33. 旅游行业组织对从业人员进行职业道德教育和业务培训,属于( )性质。
A. 收费 B. 管理 C. 支援 D. 公益

34. 城镇和乡村居民利用( )或其他条件依法从事旅游经营,依据《旅游法》,其管理办法由省、自治区、直辖市制定。
A. 文创产品 B. 专利技术 C. 古宅院落 D. 自有住宅

35. 我国《旅游法》规定，旅游业发展应当遵循社会效益、（　　）和生态效益相统一的原则。
   A. 文化效益　　B. 经济效益　　C. 环保效益　　D. 综合效益

36. 下列关于旅游者安全配合义务的表述中，不正确的选项是（　　）。
   A. 安全不仅仅是政府、旅游经营者的责任，旅游者也应当履行安全配合的义务
   B. 旅游者参加旅游活动应注意保护自身隐私权，无须告知旅游经营者其个人健康情况
   C. 旅游者对国家应对重大突发事件暂时限制旅游活动的措施以及有关部门、机构或者旅游经营者采取的安全防范和应急处置措施，应当予以配合
   D. 旅游者违反安全警示规定，或者对国家应对重大突发事件暂时限制旅游活动的措施、安全防范和应急处置措施不配合的，依法承担相应责任

37. 对于国家应对（　　）暂时限制旅游活动的措施以及有关部门、机构或者旅游经营者采取的安全防范和应急处置措施，旅游者应当遵守《旅游法》的规定予以配合。
   A. 不可抗力　　B. 一般突发事件　　C. 情势变更　　D. 重大突发事件

38. 我国《旅游法》规定，旅游者有权要求旅游经营者按照（　　）提供产品和服务。
   A. 宣传广告的内容　　　　　　B. 合同约定
   C. 旅游者提出的需求　　　　　D. 经营者事先告知的内容

39. 下列选项中，《旅游法》规定的景区开放应当具备的必要条件中不包括（　　）。
   A. 专职管理人员和讲解人员　　B. 旅游配套服务和辅助设施
   C. 安全设施及制度　　　　　　D. 环境保护设施和生态保护措施

40. 我国《旅游法》规定，旅行社为招徕、组织旅游者发布信息，必须真实、准确，不得进行虚假宣传，（　　）旅游者。
   A. 欺骗　　B. 诱导　　C. 误导　　D. 欺诈

41. 旅行社未与旅游者协商一致，指定购物场所的，旅游者有权依据《旅游法》的规定，在旅游行程结束后（　　）日内，要求旅行社为其办理退货并先行垫付退货货款。
   A. 10　　B. 15　　C. 30　　D. 60

42. 景区应当公布（　　）核定的最大承载量。
   A. 政府　　B. 景区主管部门　　C. 物价局　　D. 工商管理部门

43. 旅行社未经旅游者要求，安排旅游者参加另行付费项目的，旅游者有权依据《旅游法》的规定，在旅游行程结束后30日内，要求旅行社（　　）。
   A. 返还所付旅游费用　　　　　B. 退还所付旅游费用
   C. 返还另行付费旅游项目的费用　　D. 退还另行付费旅游项目的费用

44. 我国《旅游法》规定，旅游者从事严重影响其他旅游者权益的活动，且不听劝阻、不能制止的，旅行社（　　）。
   A. 应当解除合同　　B. 可以解除合同　　C. 必须解除合同　　D. 经协商解除合同

45. 下列关于旅游合同履约的表述中，不正确的是（　　）。
   A. 旅游者有权要求旅游经营者按照约定提供产品和服务
   B. 包价旅游合同可以采用口头或书面形式
   C. 包价合同附随的旅游行程单是合同的重要组成部分
   D. 旅游者有权要求旅游经营者严格按照合同约定的旅游行程单的安排全面履行合同义务

46. 国务院旅游主管部门和县级以上地方人民政府应当根据需要建立旅游公共信息和咨询平台，（　　）向旅游者提供旅游景区、线路、交通等必要信息和咨询服务。
    A. 有偿
    B. 无偿
    C. 有偿或者无偿
    D. 无偿为主有偿为辅

47. 旅行社未与旅游者协商一致，指定购物场所的，旅游者有权依据《旅游法》的规定，在旅游行程结束后30日内，要求旅行社为其（　　）。
    A. 办理退货
    B. 先行垫付退货货款
    C. 办理退货并先行垫付退货货款
    D. 办理退货或先行垫付退货货款

48. 旅行社未与旅游者协商一致，指定购物场所的，旅游者有权依据《旅游法》的规定，在旅游行程结束后（　　）内要求旅行社为其办理退货并先行垫付退货货款。
    A. 15日
    B. 15个工作日
    C. 30日
    D. 30个工作日

49. 《中华人民共和国旅游法》共（　　）条。
    A. 112
    B. 113
    C. 114
    D. 116

50. （　　）是旅游业的生命线。
    A. 服务
    B. 利润
    C. 安全
    D. 满意度

三、多项选择题（每题有2~5个正确答案，少选或错选均不得分，请将你认为正确的选项填入括号内）

1. 我国《旅游法》规定，旅游发展规划应当与（　　）相衔接。
    A. 土地利用总体规划
    B. 城乡规划
    C. 环境保护规划
    D. 自然资源和文物保护和利用规划
    E. 水资源保护和利用规划

2. 旅游经营者应当诚信经营，公平竞争，承担社会责任，为旅游者提供（　　）的旅游服务。
    A. 文明
    B. 安全
    C. 健康
    D. 卫生
    E. 方便

3. 下列符合我国《旅游法》立法目的的选项是（　　）。
    A. 保障旅游者和旅游经营者的合法权益
    B. 规范旅游市场秩序
    C. 保护和合理利用旅游资源
    D. 促进旅游业的持续健康发展
    E. 促进国民经济快速发展

4. 旅游经营者组织、接待出入境旅游，发现旅游者从事违法活动的，应当及时向（　　）报告。
    A. 公安机关
    B. 县级以上地方人民政府
    C. 旅游主管部门
    D. 市场监督管理部门
    E. 我国驻外机构

5. 国务院和县级以上地方人民政府应当将旅游业发展纳入（　　）规划。
    A. 土地利用
    B. 国民经济
    C. 社会发展
    D. 城乡发展
    E. 环境保护

6. 根据《旅游法》的规定，对具有公益性的（　　）等，除重点文物保护单位和珍贵文物收藏单位外，应当逐步免费开放。
   A. 城市公园　　　B. 地质公园　　　C. 博物馆　　　D. 纪念馆
   E. 森林公园

7. 我国《旅游法》规定，（　　）等旅游者在旅游活动中依照法律法规和有关规定享受便利和优惠。
   A. 残疾人　　　B. 老年人　　　C. 军人　　　D. 未成年人
   E. 孕妇

8. 旅游业发展的基本原则包括（　　）。
   A. 社会效益、经济效益和生态效益相统一的原则
   B. 依法合理利用旅游资源的原则
   C. 公共资源应当体现公益性质的原则
   D. 低成本高效率原则
   E. 安全发展原则

9. 下列选项中，属于《旅游法》规定的旅游发展规划的内容是（　　）。
   A. 对损害旅游者利益的制裁措施
   B. 旅游业发展的总体要求和发展目标
   C. 旅游资源保护和利用的要求和措施
   D. 旅游产品开发、旅游服务质量提升的要求和促进
   E. 旅游文化建设、旅游形象推广的要求和促进

10. 我国《旅游法》规定了旅游促进和公共服务制度，其内容包括（　　）。
    A. 对各级政府安排资金提出要求，并明确资金用途
    B. 规定政府制定有利于旅游业持续健康发展的产业扶持政策
    C. 完善旅游基础设施建设
    D. 建立统一的旅游形象宣传推广
    E. 鼓励和支持发展旅游高等教育

11. 我国《旅游法》规定，景区开放应当具备下列（　　）条件，并听取旅游主管部门的意见。
    A. 有必要的旅游配套服务和辅助设施
    B. 有高品质的旅游资源
    C. 有必要的安全设施及制度，经过安全评估，满足安全条件
    D. 有必要的环境保护设施和生态保护措施
    E. 法律、行政法规规定的其他条件

12. 国务院和县级以上地方人民政府应当根据实际情况安排资金，加强（　　）。
    A. 旅游基础设施建设　　　B. 旅游公共服务
    C. 旅游规划制定　　　　　D. 旅游形象推广
    E. 旅游职业教育和培训

13. 旅游公共信息和咨询平台包括（　　）。
    A. 旅游咨询服务中心　　　B. 旅游集散中心
    C. 网络　　　　　　　　　D. 咨询电话

E. 旅行社

14. 下列关于旅游者的义务的表述中，正确的是（　　）。
    A. 服从导游的组织和安排　　　　　　B. 遵纪守法、文明旅游
    C. 不得损害他人合法权益　　　　　　D. 遵守旅游活动中的安全警示规定
    E. 不得非法滞留、擅自分团或脱团

15. 我国《旅游法》规定，景区在旅游者数量可能达到最大承载量时，（　　）的，由景区主管部门责令改正，情节严重的，责令停业整顿 1 个月至 6 个月。
    A. 未依照《旅游法》公告　　　　　　B. 未向当地人民政府报告
    C. 未向省级旅游行政管理部门报告　　D. 未及时采取疏导、分流等措施
    E. 超过最大承载量接待旅游者

16. 下列关于旅游者权利的表述中，正确的是（　　）。
    A. 旅游者有权自主选择旅游产品和服务
    B. 旅游者有权要求旅游经营者按照约定提供旅游产品和服务
    C. 旅游者可以对旅游产品进行比较、鉴别和挑选
    D. 旅游者有权拒绝旅游经营者的强制交易行为
    E. 旅游者享有安全保障权和无偿救助权

17. 根据《旅游法》的规定，县级以上人民政府旅游主管部门监督检查的事项包括（　　）。
    A. 经营旅行社业务是否取得经营许可
    B. 景区未提前公布门票涨价信息
    C. 旅行社的经营行为
    D. 导游和领队等旅游从业人员的服务行为
    E. 法律法规规定的其他事项

18. 我国《旅游法》规定，县级以上人民政府应当组织（　　）等执法部门对相关旅游经营行为实施监督检查。
    A. 旅游主管部门、有关主管部门　　　B. 食品防疫管理
    C. 市场监督管理　　　　　　　　　　D. 交通
    E. 价格管理

19. 下列关于旅游行业协会管理的说法中，正确的选项包括（　　）。
    A. 依法成立的旅游行业组织，实行自律管理
    B. 对旅游者开展文明旅游教育和监督检查
    C. 对会员的经营行为和服务质量进行监督
    D. 监督会员合法经营，履行法定义务
    E. 对旅游从业人员开展培训

20. 国务院旅游主管部门在旅游形象境外推广中的职责主要包括（　　）。
    A. 设计统一的旅游形象图标
    B. 设计统一的旅游文化产品
    C. 对国家旅游形象境外推广进行统筹组织
    D. 建立旅游形象推广机构和网络
    E. 开展旅游国际合作与交流

21.《旅游法》确立了旅游业发展应当遵循（　　　）相统一的原则。
　　A. 社会效益　　　　B. 生态效益　　　　C. 综合效益　　　　D. 环境效益
　　E. 经济效益

22. 从事道路旅游客运的经营者应当遵守道路客运安全管理的各项制度，并依法在车辆、车厢内显著位置明示、公示（　　　）。
　　A. 道路旅游客运专用标识　　　　B. 城市旅游客运形象标识
　　C. 经营者和驾驶人信息　　　　　D. 道路运输管理机构监督电话
　　E. 旅游行政管理部门监督电话

23. 我国旅游业发展的主要制度有（　　　）。
　　A. 旅游综合协调管理制度　　　　B. 旅游者权益保护制度
　　C. 旅游促进和公共服务制度　　　D. 旅游安全保障制度
　　E. 旅游保险制度

24. 政府在旅游发展规划评估中的组织职能包括（　　　）。
　　A. 确定评估的费用
　　B. 确定参加评估的人员范围
　　C. 建立相应的评估工作机制和工作程序
　　D. 确立评估标准和指标体系，以使评估工作有章可循
　　E. 对评估成果的落实等情况进行监督和检查，并建立责任追究制

25. 旅游规划的评估结果公布的方式包括（　　　）。
　　A. 政府网站　　　B. 政府公报　　　C. 新闻发布会　　　D. 杂志
　　E. 报刊

参考答案及解析

第十一章　旅游者与消费者法律制度

一、判断题（判断下列各题是否正确，正确的请在答卷中相应题号后的括号内打"√"，错误的打"×"）

1. 经营者与消费者进行交易，应当遵循自愿、平等、公平、诚实信用的原则。　　（　　）
2. 对因监护人存在过错导致被监护人发生旅游不文明行为，将监护人纳入"旅游不文明行为记录"。　　（　　）
3. 在旅行社组团旅游中，游客必须按照行程进行旅游活动，不得无故不参加行程中的旅游项目。　　（　　）
4. 根据《治安管理处罚法》的规定，不满14周岁的人违反治安管理的，不予处罚，但应当责令其监护人严加管教。　　（　　）
5. 游客张某在商场购物时，因其佩戴的手镯与商场的商品是同一款式，在结账时被商场服务员认定是商场的商品，张某与商场工作人员发生争执。为查清事实真相，商场保安可将张某拘禁起来进行调查。　　（　　）
6. 由于航空承运人的原因造成旅游者误机、晚点的，由组团旅行社依法承担赔偿责任，其再向航空承运人追偿。　　（　　）
7. 旅游者须严格遵守旅游经营者制定的格式合同。　　（　　）
8. 在商品经济，特别是市场经济条件下，由于消费者在经济上的强势地位，以及消费者利益的特殊性等原因，国家无须对消费者给予特别保护。　　（　　）
9. 甲在商店购买冰箱时，商家赠送一台微波炉。甲回家后使用微波炉时，突然爆炸，炸伤了甲。因为是免费赠送的，所以甲不能向商家索赔。　　（　　）
10. 旅游者有权要求旅游经营者按照约定提供旅游产品和服务，无论采取口头或者书面形式约定。　　（　　）
11. 采用网络直播等方式提供商品或者服务的经营者，无须向消费者提供经营地址信息。　　（　　）
12. 由于旅行社所订宾馆的原因造成旅游者人身损害、财产损失的，由宾馆经营者依法承担赔偿责任，旅行社没有赔偿责任。　　（　　）
13. 旅游行程结束前，旅游者在不需征得旅行社同意的情况下，享有单方解除包价旅游合同的权利，组团社应当在扣除必要的费用后，将余款退还旅游者。　　（　　）
14. 旅游者在人身、财产安全遇有危险时，对于正在发生的，有请求救助和保护的权利；对于能够预见的，应尽量避免，不能请求救助。　　（　　）
15. 有的旅游者为了追求新奇、刺激，无视当地"请勿入内"的安全警示，自行前往尚未开发的地方"探险"。此时，若旅游者人身、财产安全遇有危险，没有请求救助和保

护的权利。（　）

16. 旅游者与旅游经营者之间的基础法律关系是基于旅游合同建立的民事法律关系，其特点是双方的法律地位平等。（　）
17. 根据《旅游法》的规定，因未达到约定的成团人数解除合同的，组团社可以向旅游者扣除必要的费用。（　）
18. 旅游行程中因旅游者个人原因解除合同的，旅行社无须协助旅游者返回出发地或者旅游者指定的合理地点。（　）
19. "旅游不文明行为记录"信息保存期限为1年至5年，实行静态管理。（　）
20. 消费者王某在某展销会购买了一件商品，使用后发现存在严重质量问题，而展销会已结束。对此，王某可以向展销会举办者要求赔偿。（　）
21. 作为成年人，应当预见也必须预见自己去冒险的地方存在危险性，部分驴友的"探险"实则是一种冒险行为，这种野外探险遇到危险，没有救助请求权。（　）
22. 丁同学在埃及旅游时，在文物上乱写乱画，被当地政府拘留并罚款，旅行社与其解除了旅游合同。丁同学需要返程时，旅行社无须协助其返程。（　）
23. 被列入"旅游不文明行为记录"的当事人申辩期间，主管机构不得进行信息公布。（　）
24. 在旅游经营者已经事先拟定好的旅游产品和服务的格式合同中，旅游者不能按照自己的意志选择消费。（　）
25. 如果发生不可抗力影响旅游行程，导致合同不能完全履行的，旅游经营者可以在合理范围内变更合同；旅游者必须同意变更，否则自行承担损失。（　）
26. 《消费者权益保护法》的立法目的是保护消费者的合法权益，维护社会经济秩序，促进社会主义市场经济健康发展。（　）
27. 保护消费者的合法权益是全社会的共同责任。（　）
28. 当旅游者与旅游经营者发生纠纷时，可以适当损害旅游经营者的合法权益。（　）
29. 消费者有权根据商品和服务的不同情况，要求经营者提供商品的价格、产地、主要成分等情况。（　）
30. 消费者在消费过程中遭到谩骂、侮辱等情况造成精神损害的，可以请求精神赔偿。（　）
31. 消费者为了维护自己的合法权益，有权依法成立社团组织。（　）
32. 人格尊严的权利表现为姓名权、荣誉权、肖像权等，是市场交易过程中公民最高规格的权利。（　）
33. 经营者提供的计算机、电视机等耐用商品，消费者自接受商品之日起6个月内发现瑕疵，发生争议的，由消费者承担有关瑕疵的举证责任。（　）
34. 经营者可以通过声明方式，减轻经营者责任。（　）
35. 精神病人在不能辨认或者不能控制自己行为的时候违反治安管理的，也要给予处罚。（　）
36. 盲人或者又聋又哑的人违反治安管理的，不予处罚。（　）
37. 《治安管理处罚法》规定，偷窥、偷拍、窃听、散布他人隐私的，可处15日以下拘留或者5000元以下罚款。（　）

二、单项选择题（下列各题的选项中，只有一项是正确的，请将正确答案的选项填入括号内）

1. 旅游者的权益中最核心的是（　　）。
   A. 自主选择权　　B. 知悉真情权　　C. 获得诚信服务权　　D. 受尊重权

2. 旅游者在人身、财产安全遇有危险时，有请求（　　）的权利。
   A. 救助　　B. 保护　　C. 救助或保护　　D. 救助和保护

3. 消费者为（　　）需要而购买、使用商品或接受服务，其权益受《消费者权益保护法》保护。
   A. 生活　　B. 消费　　C. 生活消费　　D. 生存消费

4. 某旅游团在一家餐厅就餐后，大部分旅游者都出现上吐下泻的现象，住院治疗后恢复健康。经鉴定，该餐厅提供的菜品有毒。旅游者打算采取维权行动。下列关于旅游者维权措施的选项中，属于不当措施的是（　　）。
   A. 请媒体曝光，并要求有关部门严肃查处
   B. 直接向餐厅索赔
   C. 直接提起诉讼，要求餐厅赔偿医疗费、护理费、误工费、交通费等
   D. 直接提起仲裁，要求餐厅赔偿精神损失费

5. 旅行社具备履行条件，经旅游者要求仍拒绝履行合同，造成旅游者人身损害、滞留等严重后果的，旅游者还可以要求旅行社支付旅游费用的（　　）的赔偿金。
   A. 一倍
   B. 二倍
   C. 一倍以上两倍以下
   D. 一倍以上三倍以下

6. 根据《旅游法》的规定，旅游者在旅游活动中或者在解决纠纷时，不得损害（　　）的合法权益，不得干扰他人的旅游活动，不得损害旅游经营者和旅游从业人员的合法权益。
   A. 同团游客
   B. 当地居民
   C. 同团游客和当地居民
   D. 同团游客或当地居民

7. 《消费者权益保护法》规定，经营者采用网络、电视、电话、邮购等方式销售商品，消费者有权自收到商品之日起（　　）内退货。
   A. 7日　　B. 10日　　C. 15日　　D. 30日

8. 经营者的下列（　　）行为，未违反《消费者权益保护法》规定的义务。
   A. 店堂告示"商品一旦售出概不退换"
   B. 店堂告示"未成年人须由成人陪伴方可入内"
   C. 顾客购买两条毛巾索要发票，经营者以"小额商品，不开发票"为由拒绝
   D. 出售蛋类食品的价格经常变化

9. 旅行社未与旅游者协商一致或未经旅游者要求，指定购物场所、安排旅游者参加另行付费项目的，旅行者有权在旅游行程结束后（　　）内，要求旅行社为其办理退货并先行垫付退货货款，或者退还另行付费旅游项目的费用。
   A. 10日　　B. 15日　　C. 30日　　D. 60日

10. 旅行社的夸大宣传，侵犯了旅游者的（　　）。

A. 自主选择权 B. 知悉真情权
C. 获得诚信服务权 D. 受尊重权

11. 下列（　　）不属于消费的客体。
   A. 美容店提供的美容服务 B. 超市提供的商品
   C. 地下通道中小商贩提供的盗版碟 D. 餐厅服务提供的餐饮服务

12. 下列选项中，不属于旅游者权益争议解决方式的是（　　）。
   A. 请求消费者协会调解 B. 与经营者协商和解
   C. 向有关行政部门申请仲裁 D. 向人民法院提起诉讼

13. 大众传媒对损害消费者合法权益的行为进行（　　）。
   A. 行政监督　　B. 社会监督　　C. 舆论监督　　D. 司法监督

14. 根据《治安管理处罚法》规定，行政拘留处罚合并执行的，最长不超过（　　）日。
   A. 10　　　B. 20　　　C. 30　　　D. 40

15. 对旅游者提起的诉讼，人民法院下列处理方法正确的是（　　）。
   A. 裁定不予受理 B. 移送仲裁机关
   C. 依法受理，及时审理 D. 进行调解，调解不成驳回起诉

16. 经营者提供的商品或者服务，应当依照国家有关规定或者商业惯例向消费者出具购货凭证或者服务单据，消费者索要购货凭证或者单据的，经营者（　　）。
   A. 可以提供　　B. 不一定提供　　C. 可以不出具　　D. 必须出具

17. （　　）建立全国"旅游不文明行为记录"。
   A. 国务院旅游主管部门 B. 国务院文化主管部门
   C. 国务院市场监督管理部门 D. 中央文明办

18. 根据《旅游法》的规定，旅行社具备履行条件，经旅游者要求仍拒绝履行合同，造成旅游者人身损害、滞留等严重后果的，旅游者还可以要求旅行社支付旅游费用（　　）的赔偿金。
   A. 1 倍以上 5 倍以下 B. 3 倍以上 5 倍以下
   C. 1 倍以上 3 倍以下 D. 2 倍以上 5 倍以下

19. 李某隐瞒其患有心脏病病情，参加某旅行社组织的西藏旅游，在旅游过程中，由于高原反应引发心脏病，加之旅游景区地处偏远，医疗条件落后，不幸病故。对此，（　　）。
   A. 李某自身负主要责任 B. 组团社负主要责任
   C. 地接社负主要责任 D. 当地医院负主要责任

20. 我国消费者权益保护法的核心原则是（　　）。
   A. 平等原则
   B. 诚实信用原则
   C. 国家保护消费者合法权益不受侵犯原则
   D. 全社会共同保护消费者合法权益的原则

21. 根据《旅游法》的规定，因不可抗力或者旅行社、履行辅助人已尽合理注意义务仍不能避免，危及旅游者人身、财产安全的，旅行社应当采取相应的安全措施，因此支出的费用由（　　）。

A. 旅行社承担 B. 旅游者承担
C. 旅行社或旅游者承担 D. 旅行社与旅游者分担

22. 消费者李某在某购物中心购买了一台音响设备，经有关部门检验发现该音响设备属于不合格商品，李某要求购物中心退货。下列处理方法中，正确的是（ ）。
    A. 该购物中心认为可以通过更换使李某得到合格产品，因而拒绝退货
    B. 该购物中心认为该产品经过修理能达到合格，因而拒绝退货
    C. 该购物中心应按照消费者的要求无条件负责退货
    D. 该购物中心可以依法选择修理、更换、退货中的任一方式

23. 根据《旅游法》的规定，旅游者购买、接受旅游服务时，应当向旅游经营者如实告知与旅游活动相关的个人健康信息，遵守旅游活动中的（ ）规定。
    A. 旅游合同 B. 安全警示 C. 旅游服务 D. 其他相关

24. 根据《旅游法》的规定，由于公共交通经营者的原因造成旅游者人身损害、财产损失的，由（ ）依法承担赔偿责任。
    A. 旅行社 B. 地接社
    C. 公共交通经营者 D. 履行辅助人

25. 根据《旅游法》的规定，旅游行程开始前，旅游者可以将包价旅游合同中自身的权利义务转让给第三人，旅行社没有正当理由的不得拒绝，因此增加的费用由（ ）。
    A. 旅游者承担 B. 第三人承担
    C. 旅游者或第三人承担 D. 旅游者和第三人承担

26. 下列选项中，属于消费者行使自主选择权的情形的是（ ）。
    A. 消费者要求经营者所售商品的价格与价值相符
    B. 消费者要求经营者提供的电器具备安全使用性能
    C. 消费者对商品进行比较和鉴别
    D. 消费者要求所购商品计量正确

27. 根据《旅游法》的规定，突发事件发生后，（ ）及其有关部门和机构应当采取措施开展救援，并协助旅游者返回出发地或者旅游者指定的合理地点。
    A. 县级人民政府 B. 市级人民政府 C. 省级人民政府 D. 当地人民政府

28. 旅游者在云南旅游时遭遇地震，行程无法继续，需要提前返回，返程费用应该由（ ）。
    A. 旅游者自行承担 B. 旅行社承担
    C. 旅游者和旅行社合理分担 D. 当地政府承担

29. 根据《旅游法》的规定，下列关于旅游者享有的权利的说法中，不正确的是（ ）。
    A. 旅游者有权自主选择旅游产品和服务
    B. 旅游者有权要求旅游经营者按照旅游市场情况提供产品和服务
    C. 旅游者有权拒绝旅游经营者的强制交易行为
    D. 旅游者有权知悉其购买的旅游产品和服务的真实情况

30. 消费者协会是依法成立的对商品和服务进行社会监督的保护消费者合法权益的（ ）。
    A. 社会组织 B. 社团法人 C. 行政机关 D. 制裁机构

31. 北京旅游者张先生参加某旅行社的湖南六日包价旅游，第三天，张先生的公司有紧急事情需要他到上海处理，此种情况下（　　）。
    A. 张先生必须自行购票，费用自理
    B. 旅行社协助购票，费用自理
    C. 旅行社协助购票，并合理分担返程费用
    D. 旅行社协助购票，并全额承担返程费用

32. "旅游不文明行为记录"形成后，旅游主管部门应当将相关信息通报或送达当事人本人，并告知其有申辩的权利；当事人在接到申辩通知后（　　）个工作日内，有权利进行申辩。
    A. 7　　　　B. 10　　　　C. 15　　　　D. 30

33. 甲在超市购物时被怀疑偷东西，在商场经理的命令下被强行搜身。后甲将此情况告知某报社，当天报社载文对商场和经理的行为进行了抨击。甲的行为属于（　　）。
    A. 消费者维护自身权益的行为
    B. 诋毁商誉的行为
    C. 新闻媒体损害竞争对手商业信誉的行为
    D. 侵犯经理名誉权的行为

34. 小李在某旅行社向其员工梁某咨询相关旅游信息，将近一小时依然犹豫未决，准备离开时，梁某拦住小李称，必须选购一种产品，否则不允许离开。梁某的行为侵犯了小周的（　　）。
    A. 公平交易权　　B. 自主选择权　　C. 受尊重权　　D. 知情了解权

35. 景区甲商家在其商品广告中赫然标注"某某特产，独家经营"的字样，不少旅客购买了该商品，后发现其他商家也销售该商品，且价格比甲商家要低。甲商家的行为侵害了消费者的（　　）。
    A. 自主选择权　　B. 知情权　　C. 公平交易权　　D. 获得有关知识权

36. 消费者购买的商品，在保修期内经（　　）修理仍不能正常使用的，经营者应负责更换或者退货。
    A. 1次　　　　B. 2次　　　　C. 3次　　　　D. 4次

37. 某旅游团在旅行社安排下到某旅游特产商店购物。保安李某无端怀疑旅游者王某偷拿了开放货架上的某工艺品，遂搜身并检查其携带的拎包，引起同行旅游者的强烈不满。根据《消费者权益保护法》的规定，该旅游特产商店应当对王某停止侵害、恢复名誉、消除影响、赔礼道歉，并（　　）。
    A. 警告保安李某　　　　　　　　B. 开除保安李某
    C. 赔偿王某的损失　　　　　　　D. 扣除保安李某当月工资及奖金

38. （　　）是安全保障权、知情权等前述权利的必然延伸，对消费者权利的实现至关重要。
    A. 监督权　　B. 受尊重权　　C. 赔偿请求权　　D. 公平交易权

39. 根据《消费者权益保护法》的规定，经营者提供商品或者服务有欺诈行为的，应当按照消费者的要求增加赔偿其受到的损失，增加赔偿的金额为消费者购买商品的价款或者接受服务的费用的（　　）；增加赔偿的金额不足500元的，为500元。

A. 5 倍　　　　　B. 4 倍　　　　　C. 3 倍　　　　　D. 2 倍

40. 下列各项中，属于消费者行使安全保障权的情形的是（　　）。
    A. 消费者要求旅游经营者所售商品的价格与价值相符
    B. 消费者要求旅游商店经营者提供的电器具备安全使用性能
    C. 消费者对旅游商品进行比较和鉴别
    D. 消费者要求所购商品计量正确

41. 下列关于《消费者权益保护法》适用范围的说法中，正确的是（　　）。
    A. 农民的消费活动不适用《消费者权益保护法》
    B. 农民的生活消费活动适用《消费者权益保护法》，但购买、使用直接用于农业生产的生产资料时不适用该法
    C. 人类的所有消费活动均适用《消费者权益保护法》
    D. 农民购买、使用直接用于农业生产的生产资料，参照《消费者权益保护法》执行

42. 经营者提供商品或者服务，造成消费者或者其他受害人人身伤害的，应当承担的费用中不包括（　　）。
    A. 医疗费　　　　　　　　　　　B. 其抚养的人所必需的生活费
    C. 治疗期间的护理费　　　　　　D. 因误工减少的收入

43. 我国《消费者权益保护法》首次规定了适用惩罚性赔偿的制度。下列选项中，当经营者（　　），消费者可以依法按其所支付价款的两倍要求经营者赔偿其损失。
    A. 不具备产品应当具备的性能而事先未作说明
    B. 所售产品包装上未注明出厂日期和保质期
    C. 谎称某国内私营企业产品为"美国进口原装"
    D. 出售国家明令淘汰的产品

44. 旅游不文明行为当事人违反刑法的，信息保存期限为（　　）。
    A. 1~3 年　　　　B. 3~5 年　　　　C. 2~4 年　　　　D. 1~5 年

45. 消费者的赔偿请求权不包括（　　）。
    A. 人身损害　　　B. 财产损害　　　C. 精神损失　　　D. 心理损害

46. （　　）是整个法律体系中的一种基础性权利，是社会个体生存和发展的基础。
    A. 知情权　　　B. 民族风俗习惯　　　C. 宗教信仰自由　　　D. 人格权

47. 消费者在购买、使用商品或者接受服务时，其合法权益受到损害，因原企业分立、合并的，可以向（　　）要求赔偿。
    A. 原企业的主管部门　　　　　　B. 市场监督管理部门
    C. 分立、合并后的企业　　　　　D. 原企业法定代表人

48. 甲借用乙的营业执照从事旅游业务，消费者丙在参加甲组织的旅游时合法权益受损。消费者丙就其损失请求赔偿的对象（　　）。
    A. 只能是甲　　　　　　　　　　B. 只能是乙
    C. 是甲和乙　　　　　　　　　　D. 可以是甲也可以是乙

49. 包价旅游合同（　　）采用书面形式。
    A. 可以　　　　B. 必须　　　　C. 一般　　　　D. 不需要

50. 小王报名参加某旅行团，出发前一天，因接到单位加班通知而不能随团参加旅游活动。

小王希望将其旅游合同中的权利义务转让给小张。对此，依据我国《旅游法》的规定（　　）。
   A. 旅行社可以拒绝　　　　　　　　B. 旅行社不得拒绝
   C. 旅行社没有正当理由不得拒绝　　D. 旅行社收取相关手续费用后可以接受

51. 旅游者在云南旅游时遭遇地震，行程无法继续，需要提前返回，返程费用应该（　　）。
   A. 旅游者自行承担　　　　　　　　B. 旅行社全权负责
   C. 旅游者和旅行社合理分担　　　　D. 当地政府承担

52. 代表国家对消费者合法权益进行行政保护的行政机关是（　　）。
   A. 技术监督部门　　　　　　　　　B. 各行业主管部门
   C. 工商行政管理部门　　　　　　　D. 卫生监督部门

53. 我国《消费者权益保护法》的立法目的是保护（　　）的合法权益，维护社会经济秩序，促进社会主义经济健康发展。
   A. 消费者　　B. 经营者　　C. 消费者和经营者　　D. 消费者或经营者

三、多项选择题（每题有2~5个正确答案，少选或错选均不得分，请将你认为正确的选项填入括号内）

1. 根据《治安管理处罚法》的规定，治安管理处罚的种类分为（　　）。
   A. 警告　　　　B. 罚款　　　　C. 拘役　　　　D. 行政拘留
   E. 判刑

2. 在旅游实践中除了对残疾人、老年人和未成年人给予便利和优惠外，对（　　）等身份的旅游者，很多地方和景区也已给予各种优惠。
   A. 现役军人　　B. 在校学生　　C. 华侨　　　　D. 公务员
   E. 国企高管

3. 消费者因购买、使用商品或者接受服务受到（　　）、财产侵害的，享有依法获得赔偿的权利。
   A. 生命　　　　B. 健康　　　　C. 姓名　　　　D. 名誉
   E. 形象

4. 下列选项中，属于《消费者权益保护法》规定的消费主体包括（　　）。
   A. 农民购买化肥、农药　　　　　　B. 旅游者
   C. 小王到餐厅吃饭　　　　　　　　D. 小王到酒店住房
   E. 工厂购买钢材

5. 根据《旅游法》的规定，旅游者在旅游活动中或者在解决纠纷时，（　　）。
   A. 不得损害当地居民的合法权益　　B. 不得干扰他人的旅游活动
   C. 不得损害旅游经营者　　　　　　D. 不得损害旅游从业人员的合法权益
   E. 不得影响旅游交通工具的安全

6. 根据《旅游法》的规定，旅游者在旅游活动中应当（　　）。
   A. 遵守社会公共秩序和社会公德
   B. 尊重当地的风俗习惯、文化传统和宗教信仰

C. 爱护小动物
D. 保护生态环境
E. 遵守旅游文明行为规范

7. 长沙旅游者小王参加甲旅行社组织的西藏包价旅游，由乙旅行社负责地方接待。途中由于自身原因，小王入住拉萨圣光宾馆后高原反应非常严重，呕吐不止。此时，小王可以拨打电话向（　　）求助。
   A. 入住宾馆　　　B. 拉萨市政府　　　C. 甲旅行社　　　D. 乙旅行社
   E. 小王的亲友

8. 根据《消费者权益保护法》，求偿权的实现方式包括（　　）。
   A. 赔偿损失　　　　　　　　　　B. 恢复原状、重做、更换
   C. 赔礼道歉　　　　　　　　　　D. 消除部分影响
   E. 恢复名誉

9. 下列关于旅游者出入境说法中，正确的是（　　）。
   A. 出境旅游者应当依据许可的期限在旅游目的地停留
   B. 出境旅游者应当从国家开放的口岸出入国（边）境
   C. 出境旅游者应当按照旅游行程的安排参加旅游活动
   D. 出境旅游者不得非法滞留、擅自分团或脱团
   E. 入境旅游者在我国境内参加旅游活动，可以擅自分团

10. 如果旅游经营者不履行或者未按合同约定全面履行义务，旅游者有权要求其承担（　　）等责任。
    A. 继续履行　　　B. 采取补救措施　　　C. 解除合同　　　D. 赔偿损失
    E. 返还财产

11. 旅游活动中因不可抗力或者旅行社、履行辅助人已尽合理注意义务仍不能避免的事件，影响旅游行程的，下列选项中属于处理正确的是（　　）。
    A. 旅行社可以单方面解除合同
    B. 合同不能继续履行的，旅行社或旅游者可以解除合同
    C. 合同不能完全履行的，旅行社经向旅游者作出说明，可在合理范围内变更合同
    D. 旅游者同意合同变更的，增加的费用由旅游者承担
    E. 旅游者不同意变更的，可以解除合同

12. 我国《旅游法》规定的旅游者受尊重权体现在尊重旅游者的（　　）等方面。
    A. 宗教信仰　　　B. 人格尊严　　　C. 自由选择　　　D. 民族风俗习惯
    E. 知悉真情权

13. 根据《消费者权益保护法》，下列情形中属于经营者的义务的是（　　）。
    A. 商店提供商品明码标价
    B. 消费者购物后出具购物凭证
    C. 商店服务员对消费者就有关商品的问题百问不倦
    D. 商店内放置意见箱或意见簿
    E. 按照一定的定价原则和依据自由定制价格

14. 国家对消费者权益的保护措施包括（　　）。

A. 司法保护　　　B. 行政保护　　　C. 立法保护　　　D. 舆论保护
E. 消费者协会保护

15. 经营者提供商品或者服务，造成消费者或者其他受害人人身伤害的，应当承担的费用中包括（　　）。
    A. 医疗费　　　　　　　　　　B. 其抚养的人所必需的生活费
    C. 治疗期间的护理费　　　　　D. 因误工减少的收入
    E. 精神损失费

16. 我国《旅游法》规定了旅游者拥有的权利包括（　　）等其他权利。
    A. 合同的任意解除权　　　　　B. 合同的替换权
    C. 协助返程权　　　　　　　　D. 投诉举报权
    E. 媒体发布权

17. 旅游不文明行为记录评审委员会由政府部门、法律专家、旅游企业、旅游者代表组成，评审主要事项包括（　　）。
    A. 不文明行为事件是否应当纳入"旅游不文明行为记录"
    B. 确定"旅游不文明行为记录"的信息保存期限
    C. "旅游不文明行为记录"是否通报相关部门
    D. 对已经形成的"旅游不文明行为记录"的记录期限进行动态调整
    E. 国务院旅游主管部门可将"旅游不文明行为记录"信息向社会公布

18. 下列各项中，属于消费者权益争议解决方式的是（　　）。
    A. 请求消费者协会调解　　　　B. 请求消费者协会申诉
    C. 与经营者协商和解　　　　　D. 向人民法院提起诉讼
    E. 根据与经营者达成的仲裁协议提请仲裁机构仲裁

19. 我国《消费者权益保护法》规定，经营者采用网络、电视、电话、邮购等方式销售商品，消费者有权在规定期限内退货，且无须说明理由，但下列（　　）商品除外。
    A. 消费者定做的
    B. 鲜活易腐的
    C. 在线下载或者消费者拆封的音像制品、计算机软件等数字化商品
    D. 交付的报纸、期刊
    E. 已使用过的商品

20. 旅游者的以下（　　）行为被纳入"旅游不文明行为记录"。
    A. 参与赌博、色情、涉毒活动
    B. 破坏生态环境，违反野生动植物保护规定
    C. 劝阻、警示从事危及自身以及他人人身财产安全的活动
    D. 违反旅游场所规定，严重扰乱旅游秩序
    E. 国务院旅游主管部门认定的造成严重社会不良影响的其他行为

21. 下列关于经营者提供商品或者服务有欺诈行为的说法中，正确的有（　　）。
    A. 应当按照消费者的要求增加赔偿其受到的损失
    B. 增加赔偿的金额为消费者购买商品的价款或者接受服务的费用的3倍
    C. 增加赔偿的金额不足500元的，为500元

D. 经营者明知商品或者服务存在缺陷，仍然向消费者提供，造成消费者或者其他受害人死亡或者健康严重损害的，有权要求所受损失3倍以下的惩罚性赔偿

E. 经营者提供商品或者服务，造成消费者或者其他受害人人身伤害的，应当赔偿医疗费、护理费、交通费等为治疗和康复支出的合理费用，以及因误工减少的收入

22. 根据《消费者权益保护法》的规定，求偿权的范围包括（　　）。
    A. 人身权受到侵害　　　　　　　B. 财产权受到侵害
    C. 精神损失　　　　　　　　　　D. 肖像权受到侵害
    E. 健康侵害

23. 根据《治安管理处罚法》的规定，有下列（　　）情形的，从重处罚。
    A. 有较严重后果的
    B. 教唆、胁迫、诱骗他人违反治安管理的
    C. 对报案人、控告人、举报人、证人打击报复的
    D. 5个月内曾受过治安管理处罚的
    E. 屡教不改的

24. 包价旅游合同包括（　　）内容。
    A. 旅游行程安排　　　　　　　　B. 旅游团成团的最低人数
    C. 自由活动时间安排　　　　　　D. 游览、娱乐等项目的具体内容和时间
    E. 购物安排

25. 订立包价旅游合同时，旅行社应当向旅游者告知（　　）事项。
    A. 旅游者不适合参加旅游活动的情形
    B. 旅游活动中的安全注意事项
    C. 旅行社依法可以减免责任的信息
    D. 旅游者应当注意的旅游目的地相关法律法规和风俗习惯、宗教禁忌
    E. 旅行团所有成员的个人信息

第十二章 旅行社法律制度

一、判断题（判断下列各题是否正确，正确的请在答卷中相应题号后的括号内打"√"，错误的打"×"）

1. 旅行社取得经营许可满两年，且未因侵害旅游者合法权益受到行政机关罚款以上处罚的，可以申请经营出境旅游业务。（　　）
2. 旅行社与旅游者签订旅游合同时，旅行社不得要求旅游者必须参加旅行社安排的购物活动或者需要旅游者另行付费的旅游项目。（　　）
3. 在线旅游经营者，指从事在线旅游经营服务的自然人、法人和非法人组织，包括在线旅游平台经营者、平台内经营者。（　　）
4. 旅行社每设立一个经营出境旅游业务的分社，应当向其质量保证金账户增存质量保证金20万元。（　　）
5. 在线旅游经营者运用大数据分析等技术手段，基于旅游者消费记录、旅游偏好等设置特殊交易条件的，属于正常经营行为。（　　）
6. 旅游服务质量保证金的所有权属于旅游行政管理部门，利息属于旅行社所有。（　　）
7. 旅行社的主管部门主要包含国务院旅游行政主管部门、县级以上地方人民政府旅游管理部门及工商、价格、商务、外汇等有关部门。（　　）
8. 旅行社安排的旅游活动及服务档次与合同不符，造成旅游者经济损失的，旅行社应退还旅游者合同金额与实际花费的差额，并支付同额的违约金。（　　）
9. 根据《旅行社条例》及《旅行社条例实施细则》的有关规定，申请设立经营国内旅游业务和入境旅游业务的旅行社应当有不少于30万元的注册资本。（　　）
10. 旅行社从事旅游业务经营活动，可以自主选择投保的险种，如旅行社责任险；与旅游者订立合同时，应当推荐旅游者购买相关的旅游保险。（　　）
11. 在线旅游经营服务是指通过互联网等信息网络为旅游者提供包价旅游服务或者交通、住宿、餐饮、游览、娱乐等单项旅游服务的经营活动。（　　）
12. 依据《旅行社服务质量赔偿标准》，旅行社未经旅游者同意，擅自将旅游者转团、拼团的，旅行社应向旅游者支付旅游费用总额20%的违约金。（　　）
13. 旅行社可以接受企业委托，为其各类商务活动、奖励旅游等，代办交通、住宿、餐饮、会务、观光游览、休闲度假等事务。（　　）
14. 旅行社可依法将旅游业务委托给其他旅行社，接受委托的旅行社由于重大过失造成旅游者合法权益损害的，应当承担连带责任。（　　）
15. 旅行社将旅游业务委托给不具有相应资质的旅行社，由旅游主管部门责令改正，处2万元以上10万元以下罚款；情节严重的，责令停业整顿1个月至3个月。（　　）

16. 旅行社不得要求导游人员和领队人员接待不支付接待和服务费用或者支付的费用低于接待和服务成本的旅游团队，不得要求导游人员和领队人员承担接待旅游团队的相关费用。( )
17. 在旅游行程中，当发生不可抗力而导致旅行社不得不调整或者变更旅游合同约定的旅游行程安排时，应当在事后向旅游者作出说明。( )
18. 依据《文化和旅游市场信用管理规定》的规定，认定为严重失信主体不满 12 个月的、认定为轻微失信主体不满 6 个月的，不予信用修复。( )
19. 旅行社业务经营许可证是指有许可权的旅游主管部门颁发的，证明持证人具有从事旅游业务经营资格的凭证。( )
20. 旅行社在经营活动中应当遵循自愿、平等、公平、诚信的原则，提高服务质量，维护旅游者的合法权益。( )
21. 《旅行社条例》规定人民法院使用旅游服务质量保证金的情形是：人民法院判决、裁定及其他未生效法律文书认定旅行社损害旅游者合法权益，旅行社拒绝或者无力赔偿的，人民法院可以从旅行社的质量保证金账户上划拨赔偿款。( )
22. 依据《文化和旅游市场信用管理规定》的规定，因欺骗、故意隐匿、伪造、变造材料等不正当手段取得许可证、批准文件的，或者伪造、变造许可证、批准文件的，属于严重失信主体。( )
23. 如果旅行社通过安排购物或者另行付费旅游项目获取回扣等不正当利益，旅游者有权在旅游行程结束后 30 日内，要求旅行社为其办理退货并先行垫付退货货款，或者退还另行付费旅游项目的费用。( )
24. 《旅游法》规定，旅行社组织和安排旅游活动，应当与旅游者订立合同。( )
25. 旅行社应当提示参加团队旅游的旅游者按照规定投保人身意外伤害保险。( )
26. 旅行社行业组织应当按照章程为旅行社提供服务，发挥协调和管理作用，引导旅行社合法、公平竞争和诚信经营。

二、单项选择题（下列各题的选项中，只有一项是正确的，请将正确答案的选项填入括号内）

1. 旅行社组织在中国内地的外国人赴香港旅游，属于（ ）业务。
   A. 出境旅游　　　B. 境内旅游　　　C. 边境旅游　　　D. 入境旅游
2. 旅行社未妥善保存各类旅游合同及相关文件、资料，保存期不够两年的，由县级以上旅游行政管理部门责令改正，没收违法所得，处违法所得（ ）的罚款。
   A. 2 倍以下但最高不超过 2 万元　　　B. 2 倍以下但最高不超过 3 万元
   C. 3 倍以下但最高不超过 3 万元　　　D. 3 倍以下但最高不超过 5 万元
3. 租用营业用房开办旅行社的，租期应不少于（ ）。
   A. 半年　　　B. 1 年　　　C. 2 年　　　D. 3 年
4. 在线旅游经营者包括在线旅游平台经营者、平台内经营者以及通过（ ）提供旅游服务的经营者。
   A. 自建网站
   B. 其他网络服务
   C. 自建网站、其他网络服务
   D. 自建网站和其他网络服务

5. 根据《旅行社条例》的规定，设立旅行社，其注册资本不得少于（　　）万元。
   A. 60　　　　　　B. 30　　　　　　C. 10　　　　　　D. 5

6. 旅行社取得经营许可满（　　）年，且未因侵害旅游者合法权益受到行政机关罚款以上处罚的，可以申请经营出境旅游业务。
   A. 3　　　　　　B. 4　　　　　　C. 1　　　　　　D. 2

7. 旅行社及导游或领队强迫或者变相强迫旅游者购物的，每次向旅游者支付旅游费用总额（　　）的违约金。
   A. 10%　　　　　B. 20%　　　　　C. 50%　　　　　D. 100%

8. 入境旅游者在境内非法滞留，随团入境的旅游者擅自分团、脱团的，应当及时向（　　）报告。
   A. 旅行社、旅游主管部门或者我国驻外机构
   B. 公安机关、旅游主管部门或者相关驻外机构
   C. 公安机关、旅游主管部门或者我国驻外机构
   D. 旅行社、旅游主管部门或者相关驻外机构

9. 《旅行社条例》对经营国内旅游业务和入境旅游业务的旅行社要求的质量保证金是（　　）元。
   A. 20万　　　　B. 10万　　　　C. 120万　　　　D. 60万

10. 旅行社是从事（　　）旅游者等活动的企业法人。
    A. 宣传、组织、接待　　　　　　B. 宣传、招徕、接待
    C. 招徕、组织、接待　　　　　　D. 招徕、组织、服务

11. 在线旅游经营者未取得质量标准、信用等级使用相关称谓和标识的，依据《在线旅游经营服务管理暂行规定》，由县级以上文化和旅游主管部门责令改正，给予警告，可并处（　　）万元以下罚款。
    A. 1　　　　　　B. 2　　　　　　C. 3　　　　　　D. 5

12. 旅行社设立分社，应当向（　　）增存相应数量的旅游服务质量保证金。
    A. 本社质量保证金账户
    B. 本社设立地另行开设的质量保证金账户
    C. 分社质量保证金账户
    D. 分社设立地另行开设的质量保证金账户

13. 旅行社在指定范围内选择银行存入保证金的，应当设立独立账户，自行决定的存期不得少于（　　）年，存期届满应及时办理续存手续。
    A. 1　　　　　　B. 2　　　　　　C. 3　　　　　　D. 4

14. 下列属于轻微失信主体的是（　　）。
    A. 发生重大安全事故，属于旅游市场主体主要责任的
    B. 因侵害旅游者合法权益，造成游客滞留或者严重社会不良影响的
    C. 12个月内受到文化和旅游主管部门两次较大数额罚款行政处罚，造成不良社会影响的
    D. 因欺骗、故意隐匿、伪造、变造材料等不正当手段取得许可证、批准文件的，或者伪造、变造许可证、批准文件的

15. 依据《在线旅游经营服务管理暂行规定》，平台内经营者与旅游者发生旅游纠纷的，平台经营者应当积极协助旅游者维护其合法权益。鼓励（　　）先行赔付。
   A. 平台内经营者　　　　　　　　B. 平台经营者
   C. 平台内经营者和平台经营者　　D. 平台内经营者或平台经营者

16. 旅行社自缴纳或者补足旅游服务质量保证金之日起（　　）年内未因侵害旅游者合法权益受到行政机关罚款以上处罚的，旅游行政管理部门应当将保证金的交存数额降低50%。
   A. 3　　　　　B. 5　　　　　C. 2　　　　　D. 1

17. 旅游行政管理部门应当对设立旅行社的设立申请，自受理申请之日起（　　）个工作日内审查完毕，作出许可或不予许可的决定。
   A. 30　　　　B. 20　　　　C. 15　　　　D. 10

18. 旅行社（　　）参加团队旅游的旅游者按照规定投保人身意外伤害保险。
   A. 必须告知　　B. 不得要求　　C. 应当提示　　D. 应当告知

19. 在线旅游经营者未依法取得旅行社业务经营许可开展相关业务的，依照《旅游法》第九十五条的规定，由（　　）文化和旅游主管部门责令改正，没收违法所得，并处1万元以上10万元以下罚款。
   A. 县级　　　　B. 市级　　　　C. 县级以上　　D. 市级以上

20. 旅行社应当按照核定的业务范围开展经营活动，严禁超范围经营。下列不属于超范围经营的是（　　）。
   A. 未取得相应的旅行社业务经营许可，经营境内旅游、出境旅游、边境旅游、入境旅游、其他旅游业务
   B. 分社超出设立分社的旅行社的经营范围经营旅游业务
   C. 旅行社服务网点从事招徕、咨询以外的旅行社业务经营活动
   D. 经营出境、边境旅游业务的旅行社组织旅游者到国务院旅游主管部门公布的中国公民出境、边境旅游目的地国家和地区旅游

21. 旅行社应当自取得旅行社业务经营许可证之日起（　　）个工作日内，在国务院旅游行政主管部门指定的银行存入质量保证金。
   A. 3　　　　　B. 5　　　　　C. 7　　　　　D. 10

22. 旅行社进行虚假宣传，误导旅游者的，由旅游主管部门或者有关部门责令改正，没收违法所得，并处（　　）罚款。
   A. 2000元以上5万元以下　　　　B. 3000元以上3万元以下
   C. 3000元以上5万元以下　　　　D. 5000元以上5万元以下

23. 旅行社在旅游行政管理部门使用旅游服务质量保证金赔偿旅游者的损失，或者依法减少保证金后，因侵害旅游者合法权益受到行政机关罚款以上处罚的，应当在收到旅游行政管理部门补交保证金的通知之日起（　　）个工作日内补足保证金。
   A. 3　　　　　B. 5　　　　　C. 7　　　　　D. 10

24. 下列关于旅行社申请经营出境旅游业务的说法中，错误的是（　　）。
   A. 旅行社应取得经营许可满两年
   B. 未因侵害旅游者合法权益受到行政机关罚款以上处罚

C. 应当向县级及以上旅游主管部门提出申请

D. 营业执照经市场监督管理部门变更经营范围

25. 旅行社自缴纳或者补足旅游服务质量保证金之日起 3 年内未因侵害旅游者合法权益受到行政机关罚款以上处罚的,旅游行政管理部门应当将保证金的交存数额降低(　　)。

　　A. 10%　　　　B. 20%　　　　C. 30%　　　　D. 50%

26. 旅行社公告制度,是指相关行政管理部门对其具体行政行为,通过报刊、网络或者其他形式向社会公开发布(　　)的管理制度。

　　A. 告知　　　　B. 通告　　　　C. 说明　　　　D. 公示

27. 旅行社招徕、接待旅游者,应当妥善保存各类合同及相关文件、资料。合同及相关文件、资料保存期应当不少于(　　)年。

　　A. 1　　　　B. 2　　　　C. 3　　　　D. 4

28. 下列关于旅游服务质量保证金的交纳表述中,错误的是(　　)。

　　A. 必须以现金形式交纳质量保证金

　　B. 应当自取得旅行社业务经营许可证之日起 3 个工作日内交纳

　　C. 经营境内旅游业务和入境旅游业务的旅行社,应当存入保证金 20 万元

　　D. 每设立一个经营出境旅游业务的分社,应当向其保证金账户增存 30 万元

29. 某旅行社组织 30 名旅游者赴泰国旅游,由于境外接待社的过失,旅游者权益遭受严重侵害。根据《旅行社条例》规定,旅游者应当向(　　)索赔。

　　A. 某旅行社　　　　　　　　　　B. 境外接待社

　　C. 某旅行社和境外接待社　　　　D. 某旅行社或境外接待社

30. 旅行社聘用导游人员,应当依法订立劳动合同,并(　　)。

　　A. 可向其支付约定的标准的报酬

　　B. 向其支付当地平均工资标准的报酬

　　C. 向其支付不低于当地最低工资标准的报酬

　　D. 向其支付高于当地最低工资标准的报酬

31. 下列选项中,不属于旅行社的权利的是(　　)。

　　A. 自主签订旅游合同的权利　　　　B. 收取合理旅游费用的权利

　　C. 自由解除旅游合同的权利　　　　D. 要求旅游者正确履行旅游合同的权利

32. 为减少自然灾害等意外风险给旅游者带来的损害,旅行社在招徕、接待旅游者时,可以提示旅游者购买(　　)。

　　A. 旅游意外保险　　　　　　　　　B. 旅行社责任险

　　C. 旅游意外险或旅行社责任险　　　D. 旅游意外险和旅行社责任险

33. 甲旅行社组织旅游者赴某地旅游,并与乙旅行社签订旅游合同,委托其负责接待。在旅游过程中,由于乙旅行社导游的过错,使合同中原来约定的豪华旅游车变成了普通旅游车,造成旅游者权益损失。旅游者应当向(　　)要求赔偿。

　　A. 乙旅行社　　　　　　　　B. 甲旅行社

　　C. 旅游汽车公司　　　　　　D. 乙旅行社导游

34. 在线旅游经营者未依法投保旅行社责任保险的,依照《旅游法》第九十七条规定,由

县级以上文化和旅游主管部责令改正，没收违法所得，并处（　　）罚款。

A. 5000 元以上 5 万元以下　　　B. 5000 元以上 3 万元以下

C. 5000 元以上 2 万元以下　　　D. 5000 元以上 1 万元以下

35.《旅行社条例》规定，旅行社被吊销旅行社业务经营许可的，其主要负责人在旅行社业务经营许可被吊销之日起（　　）年内不得担任任何旅行社的主要负责人。

A. 5　　　B. 3　　　C. 2　　　D. 1

36. 旅游经营者销售、购买商品或者服务，给予或者收受贿赂，违反了（　　）原则。

A. 公平、自愿　　　B. 诚实信用、公平竞争

C. 合情、合理　　　D. 公正平等

37. 下列选项中，不是旅行社开展业务经营活动所必要的营业设施的是（　　）。

A. 两部以上的直线固定电话

B. 传真机、复印机

C. 至少一辆旅游接待用车

D. 具备与旅游行政管理部门及其他旅游经营者联网条件的计算机

38.《旅游法》规定，进行虚假宣传，误导旅游者的，由旅游主管部门或者有关部门责令改正，没收违法所得，并处 5000 元以上 5 万元以下罚款；违法所得 5 万元以上的，并处（　　）罚款。

A. 违法所得 1 倍以上 3 倍以下　　　B. 违法所得 2 倍以上 5 倍以下

C. 违法所得 3 倍以上 5 倍以下　　　D. 违法所得 1 倍以上 5 倍以下

39. 旅行社以不合理的低价组织旅游活动，诱骗旅游者，并通过安排购物或者另行付费旅游项目获取回扣等不正当利益的，按照《旅游法》的规定，由旅游主管部门责令改正，没收违法所得，责令停业整顿，并处（　　）罚款。

A. 3 万元以上 30 万元以下　　　B. 3 万元以上 10 万元以下

C. 违法所得 1 倍以上 3 倍以下　　　D. 违法所得 3 倍以上 5 倍以下

40.《旅行社条例》规定，旅行社因妨害国（边）境管理受到刑事处罚的，在刑罚执行完毕之日起（　　）年内不得从事旅行社业务经营活动。

A. 1　　　B. 3　　　C. 5　　　D. 10

41. 文化和旅游主管部门对旅游市场严重失信主体实施期限为（　　）年的信用管理措施。

A. 1　　　B. 2　　　C. 3　　　D. 4

42. 旅行社将旅游业务委托给其他旅行社的，应当向接受委托的旅行社支付（　　）。

A. 部分接待和服务成本的费用　　　B. 不低于接待和服务成本的费用

C. 全部接待和服务成本的费用　　　D. 低于接待和服务成本的费用

43. 在发生了危及旅游者人身安全的情形后，旅行社及其委派的导游人员、领队人员应当采取必要的处置措施并及时报告（　　）。

A. 市场监督管理部门　　　B. 旅游行政管理部门

C. 公安部门　　　D. 外事部门

44. 某旅行社因自身原因，在出发前 5 天通知参加境内旅游的旅游者取消行程，应当支付旅游费用总额（　　）的违约金。

A. 10%　　　B. 20%　　　C. 30%　　　D. 50%

45.《旅行社条例》规定，旅行社未经旅游者同意在旅游合同约定之外提供其他有偿服务的，由旅游行政管理部门责令改正，并处（　　）的罚款。
   A. 1万元以上3万元以下　　　　B. 3万元以上5万元以下
   C. 1万元以上5万元以下　　　　D. 5万元以上10万元以下

46. 出境旅游（含赴台游）因旅行社原因不能成行的，应当提前（　　）日通知旅游者。
   A. 30　　　B. 20　　　C. 10　　　D. 5

47. 旅行社变更名称、经营场所、法定代表人等登记事项或者终止经营的，应当到工商行政管理部门办理相应的（　　）登记或者注销登记。
   A. 终止　　　B. 变更　　　C. 撤销　　　D. 变化

48. 在线旅游经营者，指从事在线旅游经营服务的（　　），包括在线旅游平台经营者、平台内经营者以及通过自建网站、其他网络服务提供旅游服务的经营者。
   A. 自然人　　　　　　　　B. 法人
   C. 非法人组织　　　　　　D. 自然人、法人和非法人组织

49. 旅游主管部门和有关部门依法实施监督检查，其监督检查人员不得少于（　　）人，并应当出示合法证件。
   A. 2　　　B. 3　　　C. 4　　　D. 5

50. 文化和旅游市场失信主体分为（　　）。
   A. 一般失信主体和轻微失信主体
   B. 严重失信主体和一般失信主体
   C. 严重失信主体和轻微失信主体
   D. 严重失信主体、一般失信主体和轻微失信主体

51. 下列各项中，属于严重失信主体的是（　　）。
   A. 发生重大安全事故，属于旅游市场主体主要责任的
   B. 在旅游经营活动中存在安全隐患，未在指定期限内整改完毕的
   C. 12个月内受到文化和旅游主管部门两次较大数额罚款行政处罚，造成不良社会影响的
   D. 存在"捂票炒票"、虚假宣传、未履行相关义务、违反公序良俗等行为，造成不良社会影响的

52. 旅行社在指定范围内选择银行存入保证金的，应当设立独立账户，自行决定的存期不得少于（　　）年，存期届满应及时办理续存手续。
   A. 1　　　B. 2　　　C. 3　　　D. 4

三、多项选择题（每题有2~5个正确答案，少选或错选均不得分，请将你认为正确的选项填入括号内）

1. 下列属于在线旅游经营者的是（　　）。
   A. 在线旅游平台经营者　　　　B. 平台内经营者
   C. 通过门市宣传提供旅游服务　D. 通过其他网络服务提供旅游服务
   E. 通过自建网站提供旅游服务

2. 下列各项中，关于旅游服务质量保证金适用范围的表述，正确的选项包括（　　）。

A. 旅行社违反旅游合同约定，侵害旅游者合法权益，经旅游主管部门查实的

B. 旅行社因解散、破产或者其他原因造成旅游者预交旅游费用损失的

C. 旅行社损害旅游合伙人、履行辅助人的合法权益，旅行社拒绝或者无力赔偿的

D. 用于垫付旅游者人身安全遇有危险时紧急救助费用的

E. 其他原因，主要指旅行社恶意卷款而逃等诈骗行为的

3. 根据《旅游法》《旅行社条例》及其实施细则的规定，旅行社在提供旅游服务时应该承担的义务包括（　　）。

A. 选择合格的供应商　　　　　　B. 警示、告知义务

C. 妥善保存旅游者个人信息　　　D. 购买游客人身意外险

E. 提示义务

4. 下列关于旅行社的表述中，正确的包括（　　）。

A. 旅行社不得出租、出让旅行社业务经营许可证

B. 旅行社不得出租、出借旅行社业务经营许可证

C. 旅行社不得以其他形式非法转让旅行社业务经营许可

D. 旅行社不得以任何形式转让旅行社业务经营许可

E. 旅行社可以依法转让旅行社业务经营许可

5. 《旅行社条例》规定的旅行社的经营原则包括（　　）。

A. 效益原则　　B. 平等原则　　C. 公平原则　　D. 诚信的原则

E. 提高服务质量、维护旅游者的合法权益原则

6. 受理申请的旅游行政管理部门在接到旅行社的设立申请后要进行（　　）并作出许可与否的决定。

A. 形式审查　　B. 资格审查　　C. 身份审查　　D. 内容审查

E. 实体审查

7. 我国《旅游法》规定，旅行社组织出境旅游的旅游者非法滞留境外，旅行社未及时报告的，由旅游行政管理部门（　　）。

A. 责令改正

B. 对旅行社处 5000 元以上 5 万元以下的罚款

C. 对导游人员、领队人员处 4000 元以上 2 万元以下的罚款

D. 情节严重的，责令旅行社停业整顿或者吊销旅行社业务经营许可证

E. 对直接负责的主管人员和其他直接责任人员，处 2000 元以上 2 万元以下罚款，并暂扣或者吊销导游证

8. 当出现（　　）情形时，旅游行政主管部门可以决定使用旅游服务质量保证金垫付紧急救助费用。

A. 旅游者在旅游期间发生人身财物意外事故的

B. 旅行社拒绝履行合同导致旅游者被甩团、滞留导致人身安全遇有危险，且旅行社拒绝或者无力及时承担救助责任

C. 不可抗力致使旅游者人身安全遇到危险，且旅行社拒绝或无力及时承担救助责任

D. 旅行社因解散、破产或者其他原因造成旅游者预交旅游费用损失的

E. 旅行社企业间经济纠纷清偿

9. 申请设立旅行社，申请人应按照《旅行社条例实施细则》规定向省、自治区、直辖市旅游主管部门提交（　　）文件。
   A. 设立申请书　　　　　　　　　　B. 经营场所证明
   C. 企业章程　　　　　　　　　　　D. 企业名称预先核准通知书
   E. 工商行政管理部门出具的企业法人营业执照

10. 根据《旅行社条例》及《旅行社条例实施细则》的有关规定，申请设立旅行社应当具备的固定经营场所包括（　　）。
    A. 拥有产权的营业用房
    B. 租期不少于1年的营业用房
    C. 营业用房面积不得少于100平方米
    D. 营业用房应当满足申请者业务经营的需要
    E. 租期不少于2年的营业用房

11. 旅行社的权利包括（　　）。
    A. 自主签订旅游合同　　　　　　　B. 收取合理旅游费用
    C. 对旅游费用任意定价　　　　　　D. 要求旅游者正确履行旅游合同
    E. 依法从事旅游经营活动

12. 旅行社应当按照核定的业务范围开展经营活动，严禁超范围经营。超范围经营包括（　　）。
    A. 未取得相应的旅行社业务经营许可，经营国内旅游业务、入境旅游业务、出境旅游业务的
    B. 分社超出设立分社的旅行社的经营范围经营旅游业务的，旅行社服务网点从事招徕、咨询以外的旅行社业务经营活动的
    C. 外商投资旅行社经营中国内地居民出国旅游业务以及赴香港特别行政区、澳门特别行政区和台湾地区旅游业务的
    D. 经营出境旅游业务的旅行社组织旅游者到国务院旅游行政主管部门公布的中国公民出境旅游目的地之外的国家和地区旅游的
    E. 旅行社开展违法旅游活动的

13. 以下属于严重失信主体的是（　　）。
    A. 因侵害旅游者合法权益，造成游客滞留或者严重社会不良影响的
    B. 12个月内受到文化和旅游主管部门两次较大数额罚款行政处罚，造成不良社会影响的
    C. 受到文化和旅游主管部门吊销旅行社业务经营许可证、导游证行政处罚的
    D. 未经许可从事旅游市场经营活动，特别是造成重大事故或者恶劣社会影响的
    E. 存在捂票炒票、虚假宣传、未履行相关义务、违反公序良俗等行为，造成不良社会影响的

14. 旅游服务质量保证金是用于保障旅游者权益的专用款项，主要是用于赔偿因为旅行社的原因导致旅游者权益的损害。《旅游法》和《旅行社条例》规定的旅游行政管理部门划拨使用旅游服务质量保证金的赔偿情形包括（　　）。
    A. 旅行社违反旅游合同约定，侵害旅游者合法权益，经旅游行政管理部门查证属实的

B. 旅游者在旅游期间发生人身财物意外事故的
C. 旅行社企业间经济纠纷清偿
D. 旅行社因解散、破产或者其他原因造成旅游者预交旅游费用损失的
E. 用于垫付旅游者人身安全遇有危险时紧急救助的费用

15. 旅行社必须维护导游、领队的合法权益，具体包括（　　）。
   A. 应当与其聘用的导游、领队依法订立劳动合同
   B. 应当向其支付劳动报酬、缴纳社会保险费用
   C. 临时聘用导游的，应当全额向其支付在包价旅游合同中载明的导游服务费用
   D. 拒绝旅游者提出的超出旅游合同约定的个性化要求
   E. 安排导游为团队旅游提供服务的，不得要求导游垫付或者向导游收取任何费用

16. 县级以上文化和旅游主管部门对有不诚信经营、侵害旅游者评价权、滥用技术手段设置不公平交易条件等违法违规经营行为的在线旅游经营者，可以通过约谈等行政指导方式予以（　　），并责令其限期整改。
   A. 惩罚　　　　　　B. 提醒　　　　　　C. 警示　　　　　　D. 制止
   E. 警告

17. 旅行社在经营和服务中，享有的权利包括（　　）。
   A. 拒绝旅游者提出的超出旅游合同约定的不合理要求
   B. 要求旅游者如实提供旅游所需的个人信息
   C. 制止旅游者违背旅游目的地的法律、风俗习惯的言行
   D. 同旅游者个人或团体签订旅游合同
   E. 按合同约定提供服务

18. 某旅行社组织的出境旅游活动中，旅游者王某非法滞留境外，根据《旅游法》的规定，旅行社应当立即向（　　）报告。
   A. 旅游主管部门　　B. 旅行社　　　　C. 公安机关　　　　D. 外事部门
   E. 我国驻外机构

19. 某旅行社组织云南五日游，旅游过程中，以体验少数民族婚俗为幌子进行非法卖淫活动。根据《旅游法》的规定，旅行社应受到（　　）处罚。
   A. 责令改正，没收违法所得
   B. 责令停业整顿，处 2 万元以上 10 万元以下罚款
   C. 责令停业整顿，处 2 万元以上 20 万元以下罚款
   D. 情节严重的，吊销旅行社业务经营许可证
   E. 对直接负责的主管人员和其他直接责任人员，处 2000 元以上 2 万元以下罚款，并暂扣或者吊销导游证

20. 在线旅游经营者应当提供真实、准确的旅游服务信息，不得进行虚假宣传。具体包括（　　）。
   A. 未取得质量标准、信用等级的，不得使用相关称谓和标识
   B. 未取得质量标准、信用等级的，谨慎使用相关称谓和标识
   C. 平台经营者应当以显著方式区分标记自营业务和平台内经营者开展的业务
   D. 平台经营者应当以显著方式区分标记自营业务和非自营业务

E. 在线旅游经营者为旅游者提供交通、住宿、游览等预订服务的，应当建立公开、透明、可查询的预订渠道，促成相关预订服务依约履行

21.《旅游法》第六十二条规定，订立包价旅游合同时，旅行社应当向旅游者告知下列（　　）事项。

　　A. 旅游者不适合参加旅游活动的情形
　　B. 旅游活动中的安全注意事项
　　C. 旅游者依法可以减免责任的信息
　　D. 旅游者应当注意的旅游目的地相关法律法规和风俗习惯、宗教禁忌，依照中国法律不宜参加的活动等
　　E. 法律法规规定的其他应当告知的事项

22.《旅游法》第四十一条规定，导游和领队从事业务活动，下列说法正确的是（　　）。

　　A. 应当佩戴导游证
　　B. 应当尊重旅游者的风俗习惯和宗教信仰
　　C. 应当向旅游者告知和解释旅游文明行为规范
　　D. 应当引导旅游者健康、文明旅游
　　E. 适时劝阻旅游者违反社会公德的行为

第十三章　导游管理法律制度

一、判断题（判断下列各题是否正确，正确的请在答卷中相应题号后的括号内打"√"，错误的打"×"）

1. 违反《旅游法》规定被吊销导游证的导游、领队，自处罚之日起未逾3年的，不得重新申请导游证。（　　）
2. 申领导游证有两种途径：一是与旅行社订立劳动合同；二是在相关旅游行业组织注册。（　　）
3. 《导游人员管理条例》规定的学历条件，是参加导游资格考试时正在接受教育的程度，是最基本的受教育程度。（　　）
4. 目前我国只允许与旅行社签订正式劳动合同，并持有导游证的员工从事领队职业。（　　）
5. 导游在引导旅游者旅行、游览过程中，应当就可能发生危及旅游者人身、财物安全的情况，向旅游者作出真实说明和明确警示，并按照旅行社的要求采取防止危害发生的措施。（　　）
6. 导游人员资格证书是指参加导游人员资格证考试合格，由国务院旅游行政部门或国务院旅游行政部门委托省、自治区、直辖市人民政府旅游行政部门颁发的从业工作证件。（　　）
7. 被吊销导游证之日起未逾3年的，不得重新申请导游证。（　　）
8. 受到吊销导游证处罚的人员，自处罚之日起未逾2年的，不得重新申请导游证。（　　）
9. 为保证导游队伍的纯洁性，我国现行旅游法律制度不允许导游员在任何情况下收受小费。（　　）
10. 导游人员对旅游行政部门的具体行政行为不服的，只能申请行政复议，不能提起行政诉讼。（　　）
11. 导游在导游过程中因其过错对第三人造成损害的，由导游一人承担。（　　）
12. 导游证的撤销是指一种程序性的行为，主要针对导游证行政许可已经失去法律效力或者在事实上导游证无法使用的情况下，行政机关履行取消登记的一种行政管理行为。（　　）
13. 导游人员应当严格按照旅行社确定的接待计划，安排旅游者的旅行、游览活动，不得增加、减少或者中止导游活动。（　　）
14. 导游人员进行导游活动，不得欺骗、胁迫旅游者消费或者与经营者串通欺骗、胁迫旅游者消费。（　　）

15. 导游人员进行导游活动，不得向旅游者兜售物品或者购买旅游者的物品。（   ）
16. 《导游管理办法》规定了导游的星级评定制度，星级评价与等级评价的不同之处在于，星级评价侧重于导游技能水平的评价和考量，而等级评价侧重于导游服务水平。（   ）
17. 过失犯罪受到过刑罚制裁的人，按照《旅行社条例》的规定不可以申领导游证。（   ）
18. 各级旅游主管部门应当积极组织开展导游培训，每年累计培训时间不得少于 32 小时。（   ）
19. 参加导游资格考试必须具备的条件包括：必须是中华人民共和国公民，必须具有高级中学、中等专业学校或者以上学历，必须身体健康，必须具有适应导游需要的基本知识和语言表达能力。（   ）
20. 患有肺结核、麻风病、天花、高血压等疾病的人员不予颁发导游证。（   ）
21. 导游人员在进行导游活动时未佩戴导游证的，由旅游行政管理部门责令改正；拒不改正的，处 100 元以下的罚款。（   ）
22. 我国导游证采用电子证件形式，由国务院旅游主管部门制定格式标准，由各级旅游主管部门通过全国旅游监管服务信息系统实施管理。（   ）
23. 《导游人员管理条例》规定：国家实行全国统一的导游人员资格考试制度。（   ）
24. 导游证被吊销的人员在进行导游活动中有过不良记录、受过被吊销导游证的处罚，表明已永远不适合继续从事职业。（   ）
25. 旅游行程安排，是旅行社确定的接待计划，是经旅游者认可的，是旅行社与旅游者订立的旅游合同的一部分，对双方都有约束力。（   ）
26. 导游证的有效期为 3 年。（   ）
27. 导游证均采用电子导游证的形式，由国务院旅游主管部门制定格式标准，由各级旅游主管部门通过全国旅游监管服务信息系统实施管理。（   ）
28. 旅行社应当与通过其取得导游证的导游订立不少于 1 个月期限的劳动合同。（   ）
29. 导游证被吊销的人员在进行导游活动中有过不良记录、受过被吊销导游证的处罚，表明已永远不适合继续从事职业。（   ）
30. 取得导游证，具有相应的学历、语言能力和旅游从业经历的人员方可从事领队业务。（   ）

二、单项选择题（下列各题的选项中，只有一项是正确的，请将正确答案的选项填入括号内）

1. 根据《导游人员管理条例》的规定，从事导游职业的必备条件是（   ）。
   A. 报名参加导游人员资格考试　　B. 取得导游人员资格证书
   C. 依法取得导游证　　　　　　　D. 有志于从事导游工作
2. 导游资格证的有效期是（   ）。
   A. 3 年　　　　B. 5 年　　　　C. 10 年　　　　D. 终身有效
3. 取得导游人员资格证书，经（   ），方可向省级人民政府旅游行政部门领取导游证。
   A. 与旅行社订立劳动合同或经旅游行政管理部门核准后

B. 与旅行社订立劳动合同或者在旅游行业组织注册后
C. 在导游行业组织注册或经旅游行政管理部门核准后
D. 在导游行业组织注册后

4. 以下不属于导游从事领队服务的条件的是（　　）。
   A. 依法取得导游证　　　　　　　　B. 具有相应的学历
   C. 在导游行业组织进行注册　　　　D. 良好的语言表达能力

5. 导游在执业过程中应当携带电子导游证、佩戴（　　）。
   A. 导游证　　　B. 导游身份标识　　　C. 旅行社标志　　　D. 旅游团标识

6. （　　）对导游人员资格考试实行统一管理。
   A. 国务院　　　　　　　　　　　　B. 国务院旅游主管部门
   C. 省级旅游管理部门　　　　　　　D. 市级旅游管理部门

7. 根据《导游人员管理条例》的规定，申请领取导游证的前提必须是（　　）。
   A. 报名参加导游人员资格考试
   B. 取得导游人员资格证书
   C. 具备报名参加导游人员资格考试的条件
   D. 有志于从事导游工作

8. 根据《导游人员管理条例》的规定，导游人员资格考试的学历条件是（　　）。
   A. 初中学历或者以上学历　　　　　B. 大专学历或者以上学历
   C. 本科学历或者以上学历　　　　　D. 高级中学、中等专业学校或者以上学历

9. 导游人员王某，因欺骗、胁迫旅游者购物，情节恶劣，被旅游行政管理部门处以吊销导游证的处罚。王某若要重新申领导游证，需自处罚之日起逾（　　）年。
   A. 1　　　B. 2　　　C. 3　　　D. 5

10. 旅行社应当与其聘用的导游依法订立劳动合同，旅行社应当与通过其取得导游证的导游订立不少于（　　）个月期限的劳动合同，并支付基本工资、带团补贴等劳动报酬，缴纳社会保险费用。
    A. 1　　　B. 3　　　C. 6　　　D. 12

11. 《旅游法》第三十八条第一款规定，旅行社应当与其聘用的导游依法订立劳动合同，支付（　　），缴纳社会保险费用。
    A. 劳动报酬　　　B. 导游服务费　　　C. 带团补贴　　　D. 小费

12. 对于下列（　　）具有导游资格证书的人员，申请导游证的，应当颁发导游证。
    A. 无民事行为能力或者限制民事行为能力的
    B. 患有传染性疾病的
    C. 过失犯罪而受过刑事处分的
    D. 被吊销导游证的

13. 导游为旅游者提供服务（　　）接受旅行社委派，不得私自承揽导游和领队业务。
    A. 应当　　　B. 应该　　　C. 必须　　　D. 可以

14. 根据《导游人员管理条例》的规定，下列选项中属于导游证应给予撤销的是（　　）。
    A. 导游死亡的
    B. 取得导游证后出现无民事行为能力或限制行为能力

C. 申请人以欺骗、贿赂等不正当手段取得导游证的
D. 导游证有效期届满未申请换发导游证的

15. 导游证的申领主体是（　　）。
   A. 导游个人　　　　　　　　　　B. 旅行社
   C. 导游行业组织　　　　　　　　D. 导游个人或旅行社或导游行业组织

16. 导游在带团旅游时，得知旅游目的地发生道路塌方的消息，如果团队继续前往，可能使旅游者的人身安全受到威胁。此时，导游（　　）。
   A. 可以调整或变更旅游行程计划，但在此之前，须征得旅行社同意
   B. 可以调整或变更旅游行程计划，但须征得所有旅游者同意
   C. 可以调整或变更旅游行程计划，但须征得多数旅游者同意，并应当立即报告旅行社
   D. 不可以调整或变更旅游行程计划，但可以采取安全措施

17. 下列选项中，属于导游证应给予注销的是（　　）。
   A. 导游死亡的
   B. 取得导游证后出现无民事行为能力或限制行为能力
   C. 申请人以欺骗、贿赂等不正当手段取得导游证的
   D. 对不符合法定条件的申请人核发导游证的

18. 导游人员对旅游者提出的侮辱其人格尊严或者违反其职业道德的不合理要求（　　）。
   A. 忍让接受　　B. 强烈抗议　　C. 有权拒绝　　D. 无权拒绝

19. 导游人员在引导旅游者旅行、游览过程中，应当就可能发生危及旅游者（　　）的情况，向旅游者作出真实说明和明确警示。
   A. 人身安全　　　　　　　　　　B. 财物安全
   C. 人身或财物安全　　　　　　　D. 人身和财物安全

20. 导游王某在进行导游活动时，未佩戴导游证，根据《导游人员管理条例》的规定，旅游行政管理部门可以给予责令改正；拒不改正的，处（　　）的罚款。
   A. 3000元以上1万元以下　　　　B. 5000元以上1万元以下
   C. 1000元以上3万元以下　　　　D. 500元以下

21. 导游人员李某在进行导游活动时，欺骗、胁迫旅游者消费，根据《导游人员管理条例》的规定，旅游行政部门可以对其给予最高（　　）元的罚款。
   A. 1000　　B. 5000　　C. 1万　　D. 3万

22. 旅游突发事件发生后，导游应当立即采取必要措施不包括（　　）。
   A. 向本单位负责人报告
   B. 救助或者协助救助受困旅游者
   C. 采取调整或者中止行程等避险措施
   D. 直接向发生地、旅行社所在地县级以上旅游主管部门报告

23. 导游向旅游者索要小费的，根据《旅游法》的规定，由旅游主管部门责令退还，并处（　　）的罚款；情节严重的，并暂扣或吊销导游证。
   A. 1000元以上5000元以下　　　B. 1000元以上1万元以下
   C. 1000元以上3万元以下　　　　D. 1000元以上5万元以下

24. 某旅行社导游李某，在旅游途中讲解言辞不够严谨、有损国家利益和民族尊严的言行，

引起旅游者的强烈不满。旅游结束后，旅游者将此事投诉到旅游主管部门。按照《导游人员管理条例》的规定，旅游主管部门对李某（　　）。

A. 罚款 3000~1 万元　　　　　　　　B. 暂扣导游证 3~6 个月

C. 罚款 1000~3 万元　　　　　　　　D. 责令改正，对李某所在旅行社给予警告

25. 导游小李带一教师旅游团前往南京旅游，途中在讲到南京大屠杀历史时言辞不当，有损国家利益和民族尊严。对此引起全团旅游者的强烈不满。旅游行政主管部门应依法作出（　　）的处罚。

A. 吊销李某导游证并予以公告；对李某所在旅行社给予警告直至责令停业整顿

B. 对李某暂扣导游证 3~6 个月；对李某所在旅行社给予警告直至责令停业整顿

C. 吊销李某导游证并予以公告，对李某所在旅行社给予警告

D. 对李某责令改正，对李某所在旅行社给予警告

26. 导游、领队应当向旅游者（　　）旅游文明行为规范，引导旅游者健康、文明旅游，劝阻旅游者违反社会公德的行为。

A. 告知

B. 解释

C. 告知、解释

D. 告知和解释无过失犯罪以外的犯罪记录的承诺

27. 导游证的注销主要针对（　　）情况下，行政机关履行取消登记的一种行政管理行为。

A. 对不具备申请资格的申请人核发导游证的

B. 对不符合法定条件的申请人核发导游证的

C. 申请人以不正当手段取得导游证的

D. 导游证行政许可已经失去法律效力的

28. 某旅游团旅游者投诉称，该团导游进行导游活动时，擅自缩短游览时间，增加计划外购物。经查证属实且情节严重。根据《导游人员管理条例》，由（　　）旅游行政管理部门吊销导游证并予以公告。

A. 县级　　　　　　　　　　　　　　B. 地市级

C. 省、自治区、直辖市　　　　　　　D. 国家

29. 依据《导游人员管理条例》的规定，对患有（　　）病的申请人不予颁发导游证。

A. 冠心病　　　　B. 伤寒　　　　C. 糖尿病　　　　D. 高血压

30. 张某于 2024 年 3 月 25 日被吊销了导游证，根据《旅游法》第一百零三条的规定，以下说法正确的是（　　）。

A. 2026 年 3 月 25 日之前张某不得申领导游证

B. 2027 年 3 月 25 日之前张某不得申领导游证

C. 经重新考试合格后可以对其颁发导游证

D. 经重新考试合格后可以对其颁发临时导游证

31. 下列选项中，符合申领导游证的是（　　）。

A. 15 周岁的高中毕业生

B. 已获得导游人员资格证书，但是没有同旅行社订立劳动合同，也没有到相关旅游行业组织注册的 20 周岁的中专毕业生张某

C. 得过肺结核但已治愈，具有导游人员资格证，并与旅行社订立劳动合同的21周岁的赵某

D. 已考取了导游人员资格证，因故意伤害罪被判有期徒刑3年，刑期执行完毕后就与旅行社订立劳动合同到28周岁的周某

32. 根据《导游管理办法》第十条的规定，申请取得导游证，申请人应当通过全国旅游监管服务信息系统填写申请信息，并提交规定的材料。上交的材料不包括（　　）。

A. 导游资格证书及其复印件

B. 与旅行社订立的劳动合同及其复印件

C. 身份证及其复印件

D. 无过失犯罪以外的犯罪记录的承诺

33. 导游小张在带团游览莫高窟过程中，看到随团的两位游客欲伸手触摸壁画，便及时制止并劝阻，事后却遭到两位游客的谩骂和侮辱。游客的行为侵犯了导游的（　　）权利。

A. 文明引导权　　B. 人身权　　C. 履行职务权　　D. 诉权

34. 导游在执业过程中应当做好的准备工作包括（　　）。

A. 携带电子导游证　　　　　　B. 佩戴导游身份标识

C. 开启导游执业相关应用软件　　D. 以上都是

35. 下列选项中，不属于导游人身权的是（　　）。

A. 人身自由不受非法限制和剥夺

B. 人格尊严不受侵犯

C. 名誉不受损害

D. 拒绝旅游者提出的超出旅游合同约定的不合理要求

36. 《导游人员管理条例》第二十二条规定，导游有擅自增加或者减少旅游项目的，擅自变更接待计划的，擅自中止导游活动情形之一的，由旅游行政部门责令改正，暂扣导游证（　　）个月。

A. 1~3　　B. 3~6　　C. 6~9　　D. 9~12

37. 旅行社临时聘用导游为旅游者提供服务的，应当向导游全额支付在包价旅游合同中载明的（　　）。

A. 劳动报酬　　B. 导游服务费　　C. 带团补贴　　D. 小费

38. 导游证有效期为（　　）年。

A. 1　　B. 2　　C. 3　　D. 4

39. 下列选项中，经考试合格的（　　），旅游行政管理部门对其颁发导游资格证。

A. 肺结核病患者

B. 曾以故意犯罪被判处有期徒刑1年的人员

C. 被吊销导游证未满1年的人员

D. 年满18周岁的在校学生

40. 导游申请变更导游证信息，应当在变更发生的（　　）个工作日内，通过全国旅游监管服务信息系统提交相应材料。

A. 5　　B. 10　　C. 15　　D. 20

41. 某旅行社因旅游旺季资金紧张，要求带团的兼职导游小李临时垫付所带团的团费，小李因不想丢失带团机会不得已应允。某旅行社的行为侵犯了导游的（   ）。
    A. 人身权   B. 履行职务权   C. 劳动报酬权   D. 诉权

42. 下列关于导游行使调整或变更接待计划权的说法中，不正确的是（   ）。
    A. 必须在引导旅游者旅行、游览的过程中
    B. 必须是遇到有可能危及人身安全或财产安全的紧急情形
    C. 必须征得多数旅游者同意
    D. 必须立即报告旅行社

43. 《导游人员管理条例》规定，（   ），由旅游行政管理部门责令改正并予以公告，处1000元以上3万元以下的罚款；有违法所得的，没收其违法所得。
    A. 无导游证进行导游活动的
    B. 导游进行导游活动时未佩戴导游证的
    C. 导游无故脱团、甩团的
    D. 导游未经旅游行政管理部门批准而直接承揽导游业务，进行导游活动的

44. 导游小李在带团中发现游客张某的言行违反了当地的风俗习惯便及时予以制止，小李行使了导游的（   ）。
    A. 文明旅游说明权   B. 履行职务权
    C. 劝说提醒权   D. 履行合同权

45. 根据《旅游法》第九十六条的规定，旅行社安排未取得导游证或者领队证的人员提供导游或者领队服务的，由旅游主管部门责令改正，没收违法所得，并处（   ）罚款。
    A. 1000元以上1万元以下   B. 1000元以上3万元以下
    C. 5000元以上3万元以下   D. 5000元以上5万元以下

46. 下列选项中，属于导游履行职务权的是（   ）。
    A. 拒绝旅游者提出的超出旅游合同约定的不合理要求
    B. 人格尊严应当受到尊重，其人身安全不受侵犯
    C. 对旅游主管部门的具体行政行为不服的，向人民法院提起行政诉讼
    D. 有权拒绝旅游者提出的侮辱其人格尊严的不合理要求

47. 下列关于导游劳动报酬权的说法中，正确的是（   ）。
    A. 旅行社对与其明确了劳动合同关系的导游，应当支付劳动报酬、缴纳社会保险费用
    B. 旅行社对其临时聘用的导游，应当支付劳动报酬、缴纳社会保险费用
    C. 旅行社对其临时聘用的导游，应当支付包价旅游合同约定的带团补贴
    D. 旅行社对与其明确了劳动合同关系的导游，应当支付包价旅游合同约定的导游服务费

48. 星级评价与等级评价的不同之处在于，星级评价侧重于（   ），而等级评价侧重于（   ）的评价和考量。
    A. 导游服务水平；导游技能水平   B. 导游讲解水平；导游服务水平
    C. 导游技能水平；导游服务水平   D. 导游服务水平；导游讲解水平

49. 我国《旅游法》第九十六条规定，旅行社（   ），由旅游主管部门责令改正，没收违法所得，并处5000元以上5万元以下罚款。

A. 未向临时聘用的导游支付导游服务费用的
B. 未为临时聘用的导游购买人身意外险的
C. 未向临时聘用的导游支付带团补贴的
D. 未为临时聘用的导游缴纳五险一金的

50. 下列关于导游工作范围的表述，不正确的是（　　）。
A. 讲解　　　　　B. 向导　　　　　C. 招徕、接待　　　　D. 与游览有关的活动

51. 下列各项中，关于全国导游资格考试监督管理说法，不正确的是（　　）。
A. 国务院旅游主管部门组织导游资格统一考试
B. 国务院旅游主管部门负责考试实施工作
C. 国务院旅游主管部门负责制定全国导游资格考试政策、标准
D. 国务院旅游主管部门对地方导游资格考试实施工作进行监督管理

52. 下列各项中，不属于导游申请复议权的是（　　）。
A. 认为符合法定条件申领导游资格证书和导游证，旅游主管部门拒绝颁发或不予答复的
B. 对罚款、吊销导游证、责令改正、暂扣导游证等行政处罚不服的
C. 认为游客损害了自身人格尊严的
D. 认为旅游主管部门侵犯导游人身权的

53. 《导游人员管理条例》中的导游，是指依照条例的规定（　　）。
A. 取得导游人员资格证书，受旅行社委派，为旅游者提供向导、讲解及相关服务的人员
B. 取得导游人员资格证书，为旅游者提供向导、讲解及相关服务的人员
C. 取得导游证，通过各种形式为旅游者提供向导、讲解及相关服务的人员
D. 取得导游证，受旅行社委派，为旅游者提供向导、讲解及相关旅游服务的人员

54. （　　）是一种与导游服务质量直接相关，通过市场化方式对导游服务水平进行标识的评价模式，以便于旅行社、旅游消费者对导游进行辨识和选择。
A. 导游质量评价制度　　　　　B. 导游等级评定制度
C. 导游服务评定制度　　　　　D. 导游星级评价制度

55. 根据《导游管理办法》第十条的规定，申请取得导游证，申请人应当通过全国旅游监管服务信息系统填写申请信息，并提交规定的材料。上交的材料不包括（　　）。
A. 健康证及复印件　　　　　B. 与旅行社订立的劳动合同及其复印件
C. 身份证及其复印件　　　　　D. 无过失犯罪以外的犯罪记录的承诺

三、多项选择题（每题有2~5个正确答案，少选或错选均不得分，请将你认为正确的选项填入括号内）

1. 我国《旅游法》第三十七条规定，参加导游资格考试成绩合格，与旅行社订立劳动合同或者在相关旅游行业组织注册的人员，可以申请取得导游证。所指旅游行业组织是（　　）。
A. 旅行社协会　　　　　B. 导游协会
C. 旅游公司内部工会　　　　　D. 旅游协会内的导游分会

E. 旅游协会内的导游部门
2. 《导游人员管理条例》第十三条第三款规定，遇紧急情形时导游人员依法享有调整或变更接待计划的权利。导游人员行使该权利应当特别注意的限制条件包括（　　）。
　　A. 必须是在引导旅游者旅行、游览的过程中
　　B. 必须是遇到有可能危及旅游者人身安全的紧急情形
　　C. 必须征得多数旅游者同意
　　D. 必须是游客主动提出的
　　E. 必须立即报告旅行社
3. 导游进行导游活动，出现以下（　　）行为，旅游主管部门不仅要处罚导游，还要对委派该导游的旅行社给予警告直至责令停业整顿。
　　A. 欺诈、胁迫旅游者消费　　　　　　B. 损害民族尊严
　　C. 以明示或暗示方式向旅游者索要小费　D. 不佩戴导游证
　　E. 擅自变更接待计划
4. 根据《导游人员管理条例》的规定，下列（　　）人员不得颁发导游证。
　　A. 16周岁以下的未成年人
　　B. 患有传染性肝炎的人
　　C. 因过失伤害罪曾被判处有期徒刑的人
　　D. 曾被吊销导游证，自处罚之日起未逾3年的人
　　E. 受过刑事处罚的人
5. 根据《导游人员管理条例》的规定，可以参加导游人员资格考试的条件包括（　　）。
　　A. 必须是中华人民共和国公民
　　B. 具有高级中学、中等专业学校毕业或者以上学历
　　C. 必须具有适应导游需要的基本知识和语言表达能力
　　D. 必须身体健康
　　E. 必须遵守宪法，热爱祖国
6. 履行职务权，是指导游履行职务时所享有的权利，包括（　　）的权利。
　　A. 要求旅游者如实提供旅游所需信息
　　B. 要求旅游者支付合理小费
　　C. 要求旅游者不得提出超合同的要求
　　D. 要求旅游者妥善保管随身物品
　　E. 要求旅游者遵守旅游合同约定的旅游行程安排
7. 下列选项中，所在地旅游主管部门应当依法撤销导游证的情形包括（　　）。
　　A. 对不具备申请资格的申请人核发导游证的
　　B. 对不符合法定条件的申请人核发导游证的
　　C. 导游证有效期届满未申请换发导游证的
　　D. 申请人以欺骗、贿赂等不正当手段取得导游证的
　　E. 依法可以撤销导游证的其他情形
8. 导游从事领队业务应当具有两年以上相关从业经历。所指从业经历包括（　　）。
　　A. 旅行社业务经营　　　　　　　　　B. 旅游景区经营、管理

C. 旅行社业务管理　　　　　　　　D. 餐饮服务经营、管理
E. 导游带团

9. 导游擅自增加或者减少旅游项目的、擅自变更接待计划的、擅自中止导游活动的。情节严重的，由省、自治区、直辖市人民政府旅游行政部门（　　）。
   A. 吊销导游证　　　　　　　　　　B. 并予以公告
   C. 或予以公告　　　　　　　　　　D. 并予以警告
   E. 直至责令停业整顿

10. 下列情形中，所在地旅游主管部门应当依法注销导游证的包括（　　）。
    A. 对不具备申请资格的申请人核发导游证的
    B. 导游死亡的
    C. 导游证有效期届满未申请换发导游证的
    D. 申请人以欺骗、贿赂等不正当手段取得导游证的
    E. 导游证依法被撤销、吊销的

11. 某旅行社委派的导游在进行导游活动时，有损害国家利益的言行。对此，由旅游行政管理部门处罚（　　）。
    A. 导游　　　　　　　　　　　　　B. 导游所在旅行社
    C. 组团社负责人　　　　　　　　　D. 地接社负责人
    E. 组团社和地接社的负责人

12. 下列关于导游行业组织职能范围的表述，正确的包括（　　）。
    A. 会员培训　　B. 权益维护　　C. 法律咨询　　D. 制定法律法规
    E. 行政处罚

13. 某导游员未经旅行社委派，多次私自承揽或者直接承揽导游业务，情节严重，旅游行政管理部门应当依法对其作出（　　）的处罚。
    A. 责令改正　　B. 没收违法所得　　C. 予以罚款　　D. 暂扣或吊销导游证
    E. 予以公告

14. 导游有下列（　　）行为，情节严重的，由省、自治区、直辖市旅游行政管理部门吊销导游证。
    A. 未经旅行社委派私自承揽导游业务的
    B. 进行导游活动时未佩戴导游证拒不改正的
    C. 欺骗、胁迫旅游者消费的
    D. 擅自增加或者减少旅游项目的
    E. 向旅游者索取小费的

15. 下列选项中，导游可以依法申请复议的包括（　　）。
    A. 认为旅游行政部门违法要求导游人员履行义务的
    B. 认为旅游行政部门侵犯导游人员人身权、财产权的
    C. 认为游客侵犯其人格尊严的
    D. 对罚款、吊销导游证等行政处罚不服的
    E. 符合申领导游人员资格证书和导游证法定条件，旅游主管部门拒绝颁发的

16. 下列选项中，属于导游人身权的内容是（　　）。

A. 获得培训和晋升的机会　　　　　　B. 人格尊严应当受到尊重
C. 为女性导游提供执业便利　　　　　D. 人身安全不受侵犯
E. 合法权益受到保障

17. 导游在带团过程中不得安排参观或者参与违反法律和社会公德的旅游活动，具体包括（　　）。
A. 含有损害国家利益和民族尊严内容的
B. 含有淫秽、赌博、涉毒内容的
C. 其他含有违反法律规规定内容的行为
D. 含有民族、种族、宗教歧视内容的
E. 含有风俗民情及民族特色内容的

18. 根据《旅游法》第三十九条的规定，从事领队职业，应当具备下列条件（　　）。
A. 取得导游证
B. 具有相应的学历、语言能力和旅游从业经历
C. 取得导游资格证
D. 与旅行社订立劳动合同
E. 在相关旅游行业组织注册

19. 导游在引导旅游者旅行、游览过程中，应当就可能发生的危及旅游者人身、财产安全的情况，履行（　　）的义务。
A. 向旅游者作出真实说明
B. 向旅游者作出明确警示
C. 立即终止游览行程计划
D. 按照旅行社要求采取防止危害发生的措施
E. 立即调整游览行程计划

20. 下列关于旅游主管部门管理权限的表述，正确的是（　　）。
A. 制定导游人员管理的有关政策、法规
B. 承担导游培训等具体工作
C. 依法保护导游人员的合法权利
D. 通过相关法律制度对导游人员进行管理
E. 接受导游注册

21. 下列关于全国导游资格考试说法，正确的是（　　）。
A. 国务院旅游主管部门对导游人员资格考试实行统一管理
B. 各省市旅游管理部门对本区域导游资格考试独立管理
C. 国务院旅游主管部门负责制定全国导游资格考试政策、标准
D. 省级旅游主管部门负责落实具体报名组织、考区考点设置
E. 国务院旅游主管部门负责考试实施、公示考试结果

22. 导游人员进行导游活动，（　　）。
A. 不得向旅游者兜售物品
B. 可以购买旅游者的物品
C. 不得以明示的方式向旅游者索要小费

D. 可以以暗示的方式向旅游者索要小费

E. 不得以明示或者暗示的方式向旅游者索要小费

23. 导游劳动报酬及相关权益的实现，主要依靠劳动合同得以保障。旅行社应当与通过其取得导游证的导游（　　）。

    A. 订立不少于 1 个月期限的劳动合同

    B. 订立不少于 1 年期限的劳动合同

    C. 并支付基本工资、带团补贴等劳动报酬

    D. 或支付基本工资、带团补贴等劳动报酬

    E. 缴纳社会保险费用

24. 导游带团过程中的安全事件频发引起了对导游执业安全保障的关注。旅行社等用人单位应当（　　）。

    A. 维护导游执业安全　　　　　　　　B. 提供必要的职业安全卫生条件

    C. 并为女性导游提供执业便利　　　　D. 并为女性导游实行特殊劳动保护

    E. 男女导游一视同仁

25. 导游星级评价指标由（　　）和社会评价等构成。

    A. 技能水平　　　B. 从业年限　　　C. 学历层次　　　D. 执业经历

    E. 学习培训经历

第十四章 旅游安全与保险法律制度

一、判断题（判断下列各题是否正确，正确的请在答卷中相应题号后的括号内打"√"，错误的打"×"）

1. 根据《旅游安全管理办法》的规定，旅游者500人以上滞留超过24小时，并对当地生产生活秩序造成严重影响属于重大旅游突发事件。（　）
2. 未经安全生产教育和培训合格的旅游从业人员，不得上岗作业。（　）
3. 《旅游法》规定，县级以上旅游主管部门统一负责旅游安全工作。县级以上旅游主管部门依照法律法规履行旅游安全监管职责。（　）
4. 在旅游风险提示中，三级、四级风险提示可以不发布风险结束时间，待风险消失后自然结束。（　）
5. 红色代表旅游安全风险的最高提示级别。（　）
6. 旅行社应当投保旅行社责任险。（　）
7. 根据《旅行社责任保险管理办法》的规定，旅行社只对旅游者的人身伤亡承担赔偿责任。（　）
8. 风险提示信息，应当包括风险类别、提示级别、可能影响的区域、起始时间、注意事项、应采取的措施和发布机关等内容。（　）
9. 当安全风险提示级别为一级的，则较重，用橙色标示。（　）
10. 旅游意外保险由旅行社自愿购买。（　）
11. 突发性和紧迫性是突发事件的本质特征。（　）
12. 公共危机管理与个体、企业危机管理的本质区别就是公共危机管理具有公共性或社会性。（　）
13. 旅行社责任保险人身伤亡责任限额不得低于20万元人民币。（　）
14. 发布一级风险提示的，需经旅游主管部门批准。（　）
15. 根据《突发事件应对法》第三条第二款的规定，将突发事件按照社会危害程度、影响范围、突发事件性质、可控性、行业特点等因素，将自然灾害、事故灾难、公共卫生事件分为重大、较大、一般、较小四级。（　）
16. 突发事件是指突然发生并造成严重社会危害的自然灾害。（　）
17. 生产经营单位的从业人员不包括生产经营单位临时聘用的人员和被派遣劳动者。（　）
18. 旅行社责任保险的保险责任，包括依法对受旅行社委派并为旅游者提供服务的导游或者领队人员的人身伤亡承担的赔偿责任。（　）
19. 《大型群众性活动安全管理条例》自2007年10月1日起施行。（　）

20. 应急管理部门是大型群众性活动的主管部门。（　　）
21. 大型群众性活动举办过程中发现持有划定区域以外的门票或者持假票的人员，应当拒绝其入场并向活动现场的公安机关工作人员报告。（　　）
22. 经国务院同意，可以发布境外旅游目的地国家（地区）风险提示。（　　）
23. 生产经营单位的从业人员有权了解其作业场所和工作岗位存在的危险因素、防范措施及事故应急措施。（　　）
24. 《大型群众性活动安全管理条例》所称的大型群众性活动包括公园在其日常业务范围内举办的活动。（　　）

二、单项选择题（下列各题的选项中，只有一项是正确的，请将正确答案的选项填入括号内）

1. （　　）年出台的《旅游法》，旅游安全单设一章，使旅游安全管理规范日趋完善，为构建我国旅游安全管理制度体系提供了法律依据和基础。
   A. 2008　　　　B. 2010　　　　C. 2012　　　　D. 2013

2. 《旅游法》第七十九条规定，旅游经营者应当加强对一线旅游从业人员的（　　）。
   A. 人身意外伤害保险　　　　B. 安全说明或警示
   C. 应急救助技能培训　　　　D. 安全救助和处置

3. 对北京一日游游客李某来说，旅行社责任保险的保险期限是（　　）。
   A. 1日　　　　B. 1年　　　　C. 2年　　　　D. 3年

4. 发布境外旅游目的地国家（地区）风险提示的，需经（　　）同意。
   A. 国务院　　　B. 文化和旅游部　　　C. 外交部门　　　D. 中央军委

5. 下列不属于明示的具体方式为（　　）。
   A. 口头　　　　B. 书面　　　　C. 默示　　　　D. 警告牌

6. 旅游突发事件处置结束后，发生地旅游主管部门应当（　　）日内提交总结报告。
   A. 10　　　　B. 15　　　　C. 20　　　　D. 30

7. 造成或者可能造成人员死亡（含失踪）3人以下或者重伤10人以下，属于旅游突发事件中的（　　）级别。
   A. 特别重大　　B. 重大　　　　C. 较大　　　　D. 一般

8. 根据《旅游安全管理办法》的规定，（　　）风险的结束时间能够与风险提示信息内容同时发布的，应当同时发布。
   A. 一级、二级　B. 三级、四级　C. 一级、三级　D. 二级、四级

9. 根据《旅游安全管理办法》的规定，旅行社应当根据风险级别采取不同的应对措施，三级风险的应对措施是（　　）。
   A. 加强对旅游者的提示　　　　B. 采取必要的安全防范措施
   C. 停止组团或者带团前往风险区域　　D. 组织已在风险区域的旅游者撤离

10. 下列关于突发事件应对主体执行有关决定和命令义务的表述中，不正确的是（　　）。
    A. 《突发事件应对法》规定了疏散、撤离人员和限制使用有关场所
    B. 在突发事件应急处置中，突发事件发生地以外的单位应当服从人民政府发布的决定、命令，配合人民政府采取的应急处置措施

C. 公民应当服从所在地人民政府、居民委员会、村民委员会或者所属单位的指挥和安排，配合人民政府采取的应急处置措施

D. 单位或者个人违反本法规定，不服从所在地人民政府及其有关部门发布的决定、命令或者不配合其依法采取的措施，构成违反治安管理行为的，由公安机关依法给予处罚

11. 旅游安全风险提示制度中，风险提示为二级的标识颜色为（　　）。
   A. 红色　　　　　　B. 橙色　　　　　　C. 黄色　　　　　　D. 蓝色

12. 对于旅行社违反规定，不按要求制作安全信息卡的，旅游主管部门给予警告，并处（　　）元以下罚款。
   A. 1000　　　　　　B. 2000　　　　　　C. 3000　　　　　　D. 5000

13. 旅行社责任保险的被保险人是（　　）。
   A. 旅行社　　　　　B. 第三人　　　　　C. 旅游者　　　　　D. 投保人

14. 旅行社未制止履行辅助人的非法、不安全服务行为的，由旅游主管部门给予警告，可并处（　　）元以下罚款。
   A. 1000　　　　　　B. 2000　　　　　　C. 3000　　　　　　D. 5000

15. 根据我国《旅游法》，旅游经营者应当就旅游活动中的相关事项以明示的方式事先向旅游者作出说明或者警示，所指事项不包括（　　）。
   A. 正确使用相关设施、设备的方法
   B. 必要的安全防范和应急措施
   C. 向旅游者开放的经营、服务场所和设施、设备
   D. 不适宜参加相关活动的群体

16. 某旅游团 34 名旅游者滞留，对当地生产生活秩序造成一定影响。根据《旅游安全管理办法》，该事件属于旅游突发事件中的（　　）级别。
   A. 特别重大　　　　B. 重大　　　　　　C. 较大　　　　　　D. 一般

17. 发布一级风险提示的批准部门是（　　）。
   A. 国务院　　　　　B. 文化和旅游部　　C. 外交部　　　　　D. 中央军委

18. 针对有关单位未履行制定、演练应急预案与排查、消除风险隐患义务的处罚不包括（　　）。
   A. 由所在地履行统一领导职责的人民政府责令停产停业
   B. 暂扣或者吊销许可证或者营业执照
   C. 处 20 万元以上 50 万元以下的罚款
   D. 构成违反治安管理行为的，由公安机关依法给予处罚

19. 下列关于突发事件的发布和报告、通告的表述中，不正确的是（　　）。
   A. 可以预警的自然灾害、事故灾难或者公共卫生事件即将发生时，县级以上地方各级人民政府应当根据有关法律、行政法规和国务院规定的权限和程序，发布相应级别的警报，决定并宣布有关地区进入预警期
   B. 对即将发生的社会安全事件，县级以上地方各级人民政府及其有关主管部门应当按照规定向上一级人民政府及其有关主管部门报告，必要时可以越级上报
   C. 地方各级人民政府和县级以上各级人民政府有关部门违反本法规定，不履行法定职

责的，由其上级行政机关或者监察机关责令改正

D. 迟报、谎报、瞒报、漏报有关突发事件的信息，造成后果的对直接负责的主管人员给予处分；未造成后果的对其他直接责任人员给予处分

20. 旅游经营者应当具备相应的（　　），制定旅游者安全保护制度和应急预案。
    A. 安全生产资质　　　　　　　　B. 风险识别和承担能力
    C. 安全生产条件　　　　　　　　D. 文化素质

21. 下列关于突发事件应对主体服从征用、征调等措施义务的表述中，不正确的是（　　）。
    A. 有关人民政府及其部门为应对突发事件，可以征用单位和个人的财产
    B. 被征用的财产在使用完毕或者突发事件应急处置工作结束后，应当及时返还
    C. 财产被征用或者征用后毁损、灭失的，应当给予赔偿
    D. 履行统一领导职责或者组织处置突发事件的人民政府，必要时可以向单位和个人征用应急救援所需设备、设施、场地、交通工具和其他物资

22. （　　）负责发布境外旅游目的地国家（地区），以及风险区域范围覆盖全国或者跨省级行政区域的风险提示。
    A. 应急管理部　　　　　　　　　B. 国家旅游主管部门
    C. 外交部　　　　　　　　　　　D. 国家安全局

23. 较大旅游突发事件是指造成或者可能造成人员死亡（含失踪）3人以上（　　）人以下或者10人以上50人以下。
    A. 1　　　　B. 3　　　　C. 5　　　　D. 10

24. 根据《旅游法》第六十一条的规定，旅行社应根据旅游活动的特点，提示参加团队旅游的旅游者按照规定投保（　　）。
    A. 旅游救助保险　　　　　　　　B. 旅客意外伤害保险
    C. 人身意外伤害保险　　　　　　D. 财产意外损害险

25. 旅行社责任保险金额，每人人身伤亡责任限额不得低于（　　）万元。
    A. 10　　　　B. 20　　　　C. 30　　　　D. 50

26. 旅游意外保险的投保人是（　　）。
    A. 旅行社　　　　　　　　　　　B. 旅游者
    C. 旅行社或旅游者　　　　　　　D. 旅行社和旅游者

27. 旅行社责任保险的保险标的是（　　）。
    A. 被保险人的生命、健康　　　　B. 旅行社的财产和相关利益
    C. 投保人生命、健康　　　　　　D. 旅游者的财产和相关利益

28. 旅游团队在境外遇到突发事件的，提交总结报告的是（　　）。
    A. 组团社所在地旅游主管部门　　B. 组团社所在地公安部门
    C. 组团社外事部门　　　　　　　D. 组团社

29. 旅游保险的特点不包括（　　）。
    A. 短期性　　　　　　　　　　　B. 复杂性
    C. 强制保险与自愿保险相结合　　D. 财产保险与人身保险相结合

30. 突发事件的分级标准由（　　）制定。

A. 公安部 B. 国家安全局
C. 应急管理部 D. 国务院或国务院确定的部门

31. 旅游突发事件发生后，重大和特别重大旅游突发事件应逐级向（　　）提交总结报告。
    A. 市级旅游主管部门 B. 省级旅游主管部门
    C. 国家旅游主管部门 D. 国务院

32. 根据《旅游安全管理办法》的规定，旅行社应当根据风险级别采取不同的应对措施，三级风险的应对措施是（　　）。
    A. 加强对旅游者的提示 B. 采取必要的安全防范措施
    C. 停止组团或者带团前往风险区域 D. 组织已在风险区域的旅游者撤离

33. 下列关于旅游保险的说法中，正确的是（　　）。
    A. 个人与旅行社都必须强制参加的保险
    B. 个人可以自愿参加，旅行社必须强制参保一切险
    C. 个人和旅行社可自愿参加的保险
    D. 个人险是自愿参加，旅行社责任险是强制参加

34. 下列选项中，不属于旅游保险合同主体的是（　　）。
    A. 保险人　　　B. 投保人　　　C. 被保险人　　　D. 债权人

35. 下列选项中，不属于事故灾难的是（　　）。
    A. 交通运输事故 B. 公共设施和设备事故
    C. 环境污染 D. 生物灾害

36. 根据《旅游安全管理办法》，其他旅游经营者应当根据风险提示的级别采取相应措施，但不包括（　　）。
    A. 停止对旅游者的风险提示 B. 采取相应的安全措施
    C. 妥善安置旅游者 D. 暂停易受风险危害的旅游项目

37. 根据《旅游法》的规定，旅行社未按照规定投保旅行社责任保险的，《旅游法》第九十七条规定，由旅游主管部门或者有关部门责令改正，没收违法所得，并处5000元以上5万元以下罚款；违法所得5万元以上的，并处违法所得（　　）罚款。
    A. 1倍以上2倍以下 B. 1倍以上3倍以下
    C. 1倍以上4倍以下 D. 1倍以上5倍以下

38. 风险提示发布后，旅行社应当根据风险级别采取的措施有误的是（　　）。
    A. 四级风险的，加强对旅游者的提示
    B. 三级风险的，采取必要的安全防范措施
    C. 二级风险的，停止组团或者带团前往风险区域；已在风险区域的，调整或者中止行程
    D. 一级风险的，慎重组团或者带团前往风险区域，组织已在风险区域的旅游者撤离

39. 根据《旅游安全管理办法》的规定，风险提示应当通过官方网站、手机短信及公众易查阅的媒体渠道对外发布（　　）风险提示应同时通报有关媒体。
    A. 一级、二级　　B. 三级、四级　　C. 一级、三级　　D. 二级、四级

40. 下列关于突发事件包含的核心要素的表述，不包括（　　）。
    A. 具有明显的公共性或社会性 B. 具有突发性和紧迫性

C. 具有长期性和不稳定性　　　　D. 具有危害性和破坏性

41. 旅行社未按照规定投保旅行社责任保险的,《旅游法》第九十七条规定,由旅游主管部门或者有关部门处（　　）罚款。
   A. 2000 元以上 5 万元以下　　　B. 5000 元以上 5 万元以下
   C. 5000 元以上 10 万元以下　　　D. 5 万以上 10 万元以下

42. 根据《旅游安全管理办法》,旅游经营者的安全救助、处置和报告义务不包括（　　）。
   A. 立即采取必要的救助和处置措施　　B. 依法履行报告义务
   C. 对旅游者作出妥善安排　　　　　　D. 保管好旅游者安全信息卡

43. 旅游意外险属于（　　）保险。
   A. 自愿　　　B. 强制　　　C. 自选　　　D. 人寿

44. 旅游风险提示发布后,旅游者应当采取的措施不包括（　　）。
   A. 关注相关风险
   B. 加强个人安全防范
   C. 配合国家应对风险暂时限制旅游活动的措施
   D. 采取一切措施迅速离开风险地

45. 《旅游法》第七十九条规定,旅游经营者应当对直接为旅游者提供服务的从业人员开展经常性（　　）。
   A. 人身意外伤害保险　　　　B. 安全说明或警示
   C. 应急救助技能培训　　　　D. 安全救助和处置

46. 关于突发事件发布一级、二级警报表述有误的是（　　）。
   A. 责令应急救援队伍、负有特定职责的人员进入待命状态,并动员后备人员做好参加应急救援和处置工作的准备
   B. 调集应急救援所需物资、设备、工具,准备应急设施和避难场所,并确保其处于良好状态、随时可以投入正常使用
   C. 加强对重点单位、重要部位和重要基础设施的安全保卫,维护社会治安秩序
   D. 采取一切措施,确保商场、超市、医院等设施的安全和正常运行

47. 根据可能对旅游者造成的危害程度、紧急程度和发展态势,一般的风险为（　　）风险。
   A. 一级　　　B. 二级　　　C. 三级　　　D. 四级

48. 大型群众性活动的参加人数达到（　　）人以上需要实施许可。
   A. 800　　　B. 1000　　　C. 1500　　　D. 2000

49. 旅游突发事件发生在境外的,旅行社负责人应当在接到领队报告后（　　）向单位所在地县级以上地方旅游主管部门报告。
   A. 立即　　　B. 及时　　　C. 1 小时内　　　D. 2 小时内

50. 从业人员发现事故隐患或者其他不安全因素,应当立即向（　　）报告。
   A. 现场安全生产管理人员或者本单位负责人
   B. 现场安全生产管理人员
   C. 本单位负责人
   D. 应急管理部门

51. 旅游经营者应当对旅游活动中的安全事项，以（　　）的方式事先向旅游者做出说明或者警示。
   A. 明示　　　　　B. 暗示　　　　　C. 口头　　　　　D. 书面
52. 旅游经营者组织、接待（　　）等旅游者，应当采取相应的安全保障措施。
   A. 老年人、未成年人、残疾人　　　　B. 老年人、学生、盲人
   C. 老年人、未成年人、特殊群体　　　D. 老年人、学生、残疾人

三、多项选择题（每题有 2~5 个正确答案，少选或错选均不得分，请将你认为正确的选项填入括号内）

1. 根据《旅游安全管理办法》的规定，根据可能对旅游者造成的危害程度、紧急程度和发展态势，风险提示级别的颜色为（　　）。
   A. 红色　　　　　B. 橙色　　　　　C. 黄色　　　　　D. 蓝色
   E. 绿色
2. 突发事件相关主体的应对义务包括（　　）。
   A. 信息报告义务
   B. 发布有关决定和命令义务
   C. 排查和消除风险隐患义务
   D. 参加应急专、兼职或志愿者救援队伍义务
   E. 服从征用、征调、隔离、管制等措施义务
3. 根据《旅行社责任保险管理办法》的规定，下列（　　）情形，旅行社不承担赔偿责任。
   A. 旅游者在旅游过程中心脏病突发死亡
   B. 旅游者在与他人发生口角时被打伤
   C. 旅游者在旅行社安排的饭店中用餐导致食物中毒
   D. 旅游者不参加旅行社安排的活动，在自行活动期间财物被盗
   E. 旅游者在旅行社安排的景区因景区原因摔伤
4. 根据《旅游安全管理办法》的规定，旅游经营者的安全义务有（　　）。
   A. 安全防范、管理和保障义务　　　B. 建立旅游目的地安全风险提示制度
   C. 安全救助、处置和报告义务　　　D. 安全说明或警示义务
   E. 统计分析本行政区域发生旅游安全事故的情况
5. 《旅游法》第七十九条规定，旅游经营者应当（　　）。
   A. 严格执行安全生产管理和消防安全管理的法律法规和国家标准、行业标准，具备相应的安全生产条件
   B. 制定旅游者安全保护制度和应急预案
   C. 对间接为旅游者提供服务的从业人员开展经常性应急救助技能培训
   D. 对提供的产品和服务进行安全检验、监测和评估
   E. 采取必要措施防止危害发生
6. 根据《旅游安全管理办法》的规定，根据旅游突发事件的（　　）等，旅游突发事件一般分为特别重大、重大、较大和一般四级。

A. 危害程度　　　B. 紧急程度　　　C. 性质　　　D. 可控性
E. 影响

7. 下列关于突发事件发布三级、四级警报表述中，正确的是（　　）。
   A. 转移、疏散或者撤离易受突发事件危害的人员并予以妥善安置，转移重要财产
   B. 责令有关部门、专业机构、监测网点和负有特定职责的人员及时收集、报告有关信息，向社会公布反映突发事件信息的渠道，加强对突发事件发生、发展情况的监测、预报和预警工作
   C. 组织有关部门和机构、专业技术人员、有关专家学者，随时对突发事件信息进行分析评估，预测发生突发事件可能性的大小、影响范围和强度以及可能发生的突发事件的级别
   D. 定时向社会发布与公众有关的突发事件预测信息和分析评估结果，并对相关信息的报道工作进行管理
   E. 及时按照有关规定向社会发布可能受到突发事件危害的警告，宣传避免、减轻危害的常识，公布咨询电话

8. 根据《旅行社责任保险管理办法》的规定，责任限额可根据旅行社（　　），由旅行社与保险公司协商确定。
   A. 保险公司要求　　　　　B. 旅行社自身需要
   C. 经营规模　　　　　　　D. 风险管控能力
   E. 业务经营范围

9. 根据《旅游安全管理办法》的规定，风险提示发布后，旅行社应当根据风险级别采取的措施为（　　）。
   A. 一级风险的，加强对旅游者的提示
   B. 二级风险的，已在风险区域的，调整或者中止行程
   C. 三级风险的，采取必要的安全防范措施
   D. 四级风险的，停止组团或带团前往风险区域
   E. 四级风险的，组织已在风险区域的旅游者撤离

10. 出境旅游，应当制作安全信息卡，其内容包括（　　）。
    A. 旅游者健康信息　　　　B. 旅游者姓名
    C. 出境证件号码　　　　　D. 国籍
    E. 联系方式

11. 旅游保险合同的订立形式有（　　）。
    A. 由投保人和保险人共同签订保险合同，签章后保险合同成立
    B. 由投保人向保险人提交保险申请书，由保险人签发保险单，保险合同成立
    C. 由运输部门出售的旅客乘坐交通工具的票据
    D. 由旅行社代投保人和保险人签订保险合同，保险合同成立
    E. 由保险人代投保人签订保险合同，保险合同成立

12. 下列关于违反旅游安全管理规定的处罚表述中，错误的是（　　）。
    A. 旅行社未制止履行辅助人的非法、不安全服务行为，或者未更换履行辅助人的，由旅游主管部门给予警告，可并处2000元以下罚款；情节严重的，处2000元以上1

万元以下罚款

B. 旅行社不按要求制作安全信息卡，未将安全信息卡交由旅游者，或者未告知旅游者相关信息的，由旅游主管部门给予警告，可并处 2000 元以下罚款；情节严重的，处 2000 元以上 1 万元以下罚款

C. 旅行社针对旅游目的地安全风险提示，不采取相应措施的，由旅游主管部门处 2000 元以下罚款；情节严重的，处 2000 元以上 1 万元以下罚款

D. 旅游经营者及其主要负责人、旅游从业人员违反法律法规有关安全生产和突发事件应对规定的，由旅游主管部门处 2000 元以下罚款；情节严重的，处 2000 元以上 1 万元以下罚款

E. 旅游主管部门及其工作人员违反相关法律法规及本办法规定，玩忽职守，未履行安全管理职责的，由旅游主管部门给予警告，可并处 2000 元以下罚款；情节严重的，处 2000 元以上 1 万元以下罚款

13. 根据《旅游安全管理办法》，下列属于旅游突发事件的是（　　）。
   A. 自然灾害　　　B. 事故灾难　　　C. 公共卫生事件　　　D. 游客纠纷
   E. 社会安全事件

14. （　　）不仅有义务参与突发事件应对工作，而且在应对中享有获得救助的权利。
   A. 公民　　　B. 外国人　　　C. 法人　　　D. 国家
   E. 其他组织

15. 根据《旅游安全管理办法》的规定，旅游突发事件发生在境外的，旅游团队的领队应当立即向（　　）或者政府派出机构，以及旅行社负责人报告。
   A. 中国驻当地大使馆　　　　　　B. 当地警方
   C. 国务院旅游主管部门　　　　　D. 中国驻当地领事馆
   E. 当地地接社

16. 从业人员对本单位安全生产工作中存在的问题提出意见的权利有（　　）。
   A. 批评　　　B. 质询　　　C. 检举　　　D. 控告
   E. 建议

17. 《大型群众性活动安全管理条例》所称大型群众性活动是指法人或者其他组织面向社会公众举办的每场次预计参加人数达到 1000 人以上的活动，包括（　　）。
   A. 体育比赛活动
   B. 演唱会、音乐会等文艺演出活动
   C. 展览、展销等活动
   D. 游园、灯会、庙会、花会、焰火晚会等活动
   E. 公司团建活动

18. 参加大型群众性活动不得携带（　　）。
   A. 饮料　　　　　　　　　　　　B. 食品
   C. 爆炸性、易燃性等危险物质　　D. 侮辱性标语、条幅等物品
   E. 枪支弹药、管制器具

19. 根据《安全生产法》的规定，从业人员享有下列（　　）安全生产保障权利。
   A. 知情权　　　　　　　　　　　B. 批评建议权

C. 拒绝权 D. 采取紧急避险措施权

E. 获得救治赔偿权

20. 参加大型群众性活动的人员应当服从下列（   ）安全管理规定。

    A. 不得展示侮辱性标语、条幅等物品

    B. 不得携带管制器具

    C. 不得围攻裁判员、运动员或者其他工作人员

    D. 不得投掷杂物

    E. 不得在活动现场饮食

21. 订立包价旅游合同时或者在包价旅游合同履行中，旅行社应当向旅游者告知下列事项（   ）。

    A. 旅游者不适合参加旅游活动的情形

    B. 旅游活动中的安全注意事项

    C. 旅行社依法可以减免责任的信息

    D. 旅游者应当注意的旅游目的地相关法律法规和风俗习惯、宗教禁忌

    E. 旅游者依照中国法律不宜参加的活动

22. 根据《突发公共卫生事件应急条例》的规定，公共卫生事件是指（   ）

    A. 重大传染病疫情事件　　　　　B. 群体性不明原因疾病事件

    C. 重大食物和职业中毒　　　　　D. 环境污染事件

    E. 其他严重影响公众健康的事件

23. 根据《旅行社条例》的规定，旅游者在境外滞留不归的，旅行社委派的领队人员应当及时向（   ）报告。

    A. 中华人民共和国驻该国使领馆　　B. 相关驻外机构

    C. 文化和旅游行政部门　　　　　　D. 旅行社

    E. 公安机关

24. 下面属于特别重大旅游突发事件的为（   ）。

    A. 造成或者可能造成人员死亡（含失踪）10人以上30人以下

    B. 造成或者可能造成人员重伤100人以上

    C. 旅游者500人以上滞留超过24小时，并对当地生产生活秩序造成严重影响

    D. 在境内外产生特别重大影响，并对旅游者人身、财产安全造成特别重大威胁的事件

    E. 造成或者可能造成人员重伤50人以上

25. 从业人员安全生产的义务包括（   ）。

    A. 依规操作义务　　　　　　　　B. 接受教育培训、掌握技能义务

    C. 报告义务　　　　　　　　　　D. 持证上岗义务

    E. 采取紧急避险措施

第十五章 入出境及交通法律制度

参考答案及解析

一、判断题（判断下列各题是否正确，正确的请在答卷中相应题号后的括号内打"√"，错误的打"×"）

1. 中国公民前往其他国家或者地区，需要取得前往国签证或者其他入境许可证明。但是，中国政府与其他国家政府签订互免签证协议或者公安部、外交部另有规定的除外。（   ）
2. 外国人在中国境内被判处刑罚尚未执行完毕的，不准出境。（   ）
3. 中国公民出境未持有效证件的，可以出境后补办相关证件。（   ）
4. 根据《出境入境管理法》，外国人申请办理签证，对不予签发签证的，签证机关应当书面说明理由。（   ）
5. 中国公民属于刑事案件原告人、犯罪嫌疑人的，不准出境。（   ）
6. 中国公民有未了结的民事案件的不准出境。（   ）
7. 民航运输中，旅客客票遗失，不影响运输合同的存在或者有效。（   ）
8. 中国公民出境后非法前往其他国家或者地区被遣返的，出入境边防检查机关应当收缴其出境入境证件。（   ）
9. 因旅客的责任给铁路运输企业造成财产损失的，由旅客和铁路运输企业共同承担责任。（   ）
10. 在中国境内的外国人的合法权益受法律保护。在中国境内的外国人应当遵守中国法律。（   ）
11. 铁路运输中，对损毁、移动铁路信号装置及其他行车设施或者在铁路线路上放置障碍物的，铁路职工有权制止，可以扭送公安机关处理。（   ）
12. 铁路运输中，对无票乘车或者持失效车票乘车的，应当补收票款，不可加收票款。（   ）
13. 因不可抗力造成的货物、包裹、行李损失的，铁路运输企业可以减轻责任。（   ）
14. 客票是航空旅客运输合同订立和运输合同条件的初步证据。（   ）
15. 民航运输中，盗窃或者故意损毁、移动使用中的航行设施，危及飞行安全，足以使民用航空器发生坠落、毁坏危险的，依法追究民事责任。（   ）
16. 中国公民应当从对外开放的口岸出境入境，特殊情况下，可以从国务院或者国务院授权的部门批准的地点出境入境。（   ）
17. 水路旅客运输业务经营者应当向旅客提供纸质客票。（   ）
18. 民航运输中，小明因空气颠簸受伤，属于不可抗力造成的旅客人身伤害，承运人不承担责任。（   ）

19. 水路运输经营者不得出租、出借水路运输经营许可证，但船舶营业运输证可以转让、出租或出借。（　　）
20. 在水路运输中，水路旅客运输业务经营者应当就运输服务中的安全事项，以明示的方式向旅客做出说明或者警示。（　　）
21. 某旅客欲携带国家规定的危险物品乘船，只要是少量携带，水路旅客运输业务经营者可以允许其乘船。（　　）
22. 旅客在航空运输中因延误造成的损失，承运人应当承担责任；但是，承运人证明本人或者其受雇人、代理人为了避免损失的发生，已经采取一切必要措施或者不可能采取此种措施的，不承担责任。（　　）
23. 铁路运输中，旅客的人身伤亡是由于旅客本人的健康状况造成的，承运人不承担责任。（　　）
24. 从事水路运输的船舶应当随船携带《船舶营业运输证》，不得转让、出租、出借，如发现信息错误应及时涂改。（　　）
25. 水路运输经营者应该按照《船舶营业运输证》标定的载客定额、载货定额和经营范围从事旅客和货物运输，特殊情况下可以适当超载。（　　）
26. 根据《出境入境管理法》的规定，出境，是指中国内地前往其他国家或者地区，由中国内地前往香港特别行政区、澳门特别行政区，由大陆前往台湾地区。（　　）
27. 具备条件的口岸，出入境边防检查机关应当为中国公民出境入境提供专用通道等便利措施。（　　）
28. 外国人入境，应当向出入境边防检查机关交验本人的护照或者其他国际旅行证件、签证或者其他入境许可证明，履行规定的手续，经查验准许，方可入境。出境则无须交验证件。（　　）
29. 持用伪造、变造、骗取的出境入境证件出境入境的，处 2000 元以上 5000 元以下罚款。（　　）
30. 中国公民、外国人以及交通运输工具应当从对外开放的口岸入境出境，特殊情况下，可以从国务院或者国务院授权的部门批准的地点入境出境。（　　）
31. 协助他人非法出境入境的，处 5000 元以上 1 万元以下罚款；情节严重的，处 10 日以上 15 日以下拘留，并处 5000 元以上 2 万元以下罚款，有违法所得的，没收违法所得。（　　）
32. 某旅行社违反规定为外国人出具邀请函件，将被处 5000 元以上 1 万元以下罚款；有违法所得的，没收违法所得，并责令其承担所邀请外国人的出境费用。（　　）
33. 外国人居留证件登记事项发生变更，未按照规定办理变更的，给予警告，可以并处 2000 元以下罚款。（　　）
34. 民航运输中，出发地点和目的地点均在中华人民共和国境内，而在境外有一个或者数个约定的经停地点的，客票上需要注明所有经停地点。（　　）
35. 民航运输中造成旅客的托运行李损坏的，承运人应当承担责任。若托运行李的损坏完全是由于行李本身的质量造成的，承运人不承担责任。（　　）
36. 国内民航运输中，航空运输承运人对每名旅客的赔偿责任限额为 16 600 计算单位；但是，旅客可以同承运人书面约定高于本项规定的赔偿责任限额。（　　）

37. 飞机飞行中，李某与机上乘务人员发生激烈口角，但未发生肢体冲突，李某将被依法追究民事责任。（   ）
38. 铁路公安人员和国务院铁路主管部门规定的铁路职工，有权对旅客携带的物品进行运输安全检查，实施运输安全检查的铁路职工应当穿制服，无须佩戴执勤标志。（   ）
39. 赵某乘坐高铁时，在列车内，寻衅滋事，扰乱公共秩序，危害其他旅客人身安全，铁路职工有权制止，铁路公安人员可以对赵某予以拘留。（   ）
40. 因铁路运输企业的责任造成旅客不能按车票载明的日期、车次乘车的，铁路运输企业应当按照旅客的要求，退还全部票款或者安排改乘到达相同目的站的其他列车。（   ）
41. 李某因在铁路线路上行走造成人身伤亡，铁路运输企业承担部分责任。（   ）
42. 从事道路客运经营的驾驶人员应当符合龄不超过50周岁的条件。（   ）
43. 道路运输车辆运输货物的，不得运输旅客；运输旅客的，可以载货，但严禁超载。（   ）
44. 客运经营者应当为旅客投保人身意外险。（   ）
45. 在旅客运输途中将旅客移交他人运输的，由县级以上地方人民政府交通运输主管部门责令改正，处1000元以上2000元以下的罚款；情节严重的，由原许可机关吊销道路运输经营许可证。（   ）

二、单项选择题（下列各题的选项中，只有一项是正确的，请将正确答案的选项填入括号内）

1. 出境入境人员和交通运输工具（   ）接受出境入境边防检查。
   A. 应当   B. 必须   C. 不必   D. 可以不
2. 持用伪造、变造、骗取的出境入境证件出境入境的，处1000元以上5000元以下罚款；情节严重的，处（   ）拘留，可以并处2000元以上1万元以下罚款。
   A. 1日以上3日以下   B. 3日以上5日以下
   C. 5日以上10日以下   D. 7日以上15日以下
3. 国内航空运输承运人对每名旅客的赔偿责任限额为人民币（   ）万元。
   A. 20   B. 30   C. 40   D. 50
4. 在中国境内的外国人冒用他人出境入境证件的，给予警告，可以并处（   ）罚款。
   A. 2000元以下   B. 2000元以上   C. 3000元以下   D. 5000元以上
5. 客运经营者非法转让、出租道路运输许可证件的，由县级以上地方人民政府交通运输主管部门责令停止违法行为，收缴有关证件，处（   ）的罚款；有违法所得的，没收违法所得。
   A. 1000以上1万元以下   B. 1000元以上2万元以下
   C. 2000元以上1万元以下   D. 2000元以上2万元以下
6. 国际航空运输中，对每名旅客的赔偿责任限额为（   ）计算单位；但是，旅客可以同承运人书面约定高于本项规定的赔偿责任限额。
   A. 16 600   B. 18 800   C. 21 100   D. 23 300
7. 下列关于外国人不准入境的情形中，不包括（   ）。

A. 未持有效出境入境证件的 　　　　　　B. 签证有拒签记录的
C. 逃避接受边防检查的 　　　　　　　　D. 入境后可能从事与签证种类不符的活动的

8. 铁路运输企业对于旅客的行李损失，承担赔偿责任的情形是（　　）。
   A. 因不可抗力所导致的损害
   B. 行李中的物品本身的自然属性引起的损失
   C. 铁路运输企业逾期运输行李导致行李损害
   D. 托运人、收货人或者旅客的过错导致行李损害

9. 不准入境的外国人，我国出入境边防检察机关（　　）说明理由。
   A. 应当　　　　B. 必须　　　　C. 可以不　　　　D. 不可以

10. 逃避出境入境边防检查的，处（　　）罚款；情节严重的，处5日以上10日以下拘留，可以并处2000元以上1万元以下罚款。
    A. 1000元以上3000元以下　　　　B. 1000元以上5000元以下
    C. 3000元以上6000元以下　　　　D. 3000元以上8000元以下

11. 国际航空运输中，对托运行李或者货物的赔偿责任限额，每公斤为（　　）计算单位。
    A. 8　　　　B. 10　　　　C. 15　　　　D. 17

12. 国际航空运输中，对每名旅客随身携带的物品的赔偿责任限额为（　　）计算单位。
    A. 221　　　　B. 332　　　　C. 443　　　　D. 554

13. 民航运输中，在旅客、行李运输中，经（　　）证明，损失是由索赔人的过错造成或者促成的，应当根据造成或者促成此种损失的过错的程度，相应免除或者减轻承运人的责任。
    A. 旅客　　　　B. 承运人　　　　C. 受雇人　　　　D. 机票代理人

14. 民航运输中，在旅客、行李运输中，经承运人证明，损失是由索赔人的过错造成或者促成的，应当根据造成或者促成此种损失的过错的程度，相应（　　）承运人的责任。
    A. 免除　　　　B. 减轻　　　　C. 分担　　　　D. 免除或者减轻

15. 以暴力、胁迫或者其他方法劫持航空器的，依法追究（　　）责任。
    A. 违法　　　　B. 行政　　　　C. 民事　　　　D. 刑事

16. 根据《出境入境管理法》，违反法律规定，为外国人出具邀请函件的，（　　）；有违法所得的，没收违法所得，并责令其承担所邀请外国人的出境费用。
    A. 处1000元以上1万元以下罚款　　　　B. 处2000元以上1万元以下罚款
    C. 处5000元以上1万元以下罚款　　　　D. 处1万元以上3万元以下罚款

17. 对飞行中的民用航空器上的人员使用暴力，危及飞行安全的，依法追究（　　）责任。
    A. 刑事　　　　B. 民事　　　　C. 行政　　　　D. 侵权

18. 水路旅客班轮运输业务经营者变更班期、班次、票价的，应当在变更的（　　）前向社会公布，并报原许可机关备案。
    A. 10日　　　　B. 15日　　　　C. 20日　　　　D. 25日

19. 下列关于铁路运输承运人对旅客身体损害的赔偿责任，表述错误的是（　　）。
    A. 承运人应当对铁路运送期间发生的旅客人身伤亡承担损害赔偿责任
    B. 因旅客自身健康原因造成的身体损害承运人不承担责任
    C. 因不可抗力造成旅客人身损害承运人承担次要责任

D. 因旅客重大过失造成的身体损害承运人不承担责任

20. 铁路运输企业应当对承运的货物、包裹、行李自接受承运时起到交付时止发生的灭失、短少、变质、污染或者损坏，承担赔偿责任，旅客根据自愿申请办理行李保价运输的，按照（　　）赔偿，但最高不超过保价额。
A. 保价额　　　　　B. 实际损失　　　　　C. 最高赔偿额　　　　　D. 声明价值

21. 弄虚作假骗取签证、停留居留证件等出境入境证件的，根据《出境入境管理法》处（　　）罚款。
A. 2000元以上5000元以下　　　　　B. 1000元以上5000元以下
C. 2000元以上1万元以下　　　　　D. 1000元以上1万元以下

22. 旅客班轮运输业务经营者应当自取得班轮航线经营许可之日起（　　）日内开航，并在开航15日前公布所使用的船舶、班期、班次、运价等信息。
A. 30　　　　　B. 40　　　　　C. 50　　　　　D. 60

23. 铁路运输企业应当保证旅客按车票载明的日期、车次乘车，并到达目的站。因铁路运输企业的责任造成旅客不能按车票载明的日期、车次乘车的，铁路运输企业应当按照旅客的要求，（　　）或者安排改乘到达相同目的站的其他列车。
A. 退还一半票款　　　　　B. 退还未发生票款
C. 退还全部票款　　　　　D. 双倍退还票款

24. 小张因非法出境被遣返回国，护照签发机关自小张被遣返回国之日起（　　）以内不予签发护照。
A. 1至3个月　　　B. 3至6个月　　　C. 6个月至3年　　　D. 3年至5年

25. 铁路运输企业应当按照全国约定的期限或者国务院铁路主管部门规定的期限，将货物、包裹、行李运到目的站；逾期运到的，铁路运输企业应当（　　）。
A. 支付违约金　　　　　B. 支付赔偿款
C. 退还一半运输费用　　　D. 退还全部运输费用

26. 水路旅客运输业务经营者应当向旅客（　　）退票、改签等规定。
A. 提醒　　　　　B. 说明　　　　　C. 公布　　　　　D. 明示

27. 下列选项中，民航承运人不需要承担责任的是（　　）。
A. 因气颠簸使旅客行李受到损害的
B. 因劫机而造成旅客人身伤亡的
C. 完全因旅客本人的健康状况造成的人身伤亡
D. 因承运人的行为诱发了旅客在身体上的缺陷，导致旅客受到损害的

28. 铁路运输企业逾期（　　）日仍未将货物、包裹、行李交付收货人或者旅客的，托运人、收货人或者旅客有权按货物、包裹、行李灭失向铁路运输企业要求赔偿。
A. 10　　　　　B. 20　　　　　C. 30　　　　　D. 50

29. 因旅客的责任给铁路运输企业造成财产损失的，由（　　）承担赔偿责任。
A. 旅客　　　　　　　　　B. 铁路运输企业
C. 旅客和铁路运输企业共同　　　D. 保险公司

30. 水路旅客班轮运输业务经营者应当在开航的（　　）日前通过媒体在该航线停靠的各客运站点的明显位置向社会公布所使用的船舶、班期、班次、票价等信息，同时报原

许可机关备案。
A. 5　　　　　B. 10　　　　　C. 15　　　　　D. 20

31. ( ) 是航空旅客运输合同订立和运输合同条件的初步证据。
A. 客票　　　B. 行程单　　　C. 订票信息　　　D. 发票

32. 国内航空运输承运人对每名旅客随身携带物品的赔偿责任限额为人民币( )元。
A. 1000　　　B. 2000　　　C. 3000　　　D. 5000

33. 国内航空运输承运人对旅客托运的行李和对运输的货物的赔偿责任限额为每公斤人民币( )元。
A. 100　　　B. 150　　　C. 200　　　D. 300

34. 水路旅客班轮运输业务经营者停止经营部分或者全部班轮航线的,应当在停止经营的( )日前向社会公布,并报原许可机关备案。
A. 15　　　B. 20　　　C. 25　　　D. 30

35. 发生交通事故、自然灾害以及其他突发事件,客运经营者应当服从( )以上人民政府或者有关部门的统一调度、指挥。
A. 区级　　　B. 县级　　　C. 市级　　　D. 省级

36. 托运人应当如实填报托运单,铁路运输企业有权对填报的货物和包裹的品名、重量、数量进行检查。经检查,申报与实际不符的,检查费用由( )承担。
A. 铁路运输企业　　B. 托运人　　C. 保险公司　　D. 铁路主管部门

37. 托运人应当如实填报托运单,铁路运输企业有权对填报的货物和包裹的品名、重量、数量进行检查。经检查,申报与实际相符的,检查费用由( )承担。
A. 铁路运输企业　　B. 托运人　　C. 保险公司　　D. 铁路主管部门

38. 托运人应当如实填报托运单,铁路运输企业有权对填报的货物和包裹的品名、重量、数量进行检查。因检查对货物和包裹中的物品造成的损坏由( )赔偿。
A. 托运人　　B. 保险公司　　C. 铁路运输企业　　D. 铁路主管部门

39. 协助他人非法出境入境的,处2000元以上1万元以下罚款;情节严重的,处10日以上15日以下拘留,并处( )罚款,有违法所得的,没收违法所得。
A. 5000元以上2万元以下　　　B. 1万元以上2万元以下
C. 1万元以上3万元以下　　　D. 2万元以上3万元以下

40. 水路旅客运输业务经营者应当在( )播报旅客乘船安全须知,并及时向旅客播报特殊情况下的禁航等信息。
A. 旅客售票时　　B. 船舶开航前　　C. 船舶航行中　　D. 船舶靠岸前

41. 根据《出境入境管理法》,下列选项中,不属于出境的是( )。
A. 由中国内地前往其他国家或者地区
B. 由中国内地前往香港特别行政区、澳门特别行政区
C. 由大陆前往台湾地区
D. 由其他国家或者地区进入香港特别行政区、澳门特别行政区

42. 外国人拒不交验居留证件的,给予警告,可以并处( )元以下罚款。
A. 1000　　　B. 2000　　　C. 3000　　　D. 5000

43. 自铁路运输企业发出领取货物通知之日起满( )日仍无人领取的货物,铁路运输

企业应当通知托运人，托运人自接到通知之日起满 30 日未作答复的，由铁路运输企业变卖。

A. 10　　　　　B. 15　　　　　C. 20　　　　　D. 30

44. 铁路运输企业应当采取有效措施做到旅客运输服务工作，做到文明礼貌、热情周到，保持车站和车厢内的清洁卫生，提供（　　），做好列车上的饮食供应工作。

A. 饮用水　　　B. 饮用开水　　　C. 纯净水　　　D. 矿泉水

45. 出发地点和目的地均在中华人民共和国境内，而在境外有一个或者数个约定的经停地点的，民航客票上应（　　）经停地点。

A. 至少注明一个　　B. 只注明一个　　C. 注明两个　　D. 至少注明两个

46. 从事客运经营的驾驶人员年龄不能超过（　　）周岁。

A. 50　　　　　B. 55　　　　　C. 60　　　　　D. 65

47. 道路运输从业人员应当遵守道路运输操作规程，不得违章作业。驾驶人员连续驾驶时间不得超过（　　）小时。

A. 4　　　　　B. 5　　　　　C. 6　　　　　D. 8

48. 客运经营者应当为旅客投保（　　）。

A. 人身意外险　B. 承运人责任险　C. 财产损失险　D. 场所责任保险

49. 不符合规定条件的人员驾驶道路运输经营车辆的，由县级以上地方人民政府交通运输主管部门责令改正，处（　　）的罚款；构成犯罪的，依法追究刑事责任。

A. 100 元以上 1000 元以下　　　　B. 200 元以上 2000 元以下
C. 300 元以上 3000 元以下　　　　D. 500 元以上 5000 元以下

50. 客运经营者擅自改装已取得车辆营运证的车辆的，由县级以上地方人民政府交通运输主管部门责令改正，处（　　）的罚款。

A. 1000 元以上 3000 元以下　　　　B. 3000 元以上 5000 元以下
C. 5000 元以上 1 万元以下　　　　D. 5000 元以上 2 万元以下

三、多项选择题（每题有 2~5 个正确答案，少选或错选均不得分，请将你认为正确的选项填入括号内）

1. 以下关于民航运输凭证说法正确的有（　　）。
   A. 客票是航空旅客运输合同订立和运输合同条件的初步证据
   B. 行李票是行李托运和运输合同条件的初步证据
   C. 承运人载运托运行李时，行李票可以包含在客票之内或者与客票相结合
   D. 承运人运送旅客，应当出具纸质客票
   E. 若客票遗失则运输合同失效

2. 水路旅客运输业务经营者应当就运输服务中的（　　）事项，以明示的方式向旅客作出说明或者警示。
   A. 不适宜乘坐客船的群体　　　　B. 招揽旅客的宣传信息
   C. 正确使用相关设施、设备的方法　D. 必要的安全防范和应急措施
   E. 未向旅客开放的经营、服务场所和设施、设备

3. 下列选项中，关于外国人入境出境的义务性规定表述正确的是（　　）。

A. 应当接受出境入境边防检查　　　　B. 不得危害中国国家安全
C. 不得损害社会公共利益　　　　　　D. 不得破坏社会公共秩序
E. 在中国境内应当遵守国际法律

4. 对于违反《出境入境管理法》规定，为外国人出具邀请函件或者其他申请材料的，处罚包括（　　）。
   A. 处 2000 元以上 5000 元以下罚款　　B. 处 5000 元以上 1 万元以下罚款
   C. 单位处 1 万元以上 3 万元以下罚款　D. 单位处 1 万元以上 5 万元以下罚款
   E. 有违法所得的，没收违法所得，并责令其承担所邀请外国人的出境费用

5. 对于弄虚作假骗取签证、停留居留证件等出境入境证件的处罚包括（　　）。
   A. 处 2000 元以上 5000 元以下罚款
   B. 处 3000 元以上 6000 元以下罚款
   C. 情节严重的，处 10 日以上 15 日以下拘留，并处 5000 元以上 2 万元以下罚款
   D. 单位处 1 万元以上 5 万元以下罚款
   E. 单位处 3 万元以上 5 万元以下罚款

6. 根据我国法律规定，外国旅游者不准入境的情形包括（　　）。
   A. 逃避接受边防检查的　　　　　　B. 有未了结民事案件的
   C. 未持有效出境入境证件的　　　　D. 入境后可能进行走私活动的
   E. 被认为入境后可能进行恐怖、暴力、颠覆活动的

7. 铁路运输中，以下（　　）行为，铁路职工有权制止。
   A. 在铁路线路上行走、坐卧的　　　B. 未到达目的地提前下车的
   C. 攀附行进中的列车或者击打列车的　D. 损毁、移动铁路信号装置的
   E. 在列车内，寻衅滋事，扰乱公共秩序，危害旅客人身、财产安全的

8. 下列关于铁路承运人的权利和义务的表述，正确的是（　　）。
   A. 依照规定收取运输费用
   B. 对损害铁路设备的行为有权制止，但无权要求赔偿
   C. 对托运的物品进行安全检查，对不符合运输条件的物品拒绝承运
   D. 确保旅客运输安全正点
   E. 对运送期间因承运人过错造成的旅客随身携带物品损失予以赔偿

9. 下列（　　）出入境行为，将被处 1000 元以上 5000 元以下罚款；情节严重的，处 5 日以上 10 日以下拘留，可以并处 2000 元以上 1 万元以下罚款。
   A. 持用伪造、变造、骗取的出境入境证件出境入境的
   B. 冒用他人出境入境证件出境入境的
   C. 逃避出境入境边防检查的
   D. 非法前往其他国家或者地区被遣返的
   E. 以其他方式非法出境入境的

10. 国内水路运输中，（　　）、老幼病残孕等旅客按有关规定享有优先、优惠、免票等优待服务。
    A. 学生　　　　B. 军人　　　　C. 医生　　　　D. 人民警察
    E. 国家综合性消防救援队伍人员

11. 在民航运输中，旅客随身携带的物品或者托运行李的毁灭、遗失或者损坏完全是由于行李本身的（   ）造成的，航空承运人不承担责任。
    A. 质量　　　　　　B. 缺陷　　　　　　C. 结构　　　　　　D. 功能
    E. 自然属性

12. 下列关于水路运输经营者义务的表述中，正确的是（   ）。
    A. 应当妥善保管《船舶营业运输证》，不要随船携带避免遗失
    B. 应当向旅客提供客票
    C. 应当以公布的正常票价向老幼病残孕旅客销售客票
    D. 不得使用客货船同时载运旅客和危险货物
    E. 应当向社会公布国家规定的不得随船携带或者托运的物品清单

13. 外国人出入境有下列（   ）之一的，给予警告，可以并处2000元以下罚款。
    A. 外国人交验护照之外其他出境入境证件的
    B. 外国人拒不交验居留证件的
    C. 未按照规定办理外国人出生登记、死亡申报的
    D. 外国人居留证件登记事项发生变更，未按照规定办理变更的
    E. 在中国境内的外国人冒用他人出境入境证件的

14. 铁路运输中，由于（   ）造成行李损失的，铁路运输企业不承担赔偿责任。
    A. 不可抗力　　　　　　　　　　　B. 逾期运输
    C. 行李中的物品本身的自然属性　　D. 行李中的物品合理损耗
    E. 托运人、收货人或者旅客的过错

15. 民航运输中，以下（   ）行为，依照刑法有关规定追究刑事责任。
    A. 盗窃使用中的航行设施　　　　　B. 聚众扰乱民用机场秩序的
    C. 以暴力、胁迫或者其他方法劫持航空器的
    D. 隐匿携带枪支子弹、管制刀具乘坐民用航空器的
    E. 对飞行中的民用航空器上的人员使用暴力，危及飞行安全的

16. 水路运输经营者应该按照《船舶营业运输证》标定的（   ）从事旅客和货物运输，不得超载。
    A. 载客定额　　　B. 载货定额　　　C. 经营范围　　　D. 运输线路
    E. 开航日期

17. 民航运输中，以下可以相应免除或者减轻承运人的责任的情形有（   ）。
    A. 经承运人证明，损失是由索赔人的过错造成或者促成的
    B. 损失是因天气原因造成的
    C. 经承运人证明，死亡或者受伤是旅客本人的过错造成或者促成的
    D. 因延误造成损失的
    E. 因劫机事件造成旅客人身伤亡的

18. 因下列（   ）造成的旅客身体损害，铁路运输承运人不承担责任。
    A. 不可抗力　　　　　　　　　　　B. 工作人员失误
    C. 旅客自身健康状况　　　　　　　D. 旅客故意
    E. 车上地面湿滑

19. 依据法律规定，中国旅游者不批准出境的情形包括（　　）。
   A. 刑事案件的被告人或正在服刑的人
   B. 公安机关、人民法院、人民检察院认定的犯罪嫌疑人
   C. 人民法院通知有未了结民事案件的人
   D. 可能危害国家安全和利益的人
   E. 患有严重心脏病的人

20. 从事水路运输的船舶应当随船携带《船舶营业运输证》或者具有同等效力的可查验信息，不得（　　）。
   A. 转让　　　　B. 出租　　　　C. 出借　　　　D. 涂改
   E. 申请补发

21. 从事客运经营的驾驶人员，应当符合下列条件（　　）。
   A. 取得相应的机动车驾驶证　　　　B. 取得健康证明
   C. 年龄不超过60周岁　　　　D. 3年内无重大以上交通责任事故记录
   E. 经设区的市级人民政府交通运输主管部门对有关客运法律法规、机动车维修和旅客急救基本知识考试合格

22. 班线客运经营者取得道路运输经营许可证后，应当向公众连续提供运输服务，不得擅自（　　）班线运输。
   A. 变更　　　　B. 暂停　　　　C. 出租　　　　D. 终止
   E. 转让

23. 客运经营者有下列（　　）情形的，由县级以上地方人民政府交通运输主管部门责令改正，处1000元以上2000元以下的罚款；情节严重的，由原许可机关吊销道路运输经营许可证。
   A. 不按批准的客运站点停靠或者不按规定的线路、公布的班次行驶的
   B. 在旅客运输途中擅自变更运输车辆或者将旅客移交他人运输的
   C. 不按规定维护和检测运输车辆的
   D. 未报告原许可机关，擅自终止客运经营的
   E. 未按规定投保承运人责任险的

24. 申请从事班线客运经营的，应当具备下列条件（　　）。
   A. 有与其经营业务相适应并经检测合格的车辆
   B. 有符合规定条件的驾驶人员
   C. 有道路运输应急预案
   D. 有健全的安全生产管理制度
   E. 有明确的线路和站点方案

25. 水路旅客运输业务经营者应当以公布的票价销售客票，不得对相同条件的旅客实施不同的票价，不得以（　　）等不正当方式变相变更公布的票价并获取不正当利益。
   A. 促销　　　　B. 搭售　　　　C. 现金返还　　　　D. 加价
   E. 折扣

第十六章 食品安全、娱乐场所、住宿业法律制度

一、判断题（判断下列各题是否正确，正确的请在答卷中相应题号后的括号内打"√"，错误的打"×"）

1. 对于旅客在饭店内从事违背社会公序良俗，但未构成犯罪的行为，饭店有权制止，并可安排酒店保安人员，将当事人控制起来或强制赶出饭店。（　　）
2. 国家禁止食品生产企业制定严于食品安全国家标准或者地方标准的企业标准。（　　）
3. 违反《食品安全法》的规定，造成人身、财产或者其他损害的，依法承担赔偿责任。生产经营者财产不足以同时承担民事赔偿责任和缴纳罚款、罚金时，先承担民事赔偿责任。（　　）
4. 饭店在接待境外旅客住宿时，应当在12小时内向当地公安机关报送住宿登记表。（　　）
5. 食品安全标准的制定，应当以保障公众身体健康为宗旨。食品安全标准是强制执行的标准，国家食品卫生监管部门也可制定其他食品强制性标准。（　　）
6. 食品安全事故应急预案应当对食品安全事故分级、事故处置组织指挥体系与职责、预防预警机制、处置程序、应急保障措施等作出规定。（　　）
7. 消费者购买后尚未食用不符合食品安全标准的食品，没有造成实际损失，仍可要求生产经营者支付消费购买食品价款10倍的赔偿金。（　　）
8. 仅销售预包装食品的，不需要取得许可，也不需要上报备案。（　　）
9. 歌舞娱乐场所应当将闭路电视监控录像资料留存60日备查，不得删改或者挪作他用。（　　）
10. 设置保险箱、柜、室，寄存保管旅客的贵重财物不是饭店的义务，旅客贵重财物属于自行保管范围，丢失责任自担。（　　）
11. 外国投资者可以在中国境内设立娱乐场所。（　　）
12. 住店旅客在饭店内因第三人的行为造成人身损害的，由第三人承担侵权责任，饭店无须承担相应的补充责任。（　　）
13. 娱乐场所未按照规定悬挂警示标识、未成年人禁入或者限入标识的，由县级人民政府文化主管部门、县级公安部门依据法定职权责令改正，给予警告。（　　）
14. 娱乐场所可以24小时营业。（　　）
15. 由于不可抗力、政府因公共利益需要采取措施造成不能提供服务的，住宿经营者应当协助安排旅游者住宿。（　　）

16. 食品安全工作实行预防为主、风险管理、全程控制、社会共治,建立科学、严格的监督管理制度。（　）
17. 国家对食品添加剂生产实行备案制度,生产食品添加剂无须许可。（　）
18. 饭店可以合理地拒绝接待自身状态不适合于住店的旅客。（　）
19. 娱乐场所未按照规定留存监控录像资料或者删改监控录像资料,情节严重的,由县级公安部门责令停业整顿1~3个月。（　）
20. 歌舞娱乐场所的包厢、包间的门不得有内外锁装置。（　）
21. 食品生产经营企业应当制定食品安全事故处置方案,定期检查本企业各项食品安全防范措施的落实情况。（　）
22. 由于不可抗力、政府因公共利益需要采取措施造成不能提供服务的,饭店直接通知旅游者自行另找其他饭店即可。（　）
23. 县级以上人民政府文化主管部门负责对娱乐场所日常经营活动的监督管理。（　）
24. 电影院、剧院等观赏场所是娱乐场所。（　）
25. 惩罚性赔偿制度是指消费者除要求赔偿损失外,还可以向生产者或者经营者要求支付价款10倍或者损失3倍的赔偿金。（　）

二、单项选择题（下列各题的选项中,只有一项是正确的,请将正确答案的选项填入括号内）

1. 旅客张先生入住某酒店,因接到一个电话便匆匆外出。回到酒店后发现,由于外出匆忙房门未锁好,行李箱中的相机、笔记本电脑等贵重物品被盗。经查,此时酒店监控设备正常运行,但酒店聘请的保安未按规定保存监控视频资料。旅客的损失应该（　　）。
   A. 由旅客全部承担　　　　　　B. 由酒店全部承担
   C. 旅客和酒店共同承担　　　　D. 保安公司全部承担
2. 在接待境外旅客住宿时,除了要履行查验证件等手续外,旅馆还应当在（　　）小时内向当地公安机关报送住宿登记表。
   A. 6　　　　B. 12　　　　C. 24　　　　D. 48
3. 食品安全标准是强制执行的标准,除食品安全标准外,（　　）制定其他食品强制性标准。
   A. 不得　　　　B. 可以　　　　C. 应当　　　　D. 必须
4. 食品安全风险评估结果由（　　）公布。
   A. 国务院食品安全监督管理部门　　B. 国务院标准化行政部门
   C. 国务院卫生行政部门　　　　　　D. 食品生产经营单位
5. 景区、住宿经营者将其部分经营项目或者场地交由他人从事住宿、餐饮、购物、游览、娱乐、旅游交通等经营的,应当对实际经营者的经营行为给旅游者造成的损害承担（　　）。
   A. 追加责任　　B. 补充责任　　C. 连带责任　　D. 全部责任
6. 娱乐场所变更有关事项,未按照规定申请重新核发娱乐经营许可证的,由县级人民政府文化主管部门责令改正,给予警告;情节严重的,责令（　　）。

A. 无限期停业整顿 B. 停业整顿 1 个月至 3 个月
C. 停业整顿 3 个月至 6 个月 D. 停业整顿 6 个月至 12 个月

7. 下列关于食品生产经营许可制度表述中,错误的选项是(　　)。
   A. 国家对食品生产经营实行许可制度 B. 国家对食品添加剂生产实行许可制度
   C. 销售食用农产品的,不需要取得许可 D. 仅销售预包装食品的,也需要取得许可

8. 以下关于娱乐场所的说法中,错误的是(　　)。
   A. 歌舞娱乐场所的包厢、包间内不得设置隔断
   B. 歌舞娱乐场所的包厢、包间内应当安装展现室内整体环境的透明门窗
   C. 歌舞娱乐场所的包厢、包间的门不得有内锁装置
   D. 歌舞娱乐场所的包厢、包间的门不得有外锁装置

9. 根据《娱乐场所管理条例》的规定,娱乐场所可以设在(　　)。
   A. 居民楼内　　B. 机关周围　　C. 车站　　D. 建筑物地下一层

10. 下列关于饭店尊重旅客隐私权义务的说法中,错误的是(　　)。
    A. 旅客依法享有在客房独处和安宁地使用客房的权利,其私人信息应当得到饭店的保护
    B. 非经旅客的允许或者法定的事由,饭店的工作人员不得随意进入旅客的房间
    C. 饭店不得随意或擅自将旅客的住宿信息告诉他人
    D. 旅客留客住宿或转让床位是其隐私,饭店不得干涉

11. 娱乐场所设置具有赌博功能的电子游戏设施设备的,由县级公安部门没收违法所得和非法财物,并处违法所得(　　)的罚款
    A. 5 倍以上 10 倍以下 B. 2 倍以上 5 倍以下
    C. 1 倍以上 3 倍以下 D. 1 倍以上 5 倍以下

12. 国家鼓励食品生产经营者采用信息化手段采集、留存生产经营信息,建立(　　)。
    A. 食品安全追溯体系 B. 食品安全备查体系
    C. 食品安全跟踪体系 D. 食品安全追踪体系

13. 经批准开业的旅馆,如有改变名称情况,应当在市场监管部门办理变更登记后(　　)内,向当地的县、市公安局、公安分局备案。
    A. 3 日　　B. 3 个工作日　　C. 30 日　　D. 30 个工作日

14. 违反《娱乐场所管理条例》的规定,为违法犯罪分子提供条件,情节严重的,由原发证机关吊销娱乐经营许可证,对直接负责的主管人员和其他直接责任人员处(　　)的罚款。
    A. 5000 元以下 B. 5000 元以上 1 万元以下
    C. 1 万元以上 2 万元以下 D. 2 万元以上 5 万元以下

15. 以欺骗等不正当手段取得娱乐经营许可证的,由(　　)撤销娱乐经营许可证。
    A. 市场监督管理部门 B. 文化行政主管部门
    C. 公安部门 D. 原发证机关

16. 对娱乐场所日常经营活动的监督管理,由(　　)负责。
    A. 卫生行政主管部门 B. 市场监督管理部门
    C. 文化行政主管部门 D. 公安部门

17. 酒店因客观原因不能向旅客提供预订房间的，在征得旅客同意的前提下，酒店可以在本酒店内另换标准相近的房间，或将其转移至其他酒店，为其提供相同等级的服务，因此增加的合理费用，（　　）。
    A. 全部由旅客承担　　　　　　　　B. 全部由酒店承担
    C. 旅客承担部分　　　　　　　　　D. 旅客和酒店协商共同承担

18. 生产不符合食品安全标准的食品或者经营明知是不符合食品安全标准的食品，消费者除要求赔偿损失外，还可以向生产者或者经营者要求支付价款（　　）或者损失（　　）的赔偿金。
    A. 3倍　10倍　　　B. 10倍　3倍　　　C. 5倍　10倍　　　D. 10倍　5倍

19. 申请开办旅馆，应取得（　　）核发的营业执照。
    A. 市场监管部门　　B. 公安机关　　C. 文化主管部门　　D. 工商主管部门

20. 下列关于娱乐场所经营规则的禁止内容和行为的规定表述错误的是（　　）。
    A. 禁止含有侵害民族风俗、习惯，破坏民族团结的内容
    B. 禁止从事邪教、迷信活动
    C. 禁止含有违背社会公德的内容
    D. 禁止娱乐场所连锁化、品牌化经营

21. 下列关于旅馆对旅客寄存、遗留物品的处置表述错误的是（　　）。
    A. 对旅客遗留的财物，应当妥为保管
    B. 对旅客寄存的财物，要建立登记、领取和交接制度
    C. 对旅客遗留的财物，直接送当地公安机关按拾遗物品处理
    D. 对旅客遗留的财物，应设法归还原主或揭示招领

22. 歌舞娱乐场所的包厢、包间内不得设置（　　），并应当安装展现室内整体环境的（　　）门窗。包厢、包间的门不得有（　　）装置。
    A. 内锁　透明　通道　　　　　　　B. 隔断　透明　内锁
    C. 通道　封闭　控制　　　　　　　D. 隔断　封闭　内锁

23. 发现食品安全事故，事故单位应当向（　　）报告。
    A. 食品安全监督管理部门　　　　　B. 食品卫生管理部门
    C. 农业行政部门　　　　　　　　　D. 公安部

24. 根据《食品安全法》的规定，县级以上人民政府农业行政等部门在日常监督管理中发现食品安全事故或者接到事故举报，应当立即（　　）。
    A. 向上级食品安全监督管理部门汇报
    B. 向同级食品安全监督管理部门通报
    C. 向上级人民政府卫生行政管理部门汇报
    D. 向同级卫生行政管理部门通报

25. 未取得娱乐经营许可证，擅自从事娱乐场所经营活动的，由（　　）依法予以取缔。
    A. 卫生行政主管部门　　　　　　　B. 市场监督管理部门
    C. 文化行政主管部门　　　　　　　D. 公安部门

26. （　　）是指违反《食品安全法》规定，造成他人人身财产或者其他损害的，依法承担赔偿责任。生产经营者财产不足以同时承担民事赔偿责任和缴纳罚款、罚金时，先承

担民事赔偿责任。

A. 民事赔偿优先制度 　　　　　　　B. 首负责任制

C. 惩罚性赔偿制度 　　　　　　　　D. 民事行政赔偿制度

27. 县级以上（　　）负责对娱乐场所消防、治安状况的监督管理。

A. 市场监管部门　　B. 卫生部门　　C. 公安部门　　D. 工商部门

28. 娱乐场所在（　　）时间段内不得营业。

A. 每日凌晨 2 时至上午 10 时　　　B. 每日凌晨 0 时至上午 10 时

C. 每日凌晨 0 时至上午 8 时　　　　D. 每日凌晨 2 时至上午 8 时

29. 歌舞娱乐场所应当将闭路电视监控录像资料留存（　　）日备查，不得删改或者挪作他用。

A. 15　　　　B. 30　　　　C. 60　　　　D. 90

30. 娱乐场所取得营业执照后，未按照规定向公安部门备案的，由县级（　　）责令改正，给予警告。

A. 市场监督管理部门　　　　　　　B. 文化行政主管部门

C. 公安部门　　　　　　　　　　　D. 旅游行政主管部门

31. 根据《娱乐场所管理条例》的规定，经查实符合娱乐场所设立条件的，由文化主管部门颁发"娱乐经营许可证"，并根据国务院文化主管部门的规定核定娱乐场所（　　）。

A. 容纳的消费者数量　　　　　　　B. 最低使用面积

C. 安全责任制度　　　　　　　　　D. 消防安全设施

32. 事故单位在发生食品安全事故后未进行处置、报告的，由有关主管部门按照各自职责分工责令改正，给予警告；隐匿、伪造、毁灭有关证据的，责令停产停业，没收违法所得，并处（　　）罚款；造成严重后果的，吊销许可证。

A. 1 万元以上 2 万元以下　　　　　B. 2 万元以上 5 万元以下

C. 5 万元以上 10 万元以下　　　　　D. 10 万元以上 50 万元以下

33. 下列选项中，（　　）不属于公安机关对旅馆治安管理的职责。

A. 指导、监督旅馆建立各项安全管理制度和落实安全防范措施

B. 协助旅馆对工作人员进行安全业务知识的培训

C. 依法惩办侵犯旅馆和旅客合法权益的违法犯罪分子

D. 在旅馆驻派专职安保人员

34. 歌舞娱乐场所使用的歌曲点播系统（　　）与境外的曲库连接。

A. 必须　　　　B. 应当　　　　C. 可以　　　　D. 不得

35. 旅馆对旅客遗留的物品，应当妥为保管，设法将遗留物品归还原主或揭示招领；经招领（　　）仍然无人认领的，应当登记造册，送当地公安机关按拾遗物品处理。

A. 半个月后　　B. 1 个月后　　C. 3 个月后　　D. 6 个月后

36. 歌舞娱乐场所接纳未成年人，情节严重的，由县级人民政府文化主管部门责令停业整顿（　　）。

A. 半个月　　　　　　　　　　　　B. 12 个月

C. 6 个月至 12 个月　　　　　　　　D. 1 个月至 6 个月

37. 娱乐场所依法取得营业执照和相关批准文件、许可证后，应当在（　　）内向所在地

县级公安部门备案。

A. 10日 B. 15日 C. 10个工作日 D. 15个工作日

38. 娱乐场所申请从事娱乐场所经营活动，应当向所在地（　　）人民政府文化主管部门提出申请。

A. 省级 B. 市级 C. 县级 D. 乡镇级

39. 食品生产经营者应当建立并执行从业人员健康管理制度，从事接触直接入口食品工作的食品生产经营人员应当（　　）进行健康检查，取得健康证明后方可上岗工作。

A. 每月 B. 每季度 C. 每半年 D. 每年

40. 下列关于外国投资者设立娱乐场所的表述错误的是（　　）。

A. 可以是中外合资经营
B. 可以是中外合作经营
C. 外商投资应当向所在地省级人民政府文化主管部门提出申请
D. 不可以是外商独资经营

41. 国家建立食品安全风险监测制度，对（　　）以及食品中的有害因素进行监测。

A. 食源性疾病 B. 食品污染
C. 食品成分 D. 食源性疾病、食品污染

42. 食品安全国家标准由（　　）部门制定。

A. 卫生行政、食品卫生管理 B. 食品安全、工商行政管理
C. 卫生行政、食品安全监督管理 D. 工商行政、食品药品监督管理

43. 《旅馆业治安管理办法》规定，旅客有（　　）行为的，依照《治安管理处罚法》有关条款的规定，处罚有关人员。

A. 发现违法犯罪分子、形迹可疑的人员和被公安机关通缉的罪犯，未向当地公安机关报告
B. 将易燃、易爆、剧毒、腐蚀性和放射性等危险物品带入旅馆
C. 私自留客住宿
D. 私自转让床位

44. （　　）负责对娱乐场所消防、治安状况的监督管理。

A. 县级以上人民政府卫生行政主管部门
B. 县级以上公安部门
C. 县级以上人民政府市场监督管理部门
D. 县级以上人民政府文化主管部门

45. 文化主管部门应当根据国务院文化主管部门的规定核定（　　）。

A. 娱乐场所雇佣的工作人员数量 B. 娱乐场所提供的消费项目价格
C. 娱乐场所接待的消费者层次 D. 娱乐场所容纳的消费者数量

46. 下列各项中，关于娱乐场所音像制品的说法，错误的是（　　）。

A. 歌舞娱乐场所使用的歌曲点播系统可以与境外的曲库相连接
B. 娱乐场所使用的音像制品或者电子游戏应当是依法出版、生产或进口的产品
C. 歌舞娱乐场所的包厢、包间的不得安装内锁
D. 歌舞娱乐场所播放的曲目不得含有违背社会公德或者民族优秀文化传统的内容

47. 下列关于食品安全保障制度表述错误的是（　　）。
    A. 国家对食品添加剂生产实行许可制度
    B. 食品生产经营者应当建立并执行从业人员健康管理制度
    C. 食品生产经营者应当建立食品安全追溯体系，保证食品可追溯
    D. 销售食用农产品需要取得许可

48. 下列各项中，关于娱乐场所设立的限制性规定的表述错误的是（　　）。
    A. 娱乐场所的使用面积，不得低于国务院文化主管部门规定的最低标准
    B. 娱乐场所的边界噪声，应当符合国家规定的环境噪声标准
    C. 娱乐场所不得设在建筑物地下一层及以下
    D. 外国投资者可以在中国境内设立娱乐场所

49. 饭店经营者的义务不包括（　　）。
    A. 尊重旅客隐私权的义务　　　　B. 按照合同约定提供服务的义务
    C. 为旅客提供泊车服务的义务　　D. 保障旅客人身安全的义务

50. 娱乐场所的监督管理制度不包括（　　）。
    A. 信用监管制度　　B. 风险评估制度　　C. 信息通报制度　　D. 警示记录公开制度

三、多项选择题（每题有 2~5 个正确答案，少选或错选均不得分，请将你认为正确的选项填入括号内）

1. 娱乐场所违反《娱乐场所管理条例》，有下列（　　）情形之一的，由县级公安部门没收违法所得和非法财物，并处违法所得 2 倍以上 5 倍以下的罚款；没有违法所得或者违法所得不足 1 万元的，并处 2 万元以上 5 万元以下的罚款；情节严重的，责令停业整顿 1 个月至 3 个月。
    A. 设置具有赌博功能的电子游戏设施设备的
    B. 以现金有价证券作为奖品的
    C. 设置具有迷信功能的电子游戏设施设备的
    D. 以现金有价证券回购奖品的
    E. 以旅游优惠券作为奖品的

2. 在下列（　　）前提下，饭店可以合理地拒绝接待旅客。
    A. 旅客的着装不符合饭店要求　　B. 旅客已满，无客房出租
    C. 旅客被饭店列入黑名单　　　　D. 旅客自身状态不适合住店
    E. 旅客的宗教不符合饭店要求

3. 申请开办旅馆，应取得（　　）核发的营业执照，向当地（　　）申领特种行业许可证后，方准开业。
    A. 市场监管部门　　B. 公安机关　　C. 文化主管部门　　D. 工商主管部门
    E. 消防主管部门

4. 娱乐场所变更有关事项，未按照规定申请重新核发娱乐经营许可证的，由县级人民政府文化主管部门（　　）。
    A. 责令改正
    B. 给予警告

C. 并处500元以下罚款

D. 情节严重的，责令停业整顿1个月至3个月

E. 情节严重的，撤销娱乐经营许可证

5. 娱乐场所不得设在下列地点：（　　）。

　　A. 商圈等人群密集的场所　　　　　　B. 博物馆、图书馆

　　C. 与危险化学品仓库毗连的区域　　　D. 学校医院机关周围

　　E. 被核定为文物保护单位的建筑物内

6. 下列关于饭店经营者的权利表述正确的是（　　）。

　　A. 饭店工作人员可以举报旅客在饭店里进行的违法犯罪活动

　　B. 饭店有权要求旅客承担住宿费和法律允许或双方约定的服务费用

　　C. 旅客已满确无客房出租时饭店有权合理拒绝接待旅客

　　D. 饭店无权要求已预订客房不住宿又不及时通知的旅客承担违约责任

　　E. 当旅客拒绝支付住宿费时饭店无权留置旅客的等价财物受偿

7. 下列属于娱乐场所的是（　　）。

　　A. 电影院　　　　B. 大剧院　　　　C. 歌舞厅　　　　D. 游艺厅

　　E. 体育馆

8. 下列关于食品生产经营许可制度表述正确的是（　　）。

　　A. 国家对食品生产经营实行许可制度　　B. 国家对食品添加剂生产实行许可制度

　　C. 销售食用农产品的，不需要取得许可　　D. 仅销售预包装食品的，也需要取得许可

　　E. 仅销售预包装食品的，不需要报备

9. 有下列（　　）情形之一的，按照违反娱乐场所环境规则进行处罚。

　　A. 在规定的禁止营业时间内营业的

　　B. 从业人员在营业期间未统一着装并佩戴工作标志的

　　C. 设置具有赌博功能的电子游戏机的

　　D. 包厢、包间的设置不符合规定的

　　E. 未按照规定安装闭路电视监控设备的

10. 国家倡导弘扬民族优秀文化，禁止娱乐场所内的娱乐活动含有下列内容：（　　）。

　　A. 危害国家统一、主权或者领土完整的

　　B. 违反国家宗教政策，宣扬邪教、迷信的

　　C. 危害国家安全，或者损害国家荣誉、利益的

　　D. 宣扬淫秽、赌博、暴力以及与毒品有关的违法犯罪活动

　　E. 侮辱、诽谤他人、侵害他人合法权益的

11. 下列选项中，（　　）属于对食品安全事故的行政处理措施。

　　A. 发生食品安全事故单位立即及时采取措施，控制事态，防止事故扩大

　　B. 事故发生单位和接收病人治疗单位，除了向食品安全监督管理部门报告外，还要向卫生行政部门报告

　　C. 事发地食品安全监督管理部门接到食品安全事故报告后，应当按照食品安全事故应急预案的规定向本级人民政府和上级食品安全监督管理部门报告

　　D. 事发地接收病人治疗单位，应当按照食品安全事故应急预案的规定向本级卫生行政

部门报告

E. 事发地接收病人治疗单位，应当按照食品安全事故应急预案的规定向本级食品安全监督管理部门报告

12. 下列关于饭店经营者权利与义务的说法中，错误的是（　　）。
    A. 饭店可以自行在本饭店内另换标准相近的房间
    B. 饭店不能向旅客提供预订房间的，旅客有权要求饭店继续按照约定提供住宿服务，且其标准要高于约定的服务标准
    C. 饭店在接待旅客的过程中，不得因旅客的国籍、肤色、宗教信仰等原因对旅客加以歧视
    D. 当旅客无力支付或拒绝支付时，饭店有权留置旅客的财物，从中受偿住宿等费用
    E. 旅客不履行合同的约定造成饭店损失的，饭店可以要求旅客赔偿合理的损失

13. 饭店因某种客观原因不能向旅客提供预订房间的，在征得旅客同意的前提下，可以（　　）。
    A. 将旅游者转移至其他饭店，因此增加的合理费用，由旅游者承担
    B. 将旅游者转移至其他饭店，因此增加的合理费用，由饭店承担
    C. 将旅游者转移至其他饭店，为其提供相同等级的服务
    D. 在本饭店内另换标准相近的房间
    E. 在本饭店内为旅游者提供不低于原定标准的住宿服务

14. 下列人员中不具备开办娱乐场所或者在娱乐场所内从业资格的是（　　）。
    A. 李某曾犯有引诱、容留、介绍卖淫罪
    B. 杨某某曾被判强奸罪，现刑满释放
    C. 王某曾被判组织、领导参加黑社会性质组织罪
    D. 刘某某因吸食、注射毒品曾被强制戒毒
    E. 张某某因交通肇事被判刑3年，现刑满释放

15. 下列关于投资者设立娱乐场所的表述中，正确的是（　　）。
    A. 可以是中外合资经营
    B. 可以是中外合作经营
    C. 外商投资应当向所在地省级人民政府文化主管部门提出申请
    D. 可以是中方独资经营
    E. 不允许设立外商独资经营的娱乐场所

16. 食品安全工作实行（　　）的工作原则。
    A. 全程控制　　　　B. 社会共治　　　　C. 风险管理　　　　D. 预防为主
    E. 动态评估

17. 下列各项中关于娱乐场所经营规则的禁止内容和行为的规定，表述正确的选项包括（　　）。
    A. 禁止娱乐场所连锁化经营
    B. 禁止娱乐场所品牌化发展
    C. 禁止含有侵害民族风俗、习惯，破坏民族团结的内容
    D. 禁止从事邪教、迷信活动

E. 禁止含有违背社会公德的内容

18. 下列各项中，关于开办娱乐场所的禁止性规定，表述正确的是（　　）。
    A. 国家机关及其工作人员不得开办娱乐场所
    B. 国家机关及其工作人员可以参与娱乐场所的经营活动
    C. 与卫生行政主管部门的工作人员有夫妻关系的家属不得开办娱乐场所
    D. 与公安部门的工作人员有三代以内旁系血亲关系的亲属不得开办娱乐场所
    E. 与文化主管部门的工作人员有三代以内近姻亲关系的亲属不得参与娱乐场所经营活动

19. 游艺娱乐场所不得设置具有（　　）功能的电子游戏机机型、机种、电路板等游戏设施设备，不得以（　　）作为奖品，不得回购奖品。
    A. 抽奖　　　　　　　　　　B. 现金或者有价证券
    C. 贵重物品　　　　　　　　D. 赌博
    E. 摇奖

20. 制定食品安全标准，应当以保障（　　）为宗旨，做到（　　）、（　　）。
    A. 公共用餐卫生　　B. 公共食品安全　　C. 科学合理　　D. 公众身体健康
    E. 安全可靠

21. 我国进口的（　　）、（　　）、（　　）应当符合（　　）的食品安全国家标准。
    A. 食品　　　　　B. 食品添加剂　　　C. 中国　　　　D. 食品相关产品
    E. 进口国家

22. 经批准开业的饭店，如有歇业、转业、合并、迁移、改变名称等情况，应当在（　　）办理变更登记后（　　）内，向（　　）备案。
    A. 工商行政管理部门　　　　　　　B. 3 日
    C. 5 日　　　　　　　　　　　　　D. 当地的县、市公安局、公安分局
    E. 旅游文化部门

23. 下列关于特殊食品严格监管制度表述正确的是（　　）。
    A. 列入保健食品原料目录的原料可以用于其他食品生产
    B. 国家对保健食品、特殊医学用途配方食品和婴幼儿配方食品等特殊食品实行严格监督管理
    C. 保健食品原料目录应当包括原料名称、用量及其对应的功效
    D. 保健食品声称有保健功能的，应当具有科学依据
    E. 生产婴幼儿配方食品使用的生鲜乳、辅料等食品原料、食品添加剂等，应当符合法律、行政法规的规定和食品安全国家标准

24. 下列各项中关于娱乐场所及其管理的表述，表述错误的是（　　）。
    A. 电影院、剧院等观赏场所是娱乐场所
    B. 娱乐场所是消费者自娱自乐的场所，包括家庭或单位的娱乐活动
    C. 娱乐场所是营业性的，以营利为目的
    D. 县级以上公安部门负责对娱乐场所消防、治安状况的监督管理
    E. 县级以上人民政府文化主管部门负责对娱乐场所日常经营活动的监督管理

参考答案及解析

第十七章　旅游资源管理法律制度

一、判断题（判断下列各题是否正确，正确的请在答卷中相应题号后的括号内打"√"，错误的打"×"）

1. 博物馆包括国有博物馆和非国有博物馆，二者的设立条件有所不同。（　　）
2. 博物馆可以是营利组织，也可以是非营利组织。（　　）
3. 博物馆应当自取得登记证书之日起3个月内向公众开放。（　　）
4. 古生物化石博物馆的设立需向馆址所在地省、自治区、直辖市人民政府文物主管部门备案。（　　）
5. 国有博物馆的设立不需要向馆址所在地文物主管部门备案。（　　）
6. 新设立的风景名胜区与自然保护区不得重合或者交叉。（　　）
7. 在自然保护区的核心区内只准进入从事科学研究活动。（　　）
8. 外国人禁止进入国家级自然保护区。（　　）
9. 一级文物中的孤品和易损品，禁止展览。（　　）
10. 外国人禁止进入国家级自然保护区。（　　）
11. 博物馆馆藏一级文物和其他易损易坏的珍贵文物，应设立专库或专柜并由专人负责保管。（　　）
12. 风景名胜区管理机构的工作人员可以在区内的企业兼职。（　　）
13. 目前我国境内的博物馆一律免费对外开放。（　　）
14. 博物馆藏品属于国有文物的，不得转让、出租、质押给外国人。（　　）
15. 根据自然保护工作的需要，在自然保护区的核心区和缓冲区内，可以适当建设小规模的生产设施。（　　）
16. 陈列展览的主题和内容不适宜未成年人的，博物馆不得接纳未成年人。（　　）
17. 我国国家级非物质文化遗产代表性项目名录由文化和旅游部建立。（　　）
18. 为避免浪费，风景名胜区内已经建成的宾馆、招待所、培训中心、疗养院等建筑物，可继续保留。（　　）
19. 博物馆举办陈列展览，不得使用复制品、仿制品。（　　）
20. 非物质文化遗产代表性项目的传承人丧失传承能力的，可以重新认定该项目的代表性传承人。（　　）

二、单项选择题（下列各题的选项中，只有一项是正确的，请将正确答案的选项填入括号内）

1. 根据《风景名胜区条例》第二十四条的规定，风景名胜区内的景观和自然环境，应当

1. 根据（ ）的原则，严格保护，不得破坏或者随意改变。
   A. 保护优先　　　B. 可持续发展　　　C. 规范利用　　　D. 严格监管

2. 在自然保护区进行砍伐、放牧、狩猎、捕捞、采药、开垦、烧荒、开矿、采石、挖沙等活动的单位和个人，对自然保护区造成破坏的，可以处以（ ）罚款。
   A. 100 元以上 1000 元以下
   B. 300 元以上 1000 元以下
   C. 300 元以上 10000 元以下
   D. 500 元以上 10000 元以下

3. 根据《自然保护区条例》第十一条的规定，我国自然保护区划分为（ ）两级。
   A. 国家级、地方级
   B. 国家级、省级
   C. 一级、二级
   D. 重点级、一般级

4. 我国立法将自然保护区划分为若干区域，实施不同强度的保护和管理，其中可以从事参观考察和旅游活动的区域是（ ）。
   A. 实验区　　　B. 缓冲区　　　C. 核心区　　　D. 边缘区

5. 文物出境展览，应当报（ ）文物行政部门批准。
   A. 国务院
   B. 省、自治区、直辖市
   C. 市级
   D. 县级

6. 博物馆陈列展览的主题、内容造成恶劣影响，没有违法所得的，处（ ）罚款。
   A. 2000 元以上 1 万元以下
   B. 2000 元以上 2 万元以下
   C. 5000 元以上 1 万元以下
   D. 5000 元以上 2 万元以下

7. 在景物、设施上刻画、涂污或者在风景名胜区内乱扔垃圾的，由风景名胜区管理机构责令恢复原状或者采取其他补救措施，处（ ）元的罚款。
   A. 20　　　B. 30　　　C. 50　　　D. 100

8. 风景名胜区应当自设立之日起（ ）年内编制完成总体规划。
   A. 1　　　B. 2　　　C. 3　　　D. 4

9. 自然保护区管理机构违法批准外国人进入自然保护区的，由（ ）有关自然保护区行政主管部门责令限期改正；对直接责任人员，由其所在单位或者上级机关给予行政处分。
   A. 县级以上人民政府
   B. 市级以上人民政府
   C. 省级以上人民政府
   D. 国务院

10. 县级以上人民政府文化主管部门应根据需要，采取下列措施，支持非物质文化遗产代表性项目的代表性传承人开展传承、传播活动：（ ）。
    A. 提供必要的传承场所
    B. 提供充足的经费资助
    C. 提供适当的宣传支持
    D. 支持其参与经营性活动

11. 《保护世界文化和自然遗产公约》第八条规定，需要在联合国教育、科学及文化组织内，建立一个保护具有突出的普遍价值的文化遗产和自然遗产的政府间委员会，即（ ）。
    A. 联合国教科文组织
    B. 世界旅游组织
    C. 世界遗产委员会
    D. 亚太旅游协会

12. 在自然保护区进行砍伐、放牧、狩猎、捕捞、采药、开垦、烧荒、开矿、采石、挖沙等活动的单位和个人，对自然保护区造成破坏的，可以处以（ ）罚款。

A. 100元以上300元以下　　　　　　B. 300元以上500元以下
C. 300元以上1万元以下　　　　　　D. 500元以上1万元以下

13. 文物出境的，应当经国务院（　　）行政部门指定的文物进出境审核机构审核。
    A. 建设　　　　B. 文物　　　　C. 林业　　　　D. 旅游

14. 任何单位或者个人运送、邮寄、携带文物出境，应当向（　　）申报，后凭文物出境许可证放行。
    A. 文化和旅游部　　B. 海关　　C. 省级人民政府　　D. 国务院

15. 设立省级风景名胜区，报（　　）批准公布。
    A. 县级人民政府
    B. 省、自治区、直辖市人民政府
    C. 省、自治区人民政府建设主管部门
    D. 省、自治区人民政府风景名胜区主管部门

16. 下列选项中，不属于博物馆章程必备内容的是（　　）。
    A. 博物馆名称、馆址　　　　　　B. 办馆宗旨及业务范围
    C. 组织管理制度　　　　　　　　D. 博物馆工作人员数量

17. 下列不属于世界文化遗产的是（　　）。
    A. 沈阳故宫　　B. 慕田峪长城　　C. 乌镇　　D. 布达拉宫

18. 在国家级风景名胜区内修建缆车、索道等重大建设工程，项目的选址方案应当报（　　）风景名胜区主管部门核准。
    A. 国务院旅游　　B. 国务院建设　　C. 省级旅游　　D. 省级建设

19. 下列文物可以买卖的是（　　）。
    A. 来源不合法的文物　　　　　　B. 非国有馆藏珍贵文物
    C. 文物收藏单位合法收藏的文物　　D. 公民、法人合法收藏的文物

20. 博物馆从事非文物藏品的商业经营活动取得违法收入的，没收违法所得，并处违法所得（　　）罚款。
    A. 1倍以上5倍以下　　　　　　B. 2倍以上5倍以下
    C. 2倍以上10倍以下　　　　　　D. 10倍以下

21. 下列选项中，不属于非物质文化遗产的是（　　）。
    A. 昆曲　　B. 古琴　　C. 二十四节气　　D. 敦煌壁画

22. 设立国家级风景名胜区，应报（　　）批准公布。
    A. 省、自治区、直辖市人民政府　　B. 国务院建设主管部门
    C. 国务院环境保护主管部门　　　　D. 国务院

23. 下列选项中，（　　）不属于世界自然遗产内容。
    A. 从审美或科学角度来看具有突出的普遍价值的由物质和生物结构或这类结构群组成的自然面貌
    B. 从科学或保护角度来看具有突出的普遍价值的地质和自然地理结构以及明确划为受威胁的动物和植物生境区
    C. 从科学、保护或自然美角度来看具有突出的普遍价值的天然名胜或明确划分的自然区域

D. 从历史、艺术或科学角度来看具有突出的普遍价值的建筑物、碑雕和碑画

24. 博物馆应当自取得登记证书之日起（　　）内向公众开放。
    A. 1个月　　　　B. 3个月　　　　C. 6个月　　　　D. 1年

25. 在自然保护区的（　　）内，可适当建设生产设施。
    A. 核心区　　　B. 边缘区　　　C. 缓冲区　　　D. 实验区

26. 县级以上人民政府文化主管部门应根据需要，采取下列措施，支持非物质文化遗产代表性项目的代表性传承人开展传承、传播活动：（　　）。
    A. 提供必要的传承场所　　　　　B. 提供充足的经费资助
    C. 提供适当的宣传支持　　　　　D. 支持其参与经营性活动

27. 全国文物保护工作的主管部门是国务院（　　）行政部门。
    A. 建设　　　　B. 文物　　　　C. 林业　　　　D. 旅游

28. 下列选项中，不属于非物质文化遗产代表性项目代表性传承人应当符合条件的是（　　）。
    A. 熟练掌握其传承的非物质文化遗产
    B. 在特定领域内具有代表性，并在一定区域内具有较大影响
    C. 具有强烈的传承意愿和传承责任感
    D. 积极开展传承活动

29. 下列选项中，（　　）不属于世界文化遗产的内容。
    A. 从历史、艺术或科学角度来看具有突出的普遍价值的建筑物、碑雕和碑画
    B. 具有考古性质成分或结构的铭文、窟洞以及联合体
    C. 从历史、艺术或科学角度来看在建筑式样、分布均匀或与环境景色结合方面具有突出的普遍价值的单立或连接的建筑群
    D. 从审美或科学角度来看具有突出的普遍价值的由物质和生物结构或这类结构群组成的自然面貌

30. 自然保护区内只准进入从事科学研究和观测活动的区域是（　　）。
    A. 核心区　　　B. 游乐区　　　C. 缓冲区　　　D. 实验区

31. 我国文物工作贯彻（　　）为主的方针。
    A. 保护　　　　B. 抢救　　　　C. 利用　　　　D. 管理

32. 非经省级以上人民政府有关自然保护区行政管理部门批准，禁止任何单位和个人进入，也不允许进入从事科学研究活动的区域是（　　）。
    A. 核心区　　　B. 游乐区　　　C. 缓冲区　　　D. 实验区

33. 国务院（　　）主管部门负责全国博物馆监督管理工作。
    A. 林业　　　　B. 建设　　　　C. 文物　　　　D. 旅游

34. 自然保护区内可进入从事科学实验、教学实习、参观考察、旅游以及驯化、繁殖珍稀、濒危野生动植物活动的区域是（　　）。
    A. 核心区　　　B. 游乐区　　　C. 缓冲区　　　D. 实验区

35. （　　）是自然保护区内保存完好的天然状态的生态系统以及珍稀、濒危动植物的集中分布区。
    A. 核心区　　　B. 游乐区　　　C. 缓冲区　　　D. 实验区

36. 根据《风景名胜区条例》，（　　）负责全国风景名胜区的监督管理工作。
    A. 国务院旅游主管部门　　　　　　　B. 国务院文物主管部门
    C. 国务院环境保护主管部门　　　　　D. 国务院建设主管部门

37. 在核心景区内建设宾馆、招待所、培训中心、疗养院的，由风景名胜区管理机构处以（　　）罚款。
    A. 1 万元以上 5 万元以下　　　　　　B. 5 万元以上 10 万元以下
    C. 10 万元以上 50 万元以下　　　　　D. 50 万元以上 100 万元以下

38. 下列选项中，不属于设立博物馆必备条件的是（　　）。
    A. 固定的馆址　　　　　　　　　　　B. 大量的珍贵藏品
    C. 专业技术人员　　　　　　　　　　D. 必要的办馆资金

39. 截至 2024 年 8 月，我国共有（　　）项目被联合国教科文组织批准列入《世界遗产名录》。
    A. 48 处　　　　B. 50 处　　　　C. 55 处　　　　D. 59 处

40. 世界遗产委员会应根据各缔约国的申请制定、更新和出版《世界遗产名录》，一份最新目录应至少每（　　）发布一次。
    A. 1 年　　　　B. 2 年　　　　C. 3 年　　　　D. 5 年

三、多项选择题（每题有 2~5 个正确答案，少选或错选均不得分，请将你认为正确的选项填入括号内）

1. 博物馆是指以（　　）为目的，收藏、保护并向公众展示人类活动和自然环境的见证物的组织。
   A. 教育　　　　B. 研究　　　　C. 欣赏　　　　D. 营利
   E. 传承

2. 博物馆开展社会服务应当坚持为人民服务、为社会主义服务的方向和（　　）的原则，丰富人民群众精神文化生活。
   A. 贴近实际　　　B. 贴近生活　　　C. 贴近群众　　　D. 贴近需求
   E. 贴近精神

3. 下列选项中，（　　）是成为风景名胜区必须具备的条件。
   A. 具有观赏、文化、科学价值
   B. 自然景观和人文景观比较集中
   C. 可供人们进行游览或者科学、文化活动
   D. 具有保护和合理利用风景名胜资源的条件
   E. 具有动植物等各自或相互间组合而形成的景观

4. 为了有针对性地对自然保护区实施保护和管理，自然保护区又分为（　　）区域。
   A. 核心区　　　B. 游乐区　　　C. 缓冲区　　　D. 边缘区
   E. 实验区

5. 风景名胜区，是指具有（　　）价值，自然景观、人文景物比较集中，环境优美，可供人们游览或者进行科学、文化活动的区域。
   A. 观赏　　　　B. 教育　　　　C. 文化　　　　D. 科学

E. 研究

6. 下列选项中，属于非物质文化遗产的是（   ）。
   A. 京剧   B. 中医针灸   C. 云锦   D. 丝绸之路
   E. 皮影戏

7. 根据《文物保护法》的规定，按照历史、艺术、科学价值，不可移动文物可以分别确定为（   ）。
   A. 世界级重点文物保护单位   B. 全国重点文物保护单位
   C. 省级文物保护单位   D. 市、县级文物保护单位
   E. 乡镇级文物保护单位

8. 下列选项中，（   ）属于私人收藏文物合法取得的方式。
   A. 依法继承或者赠予   B. 从文物商店购买
   C. 从经营文物拍卖的拍卖企业购买   D. 公民之间相互交换的文物
   E. 在个人宅基地下挖掘所得

9. 文物收藏单位可以通过（   ）方式取得文物。
   A. 从经营文物拍卖的拍卖企业购买   B. 接受捐赠
   C. 文物行政部门调拨   D. 依法交换
   E. 考古挖掘

10. 博物馆藏品属于国有文物的，不得（   ）给外国人。
    A. 转让   B. 出租   C. 质押   D. 展示
    E. 出售

11. 在风景名胜区内禁止进行（   ）活动。
    A. 开山、开矿等破坏景观、植被和地形地貌的
    B. 乱扔垃圾
    C. 修建储存爆炸性、易燃性、放射性、毒害性、腐蚀性物品的设施
    D. 在景物或设施上刻划、涂污
    E. 举办大型游乐活动

12. 设立博物馆，应当具备下列（   ）条件。
    A. 固定的馆址   B. 相应数量的藏品
    C. 大量专业技术人员   D. 必要的办馆资金
    E. 安全的设施、制度及应急预案

13. 公民、法人和其他组织不得买卖的文物包括（   ）。
    A. 国有文物
    B. 非国有馆藏珍贵文物
    C. 国有不可移动文物中的壁画、雕塑
    D. 来源不合法的文物
    E. 古建筑构件

14. 世界遗产委员会应在必要时制定、更新和出版一份《处于危险的世界遗产名录》，这些危险包括（   ）。
    A. 蜕变加剧   B. 游客过多   C. 武装冲突爆发   D. 发生火灾

E. 未知原因造成的重大变化

15. 《风景名胜区条例》规定，国家对风景名胜区管理，实行（　　）的原则。
    A. 科学规划　　　　B. 统一管理　　　　C. 合理开发　　　　D. 严格保护
    E. 永续利用

16. 凡具有下列条件之一的，应当建立自然保护区：（　　）。
    A. 典型的自然地理区域
    B. 有代表性的自然生态系统区域以及已经遭受破坏的同类自然生态系统区域
    C. 珍稀、濒危野生动植物物种的天然集中分布区域
    D. 具有特殊保护价值的海域、海岸、岛屿、湿地、内陆水域、森林、草原和荒漠
    E. 具有重大科学文化价值的地质构造、著名溶洞、化石分布区、冰川、火山、温泉等自然遗址

17. 国务院建立国家级非物质文化遗产代表性项目名录，将体现中华民族优秀传统文化，具有重大（　　）价值的非物质文化遗产项目列入名录予以保护。
    A. 历史　　　　　　B. 文化　　　　　　C. 文学　　　　　　D. 艺术
    E. 科学

参考答案及解析

第十八章 解决旅游纠纷的相关法律制度

一、判断题（判断下列各题是否正确，正确的请在答卷中相应题号后的括号内打"√"，错误的打"×"）

1. 旅游纠纷是指旅游者与旅游者之间在旅游活动中发生的纠纷。（ ）
2. 协商方式解决纠纷的优点是手续简单，适用于涉及标的不大、案情比较简单的争议。（ ）
3. 在处理旅游纠纷上，旅游者与旅游经营者地位平等，并且通过国家立法保护旅游者相对处于优势地位。（ ）
4. 人民法院作出的判决或裁定一经生效，由国家强制力保证其实施，具有最高的权威性和最终的决定力。（ ）
5. 旅游投诉是指旅游者认为旅游经营者损害其合法权益，请求旅游投诉处理机构对双方发生的民事争议进行处理的行为。（ ）
6. 旅游投诉的投诉主体是旅游者，被投诉主体是旅游经营者。（ ）
7. 人民法院、仲裁机构、其他行政管理部门或者社会调解机构已经受理或者处理的情形，旅游投诉处理机构不再受理。（ ）
8. 旅游者与旅游经营者发生纠纷时，旅游者可以根据自身需要，自愿选择协商、调解、仲裁和诉讼等解决途径。（ ）
9. 调解协议都是具有法律强制力的。（ ）
10. 旅游辅助服务者是指与旅游经营者存在合同关系，协助旅游经营者履行旅游合同义务，实际提供交通、游览、住宿、餐饮、娱乐等旅游服务的人，也包括导游、领队。（ ）
11. 当事人向旅游投诉处理机构请求保护合法权益的投诉时效期间为从旅游合同结束之日起90天。（ ）
12. 旅游投诉受理机构接到投诉，应当及时进行处理或者移交有关部门处理，并告知投诉者。（ ）
13. 旅游行程开始前或者进行中，因旅游者单方解除合同，旅游者请求旅游经营者退还尚未实际发生的费用，人民法院应予支持。（ ）
14. 投诉案件的管辖，以一般地域管辖为主。需要立即制止、纠正被投诉人的损害行为的，应当由损害行为发生地旅游投诉处理机构管辖。（ ）
15. 旅游投诉由旅游合同签订地或者被投诉人所在地市级以上地方旅游投诉处理机构管辖。（ ）
16. 《最高人民法院关于审理旅游纠纷案件适用法律若干问题的规定》是我国第一个专门处

理旅游民事纠纷的司法解释。   (   )
17. 双方当事人可以在纠纷发生前预先订立仲裁协议，也可以在纠纷发生后再行订立仲裁协议。   (   )
18. 与被投诉事项没有利害关系，不是适格的投诉者，无权向旅游投诉受理机构投诉。   (   )
19. 在共同投诉中，代表人参加旅游投诉处理机构处理投诉过程的行为，对全体投诉人发生效力，但代表人变更、放弃投诉请求或者进行和解，应当经全体投诉人同意。   (   )
20. 旅游者未履行如实告知义务参加不适合自身条件的旅游活动，导致旅游过程中出现人身损害、财产损失，应自己承担责任。   (   )
21.《最高人民法院关于审理旅游纠纷案件适用法律若干问题的规定》规定，旅游纠纷是指旅游者与旅游经营者、旅游辅助服务者之间因旅游发生的合同纠纷或者侵权纠纷。   (   )
22. 旅游投诉由旅游合同签订地或者被投诉人所在地设区的市级以上地方旅游投诉处理机构管辖。   (   )
23. 根据《最高人民法院关于审理旅游纠纷案件适用法律若干问题的规定》，旅游经营者包括合法设立的旅行社和非法经营旅行社业务的机构。   (   )
24. 消费者协会是依法成立的对商品和服务进行行业监督的保护消费者合法权益的社会组织。   (   )
25. 旅游经营者提供服务时有欺诈行为，旅游者依据《消费者权益保护法》第五十五条第一款规定请求旅游经营者承担惩罚性赔偿责任的，人民法院应予支持。 (   )
26. 根据《最高人民法院关于审理旅游纠纷案件适用法律若干问题的规定》，旅游者在自行安排活动期间遭受人身损害、财产损失，请求旅游经营者承担相应责任的，人民法院应予支持。   (   )
27. 旅游投诉处理机构应当每季度公布旅游者的投诉信息。   (   )
28. 旅游者权益受到损害的，可以拨打12301"全国统一旅游资讯服务电话"号码进行投诉。   (   )
29. 旅游者的投诉不符合受理条件的，旅游投诉处理机构可以口头或者书面告知投诉人不予受理及其理由。   (   )
30. 以单位、家庭等形式签订的集体旅游合同，单位或者家庭成员不可以自己的名义提起旅游合同纠纷诉讼。   (   )
31. 级别管辖，是指划分不同旅游投诉处理机构之间对处理投诉案件的分工和权限。   (   )

二、单项选择题（下列各题的选项中，只有一项是正确的，请将正确答案的选项填入括号内）

1. 仲裁机构作出仲裁裁决以后，当事人（   ）。
   A. 可以拒绝结果生效
   B. 可以向人民法院起诉

C. 可以就此再次申请仲裁

D. 不得就同一纠纷再次申请仲裁或者向人民法院起诉

2. 下列关于旅游投诉处理中的和解的表述中，说法错误的是（　　）。
   A. 投诉人与被投诉人自行和解的，应当将和解结果告知旅游投诉处理机构
   B. 旅游投诉处理机构应当核实和解情况并予以记录
   C. 和解记录应由双方当事人、投诉处理人员签名或者盖章
   D. 旅游投诉达成和解的，可以免除对被投诉人违法行为的处罚

3. 根据《最高人民法院关于审理旅游纠纷案件适用法律若干问题的规定》，旅游者在自行安排活动期间遭受人身损害、财产损失，旅游者请求旅游经营者承担相应责任的，人民法院应予支持。下列关于自行安排活动期间的界定说法错误的是（　　）。
   A. 旅游者暂时自行离队的个人活动期间
   B. 旅游者不参加旅游行程的活动期间
   C. 旅游经营者安排的在旅游行程中独立的自由活动期间
   D. 旅游者参加行程中的自费旅游项目的期间

4. 仲裁采取（　　）原则。即争议发生前或发生后，当事人有权选择解决争议的途径，或者双方达成仲裁协议，将争议提交仲裁解决，或者争议发生后向人民法院提起诉讼，通过诉讼途径解决争议。
   A. 自愿　　　B. 或裁或审　　　C. 平等互利　　　D. 合法

5. 根据《最高人民法院关于审理旅游纠纷案件适用法律若干问题的规定》，下列关于集体旅游合同中旅游者个人诉权的表述中，错误的是（　　）。
   A. 以集体形式与旅游经营者订立旅游合同，旅游者个人可以提起旅游合同纠纷诉讼
   B. 单位、家庭等集体旅游合同中的任何一位游客，均可以自己的名义和不同诉求起诉
   C. 以集体形式签订的旅游合同，该集体名单中的任何一人均视为旅游合同的当事人
   D. 如不满意人民法院对旅游集体诉讼作出的足以保护旅游集体成员合法权益的实体判决，该集体中的个体旅游者可以再向人民法院提起诉讼

6. 下列关于旅游投诉的说法中，正确的是（　　）。
   A. 投诉主体只能是旅游者
   B. 被投诉主体可以是旅游经营者或旅游行政管理部门
   C. 请求解决的纠纷属于行政争议
   D. 投诉人2人以上，以同一事由投诉同一被投诉人的，为共同投诉

7. 旅游纠纷是指旅游者与（　　）之间因旅游发生的合同纠纷或者侵权纠纷。
   A. 旅游经营者、旅游辅助服务者　　　B. 旅游经营者、旅游者
   C. 旅游者、旅游辅助服务者　　　　　D. 旅游者、旅游行政管理部门

8. 投诉人（　　）人以上，以同一事由投诉同一被投诉人的，为共同投诉。
   A. 2　　　B. 3　　　C. 4　　　D. 5

9. 旅游者与旅游经营者发生纠纷，可以通过下列途径解决：（　　）。
   A. 双方协商　　　B. 申请调解　　　C. 提请仲裁　　　D. 以上三项均是

10. 下列选项中，不属于《旅游投诉处理办法》规定的旅游投诉处理机构的是（　　）。
    A. 旅游行政管理部门　　　　　B. 旅游质量管理机构

C. 消费者协会 　　　　　　　　D. 旅游执法机构

11. 根据《最高人民法院关于审理旅游纠纷案件适用法律若干问题的规定》，旅游经营者提供服务时有欺诈行为，旅游者请求旅游经营者承担惩罚性赔偿责任的，人民法院应予支持。旅游者要求增加赔偿的金额可以是其接受服务的费用的（　　　）。
    A. 一倍　　　　　B. 双倍　　　　　C. 三倍　　　　　D. 十倍

12. 下列选项中，不属于《旅游投诉处理办法》确定旅游投诉管辖地标准的是（　　　）。
    A. 旅游合同签订地 　　　　　　　B. 被投诉人所在地
    C. 投诉人所在地 　　　　　　　　D. 损害行为发生地

13. 仲裁实行（　　　）制度，即仲裁裁决一经作出，即行生效，当事人不得就同一纠纷再次申请仲裁或者向人民法院起诉。
    A. 或裁或审　　　B. 裁审并重　　　C. 边裁边审　　　D. 一裁终局

14. 旅游投诉是指旅游者认为旅游经营者损害其合法权益，请求（　　　），对双方发生的民事争议进行处理的行为。
    A. 旅游行政管理部门 　　　　　　B. 旅游质量管理机构
    C. 旅游执法机构 　　　　　　　　D. 以上三项均是

15. 根据《最高人民法院关于审理旅游纠纷案件适用法律若干问题的规定》，旅游经营者已投保责任险，旅游者因保险责任事故仅起诉旅游经营者的，人民法院可以应当事人的请求将保险公司列为第三人。下列说法错误的是（　　　）。
    A. 保险公司可以第三人的身份参加诉讼
    B. 将保险公司列为第三人可以简化责任险的理赔程序和时间
    C. 只有旅游者可以提出该请求
    D. 旅游者和旅游经营者均可提出该请求

16. 《民事证据规定》共（　　　）条，包括当事人举证、证据的调查收集和保全、举证时限与证据交换、质证、证据的审核认定等六个部分。
    A. 98　　　　　　B. 100　　　　　C. 102　　　　　D. 110

17. 根据《最高人民法院关于审理旅游纠纷案件适用法律若干问题的规定》，下列关于旅游纠纷案件的适用范围和条件，错误的是（　　　）。
    A. 旅游纠纷是指旅游者与旅游经营者、旅游辅助服务者之间因旅游发生的合同纠纷或者侵权纠纷
    B. 旅游者在自行旅游过程中与旅游景点经营者因旅游发生的纠纷不适用于本规定
    C. 旅游纠纷发生在旅游者与旅游经营者和旅游辅助服务者之间，其中一方必为旅游者
    D. 旅游者享有提起违约之诉和侵权之诉的选择权，人民法院有根据旅游者选择案由基础上的决定权

18. 旅游投诉机构应当（　　　）公布旅游者的投诉信息。
    A. 每年　　　　　B. 每季度　　　　C. 每月　　　　　D. 每周

19. 旅游投诉处理机构应当在受理旅游投诉之日起（　　　）日内，做出处理。
    A. 10　　　　　　B. 30　　　　　　C. 60　　　　　　D. 90

20. 根据《最高人民法院关于审理旅游纠纷案件适用法律若干问题的规定》，下列不属于旅游者有权要求退还未发生费用的情形的是（　　　）。

A. 游客张女士因自驾车机械故障未赶上出行航班，无法成行

B. 因疫情防控飞机停航，游客李先生未能前往旅游目的地

C. 因旅游目的地突发地震，旅行社经全体游客同意后提前中断行程

D. 因旅行社代办的机票信息有误，旅游团队无法成行

21. 下列关于旅游纠纷的说法中，正确的是（　　）。

    A. 旅游纠纷一般都在民事责任范围内，不涉及行政责任范围

    B. 旅游纠纷的内容广泛多样，除了与旅游合同、旅游服务等有关外，还涉及住宿、餐饮、购物、安全、卫生、交通、保险等诸多方面

    C. 旅游消费需求属于精神和文化消费的范畴，与有形产品的消费显然不同，其所涉的实际标的额较大

    D. 在处理旅游纠纷上，旅游者与旅游经营者地位平等，并且通过国家立法保护旅游者相对处于优势地位

22. 被投诉者是旅游企业法人的，应该以其主要办事机构所在地或（　　）为其所在地。

    A. 法人居住地 　　　　　　　B. 法人籍贯所在地
    C. 主要营业场所所在地　　　　D. 公司注册地

23. 下列选项中，（　　）不是《最高人民法院关于审理旅游纠纷案件适用法律若干问题的规定》规定的旅游经营者和旅游辅助服务者的义务。

    A. 安全保障义务　　B. 告知义务　　C. 保密义务　　D. 服务义务

24. 根据《最高人民法院关于审理旅游纠纷案件适用法律若干问题的规定》，下列关于旅游者单方解除合同的说法中，正确的是（　　）。

    A. 在旅游行程进行中可以解除　　　　B. 在旅游行程开始前不可以解除
    C. 在旅游行程进行中不可以解除　　　D. 旅游者无权请求旅游经营者退还费用

25. 《旅游投诉处理办法》规定，旅游投诉处理机构接到投诉，经审查符合受理条件的，应当在（　　）内作出处理。

    A. 5 日　　　　B. 5 个工作日　　　　C. 7 日　　　　D. 7 个工作日

26. 《旅游投诉处理办法》规定，旅游投诉由（　　）以上地方旅游投诉机构根据属地管辖的原则管辖。

    A. 乡级　　　　B. 县级　　　　C. 市级　　　　D. 省级

27. 根据《最高人民法院关于审理旅游纠纷案件适用法律若干问题的规定》，关于"自由行"的构成要件不包括（　　）。

    A. 旅游经营者事先设计，以确定的总价提供交通、住宿等服务

    B. 不提供导游和领队服务

    C. 旅游者自行设计和安排全部旅游要素

    D. 由旅游者自行安排游览行程

28. 下列关于共同投诉的说法中，正确的是（　　）。

    A. 投诉人 2 人以上

    B. 以不同事由对同一被投诉人的投诉

    C. 可以由投诉人推选 1 至 3 名代表进行投诉

    D. 代表人变更、放弃投诉请求或者进行和解的行为，对全体投诉人发生效力

29. 确定旅游投诉的管辖主要遵循（　　）。
    A. 效率原则
    B. 兼顾旅游行政管理部门的分工与案件性质的原则
    C. 原则性与灵活性相结合的原则
    D. 以上三项均是

30. 一般来说，地域管辖以（　　）作为确定管辖机关的标准。
    A. 影响地　　　B. 客源地　　　C. 行为地　　　D. 付款地

31. （　　）是指旅游投诉处理机构受理投诉后，发现本旅游投诉处理机构无权管辖该投诉案件，依据规定将其移送至有管辖权的旅游投诉处理机构审理。
    A. 级别管辖　　B. 地域管辖　　C. 移送管辖　　D. 指定管辖

32. 根据《最高人民法院关于审理旅游纠纷案件适用法律若干问题的规定》，下列关于旅游者单方解除合同的说法中，错误的是（　　）。
    A. 在旅游行程开始前可以解除
    B. 在旅游行程进行中可以解除
    C. 在旅游行程进行中不可以解除
    D. 旅游者有权请求旅游经营者退还尚未实际发生的费用

33. 因旅游经营者方面的同一原因造成旅游者人身损害、财产损失，旅游者选择请求旅游经营者承担违约责任或者侵权责任的，人民法院应当根据（　　）进行审理。
    A. 赔偿力度　　　　　　　　B. 当事人选择的案由
    C. 当事人权益多少　　　　　D. 旅游经营者责任大小

34. 依据《最高人民法院关于审理旅游纠纷案件适用法律若干问题的规定》，下列关于旅游者行李丢失的责任承担的说法中，错误的是（　　）。
    A. 损失是由于旅游者的过错造成的，由旅游者自己承担
    B. 损失是由于不可抗力造成的，旅游经营者可以免责
    C. 损失是由于物品的自然属性造成的，旅游经营者可以免责
    D. 损失是由于旅游者要求旅游经营者或者旅游辅助服务者为其代管造成的，由旅游者自己承担

35. 来自北京的王先生在深圳探亲时，与广州某旅行社在深圳的分社签订了赴澳门旅游的合同。在澳门旅游期间，王先生因团餐安排不当导致腹泻。王先生欲向旅游投诉处理机构投诉。下列各项中，不属于该案件投诉地域管辖范围的是（　　）。
    A. 北京　　　　B. 广州　　　　C. 深圳　　　　D. 澳门

36. 下列选项中，不属于受理旅游投诉案件的形式要件的是（　　）。
    A. 旅游投诉形式　　　　　　B. 投诉状应载明事项
    C. 旅游诉求主要内容　　　　D. 具体投诉请求

37. 共同投诉可以由投诉人推选（　　）代表进行投诉。代表人参加旅游投诉处理机构处理投诉过程的行为，对全体投诉人发生效力，但代表人变更、放弃投诉请求或进行和解，应当经全体投诉人同意。
    A. 至少2名　　B. 1至3名　　C. 3至5名　　D. 5名以上

38. （　　）应当指定或者设立统一的旅游投诉受理机构。

A. 县级以上人民政府　　　　　　B. 市级以上人民政府
C. 省级以上人民政府　　　　　　D. 国务院

39.《旅游投诉处理办法》规定，当事人向旅游投诉处理机构请求保护合法权益的投诉时效期间为90天，从（　　）起算。
A. 旅游违约行为发生之日　　　　B. 旅游违约行为结束之日
C. 旅游合同签订之日　　　　　　D. 旅游合同结束之日

40. 根据《最高人民法院关于审理旅游纠纷案件适用法律若干问题的规定》，下列关于旅游者的权利的说法，正确的是（　　）。
A. 旅游者可以随意转让合同
B. 旅游行程开始后旅游者单方解除合同，则无权请求旅游经营者退还尚未实际发生的费用
C. 旅游者有权要求退回因拒绝旅游经营者安排的购物活动被增收的费用
D. 旅游者可以要求旅游经营者同时承担违约责任和侵权责任

41. 2022年以来，全国统一旅游旅游投诉受理电话是（　　）。
A. 12345　　　B. 12301　　　C. 12315　　　D. 12358

42. 依照有关法律法规或者办法规定，接到投诉的旅游投诉处理机构无管辖权的，应当（　　）。
A. 将投诉材料转交有管辖权的旅游投诉处理机构或者其他有关行政部门，并书面告知投诉人
B. 书面告知向有管辖权的部门投诉
C. 口头告知向有管辖权的部门投诉
D. 不予受理

43. 代表人参加旅游投诉处理机构处理投诉过程的行为，对全体投诉人发生效力，但代表人（　　）投诉请求或进行和解，应当经全体投诉人同意。
A. 变更　　　B. 放弃　　　C. 变更、放弃　　　D. 撤回

44. 根据《最高人民法院关于审理旅游纠纷案件适用法律若干问题的规定》，旅游经营者、旅游辅助服务者不予免责的情形为（　　）。
A. 旅游者自行安排旅游活动期间
B. 旅游者未履行如实告知义务的
C. 因不可抗力等客观原因导致旅游合同无法履行的
D. 旅游者擅自脱团的

三、多项选择题（每题有2~5个正确答案，少选或错选均不得分，请将你认为正确的选项填入括号内）

1. 与一般纠纷相比，旅游纠纷表现出（　　）等特征。
A. 旅游纠纷的法律关系复杂　　　B. 旅游纠纷的内容广泛多样
C. 旅游纠纷所涉金额普遍较高　　D. 旅游纠纷的主体地位不平等
E. 旅游纠纷的法律关系相对简单

2. 根据《旅游投诉处理办法》，我国各级旅游投诉处理机构管辖权的划分，主要包括

（　　）。
   A. 级别管辖　　　B. 地域管辖　　　C. 移送管辖　　　D. 指定管辖
   E. 长臂管辖

3. 根据《旅游投诉处理办法》的规定，旅游投诉处理的程序主要包括（　　）。
   A. 受理　　　B. 立案　　　C. 调查　　　D. 结案
   E. 存档

4. 根据《最高人民法院关于审理旅游纠纷案件适用法律若干问题的规定》，下列不属于"旅游经营者有权要求旅游者支付合理费用"的情形的包括（　　）。
   A. 为旅游者安排的另行付费的项目
   B. 为老年旅游者提供的与其他游客相同的服务项目
   C. 在旅游行程开始前的合理期间内，旅游者转让旅游合同
   D. 旅游行程开始前旅游者单方解除合同
   E. 旅游行程进行中旅游者单方解除合同

5. 根据《消费者权益保护法》的规定，下列关于消费者权益争议解决方式的表述，正确的选项包括（　　）。
   A. 请求消费者协会调解
   B. 与经营者协商和解
   C. 根据与经营者达成的仲裁协议提请仲裁机构仲裁
   D. 向人民法院提起诉讼
   E. 向公安机关报案

6. 根据《最高人民法院关于审理旅游纠纷案件适用法律若干问题的规定》，下列关于旅游经营者责任的表述中，正确的包括（　　）。
   A. 旅游者不得要求旅游经营者承担因旅游辅助服务者造成的权益损害责任
   B. 旅游经营者准许他人挂靠其名下从事旅游业务，造成旅游者人身损害、财产损失，旅游经营者应承担连带责任
   C. 旅游者故意脱离团队，遭受财产损失，旅游经营者免责
   D. 旅游者在旅游行程中独立自由活动期间遭受人身损害，旅游经营者不能免责
   E. 旅游经营者代管旅游者的行李物品造成损毁、灭失，旅游经营者应承担赔偿责任

7. 《旅游投诉处理办法》所规定的旅游投诉，其特征包括（　　）。
   A. 投诉主体是旅游者
   B. 被投诉主体是旅游经营者
   C. 请求解决的纠纷属于民事争议
   D. 投诉人必须与投诉事项有直接利害关系
   E. 处理旅游投诉是旅游行政管理部门的具体行政行为

8. 根据《民事证据规定》，下列关于特殊情形下举证期限的确定中，说法错误的是（　　）。
   A. 当事人提出管辖权异议的，举证期限中止，自驳回管辖权异议的裁定生效之日起恢复计算
   B. 发回重审的案件，第一审人民法院可以结合案件具体情况和发回重审的原因，酌情

确定举证期限

C. 当事人增加、变更诉讼请求或者提出反诉的，人民法院应当根据案件具体情况重新确定举证期限

D. 公告送达的，举证期限自公告期届满之日起计算

E. 追加当事人、有独立请求权的第三人参加诉讼或者无独立请求权的第三人经人民法院通知参加诉讼的，人民法院应当为新参加诉讼的当事人确定举证期限，该举证期限适用于其他当事人

9. 受理旅游投诉案件的实质要件包括（　　）。
   A. 投诉人与投诉事项有直接利害关系
   B. 有明确的被投诉人
   C. 有具体的投诉请求、事实和理由
   D. 投诉人所在地设有管辖权的旅游投诉受理机构
   E. 有法定的投诉状

10. 下列关于旅游投诉者及其权利表述错误的是（　　）。
    A. 有权接受调解但调解不成的不能再就同一事由申请仲裁
    B. 有权了解处理的情况
    C. 有权获得书面告知
    D. 无权与被投诉人和解
    E. 旅游投诉者是指认为旅游经营者损害其合法权益，请求旅游投诉处理机构对双方发生的民事争议进行处理以维护其合法权益因而使投诉成立的人

11. 下列关于旅游者的转让合同权的表述正确的是（　　）。
    A. 旅行社无权转团
    B. 旅游者不同意旅游经营者转团，有权请求解除旅游合同但无权要求违约赔偿
    C. 因旅游者将其在旅游合同中的权利义务转让给第三人的原因，旅游经营者不得要求第三人给付增加费用
    D. 旅行社有权转团
    E. 旅行社转团必须事先征得旅游者同意

12. 根据《最高人民法院关于审理旅游纠纷案件适用法律若干问题的规定》，旅游者的自行安排活动期间包括（　　）。
    A. 旅游经营者安排的在旅游行程中独立的自由活动期间
    B. 旅游者不参加旅游行程的活动期间
    C. 旅游者经导游或者领队同意暂时离队的个人活动期间
    D. 旅游者擅自脱团以后的自由活动期间
    E. 自驾游旅游者的旅行活动期间

13. （　　）均由国务院旅游主管部门统一制作。
    A.《旅游投诉受理通知书》　　　　B.《旅游投诉不予受理通知书》
    C.《旅游投诉转办通知书》　　　　D.《旅游投诉转办函》
    E.《旅游投诉状》

14. 下列属于旅游经营者或者旅游辅助服务者为旅游者代管行李物品行李丢失时的免责情

形的是（　　）。
   A. 损毁、灭失是旅游辅助服务者造成的
   B. 损失是由于旅游者的过错造成的
   C. 损失是由于不可抗力造成的
   D. 由于旅游者未听从旅游经营者或者旅游辅助服务者的事先声明或者提示，未将现金、有价证券、贵重物品由其随身携带而造成的
   E. 损失是由于物品的自然属性造成的

15. 《旅游投诉处理办法》规定了不予受理的情形，包括（　　）。
    A. 人民法院已经受理或者处理的
    B. 仲裁机构已经受理或者处理的
    C. 旅游投诉处理机构已经作出处理，且没有新情况、新理由的
    D. 不属于旅游投诉处理机构职责范围或者管辖范围的
    E. 超过旅游合同开始之日 90 天的

16. 根据《最高人民法院关于审理旅游纠纷案件适用法律若干问题的规定》，旅游纠纷包括（　　）。
    A. 旅游者与旅游者之间因旅游发生的纠纷
    B. 旅游者与旅游经营者之间因旅游发生的纠纷
    C. 旅游者与旅游辅助服务者之间因旅游发生的纠纷
    D. 旅游经营者与旅游经营者之间因旅游发生的纠纷
    E. 旅游辅助服务者与旅游辅助服务者之间因旅游发生的纠纷

17. 根据《旅游法》的规定，旅游者与旅游经营者发生纠纷的解决途径包括（　　）。
    A. 双方协商
    B. 向旅游主管部门投诉
    C. 向消费者协会、旅游投诉受理机构或者有关调解组织申请调解
    D. 根据与旅游经营者达成的仲裁协议提请仲裁机构仲裁
    E. 向人民法院提起诉讼

18. 投诉人在（　　）情形下可以向旅游投诉处理机构投诉。
    A. 认为旅游经营者违反合同约定的
    B. 因旅游经营者的责任致使投诉人人身、财产受到损害的
    C. 因不可抗力致使旅游合同不能履行，投诉人与被投诉人发生争议的
    D. 因不可抗力致使旅游合同不能完全履行，投诉人与被投诉人发生争议的
    E. 因意外事故致使旅游合同不能履行，投诉人与被投诉人发生争议的

19. 经旅游投诉处理机构调解，投诉人与旅行社不能达成调解协议的，旅游投诉处理机构应当作出划拨旅行社质量保证金赔偿的决定，或向旅游行政管理部门提出划拨旅行社质量保证金建议的情形包括（　　）。
    A. 旅行社因解散造成旅游者预交旅游费用损失的
    B. 旅行社因破产造成旅游者预交旅游费用损失的
    C. 旅行社造成旅游者人身伤害的
    D. 旅行社中止履行旅游合同义务、造成旅游者滞留，而实际发生了交通、食宿或返程

等必要及合理费用的

E. 旅行社造成旅游者财物丢失的

20. 旅游投诉不予受理情形包括（　　）。

　　A. 人民法院已经受理或者处理的

　　B. 仲裁机构已经受理或者处理的

　　C. 其他行政管理部门已经受理或者处理的

　　D. 社会调解机构已经受理或者处理的

　　E. 旅游投诉处理机构已经作出处理，但有新情况的

21. 旅游者自行安排活动期间包括（　　）。

　　A. 旅游经营者安排在购物场所的自助购物期间

　　B. 旅游经营者安排的在旅游行程中独立的自由活动期间

　　C. 旅游者不参加旅游行程的活动期间

　　D. 旅游者经导游或者领队同意暂时离队的个人活动期间

　　E. 旅游经营者安排在景区的自由游览时间

22. 根据《旅游投诉处理办法》的规定，旅游投诉处理机构应当在查明事实的基础上，遵循（　　）的原则进行调解。

　　A. 公平　　　　　B. 公正　　　　　C. 自愿　　　　　D. 合法

　　E. 合理

《导游业务》
模拟试题汇编

参考答案及解析

第一章 导游服务

一、判断题（判断下列各题是否正确，正确的请在答卷中相应题号后的括号内打"√"，错误的打"×"）

1. 我国导游职业起步于 1923 年 8 月，至今经历了五个发展阶段。（　　）
2. 世界上第一次大规模的、有组织的、纯粹以商业为目的的旅游活动发生在 1845 年。（　　）
3. 托马斯·库克第一次聘请地方导游是在 1841 年他所组织的旅游活动中。（　　）
4. 陈光甫先生创立的中国旅行社相继在华东、华中、华南等 15 个城市设立了分社。（　　）
5. 线下导游自由执业是指导游向通过网络平台预约其服务的消费者提供单项讲解或向导服务，并通过第三方支付平台收取导游服务费的执业方式。（　　）
6. 目前我国的导游管理体制属于"封闭式·严格型"。（　　）
7. 2016 年 5 月，我国正式启动在江浙沪三省市、广东省的线上线下导游自由执业试点工作。（　　）
8. 1995 年国家旅游局建立了导游等级考核制度。（　　）
9. 线下导游自由执业指导游向通过旅游集散中心、旅游咨询中心、A 级景区旅游者中心等机构预约其服务的消费者提供单项讲解或向导服务，并通过第三方支付平台收取导游服务费的执业方式。（　　）
10. 我国导游自由执业模式主要有旅行社委派、旅行社预订、协会预订、导游服务公司和旅游者直联五种模式。（　　）
11. 导游向散客提供服务必须按照事前约定的内容和标准实施。（　　）
12. 图文声像导游与实地口语导游在导游服务中处于同等重要地位。（　　）
13. 导游是旅游者接触时间最长的目的地居民。（　　）
14. 导游是旅游业的"形象大使"，他们所提供的服务也被看作旅游业的标志性产品。（　　）
15. 高质量的导游讲解服务可在一定程度上弥补旅行生活服务上的某些不足。（　　）
16. 导游服务的好坏会通过旅游者的"口头宣传"对旅游者的流向产生正向或反向的影响。（　　）
17. 导游的人际关系复杂除了表现在要处理好同旅游者的关系，还表现在要以双重身份与有关接待单位进行交涉。（　　）
18. 导游讲解服务可以跨越不同的文化范畴，弥合不同的文化差异。（　　）
19. 个性化服务是导游在规范化服务基础上向旅游者提供的全方位服务。（　　）

20. 导游服务分为向导服务、讲解服务和旅行生活服务三大方面。（   ）
21. 导游服务是指导游代表被委派的旅游企业接待或陪同旅游者进行旅游活动，并按照组团合同或约定的内容和标准向旅游者提供的旅游接待服务。（   ）
22. 导游服务包括图文声像导游和实地口语导游两种方式。（   ）
23. 1845年，托马斯·库克与儿子约翰·梅森·库克成立了托马斯·库克父子公司。
（   ）
24. 导游服务质量是旅游服务质量高低的最敏感的标志。（   ）
25. 2016年5月国家旅游局印发的《导游自由执业试点管理办法（试行）》规定，参与自由执业的导游应该具有导游自由执业责任保险，每次事故每人责任限额应不低于50万元。
（   ）
26. 导游不仅要成为"杂家"，还要成为某些知识领域的行家里手。（   ）
27. 从世界各国导游发展的历史来看，导游作为自由执业者是必然趋势。（   ）
28. 在促销商品过程中，导游的作用相对较小。（   ）
29. 旅游者的旅游自由权包括旅行自由权和逗留权。（   ）
30. 导游讲解服务是指旅游者在目的地旅行时导游在参观游览地的导游讲解。
（   ）
31. 2013年10月1日，《中华人民共和国旅游法》正式施行。（   ）
32. 1954年4月5日，中国国际旅行社在北京西交民巷4号诞生。（   ）
33. 旅游服务内容知悉权是指旅游者在购买和接受旅游服务时，有获悉包括服务内容和其他相关信息的权利，旅游经营企业有向旅游者提供真实情况和信息的义务。（   ）
34. 依约享受旅游服务权是指旅游者有权享受所签旅游合同中约定的服务数量和质量，旅游经营企业和导游应当按照合同提供相应数量和质量的旅游服务。（   ）
35. 医疗、求助权是指旅游者在旅游过程中患病或受伤时享有治疗的权利和在遇到困难时享有请求获得帮助的权利，旅游经营企业和导游有予以协助的义务。（   ）
36. 导游应将落实接待计划规定的内容放在导游服务的第一位，它是衡量导游是否履行职责的唯一尺度。（   ）
37. 规范化服务又称标准化服务，它是导游在服务中必须达到的基本要求。（   ）
38. 市内交通服务是指导游同时兼任驾驶员为旅游者在市内和市郊旅行游览时提供的驾车服务。（   ）
39. 导游常年接触各方旅游者，直接面对各色各样的意识形态、政治、经济、文化观点、价值观念和生活方式，这体现的是导游需直面"精神污染"。（   ）
40. 导游服务仅包括在陪同旅游者旅行、游览过程中提供的向导和讲解服务，不包括迎接送行、交通、住宿等旅游相关服务。（   ）
41. 智慧旅游的实现主要依赖于云计算、物联网、互联网技术和全球卫星定位系统，通过便携式移动终端上网设备，让旅游者能够主动感知旅游相关信息，并与网络实时互动，从而优化游程安排。（   ）
42. 随着科技的发展，图文声像导游、网络导游以及AR、VR、"元宇宙"等新兴技术已经成为导游服务中的主流手段，完全取代了传统的实地口语导游。（   ）
43. 从全球范围来看，导游作为自由执业者的发展已成为一个不可逆的趋势，这种趋势主

要源于导游身份、行动和收入的自由性,以及通过优质服务和高尚职业道德获得的社会认同。( )

44. 托马斯·库克在1865年发明了旅行支票,这种流通券允许国际旅游者在旅游目的地兑换等价的当地货币,从而极大地方便了跨国和洲际旅游。( )

45. 导游服务既是旅游接待服务的核心,又是连接各项接待服务的纽带。( )

46. 导游服务贯穿于旅游活动的始终,涉及旅游者食、住、行、游、购、娱六大方面,是整个旅游服务中最重要的一个部分。( )

二、单项选择题(下列各题的选项中,只有一项是正确的,请将正确答案的选项填入括号内)

1. 导游服务的主要内容是( )。
   A. 组织策划　　　B. 物化导游　　　C. 旅游者接待　　　D. 线路引导

2. 英国人托马斯·库克成立世界上第一家旅行社是在( )年。
   A. 1841　　　B. 1843　　　C. 1845　　　D. 1847

3. 1845年,托马斯·库克在( )创办了世界上第一家商业性旅行社。此后,他放弃了原来的工作,开始专门从事旅游代理业务,成为世界上第一位专职的旅行代理商。
   A. 利物浦　　　B. 莱斯特　　　C. 伦敦　　　D. 卡那封城堡

4. 标志着中国近代旅游业兴起的是( )。
   A. 中国旅行社的成立　　　　　　B. 华侨服务社的成立
   C. 中国国际旅行社的成立　　　　D. 上海商业储备银行旅游部的成立

5. 标志着我国导游队伍建设进入法治轨道的是( )年。
   A. 1994　　　B. 1995　　　C. 1999　　　D. 2000

6. 《导游服务质量》国家标准是于( )年制定的。
   A. 1993　　　B. 1995　　　C. 1997　　　D. 1999

7. 我国开展导游全国性考试始于( )年。
   A. 1988　　　B. 1989　　　C. 1990　　　D. 1991

8. 导游等级考试制度的建立始于( )年。
   A. 1992　　　B. 1994　　　C. 1998　　　D. 2000

9. 导游讲解与旅行生活服务之间是( )的关系。
   A. 相互独立又互为因果　　　　B. 互为条件又互相补充
   C. 相互联系又相互包含　　　　D. 相互独立又互相替代

10. 导游服务在旅游服中具有( )地位。
    A. 主导　　　B. 战略　　　C. 先导　　　D. 从属

11. 导游在服务中只注重经济效益而无视社会效益将使导游服务( )。
    A. 失去意义　　　B. 背离方向　　　C. 丧失信用　　　D. 偏离方向

12. 在扩大旅游客源上,一种比广告宣传更有效的宣传方式是( )。
    A. 营销人员的促销　　　　B. 导游的介绍
    C. 互联网上的推介　　　　D. 旅游者的"口头宣传"

13. 导游服务在连接各项接待服务中起( )作用。

A. 强化　　　　　　B. 先导　　　　　　C. 纽带　　　　　　D. 黏合

14. 个性化服务是导游在落实接待计划规定的内容之外为满足部分或个别旅游者的（　　）而提供的服务。
    A. 基本需求　　　　B. 物质需求　　　　C. 合理需求　　　　D. 精神需求

15. 导游服务应遵循的基本原则之一是维护旅游者（　　）权益的原则。
    A. 基本　　　　　　B. 整体　　　　　　C. 正当　　　　　　D. 合法

16. 旅游服务内容知悉权是指旅游者在购买和接受旅游服务时，有获悉包括服务内容和其他相关信息的权利，旅游经营企业有向旅游者提供（　　）的义务。
    A. 供给情况　　　　B. 真实情况　　　　C. 组成情况　　　　D. 落实情况

17. 旅游者依约享受旅游服务权是指旅游者有权要求旅游经营者按照（　　）提供产品和服务。
    A. 数量　　　　　　B. 质量　　　　　　C. 规定　　　　　　D. 约定

18. 导游服务是一种复杂的和（　　）的服务，贯穿于旅游活动的全过程。
    A. 高强度　　　　　B. 高风险　　　　　C. 高水平　　　　　D. 高智能

19. 导游所起的沟通上下的纽带作用指的是导游将（　　）。
    A. 旅游者的建议反映给旅游行政部门，将国家的方针政策向旅游者进行宣传
    B. 旅游者的意见反映给旅行社，将旅行社的旅游活动安排传达给旅游者
    C. 旅游者的要求反映给旅游行政部门，将旅游行政部门的规定传达给旅游者
    D. 旅游者的投诉反映给旅游行政部门，将旅游行政部门的处理意见传达给旅游者

20. 导游所起的连接内外的纽带作用指的是导游（　　）。
    A. 对内关注旅行社的利益，对外维护好旅游者的合法权益
    B. 对内代表旅游者与旅游行政部门联系，对外将旅游行政部门的规定告知旅游者
    C. 对内代表旅行社同旅游行政部门联系，对外向旅游者宣传社会主义中国
    D. 对内代表旅行社同各接待单位接触，对外向旅游者介绍它们之间的关系

21. 导游所起的协调左右的纽带作用指的是导游（　　）。
    A. 既要协调旅行社各部门的衔接关系，又要协调好各接待单位的利益关系
    B. 既要关注旅行社的利益，又要对各接待单位的利益有所约束
    C. 既要关注旅行社的利益，又要协调好各接待单位的关系
    D. 既要对旅游者负责，又要对各接待单位服务中的问题负责

22. 为满足旅游者的合理需要，导游提供的服务应是规范化服务与（　　）的有机结合。
    A. 专项服务　　　　B. 超常服务　　　　C. 常规服务　　　　D. 个性化服务

23. 根据有关旅游法规，在旅游过程中旅游者的财物被盗有请求旅游企业和导游（　　）的权利。
    A. 帮助　　　　　　B. 救助　　　　　　C. 赔偿　　　　　　D. 追偿

24. 按照有关旅游法规，旅游者的法律救援权是指其合法权益受到侵害而又得不到满意的解决时，有（　　）的权利。
    A. 向其他旅游者诉说　　　　　　　B. 向旅游行政管理部门提出控告
    C. 向法院提起诉讼　　　　　　　　D. 向社会公示

25. 全国导游公共服务监管平台正式上线是在（　　）年。

A. 2014　　　　B. 2016　　　　C. 2017　　　　D. 2018

26. 导游服务质量的高低是旅游（　　）的最敏感标志。
   A. 产品品质　　B. 接待能力　　C. 服务质量　　D. 发展水平

27. 导游服务的跨文化性要求导游在不同国家、不同民族之间做好不同文化间的（　　）工作。
   A. 化繁为简　　B. 化难为易　　C. 沟通桥梁　　D. 相互鉴赏

28. 导游服务是导游代表被委派的旅游企业接待或陪同旅游者进行旅游活动，并按照组团合同或（　　）向旅游者提供的接待服务。
   A. 有关旅游法规　　　　　　　B. 约定的内容和标准
   C. 旅游者的希望　　　　　　　D. 旅行社的要求

29. 新中国成立前，我国成立的首家旅行社是（　　）。
   A. 国际旅行社　　B. 中国旅行社　　C. 现代旅行社　　D. 中国汽车旅行社

30. "宾客至上"的主旨要求导游的工作要以旅游者的利益为出发点，努力维护旅游者的（　　）。
   A. 正当要求　　B. 合法权益　　C. 心理需要　　D. 经济利益

31. 《中华人民共和国旅游法》对导游准入条件等方面做出了重大修改。这些规定的贯彻落实，必将为推进我国导游的（　　）进程、全面提升导游素质和社会地位打下坚实的基础。
   A. 合法化　　B. 专业化　　C. 职业化　　D. 社会化

32. 导游服务是导游代表被委派的旅行企业接待或陪同（　　）进行旅游活动，并按组团合同或约定的内容和标准向其提供的旅游接待服务。
   A. 旅客　　B. 旅游者　　C. 旅行者　　D. 旅居者

33. 图文声像导游亦称（　　）。
   A. 实地导游　　B. 物化导游　　C. 讲解导游　　D. 口译导游

34. 实地口语导游亦称（　　）。
   A. 声像导游　　B. 物化导游　　C. 讲解导游　　D. 口译导游

35. 在未来社会，人们的文化修养更高，对知识的更新更加重视，文化旅游、专业旅游、生态旅游的发展所体现的导游发展趋势是（　　）。
   A. 导游手段科技化　　　　　　B. 导游执业自由化
   C. 导游方法多样化　　　　　　D. 导游内容高知识化

36. 下列国家中，采用"封闭式·严格型"的导游管理体制的是（　　）。
   A. 澳大利亚　　B. 英国　　C. 以色列　　D. 德国

37. 为了方便导游执业，加强对导游的信息化管理和制度保障，（　　）年8月24日全国导游公共服务监管平台正式上线。
   A. 2013　　B. 2016　　C. 2018　　D. 2019

38. 导游执业方式自由化是导游自由执业的核心，目前导游自由执业主要有五种模式。下列模式中，不属于现行五种的是（　　）。
   A. "旅游公司委派"模式　　　　B. "旅游者直联"模式
   C. "旅行社委派"模式　　　　　D. "旅行社预订"模式

39. 导游处于旅游接待工作的中心位置，接待着四海宾朋、八方旅游者，为世界上这一规模最大的群体提供服务。所以，导游所从事的工作本身就具有（　　）。
   A. 社会性　　　　B. 协作性　　　　C. 生活性　　　　D. 情感性
40. 下列导游自由执业的模式中，适于那些业务素质精湛、服务质量高导游的是（　　）。
   A. "协会预订"模式　　　　　　　B. "旅游者直联"模式
   C. "旅行社委派"模式　　　　　　D. "导游服务公司"模式
41. 导游服务的质量代表着（　　）的质量。
   A. 旅游产品　　B. 旅游服务　　C. 旅游要素　　D. 旅游产出
42. 在旅行游览过程中，导游不仅要进行介绍、讲解，还要随时随地应旅游者的要求，帮助解决问题，这体现了导游服务具有（　　）的特点。
   A. 独立性强　　　　　　　　　　B. 脑力和体力高度结合
   C. 复杂多变　　　　　　　　　　D. 跨文化性
43. 优质导游服务能对旅游目的地的旅游产品和旅行社形象起到（　　）。
   A. 协调作用　　B. 扩散作用　　C. 品牌作用　　D. 反馈作用
44. 下列不属于导游服务的作用的是（　　）。
   A. 沟通作用　　B. 反馈作用　　C. 纽带作用　　D. 标志作用
45. 下列服务中，不属于导游服务范围的是（　　）。
   A. 旅游采购服务　　　　　　　　B. 导游讲解服务
   C. 旅行生活服务　　　　　　　　D. 市内交通服务
46. 旅游自由权中的旅行自由权是指旅游者的旅行方式、旅行时间和旅行地点均不应受到（　　）的干涉。
   A. 不应有　　　B. 不合理　　　C. 不随意　　　D. 不平等
47. 中华人民共和国第一家旅行社成立于（　　）。
   A. 1949年11月　B. 1951年12月　C. 1954年4月　D. 1955年4月
48. 中华人民共和国成立后，我国三大旅行社中国旅行社、中国国际旅行社、中国青年旅行社成立的时间分别是（　　）。
   A. 1954年、1974年、1980年　　　B. 1974年、1954年、1980年
   C. 1854年、1980年、1974年　　　D. 1974年、1980年、1954年
49. 下列导游服务特点中，没有体现复杂多变特点的是（　　）。
   A. 服务对象复杂　　　　　　　　B. 旅游者需求多样
   C. 人际关系单纯　　　　　　　　D. 直面"精神污染"
50. 旅游者有权自行选择旅游目的地、旅游经营的企业、旅游线路、旅游项目和旅游服务等级，不受任何部门、企业、单位和个人的干预。这指的是旅游者合法权益中的（　　）。
   A. 旅游公平交易权　　　　　　　B. 旅游自由权
   C. 旅游服务自主选择权　　　　　D. 依约享受旅游服务权
51. 旅游者在旅游过程中患病或受伤时享有治疗的权利和遇到困难时享有请求获得帮助的权利，旅游经营企业和导游有予以协助的义务，属于旅游者合法权益中的（　　）。
   A. 人身和财务安全权　　　　　　B. 医疗、求助权

C. 依约享受旅游服务权　　　　　　D. 求偿权和寻求法律救援权

52. 在下列各种旅游服务质量中，旅游者最为敏感的是（　　）。
   A. 住宿服务质量　　B. 餐饮服务质量　　C. 导游服务质量　　D. 景区服务质量

53. 为适应国际交往的需要，新中国最早设立的负责接待外宾事务的机构是（　　）。
   A. 中国旅行社　　　　　　　　　　B. 中国国际旅行社
   C. 华侨服务总社　　　　　　　　　D. 中国青年旅行社

54. 1845 年，托马斯·库克组织 350 人赴利物浦旅游途中第一次聘请了地方导游游览的景点是（　　）。
   A. 达拉谟城　　　　　　　　　　　B. 爱德华国王城堡
   C. 圣乔治城堡　　　　　　　　　　D. 卡那封城堡

55. 参与自由执业的导游应该具有导游自由执业责任保险，每次事故每人责任限额应不低于（　　）万元人民币。
   A. 30　　　　　B. 40　　　　　C. 50　　　　　D. 60

56. 旅游服务在属性上是一种（　　）服务。
   A. 关联性　　　B. 综合性　　　C. 辅助性　　　D. 单一性

57. 1923 年 8 月，上海商业储备银行总经理（　　）先生在其同仁的支持下，在该银行下创设了旅游部。
   A. 陈独秀　　　B. 曾国藩　　　C. 陈光甫　　　D. 史玉柱

58. 托马斯·库克发明了一种流通券（旅行支票）是在（　　）年。
   A. 1865　　　　B. 1872　　　　C. 1892　　　　D. 1900

59. 导游职业逐步走向规范化始于（　　）年。
   A. 1987　　　　B. 1988　　　　C. 1989　　　　D. 1990

60. （　　）是旅游竞争的焦点。
   A. 旅游项目　　B. 导游服务　　C. 折扣力度　　D. 旅游路线

61. 导游服务的主体是具有导游资格的导游，而且导游必须是（　　）委派的。
   A. 领队　　　　B. 旅游主管部门　　C. 旅游团　　　D. 旅游企业

62. 1845 年（　　）开始专门从事旅游代理业务，成为世界上第一位专职的旅行代理商。
   A. 托马斯·库克　　　　　　　　　B. 托马斯·库里
   C. 雷克斯·蒂勒森　　　　　　　　D. 安德鲁·梅森

63. 1954 年 4 月 15 日，中国国际旅行社在北京西交民巷 4 号诞生。其后又在各地设立分支社，主要负责（　　）。
   A. 接待自费旅游者　　　　　　　　B. 接待公费旅游者
   C. 接待外宾　　　　　　　　　　　D. 接待政府官员

64. 中国青年旅行社总社成立于（　　）。
   A. 1927 年　　　B. 1954 年　　　C. 1978 年　　　D. 1980 年

65. 在（　　）国家，有意当导游者，可自愿参加导游资格考试，通过者可获得导游资格证书和导游胸卡。但这一证书只作为专业水平的证明，而非导游必备的条件。
   A. 新加坡　　　B. 以色列　　　C. 澳大利亚　　D. 德国

66. 我国导游服务起步于（　　），至今经历了五个发展阶段。

A. 1923年8月　　B. 1927年8月　　C. 1923年6月　　D. 1927年6月
67. 依约享受旅游服务权指的是旅游者有权享受所签旅游合同约定的服务（　　　）。
A. 等级和质量　　B. 数量和标准　　C. 数量和质量　　D. 数量和频率

三、多项选择题（每题有2~5个正确答案，多选、少选或错选均不得分，请将你认为正确的选项填入括号内）

1. 下列赞词中，属于国际旅游界人士对导游服务重要性评价的是（　　　）。
   A. "国家的栋梁"　　　　　　　　B. "旅游业的灵魂"
   C. "旅行社的支柱"　　　　　　　D. "旅游活动的导演"
   E. "旅游者的靠山"

2. 导游服务的特点有（　　　）。
   A. 独立性强　　　　　　　　　　B. 脑体高度结合
   C. 客观要求复杂多变　　　　　　D. 跨文化性
   E. 精神娱乐性

3. 国家旅游管理部门对参加导游自由执业试点划定的门槛是（　　　）。
   A. 持有初级及以上导游证　　　　B. 持有中级及以上导游证
   C. 身体健康　　　　　　　　　　D. 一年内未受到行政处罚
   E. 两年内未受到行政处罚

4. 导游接待散客时，应按照约定的（　　　）来提供服务。
   A. 内容　　　　B. 方式　　　　C. 地点　　　　D. 标准
   E. 途径

5. 导游接待团体旅游者时，应按照（　　　）来提供服务。
   A. 旅游者的希望与要求　　　　　B. 组团合同的规定
   C. 导游服务质量标准　　　　　　D. 旅游团领队的要求
   E. 不卑不亢的原则

6. 与图文声像导游方式相比，实地口语导游方式将始终处于主导地位的原因有（　　　）。
   A. 旅游者的需要多种多样
   B. 现场导游情况复杂多变
   C. 旅游包含行、游、住、食、购、娱多方面内容
   D. 旅游是一种人际交往关系
   E. 旅游是人们到异国他乡的活动

7. 导游服务中的旅行生活服务除了旅游生活照料服务，还包括（　　　）。
   A. 参观游览服务　　　　　　　　B. 入出境迎送服务
   C. 旅游安全服务　　　　　　　　D. 导游翻译服务
   E. 上下站联络服务

8. 实地口语导游在导游服务中的核心地位是不可替代的，并将永远发挥着主导作用。其原因主要有（　　　）。
   A. 导游服务对象是有思想和目的的旅游者，需要导游提供有针对性的导游服务
   B. 导游服务是促进文化交流的重要渠道

C. 导游服务是引导审美和求知的媒介
D. 现场导游情况复杂多变，需要导游灵活、妥善处理
E. 旅游是一种人际交往和情感交流活动，需要导游的参与和沟通

9. 旅游者通过导游的帮助了解一个国家或地区的历史文化、传统风俗、生活方式和现代文明，有助于他们进一步了解其人民的（　　）。
   A. 精神面貌　　　B. 行为准则　　　C. 价值观念　　　D. 思想品质
   E. 道德水准

10. 就旅游者的旅游活动而言，导游讲解服务与旅行生活服务之间的关系是（　　）的关系。
    A. 互为表里　　　B. 相辅相成　　　C. 互为前提　　　D. 互相替代
    E. 互相补充

11. 下列导游服务类型中，不属于图文声像导游类型的有（　　）。
    A. 旅游产品目录　　　　　　　B. 旅游服务咨询
    C. 旅游问讯服务　　　　　　　D. 自动讲解器
    E. 景点介绍册页

12. 在接待游客的过程中，导游主要通过（　　）形式为游客提供服务。
    A. 迎送　　　B. 组织　　　C. 讲解　　　D. 交谈
    E. 协调

13. 导游服务是一种复杂的、高智能的服务，其代表性体现为（　　）两个方面。
    A. 导游服务可以提高旅游者的旅游生活质量
    B. 导游服务是促进文化交流的重要渠道
    C. 导游服务可以满足旅游者的心理需求
    D. 现场导游情况复杂多变，需要导游灵活、妥善处理
    E. 旅游是一种人际交往和情感交流活动，需要导游的参与和沟通

14. 与其他服务相比，导游服务是给旅游者提供（　　）服务。
    A. 全方位　　　B. 全能型　　　C. 全天候　　　D. 全节奏
    E. 全过程

15. 与饭店餐饮服务或客房服务相比，导游服务是一种（　　）服务。
    A. 简单的　　　B. 复杂的　　　C. 高性能　　　D. 高智能
    E. 高技能

16. 导游服务应坚持的原则有（　　）。
    A. 满足旅游者合理需求的原则　　　B. 维护旅游者合法权益的原则
    C. 注重经济效益和社会效益的原则　D. 忠于祖国，坚持"内外有别"原则
    E. 宾客至上原则

17. 导游应当按照（　　）的要求向游客提供规范化服务。
    A.《导游服务规范》　　　　　　B.《导游管理办法》
    C.《旅行社国内旅游服务规范》　D.《旅行社出境旅游服务规范》
    E.《中华人民共和国旅游法》

18. 导游服务复杂多变的特点主要体现在（　　）方面。

A. 服务对象复杂 B. 直面"精神污染"
C. 人际关系复杂 D. 工作条件不断变换
E. 旅游者需求多种多样

19. 导游为向旅游者提供各项服务使自己处于人际关系网的中心是因为在提供服务的过程中导游需要处理好与（　　）的关系。
A. 旅游团内旅游者 B. 旅行社有关人员
C. 导游服务集体成员 D. 服务供应部门人员
E. 旅游执法部门人员

20. 导游服务具有较强的（　　）。
A. 规范性　　　B. 可操作性　　　C. 机动性　　　D. 随意性
E. 可塑性

21. 导游服务跨文化性的特点来源于中国和外国之间存在的（　　）的不同。
A. 文化传统　　　B. 生活条件　　　C. 节庆假日　　　D. 思维方式
E. 价值观念

22. 导游服务的独立性强的特点主要表现在（　　）。
A. 独立地进行导游讲解 B. 独立地处理旅游中的各种事故
C. 独立地带团参观游览 D. 独立地处理旅游者的各种投诉
E. 独立地处理旅途中的某些突发性事件

23. 导游服务在接待服务中的纽带作用主要表现为（　　）。
A. 沟通上下　　　B. 关照前后　　　C. 协调左右　　　D. 连接内外
E. 兼顾左右

24. 导游服务在旅游服务中的作用主要有（　　）。
A. 先导作用　　　B. 纽带作用　　　C. 标志作用　　　D. 反馈作用
E. 扩散作用

25. 规范化服务是由（　　）所制定并发布的某项服务应达到的统一标准。
A. 世界旅游组织 B. 国家相关主管部门
C. 行业主管部门 D. 地方相关主管部门
E. 地方相关行业组织

26. 旅游服务自主选择权是指旅游者有权自行选择（　　），不受任何部门、企业、单位和个人的干预。
A. 旅游团成员 B. 旅游目的地
C. 旅游经营的企业 D. 旅游线路
E. 旅游项目和服务等级

27. 按照旅游公平交易权，旅游者对交易的旅游产品和服务不满意时拥有（　　）的权利。
A. 讨价还价　　　B. 拒绝购买　　　C. 拒绝签约　　　D. 申请仲裁
E. 提起诉讼

28. 求偿权是指旅游者在旅游过程中其人身、财产受到损害或侵害时，有向有关部门投诉和要求有关（　　）赔偿的权利。
A. 旅游主管部门　　B. 旅游行业组织　　C. 旅游质监部门　　D. 旅游经营企业

E. 保险公司

29. 导游服务的地位体现在（　　　）。
   A. 导游服务在旅游服务中具有主导地位
   B. 导游服务是旅游服务水平和质量的体现
   C. 导游服务是旅游竞争的焦点
   D. 导游服务是旅游产品改进的主要途径
   E. 导游服务是旅游接待服务的核心和纽带

30. 优质的导游服务所产生的社会效益主要表现在有助于（　　　）。
   A. 促进老少边穷地区脱贫致富
   B. 提高旅游目的地的形象和声誉
   C. 推进不同国家和地区的文化交流
   D. 增加更多人员在旅游行业中的就业
   E. 增进不同国家和地区人民间的了解

31. 在不同的国家和地区，导游服务的政治属性也不同，其原因是不同国家和地区的（　　　）不同。
   A. 社会制度　　B. 经济制度　　C. 传统风俗　　D. 意识形态
   E. 生活方式

32. 导游服务是一项脑体高度结合的工作，其中体力消耗大主要表现在（　　　）。
   A. 工作量大　　B. 工作时间长　　C. 劳动强度大　　D. 长期在外作业
   E. 劳动效率高

33. 说导游服务是一种艰苦而复杂的脑力劳动是因为导游需要（　　　）。
   A. 掌握广博的知识　　　　　　B. 独立地处理各种事故
   C. 解决旅游者的各种问题　　　D. 针对旅游者情况进行讲解
   E. 运用智慧应答旅游者问题

34. 导游在向旅游者提供服务的过程中所面临的复杂人际关系主要表现在（　　　）。
   A. 导游服务集体之间的关系　　B. 导游与不同旅游者的关系
   C. 导游与组团社的关系　　　　D. 导游与接待社之间的关系
   E. 导游与各种服务供给单位的关系

35. 2016年1月29日，全国旅游工作会议提出要深化导游管理体制改革，导游从"行政化、非流动、封闭式"管理向（　　　）管理转变。
   A. 市场化　　B. 规范化　　C. 自由化　　D. 信息化
   E. 法治化

36. 导游将旅游者的关于旅游产品的意见和需求反映到旅行社有关部门，可促使旅游产品的（　　　）得到不断改进和完善。
   A. 设计　　B. 生产　　C. 包装　　D. 质量
   E. 销售

37. 导游讲解服务包括（　　　）。
   A. 沿途讲解服务　　　　　B. 景点讲解服务
   C. 同旅游者交谈服务　　　D. 座谈口译服务

E. 参观点口译服务

38. 导游讲解服务有助于（　　）。
   A. 扩大客源　　　B. 传播文化　　　C. 增进了解　　　D. 陶情怡性
   E. 解决问题

39. 导游作为旅行社的代表要做好协调工作，其协调的对象包括（　　）等。
   A. 住宿部门　　　B. 餐饮部门　　　C. 交通部门　　　D. 旅游部门
   E. 景区景点

40. 按照《中华人民共和国旅游法》和《中华人民共和国消费者权益保护法》，旅游者的合法权益包括（　　）等。
   A. 旅游公平交易权　　　　　　B. 旅游服务内容知悉权
   C. 旅游者隐私保护权　　　　　D. 人身和财物安全权
   E. 依约享受旅游服务权

41. 导游服务的主体是（　　）。
   A. 有导游资格的导游　　　　　B. 景区讲解员
   C. 未经旅行社委派的导游　　　D. 图文声像导游
   E. 智慧旅游

42. 图文声像导游具体包括（　　）。
   A. 旅游图册　　　B. 旅游接待计划　　　C. 旅游声像　　　D. 语音导览器
   E. 智慧旅游

43. 实地口语导游将永远在导游服务中处于主导地位，这是因为（　　）。
   A. 从事实地口语导游人员众多　　　B. 实地口语导游服务方式多种多样
   C. 现场导游情况复杂多变　　　　　D. 服务对象是有思想的旅游者
   E. 旅游是一种情感交流关系

44. 导游服务的内涵，具体来说包括（　　）。
   A. 导游服务的主体是具有导游资格的导游，而且导游必须是旅游企业委派的
   B. 导游服务的主要内容是旅游者的接待
   C. 导游服务工作优劣会直接影响到整个旅游行业的声誉，对旅游业的发展产生正面或负面的影响
   D. 导游必须按照旅游合同或事先同旅游者的约定提供标准化的服务
   E. 导游不得擅自增加或减少甚至取消旅游项目，也不得降低导游服务质量标准

45. 导游服务在未来的发展趋势是（　　）。
   A. 导游内容高知识化　　　　　B. 导游手段简单化
   C. 导游执业自由化　　　　　　D. 导游服务个性化
   E. 导游方法多样化

46. 随着我国旅游业的发展，为适应旅游市场的需求，我国的导游管理体制经历了由"封闭式·严格型"向"开放式·严格型"的转变，呈现出（　　）的特点。
   A. 导游资格终身制　　　　　　B. 导游多渠道执业
   C. 执业管理市场化　　　　　　D. 导游管理信息化
   E. 资格准入门槛低

47. 智慧旅游是利用（　　）实现导游服务。
    A. 云计算　　　　B. 互联网技术　　　C. 物联网　　　　D. 现代物流
    E. 大数据

48. 下列收入中，属于导游服务产生的间接经济效益的是（　　）。
    A. 航空客运收入　　　　　　　B. 铁路旅客运输收入
    C. 邮电通信收入　　　　　　　D. 购物收入
    E. 文娱收入

49. 导游服务的特点包括（　　）。
    A. 社会性　　　　B. 跨文化性　　　C. 独立性强　　　　D. 脑体高度结合
    E. 功利性

50. 对游客而言，导游的身份是（　　）。
    A. 旅行社的代表　　　　　　　B. 旅游产品的策划者
    C. 旅游线路的设计者　　　　　D. 旅游产品的提供人
    E. 旅游消费的促进者

51. 导游向游客提供接待服务，对于团队则应按（　　）实施。
    A. 事先约定的渠道　　　　　　B. 委托合同的规定
    C. 事先约定的方式　　　　　　D. 组团合同的规定
    E. 导游服务质量标准

52. 以下关于导游服务的说法中，正确的是（　　）。
    A. 在旅游服务中具有主导地位　　B. 旅行社的支柱
    C. 旅游服务水平的体现　　　　　D. 旅游活动的主体
    E. 旅游竞争的焦点

53. 导游自由执业的五种模式包括（　　）。
    A. 线上导游自由执业　　　　　B. 线下导游自由执业
    C. "旅行社委派"模式　　　　　D. "协会预订"模式
    E. "导服公司"模式

54. 导游人际关系复杂，主要体现在（　　）。
    A. 导游既代表着旅行社的利益，又要维护旅游者的利益
    B. 导游要处理旅游者随时随地提出的各种个别要求
    C. 导游要处理和协调导游中全陪、地陪与外方领队的关系
    D. 要同饭店、餐馆、旅游景区、商店、娱乐、交通等部门和单位的人员接洽、交涉和
       协调
    E. 导游服务的对象来自五湖四海

55. 导游服务的主体是（　　）。
    A. 有导游资格的导游　　　　　B. 景区（点）讲解员
    C. 经旅行社委派的导游　　　　D. 旅行社特聘的导游
    E. 旅行社的员工

56. 采用"开放式·宽松型"的导游管理体制的国家是（　　）。
    A. 以色列　　　　B. 新加坡　　　C. 中国　　　　D. 澳大利亚

E. 德国

57. 为了整顿导游队伍，使导游服务水平适应我国旅游业发展的需要，最早设立导游考试考点的地区是（　　）。
    A. 上海　　　　B. 北京　　　　C. 深圳　　　　D. 浙江
    E. 江苏

58. 导游服务的原则要求（　　）相结合。
    A. 自由化　　　B. 个别化　　　C. 热情化　　　D. 规范化
    E. 个性化

59. 为防止旅游者中的一些不健康思想意识的侵蚀和来自各方面的金钱、美色、名利和地位的诱惑，导游应具有（　　）。
    A. 较高的思想觉悟　　　　　　　B. 高度的政治警惕性
    C. 高尚的道德品质　　　　　　　D. 较高的自控能力
    E. 较好的工作责任心

60. 导游执业自由化有利于导游根据自己的（　　），形成自己的导游个性风格。
    A. 优势　　　　B. 意愿　　　　C. 特长　　　　D. 秉性
    E. 爱好

61. 下列客源国或地区的知识中，导游需要了解的是其（　　）。
    A. 社会经济　　B. 风土人情　　C. 教育水平　　D. 宗教信仰
    E. 禁忌习俗

62. 促使我国国内旅游和出境旅游快速发展的原因主要有（　　）。
    A. 我国经济的持续快速发展　　　B. 城乡居民收入的进一步提高
    C. 老龄化进一步加速　　　　　　D. 节假日天数的增多
    E. 全民教育水平的提升

参考答案及解析

第二章 导游

一、判断题（判断下列各题是否正确，正确的请在答卷中相应题号后的括号内打"√"，错误的打"×"）

1. 按照使用语言划分，我国导游分为中文导游和外语导游两种类型。（ ）
2. 对无出境记录的旅游者，导游领队人员应特别提醒其注意旅游目的地的风俗禁忌和礼仪习惯。（ ）
3. 导游人员，是指依照《导游人员管理条例》的规定取得导游证，接受旅行社委派，为旅游者提供向导、讲解及相关旅游服务的人员。（ ）
4. 业余导游，亦称兼职导游。他们无须经过培训、考核即可上岗。（ ）
5. 热爱社会主义祖国是成为一名合格的中国导游的首要条件。（ ）
6. 旅游行业价值观中的"游客为本"的含义是一切旅游工作都要以游客的需求作为最根本的出发点和落脚点。（ ）
7. 对于提供涉外导游服务的导游，还应牢记"内外有别"的原则，在工作中多请示汇报，切忌自作主张，更不能做违法乱纪的事。（ ）
8. 申报高级导游，需取得中级导游资格满4年。（ ）
9. 语言知识是导游讲解的素材，是导游服务的"原料"，是导游的看家本领。（ ）
10. 具有大专及以上学历，通过文化和旅游部组织的统一考试，获得导游资格证书并进行岗前培训，与旅行社订立劳动合同或在相关旅游行业组织注册后，自动成为初级导游。（ ）
11. 地陪导游，是指受组团旅行社委派，作为组团社的代表，在领队和全陪导游的配合下实施接待计划，为旅游团（者）提供全程服务的工作人员。（ ）
12. 在旅游期间，我国出境旅游领队无须全程陪同旅游团进行参观游览活动。（ ）
13. 旅游行业核心价值观中的"游客为本"解决的是"旅游发展为了谁"的理念问题，而"服务至诚"解决的是"旅游发展怎么做"的理念问题。（ ）
14. 导游领队人员应兼具为旅游者提供服务与引导旅游者文明旅游两项职责。（ ）
15. 导游领队人员可将文明旅游的内容融合在讲解词中，进行提醒和告知。（ ）
16. 导游面对旅游者，要笑口常开，绝不能把丝毫不悦的情绪带到导游工作中。（ ）
17. 服务技能可分为操作技能和智力技能两大类，导游服务需要的主要是智力技能。（ ）
18. 导游的接待操作能力直接影响到对客服务的方式和方法。（ ）
19. 女士入座时要双膝并拢，以表示对客人的尊重。（ ）
20. 导游不要与旅游者过分亲近；不介入旅游者内部的矛盾和纠纷，不在旅游者之间搬弄

是非；对待旅游者要一视同仁，不厚此薄彼。（　）
21. 导游不得私自承揽或者以其他任何方式承揽导游业务。（　）
22. 导游不得带客人到非定点餐馆、商店就餐、购物。（　）
23. TPO 原则是人们着装的总原则。其中"T"是指着装要与地点相适应。（　）
24. 导游在工作中称呼旅游者无须庄重、正式、规范。（　）
25. 称呼职务是一种最常见的称呼方法，在职务之前加上姓名仅适用极其正式的场合。（　）
26. 称呼姓名仅限于同事熟人之间。可以直呼姓名，也可以只呼其姓，不称其名，它通常限于同性之间，尤其是上司称呼下级、长辈称呼晚辈之时。（　）
27. 握手是交际双方互伸左手彼此相握以传递信息的手势语。（　）
28. 男女之间握手时，男方要先伸手，如女方不伸手且无握手之意，男士可点头或鞠躬致意。（　）
29. 导游在与旅游者初次见面时，可以握手表示欢迎，但只握一下即可，不必用力。（　）
30. 推荐式介绍适用于普通的社交场合，做这种介绍时，介绍者所要做的是将被介绍者双方引导到一起，而不需要表达任何具有实质性的内容。（　）
31. 香水在使用时应注意适量，一般情况下，2米范围内能够闻到淡淡的幽香较为合适。（　）
32. 如果对方是长辈或身份较高者，无论是谁打出电话，都应等对方先挂电话。（　）
33. "富强、民主、文明、和谐"是公民基本道德规范，是从个人行为层面对社会主义核心价值观基本理念的凝练。（　）
34. 语言、知识和服务态度是构成导游服务的三要素。（　）
35. 全陪导游在导游工作集体中处于中心地位，起着主导作用。（　）
36. 团结服从、顾全大局是导游一项最重要的业务要求，它是衡量导游工作态度的一项重要标准。（　）
37. 领队是旅游计划的具体执行者。（　）
38. 导游饮酒量不要超过自己酒量的 2/3。（　）
39. 对未成年人较多的团队，应侧重对家长的引导，并需要特别关注未成年人，避免损坏公物、喧哗吵闹等不文明现象发生。（　）
40. 自我介绍时要力求简洁，所用时间越短越好，以半分钟左右为佳，如无特殊情况最好不要超过 3 分钟。（　）
41. 一名合格的导游要懂得什么是美，知道美在何处，但对自己的仪表、仪容、仪态则无须过多讲究。（　）
42. 小李的外语水平很高，他认为全陪和领队的工作基本相同，他可以在一个旅游团中当全陪同时又任领队。（　）
43. 取得高级导游资格 5 年以上，业绩优异，有突出贡献，有高水平的科研成果，在国内外同行和旅行商中有较大影响，经笔试通过后晋升为特级导游。（　）
44. 中级、高级导游等级考核评定通过笔试等形式组织，原则上每 2 年开展一次。（　）

45. 导游这一职业列入《中华人民共和国职业分类大典》是在20世纪90年代。（ ）
46. 取得初级导游等级满2年，具有大学专科及以上学历，至申请评定前2年内在全国旅游监管服务平台的带团记录不少于30次或90天，无重大服务质量投诉。经笔试合格者晋升为中级导游。（ ）
47. 社会主义核心价值观是"旅游者为本，服务至诚"。（ ）
48. 在旅游期间，领队无须全程陪同旅游团进行参观游览活动。（ ）
49. "爱国、敬业、诚信、友善"，是公民必须恪守的基本道德准则，也是评价公民道德行为选择的基本价值标准。（ ）
50. 导游不得以明示或暗示的方式向旅游者索要小费。（ ）
51. 导游遇到重大情况和问题（如治安事故、交通事故等），要及时汇报，但关键时刻仍可自行决定和处理。（ ）
52. 自由执业导游是以导游工作为主要职业，可以受雇于固定的旅行社，也可以通过签订临时劳动合同为多家旅行社服务，或者通过导游自由执业平台为散客提供导游服务的人员。（ ）
53. 地陪导游是国内组团社的代表。（ ）
54. 语言、知识、服务技能构成了导游服务的三要素，只有将三者结合起来才能提供高质量的导游服务。（ ）
55. 申请特级导游，必须具有大学本科及以上学历。（ ）
56. 导游领队针对不同旅游者进行引导时，对未成年人应侧重引导并关注未成年人的特点。（ ）
57. 由于相关习惯、理念差异，言行举止不合时宜而导致的不文明现象，导游领队不用提醒旅游者注意。（ ）
58. 领队对于旅游者因无心之过而出现与旅游目的地风俗禁忌、礼仪规范不协调的行为，不予理会就可以了。（ ）
59. 旅游行业价值观中的"服务至诚"的含义是要以最大限度的诚恳、诚信和真诚做好旅游服务工作。（ ）
60. "服务至诚"是旅游从业人员应当树立的基本工作态度和应当遵循的根本行为准则。（ ）
61. "游客为本"是旅游行业赖以生存和发展的根本价值取向。（ ）
62. 导游的一言一行都与社会主义祖国息息相关。（ ）
63. "爱国、敬业、诚信、友善"是从社会层面对社会主义核心价值观基本理念的凝结。（ ）
64. "自由、平等、公正、法治"反映了中国特色社会主义的基本属性。（ ）
65. 旅游活动是一项相对单一的审美活动。（ ）
66. 各类导游由于其工作性质、工作对象、工作范围和时空条件各不相同，职责重点也有所区别，基本职责也不同。（ ）
67. 就一地而言，地陪导游是典型的、完全意义上的导游。（ ）
68. 遇游客采取拒绝上下机、滞留等方式非理性维权的，导游领队应与游客进行沟通、晓以利害。（ ）

二、单项选择题（下列各题的选项中，只有一项是正确的，请将正确答案的选项填入括号内）

1. 一名合格的导游应该从思想素质、技术技能、（　　）和职业形象四个维度要求自己。
   A. 专业知识　　　B. 业务知识　　　C. 文化知识　　　D. 综合知识
2. 导游领队人员应将文明旅游事项向旅游者进行重申的场合是（　　）。
   A. 在目的地机场、车站　　　　　　B. 景区景点门口
   C. 景区景点游览过程中　　　　　　D. 出发地机场、车站
3. 下列旅游者行为中，属于导游领队人员应提醒旅游者乘坐交通工具时应遵守的安全规范和基本礼仪的是（　　）。
   A. 可频繁索要免费餐饮　　　　　　B. 不长时间占用卫生间
   C. 可大声与同伴交谈　　　　　　　D. 可长时间占用通道
4. 将导游分为旅行社导游、兼职导游和自由执业导游是按照（　　）来分类的。
   A. 业务范围　　　B. 技术等级　　　C. 使用的语言　　　D. 劳动就业方式
5. 全陪导游实施旅游接待计划的依据是（　　）。
   A. 有关旅游法规　　　　　　　　　B. 旅行社协会的规章
   C. 旅行社的接待计划　　　　　　　D. 旅行社的工作安排
6. 做好导游服务工作的基本功是（　　）。
   A. 语言表达能力　　B. 心理承受能力　　C. 人际交往能力　　D. 组织协调能力
7. 高质量的导游服务是（　　）有机结合的结果。
   A. 态度、知识和服务技能　　　　　B. 语言、知识和服务意识
   C. 知识、技能和心理素质　　　　　D. 语言、知识和服务技能
8. 导游是指取得（　　），接受旅行社委派，为旅游者提供向导、讲解及相关旅游服务的人员。
   A. 导游资格证书　　　　　　　　　B. 导游证
   C. 临时导游证　　　　　　　　　　D. 翻译资格证
9. 全陪导游是指受（　　）委派，在领队和地陪导游的配合下实施接待计划，为旅游团（者）提供全程服务的工作人员。
   A. 组团旅行社　　B. 海外旅行社　　C. 出境旅行社　　D. 接待旅行社
10. 导游在处理突发事件以及旅游者的挑剔时要（　　）。
    A. 合规、合理、合法　　　　　　　B. 合情、合理、合法
    C. 合理、合适、合法　　　　　　　D. 合情、合用、合法
11. 全陪导游的职责之一是监督各地接待社接待情况和接待质量，依据的是（　　）。
    A. 有关旅游法规　　　　　　　　　B. 旅行社协会的规章
    C. 组团社的接待计划　　　　　　　D. 接待社的活动安排
12. 监督境外接待旅行社和导游等执行旅游计划的是（　　）。
    A. 领队　　　　　B. 全陪　　　　　C. 地陪　　　　　D. 团长
13. 以导游为主要职业，但并不受雇于固定的旅行社，而是签订临时劳动合同为多家旅行社服务的导游是（　　）。

A. 专职导游　　　　B. 业余导游　　　　C. 特聘导游　　　　D. 自由执业导游

14. "爱国、敬业、诚信、友善"是从（　　）层面对社会主义核心价值观基本理念的凝练。

    A. 社会行为　　　　B. 群体行为　　　　C. 集体行为　　　　D. 个人行为

15. 导游向旅游者提供的服务是集智力与操作兼而有之的（　　）劳动服务。

    A. 规范性　　　　　B. 生活性　　　　　C. 综合性　　　　　D. 常规性

16. 语言、知识和技能是导游服务的三要素，它们之间是（　　）关系。

    A. 相互包容　　　　B. 相辅相成　　　　C. 相互作用　　　　D. 相互影响

17. 下列话题中，不属于导游与旅游者谈话禁忌的是（　　）。

    A. 疾病　　　　　　B. 对方隐私　　　　C. 兴趣爱好　　　　D. 国家机密

18. 导游在同国外男旅游者交谈时，应避免询问其（　　）。

    A. 工作情况　　　　B. 个人爱好　　　　C. 工资收入　　　　D. 风俗习惯

19. 初次见面，握手时间一般不应超过（　　）秒钟。

    A. 3　　　　　　　　B. 4　　　　　　　　C. 5　　　　　　　　D. 10

20. 在提供导游服务时，（　　）技能直接体现了导游与旅游者之间有效沟通和信息传递的能力。

    A. 信息技术应用能力　　　　　　　　B. 接待操作能力
    C. 导游词创作能力　　　　　　　　　D. 语言表达能力

21. 在现代旅游业中，旅游产品策划与线路设计的首要目的是（　　）。

    A. 降低成本，提高旅行社利润
    B. 响应政府政策，推动旅游业发展
    C. 满足旅游者多样化的需求，提升服务质量
    D. 扩大旅行社规模，增加市场份额

22. 导游工作集体三成员是指地陪、全陪和（　　）。

    A. 司机　　　　　　B. 行李员　　　　　C. 领队　　　　　　D. 讲解员

23. 导游在接待10人以上的旅游团时应打接待社社旗属于导游（　　）的要求。

    A. 职业道德　　　　B. 工作性质　　　　C. 行为规范　　　　D. 服务标准

24. 导游的（　　）直接影响到对客服务的效率和服务效果。

    A. 讲解能力　　　　　　　　　　　　B. 接待操作能力
    C. 信息技术应用能力　　　　　　　　D. 团队协作能力

25. 导游领队人员的一言一行都会给旅游者产生示范效应，这说明导游领队在引导文明旅游时应做到（　　）。

    A. 合理引导　　　　B. 率先垂范　　　　C. 正确沟通　　　　D. 分类引导

26. 下列属于导游领队文明旅游规范引导内容的是（　　）。

    A. 法律法规的提示和说明　　　　　　B. 致欢迎辞
    C. 旅游行程的介绍　　　　　　　　　D. 行前说明的开展

27. 导游领队人员应有维护文明旅游的主动性和自觉性，关注旅游者的言行举止，在适当的时机对旅游者进行相应的（　　）。

    A. 提醒、警示、处罚　　　　　　　　B. 提醒、警示、劝告

C. 警示、劝告、处罚　　　　　　　　D. 警示、劝告、制止

28. 下列关于介绍他人顺序的说法中,正确的是(　　)。
   A. 先把女子介绍给男子　　　　　　B. 先把职位高者介绍给职位低者
   C. 先把年长者介绍给年轻者　　　　D. 先把主人介绍给客人

29. 导游的站态应给旅游者一种(　　)的感觉。
   A. 谦虚、不骄不躁　　　　　　　　B. 虚心、吃苦耐劳
   C. 谦恭、彬彬有礼　　　　　　　　D. 大度、虚怀若谷

30. 导游的步态应给旅游者一种(　　)的感觉。
   A. 落拓潇洒　　　B. 气定神闲　　　C. 悠然自得　　　D. 轻盈稳健

31. 下列旅游者行为中,不属于不文明旅游行为的是(　　)。
   A. 无视禁烟标志吸烟　　　　　　　B. 对不懂的问题刨根究底
   C. 在宗教场所嬉戏玩耍　　　　　　D. 在餐厅高声接打电话

32. 女士在各种正式的商务交往中,一般以穿着(　　)为好。
   A. 西服　　　　　B. 套装　　　　　C. 套裙　　　　　D. 礼服

33. 在境外旅游时,当团中旅游者因无心之过出现与旅游目的地风俗习惯不协调的行为时,领队应该(　　)。
   A. 对该旅游者做出及时提醒和劝阻　B. 对该旅游者提出警告
   C. 为该旅游者辩解　　　　　　　　D. 提出批评

34. 对于从事违法活动又不听劝阻的旅游者,导游领队人员应该及时向(　　)报告。
   A. 当地接待社　　　　　　　　　　B. 该团组团社
   C. 旅游者所在单位　　　　　　　　D. 有关执法部门

35. 导游的着装应整洁、大方得体,严守TPO原则,其中的T指的是(　　)。
   A. 时间　　　　　B. 地点　　　　　C. 场合　　　　　D. 目的

36. TPO原则中的P指的是(　　)。
   A. 时间　　　　　B. 地点　　　　　C. 场合　　　　　D. 性格

37. TPO原则中的O指的是(　　)。
   A. 时间　　　　　B. 地点　　　　　C. 场合　　　　　D. 对象

38. "富强、民主、文明、和谐"对社会主义核心价值观其他层次的价值理念具有(　　)作用。
   A. 先导　　　　　B. 统领　　　　　C. 支撑　　　　　D. 强化

39. "自由、平等、公正、法治"是对美好社会的生动表述,反映了中国特色社会主义的(　　)。
   A. 基本属性　　　B. 主要特点　　　C. 价值标准　　　D. 发展方向

40. 在社会主义核心价值观中,反映中国特色社会主义基本理念的是(　　)。
   A. 富强、民主、文明、和谐　　　　B. 自由、平等、公正、法治
   C. 爱国、敬业、诚信、友善　　　　D. 自由、民主、文明、法治

41. 以下表达中,体现"委婉含蓄,表达巧妙"的是(　　)。
   A. 遗憾　　　　　B. 拒绝回答　　　C. 厕所在哪儿　　D. 让开

42. 恪守旅行社和自己对旅游者的承诺是衡量导游是否尽职的(　　)。

A. 规范要求　　　　B. 终极目标　　　　C. 唯一标准　　　　D. 基本尺度

43. 在比较正规的场合，导游为他人介绍时宜采用（　　）。
    A. 强调式　　　　B. 引见式　　　　C. 推荐式　　　　D. 标准式

44. 导游在服务过程中，正确地利用介绍礼仪，不仅可以扩大社交范围，而且有助于进行必要的（　　）。
    A. 自我宣传　　　B. 自我夸耀　　　C. 自我发挥　　　D. 自我推荐

45. 导游在自我介绍时应注意自我介绍的时间。介绍时要力求简洁，所用时间越短越好，如无特殊情况最好不要长于（　　）。
    A. 30秒　　　　　B. 1分钟　　　　 C. 2分钟　　　　 D. 3分钟

46. 按照有关规定，具有专科及以上学历的中级导游晋升为高级导游的条件之一是取得中级导游资格满（　　）年。
    A. 1　　　　　　 B. 2　　　　　　 C. 3　　　　　　 D. 4

47. 按照电话礼仪要求，每次通话时长以（　　）分钟为宜。
    A. 1　　　　　　 B. 3　　　　　　 C. 5　　　　　　 D. 8

48. 男士在穿西装、皮鞋时搭配的袜子，最好是（　　）。
    A. 灰色　　　　　B. 白色　　　　　C. 黑色　　　　　D. 蓝色

49. 申请评定特级导游须是获得高级导游资格（　　）之后。
    A. 2年　　　　　 B. 3年　　　　　 C. 4年　　　　　 D. 5年

50. 导游接受任务后要严格按照旅游接待计划，带领全团旅游者心情愉快地开展旅游活动。这就要求导游具有（　　）。
    A. 独立执行政策和进行宣传讲解的能力　　B. 较强的组织、协调能力
    C. 善于和各种人打交道的能力　　　　　　D. 独立分析、解决问题，处理事故的能力

51. 一个大专以上学历的初级导游想要逐步晋升到高级导游，至少需要（　　）年。
    A. 3　　　　　　 B. 4　　　　　　 C. 5　　　　　　 D. 6

52. 为他人做介绍时，介绍内容往往只有双方姓名，甚至只有姓。这种介绍方式是（　　）。
    A. 标准式　　　　B. 强调式　　　　C. 简介式　　　　D. 引见式

53. 高级导游等级考试的笔试科目为（　　）、《导游综合知识》。
    A.《导游专题知识》　　　　　　　B.《导游能力测试》
    C.《中国语言文学知识》　　　　　D.《导游词创作》

54. 特级导游等级考核评定通过（　　）形式组织，原则上每4年组织一次。
    A. 笔试　　　　　B. 面试　　　　　C. 论文答辩　　　D. 业务考试

55. 新版《导游服务规范》于（　　）正式开始实施。
    A. 2024年7月1日　　　　　　　　B. 2022年4月1日
    C. 2023年10月1日　　　　　　　 D. 2024年4月1日

56. 标志着我国导游队伍建设进入法治轨道的是（　　）年。
    A. 1994　　　　　B. 1995　　　　　C. 1999　　　　　D. 2000

57.《导游服务质量》国家标准是于（　　）年制定的。
    A. 1993　　　　　B. 1995　　　　　C. 1997　　　　　D. 1999

58. 《中华人民共和国旅游法》对导游准入条件等方面做出了重大修改。这些规定的贯彻落实，必将为推进我国导游的（　　）进程、全面提升导游素质和社会地位打下坚实的基础。
    A. 合法化　　　　B. 专业化　　　　C. 职业化　　　　D. 社会化

59. 2016年国家旅游局印发的《导游自由执业试点管理办法（试行）》规定，参与自由执业的导游应该具有导游自由执业责任保险，每次事故每人责任限额应不低于（　　）元人民币。
    A. 5万　　　　　B. 10万　　　　　C. 20万　　　　　D. 50万

60. 下列引导内容中，属于文明引导的是（　　）。
    A. 引导旅游者以满足自身需求为主　　B. 引导旅游者穿衣打扮以自身喜好为主
    C. 倡导绿色出游、节能环保　　　　　D. 引导旅游者按照自己的心理感受维权

61. 导游讲解能力是导游应具备的各种能力中的（　　）能力。
    A. 次要　　　　B. 辅助　　　　C. 从属　　　　D. 核心

62. 根据有关规定，从卫生角度考虑，交谈最佳距离为（　　）米，这样就不至于因交谈而感染上由飞沫传染的疾病，保证健康。
    A. 0.5　　　　　B. 1　　　　　　C. 1.3　　　　　D. 1.5

63. 穿西装时，衬衫的袖子最好露出西服袖口（　　）厘米左右。
    A. 0　　　　　　B. 0.5　　　　　C. 1　　　　　　D. 2

64. 下列女士套裙穿法中，错误的是（　　）。
    A. 上衣的袖长不超过着装者的手腕，裙子不盖过脚踝
    B. 女士在正式场合穿套裙时，上衣外套的衣扣可适当敞开
    C. 穿套裙时既不可以不化妆，也不可以化浓妆
    D. 穿套裙时不可将袜口暴露在外

65. 按时出席宴请是礼貌的体现，一般可按规定时间提前或延后不超过（　　）分钟到达。
    A. 2　　　　　　B. 5　　　　　　C. 8　　　　　　D. 10

66. 交流式自我介绍一般适用于（　　）。
    A. 工作　　　　B. 公共场合　　　C. 隆重的场合　　D. 社交活动

67. 导游着装应注重服装色彩的搭配。一般来说，（　　）是服饰搭配最常见的三种颜色，它们是最容易与其他颜色的服装搭配并产生良好的视觉效果。
    A. 黑、黄、白　　B. 黑、灰、白　　C. 黑、蓝、白　　D. 黑、青、白

68. 导游在服务过程中，能正确地利用介绍礼仪，不仅可以扩大社交范围，而且有助于进行必要的（　　）。
    A. 自我夸耀　　B. 自我展示　　C. 自我发挥　　D. 自我推荐

三、多项选择题（每题有2~5个正确答案，多选、少选或错选均不得分，请将你认为正确的选项填入括号内）

1. 按照目前规定，报考中级导游的条件有（　　）。
   A. 取得初级导游证满2年
   B. 在全国旅游监管服务平台的带团记录不少于30次

C. 取得初级导游证满 5 年

D. 在全国旅游监管服务平台的带团记录不少于 120 天

E. 经笔试合格

2. 全陪导游的主要职责是（   ）。

　　A. 编制旅游活动计划　　　　　　B. 实施旅游接待计划

　　C. 进行导游讲解　　　　　　　　D. 做好组织协调工作

　　E. 开展宣传、调研工作

3. 获得初级导游的条件有（   ）。

　　A. 获得导游资格证书　　　　　　B. 具有临时导游经历

　　C. 身心健康　　　　　　　　　　D. 岗前培训考核合格

　　E. 与旅行社订立了劳动合同或在相关旅游行业组织进行了注册

4. 报考高级导游的条件有（   ）。

　　A. 取得中级导游资格满 2 年

　　B. 2 年内在全国旅游监管服务平台的带团记录不少于 25 次

　　C. 取得中级导游资格满 5 年

　　D. 2 年内在全国旅游监管服务平台的带团记录不少于 90 天

　　E. 经考核、考试合格

5. 申请特级导游的条件有（   ）。

　　A. 取得高级导游资格满 3 年

　　B. 取得高级导游资格满 5 年

　　C. 3 年内在全国旅游监管服务平台的带团记录不少于 25 次或者 90 天

　　D. 无旅游服务质量投诉，旅游者和社会反映良好

　　E. 有高水平的科研成果

6. 地陪导游服务的主要职责有（   ）。

　　A. 导游讲解　　B. 组织协调　　C. 维护安全　　D. 问题处理

　　E. 监督联络

7. 导游可根据（   ）来为游客设计旅游线路。

　　A. 游客的需求　　B. 市场竞争情况　　C. 景点的特点　　D. 价格的高低

　　E. 交通的便利性

8. 富强、民主、文明、和谐、自由、平等、公正、法治、爱国、敬业、诚信、友善是对社会主义核心价值观基本内容的精辟概括，即概括了（   ）。

　　A. 国家的价值目标　　　　　　　B. 道德的价值标准

　　C. 社会的价值理念　　　　　　　D. 文化的价值取向

　　E. 公民的价值准则

9. "爱国、敬业、诚信、友善"涵盖了社会道德生活的各个领域。它是（   ）。

　　A. 公民必须恪守的基本道德准则　　B. 评价公民道德行为选择的基本价值标准

　　C. 公民必须遵守的基本行为规范　　D. 公民赖以生存和发展的基本标志

　　E. 处理公民之间友好关系的指针

10. 党的十八大报告明确提出"三个倡导"，即（   ）。

A. 倡导爱国、敬业、诚信、友善　　　B. 倡导富强、民主、文明、和谐
C. 倡导和谐、美好、公平、公开　　　D. 倡导爱国、爱党、爱社会、爱人民
E. 倡导自由、平等、公正、法治

11. 下列属于导游领队引导文明旅游的主要内容的有（　　）。
    A. 法律法规　　　B. 职业道德　　　C. 风俗禁忌　　　D. 诚信善意
    E. 绿色环保

12. 导游遇到紧急情况时的应变能力主要表现为（　　）等方面。
    A. 能保持头脑清醒、处变不乱　　　B. 能分析和判断此时的旅游者情绪
    C. 能冷静分析、果断决定　　　　　D. 能及时做好有关方面协调工作
    E. 能合情、合理地处理该问题

13. 导游的衣着应该（　　），与自己的年龄、身份相匹配。
    A. 简朴　　　B. 整洁　　　C. 大方　　　D. 得体
    E. 便捷

14. 面部化妆礼仪有（　　）。
    A. 以自然修整为准　　　B. 与环境相适宜
    C. 正确认识自己　　　　D. 随时进行补妆
    E. 可借用他人的化妆品

15. 女性导游就座时双膝应并拢，以显示其（　　）。
    A. 庄重　　　B. 自信　　　C. 典雅　　　D. 矜持
    E. 平和

16. 导游在介绍他人时，应（　　）。
    A. 先把男士介绍给女士　　　B. 先把女士介绍给男士
    C. 先把主人介绍给客人　　　D. 先把客人介绍给主人
    E. 先把年长者介绍给年轻人

17. 优雅的蹲姿可分为（　　）几个步骤。
    A. 直腰下蹲　　　B. 弯腰下蹲　　　C. 弯腰拾物　　　D. 直腰拾物
    E. 直腰站起

18. 导游在同女性旅游者交谈时，应避免询问对方的（　　）。
    A. 年龄　　　B. 家庭　　　C. 婚姻　　　D. 工作
    E. 爱好

19. 导游若有事需进入旅游者房间时，应该（　　）。
    A. 先用电话联系　　　　　B. 直接进入
    C. 按联系的时间准时抵达　D. 进门前先敲门
    E. 经同意后再进入

20. 导游服务三要素指的是（　　）。
    A. 独立工作能力　　　B. 语言　　　C. 知识　　　D. 服务技能
    E. 进取精神

21. 国家旅游局决定从2016年5月开始，正式启动在江浙沪三省市、广东省的线上导游自由执业试点工作，在（　　）的线上线下导游自由执业试点工作。

A. 吉林长白山　　　B. 湖南长沙　　　C. 重庆市　　　D. 海南三亚
E. 广西桂林

22. 导游的仪容礼仪主要包括（　　）等方面。
    A. 面部化妆礼仪　　　　　　　　B. 服装的搭配礼仪
    C. 头发的养护礼仪　　　　　　　D. 谈话礼仪
    E. 香水的使用礼仪

23. 导游领队人员应熟悉旅游目的地（　　）等基本情况。
    A. 法律规范　　　B. 宗教信仰　　　C. 风俗禁忌　　　D. 习俗八卦
    E. 社会公德

24. 在带团工作前，导游领队人员应熟悉（　　）的基本情况，为恰当引导旅游者做好准备。
    A. 团队成员　　　B. 旅游路线　　　C. 旅游产品　　　D. 旅游目的地
    E. 不同旅游者的需求

25. 导游的行为规范包括（　　）。
    A. 忠于祖国，坚持"内外有别"原则　　　B. 严格按规章制度办事，执行请示汇报制度
    C. 自觉遵纪守法　　　　　　　　　　　D. 自尊、自爱，不失人格、国格
    E. 注意一些小节

26. 导游在带团过程中要严守国家和企业的机密，包括导游不得（　　）。
    A. 与旅游者谈及国家的方针政策
    B. 擅自带领旅游者进入不对外开放的地区参观
    C. 向旅游者泄露旅游团收费细则
    D. 与旅游者谈论国家在某些方面存在的问题
    E. 与旅游者谈论旅行社的内部事务

27. 下列导游的行为中，属于违法违纪的有（　　）。
    A. 在景点边进行导游讲解边吃东西　　　B. 诉说自己收入低希望旅游者多购物
    C. 接受旅游者赠送的黄色书刊　　　　　D. 不向旅游者宣传旅游文明公约
    E. 与旅游者一起去不健康的娱乐场所

28. 由于服饰既是导游内在气质和文化修养的反映，又是旅游者审美的对象，因此导游的服饰应该（　　）。
    A. 整洁、大方、得体　　　　　　B. 与自己的年龄相协调
    C. 与自己的身份相协调　　　　　D. 与自己的体形相协调
    E. 与长途旅行生活相协调

29. 导游行为规范忠于祖国，坚持"内外有别"原则主要有（　　）。
    A. 不得有损害国家利益和民族尊严的言行
    B. 不得擅自带领旅游者进入保密禁区、军事要地参观、游览
    C. 不得泄露旅游团收费细目
    D. 在旅游者面前，不谈论内部情况
    E. 在涉外场合，不携带内部文件

30. 导游按劳动就业方式区分，可分为（　　）。

A. 旅行社导游　　B. 兼职导游　　C. 义务导游　　D. 自由执业导游
E. 实习导游

31. 我国导游按照业务范围，可分为（　　）。
    A. 出境旅游领队　　B. 全陪导游　　C. 地陪导游　　D. 景区景点讲解员
    E. 义务导游

32. 导游在进行导游活动中应注意的一些小节有（　　）。
    A. 导游不得携带自己的亲友随旅游团活动
    B. 导游不与同性外国旅游团领队同住一室
    C. 导游不得拒绝旅游者提出侮辱其人格尊严的要求
    D. 导游饮酒量不要超过自己酒量的 1/3
    E. 导游不私自留用旅行社送给客人的礼品

33. 按照社交礼仪规则，导游进行人际沟通时要使用正确、适当的称呼，同时应注意（　　）。
    A. 尊重他人　　B. 合乎常规　　C. 使用敬称　　D. 照顾习惯
    E. 入乡随俗

34. 导游在服务中使用电话时，以下说法正确的有（　　）。
    A. 白天一般宜在上午 8 点以后，节假日应在上午 9 点以后，晚上应在 10 点以前
    B. 每次通话时长以 3 分钟为宜
    C. 通话内容力求简洁，表述清楚
    D. 要及时接听电话
    E. 结束电话时，应及时挂机

35. 导游做自我介绍的方式通常有（　　）。
    A. 问答式　　B. 工作式　　C. 应酬式　　D. 交流式
    E. 陈述式

36. 导游为他人做介绍通常采用的形式有（　　）。
    A. 礼仪式　　B. 标准式　　C. 问答式　　D. 引见式
    E. 简介式

37. 导游接听电话应遵循的文明礼仪有（　　）。
    A. 及时接听电话，一般要求铃响三声必须接电话
    B. 接通电话后要先自报家门，再问对方是谁，然后说你要找的人
    C. 微笑接听电话，重视通话时的吐字、声调，体现出主动热情
    D. 通话过程注意时间，尽量简洁明了
    E. 致谢后主动结束通话，轻轻放下话筒

38. 有效提升旅游活动中的文明意识，从而对旅游行为产生积极影响，就需要导游和领队的（　　）。
    A. 示范　　B. 教育　　C. 说教　　D. 提醒
    E. 引导

39. 导游的基本职责是（　　）。
    A. 接受导游任务，搞好旅游推销　　B. 进行导游讲解，传播中国文化

C. 安排旅游事宜，保护旅游者安全　　D. 解答旅游者问询，处理相关问题
E. 反映意见要求，安排相关活动

40. 导游日常交往的礼仪原则有（　　）。
    A. 信守时间　　B. 不妨碍他人　　C. 以左为尊　　D. 互帮互学
    E. 维护个人隐私

41. 香水的使用禁忌有（　　）。
    A. 忌用量过多　　　　　　　　B. 忌使用位置不当
    C. 忌不洁使用　　　　　　　　D. 忌混合使用
    E. 忌使用时间不当

42. 以下关于男子西服着装的说法中，正确的是（　　）。
    A. 西服袖口的商标不用拆除
    B. 单排两粒扣式的西服上衣，讲究"扣上不扣下"
    C. 双排扣式西服背心的下排纽扣可以不扣
    D. 西服的标准穿法是衬衫之内不再穿其他衣物
    E. 在公众场合，任何情况下都不要将西服上衣的衣袖挽上去

43. 工作中的称呼，常见方式有（　　）。
    A. 称呼职务　　B. 称呼姓名　　C. 称呼职称　　D. 称呼学衔
    E. 称呼职业

44. 导游领队人员"一岗双责"是指（　　）。
    A. 为旅游者提供服务　　　　　B. 引导旅游者购物
    C. 提供自费旅游项目　　　　　D. 监督旅游者
    E. 引导旅游者文明旅游

45. 住宿时的文明引导包括（　　）等内容。
    A. 提醒旅游者尊重服务人员，服务人员问好时要友善回应
    B. 指引旅游者爱护和正确使用住宿场所设施设备
    C. 引导旅游者减少一次性物品的使用，减少环境污染，节水节电
    D. 提醒旅游者在客房区域范围内可随意自由活动
    E. 提醒旅游者，在客房内消费的，应在离店前主动声明并付费

46. 用餐时的文明引导包括（　　）等内容。
    A. 提醒旅游者注意用餐礼仪，有序就餐，避免高声喧哗干扰他人
    B. 引导旅游者就餐时可多点，以吃好为主
    C. 提醒旅游者自助餐区域的食物、饮料不能带离就餐区
    D. 提醒旅游者正确使用公共餐具
    E. 指示旅游者到指定抽烟区域就座，如就餐区禁烟的，应遵守相关规则

47. 游览时的文明引导包括（　　）等内容。
    A. 不得将文明旅游的内容融合在讲解词中，要严格区分
    B. 提醒旅游者遵守游览场所规则，依序文明游览
    C. 提示旅游者爱护环境、不攀折花草、不惊吓伤害动物、不进入未开放区域
    D. 提示旅游者爱护公物、保护文物，不攀登骑跨或胡写乱画

E. 提示旅游者保持安静，根据场馆要求规范使用摄影摄像设备，不随意触摸展品

48. 娱乐时的文明引导包括（　　）等内容。
    A. 组织旅游者安全、有序、文明、理性参与娱乐活动
    B. 提示旅游者观赏演艺、比赛类活动时可为同行旅游者抢占位置
    C. 提示旅游者观看体育比赛时，尊重参赛选手和裁判，遵守赛场秩序
    D. 提示旅游者听从工作人员指挥，注意安全，爱护环境
    E. 提示旅游者参与活动时，要文明参与、大方得体

49. 购物时的文明引导包括（　　）等内容。
    A. 提醒旅游者理性、诚信消费，适度议价，善意待人，遵守契约
    B. 提醒旅游者遵守购物场所规范
    C. 提醒旅游者尊重购物场所购物数量限制
    D. 提醒旅游者购物活动结束时间和购物结束后的集合地点
    E. 尽量引导旅游者购物，增加收入

50. 2016年8月24日全国导游公共服务监管平台正式上线，该平台的主要功用包括（　　）等。
    A. 导游服务评价和投诉　　　　　　B. 导游执业信息记录
    C. 导游讲解情况　　　　　　　　　D. 导游执业管理
    E. 旅游部门监管执法

51. 中级导游在获得资格2年以上，业绩突出、业务水平和素质修养较高，经（　　）笔试合格者可晋升为高级导游。
    A.《导游知识专题》　　　　　　　B.《汉语言文学知识》
    C.《导游能力测试》　　　　　　　D.《导游综合知识》
    E.《导游业务》

52. 导游的独立工作能力主要表现在（　　）几个方面。
    A. 独立执行政策和宣传讲解的能力　B. 较强的独立组织协调能力
    C. 独立保护旅游者安全的能力　　　D. 善于和各种人打交道的能力
    E. 独立处理问题和事故的能力

53. 如有可能，导游有必要进行适当自我介绍的情形有（　　）。
    A. 本人希望结识他人时
    B. 他人希望结识本人时
    C. 本人认为有必要让他人了解或认识本人的时候
    D. 面对陌生客人时
    E. 与客人再次见面时

54. 导游若与多位旅游者一起聚谈，要注意的问题有（　　）。
    A. 面向大家，不要冷落任何人
    B. 要让大家讲话，以达到交流的目的
    C. 对大家感兴趣的话题应多谈自己的看法
    D. 自己要谈话时，应等他人把话说完
    E. 若有女性旅游者参加聚谈，谈话时不要开玩笑

55. 国家旅游管理部门对参加导游自由执业试点划定的门槛是（   ）。
   A. 持有初级及以上导游证   B. 持有中级及以上导游证
   C. 身体健康   D. 一年内未受到行政处罚
   E. 两年内未受到行政处罚

56. 随着全国导游公共服务监管平台建设的不断完善，该平台提供的公共服务有（   ）。
   A. 导游网上培训   B. 导游星级评价   C. 旅游信息咨询   D. 旅游信息收集
   E. 突发事件应急管理

57. 2018年1月1日起实施的《导游管理办法》规定停止实施的有关导游服务的制度有（   ）。
   A. 导游岗前培训考核制度   B. 计分管理制度
   C. 年审管理制度   D. 导游资格证3年有效制度
   E. 导游星级评价制度

58. 下列形象中，（   ）属于导游应有的职业形象。
   A. 仪表端庄   B. 着装整洁、大方、得体
   C. 态度和蔼诚恳   D. 言行有度
   E. 公开、公平、公正

59. 导游可通过移动互联网向游客提供协助的事项有（   ）。
   A. 产品预订   B. 活动安排   C. 定位导航   D. 信息咨询
   E. 服务评价

60. 不同民族风俗民情的差异性和独特性对游客的感染力主要体现在（   ）方面。
   A. 居住   B. 饮食   C. 出行   D. 服饰
   E. 节庆

61. 周总理提出翻译导游素质要求中的"三过硬"指的是（   ）。
   A. 思想过硬   B. 身体过硬   C. 外语过硬   D. 业务过硬
   E. 心理过硬

62. 周总理提出的翻译导游要当好"五大员"指的是（   ）。
   A. 宣传员   B. 服务员   C. 翻译员   D. 协调员
   E. 安全员

63. 导游应掌握的旅行知识包括（   ）等。
   A. 证件知识   B. 领事保护知识   C. 机票知识   D. 货币保险知识
   E. 应急医疗常识

64. 全陪导游与地陪导游在职责上的不同之处是（   ）。
   A. 维护游客的合法权益不同   B. 联络协调的对象不同
   C. 接待游客的具体任务不同   D. 维护游客安全的方面不同
   E. 接待过程中发挥的作用不同

65. 导游考试合格的人员到旅游行业组织注册应提交的材料有（   ）。
   A. 本人有效身份证件   B. 导游人员资格证书
   C. 本人近期照片   D. 注册申请
   E. 与旅行社签订的劳动合同

66. 男性导游就座时两膝可适度张开,以显示其(   )。
    A. 庄重   B. 率直   C. 自信   D. 平和
    E. 豁达

67. 导游若同女游客握手,应(   )。
    A. 面带微笑   B. 目光环视   C. 目视对方   D. 先行伸手
    E. 等对方伸手

68. 握手是交际双方互伸右手彼此相握以传递信息的手势语,它包含(   )等多种语义。
    A. 初次见面时表示欢迎   B. 对支持者表示感谢
    C. 对成功者表示祝贺   D. 对陌生者表示友好
    E. 对失败者表示理解

参考答案及解析

第三章 团队导游服务规范

一、判断题（判断下列各题是否正确，正确的请在答卷中相应题号后的括号内打"√"，错误的打"×"）

1. 地陪导游服务的准备工作主要包括熟悉接待计划、物质准备、知识准备和形象准备四个方面。（   ）
2. 地陪导游如果发现旅游团队的日程安排与接待计划之间存在差异，应立即与组团社的计调部门及人员联系，弄清事情原委，以免在接待旅游团时发生麻烦。（   ）
3. 地陪导游服务程序是指地陪导游在当地接待旅游团时应遵循的服务流程和标准。（   ）
4. 地陪导游与全陪导游、领队等人接头后，应核实旅游者的实到人数。如果发现旅游团的人数与接待计划不符，地陪导游应及时通知组团社的计调部门。（   ）
5. 旅游者抵达饭店后，地陪导游应主动办理住房登记手续，并请领队或全陪导游向旅游者分发住房卡。（   ）
6. 若旅游团配备了行李车，地陪应与领队、全陪、地接社行李员一起清点和核对行李件数，并请行李员填写行李卡。（   ）
7. 在旅游者购物过程中，如果商店向他们销售假冒伪劣商品或不按质论价，地陪导游应同商店负责人进行交涉，以维护旅游者的合法权益。（   ）
8. 地陪导游在核实旅游团交通票据时，如果发现旅游者所乘的航班（车次、船次）或时间有变更，应及时向地接社的计调人员了解是否已经将变更情况通知了组团社，以防下站漏接。（   ）
9. 在旅游团离站前一天，地陪导游应协助地接社计调人员与旅游者结清洗衣、长途电话、食品饮料等费用。（   ）
10. 在旅游者经过安全检查，进入候机厅（候车室、候船室）前，地陪导游应热情地向旅游者及领队、全陪导游挥手告别。（   ）
11. 旅游团在饭店外餐馆用餐后，地陪导游应严格按照旅游团人数、标准和饮用酒水数量与餐馆结账。（   ）
12. 在接待旅游团并带领旅游团开始旅游活动的当天，全陪导游应设法与旅游目的地首站（入境站）的地接社联系，互通信息，妥善安排接团事宜。（   ）
13. 旅游活动中若有旅游者突然生病，通常情况下由全陪及患者亲友将其送往医院，地陪则带团继续游览。（   ）
14. 全陪向旅游团提供的各站服务包括联络工作、协助地陪工作、检查督促各站服务质量、维护和保障旅游者安全以及提供旅行过程中的服务。（   ）

15. 旅游团在景点游览时，全陪导游应走在旅游团的后面，招呼滞后的旅游者，并不时清点人数，以防走失。（   ）
16. 全陪导游在与地陪导游核对和商定旅游日程安排过程中，如果发现地接社对活动日程做了较大变动，应及时向旅游团通报。（   ）
17. 在为入境旅游团队送站时，全陪导游应向领队和旅游者介绍如何办理离境手续，并将他们送至登机口，欢迎他们再度光临。（   ）
18. 旅游团队在过边防检查时，出境旅游领队应始终走在前面，第一个办妥手续，然后在里面旅游者可以看到的地方站立等候旅游者。（   ）
19. 在离开最后一站的时候，全陪应与旅游团话别，致欢送词。（   ）
20. 首站接团服务要使旅游团抵达后能立即得到热情友好的接待，让旅游者有宾至如归的感觉，也是全陪与旅游者建立良好关系的基础。（   ）
21. 致欢迎词是导游给旅游者留下良好第一印象的重要环节，一般应控制在10分钟左右。（   ）
22. 在景点的示意图前，地陪导游应向旅游者讲明游览线路，并对景点的主要景观做详细说明。（   ）
23. 全陪导游带领旅游团乘火车赴下一站时，应协助旅游者上车，并为他们分配好包房。（   ）
24. 地陪导游在旅行车上进行途中讲解时，应提醒司机放慢车速并保持匀速前进状态，当汽车在高速公路或危险路段行驶时，应提醒司机保持匀速前进状态并讲解。（   ）
25. 入住饭店后，地陪应向全团介绍饭店的主要设施和注意事项。（   ）
26. 导游在执业过程中应携带电子导游证、佩戴导游身份标识，并开启全国导游之家APP。（   ）
27. 客车在高速公路行驶时，导游不应站立讲解。（   ）
28. 接待计划是导游了解旅游团基本情况和安排当地活动日程的主要依据。（   ）
29. 接待计划分为出境旅游团接待计划和国内旅游团接待计划。（   ）
30. 地陪导游在落实用餐时，主要需熟悉旅游团就餐餐厅的位置，而不必太在意餐厅特色。（   ）
31. 地陪导游针对接待计划确定的参观游览项目，需做好有关知识和资料的准备，准备过程中应注意知识的更新，及时掌握最新信息。（   ）
32. 地陪导游在接到旅游团后，从机场到饭店途中要进行风光导游，目的是满足旅游者初到一地的求知欲。（   ）
33. 地陪导游的头发要保持清洁、整齐、不染色，女性地陪导游留有长发的要束起。（   ）
34. 如果境外旅游者打算购买古玩和中草（成）药，地陪导游应告知我国边防的有关规定。（   ）
35. 在大型娱乐场所，地陪导游要提醒旅游者不要走散，随时注意旅游者的动向与周围的环境，了解出口位置，以便发生意外情况能及时带领旅游者撤离。（   ）
36. 地陪导游向旅游者致好欢迎词可以赢得旅游者的信赖，是为旅游者提供良好服务的前提。（   ）

37. 购物是旅游者的一项重要活动，导游不得私自收取商家给予的购物"回扣"。（　）
38. 地陪导游在接团前要与旅行社计调人员核实该团旅游者所住房间的数目、类别、用房时间是否与旅游接待计划相符，核实房费内是否含早餐。（　）
39. 某地陪导游接到旅游团集合登车后，用手指逐一清点人数，清点无误后示意司机开车。（　）
40. 旅游者上下车时，地陪导游应恭候在车门旁，热情地搀扶和协助每一位旅游者。（　）
41. 地陪导游若接待重点旅游团，可亲自到旅游者下榻的饭店向饭店接待人员了解其团队安排情况，告知旅游团抵达时间和旅游车牌号，并主动介绍该团的特点，配合饭店做好接待工作。（　）
42. 在旅游团抵达前，地陪导游应抓紧时间尽早完成核对商定日程的工作。（　）
43. 地陪导游带领旅游团参观游览结束后返程途中，要将当天参观、游览的内容做简要小结，必要时可做补充讲解，并回答旅游者的有关问题。（　）
44. 对计划内安排的文娱活动节目，地陪导游不必陪同前往，但应向旅游者简单介绍节目内容和特点。（　）
45. 入境旅游团接待计划是国内组团社根据同境外旅行社所签旅游合同或协议的要求制订的旅游团在我国境内旅游活动的安排计划。（　）
46. 若旅游者损坏了客房设备，地陪导游应协助饭店妥善处理赔偿事宜。（　）
47. 由于全陪导游同旅游者相处的时间较长，所以必须熟悉途中的旅游景点，做好导游讲解的准备工作。（　）
48. 全陪导游送走旅游团后，应处理好旅游者遗留的问题，提供尽可能的延伸服务。（　）
49. 全陪导游要做好各站间的联络工作，架起联络沟通的桥梁。（　）
50. 全陪导游作为组团社的代表，应自始至终参与旅游团整个旅程的活动。（　）
51. 进入饭店后，全陪导游应协助领队办理入住登记手续，如果饭店压缩预订房，全陪导游要协助地陪导游处理。（　）
52. 全陪导游照顾旅游者住店期间，应将自己的联系电话告诉旅游者，以便联系，但不必告知房号，避免不必要的麻烦。（　）
53. 全陪导游外出带团少则几天，多则十多天，涉及面广，加上旅途中可能出现的不可预测因素，使全陪导游接待服务具有艰苦性和复杂性。（　）
54. 全陪导游应掌握地陪导游和旅游者的房间号，将自己的房间号告知旅游者，以便联系。（　）
55. 全陪导游应在进入饭店后，向旅游者说明行程中的注意事项和一些具体的要求，并发放本次旅游行程的相关资料和物资等。（　）
56. 登机（车、船）前，全陪导游应提醒旅游者乘坐礼仪规范和安全注意事项。（　）
57. 一般来说，出境旅游领队应事先收齐全团所有旅游者的护照，到所搭乘航空公司的值机柜台前交验全部护照，办理乘机手续。（　）
58. 集体办理完乘机手续后，出境旅游领队集体保管旅游者的证件、登机牌。（　）
59. 出境旅游团如果前往或途经的国家为传染病流行疫区，需要提前办理黄皮书。（　）

60. 地陪应提前与陪同旅游团的全陪取得联系，了解该团有无变化，约定接团时间和地点。（   ）

61. 在乘车前往旅游景点的途中，地陪应向游客介绍沿途的景物、风光，回答他们的问询，并相机介绍本地的风土人情和历史典故等。（   ）

62. 在旅游者通关后，领队应告知从红色通道通关的旅游者保存好"申报单"，以便回国入境时海关查验。（   ）

63. 全陪应以组团社制定的接待服务质量规范为主要依据，检查各站地接社及其委托的地陪在交通、住宿、餐饮和地陪导游服务等方面的服务质量是否达到了相应的质量标准。（   ）

64. 在行前说明会上，领队应将自己的手机号码告诉旅游者，并记下旅游者的手机号码。（   ）

65. 若有旅游者因故未能参加行前说明会，领队应通过微信将行前说明会的内容告诉旅游者。（   ）

66. 在带领旅游者办理海关手续前，领队应告知携带有《中华人民共和国海关进出境旅客行李物品申报单》中9~15项物品的旅游者选择绿色通道通关。（   ）

67. 若出境旅游团需在中途乘坐转机航班，领队应将全团行李直接托运到最终目的地。（   ）

68. 领队在听取计调人员介绍出境旅游团情况时，要认真听，仔细记，对不明白的地方要记下。（   ）

69. 领队从计调人员手中领到该团"出境旅游行程表"后，应在出发集合时发给旅游者。（   ）

70. 领队在接收计调人员交给的旅游目的地国家或地区接待社的日程安排时，应认真核实，若发现其安排与组团社计划有不一致的地方，要及时与目的地接待社联系。（   ）

71. 领队应在出境前的说明会上向所率领的旅游团成员致欢迎词。（   ）

72. 领队在出境前要再次仔细核对游客的证件和签证，向其宣讲出境注意事项。（   ）

73. 领队应告知游客保存好我国海关的《申报单》，以便回国入境时海关查验。（   ）

74. 在旅游团游客办理行李托运前，领队应对全团托运行李件数进行清点。（   ）

75. 在办完出境航班乘机手续后，领队应将机票、登机卡分别发给每一位旅游者，自己则保存好旅游者的护照和行李托运单据。（   ）

76. 如旅游团办理的是团体签证，或到免签国家旅游，领队应出示《中国公民出国旅游团队名单表》及领队证和团体签证，让游客按名单表上的顺序排队，自己站在最后面，逐一通过边防检查。（   ）

77. 领队在行前说明会上介绍出境、入境手续时，应告知旅游者旅游目的地国家或地区海关的有关规定。（   ）

78. 出境旅游领队应当至少提前5分钟到达与旅游者约定的集合地点。（   ）

79. 出境前领队应再次仔细核对旅游者的证件和签证，向旅游者宣讲出境注意事项。（   ）

二、单项选择题（下列各题的选项中，只有一项是正确的，请将正确答案的选项填入括号内）

1. 接待计划是组团旅行社委托有关地方接待旅行社组织落实旅游团活动的（　　）文件。
   A. 指导性　　　　B. 意向性　　　　C. 契约性　　　　D. 建议性
2. 接到应接的旅游团后，地陪应与领队和全陪首先核实旅游团的（　　）。
   A. 行李件数　　　B. 日程安排　　　C. 实到人数　　　D. 特殊要求
3. 地陪在接团前应根据所接旅游团的特点和计划的参观游览项目做好有关（　　）和语言上的准备。
   A. 旅游物质　　　B. 行动计划　　　C. 专业知识　　　D. 导游形象
4. 地陪在旅游团（者）面前的初次亮相是指（　　）。
   A. 寻找旅游者　　B. 沿途导游　　　C. 清点人数　　　D. 接站服务
5. 地陪应提前（　　）抵达迎接旅游者的机场（车站、码头），并与司机商定旅行车停放位置。
   A. 2小时　　　　B. 1小时　　　　C. 半小时　　　　D. 1刻钟
6. 在旅游团抵达的机场（车站、码头）找到旅游团后，地陪应问清旅游团的团名、领队、全陪导游的姓名以及旅游者人数，以防（　　）。
   A. 错接　　　　　B. 误会　　　　　C. 漏接　　　　　D. 空接
7. 在接待国际旅游团时，地陪应在（　　）请旅游者调整时间。
   A. 机场（车站、码头）接到旅游团时　　B. 旅游团旅游者上车后
   C. 致欢迎词后　　　　　　　　　　　　D. 旅游团抵达下榻饭店时
8. 地陪在接待入境旅游团（者）时，应提醒他们做好需要复带出境的（　　）的海关登记。
   A. 所购贵重物品　B. 随身携带衣物　C. 自用贵重物品　D. 所购免税物品
9. 地陪在接到旅游团后，应在前方引导他们到达停车位置，站在（　　），面带笑容搀扶或协助他们上车。
   A. 领队身前　　　B. 司机左侧　　　C. 全陪右侧　　　D. 车门一侧
10. 地陪在迎接旅游团时所致欢迎词的内容应简洁，一般应控制在（　　）左右。
    A. 15分钟　　　　B. 10分钟　　　　C. 8分钟　　　　D. 5分钟
11. 地陪在安排好旅游团入住饭店的各项事宜后，离开饭店前应与领队商定好第二天的（　　）。
    A. 活动安排　　　B. 叫早时间　　　C. 早餐时间　　　D. 出发时间
12. 旅游者抵达饭店后，地陪要协助领队或全陪办理（　　）手续。
    A. 住店登记　　　B. 行李运送　　　C. 客房预订　　　D. 就餐安排
13. 地陪在（　　）之后，应尽快与领队、全陪商量当日或次日活动安排，商定后再向全团宣布次日的活动安排、集合时间与地点。
    A. 旅游者就餐　　B. 首次沿途导游　C. 参观游览　　　D. 入住客房
14. 旅游团（者）下榻饭店后，如发现客房未打扫干净、卫生设备不符合清洁标准、空调器发生故障或房间有蟑螂等问题，且饭店不能及时予以解决，导致旅游者提出换房的

要求时，地陪应要求饭店方面（　　）。
A. 为旅游者更换房间　　　　　　　B. 向旅游者致歉并限期改正
C. 双倍赔偿旅游者损失　　　　　　D. 退还旅行社所预交的房款

15. 送站服务是导游工作的尾声，地陪导游应善始善终，如接待过程中曾发生不愉快的事情，应尽量做好（　　）工作。
A. 致歉　　　　B. 弥补　　　　C. 解释　　　　D. 安抚

16. 作为旅游产品的购买者和消费者，旅游者有权（　　）。
A. 制订旅游路线　B. 调整旅游价格　C. 审核活动计划　D. 更新旅游产品

17. 在征得旅游团（者）及领队、全陪同意的情况下，地陪可以对（　　）做适当调整。
A. 旅游接待规格　B. 旅游计划　　　C. 离站日期　　　D. 活动日程顺序

18. 如果旅游团（者）或其领队提出对活动日程做重大修改的要求，并可能导致旅游接待计划发生较大变动或涉及接待的规格变动时，原则上地陪应予（　　）。
A. 婉言拒绝　　　B. 高度重视　　　C. 积极响应　　　D. 严词拒绝

19. 从参加团体旅游的旅游者角度来看，其出游的主要目的通常是（　　）。
A. 休闲度假　　　B. 参观游览　　　C. 享受优惠　　　D. 结交新友

20. 从接待旅游团的地陪的角度来看，地陪导游服务的中心环节是（　　）。
A. 各站联络服务　B. 生活照料服务　C. 旅游购物服务　D. 参观游览服务

21. 开车后，地陪要向旅游者重申当日的活动安排，其中不包括（　　）。
A. 参观景点的名称　　　　　　　　B. 至游览点途中所需时间
C. 午/晚餐时间和地点　　　　　　D. 旅游者感兴趣的八卦新闻

22. 地陪导游服务的主要环节是（　　）。
A. 活动日程的制订　　　　　　　　B. 旅游团队的陪同
C. 旅游者安全的关注　　　　　　　D. 景点的导游讲解

23. 在地陪导游服务中，传播当地文化和丰富旅游者知识的主要途径是（　　）。
A. 景点的导游讲解　　　　　　　　B. 当地市容的游览
C. 沿途风光的介绍　　　　　　　　D. 旅游者问题的解答

24. 在景点的示意图前，地陪应讲明游览路线，并对景点做（　　）。
A. 概括性介绍　　B. 详细的说明　　C. 分段式讲解　　D. 启发式讲解

25. 在用自助餐时，地陪要强调自助餐的用餐要求，告诫旅游者以（　　）为标准，不可打包带走。
A. 节约　　　　　B. 吃饱　　　　　C. 卫生　　　　　D. 适度

26. 旅游者上车出发游览前，地陪要（　　）。
A. 再次清点旅游团旅游者人数　　　B. 提醒旅游者带好随身物品
C. 介绍当日游览景点的特色　　　　D. 对旅游者的配合表示感谢

27. 在景点游览过程中，地陪要与旅游团领队、全陪密切配合，随时清点人数以防止（　　）。
A. 旅游者财物被偷　　　　　　　　B. 旅游者遭受骚扰
C. 旅游者人身受到损害　　　　　　D. 个别旅游者走失

28. 若旅游者自费预订了风味餐邀请地陪参加时，用餐中地陪应注意的问题是（　　）。

A. 不要举杯敬酒　　　　　　　　　B. 不要反客为主
C. 不要左顾右盼　　　　　　　　　D. 不要随意进出

29. 在核对和商定日程时，若领队提出新增旅游项目，地陪应该（　　）。
   A. 婉言拒绝　　　　　　　　　　B. 及时向组团社反映
   C. 予以驳回　　　　　　　　　　D. 及时向地接社反映

30. 导游应严格按照（　　）的约定安排购物活动，不应向旅游者兜售物品或诱导、强迫、变相强迫旅游者购物。
   A. 与旅游者口头　　B. 旅游合同　　C. 接待计划　　D. 与购物场所

31. 如果境外旅游者打算购买古玩和中草（成）药，地陪应告知我国（　　）的有关规定。
   A. 海关　　　　B. 安检　　　　C. 边防　　　　D. 商检

32. 地陪导游欢迎词的内容一般不包括以下选项中的（　　）。
   A. 问候语　　　B. 欢迎语　　　C. 介绍语　　　D. 感谢语

33. 旅游者人数超过（　　）人时导游必须持导游旗。
   A. 9　　　　　B. 10　　　　　C. 15　　　　　D. 20

34. 如果旅游者要求去不健康的娱乐场所，地陪应（　　）。
   A. 义正词严地提出警告　　　　　B. 直截了当地予以批评
   C. 明哲保身，不予干涉　　　　　D. 有礼貌地进行劝阻

35. 当旅游者离开当地前往下一站时，地陪应在旅游者（　　），核实旅游团（者）离开的交通票据。
   A. 离站前一天　　B. 离站的当天　　C. 抵站后当天　　D. 抵站前一天

36. 旅游团乘飞机离站前一天，地陪应向地接社的行李员了解其与（　　）交接旅游者行李的时间。
   A. 机场行李处　　B. 饭店行李员　　C. 计调部人员　　D. 饭店客房部

37. 送站前，地陪应首先同（　　）商量旅游团离店时间。
   A. 旅游团领队　　B. 旅游团全陪　　C. 旅行车司机　　D. 饭店行李员

38. 如果旅游团乘坐火车、轮船离站，地陪应提前（　　）带领旅游团抵达车站或码头。
   A. 2小时　　　B. 90分钟　　　C. 1小时　　　D. 半小时

39. 旅游团离开饭店前，地陪应在清点该团行李的件数后，按照事先商定的时间将托运的行李交付（　　）。
   A. 饭店行李员　　B. 旅游团全陪　　C. 客房服务员　　D. 旅游团领队

40. 离开饭店前，地陪应询问旅游者是否结清了与饭店的账目，提醒他们带好物品，并将客房钥匙交给（　　）。
   A. 饭店行李员　　B. 饭店服务台　　C. 客房服务员　　D. 饭店门童

41. 送走旅游团后，地陪要与司机办理（　　）。
   A. 用车手续　　B. 结账手续　　C. 交接手续　　D. 委托手续

42. 一天旅游活动结束后，在返回的途中，地陪导游可用（　　）对当天参观、游览的内容进行小结。
   A. 我问客答法　　B. 触景生情法　　C. 画龙点睛法　　D. 由点及面法

43. 送走旅游团后，地陪应按地接社的具体要求在规定的时间内，填写清楚有关接待和财

务结算表格，连同保留的单据、活动日程表等按规定上交有关人员，并到（　　）结清账目。

A. 财务部门　　　　B. 计调部门　　　　C. 接待部门　　　　D. 外联部门

44. 在接待入境旅游团（者）时，全陪应提前（　　）到达接站地点，与首站接待的地陪一起迎接旅游团。

A. 15 分钟　　　　B. 半小时　　　　C. 45 分钟　　　　D. 1 小时

45. 全陪带领旅游团乘坐交通工具赴下一站，要积极争取（　　）的支持和配合，安排好旅游者的途中生活。

A. 旅游团旅游者　　　　　　　　B. 其他乘客
C. 交通运营管理部门　　　　　　D. 交通营运部门工作人员

46. 在迎接首站国内旅游团时，全陪应提前（　　）到达组团社事先与旅游者约定的集合地点，等候他们的到来。

A. 2 小时　　　　B. 1 小时　　　　C. 半小时　　　　D. 10 分钟

47. 全陪与旅游者首次见面的介绍通常与（　　）结合在一起。

A. 致欢迎词　　　B. 日程核商　　　C. 沿途导游　　　D. 风光介绍

48. 全陪在与地陪核对和商定旅游日程安排时应以（　　）为依据。

A. 旅游者意见　　B. 接待计划　　　C. 旅游法规　　　D. 当地法规

49. 在核商旅游活动日程时，如果全陪发现地接社对活动日程做了较大变动，应及时向（　　）报告。

A. 地接社　　　　B. 旅游团　　　　C. 组团社　　　　D. 旅游局

50. 全陪应在离开上一站之前向（　　）通报旅游团的情况。

A. 组团社计调部　B. 组团社接待部　C. 上一站　　　　D. 下一站

51. 如旅游团配备行李车，全陪应将旅游者的行李集中，并与领队、地陪一起进行清点，然后移交给（　　）。

A. 地陪导游　　　B. 地接社行李员　C. 饭店行李员　　D. 旅游团领队

52. 当入境旅游团进入所下榻的饭店后，全陪应协助（　　）办理入住登记手续。

A. 地陪　　　　　B. 旅游者　　　　C. 饭店服务员　　D. 旅游团团长

53. 当本地首发的国内旅游团进入所下榻的饭店后，（　　）应为旅游团办理入住登记手续。

A. 地陪　　　　　B. 旅游团领队　　C. 全陪　　　　　D. 旅游团团长

54. 地陪导游致欢送词时，祝愿语的目的是（　　）。

A. 对旅游者及领队、全陪、司机的合作表示感谢
B. 诚恳地征询意见和建议
C. 表达友谊和惜别之情
D. 表达美好的祝愿，期待再次相逢

55. 如果入境旅游团预订乘坐的航班（车次、船次）离开首站的时间发生变化，全陪应在得到确切信息后，迅速通知（　　）。

A. 下一站的地接社　　　　　　　B. 客源地的组团社
C. 目的地的组团社　　　　　　　D. 其后各站地接社

56. 全陪应保管好机（车、船）票和行李托运单，抵达下一站时将其交予负责接待该旅游团的（　　）。
   A. 地接计调员　　　B. 地陪　　　C. 旅游车司机　　　D. 地接行李员

57. 地陪导游带领旅游团赴景点游览，开车后，地陪导游应首先向旅游者（　　）。
   A. 介绍沿途风光　　　　　　　　B. 重申当日活动安排
   C. 介绍旅游景点　　　　　　　　D. 活跃气氛旅游者

58. 下列旅游团队信息中，不属于地陪导游应予熟悉的是（　　）。
   A. 旅游团名称　　　B. 旅游团种类　　　C. 旅游团等级　　　D. 组团社标志

59. 旅游团离店赴机场（车站、码头）途中，地陪导游应对该团在当地的旅游行程，包括行、游、住、食、购、娱等方面做一个概要性的回顾，目的是（　　）。
   A. 加深旅游者对当地旅游经历的体验　　B. 加深旅游者对当地旅游风貌的了解
   C. 加深旅游者对当地旅游资源的感知　　D. 加深旅游者对当地旅游活动的感情

60. 送旅游团乘坐飞机，地陪导游应在（　　）方可离开机场。
   A. 与旅游者告别后　　　　　　　B. 旅游者办完出境手续后
   C. 旅游者进入安检区域后　　　　D. 旅游者所乘飞机起飞后

61. 接到旅游团后，若先抵达饭店，导游同旅游团领队核对和商定日程一般在（　　）进行。
   A. 饭店大堂　　　B. 领队房间　　　C. 全陪导游房间　　　D. 机场

62. 导游应根据旅游团的（　　）来确定商谈日程的对象。
   A. 人数　　　B. 要求　　　C. 构成　　　D. 性质

63. 全陪、地陪和领队核对、商定旅游团活动日程的主要目的是（　　）。
   A. 提供周到的服务　　　　　　　B. 满足旅游者的需求
   C. 尊重领队的职权　　　　　　　D. 尊重领队的人格

64. 在地陪与领队、全陪商量日程时，若领队、全陪的旅行计划与地陪的接待计划有部分出入，地陪的处理办法应该是（　　）。
   A. 以领队、全陪的计划为准　　　B. 以地陪手中的计划为准
   C. 以双方商定的计划为准　　　　D. 及时报告地接社

65. 境外旅游团入境登车后，地陪要做的第一件事是（　　）。
   A. 致欢迎词　　　B. 调整时差　　　C. 清点人数　　　D. 进行风光导游

66. 下列关于全陪接团后首次讲解内容的说法中，错误的是（　　）。
   A. 介绍地陪　　　B. 致欢迎词　　　C. 介绍行程安排　　　D. 介绍各地地接社

67. 送走旅游团后，地陪应提交（　　）及旅游服务质量评价表，并及时归还在地接社里所借物品。
   A. 旅游团费用明细　　　　　　　B. 带团总结
   C. 财务报表　　　　　　　　　　D. 导游日志

68. 某旅游团计划乘16：00的航班离开北京飞往香港，地陪小唐应在（　　）之前将该团送到机场。
   A. 13：00　　　B. 13：30　　　C. 14：00　　　D. 14：30

69. 某旅游团按计划将于次日乘早班飞机离开某市，而餐厅无法提供正常早餐。在这种情

况下,地陪的正确做法是( )。
A. 与餐厅经理交涉,要求餐厅提供早餐　　B. 帮助旅游者提前在外卖店代购
C. 请旅游者自行解决次日的早餐　　D. 请餐厅提前准备简便的餐食

70. 地陪给旅游者留下良好第一印象的服务环节是( )。
A. 致欢迎词　　B. 沿途风光导游
C. 入住饭店服务　　D. 景点导游讲解

71. 旅游团在景点游览时若遇到小贩对旅游者强拉强卖,地陪应立即( )。
A. 报警　　B. 报告城管人员
C. 报告旅行社　　D. 提醒旅游者不要上当

72. 下列关于地陪的工作中,属于旅游团离店前应做好的工作是( )。
A. 通知饭店退房　　B. 向全陪移交交通票据
C. 集中交运行李　　D. 向旅游者征求意见

73. 由于旅游团在各站的行、游、住、食、购、娱以各地的地陪为主,全陪的主要工作首先是( )。
A. 负责各站之间的有机衔接　　B. 协助地陪做好各项服务
C. 检查接待计划在各站的落实　　D. 协助处理发生的旅游事故

74. 全陪送走旅游团后,要认真处理好旅游团的( )。
A. 情况汇报　　B. 意见建议　　C. 旅游者回访　　D. 遗留问题

75. 全陪提供生活服务时,应按照( )的原则,帮助旅游者解决旅行过程中的一些疑难问题。
A. 合理而可能　　B. 宾客至上　　C. 顾客就是上帝　　D. 一切为了旅游者

76. 地陪在接小型旅游团或无领队、无全陪的散客旅游团时,要在接站牌上写上( ),以便旅游者能主动与地陪联系。
A. 地接社名称　　B. 组团社名称　　C. 导游姓名　　D. 旅游者姓名

77. 旅游团早上出发游览时,地陪应至少提前( )分钟到达集合地点。
A. 30　　B. 20　　C. 10　　D. 5

78. 地陪导游在阅读接待计划时,要对其中的重点或疑难之点做( )。
A. 汇报　　B. 记录　　C. 分析　　D. 评估

79. 地陪到达机场后,得知所接旅游团所乘航班晚点,但晚点时间不长,地陪应该( )。
A. 继续在机场等待　　B. 立即将情况报告地接社
C. 与司机商量返回　　D. 立即将情况报告组团社

80. 全陪应提前熟悉旅游团里特殊旅客的情况,以下不属于特殊旅游者的是( )。
A. 残疾人　　B. 儿童　　C. 记者　　D. 教师

81. 若地接社为旅游团配备了行李车,地陪导游应提前与( )联系,告知旅游团的名称、人数和行李运送地点。
A. 全陪导游　　B. 领队　　C. 司机　　D. 行李员

82. 在接团当天,地陪导游应及早与有关方面联系,主要目的是了解旅游团( )。
A. 实际人数　　B. 人员情况　　C. 特殊要求　　D. 抵达的准确时间

83. 地陪导游带领旅游者到餐厅用第一餐时，应告知他们（　　），以免产生误会。
    A. 菜肴的主要特色　　　　　　　　B. 酒水的主要品种
    C. 餐厅的主要设施　　　　　　　　D. 用餐的有关规定

84. 地陪导游带领旅游团到餐厅用第一餐时，应将领队介绍给餐厅经理或主管服务员，核实餐厅是否根据该团用餐的（　　）安排团餐。
    A. 人员情况　　　　　　　　　　　B. 特殊要求和饮食忌讳
    C. 主要嗜好　　　　　　　　　　　D. 日常习俗

85. 旅游团（者）下榻饭店后，如发现客房未打扫干净、卫生设备不符合清洁标准、空调器发生故障或房间有蟑螂等问题，地陪导游应及时与饭店联系予以解决，并向旅游者表示（　　）。
    A. 同情　　　　B. 安慰　　　　C. 歉意　　　　D. 关怀

86. 2016年4月，国家旅游局和交通运输部联合下发了《关于进一步规范导游专座等有关事宜的通知》，规定（　　）为导游专座，旅游者不能抢占。
    A. 司机背后第一排靠过道的侧位
    B. 司机背后第一排靠窗的侧位
    C. 前门侧第一排的乘客座椅靠通道的侧位
    D. 前门侧第一排的乘客座椅靠窗的侧位

87. 地陪导游首次沿途导游介绍本地概况时，应包括地理位置、行政区划、人口、（　　）、文化传统、历史沿革等。
    A. 教育水平　　　B. 文化名人　　　C. 居民生活　　　D. 社会风气

88. 为了保证安全，在带旅游团乘坐旅游车时地陪导游应当坐在（　　）上。
    A. 导游专座　　　　　　　　　　　B. 旅游车任一座位
    C. 旅游车最前方加座　　　　　　　D. 旅游车最后排座位

89. 全陪导游熟悉旅游团行程计划的目的是更好地把握行程中旅游活动的（　　），保证旅游团的旅游行程能够安全、顺利地完成。
    A. 频率　　　　B. 方式　　　　C. 节奏　　　　D. 力度

90. 旅游团的行程计划是组团社与境外旅行社或旅游者所签包价旅游合同的重要组成部分，也是组团社与相关接待社需共同执行的（　　）。
    A. 合同标准　　　B. 合同文本　　　C. 法定文件　　　D. 意向性文件

91. 如全陪导游带领的旅游团赴华东线旅游，应准备的专业知识主要是（　　）。
    A. 历史文化知识　　B. 石窟艺术知识　　C. 园林艺术知识　　D. 喀斯特地貌知识

92. 如全陪导游带领的旅游团赴西北地区旅游，应准备的专业知识主要是（　　）。
    A. 古建筑知识　　B. 园林艺术知识　　C. 石窟艺术知识　　D. 少数民族知识

93. 在迎接入境旅游团时，全陪导游应在接团前（　　）与首站地接社联系，了解接待工作详细的安排情况。
    A. 1天　　　　B. 3天　　　　C. 5天　　　　D. 7天

94. 在接到应接的旅游团后，全陪导游应就旅游全程安排向旅游者进行简明扼要的介绍，其目的是尽快与旅游者建立起（　　）关系。
    A. 信用　　　　B. 信任　　　　C. 诚信　　　　D. 情感

95. 为使旅游者进入饭店后尽快办妥入住手续，顺利进入客房，全陪导游应做好（　　）。
   A. 提前安排　　　B. 沟通协调　　　C. 分房方案　　　D. 登记入住

96. 全陪导游可根据旅游者的特点和旅途中的具体情况，或适时组织一些健康的文化娱乐活动，或进行（　　）。
   A. 专题活动　　　B. 专题讲解　　　C. 主题讨论　　　D. 工作安排

97. 全陪导游准备带一个湖北的旅游团去陕西旅游，他应准备的专业知识主要是（　　）。
   A. 少数民族方面　B. 历史文物方面　C. 石窟艺术方面　D. 风景名胜方面

98. 上团前，全陪导游应掌握所接旅游团的全面情况，研究旅游团的特点、重点旅游团成员和旅游者的特殊要求，以便提供有（　　）的服务。
   A. 灵活性　　　　B. 计划性　　　　C. 生动性　　　　D. 针对性

99. 出境旅游领队在出境前的说明会上应发给旅游者的资料是（　　）。
   A. 旅游签证/签注　B. 旅游行程表　　C. 交通票据　　　D. 团队名单表

100. 由于世界各国对入境旅客所携物品、货币、烟酒的限量各不相同，出境旅游领队在带团出境前应对目的地国家海关的这方面规定有所了解，其了解的途径应是（　　）。
   A. 我国出版的出境旅游指南　　　　B. 百度网页
   C. 其他出境旅游领队　　　　　　　D. 目的地国家驻华使馆网页

101. 全团旅游者通过目的地国家海关后，出境旅游领队应将他们的（　　）收齐，由自己统一保管。
   A. 护照　　　　　B. 机票　　　　　C. 小费　　　　　D. 黄皮书

102. 在与旅游目的地国家接待社导游商谈日程时若出现不能解决的争议，出境旅游领队的处置办法是（　　）。
   A. 报告我国驻该国使领馆　　　　　B. 报告国内组团社
   C. 与当地接待社联系　　　　　　　D. 与旅游团旅游者商量

103. 在旅游目的地国家或地区旅游期间，若发现当地接待社或导游存在不履行合同的情况，出境旅游领队应代表旅游团（　　），以维护旅游者的合法权益。
   A. 提出赔偿　　　B. 进行投诉　　　C. 提出警告　　　D. 进行交涉

104. 若旅游目的地国家或地区导游私自增加自费项目时，出境旅游领队首先应该（　　）。
   A. 对其进行劝说　　　　　　　　　B. 向其提出警告
   C. 报告当地接待社　　　　　　　　D. 报告国内组团社

105. 在境外一地旅游结束时，出境旅游领队应（　　）将小费分别递送给当地导游和司机。
   A. 让旅游者代表　　　　　　　　　B. 让部分旅游者
   C. 当着全体旅游者的面　　　　　　D. 背着全体旅游者

106. 如旅行社为出境旅游团购买的是往返机票或联程机票，出境旅游领队要在旅游团离开旅游目的地国家前（　　）或通过当地地接社导游对该机票进行确认。
   A. 72 小时　　　B. 78 小时　　　C. 82 小时　　　D. 84 小时

107. 当旅游者的行李在机场系上行李牌后，出境旅游领队要再次清点行李件数，并与（　　）一起核实。

A. 旅行社行李员　　B. 机场行李员　　C. 值机柜台人员　　D. 当地导游员

108. 由于不同国家对旅游者购物退税的规定不尽相同，有的是先办理乘机手续，有的是先办理海关手续，因此，出境旅游领队在带领旅游者办理退税手续时须向（　　）查询，然后告知旅游者。
    A. 机场　　　　　　　　　　　　B. 该国驻华使领馆网站
    C. 航空公司网站　　　　　　　　D. 我国驻该国使领馆网站

109. 出境旅游领队带领旅游者归国入境的程序是（　　）。
    A. 接受入境边防检查—领取托运行李—接受海关检查—接受检验检疫
    B. 接受海关检查—接受入境边防检查—接受检验检疫—领取托运行李
    C. 接受检验检疫—接受入境边防检查—领取托运行李—接受海关检查
    D. 领取托运行李—接受入境边防检查—接受海关检查—接受检验检疫

110. 旅游团（者）与地陪之间开始实质性合作的标志是（　　）。
    A. 办理饭店入住手续　　　　　　B. 核商旅游日程安排
    C. 安排饭店的第一顿餐　　　　　D. 引导游客进客房

111. 地陪如果发现日程安排与接待计划之间存在差异，应立即与（　　）的有关人员联系弄清，以免在接待旅游团时发生麻烦。
    A. 地接社　　B. 国内组团社　　C. 境外组团社　　D. 旅游管理部门

112. 如果地陪在接到旅游团后发现该团人数发生了变化，应及时通知（　　），变更旅游团的住宿和餐饮安排。
    A. 组团社　　B. 地接社　　C. 下榻饭店　　D. 用餐餐厅

113. 地陪导游在行车途中所做的沿途风光导游要与游客的（　　）。
    A. 思维同步　　B. 观赏同步　　C. 需要一致　　D. 心理相符

114. 如果个别游客愿意留在饭店或不随团活动，地陪应问清情况并协助安排，必要时向（　　）通报，请其予以适当的关照。
    A. 地接社计调部　　B. 该团全程陪同　　C. 饭店有关部门　　D. 该团随行领队

115. 进入景点（参观点）后，地陪应按预先设计的游览路线进行导游讲解，以提高景点导游讲解的（　　）。
    A. 浸润功能　　B. 轰动效应　　C. 预期效果　　D. 整体效果

116. 接待计划是地方导游了解旅游团基本情况和安排当地活动日程的（　　）。
    A. 主要依据　　B. 指导原则　　C. 工作标准　　D. 参考意见

117. 在当地旅游期间，如果游客提出自费观赏或参加某项文娱活动的要求，地陪一般应（　　）。
    A. 予以婉拒　　B. 积极推荐　　C. 予以协助　　D. 设法回避

118. 如果旅游团离开本地赴下一站，地陪通常应在旅游团离开当日（　　）办理退房手续。
    A. 12时前　　　　　　　　　　　B. 15时前
    C. 18时前　　　　　　　　　　　D. 按饭店规定的结算时间

119. 国内旅游团在景点游览时，（　　）应走在旅游团的后面，招呼滞后的游客。
    A. 地陪导游　　B. 旅游团领队　　C. 旅游团团长　　D. 全陪导游

120. 送外国旅游团出境时，全陪和地陪可在（　　）离开机场。
    A. 旅游团所乘航班起飞后　　　　　B. 旅游团办理登机出境手续时
    C. 与旅游团成员交接行李后　　　　D. 旅游团进入安检区后

121. 在与境外旅游团领队核对、商定日程时，如果领队手中的日程与全陪的接待计划有出入，全陪应（　　）。
    A. 与地陪协商解决
    B. 请领队征求全团游客意见后合理处理
    C. 及时报告组团社
    D. 向领队解释我方接待计划是有根据的，不能改动

122. 下列旅游项目中，不属于"出境旅游行程表"应列内容的是（　　）。
    A. 旅游线路安排　　　　　　　　　B. 目的地国家紧急救援电话
    C. 购物、娱乐安排　　　　　　　　D. 组团社与接待社联系人与电话

123. 组团社出境旅游团后勤人员向领队移交的"中国公民出国旅游团队名单表"为一式（　　）联。
    A. 二　　　　　B. 三　　　　　C. 四　　　　　D. 五

124. 下列介绍的内容中，不属于组团社计调人员向领队介绍内容的是（　　）。
    A. 旅游团的构成情况　　　　　　　B. 旅游团的特点
    C. 旅游团的行程　　　　　　　　　D. 旅游团的特殊要求

125. 在出境前的说明会上，领队在介绍出境旅游的有关情况和注意事项时，应特别予以强调的是（　　）。
    A. 旅游团的出发时间和集合地点　　B. 旅游活动中的文明礼貌
    C. 出外旅游期间的团结互助　　　　D. 旅游活动时的集体行动

126. 在与境外接待社导游商讨活动日程时，如发现对方的接待计划减少了一个项目，领队应（　　）。
    A. 立即与组团社联系　　　　　　　B. 与当地导游员协商解决
    C. 打电话给接待社问明原因　　　　D. 请当地导游与接待社联系

127. 若旅游目的地国家或地区导游私自增加自费项目时，出境旅游领队首先应该（　　）。
    A. 对其进行劝说　　B. 向其提出警告　　C. 报告当地接待社　　D. 征求旅游者意见

128. 在离境机场的航空公司柜台前，领队应主动向柜台工作人员报告（　　），并递上全团护照，领取登机牌。
    A. 旅游团名称　　B. 旅游团团号　　C. 乘机人数　　D. 所乘航班

129. 在办理离境手续时，无须填写出境卡的是持（　　）旅游团。
    A. ADS 签证　　B. 商务签证　　C. 留学签证　　D. 另纸团体签证

130. 下列出境旅游资料中，领队应在说明会上发给旅游者的是（　　）。
    A. "出境旅游行程表"　　　　　　　B. 出入境登记卡
    C. "中国公民出国旅游团队名单表"　D. 接待计划书

131. 出境旅游领队在出境过程中，应对（　　）进行精心保管。
    A. 出入境登记卡　　B. 交通票据　　C. 海关申报单　　D. 旅游者护照

132. 在行前说明会上，领队进行行程说明时必须强调行程表上（　　）有可能因某些原

因发生变化。

A. 游览项目　　B. 游览顺序　　C. 行程安排　　D. 住宿饭店

三、多项选择题（每题有 2~5 个正确答案，多选、少选或错选均不得分，请将你认为正确的选项填入括号内）

1. 地陪导游服务的准备工作主要包括熟悉接待计划、（　　）等方面。
   A. 物质准备　　B. 形象准备　　C. 知识准备　　D. 财务准备
   E. 心理准备

2. 地陪导游服务准备工作中的熟悉接待计划，包括（　　）。
   A. 旅游团基本信息　　　　　B. 旅游团成员情况
   C. 旅游团抵离本地情况　　　D. 旅游团各地地接社情况
   E. 特殊要求和注意事项

3. 地陪导游服务准备工作中落实住房，应熟悉旅游团所住饭店的位置、概况、服务设施和服务项目，如（　　）等。
   A. 距市中心的距离　　　　　B. 附近有何购物娱乐场所
   C. 饭店入住率　　　　　　　D. 交通状况
   E. 特殊要求和注意事项

4. 地陪导游若接待重点旅游团，应提前到该团下榻的饭店向饭店接待人员了解对该团的排房情况，并向他们告知（　　）。
   A. 该团抵达的时间　　　　　B. 该团的人员构成
   C. 该团的特点　　　　　　　D. 该团的文化水平
   E. 旅游车车牌号

5. 地陪导游应事先与旅行社计调人员核实旅游团所住客房的（　　）是否与旅游接待计划相符。
   A. 房间设施　　B. 房间数目　　C. 室内装饰　　D. 房间类型
   E. 用房时间

6. 在旅游团抵达前，地陪导游要向该团用餐的餐馆了解落实情况，告知该团的（　　）。
   A. 用餐人数　　B. 餐饮标准　　C. 酒水品牌　　D. 用餐日期
   E. 特殊要求

7. 如接待计划中有地陪导游不熟悉的游览景点，地陪导游在接团前应了解该景点的（　　）。
   A. 所在位置　　B. 行车线路　　C. 主要设施　　D. 最佳游览线路
   E. 厕所位置

8. 如果地接社为旅游团安排了行李车，地陪导游应与行李员联系，告知旅游团（　　）。
   A. 抵达的时间　　B. 抵达的地点　　C. 就餐的餐馆　　D. 下榻的饭店
   E. 游览的景区

9. 地陪导游应提前与陪同旅游团的全陪导游取得联系的目的是（　　）。
   A. 商量活动日程　　　　　　B. 了解该团有何变化
   C. 约定接团时间　　　　　　D. 通报下榻的饭店

E. 约定接团地点

10. 在接团前,地陪导游应准备的工作物品有（　　）等。
    A. 电子导游证　　　B. 导游旗　　　C. 手机及充电器　　　D. 行李牌
    E. 通讯录以及按旅游团人数发放的物品

11. 地陪导游在接团前应做好的心理准备有（　　）。
    A. 准备面临艰苦复杂的工作
    B. 准备接受旅游执法人员可能的检查
    C. 准备承受旅游者的抱怨和投诉
    D. 准备面对形形色色的"精神污染"和"物质诱惑"
    E. 准备接受旅行社领导的批评

12. 在旅游团抵达前,地陪了解旅游者所乘交通工具抵达的准确时间的途径有（　　）。
    A. 与旅游团的全陪联系　　　　　　B. 与旅游团领队联系
    C. 查询航班（车次）动态 App　　　D. 与地接社计调部联系
    E. 与机场车站、码头问讯处联系

13. 地陪导游服务程序中的接站服务包括（　　）等内容。
    A. 旅游团抵达前的业务安排　　　B. 旅游团抵达后的服务
    C. 赴饭店途中服务　　　　　　　D. 核商日程
    E. 景点导游讲解

14. 赴饭店途中的导游服务是地陪首次向旅游者提供的导游服务,除了要持热情友好的态度之外,地陪还应在（　　）方面展现其职业素养。
    A. 胆略　　　B. 气质　　　C. 策略　　　D. 学识
    E. 语言

15. 为将旅游者的注意力快速吸引到自己身上来,地陪的欢迎词要有（　　）。
    A. 激情　　　B. 特点　　　C. 新意　　　D. 吸引力
    E. 力量

16. 地陪在进行沿途风光导游时应（　　）。
    A. 循循善诱　　　B. 简明扼要　　　C. 取舍得当　　　D. 见人说人
    E. 见物说物

17. 旅游车驶进下榻饭店后,地陪应在旅游者下车前向其讲清下次的（　　）。
    A. 停车地点　　　B. 旅行路线　　　C. 集合时间　　　D. 集合地点
    E. 餐食特色

18. 地陪应该在饭店前台处领取印有（　　）的饭店卡片分发给旅游者。
    A. 饭店设施　　　B. 饭店名称　　　C. 饭店地址　　　D. 饭店星级
    E. 饭店电话

19. 作为旅游产品的购买者和消费者,旅游者有权（　　）。
    A. 更改旅游合同　　　B. 改变旅游协议　　　C. 审核活动计划　　　D. 提出修改意见
    E. 调整产品价格

20. 在核商旅游活动日程时,如果地陪发现地接社发给他的接待计划与旅游团领队或全陪出示的旅游计划之间存在明显差异,应立即向地接社领导汇报,并请求迅速查明原因,以便（　　）。
A. 减少损失　　B. 分清责任　　C. 规避风险　　D. 及时调整
E. 追究责任

21. 地陪提供的参观游览服务主要包括（　　）等项内容。
A. 出发前的服务　　　　　　B. 赴景点途中的服务
C. 抵达景点后的导游服务　　D. 回程中的导游服务
E. 返程后的总结

22. 地陪在带领旅游团（者）出发前往旅游景点（参观点）之前，应做好（　　）等准备工作。
A. 准备物品　　　　　　B. 核实实到人数
C. 引导旅游者上车　　　D. 提醒注意事项
E. 沿途导游

23. 在前往景区的沿途导游过程中，地陪应（　　）。
A. 重申当日活动安排　　B. 了解旅游者生活需求
C. 进行沿途风光导游　　D. 介绍旅游景点
E. 进行旅游者满意调查

24. 旅游团回到饭店后，地陪应在旅游者下车前预报晚上和次日的（　　）。
A. 活动日程　　B. 天气变化　　C. 出发时间　　D. 路途状况
E. 集合地点

25. 对于旅游团在饭店以外的餐馆用餐，地陪应事先核实地接社计调部门联系的（　　）和特殊要求。
A. 用餐地点　　B. 用餐时间　　C. 用餐酒水　　D. 用餐人数
E. 用餐标准

26. 对于计划内的风味餐，地陪应与计调部门确认用餐的（　　），并予以落实。
A. 价格　　B. 人数　　C. 酒水　　D. 标准
E. 时间

27. 送站服务是地陪导游服务的最后一环，包括（　　）等项内容。
A. 送站前服务　　B. 结账服务　　C. 离店服务　　D. 送行服务
E. 善后服务

28. 在景点游览过程中，地陪的导游活动应做到（　　）。
A. 导游与讲解的结合　　　　B. 观赏与拍照的结合
C. 适当集中与分散的结合　　D. 劳与逸的结合
E. 老年与青年旅游者的结合

29. 在送行服务阶段，当旅游车到达机场（车站、码头）后，地陪应做好的工作有（　　）。
A. 协助旅游者下车　　　　B. 发放"旅行社旅游服务质量评价意见表"
C. 办理离站手续　　　　　D. 与司机结账
E. 送别旅游者

30. 地陪做好接团小结的目的是（　　）。

A. 接待工作有始有终

B. 涉及相关接待单位，如餐厅、饭店、车队等方面的意见，地陪应主动说明真实情况，由旅行社有关部门向这些单位转达旅游者的意见或谢意

C. 涉及一些旅游者意见较大或比较严重的问题时，地陪要整理成书面材料，内容要翔实，尽量引用原话，并注明旅游者的身份，以便旅行社有关部门和相关单位进行交涉

D. 若发生重大事故，应实事求是地写出事故报告，及时向接待社和组团社汇报

E. 由于自身原因导致接团中出现问题的，要认真思考，积极调整，总结提高

31. 全陪在接团前的准备工作主要包括（　　）等内容。
   A. 熟悉接待计划　　B. 相关知识准备　　C. 制订活动日程　　D. 相关物品准备
   E. 首站接待联系

32. 全陪应通过对接待计划的熟悉，了解和掌握旅游团（　　）。
   A. 基本情况　　　B. 旅游偏好　　　C. 行程计划　　　D. 关心的热点
   E. 思想倾向

33. 全陪应做好必要的物质准备，主要包括（　　）。
   A. 必备证件　　　B. 少量现金　　　C. 接团资料　　　D. 旅游者信息
   E. 个人物品

34. 全陪在旅游团抵达各站时应做好的旅游者安全工作主要有（　　）等。
   A. 入店时提醒旅游者将贵重物品存放在饭店前台保险柜里
   B. 提醒旅游者睡觉时关好门窗，不要躺在床上抽烟
   C. 下车时提醒旅游者带好随身物品
   D. 游览时协助旅游者看管好随身物品
   E. 游览中注意旅游者动向，防止走失

35. 全陪与旅游团首次见面的介绍通常与欢迎词结合在一起，主要内容包括（　　）。
   A. 向全团做自我介绍　　　　　　B. 代表组团社和个人对旅游者表示欢迎
   C. 介绍主要旅游景点　　　　　　D. 表达愿为旅游者提供服务的真诚愿望
   E. 概略介绍旅游行程

36. 全陪带领旅游团抵达下一站时应提供的服务主要有（　　）等。
   A. 联络通报　　　B. 沿途导游　　　C. 自我介绍　　　D. 景点介绍
   E. 接洽转递

37. 旅游团在各站停留期间，全陪的工作主要有（　　）。
   A. 协助地陪导游的各项工作　　　B. 提供导游讲解服务
   C. 维护和保障旅游者安全　　　　D. 检查各站的服务质量
   E. 安排旅游团的活动日程

38. 全陪的首站（入境站）接团服务工作包括（　　）等内容。
   A. 联系司机　　　　　　　　　　B. 迎接旅游团
   C. 确认实到人数　　　　　　　　D. 首站讲解
   E. 核商日程

39. 旅游团在景点游览时，全陪提供的服务主要包括（　　）。

A. 督促旅游者跟团　　　　　　　　B. 历史典故的讲解
C. 寻找走失的旅游者　　　　　　　D. 陪同走散旅游者
E. 照顾生病的旅游者

40. 全陪应通过（　　）等途径对各站的接待服务质量和接待计划落实情况进行检查和监督。
A. 服务类型　　B. 计划实施　　C. 计划调整　　D. 督促改进
E. 审核团费

41. 在旅游团结束在一地的旅游活动，准备前往下一站前，全陪应做好（　　）等工作。
A. 提醒地陪导游核实旅游团的交通票　　B. 清点和交接行李
C. 向地陪致谢　　　　　　　　　　　　D. 向司机致谢
E. 与饭店结算

42. "全陪日志"的内容包括（　　）。
A. 旅游团的基本情况　　　　　　　　　B. 旅游者抱怨和不满最多的内容
C. 发生的问题及事故的处理经过　　　　D. 旅游日程安排及旅程中的交通运输情况
E. 旅游者对食、住、行、游、购、娱等方面的满意程度

43. 导游在准备工作物品时应重点检查导游旗，主要应检查的内容包括（　　）。
A. 旗面印制的旅行社名称　　　　　　　B. 旗面印制的标志或产品名称
C. 确保字迹清晰、易辨识　　　　　　　D. 无违背公序良俗的文字、符号或图案
E. 导游旗的形状、大小

44. 对旅游者提出观看计划外的某一文娱节目，地陪导游在给予必要协助的同时应告知他们（　　）。
A. 演出的时间　　B. 演出的地点　　C. 演出的人员　　D. 演出的背景
E. 演出的票价

45. 在旅游团旅游者品用风味餐时，地陪导游应介绍该风味餐的（　　）。
A. 历史　　B. 特色　　C. 吃法　　D. 人文精神
E. 平均价位

46. 如果地陪导游在接到旅游团后发现该团人数发生了变化，应及时通知旅行社，变更旅游团的（　　）安排。
A. 餐饮　　B. 用车　　C. 住宿　　D. 游览
E. 购物

47. 导游持导游旗应注意的事项包括以下（　　）。
A. 保持旗杆直立
B. 旗面位于旅游者易辨识的方位
C. 不应使用过多或造型怪异的挂饰
D. 暂不使用导游旗时，妥善放置，不应垫坐、玩耍
E. 暂不使用导游旗时，可以用其垫坐

48. 地陪带领旅游团在当地餐馆用餐完毕后，要填写"餐饮费结算单"。地陪在该结算单上应填写的内容包括（　　）。
A. 旅游团人数　　　　　　　　　　　　B. 实际用餐人数

C. 用餐标准 D. 用餐情况
E. 饮用酒水数量

49. 在景点游览过程中,导游应及时提醒旅游者如厕,并特别关注（　　）等特殊人群。
A. 年轻人　　　B. 老年人　　　C. 未成年人　　　D. 残疾人
E. 带孩子的人

50. 旅游团抵达旅游景点游览之前,地陪应向旅游者讲清的问题有（　　）。
A. 游览结束后的集合时间和地点　　B. 旅游车的型号、颜色、标志和车号
C. 进入景点后的游览线路　　D. 游览景点的位置及其周边情况
E. 游览中的注意事项及安全

51. 地陪在旅游团入住饭店时应做好的工作主要有（　　）等。
A. 协助办理入住手续　　B. 介绍饭店设施和大堂副理
C. 照顾行李进房　　D. 处理旅游者进房的有关问题
E. 确定叫早时间

52. 下列关于旅游团用餐时地陪进行导游服务的说法中,正确的有（　　）。
A. 地陪导游应介绍餐厅设施、菜肴特色　　B. 告知旅游者餐饮标准所含范围与自费项目
C. 监督、检查餐厅是否按标准提供服务　　D. 引导旅游者文明用餐,使用公筷公勺
E. 巡视用餐3~4次,解答旅游者在用餐中提出的问题

53. 抵达景点后,地陪导游对景点有关景物进行导游讲解,应提前对讲解的内容有所准备,包括（　　）。
A. 构思　　B. 计划
C. 先讲什么、后讲什么　　D. 哪些多讲、哪些少讲
E. 轮廓性了解、能完成向导

54. 地陪导游送别旅游者所致欢送词的主要内容有（　　）。
A. 问候语　　B. 回顾语　　C. 惜别语　　D. 感谢语
E. 祝愿语

55. 途中服务是指全陪导游在陪同旅游团离开某地前往下一站的路途上为旅游者提供的服务,主要有（　　）等内容。
A. 提醒旅游者注意人身和财物安全　　B. 做好旅游者生活照料服务
C. 向乘务人员致谢　　D. 与旅游者进行信息沟通
E. 保管好交通票据和行李托运单

56. 当旅游团抵达下一站时,全陪导游应向地陪导游转告旅游团的情况有（　　）。
A. 旅游者的情绪　　B. 旅游者的要求
C. 旅游团中的"活跃人物"　　D. 旅游团的构成
E. 旅游者的身体状况

57. 由于旅游团在各站的行、游、住、食、购、娱由各地的地陪导游安排,全陪导游的主要工作首先是（　　）。
A. 承担各站之间的联络通报　　B. 承担各站之间的有机衔接
C. 按接待计划对各站服务进行协助　　D. 按接待计划对各站服务进行检查
E. 按接待计划对各站服务进行管理

58. 在旅游过程中全陪导游必须维护和保障旅游者安全，在景点游览中全陪导游应（   ）。
    A. 如发现形迹可疑者，提醒旅游者照看好自己的随身物品
    B. 道路崎岖不平时，提醒旅游者走路小心
    C. 对老弱者施以援手
    D. 让生病的旅游者尽量在饭店休息
    E. 天气异常时，提醒旅游者增减衣物

59. 全陪导游提供的生活服务中有一项重要内容为协助地陪导游清点人数，照顾年老体弱的旅游者，集中体现在（   ）。
    A. 游览过程中   B. 出发   C. 返回   D. 上车
    E. 下车

60. 沿途风光导游是地陪首次向旅游者提供的导游服务，除了要有热情友好的态度之外，还应使自己的导游讲解做到（   ）。
    A. 内容简明扼要   B. 语言节奏明快清晰
    C. 方式方法多种多样   D. 景物取舍恰当
    E. 速度要与旅游者观赏同步

61. 地陪导游熟悉接待计划时，应该熟知并了解的特殊要求和注意事项包括（   ）。
    A. 旅游团的服务接待特殊要求   B. 旅游团的增收费用项目情况
    C. 旅游团的特别称谓   D. 旅游团的特殊旅游者情况
    E. 旅游团的特别目的

62. 旅游团内的特殊旅游者包括（   ）。
    A. 2周岁以下婴儿   B. 12周岁以下儿童
    C. 老年人   D. 持学生证的旅游者
    E. 需要提供残疾人服务的旅游者

63. 地陪导游带旅游团用自助餐时，要强调自助餐的用餐要求，并提醒旅游者注意（   ）。
    A. 节约   B. 卫生   C. 不可打包带走   D. 适度饮酒
    E. 不吃过多荤腥

64. 涉及一些旅游者意见较大或比较严重的问题时，地陪导游要（   ），以便旅行社有关部门和相关单位进行交涉。
    A. 整理成书面材料   B. 内容要翔实   C. 尽量引用原话   D. 注明旅游者的身份
    E. 不泄露旅游者信息

65. 下列关于地陪导游进行沿途导游的做法中，正确的有（   ）。
    A. 对重要的内容要重复讲解
    B. 站在车的前部、司机的右后侧讲解
    C. 高速公路上要站稳抓牢进行导游讲解
    D. 旅游者如果比较疲劳，导游仍应不忘职责，继续讲解
    E. 长距离行驶时，导游可以穿插进行一些游戏和娱乐内容

66. 全陪导游准备工作中的联络沟通包括（   ）。

A. 与组团社联系 B. 与地接社联系
C. 与旅游者联系 D. 与旅游客车司机联系
E. 与酒店前台联系

67. 接待入境旅游者的导游除应按照导游服务要求提供相应服务外，还应向旅游者特别介绍和说明的包括（　　）。
    A. 旅游行程的主要内容 B. 中国概况
    C. 说明外币兑换手续 D. 提示相关注意事项
    E. 中国海关的有关规定

68. 全陪导游在准备工作中应与旅游者联系，主要联系的内容包括（　　）。
    A. 与旅游者建立联系方式 B. 提醒出发时间
    C. 提醒出发地点 D. 核对旅游接待计划
    E. 商量出发时间

69. 接待入境旅游者的导游应提示的相关注意事项包括（　　）。
    A. 中国关于宗教活动应当在宗教活动场所进行等相关法律法规规定
    B. 旅游行程安全　　C. 文明旅游　　D. 风俗习惯　　E. 购物退税

70. 下列关于全陪导游乘车途中服务的说法正确的有（　　）。
    A. 协助旅游者办妥车票、安检和行李托运等相关手续
    B. 提醒旅游者不携带违禁物品
    C. 乘车途中，听从乘务人员的安排
    D. 协助照顾旅游者的旅途生活
    E. 及时提醒旅游者如厕

71. 出境旅游领队在出境旅游中所扮演的角色是（　　）。
    A. 旅游团的领导和代言人 B. 旅游计划的实施者
    C. 旅游团的服务人员 D. 旅游者合法权益的维护者
    E. 文明旅游的引导者

72. 出境旅游领队在出境旅游前应做好的准备工作主要有（　　）。
    A. 听取计调人员关于旅游团情况的介绍 B. 接收计调人员移交的旅游团有关资料
    C. 熟悉所率旅游团的旅游接待计划 D. 做好出境旅游的有关物质和知识准备
    E. 与所率旅游团旅游者通电话联系

73. 出境旅游领队要认真核实计调人员移交的（　　）等资料。
    A. 团队名单表　　B. 出入境登记卡　　C. 地接社情况　　D. 旅游证件
    E. 交通票据

74. 下列计调人员向领队介绍的出境旅游团情况中，属于领队应认真听取的有（　　）。
    A. 团队中的重点成员 B. 团队成员来源地区
    C. 团队特殊安排与特殊要求 D. 团队成员构成情况
    E. 团队的旅游行程

75. "中国公民出国旅游团队名单表"的四联分别是（　　）。
    A. 入境边防检查专用联 B. 出境边防检查专用联
    C. 出境海关检查专用联 D. 旅游行政部门审验专用联

E. 旅行社自留专用联

76. 出境旅游领队在带团出境前应熟悉旅游接待计划的内容，主要有（　　）。
   A. 旅游团基本情况   B. 旅游团有关详细资料
   C. 旅游者的行为特点   D. 游览景点基本情况
   E. 服务小费基本情况

77. 同接待入境旅游团所做的物质准备相比，出境旅游领队带团出境所做的物质准备的不同之处是（　　）。
   A. 团队费用、社旗   B. 护照、机票及复印件
   C. 托运行李所用不干胶标签 D. 多份境外住房分配名单
   E. 目的地国家报警或救助电话号码

78. 出境旅游领队在出境前应做好的知识准备包括旅游目的地国家或地区的（　　）等。
   A. 历史、地理、气候   B. 国情、政情、有关法规
   C. 主要景点景观和风俗习惯 D. 行李运送与交接
   E. 通关手续和机场税

79. 在出境前的说明会上，出境旅游领队应向旅游者发放的资料主要有（　　）。
   A. 接待计划书   B. 出境旅游行程表
   C. 旅游服务质量评价表   D. 出入境登记卡
   E. 行程须知

80. 在出境前的说明会上，出境旅游领队除了向旅游者发放有关资料和介绍旅游目的地国家或地区的有关情况外，还应强调（　　）。
   A. 旅游团出发时间和集合地点 B. 出游期间的团结互助
   C. 旅游期间服从自己安排   D. 强调文明旅游规范
   E. 领队与旅游者之间的手机号

81. 出境旅游领队在带团出境前核对证件与宣讲注意事项的工作包括（　　）。
   A. 仔细核实旅游者的证件和签证 B. 向旅游者宣讲出境注意事项
   C. 提醒旅游者遵守我国的法律法规 D. 向旅游者宣讲旅游行程安排
   E. 提醒旅游者遵守目的地国家或地区的法律法规

82. 出境旅游领队带领有申报物品的旅游者通关时应告知的事项有（　　）。
   A. 从红色通道走到海关柜台前接受查验 B. 将本人护照交海关人员查验
   C. 将申报单交海关人员查验   D. 将随身物品交海关人员查验
   E. 保存好申报单，以便回国时交海关人员查验

83. 出境旅游领队带领旅游者办理乘机手续时应做好的协助工作有（　　）。
   A. 将全部旅游者护照、机票交航空公司值机人员
   B. 清查旅游者托运行李中是否有航空公司禁运物品
   C. 清点旅游者托运行李的件数并帮助系好行李牌
   D. 清点值机人员交回的护照、机票、登机牌和托运行李票
   E. 将护照、机票、登机牌分别发给每一位旅游者

84. 出境旅游领队带领旅游者通过边防检查时应告知他们向边防人员出示的证件有（　　）。

A. 本人护照 B. 黄皮书 C. 登机牌 D. 海关申报单
E.《边防检查出境登记卡》

85. 旅游团若办理的是团体签证或到免签国家旅游，出境旅游领队应向旅游目的地国家边检人员出示的证件有（ ）。
    A. 中国公民出国旅游团队名单表   B. 旅游者护照
    C. 海关申报单   D. 旅游计划书
    E. 团体签证

86. 出境旅游领队在飞行途中为旅游者提供的服务主要有（ ）。
    A. 帮助团中家庭旅游者调整座位
    B. 向空乘人员介绍旅游者中的特殊饮食要求
    C. 帮助空乘人员为旅游者递送饮食
    D. 帮助旅游者填写目的地国家入境卡和海关申报单
    E. 回答旅游者飞行途中的有关问题

87. 旅游团抵达旅游目的地国家或地区后，在接受入境检查前，出境旅游领队应向旅游者告知的事项有（ ）。
    A. 在入境柜台前排队等候检查   B. 不要对检查人员拍照
    C. 不要大声喧哗   D. 检查完后向检查人员道声"谢谢"
    E. 检查时不要东张西望

88. 若旅游团持的是另纸团体签证，在办理入境手续时应注意的问题有（ ）。
    A. 带领旅游者到指定的柜台办理   B. 应走在旅游团的最前面
    C. 应走在旅游团的最后面   D. 从实回答入境官的提问
    E. 视情况回答入境官的提问

89. 当入境手续办完后，出境旅游领队应带领旅游者到航空公司托运行李领取处认领行李。若有旅游者行李遗失，领队应协助遗失者做好的工作有（ ）。
    A. 向机场警务人员报警   B. 与机场行李部门人员交涉
    C. 填写行李报失单   D. 记下机场行李部人员姓名
    E. 记下机场行李部电话号码

90. 出境旅游领队在与旅游目的地国家或地区旅行社的导游接洽时应做好的工作有（ ）。
    A. 向对方通报旅游团实到人数   B. 向对方介绍旅游团概况
    C. 向对方介绍旅游者的性格特征   D. 转达旅游者的要求、意见和建议
    E. 与对方约定旅游团整个行程的商谈时间

91. 旅游团离开旅游目的地国家或地区机场上车之前，出境旅游领队应做好的工作有（ ）。
    A. 清点旅游团人数   B. 清点旅游团行李件数
    C. 告知旅游者带好托运行李   D. 告知旅游者带好随身物品
    E. 向地接社导游的迎接表示感谢

92. 在与旅游目的地国家或地区旅行社导游商谈日程时，出境旅游领队应告知对方的事项有（ ）。

A. 组团社的意图 B. 旅游团成员构成
C. 旅游团成员性格特征 D. 旅游团成员的生活习俗
E. 旅游团成员的要求

93. 在境外旅游期间，若发生旅游者滞留不归的情况，领队应及时向（　　）报告。
A. 境外警方　　B. 当地接待社　　C. 国内组团社　　D. 我国驻该国使领馆
E. 滞留不归者所在单位

94. 在境外旅游期间，若发生旅游者伤亡或病故的情况，领队应及时做好的工作有（　　）。
A. 报告国内组团社 B. 报告我国驻该国使领馆
C. 报告当地警方 D. 通知伤亡者亲属
E. 通知伤亡者所在单位

95. 在境外旅游期间，出境旅游领队为旅游者提供的生活服务主要有（　　）。
A. 清点旅游团行李 B. 安排好旅游者的餐食
C. 保管好各国入境卡 D. 为旅游者分配住房
E. 为旅游者安排火车铺位

96. 在境外旅游期间，为做好旅游者的工作，出境旅游领队首先应尊重旅游者的（　　）。
A. 人格尊严　　B. 行为表现　　C. 宗教信仰　　D. 民族风俗
E. 生活习惯

97. 在境外旅游期间，如遇到可能危及旅游者人身安全的情况时，出境旅游领队应该（　　）。
A. 劝说旅游者中止旅游活动 B. 及时报告组团社
C. 向旅游者说明真实情况 D. 向旅游者发出明确警示
E. 采取有效的防止措施

98. 在境外旅游期间，出境旅游领队应要求境外地接社不得组织旅游者参与涉及（　　）的活动。
A. 难度大　　B. 危险性　　C. 色情　　D. 赌博
E. 毒品

99. 在境外旅游期间，出境旅游领队要将每天接触的（　　）情况进行简单记录和做出扼要评价。
A. 入住的饭店　　B. 用餐的餐馆　　C. 所乘航班　　D. 旅游景点
E. 当地导游

100. 离开旅游目的地国家前一两天，出境旅游领队要与当地导游逐一核实离境机票中的（　　）。
A. 旅游团名称　　B. 旅游团团号　　C. 前往目的地　　D. 航班号
E. 座位号

101. 如旅游团乘早班飞机离境，出境旅游领队要与当地导游商定的事项有（　　）。
A. 叫早时间　　B. 出行李时间　　C. 早餐时间　　D. 同饭店结账时间
E. 交钥匙时间

102. 离开旅游目的饭店前，出境旅游领队应向旅游者提醒的事项有（　　）。

A. 与饭店结清账目

B. 出行李时间

C. 不要将护照、机票、钱包放在托运行李中

D. 将钥匙交到饭店前台

E. 不要将饭店提供的一次性洗漱用品带走

103. 在航空公司柜台工作人员前，出境旅游领队应做的工作是（   ）。
    A. 报告旅游团名称　　　　　　　　B. 报告旅游团团号
    C. 报告乘机人数　　　　　　　　　D. 呈上全团护照
    E. 呈上全团机票

104. 在领取登机牌后，分发给旅游者之前，出境旅游领队应告知旅游者的事项有（   ）。
    A. 介绍离境手续办理程序　　　　　B. 讲清所乘航班号
    C. 讲清登机时间和登机门　　　　　D. 不要在机场随意走动
    E. 保管好随身物品

105. 出境旅游领队带领旅游者在海关退税处办理退税手续时，应告知旅游者出示（   ）。
    A. 国际机票　　B. 本人护照　　C. 退税商品　　D. 商品发票
    E. 出境卡

106. 为获悉离境航班登机的准确闸口和时间，出境旅游领队应从（   ）进行了解。
    A. 其他旅客　　B. 机场广播　　C. 机场咨询台　　D. 机场警察
    E. 机场电脑屏幕

107. 在回国入境时，出境旅游领队应带领旅游者到边境检查柜台前，逐一将（   ）交给边检人员核准。
    A. 本人护照　　B. 入境卡　　C. 行李托运单　　D. 登机牌
    E. 黄皮书

108. 出境旅游领队带领旅游团归国过海关前应告知旅游者中国海关关于携入物品的规定有（   ）。
    A. 中国海关禁止携带入境的物品　　　B. 旅游者出境时自用的物品
    C. 旅游者出境时带出复带入境的物品　D. 旅游者在境外旅游时遗失的物品
    E. 允许入境但须申报检疫的物品

109. 出境旅游领队归国后通常应继续做好的工作主要有（   ）。
    A. 向旅游者致欢送词　　　　　　　B. 处理旅游团遗留的问题
    C. 整理出境陪团记录　　　　　　　D. 详细填写"领队日志"
    E. 向旅游部门上报材料

110. 全陪出发迎接国内旅游团应提供的服务主要有（   ）。
    A. 引导旅游者乘坐约定的旅游车　　B. 帮助旅游者提取行李
    C. 礼貌地清点人数　　　　　　　　D. 发放有关旅游行程的资料
    E. 介绍地陪与司机

111. 回国后，领队要填写好"领队日志"，其内容有（   ）等。
    A. 旅游过程概况　　B. 旅游者情况　　C. 接待方情况　　D. 景点游览情况
    E. 旅游中发生的问题与事故

112. 为确保旅游接待的相关事宜得到妥善安排，地陪在接团前应做好的联络沟通工作主要是（　　）。
　　A. 与相关单位联系，落实旅游者的交通、食宿、票务、活动等事宜
　　B. 与相关交通部门联系，确认旅游者乘坐交通工具和准确抵达时间
　　C. 与行李员联系，告知旅游团名称、人数和行李运送地点
　　D. 与旅游团领队联系，告知自己的姓名和接团时间与地点
　　E. 与旅游车司机联系，确保旅游车提前半小时抵达接站地点

113. 全陪在旅游者住宿服务方面应做好的工作主要有（　　）。
　　A. 协助领队办理住店手续　　　　B. 协助领队做好旅游团团结工作
　　C. 提醒住店安全注意事项　　　　D. 处理住店期间可能出现的问题
　　E. 掌握旅游者的房间号，并与领队互通各自房间号

114. 旅游团办理完入住手续后，地陪应告知旅游者的事项主要有（　　）。
　　A. 饭店名称、位置和基本设施　　B. 饭店有关服务项目、收费标准
　　C. 饭店内就餐形式、地点和时间　D. 饭店前台电话号码和大堂副理姓名
　　E. 当天或次日游览活动安排与集合时间、地点

115. 下列关于导游向旅游者提供购物服务的说法中，正确的是（　　）。
　　A. 向旅游者客观介绍商品的主要品种和特色
　　B. 提醒旅游者不应购买和携带的违禁物品
　　C. 协助旅游者对拟购买的商品进行砍价
　　D. 帮助旅游者选购商品
　　E. 向旅游者提供购物过程中需要的服务，如翻译、介绍托运手续等

116. 下列关于导游提供文娱服务的说法中，正确的是（　　）。
　　A. 简要向旅游者介绍文娱活动内容及特点
　　B. 告知旅游者文明参与活动，不要中途退场
　　C. 告知旅游者活动结束后的集合时间和地点
　　D. 提醒旅游者在文娱活动场所注意人身和财物安全
　　E. 提醒旅游者活动结束时不要遗留物品并有序退场

117. 接待计划是地陪（　　）的主要依据。
　　A. 了解旅游团基本情况　　　　B. 提供导游讲解服务
　　C. 预订相关旅游服务　　　　　D. 安排接待旅游车辆
　　E. 安排地方活动日程

118. 地陪应主动与提供车辆服务的车队或汽车公司联系，与司机商定（　　）。
　　A. 接头时间　　B. 联络方式　　C. 接头地点　　D. 活动日程
　　E. 接待计划

119. 在形象准备方面，男性导游应（　　）。
　　A. 前发不覆额　　B. 瓜田不纳履　　C. 鬓角不近耳　　D. 李下不整冠
　　E. 后发不及领

120. 离站前一天，地陪应提醒和督促游客尽早与饭店结清（　　）等费用。
　　A. 洗衣费　　　B. 长途电话费　　C. 餐食费　　D. 食品饮料费

E. 租借物品费

121. 地陪在送走旅游团后,应尽快返回地接社,处理后续工作。后续工作主要包括( )等内容。
    A. 领受新的接待任务　　　　　　　B. 处理遗留问题
    C. 到财务部门结账　　　　　　　　D. 做接团小结
    E. 归还所借物品

122. 出境旅游领队主要在( )之间起桥梁作用。
    A. 组团社与目的地国家接待社　　　B. 目的地国家接待社与旅游者
    C. 目的地接待社导游与旅游者　　　D. 旅游者与目的地国家居民
    E. 旅游者与目的地国家

123. 领队在接收组团社计调人员移交的旅游团资料时,应认真检查游客方面的内容有( )。
    A. 游客的护照　　B. 全团机票　　C. 游客联系电话　　D. 游客缴费情况
    E. 游客卫生防疫注射情况

124. 出境旅游领队的职责主要有( )。
    A. 维护旅游者的合法权益　　　　　B. 介绍目的地国家政治动态
    C. 协助处理旅游中的突发事件　　　D. 为旅游者提供行程中的相关服务
    E. 监督接待社和当地导游员服务质量

125. 旅游团进入境外饭店后,领队应做好的工作有( )。
    A. 协助当地导游办好入住手续　　　B. 介绍住店注意事项
    C. 协助饭店行李员分送行李　　　　D. 与接待社导游商讨活动日程
    E. 收齐旅游者的护照

126. 旅游者下榻境外饭店后,领队应提醒他们记住饭店的( )。
    A. 名称　　　　B. 等级　　　　C. 特征　　　　D. 环境
    E. 门牌号

127. 在境外旅游期间,领队协助当地导游做好的工作主要有( )。
    A. 清点旅游团行李　　　　　　　　B. 旅游者钱物被盗报案
    C. 旅游者生病住院陪护　　　　　　D. 入住饭店时分配房间
    E. 登机前分发登机牌

参考答案及解析

第四章 散客导游服务规范

一、判断题（判断下列各题是否正确，正确的请在答卷中相应题号后的括号内打"√"，错误的打"×"）

1. 散客旅游是指旅游者自行安排旅游行程，以分期付款的方式购买各项旅游服务的旅游形式。（　　）
2. 散客旅游以人数少为特点，一般界定为由10人（不包括10人）以下的旅游者组成。（　　）
3. 导游在迎接乘飞机来的散客时，应提前50分钟到达机场，在国际或国内进站隔离区门外等候。（　　）
4. 导游在帮助散客办理入住饭店手续后，要与其商量旅游接待计划。（　　）
5. 导游若是迎接乘火车而来的散客，应提前一个小时在出站口等候。（　　）
6. 为了做好散客的导游服务工作，导游应有高度的工作责任感，多倾听散客的意见，并在此基础上做好组织协调工作。（　　）
7. 在散客旅游的导游服务中，导游应提前15分钟抵达集合地点引导散客上车。（　　）
8. 导游在接待散客时，可在景点导游过程中采取宣讲形式进行讲解。（　　）
9. 导游必须在送站前48小时与散客确认送站时间和地点。（　　）
10. 散客自助游是指个人、家庭或亲朋好友一起不使用旅行社的服务而自定行程、自主安排各项旅游事宜的旅游活动。（　　）
11. 散客自助游分为全自助和半自助两种。（　　）
12. 近年来，从国际旅游的统计数据来看，散客旅游发展迅速，已成为当今旅游的主要方式。（　　）
13. 散客进行的旅游活动完全自己安排。（　　）
14. 散客旅游的随意性很强，变化多，而且自由度大。（　　）
15. 导游确认迎接到该接的散客后应主动问候，并介绍所代表的旅行社和自己的姓名，对其表示欢迎。（　　）
16. 导游将接到的散客安排入住饭店时，需要做好的工作有：帮助其办理住店手续、确认日程安排、提前订购机票、推销旅游服务项目。（　　）
17. 与团队旅游相比，因为散客要规划自己的旅游行程，所以旅游的预订期更长。（　　）
18. 导游在机场（车站、码头）通过各种方法联系散客，但仍无法取得联系导致迎接无望，经计调部或散客部同意可离开。回到市区后要主动到散客下榻的饭店询问其是否入住，若已入住，必须主动与旅游者联系，表示歉意。（　　）

19. 现代通信、网络技术的发展，使得旅游者无须通过旅行社来安排自己的旅行，他们越来越多地借助于网上预订和电话预订，这也是散客旅游发展迅速的原因之一。（   ）
20. 如果导游在机场未接到应接的散客，应与司机配合，在尽可能的范围内寻找至少30分钟。（   ）
21. 散客旅游服务项目的价格，一般情况下比团队旅游服务项目的价格贵一些。（   ）
22. 我国散客旅游占有很大的比重，散客已成为我国旅游客源的重要组成部分，尤其集中在入境旅游和国内旅游，出境旅游还是团队居多。（   ）
23. 导游迎接散客时，在航班（列车）抵达时刻，应通过微信、QQ、短信或电话联系旅游者，并与司机站在不同出口处易于被接散客发现的位置举牌等候，以便其前来联系。（   ）
24. 若需送站的散客与住在其他饭店的散客合乘一辆车去机场（车站、码头），途中如果遭遇严重交通堵塞或其他极特殊情况，需调整原来约定的时间顺序和行车线路，导游应及时打电话将时间上的变化情况通知下面饭店等候的旅游者。（   ）
25. 与散客旅游相比，团队导游服务的难度要大得多、复杂得多、琐碎得多。（   ）

二、单项选择题（下列各题的选项中，只有一项是正确的，请将正确答案的选项填入括号内）

1. 散客旅游的付款方式有时是（   ），即购买什么、购买多少，按零售价格当场现付。
   A. 一次性支付 B. 消费后支付 C. 零星现付 D. 分期支付
2. 散客送站服务与团队送站服务的主要不同之处表现在（   ）。
   A. 送站计划的实施上 B. 送站时间的确认上
   C. 送站方式的选择上 D. 送站地点的选择上
3. 散客接站服务与团队接站服务的主要不同之处表现在（   ）。
   A. 接站程序上 B. 服务方式上 C. 确认日程上 D. 接站计划上
4. 旅游者自行安排旅游行程，以零星现付的方式购买各项旅游服务的旅游形式称为（   ）。
   A. 散客旅游 B. 一日游 C. 团队游 D. 拼团游
5. 导游在帮助散客办理入住手续后，要与散客确认（   ）。
   A. 旅游服务项目 B. 行李交接 C. 日程安排 D. 计划安排
6. 散客在出游前对旅游计划的安排往往缺乏周密细致的考虑，因而在旅游过程中常常需要随时变更其旅游计划，这是散客旅游（   ）的特点。
   A. 要求多 B. 变化大 C. 自由度大 D. 预订期短
7. 迎接散客完毕后，导游应及时将同接待计划有出入的信息与特殊要求反馈给（   ）。
   A. 总经理 B. 导游部 C. 市场部 D. 计调部
8. 迎接乘飞机来的散客，导游通常应提前（   ）到达机场。
   A. 20分钟 B. 30分钟 C. 45分钟 D. 60分钟
9. 迎接乘火车来的散客，导游通常应提前（   ）在出站口等候。
   A. 15分钟 B. 30分钟 C. 45分钟 D. 60分钟
10. 如果未接到应接的散客，导游应与司机配合，在尽可能的范围内寻找（   ）。

A. 至多10分钟　　　B. 至少20分钟　　　C. 至多40分钟　　　D. 至少40分钟

11. 导游将散客送到饭店后,应帮助其尽快完成(　　)手续。
    A. 饭店预订　　　B. 行李运送　　　C. 住宿登记　　　D. 日程确认

12. 导游应提前(　　)抵达集合地点引导散客上车。
    A. 10分钟　　　B. 15分钟　　　C. 20分钟　　　D. 30分钟

13. 与团队旅游相比,散客旅游的预订期(　　)。
    A. 比较短　　　B. 比较长　　　C. 周期一样　　　D. 无可比性

14. 乘坐国内航班离站的散客,导游应掌握好时间,使其提前(　　)到达机场。
    A. 30分钟　　　B. 1小时　　　C. 2小时　　　D. 3小时

15. 乘坐国际航班离站的散客,导游应掌握好时间,使其提前(　　)到达机场。
    A. 30分钟　　　B. 1小时　　　C. 2小时　　　D. 3小时

16. 散客要求导游帮助其确认机票而接待计划上又未注明需协助确认机票时,导游应该(　　)。
    A. 婉言拒绝　　　　　　　　　B. 告知确认机票的电话号码
    C. 请示旅行社　　　　　　　　D. 帮助其确认并收取确认费

17. 为散客送站的导游必须按照与旅游者约定的时间,提前(　　)到达旅游者下榻的饭店,协助旅游者办理离店手续。
    A. 20分钟　　　B. 30分钟　　　C. 1小时　　　D. 2小时

18. 散客乘坐国内航班离站,若确认航班准时起飞,导游应将散客送至(　　),同其告别,方可离开机场。
    A. 安检区入口处　　　　　　　B. 办理登机手续值机柜台前
    C. 行李托运处　　　　　　　　D. 候机大厅处

19. 导游到饭店接送散客去机场,若未接到旅游者,应该(　　)才能离开饭店。
    A. 在饭店等待20分钟　　　　　B. 到客房部了解该旅游者是否已离店
    C. 报告旅行社计调部并经同意　D. 到饭店前台了解该旅游者是否已离店

20. 下列关于散客的说法中,不正确的是他们(　　)。
    A. 文化层次高　　　　　　　　B. 旅游经验丰富
    C. 对服务要求不高　　　　　　D. 自主旅游能力强

21. 导游对个体散客的讲解方式可以采用(　　)形式进行。
    A. 对话问答　　　B. 突出重点　　　C. 概略叙述　　　D. 分段讲解

22. 导游送散客到机场与送旅游团的不同之处主要表现在送散客时导游要(　　)。
    A. 同旅游者话别　　　　　　　B. 协助旅游者办理离站手续
    C. 将旅游者送至候机大厅　　　D. 带领旅游者通过边检手续

23. 接待散客任务完成后,导游还应及时将接待中的有关情况反馈给散客部或计调部,或填写(　　)。
    A. 陪同日志　　　　　　　　　B. 接待小结
    C. 零散旅游者登记表　　　　　D. 零散旅游者汇总表

24. 导游所送散客如果与住在其他饭店的散客同乘一辆车去机场或火车站,要严格按照事先约定的(　　)到达各饭店。

A. 时间 B. 地点 C. 程序 D. 方式

25. 散客由于没有团队集体行动的限制，一切都根据自己的需要和意愿来行动，想走就走，想歇就歇，这是散客旅游的（   ）特点。

   A. 要求多 B. 变化大 C. 自由度大 D. 预订期短

26. 从国内市场来看，人们外出旅游已从观光旅游逐步向（   ）发展，国内散客市场也日益扩大。

   A. 体验型旅游 B. 度假型旅游 C. 主题型旅游 D. 探险型旅游

27. 若是全程私人定制旅游，要根据旅游者的需求，即旅游者的喜好和需求定制旅游行程，给旅游者带来（   ）。

   A. 规范化服务 B. 个性化的服务 C. 超期望值服务 D. 高品质服务

28. 同接待团体旅游者相比，接待散客对（   ）要求更高。

   A. 组织安排 B. 工作效率 C. 语言水平 D. 协调调度

29. 导游将散客接到饭店入住后，应做好的一项销售工作是（   ）。

   A. 询问旅游者是否需要饭店为其提供餐饮服务
   B. 询问旅游者是否需要饭店为其提供康乐服务
   C. 询问旅游者是否需要饭店为其提供其他服务
   D. 询问旅游者是否需要旅行社为其提供其他服务

30. 导游在出发接散客之前，要同司机约定（   ）。

   A. 接待车型、车号 B. 出发时间、地点 C. 接运方式、方法 D. 行车时间、里程

31. 桂林导游李某到机场迎接乘 CZ3303 航班由广州来的散客王先生，在该航班抵达后却未接到该散客，此时李某应该（   ）。

   A. 在机场继续等候
   B. 与司机商量后返回
   C. 与该社计调部联系
   D. 与南航值机柜台联系

32. 导游在为散客提供接机服务时，应在接站前与（   ）联系，确认接站时间和地点。

   A. 机场 B. 旅游者 C. 散客部 D. 计调部

33. 游客个人、家庭或亲朋好友一起自行安排旅游行程但部分使用旅行社服务（如订房、订购交通票据等）的旅游活动，称为（   ）。

   A. 自助游 B. 定制游 C. 半自助游 D. 一日小包价游

34. 下列接待条件改善中，为散客旅游提供便利技术条件的是（   ）。

   A. 餐饮接待条件改善
   B. 交通和通信的发展
   C. 住宿接待条件改善
   D. 游览设施条件改善

35. 导游必须在送站前（   ）与散客确认送站时间和地点。

   A. 1 小时 B. 2 小时 C. 12 小时 D. 24 小时

36. 乘坐火车离站的散客，导游应掌握好时间，使其提前（   ）到达车站。

   A. 30 分钟 B. 1 小时 C. 2 小时 D. 3 小时

37. 若所接散客还要乘飞机去下一站，而又不需要旅行社为其代购机票。此时，导游首先应该（   ）。

   A. 不闻不问
   B. 询问其要否订票
   C. 将情况报告旅行社
   D. 叮嘱其提前订购机票

三、多项选择题（每题有2~5个正确答案，多选、少选或错选均不得分，请将你认为正确的选项填入括号内）

1. 散客旅游团同全包价旅游团的不同之处主要表现在（　　）方面。
   A. 是否经过旅行社组织　　　　B. 自由度多少的差异
   C. 旅游价格高低的差异　　　　D. 费用支付上的差异
   E. 旅游目的上的差异

2. 散客接站服务的准备包括（　　）等内容。
   A. 认真阅读接待计划　　　　　B. 预订城市间交通工具
   C. 做好出发前的准备　　　　　D. 联系交通工具
   E. 与散客联系

3. 导游接送散客与接送旅游团旅游者的不同之处主要有（　　）。
   A. 接站时要在接站牌上写上旅游者姓名
   B. 送站时要带领旅游者办理行李托运手续
   C. 送站前要与旅游者约定离开饭店时间
   D. 送站时要同旅游者告别
   E. 送站途中的风光导游可采用对话式

4. 导游到机场迎接到应接的散客后要做好的工作有（　　）。
   A. 介绍所代表的旅行社和自己的姓名，对其表示欢迎
   B. 询问旅游者在机场是否还有需要办理的事情
   C. 询问旅游者托运的行李件数，并进行清点
   D. 帮助旅游者提取行李并引导其上车
   E. 上车后清点人数并致欢迎词

5. 导游将散客接到饭店后应做好的工作有（　　）。
   A. 帮助其办理下榻饭店的入住手续
   B. 与其确认停留期间的日程安排
   C. 叮嘱其提前订购机票
   D. 征询其对接待工作的意见
   E. 询问其需要旅行社为其代办的其他服务

6. 导游在到机场迎接散客前应认真阅读接待计划，记下（　　）等。
   A. 迎接的日期　　　　　　　　B. 散客航班抵达的时间
   C. 散客的姓名和人数　　　　　D. 散客的年龄和性别
   E. 散客下榻的饭店

7. 导游在送散客赴机场或火车站途中应做的主要工作有（　　）。
   A. 询问他们是否带好了行李物品　　B. 进行沿途风光导游
   C. 征询他们在本地停留期间的感受　D. 征询他们对服务的意见和建议
   E. 代表旅行社对他们表示感谢

8. 导游送个别散客出境时应在散客到达机场后协助其（　　）。
   A. 带好行李物品　　　　　　　B. 办理离境手续

C. 办理行李托运 D. 办理机场建设费
E. 至安检区入口处与其道别

9. 导游在送散客前要认真阅读接待计划，应明确的内容除离开日期、散客姓名、人数外，还须注意（　　）。
   A. 下榻饭店的名称
   B. 费用支付情况
   C. 有无航班或车次及人数的变更
   D. 散客所乘航班班次（车次、船次）
   E. 是否与其他散客合乘一辆车去机场（车站、码头）

10. 散客旅游的特点有（　　）。
    A. 规模小、批次多　　　　　　B. 自由度大、预订期短
    C. 不需要旅行社提供服务　　　D. 变化大、要求多
    E. 旅游者大多来自同一地方

11. 散客入住饭店服务，导游需要做好的事项有（　　）。
    A. 帮助办理住店手续　　　　　B. 确认日程安排
    C. 提前订购机票　　　　　　　D. 推销旅游服务项目
    E. 提供讲解服务

12. 导游所送散客若与住在其他饭店的散客合乘一辆车去机场（车站、码头），途中如果遭遇严重交通堵塞或其他极特殊情况，需调整原来约定的时间顺序和行车线路，此时导游应（　　）。
    A. 及时打电话给计调部，请其安排旅游者继续等候
    B. 及时打电话将时间上的变化情况通知下面饭店等候的旅游者
    C. 必要时可以请示计调部，请旅游者采取其他措施前往机场（车站、码头）
    D. 赶紧下车了解具体情况
    E. 及时向旅游者道歉

13. 导游对散客的送站服务包括（　　）。
    A. 详细阅读送站计划　　　　　B. 做好送站准备
    C. 到饭店接运旅游者　　　　　D. 与下一站做好联系
    E. 到站送客

14. 散客旅游之所以越来越受到旅游者的青睐，主要的原因在于与团队旅游相比有较大优势，主要体现在（　　）。
    A. 比团队人少　　　　　　　　B. 旅游形式比团队旅游灵活
    C. 伸缩性强　　　　　　　　　D. 自由度大
    E. 可供旅游者自由选择

15. 迎接散客完毕后，导游应及时将同接待计划有出入的信息与特殊要求反馈给（　　）。
    A. 外联部　　B. 散客部　　C. 计调部　　D. 市场部
    E. 组团社

16. 散客旅游之所以越来越受到游客的青睐，除了它的旅游形式比团队旅游灵活、伸缩性强、自由度大以及可供游客自由选择等原因外，还与（　　）等因素有关。

A. 游客自主意识增强　　　　　B. 游客内在结构改变
C. 交通和通信的发展　　　　　D. 散客接待条件改善
E. 文化水平普遍较高

17. 如果散客有送机（车、船）服务，导游要与其商定（　　）。
    A. 车辆品牌　　B. 车辆类型　　C. 离店时间　　D. 司机年龄
    E. 送站安排

参考答案及解析

第五章　导游语言技能

一、判断题（判断下列各题是否正确，正确的请在答卷中相应题号后的括号内打"√"，错误的打"×"）

1. 从狭义的角度说，导游语言是一种富有丰富表达力、生动形象的口头语言。（　　）
2. 了解、熟悉所讲、所谈的事物和内容，是运用好导游语言的基础。（　　）
3. 语调有着十分重要的表达情感的作用，被称为"情感的晴雨表"。（　　）
4. 在导游讲解中，较为理想的语速应控制在每分钟150字左右。（　　）
5. 一般说来，导游音量的大小应以多数旅游者都能听清为宜。（　　）
6. 道歉要把握好分寸，不能因为旅游者某些不快就道歉，要分清深感遗憾与道歉的界限。（　　）
7. 首语是通过人的头部活动来表达语义和传递信息的一种态势语言，它包括点头和摇头。（　　）
8. 导游常用的目光语应是"俯视"，让旅游者从中感到爱护、亲切和友好。（　　）
9. 西方人庆贺胜利常用的"V"形手势，应注意把手心对着观众。（　　）
10. 在导游服务中，把刀子递给别人时，应把刀子横着递过去。（　　）
11. 导游对西方客人不可用自谦式的自我介绍方式，否则会使旅游者产生不信任感。（　　）
12. 诱导式回绝是导游根据旅游者话语中的某些词语加以引申而产生新意的回绝方式。（　　）
13. 意引是指把别人的话语融入自己的话语中，而不注明出处。（　　）
14. 态势语是指通过人的眉、眼、耳、鼻、口及面部肌肉运动来表达情感和传递信息的一种态势语言。（　　）
15. 比拟是通过想象把物拟作人或把甲物拟作乙物的修辞手法。在导游语言中，最常用的是拟人。（　　）
16. 亲密关系型的称谓主要是强调导游与旅游者在导游交际中的角色关系。（　　）
17. 导游对旅游者的称谓通常有三种，其中如"各位旅游者""诸位旅游者""各位团友""各位嘉宾"等，是指亲密关系型。（　　）
18. 手指语是一种较为复杂的伴随语言，是通过手指的各种动作来传递不同信息的手势语。（　　）
19. 导游语言是导游在导游服务过程中必须熟练掌握和运用的所有含有一定意义并能引起互动的一种符号。（　　）
20. 导游讲解时，不需要将讲解内容划分先后次序。（　　）

21. 导游的微笑要给旅游者一种明朗、甜美的感觉。（　　）
22. 柔和式回绝是导游采用温和的语言进行推托的回绝方式。（　　）
23. 在不同的场合，对不同的人要说不同的话，这是交谈的一个基本准则。（　　）
24. 有一位旅游者在旅游车内抽烟，使得车内空气混浊。导游不便当着其他旅游者的面批评他，以免伤了这位旅游者的自尊，但在其又欲抽烟时，导游面对着他摇摇头或捂着鼻子轻轻咳嗽两声，使旅游者自觉地收起了香烟。这是导游运用了迂回式劝服。（　　）
25. "对不起，您又迟到了"，这样的提醒比"喂，你们安静一下""以后不能再迟到了"等命令式语言要好得多。（　　）
26. 夸张是不依靠真实的基础，用夸大的词句来描述事物，以唤起人们丰富的想象的一种修辞手法。（　　）
27. 一般来说，人的视线向上接触（仰视）表示"期待"、"盼望"或"傲慢"等含义。（　　）
28. 导游服务效果的好坏在很大程度上取决于导游掌握和运用语言的能力。（　　）
29. "武汉红楼是中华民族推翻帝制、建立共和的历史里程碑。"导游在讲解该语句时，应用降调。（　　）
30. 情意手势是用来代表导游讲解情感的一种手势。（　　）
31. 双方交谈时，当对方兴致不高时，可以努力找话题，延长交谈时间。（　　）
32. 导游的面部表情要柔和，可以不必随着讲解内容的变化而变化。（　　）
33. 当交谈时对方多次故意看表，或改变坐姿，或心不在焉地游目四周等，就要知趣地结束谈话。（　　）
34. 导游与旅游团团长、领队或地陪导游与全陪导游接头时，自我介绍一般从简，讲清自己的姓名、单位、身份即可，不用过多地自我介绍。（　　）
35. 某旅游者常常迟到，导游和蔼地说："您看，大家已在车上等您一会儿了，以后是不是可以提前做好出发的准备？"这是敬语式提醒。（　　）
36. 双关有谐音、谐义两种，在导游词中运用比较多的是谐义双关技巧。（　　）
37. 竖起大拇指在美国表示叫对方"滚开"。（　　）
38. 导游要提高自己的口头语言表达技巧，必须在"达意"和"舒服"上下功夫。（　　）
39. 导游微笑时要嘴角含笑，嘴唇似闭非闭，以露出半牙为宜。（　　）
40. 综合法又称概括法，是从许多事物中舍弃个别的、非本质的属性，抽出共同的、本质的属性的方法。（　　）

二、单项选择题（下列各题的选项中，只有一项是正确的，请将正确答案的选项填入括号内）

1. 从狭义的角度看，导游语言是导游与旅游者交流思想感情、指导游览、进行讲解、传播文化时使用的一种具有丰富表达力、生动形象的（　　）。
   A. 副语言　　　B. 口头语言　　　C. 态势语言　　　D. 书面语言
2. 有声而无固定语义的语言指的是（　　）。
   A. 副语言　　　B. 书面语言　　　C. 口头语言　　　D. 态势语言

3. 当讲到"四川有座峨眉山,离天只有三尺三……湖北有座黄鹤楼,半截插在云里头"时,导游用手的模拟动作来形容。这种手势是(   )。
   A. 象形手势   B. 指示手势   C. 情意手势   D. 表演手势

4. "织金洞厅堂宽敞、长廊曲折、石笋耸立、钟乳倒悬,特别是洞中多暗流,时隐时现、时急时缓,水声时如蛟龙咆哮,闻者惊心动魄;时如深夜鸣琴,令人心旷神怡。"这里运用的修辞手法是(   )。
   A. 比喻   B. 映衬   C. 夸张   D. 引用

5. 导游在进行导游讲解或同旅游者谈话时,其视线接触旅游者的时间一般占全部讲解或谈话时间的(   )左右。
   A. 20%   B. 40%   C. 60%   D. 80%

6. "四川有座峨眉山,离天只有三尺三。"这里运用的修辞手法是(   )。
   A. 夸张   B. 比喻   C. 比拟   D. 引用

7. 在导游服务中,使用频率最高的语言形式是(   )。
   A. 副语言   B. 口头语言   C. 书面语言   D. 态势语言

8. 导游讲解中,多用于表示兴奋、激动、惊叹、疑问等感情状态的语调是(   )。
   A. 升调   B. 降调   C. 平调   D. 直调

9. 以下不属于劝服的语言技巧的是(   )。
   A. 诱导式劝服   B. 迂回式劝服   C. 暗示式劝服   D. 直白式劝服

10. 导游讲解中,多用于表达庄严、稳重、平静、冷漠等感情状态的语调是(   )。
    A. 升调   B. 降调   C. 平调   D. 直调

11. 导游在讲到"我们中华民族伟大复兴的梦想一定能实现"时,导游用握拳的手有力地挥动一下,这是应用(   )手势。
    A. 情意   B. 指示   C. 象形   D. 夸张

12. "黄鹤楼外观为五层建筑,里面实际上有九层,为什么要这样设计呢?"导游讲到这里,故意把问题打住,然后讲解黄鹤楼的历史,让旅游者在参观过程中联系问题思考。这种停顿是(   )。
    A. 语义停顿   B. 暗示省略停顿   C. 等待反应停顿   D. 强调语气停顿

13. 下列对修辞手法的表述中,错误的是(   )。
    A. 比拟是把相关或相反的事物并列在一起以形成鲜明对比的修辞手法
    B. 比喻是用类似的事物来打比方的修辞手法
    C. 暗引是把别人的话题融入自己的话语中,而不注明出处
    D. 排比是增强语势的一种修辞手法

14. "黄浦江有两个孩子,一个叫浦东,一个叫浦西"的句子采用了(   )这一修辞手法。
    A. 比拟   B. 比喻   C. 映衬   D. 夸张

15. "长江是中国第一长河,名列世界第三",这种逻辑方法是(   )。
    A. 分析法   B. 综合法   C. 比较法   D. 归纳法

16. 由一系列具体的事实概括出一般原理,这种逻辑方法是(   )。
    A. 归纳法   B. 概括法   C. 抽象法   D. 综合法

17. "女士们、先生们",这句属于( )称呼。
    A. 交际关系型   B. 亲密关系型   C. 套用尊称型   D. 平常关系型
18. 看见旅游者欲跨入景区禁止踩踏的草坪,导游忙上前笑着说:"小心!再往前一步,真理成错误!"这种提醒属于( )。
    A. 引申式提醒   B. 幽默式提醒   C. 迂回式提醒   D. 协商式提醒
19. "土家族姑娘山歌唱得特别好,她们的歌声就像百灵鸟的声音一样优美动听。"这种比喻是( )。
    A. 使语言简洁明快的比喻   B. 使自然景物形象化的比喻
    C. 使抽象事物形象化的比喻   D. 使人物形象更加鲜明的比喻
20. "国内外洞穴专家考察后确认,湖北腾龙洞不仅是中国目前已知最大的岩溶洞穴,而且是世界特级洞穴之一,极具旅游和科研价值。"这里运用的引用为( )。
    A. 直引   B. 明引   C. 暗引   D. 意引
21. 导游讲解中,对于众所周知的事情语速应( )。
    A. 多变   B. 变慢   C. 加快   D. 不变
22. "今天天气真热!"这种寒暄的方法是( )。
    A. 问候式   B. 言他式   C. 询问式   D. 描述式
23. "鄂南龙潭是九宫山森林公园的一处三级瀑布,其形态特征各异,一叠仿佛白练悬空;二叠恰似银缎铺地;三叠如同玉龙走潭……"这种比喻是( )。
    A. 使语言简洁明快的比喻   B. 使自然景物形象化的比喻
    C. 使抽象事物形象化的比喻   D. 使人物形象更加鲜明的比喻
24. "迎客松的主干高大挺直,修长的翠枝向一侧倾斜,如同一位面带微笑的美丽少女向上山的旅游者热情招手。"这种修辞手法是( )。
    A. 比喻   B. 夸张   C. 比拟   D. 双关
25. "南浦大桥已成为上海又一重要的标志。它仿佛一把钥匙,打开上海与世界的大门;它仿佛一部史册,叙述着中国的未来;它仿佛一曲优美的交响乐,奏出时代的最强音……"这种修辞手法是( )。
    A. 比拟   B. 排比   C. 夸张   D. 双关
26. 导游讲到孔府大门楹联"与国咸休,安富尊荣官府第;同天亦老,文章道德圣人家"时,应用( )手势。
    A. 情意   B. 指示   C. 象形   D. 夸张
27. 东坡赤壁的西面石壁更峻峭,就像刀劈的一样。留在壁面上的层层水迹,表明当年这儿确乎有过"惊涛拍岸,卷起千堆雪"的雄奇景象。这种修辞手法是( )。
    A. 比喻   B. 示现   C. 夸张   D. 引用
28. 竖起大拇指表示"部长""队长"的国家是( )。
    A. 韩国   B. 日本   C. 美国   D. 墨西哥
29. 导游讲解中,多用于表达肯定、赞许、期待、同情等感情状态的语调是( )。
    A. 升调   B. 降调   C. 平调   D. 直调
30. "大家快看,前面就是美丽的长白山天池了!"这种导游讲解语调是( )。
    A. 升调   B. 降调   C. 平调   D. 直调

31. 导游一般连续注视旅游者的时间应在（　　）秒钟，以免引起旅游者的厌恶和误解。
    A. 1~2   B. 3~4   C. 4~5   D. 5~6

32. 不对旅游者进行正面、直接的说服，而采用间接或旁敲侧击的方式进行劝说。这种劝服技巧是（　　）。
    A. 诱导式劝服   B. 柔和式劝服   C. 暗示式劝服   D. 迂回式劝服

33. 导游针对旅游者提出的问题进行逐层剖析，引导旅游者对自己的问题进行自我否定。这种回绝技巧是（　　）。
    A. 引申式回绝   B. 柔和式回绝   C. 诱导式回绝   D. 迂回式回绝

34. 某导游在导游服务中过多地关照部分旅游者，引起了另一些旅游者的不悦，导游觉察后，便主动地多接触这些旅游者，并给予关照和帮助，逐渐使这部分旅游者冰释前嫌。这种道歉技巧是（　　）。
    A. 柔和式道歉   B. 迂回式道歉   C. 自责式道歉   D. 引申式道歉

35. 下列特点中，不属于独白式口头语言的是（　　）。
    A. 目的性强   B. 对象明确   C. 表述充分   D. 互动性强

36. 当一句话的完整意思表达完之后，导游应停顿，该停顿为（　　）
    A. 暗示省略停顿 B. 等待反应停顿 C. 语义停顿   D. 强调语气停顿

37. 导游在自我介绍时，说道："十分荣幸能成为各位的导游，只是我的长相不太符合合格导游的标准。因为有名人说，导游是一个国家的脸面。大家看，我这脸面能代表我们这个美丽的国家吗？"在此处，导游用到的自我介绍方式是（　　）
    A. 自谦式   B. 调侃式   C. 自识式   D. 开门见山式

38. 某领队向导游提出是否可把日程安排得紧一些，以便增加一两个旅游项目，导游知道这是计划外的，并且不能予以满足，这时可采用（　　）回绝。
    A. 迂回式   B. 柔和式   C. 引申式   D. 诱导式

39. 导游严肃认真的科学态度是导游语言准确性的（　　）。
    A. 核心   B. 关键   C. 前提   D. 保障

40. 形式逻辑中的同一律的公式是（　　）。
    A. 甲是甲
    C. 甲不是非甲
    B. 甲不是甲
    D. 或者是甲，或者是非甲

41. 形式逻辑中的排中律的公式是（　　）。
    A. 甲是甲
    C. 甲不是非甲
    B. 甲不是甲
    D. 或者是甲，或者是非甲

42. 导游在武汉归元寺向游客介绍《杨柳观音图》时说："这幅相传为唐代阎立本的壁画，它所体现的艺术手法值得我们（　　）。"
    A. 珍惜   B. 爱惜   C. 珍爱   D. 珍视

43. "你也知道我们湖北咸宁有个神秘的'131'军事工程？"这种导游讲解语调是（　　）。
    A. 升调   B. 降调   C. 平调   D. 直调

44. "我们明天早晨8点准时出发。"这种导游讲解语调是（　　）。
    A. 升调   B. 降调   C. 平调   D. 直调

45. 导游常用的目光语应是（　　）。

A. 俯视　　　　　B. 仰视　　　　　C. 正视　　　　　D. 斜视

三、多项选择题（每题有2~5个正确答案，多选、少选或错选均不得分，请将你认为正确的选项填入括号内）

1. 导游语言从狭义的角度上看，是导游与旅游者进行（　　）时使用的一种具有丰富表达力、生动形象的口头语言。
   A. 文化传播　　B. 导游讲解　　C. 信息沟通　　D. 商务洽谈
   E. 思想感情交流

2. 导游语言包括（　　）。
   A. 口头语言　　B. 体态语言　　C. 书面语言　　D. 无声语言
   E. 肢体语言

3. 副语言是一种有声而无固定语义的语言，以下属于副语言的是（　　）。
   A. 重音　　　　B. 话语　　　　C. 笑声　　　　D. 叹息
   E. 掌声

4. 导游语言要做到准确性，导游必须注意的方面有（　　）。
   A. 态度严肃认真　B. 了解所讲内容　C. 遣词造句准确　D. 词语组合得当
   E. 表达生动形象

5. 导游语言除了符合语言规范之外，还具有（　　）的特点。
   A. 观赏性　　　B. 准确性　　　C. 逻辑性　　　D. 生动性
   E. 知识性

6. 伸出食指向下弯曲表示"死亡"的国家有（　　）。
   A. 泰国　　　　B. 日本　　　　C. 马来西亚　　D. 菲律宾
   E. 印度尼西亚

7. 比喻就是用类似的事物来打比方的一种修辞手法，它包括（　　）。
   A. 激发丰富想象的比喻　　　　　B. 使语言晦涩难懂的比喻
   C. 使自然景物形象化的比喻　　　D. 使抽象事物形象化的比喻
   E. 使人物形象更加鲜明的比喻

8. 导游在同个别旅游者交谈时的目光以正视为宜，以表示（　　）。
   A. 理性　　　　B. 平等　　　　C. 敬重　　　　D. 赞许
   E. 理解

9. 独白式口头语言的特点是（　　）。
   A. 目的性强　　B. 依赖性强　　C. 表述充分　　D. 对象明确
   E. 反馈及时

10. 决定导游讲解语音音量大小的因素有（　　）。
    A. 旅游者情绪的好坏　　　　　B. 旅游者数量的多少
    C. 讲解的地点和环境　　　　　D. 讲解内容的多少
    E. 讲解内容的重要程度

11. 决定导游讲解语言快慢的因素有（　　）。
    A. 旅游者的类型　B. 讲解的方式　C. 讲解的内容　D. 旅游者的情绪

E. 讲解的地点

12. 目光主要由（　　）三个方面组成。
    A. 眼神变化　　　　B. 瞳孔变化　　　　C. 目光接触的长度　　D. 目光接触的向度
    E. 眼睛张开的大小

13. 在同旅游者交谈过程中，导游要注意（　　）。
    A. 切忌在对方谈兴正浓时突然中止交谈　　B. 不要勉强延长交谈
    C. 要留意对方的暗示　　　　　　　　　　D. 结束交谈要恰到好处
    E. 交谈时不要插话

14. 一般来说，人的视线向下接触表示（　　）。
    A. 爱护　　　　　　B. 傲慢　　　　　　C. 宽容　　　　　　D. 轻视
    E. 期待

15. 引用包括（　　）三种形式。
    A. 明引　　　　　　B. 意引　　　　　　C. 指引　　　　　　D. 情引
    E. 暗引

16. 导游向旅游者道歉的语言技巧包括（　　）。
    A. 微笑式道歉　　　B. 协商式道歉　　　C. 迂回式道歉　　　D. 自责式道歉
    E. 敬语式道歉

17. 导游劝服旅游者的语言技巧包括（　　）。
    A. 暗示式劝服　　　B. 诱导式劝服　　　C. 柔和式劝服　　　D. 迂回式劝服
    E. 微笑式劝服

18. 一般来说，人的视线向上接触表示（　　）。
    A. 期待　　　　　　B. 盼望　　　　　　C. 傲慢　　　　　　D. 轻视
    E. 理性

19. 对导游来说，控制自己的面部表情要注意的是（　　）。
    A. 灵敏　　　　　　B. 鲜明　　　　　　C. 真诚　　　　　　D. 准确
    E. 有分寸

20. 停顿的类型较多，导游常用的是（　　）。
    A. 语义停顿　　　　B. 暗示省略停顿　　C. 强调语气停顿　　D. 等待反应停顿
    E. 语气特色停顿

21. 独白式是导游讲述而旅游者倾听的语言传递方式，一般运用于导游（　　）之中。
    A. 致欢迎词　　　　B. 致欢送词　　　　C. 团队讲解　　　　D. 散客讲解
    E. 个别交谈

22. 因民族习惯的差异，首语在有些国家和地区有不同的含义，如（　　）等国某些少数民族奉行的是点头不算摇头算的原则。
    A. 印度　　　　　　B. 泰国　　　　　　C. 巴基斯坦　　　　D. 马来西亚
    E. 不丹

23. 导游讲解中的手势主要包括（　　）。
    A. 情意手势　　　　B. 象形手势　　　　C. 表演手势　　　　D. 指示手势
    E. 夸张手势

24. 导游因工作失误向旅游者进行道歉需注意的问题是道歉（　　）。
    A. 要有诚意　　　　　　　　　　B. 要及时
    C. 要讲究方式方法　　　　　　　D. 要预计旅游者反应
    E. 要注意场合

25. 导游进行自我介绍的方法有（　　）。
    A. 自识式　　　B. 自谦式　　　C. 调侃式　　　D. 言他式
    E. 礼仪式

26. 下列表达要领中，属于口头语言的有（　　）。
    A. 音量大小适度　B. 语调高低有序　C. 语速快慢相宜　D. 停顿长短合理
    E. 语义错落有致

27. 导游切忌直接询问旅游者的（　　）等方面的问题。
    A. 工作　　　B. 工资　　　C. 收入　　　D. 女性年龄
    E. 婚姻状况

28. 导游与旅游者寒暄的方法较多，主要有（　　）。
    A. 问候式　　B. 询问式　　C. 夸赞式　　D. 言他式
    E. 诱导式

29. 导游与旅游者交谈的语言技巧主要包括（　　）。
    A. 开头要寒暄　B. 说话要真诚　C. 内容要健康　D. 言语要中肯
    E. 语速快慢相宜

30. 导游提醒旅游者的语言技巧包括（　　）。
    A. 敬语式提醒　B. 柔和式提醒　C. 协商式提醒　D. 幽默式提醒
    E. 微笑式提醒

31. 在与人交谈时，要留意对方的暗示。以下表示对方已无交谈兴趣的是（　　）。
    A. 故意看表　　　　　　　　　　B. 如坐针毡地改变坐姿
    C. 心不在焉地游目四周　　　　　D. 微笑地看着对方
    E. 频繁点头

32. 以下导游对旅游者的称谓，属于"套用尊称型"的是（　　）。
    A. 各位团友　B. 各位嘉宾　C. 各位先生　D. 各位女士
    E. 女士们，先生们

第六章　导游带团技能

一、判断题（判断下列各题是否正确，正确的请在答卷中相应题号后的括号内打"√"，错误的打"×"）

1. 旅游团成员的差异性要求导游在提供规范化服务外，还应恰到好处地提供个性化服务。（　　）
2. 导游是旅游团队的主导者和中心人物，要确立自己在旅游团中的威信，主导旅游者的情绪和意向。（　　）
3. 某导游由于途中堵车未能按照自己宣布的出发时间抵达饭店，他到后，见大部分旅游者均已坐在车里，另几位旅游者在车外徘徊，于是他上车后自责地向旅游者进行了道歉，他的这一做法是正确的。（　　）
4. 导游学会使用图片、视频编辑软件的好处是可以制作精美的景点图片和宣传视频，以增强讲解的吸引力。（　　）
5. 由于旅游活动是在旅游目的地进行的，这种情况决定了导游在与领队的关系中处于主导地位，因此领队应服从导游的领导。（　　）
6. 导游调动领队积极性的主要途径是善于利用适当的场合让领队有表现的机会。（　　）
7. 由于导游在带团中处于主导地位，因此对团中旅游者与领队的矛盾应进行干预。（　　）
8. 在旅游活动中，导游要尊重领队的权威和权限。（　　）
9. 导游要协调好与相关接待单位的关系，目的是保证相关接待单位提供的产品与服务能按时、按需供给。（　　）
10. 在旅游初期阶段，旅游者求安全的心态表现得非常突出，因此，消除旅游者的不安全感成为导游的首要任务。（　　）
11. 为了争取旅游车司机的配合，导游应将旅游团活动日程上的变化及时告诉司机。（　　）
12. 为避免在某些问题上出现误会和不协调，全陪与地陪应及时交流信息，主动争取对方的配合，以便形成接待合力。（　　）
13. 在旅游结束阶段，导游应注意的一点是在日程安排上要留出一定的时间让旅游者处理个人事务。（　　）
14. 活泼型性格的旅游者在旅游中往往希望在旅游安排上有较多的灵活性。（　　）
15. 转移注意法，是指导游从物质上或精神上给旅游者以补偿，从而消除旅游者不满情绪的一种方法。（　　）
16. 儿童生病，导游不宜建议家长给孩子服某种药，更不能提供药品给儿童服用。（　　）
17. 导游下飞机时应当最后一个走，以检查旅游者是否有走失或者遗漏财物。（　　）

18. "细微之处见真情",体现的是与旅游者建立"伙伴关系"。（　　）
19. 导游在与领队的合作中,应灵活应变,掌握工作的主动权。（　　）
20. 换位思考是指导游站在旅游者的角度,以"假如我是旅游者"的思维方式来理解旅游者的所想、所愿、所求和所为,从而做到"宽以待客"。（　　）
21. 导游要提供好个性化服务,关键是要将旅游者"放在心中",眼中"有活儿",善于把握时机主动服务。（　　）
22. 悦心悦意,是指审美主体在观照审美对象时,经由感知、想象、情感、理解等心理功能交互作用,从而唤起的那种精神意志上的昂奋和伦理道德上的超越感。（　　）
23. 在旅游后期阶段,旅游者更加偏向忙于个人事务。（　　）
24. 通过讲解历史故事可激发旅游者对名胜古迹和民间艺术的探索,这说明导游运用语言艺术可以调动旅游者的情绪,激发旅游者的游兴。（　　）
25. 由于饮食习惯和生理上的原因,带高龄旅游者团队,地陪还应适当增加去厕所的次数。（　　）
26. 泛舟沱江之上,聆听土家族姑娘优美动人的歌声,旅游者感到的不只是音响、节奏与旋律的形式美,而且是一种饱含着甜蜜和深情的爱情信息流或充满青春美的心声。这是审美感受中的悦志悦神。（　　）
27. 各种不同旅游者的个性中以活泼型和急躁型居多,稳重型和忧郁型只是少数。（　　）
28. 来自上层社会的旅游者往往期待听到故事性的导游讲解。（　　）
29. 导游所带旅游团内若有成年旅游者携带儿童旅游的情况,可通过给儿童买食品、玩具的方式拉近与儿童的关系,保证带团顺利。（　　）
30. 在带团过程中,无论是哪个环节的工作,都需要导游动脑筋、想办法,积极主动地为旅游者提供服务,满足旅游者的一切需求。（　　）
31. 三亚的旅游者,因为长期居住在海边,因此对滨海风景非常感兴趣。（　　）
32. 导游带好旅游团的关键是公平对待每一位旅游者。（　　）
33. 导游在引导旅游者购物时,要遵循"多买吃的,少买用的"的原则,以便旅游者和亲朋好友分享。（　　）
34. 导游必须明白良好的第一印象不能"一劳永逸",需要在以后的服务工作中注意维护和保持。（　　）
35. 男性旅游者喜欢听带故事情节的导游讲解。（　　）
36. 悦心悦意是审美感受的最高层次,体现了审美主体大彻大悟,从小我进入大我的超越感。（　　）
37. 一些旅游景观,尤其是人文景观的导游讲解,需要导游制造意境,进行美的再创造,才能激起旅游者的游兴。（　　）
38. 导游掌握必要的信息技术应用技巧可以提高工作效率和服务质量,为旅游者提供更加便捷、丰富和个性化的旅游体验。（　　）
39. 导游的讲解更注重实地实物讲解,所以导游无须了解虚拟现实（VR）和增强现实（AR）技术在旅游中的应用。（　　）
40. 导游熟悉各大在线旅游平台的操作的好处是能够为旅游者查询和预订机票、酒店、景点门票等。（　　）

41. 导游掌握多媒体设备的使用的好处是能够在讲解过程中生动地展示旅游动态。（　　）
42. 乘坐火车时，导游要尽力把自己安排在车厢出口，方便第一个下车。（　　）

二、单项选择题（下列各题的选项中，只有一项是正确的，请将正确答案的选项填入括号内）

1. 年老的旅游者好思古怀旧，对游览名胜古迹、会见亲朋老友有较大的兴趣，这是从（　　）方面，了解旅游者的心理。
   A. 区域　　　　　B. 国籍　　　　　C. 社会阶层　　　　　D. 年龄
2. 导游要确立在旅游团中的主导地位是由（　　）决定的。
   A. 导游的进取精神　　　　　B. 导游所要完成的使命
   C. 导游应展示的能力　　　　　D. 社会对导游的要求
3. 导游要注重给旅游者留下良好的"第一印象"，是因为"第一印象"的好坏往往会构成人们的（　　）。
   A. 心理感觉　　　　　B. 心理定式　　　　　C. 心理期望　　　　　D. 心理寄托
4. 儿童旅游者，尤其是2~6岁的儿童，天性活泼好动，因此要特别注意他们的（　　）。
   A. 安全　　　　　B. 活动　　　　　C. 去向　　　　　D. 体力
5. 对于旅游团成员在旅游行程或旅游节目上出现的重大分歧，导游在处理时应以（　　）为依据，进行疏导，防止矛盾扩大化。
   A. 旅行社的利益　　　　　B. 旅游者的利益
   C. 旅游法规　　　　　D. 旅游合同
6. 成功地将旅游者的兴趣从一个对象转移至另一对象上的关键是（　　）。
   A. 选择合适的替代对象　　　　　B. 选择合适的参照对象
   C. 注意转移的地点场合　　　　　D. 注意转移的方式方法
7. 不主动与人交往，游览时喜欢细细欣赏，购物时爱挑选比较，这样的旅游者属于（　　）。
   A. 稳重型　　　　　B. 忧郁型　　　　　C. 急躁型　　　　　D. 活泼型
8. 与旅游团领队相比，导游在带领旅游团开展旅游活动上居于（　　）。
   A. 支配地位　　　　　B. 主导地位　　　　　C. 平等地位　　　　　D. 从属地位
9. 导游与领队带团工作都是以（　　）为依据。
   A. 旅行社的利益　　　B. 自身的利益　　　C. 旅游协议　　　D. 旅游法规
10. 导游注意调节观赏节奏时，错误的做法是（　　）。
    A. 有张有弛，劳逸结合　　　　　B. 有急有缓，快慢相宜
    C. 有讲有停，导、游结合　　　　　D. 适当休息，动静结合
11. 导游为之服务的旅行社与相关接待单位的关系是在经营上既相互分工又相互合作，在利益上既相互排斥又相互（　　）。
    A. 妥协　　　　　B. 依赖　　　　　C. 竞争　　　　　D. 替代
12. 导游要告诉旅游者，购物的首要原则是（　　）。
    A. 少买吃的，多买用的　　　　　B. 少买用的，多买吃的
    C. 多买用的，多买吃的　　　　　D. 要买自己喜欢的物品

13. 旅游车在行驶途中，若有不明身份者拦车，导游应该（　　）。
    A. 立即下车进行驱赶　　　　　　　　B. 要求对方出示证件
    C. 立即向公安部门报警　　　　　　　D. 协助司机保护好车辆和旅游者安全

14. 在带团过程中，地陪与领队之间在某些不涉及重大变动的活动项目安排上出现小分歧时，地陪的处置办法是（　　）。
    A. 可采纳领队的意见　　　　　　　　B. 可不予理睬
    C. 报告旅行社　　　　　　　　　　　D. 请旅游者评判

15. 在带团过程中，个别领队常为讨好旅游者而"抢话筒"，表现自己知多识广，使地陪的工作甚为被动。对此，地陪较为合适的做法是（　　）。
    A. 任凭领队表现自己　　　　　　　　B. 对领队的行为表示抗议
    C. 对领队的行为提出警告　　　　　　D. 灵活应变，选择适当的时机予以纠正

16. 目前很多旅行社推出"夕阳红"团队，导游在接待这些老年旅游者时，下列做法中错误的是（　　）。
    A. 旅游行进中放慢速度　　　　　　　B. 讲解中音量适当放大
    C. 安排上与其他团队一样　　　　　　D. 走路不观景，观景不走路

17. 住宿部门、餐饮部门、交通运输部门、文化娱乐部门、园林部门等旅游服务供给部门与旅行社之间的关系决定了它们只能是密切协作关系是因为（　　）。
    A. 它们的产品和服务是相同的
    B. 它们的产品和服务都是为满足旅游者的需要
    C. 它们的性质都属于第三产业
    D. 它们的服务都是整个社会服务的一部分

18. 旅游者泛舟昆明湖上，回首瞭望，佛香阁高高耸立，阁下回廊蜿蜒在林木之间，游人如鲫。这种审美感受是（　　）。
    A. 赏心悦目　　　B. 悦耳悦目　　　C. 悦心悦意　　　D. 悦志悦神

19. 登上八达岭长城俯瞰长城内外，会激起旅游者的壮志豪情，使旅游者产生强烈的民族自豪感。这种审美感受属于（　　）。
    A. 赏心悦目　　　B. 悦耳悦目　　　C. 悦心悦意　　　D. 悦志悦神

20. "它（楠竹）不务虚名，但求实际／做根扁担，能挑千万里／做副箩筐，能装百斤米／纵然当作柴烧，也要煮熟饭食／纵然化为灰烬，也要养肥田地"表达了郭小川在观赏楠竹时的感受是（　　）。
    A. 赏心悦目　　　B. 悦耳悦目　　　C. 悦心悦意　　　D. 悦志悦神

21. 每当农历月半的夜晚，旅游者站在"孟门山"（壶口瀑布下游3000米处一块巨石）上，可见黄河水底明月高悬。站北南观，水中明月分为两排飞舞而下；立南北望，水里明月合二为一迎面而来。这说明观景赏美要注意保持一定的（　　）。
    A. 时间距离　　　B. 空间距离　　　C. 心理距离　　　D. 点线距离

22. 下列关于导游在和司机合作的说法中，错误的是（　　）。
    A. 线路变化了应及时告诉司机　　　　B. 与司机共同研究日程安排
    C. 告诉司机不要干预旅游活动　　　　D. 协助司机做好安全行车工作

23. 依据心理学中的"近因效应"，在树立导游形象上要注重（　　）。

A. 重视"外貌形象" B. 维护高尚形象
C. 不要树立反面形象 D. 留下美好的最终印象

24. 提供个性化服务并不容易，关键在于导游（　　）。
    A. 心中是否有旅游者 B. 前期准备是否充分
    C. 对旅游者的理解是否全面 D. 工作是否突出了个人风格

25. 做好高龄旅游者的接待工作，以下关于日程安排的做法，不正确的是（　　）。
    A. 日程安排不要太紧，活动量不宜过大、项目不宜过多
    B. 应适当增加休息时间
    C. 可适当使用激将法和诱导法，以免旅游者体力消耗大，发生危险
    D. 以细看、慢讲为宜

26. 欣赏齐白石的画，旅游者感到的不只是草木鱼虾，而是一种悠然自得、鲜活洒脱的情思意趣。这种审美感受属于（　　）。
    A. 赏心悦意 B. 悦耳悦目 C. 悦心悦意 D. 悦志悦神

27. 喜讲话，好出点子，乐于助人，喜欢多变的游览项目，这样的旅游者属于（　　）。
    A. 稳重型 B. 忧郁型 C. 急躁型 D. 活泼型

28. "一句话能把人说笑，也能把人说跳。"这表明导游与旅游者说话应使用（　　）。
    A. 礼貌语言 B. 规范语言 C. 形象语言 D. 柔性语言

29. "不识庐山真面目，只缘身在此山中。"说明观景赏美要注意保持一定的（　　）。
    A. 心理距离 B. 相对距离 C. 时间距离 D. 空间距离

30. 一般旅游者喜欢不拘形式的交谈，期待听到（　　）的导游讲解。
    A. 有深度 B. 有品位 C. 故事性 D. 专业

31. 个性化服务只有与（　　）完美结合才是优质的导游服务。
    A. 规范化服务 B. 旅游者个性化需求
    C. 情绪化服务 D. 理性化服务

32. 考察国情民风、体验异域生活、探亲访友寻根的旅游动机属（　　）。
    A. 文化动机 B. 社会动机 C. 经济动机 D. 身心动机

33. 下列关于给予儿童特别关照的做法中，不属于导游应做的是（　　）。
    A. 天气变化时，提醒家长给孩子增减衣服
    B. 气候干燥时，提醒家长多给孩子喝水
    C. 餐厅用餐时，请餐厅准备好儿童座椅
    D. 儿童生病时，建议家长给儿童用药

34. 春看兰花，秋赏红叶，冬观蜡梅，是指需要把握（　　）的方法。
    A. 观赏距离 B. 观赏角度 C. 观赏时机 D. 观赏节奏

35. 导游在途中组织旅游者唱歌、猜谜语、做游戏，教外国旅游者数数、学说中国话等，这是利用（　　）激发旅游者的游兴。
    A. 直观形象 B. 语言艺术
    C. 文娱活动 D. 声像导游手段

36. 旅游者在庐山花径景区云雾缭绕的如琴湖畔，驻足于繁花似锦的花径公园，吟诵白居易的著名诗篇《大林寺桃花》，令人陶醉，这是属于（　　）方法。

A. 动态观赏　　　B. 静态观赏　　　C. 远距离观赏　　　D. 近距离观赏

37. 导游应熟悉（　　）的操作，能够为旅游者查询和预订机票、酒店、景点门票等。
    A. 各大在线旅游平台　　　　B. 视频编辑软件
    C. 数据分析工具　　　　　　D. 办公软件

38. 导游学会使用数据分析工具的好处是可通过对旅游者的信息和需求进行分析，更好地提供（　　）。
    A. 个性化服务　　B. 全方位服务　　C. 高档化服务　　D. 规范化服务

39. 导游掌握必要的信息技术应用技巧的好处是可为旅游者提供更加便捷、丰富和个性化的（　　）。
    A. 旅游知识　　　B. 旅游经历　　　C. 旅游活动　　　D. 旅游体验

40. 导游给游客留下"第一印象"的时间是在（　　）。
    A. 迎接旅游团时　B. 沿途导游时　C. 入住饭店时　D. 核商日程时

41. 导游在面对旅游者致欢迎词时，其目光应为（　　）。
    A. 环视　　　　　B. 平视　　　　　C. 仰视　　　　　D. 凝视

42. 导游尊重相关接待单位的劳动是做好与其协调工作的（　　）。
    A. 基础　　　　　B. 手段　　　　　C. 要领　　　　　D. 前提

43. 在接待旅游者问题上，导游所代表的旅行社同相关接待单位之间是一种（　　）关系。
    A. 互利互补　　　B. 互谅互让　　　C. 互通有无　　　D. 互相竞争

44. "窗含西岭千秋雪，门泊东吴万里船"表达的作者的审美感受是（　　）。
    A. 赏心悦目　　　B. 悦耳悦目　　　C. 悦心悦意　　　D. 悦志悦神

45. 来自上层社会的游客大多严谨持重，期待听到（　　）的导游讲解。
    A. 高品位　　　　B. 故事性　　　　C. 大众化　　　　D. 趣味性

三、多项选择题（每题有2~5个正确答案，多选、少选或错选均不得分，请将你认为正确的选项填入括号内）

1. 导游在带团中要尊重旅游者，主要是尊重其（　　）。
   A. 人格　　　　　B. 性格　　　　　C. 意见　　　　　D. 行为
   E. 建议

2. 导游在旅游者面前要始终表现出豁达自信、（　　）等特质，用使旅游者满意的行为来加深、巩固良好的形象。
   A. 坦诚乐观　　　B. 沉着果断　　　C. 办事利落　　　D. 知识渊博
   E. 技能娴熟

3. 导游观察旅游者的情绪、判断其心理状态可从其（　　）入手。
   A. 面部表情　　　　　　　　B. 说话的声调
   C. 身体的姿势和动作　　　　D. 与其他旅游者的关系
   E. 与旅游团领队的关系

4. 为了给旅游者留下良好的第一印象，导游在致欢迎词时要（　　）。
   A. 热情大方，镇定自若　　　B. 语音清晰，语调亲切自然
   C. 语速平和，不快不慢　　　D. 用词得体，言语简洁适度

E. 内容因情景而异

5. 导游可以从（　　）方面来了解旅游者的心理。
   A. 人口统计特征　　　　　　　　B. 地理环境
   C. 其宗教信仰　　　　　　　　　D. 不同的个性特征
   E. 其所受教育程度

6. 下列关于旅游者在旅游的不同阶段的心理活动描述中，正确的是（　　）。
   A. 旅游初期阶段：求安全心理、求新心理
   B. 旅游初期阶段：陌生心理、求刺激心理
   C. 旅游中期阶段：懒散心态、求全心理、群体心理
   D. 旅游后期阶段：急切的想回家的心理
   E. 旅游后期阶段：忙于个人事务

7. 导游在同领队合作中需要磋商的问题主要有（　　）。
   A. 旅游活动日程的最终确定　　　B. 旅游者个别要求的满足
   C. 旅游计划的被迫更改　　　　　D. 旅游故障的处理
   E. 对导游服务的意见和建议

8. 导游要想确立在旅游团的主导地位，必须做到（　　）。
   A. 以诚待人，热情服务　　　　　B. 重视"第一印象"
   C. 换位思考，宽以待客　　　　　D. 维护良好的形象
   E. 树立威信，善于"驾驭"

9. 导游在处理与境外旅游团领队的关系时，要（　　）。
   A. 主动争取领队的配合　　　　　B. 主动与领队搞好团结
   C. 在争取领队支持时讲究策略　　D. 按领队的意见办理
   E. 注意方式方法

10. 导游处理好与旅游团领队关系的方法主要有（　　）。
    A. 多同领队磋商　　　　　　　　B. 多给领队"面子"
    C. 多按领队的意见办　　　　　　D. 多支持领队的工作
    E. 多给领队一些好处

11. 下列做法中，属于给旅游团领队"面子"的有（　　）。
    A. 旅游日程商定后，由领队向旅游者宣布
    B. 每天的活动安排确定后，请领队将出发时间和地点通知旅游者
    C. 入住饭店时，请领队为旅游者分配房间
    D. 旅游团离店前，请领队宣布旅游者出行李时间
    E. 旅游故障处理后，由领队向旅游者宣布处理结果

12. 导游向旅游者提供微笑服务的作用主要表现在（　　）。
    A. 有助于同旅游者和睦相处　　　B. 有助于同旅游者实现相互理解
    C. 有助于同旅游者沟通感情　　　D. 有助于与旅游者增强交际效果
    E. 有助于满足旅游者的需要

13. 为了同旅游团领队有较好的合作，全陪在与其交往中应做好的工作有（　　）。
    A. 主动争取领队的配合　　　　　B. 多给领队导游讲解的机会

C. 多向领队请教 D. 尊重领队的人格和权限
E. 注意调动领队的积极性

14. 导游与相关接待单位具有良好的合作基础是因为导游所代表的旅行社同他们（　　）。
    A. 在根本利益上具有一致性　　B. 具有相同的市场对象
    C. 销售的都是服务性产品　　D. 在现实利益上相互依赖
    E. 具有共同的联系纽带

15. 导游要做好与相关接待单位的协调工作是因为（　　）。
    A. 旅游活动经常发生的变化需要导游及时向相关接待单位通报
    B. 旅游者对相关接待单位的服务质量提出的意见和投诉需要导游进行沟通
    C. 旅游团下榻饭店时旅行社行李员与饭店行李员交接行李出现差错需要导游协调
    D. 旅游团离店前旅游者与领队之间在出行李的时间上出现矛盾需要导游进行协调
    E. 相关接待单位在提供旅游服务中侵害了旅游者的利益需要导游出面协调

16. 为使相关接待单位能及时和有效地提供旅游者所需要的服务，导游在处理与他们之间的关系上应持的态度是（　　）。
    A. 多做沟通工作　　B. 多做劝导工作
    C. 尊重他们的劳动　　D. 同他们进行平等协商
    E. 坚持原则

17. 导游与司机的协作应该包括（　　）。
    A. 及时向司机通报相关信息
    B. 征求司机对日程安排的意见
    C. 行车中向司机请教行车知识
    D. 遇到险情，由司机保护车辆和旅游者，导游去求援
    E. 协助司机做好行车安全工作

18. 为协助司机做好行车安全工作，导游应该（　　）。
    A. 将行车时间适当安排宽松一些
    B. 协助司机做好行车前的安全检查
    C. 行车途中不与司机闲聊
    D. 遇有陌生人劫车，协助司机保护好车辆和旅游者
    E. 旅游车抛锚了协助司机修好车辆

19. 全陪与地陪合作共事的基础是他们都（　　）。
    A. 执行同一旅游接待计划　　B. 为同一旅游团提供服务
    C. 担负着相同的接待任务　　D. 确保同一旅游团活动的顺利进行
    E. 维护同一旅行社的利益

20. 全陪与地陪为搞好相互间的通力合作，他们应该（　　）。
    A. 互通信息，主动争取对方的配合　　B. 相互支持，多给对方"面子"
    C. 彼此尊重，相互学习　　D. 坚持原则，平等协商
    E. 相互理解，共同避险

21. 以下属于旅游者文化动机的有（　　）。
    A. 观赏风景名胜　　B. 探求文化差异　　C. 寻求文化交融　　D. 体验异域生活

E. 考察异域民风

22. 以下属于法国人个性特征的是（　　）。
    A. 追求华丽　　　　B. 浪漫　　　　C. 热情　　　　D. 守纪律
    E. 爱享受生活

23. 由于急躁型旅游者性急，易冲动，情绪不稳定，比较喜欢离群活动，导游对待他们时应该（　　）。
    A. 服务要热情周到　　　　　　　　B. 不与他们争论
    C. 不激怒他们　　　　　　　　　　D. 与其搞好关系
    E. 随时注意其安全

24. 在旅游者中，较常见的个性类型是（　　）。
    A. 稳重型　　　　B. 活泼型　　　　C. 急躁型　　　　D. 忧郁型
    E. 开放型

25. 由于稳重型旅游者比较稳重，不主动与人交往，不愿麻烦他人，希望得到他人尊重，导游对待这类旅游者应该（　　）。
    A. 主动接近他们　　　　　　　　　B. 尽量满足其合理而可能的要求
    C. 随时观察其情绪变化　　　　　　D. 与他们交谈要客气、诚恳
    E. 认真对待他们的意见与建议

26. 导游要学会使用柔性语言。它是一种柔和甜蜜、让人愉悦的语言，表现为（　　）。
    A. 语气亲切　　　　B. 语调柔和　　　　C. 措辞委婉　　　　D. 说理自然
    E. 富有幽默

27. 对于急躁型旅游者的心理描述，正确的有（　　）。
    A. 好遗忘　　　　　　　　　　　　B. 情绪不稳定
    C. 比较喜欢集体活动　　　　　　　D. 争强好胜
    E. 性急，好动

28. 高龄旅游者的特点是（　　）。
    A. 好思古怀旧　　　　　　　　　　B. 好追新猎奇
    C. 喜欢多动多看　　　　　　　　　D. 喜欢会见亲朋好友
    E. 喜欢游览名胜古迹

29. 年轻旅游者的特点是（　　）。
    A. 喜欢多动多看　　　　　　　　　B. 爱会见亲朋好友
    C. 喜好追新猎奇　　　　　　　　　D. 喜游览名胜古迹
    E. 关心热门社会问题

30. 人们参加旅游团的心理动机一般是（　　）。
    A. 不受约束　　　　　　　　　　　B. 节省时间和金钱
    C. 有安全感　　　　　　　　　　　D. 省心，不用做决定
    E. 有伴侣、有团友

31. 激发旅游者游兴的办法主要有（　　）。
    A. 通过直观形象激发旅游者的游兴　　B. 运用语言艺术激发旅游者的游兴
    C. 通过组织文娱活动激发旅游者的游兴　D. 使用声像导游手段激发旅游者的游兴

E. 通过体验异地环境激发旅游者

32. 把握心理服务的要领，导游应做到（　　）。
   A. 尊重旅游者　　　　　　　　　　B. 微笑服务
   C. 使用柔性语言　　　　　　　　　D. 与旅游者建立"伙伴关系"
   E. 提供个性化服务

33. 导游对儿童的接待工作应注意的方面是（　　）。
   A. 不宜给儿童买食物
   B. 不宜给儿童买玩具
   C. 不宜突出了儿童，冷落了其他旅游者
   D. 如果家长同意，可把儿童带出活动
   E. 不宜建议给生病的孩子服药

34. 对高龄旅游者的接待，导游应注意的方面有（　　）。
   A. 妥善安排日程　　B. 做好提醒工作　　C. 耐心解答问题　　D. 预防旅游者走失
   E. 注意放慢速度

35. 由于忧郁型旅游者忧郁孤独，敏感多疑，少言语，重感情，导游对待这类旅游者应该（　　）。
   A. 不耻下问　　　B. 尊重其隐私　　　C. 多亲近他们　　　D. 多关心体贴他们
   E. 不与他们开玩笑

36. 接待好残障旅游者，关键在于导游要（　　）。
   A. 耐心解答问题　　　　　　　　　B. 预防旅游者走失
   C. 给以适时、恰当的关照　　　　　D. 给以具体、周到的服务
   E. 做好提醒工作

37. 导游要灵活机动地安排旅游活动，应遵循的原则是（　　）。
   A. "旅速游缓"　　B. "先远后近"　　C. "先高后低"　　D. "先弛后张"
   E. "先缓后急"

38. 导游可以运用（　　）等语言艺术调动旅游者的游兴。
   A. 讲解历史故事　　　　　　　　　B. 朗诵名诗佳句
   C. 提出生动有趣的问题　　　　　　D. 讲述夸张的神话故事
   E. 讲述神秘的恐怖故事

39. 导游接待旅游团中的儿童应注意（　　）。
   A. 儿童的安全　　　　　　　　　　B. 掌握"四不宜"原则
   C. 对儿童多给予关照　　　　　　　D. 儿童的收费标准
   E. 儿童的健康状况

40. 旅游者购物时，导游应提醒旅游者坚持"三要"，即（　　）。
   A. 要买喜欢的物品　　　　　　　　B. 要商家办理托运
   C. 要商家开"发票"　　　　　　　　D. 贵重物品要"保单"
   E. 要买值钱的物品

41. 旅游者在旅游中期阶段的心理主要有（　　）。
   A. 求新心理　　　B. 懒散心态　　　C. 求全心理　　　D. 群体心理

E. 求安全心理

42. 旅游者在旅游中期阶段的懒散心态主要体现在（　　）等方面。
    A. 时间观念较差　　　　　　　　B. 个体观念更弱
    C. 游览中自由散漫　　　　　　　D. 到处丢三落四
    E. 团内矛盾渐显

43. 导游可以灵活掌握的观景赏美的方法主要有（　　）。
    A. 注意动态观赏和静态观赏　　　B. 注意观赏距离和观赏角度
    C. 注意观赏时机和观赏节奏　　　D. 注意观赏气候和观赏氛围
    E. 注意观赏主体和观赏对象

44. 如果从人口统计特征上了解旅游者，导游应从旅游者的（　　）方面进行。
    A. 国籍　　　　B. 年龄　　　　C. 性别　　　　D. 兴趣爱好
    E. 所属社会阶层

45. 我国著名美学家李泽厚将审美感受分为（　　）三个层次。
    A. 悦耳悦目　　B. 悦志悦意　　C. 悦心悦意　　D. 悦心悦神
    E. 悦志悦神

46. 导游在接待不同年龄的旅游者时，有不同的讲解节奏，针对年轻人可以（　　）。
    A. 讲得快一点　B. 活动多一点　C. 讲得慢一点　D. 走得快一点
    E. 走得少一点

47. 导游引导旅游者观景赏美应注意（　　）。
    A. 传递正确的审美信息　　　　　B. 分析旅游者的审美感受
    C. 激发旅游者的想象思维　　　　D. 掌握观景赏美的方法
    E. 探索旅游者的审美动机

48. 导游用来调节旅游者情绪的方法主要有（　　）。
    A. 补偿法　　　B. 劝说法　　　C. 分析法　　　D. 夸张法
    E. 转移注意法

49. 西方人较开放、感情外露，喜欢直截了当地表明意愿，其思维方式一般是（　　）。
    A. 由小到大　　B. 由近及远　　C. 由大到小　　D. 由远到近
    E. 由具体到抽象

50. 东方人较含蓄、内向，往往委婉地表达意愿，其思维方式一般是（　　）。
    A. 由小到大　　B. 由近及远　　C. 由大到小　　D. 由远到近
    E. 从抽象到具体

51. 以下属于美国人个性特征的是（　　）。
    A. 矜持　　　　B. 浪漫　　　　C. 开朗　　　　D. 随意
    E. 重实利

52. 导游应掌握的信息技术应用技巧包括（　　）。
    A. 在线预订与票务管理　　　　　B. 多媒体展示与讲解
    C. 数据分析与客户管理　　　　　D. 电子文档与资料管理
    E. 网络安全与信息保护

53. 稳重型旅游者的个性特征包括（　　）。

A. 游览时爱细细欣赏 B. 购物时爱挑选比较
C. 喜欢离群活动 D. 少言语重感情
E. 不主动与人交往

54. 乘坐飞机时,导游一般应（　　）。
A. 率先登机 B. 最后下飞机
C. 最后上机 D. 坐在中间靠走道的位置
E. 下机时按顺序下机,提醒大家不要忘记取自己的行李

55. 导游应熟练掌握移动设备与应用,主要包括（　　）。
A. 学会使用图片、视频编辑软件 B. 熟练使用智能手机和平板电脑
C. 掌握常用的旅游相关应用程序 D. 能使用社交媒体平台
E. 与旅游者进行沟通和分享旅游信息

56. 导游向旅游者传递的信息主要有（　　）。
A. 集合时间 B. 集合地点 C. 景点介绍 D. 活动安排
E. 注意事项

57. 导游在引导游客观景赏美时,应力争适合游客的（　　）。
A. 生理负荷 B. 心理动态 C. 审美情趣 D. 思绪变化
E. 思想境界

58. 导游与旅游团领队虽然都为旅游者提供服务,但他们来自不同的旅行社,这种不同决定了他们（　　）不同。
A. 维护的利益 B. 对旅游者的态度 C. 扮演的角色 D. 服务效能
E. 处理问题的方式

59. 从带好旅游团角度说,全陪应具有（　　）。
A. 服务技能 B. 公关技能 C. 沟通技能 D. 组织技能
E. 协调技能

60. 为了给游客留下良好的印象,导游在同游客交谈时要做到（　　）。
A. 态度积极 B. 情绪安定 C. 表情自然 D. 语调亲切
E. 表达得体

61. 从旅游的角度看,游客的旅游动机可分为（　　）。
A. 文化动机 B. 社会动机 C. 经济动机 D. 身心动机
E. 政治动机

第七章　导游讲解技能

参考答案及解析

一、判断题（判断下列各题是否正确，正确的请在答卷中相应题号后的括号内打"√"，错误的打"×"）

1. 突出重点法要求导游在讲解中要善于抓住所讲对象的本质特征或主要特征。（　　）
2. 世界文化遗产明显陵的九曲河上建有五座石桥，暗喻皇帝的"九五之尊"。这种讲解方法是类比法。（　　）
3. 在导游讲解中采用我问客答法要注意的一点是不管旅游者答对还是答错，导游都要予以鼓励。（　　）
4. 导游讲解就是导游以丰富多彩的社会生活和绚丽多姿的景观景物为题材，以兴趣爱好不同、审美情趣各异的旅游者为对象，对自己掌握的各类知识进行整理、加工和提炼，用简洁明快的语言进行的一种意境的再创造。（　　）
5. 采用问答法讲解时，为避免旅游者的提问干扰了导游讲解的思路，导游要做好充分的思想和腹案准备。（　　）
6. 在导游讲解中，概述法通常适合于一些小景点的讲解。（　　）
7. 导游讲解要有具体的指向，不能空洞无物。讲解资料应突出导游特点，简洁而充分。（　　）
8. 制造悬念的导游讲解方法是一种先声夺人的讲解方法。（　　）
9. 导游在讲述天安门广场时将其与莫斯科红场进行比较的方法属于同类相似类比。（　　）
10. 导游在向旅游者介绍八郎之前，讲"八郎山美、水美、石美，是一个独特的民族村寨"。这种讲解运用的是画龙点睛法。（　　）
11. 导游在讲一些有趣故事时，不一定要有依据，可以没有根据地编一编。（　　）
12. 导游讲解往往被看作衡量导游水平高低的最为重要的技能。（　　）
13. 导游在讲解中的风趣和幽默，要自然、贴切，绝不可牵强附会，不正确的比拟往往会伤害旅游者的自尊心，并对其他旅游者产生不良的影响，让其反感。（　　）
14. 如果旅游团成员的年龄偏长，可多准备一些民间传说、历史上的人文逸事、革命历史故事及人物等内容。（　　）
15. 突出重点法就是导游用凝练的词句概括所游览景点的独特之处，给旅游者留下突出印象的导游方法。（　　）
16. 在"我问客答"的讲解方法中，如果旅游者回答错误，导游应立即纠正。（　　）
17. 导游在讲解华山时，说道"自古华山一条路"，一路行过，必经千尺幢、百尺峡、老君犁沟、上天梯、苍龙岭、擦耳岩等绝险要道，不少地方真可谓是"一夫当关，万夫

莫开"。这是使用了虚实结合法。（   ）
18. 概述法是对景点的景物布局、特色等基本情况进行轮廓性介绍的方法。（   ）
19. 触景生情法又称情景法或意境法，它可以增加导游讲解的生动性和形象性，有利于活跃气氛，激发旅游者的游兴。（   ）
20. 使用问答法的目的是活跃游览气氛，激发旅游者的想象思维，促使旅游者和导游之间产生思想交流，使旅游者获得参与感或自我成就感的愉悦。（   ）
21. 概述法多用于导游接到旅游团后坐车驶往下榻饭店的首次沿途导游中。（   ）
22. 在导游讲解结束后，旅游者有可能提出各种各样的问题，如果问题与游览无关，就要学会巧妙地回避。（   ）
23. 导游在进行车上讲解时，看到道路两旁的玉兰树，及时向旅游者介绍上海的市花市树，这运用的是触景生情法。（   ）
24. 导游讲解的借花献佛法，亦即我问客答法。（   ）
25. 导游讲解时将北京的王府井与日本东京的银座进行比较讲解。这是运用了同类相异类比的导游手法。（   ）
26. 导游在讲解岳麓书院时，向旅游者强调这是世界上办学历史最悠久的大学之一，这是在运用突出重点法进行讲解。（   ）
27. 导游讲解长江三峡，宜采用分段讲解法。（   ）
28. 导游在旅游车上讲解时，在经过重要的景点或标志性建筑时，要及时向旅游者指示景物的方向，讲解的内容要及时与车外的景物相呼应。（   ）
29. 导游在讲解时用词、声调、语气和态势语言都应该表现出友好的感情。（   ）
30. 导游讲解应尽量突出景观的文化内涵，使旅游者领略其内在的神韵。（   ）
31. 导游在讲到梁山伯和祝英台的故事时，可以将其称为"中国的罗密欧和朱丽叶"。这是使用了同类相似类比的讲解方法。（   ）
32. 导游在讲解清东陵的时候，如果接待的是公务员团队，应以讲解正史为主，讲康熙皇帝的廉洁治吏。（   ）
33. 导游在接到讲解任务后，应温习"旧内容"，构思"新创意"。（   ）
34. 如果团队游览景点时间有限，导游可酌情选择景区内重点景点进行讲解，不必面面俱到。（   ）
35. 导游要想讲好中原文化，阅读如《中原文化记忆丛书》之类的书籍是非常有必要的，只有通过深入学习，才能让自己的讲解不仅能"讲其然"，还能"讲其所以然"。这体现的是导游可以通过网络搜索，丰富自己在某一知识领域的积累。（   ）
36. 如果旅游团成员多为老年人，对他们关心的购物及娱乐方面的情况就要用心多收集一些，在讲解内容上要突出城市的亮点、新变化。（   ）
37. 导游与司机商量确定行车线路时，在合理而可能的原则下尽量不要错过城市的重要景观。（   ）
38. 在游览西岳华山时，导游向旅游者介绍"华山是五岳中唯一为道教所占据的名山"。这种导游讲解方法是"突出重点法"。（   ）
39. 在具体讲解工作中，有些导游方法和技巧是孤立的，可以单独使用。（   ）
40. 导游服务是一门艺术，它集表演艺术、语言艺术和综合艺术于一身，集中体现在导游

讲解之中。（　　）
41. 突出景点的独特之处，是指根据游客的兴趣爱好，导游有重点地对游客进行讲解。（　　）
42. 导游在讲解自己熟悉或擅长的内容时，可使用"你们知不知道……""让我来告诉你……"等语言。（　　）
43. 要做好导游讲解工作主要靠平时的积累，"临阵磨枪"没有太大的作用。（　　）
44. 导游对展览馆的讲解多采用问答的讲解方式。（　　）
45. 在导游讲解中，如游客提出与讲解内容无关的问题，导游可有礼貌地说："请不要打岔。"（　　）

二、单项选择题（下列各题的选项中，只有一项是正确的，请将正确答案的选项填入括号内）

1. 步入东湖风景区的听涛区，导游在介绍了武汉市的市树水杉后，又介绍了武汉市的市花梅花，梅花那不畏寒威、独步早春的品质象征着武汉人民的刚强意志。这种导游讲解方法是（　　）。
   A. 触景生情法　　B. 虚实结合法　　C. 画龙点睛法　　D. 突出重点法
2. 导游讲解的针对性要求导游的讲解要从旅游者的实际出发，其中最重要的是从旅游者的（　　）出发。
   A. 社会阶层　　B. 文化层次　　C. 职业类型　　D. 身份地位
3. 某导游讲解清东陵无数次，但每次讲解内容都不尽相同，其中侧重讲为"砍去丽妃手脚装入瓦罐"的慈禧平反，针对的旅游者对象主要是（　　）。
   A. 机关工作人员　　B. 企业管理人员　　C. 专业技术人员　　D. 普通居民大众
4. 突出重点的讲解方法要求导游善于（　　）。
   A. 抓住事物的变化征兆　　　　B. 运用导游语言艺术
   C. 抓住事物的主要特征　　　　D. 分清导游讲解层次
5. 导游运用突出重点法讲解神农架，对华侨及港澳台胞重点介绍祭坛，讲解炎帝尝百草、搭架采药的壮举；对青年学生则把重点放在神农架自然博物馆，向他们介绍珙桐、金丝猴等珍稀动植物；对喜欢逐新猎奇的旅游者，着重介绍神农架的"野人"之谜……这是突出了（　　）。
   A. 重点推介的内容　　　　　　B. 景点的独特之处
   C. 具有代表性的景观　　　　　D. 旅游者感兴趣的内容
6. 概述法是对景点的景观布局、特色等基本情况进行（　　）介绍的方法。
   A. 全面性　　B. 轮廓性　　C. 层次性　　D. 理论性
7. 采用概述法的目的是使旅游者对游览的景点有一个整体认识，为随后旅游者对景点各部分的游览和导游对各部分景物的讲解进行（　　）。
   A. 总结　　B. 阐释　　C. 铺垫　　D. 分析
8. 导游在回答外国旅游者关于道路两边树木的名称时，除向他们介绍该种树木的特色外，还介绍了我国的植树节。此时导游运用的讲解方法是（　　）。
   A. 突出重点法　　B. 分段讲解法　　C. 制造悬念法　　D. 由点及面法

9. "三峡工程是世界上最大的水利工程,三峡水电站是世界上最大的水电站。"这种导游讲解方法是（　　）。
   A. 画龙点睛法　　　B. 突出重点法　　　C. 触景生情法　　　D. 妙用数字法
10. 突出重点法对导游讲解的好处是能使讲解（　　）。
    A. 条理清楚　　　B. 层次分明　　　C. 结构严谨　　　D. 主旨鲜明
11. 从旅游活动安排上说,采用突出重点法可以较好地处理（　　）与景点讲解的关系。
    A. 游览时间　　　B. 游览线路　　　C. 景物分布　　　D. 旅游者游兴
12. 采用触景生情法的目的是以景物为依托,通过讲解将旅游者的思绪和感受导入特定的意境,从而发挥导游讲解的（　　）。
    A. 亲和力　　　B. 感染力　　　C. 原动力　　　D. 想象力
13. 采用触景生情法对导游讲解的好处是可以增加导游讲解的生动性和（　　）。
    A. 情感性　　　B. 能动性　　　C. 形象性　　　D. 神奇性
14. 运用触景生情法进行讲解,导游必须使（　　）与所观景物保持一致。
    A. 讲解的层次　　　B. 讲解的内容　　　C. 旅游者的心情　　　D. 旅游者的智力
15. 采用虚实结合法的好处是能使导游讲解产生较好的（　　）。
    A. 感染作用　　　B. 情感作用　　　C. 艺术效果　　　D. 传递效果
16. 采用制造悬念法对导游的好处是可在导游活动中掌握（　　）。
    A. 话语权　　　B. 主动权　　　C. 决定权　　　D. 控制权
17. 制造悬念的讲解方法实际上运用的是一种（　　）的艺术手法。
    A. 欲扬先抑　　　B. 先扬后抑　　　C. 欲抑先扬　　　D. 又抑又扬
18. 导游在运用制造悬念的导游讲解方法时要注意的问题是悬念的设置不能（　　）。
    A. 出其不意　　　B. 失藏后露　　　C. 先声夺人　　　D. 随心所欲
19. 导游讲解古建筑采用的"虚实结合法"中的"实"指的是古建筑的（　　）。
    A. 历史沿革、名人逸事　　　　　B. 建筑布局、风格特点
    C. 形状结构、古今传说　　　　　D. 神话故事、主要用途
20. 类比法是一种以熟喻生、达到（　　）的讲解方法。
    A. 眼见为实　　　B. 心领神会　　　C. 触类旁通　　　D. 浮想联翩
21. 导游运用类比法进行导游讲解的好处是可达到（　　）的效果。
    A. 先声夺人　　　B. 十拿九稳　　　C. 事半功倍　　　D. 完美无缺
22. 导游向国外旅游者解释说:"桂林以其独具一格的'山青、水秀、洞奇、石美'的自然山水风光成为我国著名的观光旅游胜地。"这句导游词中运用的导游讲解方法是（　　）。
    A. 画龙点睛法　　　B. 角色导引法　　　C. 制造悬念法　　　D. 突出重点法
23. 画龙点睛法是一种用（　　）来概括游览景点突出特征的讲解方法。
    A. 华丽的辞藻　　　B. 凝练的词语　　　C. 象征性语言　　　D. 规范性语言
24. 导游在景点游览之前运用画龙点睛法进行讲解的好处是可对旅游者起（　　）作用。
    A. 带动　　　B. 启迪　　　C. 导向　　　D. 凝集
25. 导游在景点游览之后运用画龙点睛法进行的概括和总结可以加深旅游者对景点特点的（　　）。

A. 了解　　　　B. 领悟　　　　C. 联想　　　　D. 启示

26. 妙用数字法有助于导游提高导游讲解中（　　）的效果。
    A. 知识广度　　B. 知识深度　　C. 知识运用　　D. 知识传递

27. 条理清楚的导游讲解必须建立在符合（　　）的基础上。
    A. 逻辑　　　　B. 思维　　　　C. 情理　　　　D. 情节

28. 导游在讲解楚文化时，与同时期的古希腊文化进行了对比讲解，这是运用了（　　）。
    A. 概述法　　　B. 类比法　　　C. 突出重点法　D. 画龙点睛法

29. 某导游在讲解苏州园林时，既讲了中国古代自然山水园林的艺术特征，又介绍了西方几何式园林的艺术特征。这里，该导游运用的讲解方法是（　　）。
    A. 突出重点法　B. 画龙点睛法　C. 类比法　　　D. 概述法

30. 导游在导游讲解时，其目光注视的方式应是（　　）相结合。
    A. 平视与仰视　B. 正视与斜视　C. 斜视与环视　D. 正视与环视

31. 导游在带领境外旅游者观赏我国的一些古建筑时，应通过其建筑风格和一些相关数字讲出中国的（　　）。
    A. 道德观念　　B. 传统文化　　C. 传统习俗　　D. 传统思想

32. 导游在讲解结束后，要善于引导旅游者用眼睛去发现美，从不同角度去欣赏美，从不同层面去感受美。这是指导游需要（　　）。
    A. 做好讲解的准备工作　　　　　B. 做好接到任务后的准备
    C. 在景区讲解时应掌握的要领　　D. 注意讲解后的导游服务

33. 导游在介绍北京天坛的特点时，说道："北京天坛祈年殿殿内柱子的数目，据说也是按照天象确立的。其中内围的四根'龙井柱'象征一年四季春、夏、秋、冬；中围的十二根'金柱'象征一年十二个月。"这是运用了（　　）
    A. 妙用数字法　B. 类比法　　　C. 突出重点法　D. 画龙点睛法

34. 在价值上将秦始皇地宫宝藏同古埃及第十八朝法老图坦卡蒙陵墓的宝藏相比，使旅游者对东、西方文化差异有进一步认识，这种导游方法称为（　　）。
    A. 同类相似类比　B. 同类相异类比　C. 时代之比　　D. 联想法

35. 导游小陈将苏州称作"东方威尼斯"，使用的讲解技巧是（　　）。
    A. 同类相似类比　B. 同类相异类比　C. 触景生情　　D. 平铺直叙

36. 导游把青岛的风光特色概括为"碧海、蓝天、绿树、红瓦、金沙"，犹如音乐中的五线谱一样优美。这种导游方法是（　　）。
    A. 触景生情法　B. 突出重点法　C. 虚实结合法　D. 画龙点睛法

37. 多用于首次沿途导游中，也适用于游览较大的景点之前，在入口处示意图前进行讲解时使用的讲解技法是（　　）。
    A. 演绎法　　　B. 突出重点发法　C. 问答法　　　D. 概述法

38. 导游带领旅游者游览天坛时，由于天坛面积太大，景观较多，不可能逐一讲解，于是导游着重讲解了圜丘坛、皇穹宇和祈年殿。这里导游运用的方法是（　　）。
    A. 概述法　　　B. 突出重点法　C. 由点及面法　D. 设置悬念法

39. 导游介绍湖北利川的旅游特色，用"六个一"来概括：一个洞（腾龙洞）、一棵树（水杉王）、一座山（齐岳山）、一口井（大水井）、一个寨（鱼木寨）和一首歌（《龙船调》)。这种导游手法是（   ）。

　　A. 突出重点法　　　B. 画龙点睛法　　　C. 同类比拟法　　　D. 妙用数字法

40. 游览杭州西湖，导游在向旅游者讲解了西湖的科学成因后，又介绍"西湖明珠自天降，龙飞凤舞到钱塘"的传说。这种导游手法是（   ）。

　　A. 画龙点睛法　　　B. 触景生情法　　　C. 突出重点法　　　D. 虚实结合法

41. 导游就旅游城市或景区的地理、历史、社会、经济等情况向旅游者进行概括性的介绍的讲解方法是（   ）。

　　A. 画龙点睛法　　　B. 触景生情法　　　C. 概述法　　　　　D. 虚实结合法

42. 下列关于导游在旅游车上讲解的要领中，错误的是（   ）。

　　A. 尽量不错过城市的重要景观　　　　B. 讲解内容与车外景物相呼应
　　C. 学会使用"触景生情法"　　　　　　D. 多让旅游者自己去欣赏

43. 一位导游介绍说："当月亮升起的时候，在这里可以看到三个月亮。"他微笑着，望着旅游者，并没有立即往下讲。旅游者们看了看，脸上都露出了困惑不解的表情。这时，导游才点出：天上、池中，还有镜里，共有三个月亮。大家才恍然大悟。这里导游运用了（   ）的讲解方法。

　　A. 画龙点睛　　　　B. 同类比拟　　　　C. 突出重点　　　　D. 制造悬念

44. 导游人员在为"专业团"讲解专业性较强的内容时可以使用的讲解技法，亦称"借花献佛法"的是（   ）。

　　A. 自问自答法　　　B. 客问我答法　　　C. 我问客答法　　　D. 客问客答法

45. 导游在带团游览颐和园时，用"抑、透、添、夹、对、借、障、框、漏"九个字来讲解中国古代园林的造园艺术，这种导游方法是（   ）。

　　A. 虚实结合法　　　B. 画龙点睛法　　　C. 分段讲解法　　　D. 突出重点法

46. "先藏后露，欲扬先抑"的导游讲解手法称为（   ）。

　　A. 虚实结合法　　　B. 制造悬念法　　　C. 情景交融法　　　D. 触景生情法

47. 下列不属于突出重点法的是（   ）。

　　A. 突出讲解方法　　　　　　　　　　　B. 突出景点的特征及与众不同之处
　　C. 突出大景点中具有代表性的景观　　　D. 突出旅游者感兴趣的内容

三、多项选择题（每题有2~5个正确答案，多选、少选或错选均不得分，请将你认为正确的选项填入括号内）

1. 导游接到讲解任务后，应做好的准备包括（   ）。

　　A. 分析旅游者信息　　　　　　　　　　B. 厘清讲解重点
　　C. 温习"旧内容"　　　　　　　　　　D. 构思"新创意"
　　E. 做好活动准备

2. 导游运用虚实结合法讲解时，选择"虚"的内容要注意（   ）。

　　A. 精　　　　　　　B. 神　　　　　　　C. 活　　　　　　　D. 理
　　E. 气

3. 导游采用问答式导游讲解形式的优点是（   ）。

　　A. 可调动旅游者参与的积极性

B. 可活跃导游讲解的气氛
C. 可提高导游服务水平
D. 可促进导游与旅游者之间的相互沟通
E. 可促进导游与旅游者之间的思想交流

4. 下列中外景点的比较中，属于同类相似类比的有（　　）。
   A. 北京的王府井与日本东京的银座
   B. 北京的王府井与美国纽约的第五大道
   C. 梁山伯、祝英台与罗密欧、朱丽叶
   D. 武汉归元寺与法国巴黎圣母院
   E. 上海的城隍庙与日本东京的浅草

5. 突出重点的讲解方法要求导游在讲解中要注重突出（　　）。
   A. 大景点中具有代表性的景观
   B. 景点中新、奇、特的内容
   C. 景观的可塑性和科学性
   D. 旅游者希望了解和感兴趣的内容
   E. 事物或景观中的"……之最"字

6. 虚实结合法是一种将（　　）与景物介绍有机结合起来的讲解方法。
   A. 诗词　　　B. 典故　　　C. 故事　　　D. 名言
   E. 传说

7. 虚实结合法中的"实"指的是景点中具体实物的（　　）。
   A. 价值　　　B. 特征　　　C. 格调　　　D. 品位
   E. 史实

8. 导游运用虚实结合法进行导游讲解时应以"实"为主、以"虚"为辅，做到（　　）。
   A. "虚"为"实"服务　　　　B. "虚"为"实"垫底
   C. 以"虚"来提高身价　　　D. 以"虚"来烘托情节
   E. 以"虚"来强化"实"的意义

9. 导游运用虚实结合法进行导游讲解的好处是（　　）。
   A. 能使导游的讲解更加充实　　B. 能使景物显得更加神奇完美
   C. 能使导游的讲解更加深入　　D. 能调动旅游者的视觉和听觉
   E. 能促发旅游者的心中灵感

10. 导游在讲解中可通过（　　）制造悬念。
    A. 概述法　　　B. 问答法　　　C. 引人入胜法　　　D. 分段讲解法
    E. 引而不发法

11. 导游在讲解中运用制造悬念法的好处是（　　）。
    A. 可活跃游览气氛　　　　B. 能制造讲解意境
    C. 能提高旅游者的游兴　　D. 能增强讲解效果
    E. 能对旅游者产生感染力

12. 导游讲解中可在（　　）等方面使用类比法。
    A. 人物　　　B. 价值　　　C. 建筑年代　　　D. 建筑结构

E. 建筑风格

13. 导游在讲解中妙用数字法的作用有（　　）。
    A. 利用数字换算进行比较
    B. 利用数字排列进行比较
    C. 通过数字介绍中国传统文化
    D. 通过数字讲述时代特征
    E. 讲述数字中的科学内涵

14. 在旅游车上讲解时应掌握的要领有（　　）。
    A. 与司机商量确定行车线路时，在合理而可能的原则下尽量不要错过城市的重要景观
    B. 在经过重要的景点或标志性建筑时，要及时向旅游者指示景物的方向，讲解的内容要及时与车外的景物相呼应
    C. 要学会使用"触景生情法"，在讲解城市的交通、气候、地理特点等概况时，可与旅游者看到的景象结合并借题发挥
    D. 在讲解的过程中要注意观察旅游者的反应
    E. 在快要到达将要游览的景区时，要使用"突出重点法"将景区的最重要的价值及最独特之处向旅游者进行讲解，以激发旅游者对该景区的游览兴趣

15. 导游回答旅游者问题应注意（　　）。
    A. 如果问题与游览有关，而且导游也知道如何回答，可以在回答问题的同时进行深入讲解
    B. 如果问题与游览无关，就要学会巧妙地回避
    C. 当遇到自己不清楚的问题时切忌胡乱回答
    D. 如果自己知道确切答案，但旅游者有另一种说法时，要学会回避矛盾，及时转换话题
    E. 如果自己知道确切答案，但旅游者有另一种说法时，要当面指出，以免事后旅游者知道，对导游产生不信任感

16. 导游在导游讲解中采用客问我答法时应注意的问题有（　　）。
    A. 要揣摩客人提问的意图
    B. 不要让与导游讲解无关的问题冲击了导游讲解
    C. 对无关的问题告知旅游者事后进行答复
    D. 对不能回答的问题向旅游者表示歉意
    E. 将与导游讲解有关的问题结合起来讲解

17. 导游应该注意讲解后的导游服务有（　　）。
    A. 巧妙回答旅游者的提问
    B. 引导旅游者"换位欣赏"
    C. 分析旅游者信息，厘清讲解重点
    D. 温习"旧内容"，构思"新创意"
    E. 告知旅游者相关注意事项

18. 下列关于概述法的说法中，正确的是（　　）。
    A. 它是一种将典故、故事、传说等与景物介绍有机结合起来的讲解方法
    B. 它是对城市或景点的景物布局、特色等基本情况进行轮廓性介绍的方法
    C. 它通常是适用于游览较大的景点之前在入口处示意图前进行的讲解

D. 运用此法可使旅游者对景点有一个整体认识

E. 它要求在介绍时要突出大景点中具有代表性的景观

19. 类比法是一种以熟喻生、达到触类旁通的讲解方法，分为（　　）。
A. 同类相异类比　　　　　　　　B. 异类相异比较
C. 异类相似比较　　　　　　　　D. 同类相似类比
E. 同类反向比较

20. 制造悬念法是导游讲解常用的方法之一，其特点是（　　）。
A. 吊胃口　　B. 卖关子　　C. 先藏后露　　D. 欲褒先贬
E. 引而不发

21. 问答法是在导游讲解时，导游向旅游者提问题或启发他们提问题的导游方法，具体包括（　　）。
A. 自问自答法　　　　　　　　　B. 我问客答法
C. 客问我答法　　　　　　　　　D. 客问客答法
E. 设问提出法

22. "触景生情法"就是要在导游讲解中（　　）。
A. 见物生情　　　　　　　　　　B. 见景移情
C. 引人深思　　　　　　　　　　D. 藏而不露
E. 借题发挥

23. 导游在景区讲解时应掌握的要领有（　　）。
A. 在景区游览指示图前向旅游者说明游览线路等
B. 确定讲解主题，引导旅游者去发现最独特之处
C. 讲解不同的内容时，灵活使用各种讲解技法
D. 讲解熟悉或擅长的内容时，不过于张扬卖弄
E. 面面俱到，边看边讲，尽量走完整个景区

24. 在日常知识积累中，导游人员积累知识的渠道有（　　）。
A. 通过媒体关注"身边事"
B. 通过阅读专业书籍，丰富自己在某一知识领域的积累
C. 通过网络搜索，寻找某一关注问题的相关背景知识
D. 分析旅游者信息，厘清讲解重点
E. 养精蓄锐，做好身体准备

25. 如果旅游团成员的年龄偏长，导游可多准备（　　）等内容。
A. 民间传说　　　　　　　　　　B. 历史上的人文逸事
C. 革命历史故事　　　　　　　　D. 革命历史人物
E. 娱乐方面的情况

26. 导游讲究讲解方法的目的是（　　）。
A. 加强讲解力度　　　　　　　　B. 传递讲解信息
C. 活跃讲解气氛　　　　　　　　D. 增加对旅游者的感染力
E. 强化与旅游者的情感交流

27. 我国古代的一些工程设计中采用"黄金分割率"的情况有（　　）。

A. 古运河 B. 古建筑 C. 古园林 D. 古石窟
E. 古陵墓

28. 导游讲解中的数字换算包括（　　）等。
A. 年代换算 B. 规模换算 C. 价值换算 D. 功能换算
E. 效果换算

参考答案及解析

第八章　导游应变技能

一、判断题（判断下列各题是否正确，正确的请在答卷中相应题号后的括号内打"√"，错误的打"×"）

1. 要考虑旅游者的个别要求是否符合我国法律的有关规定，如果相悖，应断然拒绝。
（　　）
2. 若旅游者的无理取闹影响了旅游活动的进行，导游应采取的措施是请领队出面协助解决。
（　　）
3. "合理而可能"原则是导游处理问题、满足旅游者要求的依据和准绳。（　　）
4. 面对旅游者的特殊饮食要求，如情况复杂，确实有困难满足不了其特殊要求的，全陪则应说明情况，劝说旅游者自行解决。
（　　）
5. 某境外旅游者在用餐前3小时向导游提出将中餐换成西餐，导游在与餐厅联系后满足了其要求，但应告知餐费自理。
（　　）
6. 某境外旅游者在接近用餐时提出将中餐换成西餐，而用餐的餐厅无此项服务，导游可建议其去零点餐厅点菜，但须支付餐差。
（　　）
7. 由于旅游者外出自由活动、访友、疲劳等原因不随团用餐，导游应同意其要求，并尽可能地退还餐费。
（　　）
8. 旅游团中某旅游者对安排其住朝北的房间很不满意，要求调往朝南的房间。导游在处理时首先应征求其同房旅游者的意见。
（　　）
9. 旅游团中某旅游者因为房间不干净，要求调换房间，地陪应予以安抚并要求酒店清理房间。
（　　）
10. 导游在对待旅游者的个别要求时，要坚决维护国家的尊严和自身的人格尊严。（　　）
11. 旅游者购买了某节目票后，导游除帮助联系出租车外，为安全起见也应陪同前往。
（　　）
12. 某旅游团快要离开当地赴下一站前，有旅游者要求到热闹的商业区购物，导游应尽量陪同前往，控制好集合出发时间。
（　　）
13. 旅游者要在地摊上选购古玩，导游应劝阻，并告知中国的有关规定，以免出海关时遇到麻烦。
（　　）
14. 某旅游者在景点外的地摊上看中了一玉马，要求导游帮助砍价，导游应予以协助。
（　　）
15. 某香港旅游者在景点外的商亭要购买500克中药材，导游应告知中国海关的有关规定。
（　　）
16. 住双人间的旅游者要求住单人间，如饭店有空房，应予以满足，但房费自理。（　　）

17. 某外国旅游者要求会见多年未见的在华亲友，导游可陪同前往。（   ）
18. 某外国旅游团领队邀请导游参加该国驻华使馆举办的活动，导游应首先请示旅行社。（   ）
19. 某旅游者要求其亲友随团赴下面几站参观游览，导游应首先请示旅行社。（   ）
20. 某旅游者因其个别要求未得到满足要求退团，导游应对其耐心进行解释，说明难以办到的原因。（   ）
21.《旅游安全管理办法》将突发事件分为四级是根据突发事件产生的原因、危害程度、可控性以及造成或可能造成的影响来划分的。（   ）
22. 重大旅游突发事件是指造成或者可能造成人员死亡（含失踪）3人以上（含3人）10人以下的事件。（   ）
23. 因途中交通严重堵塞使旅游团未能赶上所乘的航班而造成经济损失对导游来说属于责任事故。（   ）
24. 旅游计划的主要内容有旅游路线、旅游活动项目和旅游程序。（   ）
25. 旅游者提出变更旅游线路或日程时，导游原则上应按旅游合同执行，遇有特殊情况由领队提出时可以接受。（   ）
26. 若旅游团因故缩短在一地的游览时间，地陪可适量减少计划的游览项目。（   ）
27. 导游在接待持有团体签证的旅游团时，如发现实到人数减少了应为未到旅游者办理签证注销手续。（   ）
28. 在送人数较少的出境旅游团时，由于旅行社不派行李车，地陪应将机票交给全陪。（   ）
29. 若旅游团丢失了团体签证，导游应协助该团到旅行社开具遗失证明。（   ）
30. 如计划游览的景点因大雪而关闭，导游应将所选的替代景点报告旅行社，征得同意后再告知旅游者。（   ）
31. 旅游者酗酒，不听劝告，造成物质损失需要承担一切后果，甚至法律责任。（   ）
32. 在景点游览期间，若有个别旅游者走失，地陪应将旅游团其他成员暂时交给全陪带领，自己迅速去寻找。（   ）
33. 若有个别旅游者因病在饭店休息不能随团活动，导游应将其情况告知饭店客房部人员。（   ）
34. 旅游团发生交通事故处置后，导游应协助受伤旅游者请交通部门开具交通事故证明书，以供其向保险公司索赔。（   ）
35. 若饭店发生了火灾，导游应迅速带领旅游者从安全出口撤离，撤出过程中要一路关闭背后的门。（   ）
36. 遇到地震时旅游者若住在饭店高层，导游应告知旅游者躲到卫生间内。（   ）
37. 对在饭店酒吧醉酒的旅游者，导游应同酒吧服务员一起将其搀扶至房间。（   ）
38. 若有旅游者中暑，导游应立即将其送至阴凉通风处，并采取相应的处置措施。（   ）
39. 在旅游过程中万一发生火灾，在消防队员到来后，导游要一面高声喊叫，一面挥舞色彩鲜艳的衣物，争取救援。（   ）
40. 旅游者在旅游途中病危，在抢救过程中，需要领队或患者亲友在场，并详细记录患者患病前后的症状及治疗情况。（   ）

41. 发生海啸时，航行在海上的船只应该马上驶向海港或靠岸。（　）
42. 某境外旅游团一旅游者要求会见中国同行洽谈业务，地陪应协助联系。（　）
43. 如果旅游者看中客房内的某种摆设或物品，要求购买，导游应积极协助，与饭店有关部门联系，满足旅游者的要求。（　）
44. 为防止误机（车、船）事故的发生，旅游团在临行前，不要安排到范围广、地域复杂的景点游览，或到热闹的地方购物或自由活动。（　）
45. 一名日本旅游者因某个别要求得不到满足而提出提前离团时，导游可以让其自行办理分离签证及其他离团手续，所需费用由旅游者自理。（　）
46. 外国旅游者在旅游团的活动结束后要求继续在中国旅行游览，不管是否需要延长签证，都应予以婉拒。（　）
47. 为了防止溺水事故的发生，导游应劝阻旅游者独自在河边、海边玩耍。（　）
48. 泥石流发生时，不能在沟底停留，而应迅速向山坡坚固的高地或连片的石坡撤离，抛掉一切重物，跑得越快越好，爬得越高越好。（　）
49. 如在旅游过程中遇到山体滑坡，导游要迅速环顾四周，组织旅游者迅速离开交通工具，向山体上方较为安全的地段撤离。（　）
50. 旅游者出行途中遭遇暴雨，导游应带旅游者避开落地广告牌、变压器、电线杆等危险物。（　）
51. 导游应提醒旅游者在雷雨天气用伞时，做到"四忌"：忌用金属把的雨伞；忌在电器设施下撑伞；忌在高处使用雨伞；忌收纳雨伞时紧贴通电设备。（　）
52. 潮汐突然反常涨落，海平面明显下降或者有巨浪袭来，是海啸的前兆。（　）
53. 旅游团中某游客不是穆斯林，但在用餐时向导游提出不吃猪肉，导游应劝其入乡随俗。（　）
54. 某游客嫌所住房间标准太低，要求住更高档次的房间。导游经与饭店联系后可满足其要求，但需告知所换房费自理。（　）
55. 某游客因与同房游客生活习惯不同，要求住单间，而旅游团中又无法调整，导游与饭店联系后满足了他的要求，其单间费用可由他与原同房游客共同分担。（　）
56. 旅游团在离开饭店赴下一站时，导游应同领队一起清点行李件数，并当着饭店行李员点清，然后办理委托手续。（　）
57. 为了预防漏接事故，地陪应保证按规定提前15分钟到达接站地点。（　）

二、单项选择题（下列各题的选项中，只有一项是正确的，请将正确答案的选项填入括号内）

1. 不卑不亢的原则是导游处理旅游团中个别旅游者（　）时所遵循的原则。
   A. 提出合理要求　　　　　　　　B. 提出虽合理但办理难度较大的要求
   C. 提出看似合理但无法办到的要求　D. 一味提出苛求
2. 旅游者要求前往不健康的娱乐场所，导游应该（　）。
   A. "合理而可能"地满足　　　　　B. 断然拒绝
   C. 立即报警　　　　　　　　　　D. 尊重旅游者需求
3. 面对旅游团中无理取闹的旅游者，导游应该（　）。

A. 据理力争 B. 不理不睬
C. 请团中其他旅游者评理 D. 礼让三分，保持有礼有节

4. 某境外旅游者在商店购买了一大件物品，要求导游帮助其托运。对此，导游应该（　　）。
   A. 婉言拒绝 B. 请示旅行社
   C. 告知托运的地点，让其自理 D. 积极帮助解决

5. 某外国旅游团用完中式午餐后，向导游提出晚餐换成西餐。该导游经与餐厅联系后告知他们可以满足其要求，但同时也须讲清（　　）。
   A. 换餐后多余的费用不退 B. 换餐后不足的费用由他们自理
   C. 换餐的全部费用自理 D. 换餐无须交纳任何费用

6. 当旅游者提出调换同一标准但朝向不同的房间的要求时，地陪的处理方法是：若酒店没有同标准朝向的空房，则请（　　）在旅游团内部调整。
   A. 旅游团领队 B. 全陪导游 C. 旅游团团长 D. 饭店总服务台

7. 由于旅游团的内部矛盾或其他原因，个别旅游者坚持要求单独用餐，导游的态度是（　　）。
   A. 立时拒绝 B. 婉言拒绝 C. 给予协助 D. 推脱拖延

8. 旅游者购物后发现所购物品是残次品、计价有误或对物品不满意，要求导游帮助其退换，该导游应（　　）。
   A. 请他自己前去退换 B. 帮助旅游者联系，请司机陪同前往
   C. 告诉旅游者，离店的物品不能退换 D. 积极协助，必要时陪同前往

9. 旅游团游湖时，一旅游者提出希望单独划船游湖，导游应（　　）。
   A. 同意其要求，且陪同一起划船 B. 婉言劝阻，若旅游者坚持，可不必阻拦
   C. 让旅游者去问领队，由领队决定 D. 说明为了安全，不能同意其要求

10. 旅游者要求自费观看计划外文娱节目时，导游应（　　）。
    A. 婉言拒绝 B. 直接拒绝
    C. 协助解决，提醒客人注意安全 D. 报告旅行社，等待领导通知

11. 在满足旅游者个别要求时，如果涉及费用问题，导游应该（　　）。
    A. 及时明确地告知旅游者要收取费用 B. 自己先垫付，然后告知旅游者
    C. 暗示旅游者可能发生费用 D. 向旅游者索取发票到旅行社报销

12. 某旅游者要求再次前往某商店购物。下列导游的做法中，正确的是（　　）。
    A. 请旅游团领队劝阻 B. 如有时间可陪同前往
    C. 若因故不能陪同前往，则委婉拒绝 D. 建议旅游者再三考虑

13. 某国内旅游团一旅游者希望带其亲友的孩子随团活动，导游应该（　　）。
    A. 婉言拒绝 B. 先征求领队及团员意见
    C. 表示同意 D. 先向旅行社领导汇报

14. 对于旅游者中途提出退团的要求，导游首先要做好的工作是（　　）。
    A. 报告接待社 B. 听取领队意见 C. 报告组团社 D. 了解退团原因

15. 某旅游者因自己的无理要求得不到满足而提出中途退团，经旅行社同意后，导游应告知其剩余费用（　　）。

A. 全额退还　　　B. 部分退还　　　C. 半数退还　　　D. 不予退还

16. 某旅游团即将结束在华旅游活动，其中一位旅游者要求留下来继续到其他地方旅游，请旅行社给予帮助。对此，该团导游应告知该旅游者与旅行社（　　）。
    A. 签订补充合同　　B. 签订延长合同　　C. 另行签订合同　　D. 签订附加合同

17. 旅游团中一对夫妇坚持单独用餐，地陪可同意其要求，但其餐费应由（　　）。
    A. 领队支付　　　　　　　　　　B. 旅游者自理，退还原餐费
    C. 组团社支付　　　　　　　　　D. 旅游者自理，原餐费不退

18. 旅游者想购买饭店客房内的摆设，导游应（　　）。
    A. 立即同意　　　B. 断然拒绝　　　C. 予以协助　　　D. 婉言拒绝

19. 某旅游团在景点附近的餐馆用餐过程中，旅游者对其中的两道菜特别喜欢，向地陪提出这两道菜再加一份，对此地陪应该（　　）。
    A. 予以婉拒　　　　　　　　　　B. 听取领队意见
    C. 与全陪商量　　　　　　　　　D. 表示同意，但须告知费用自理

20. 对于旅游者提出的有损我民族尊严的要求，导游应该（　　）。
    A. 婉言拒绝　　　B. 断然拒绝　　　C. 礼让三分　　　D. 不予理睬

21. 一位旅游者看中了饭店客房内配备的一套青瓷茶具，想买下作纪念，找到导游帮忙，导游可以（　　）。
    A. 直接答复："不会卖的。"
    B. 请客人直接与饭店服务人员联系
    C. 协助客人与饭店有关部门联系
    D. 带客人到别的商店寻购相同或相似的茶具

22. 下列情况中，旅游者提出换房，导游应该满足其要求的是（　　）。
    A. 客房内发现小老鼠　　　　　　B. 客房离电梯太近
    C. 客房朝北光线不好　　　　　　D. 要求换高档客房又拒付差价

23. 旅游团中一位旅游者向地陪提出将赴下一站的动车二等票换成一等票，对此该地陪首先应该（　　）。
    A. 征求该团领队意见　　　　　　B. 与该团全陪商量确定
    C. 与接待社计调部联系　　　　　D. 对其要求进行婉拒

24. 下列旅游者要求的自由活动行为中，导游应予劝阻的是（　　）。
    A. 旅游者要求自行参观博物馆　　B. 旅游者要求自行游览景点
    C. 旅游者要求离站前去购物　　　D. 旅游者要求独自拜访名人故居

25. 旅游团中一位旅游者要求将赴下一站的经济舱票换成商务舱票，地陪经联系后可予以满足，但需告知（　　）。
    A. 商务舱票价由旅游者自理
    B. 商务舱票与经济舱票价差由旅游者承担
    C. 一半商务舱票价由旅游者承担
    D. 商务舱与经济舱票价差和相关费用由旅游者承担

26. 下列旅游者的要求中，如果导游不予满足就是违约的是（　　）。
    A. 旅游合同中旅游者已声明的饮食禁忌

B. 旅游者在餐前3小时提出换餐

C. 旅游者提出自费换住更高档次的房间

D. 旅游者在餐前提出不吃猪肉

27. 当旅游者提出变更旅游路线或日程的要求时，导游原则上应（　　）。
   A. 按旅游合同执行　　　　　　　　B. 报告组团社
   C. 报告接待社　　　　　　　　　　D. 满足旅游者要求

28. 若旅游团偶遇台风时被困在普通建筑物内，应立即（　　）。
   A. 紧闭临风方向的门窗，打开另一侧的门窗
   B. 打开临风方向的门窗，紧闭另一侧的门窗
   C. 立刻跑到室外空旷处
   D. 向旅行社汇报

29. 散客李先生在机场等候一段时间后未见前来迎接的导游宋某，便自行打车到下榻的饭店。当宋某赶到饭店后，见李先生坐在大堂里。此时，宋某首先应做的事情是（　　）。
   A. 向李先生详细说明自己漏接的原因
   B. 询问客人为什么不多等一会儿
   C. 向客人致歉，尽快为其办理入住手续
   D. 将客人的打车发票拿到社里报销

30. 在遇到不可抗力造成旅游团行程计划被迫更改时，导游的下列做法中，不正确的是（　　）。
   A. 实事求是地向旅游者讲清楚，求得他们的谅解
   B. 提出替代方案，与旅游者协商，并告知有关规定
   C. 为弥补旅游者的损失，退还被更改项目的费用
   D. 以更加热情周到的服务吸引旅游者的注意力

31. 如果旅游团因故在一地的停留时间缩短了一天，地陪应首先（　　）。
   A. 弄清停留时间缩短的原因
   B. 做好旅游团在当地游览计划的调整
   C. 及时将缩短情况通知下一站
   D. 办理旅游团缩短一天的退房、退餐和用车

32. 旅游者要求去不对外开放的地区、机构参观游览，导游应（　　）。
   A. 请旅游者自己去　　　　　　　　B. 积极协助，必要时陪同前往
   C. 婉拒并做好解释工作　　　　　　D. 不得答应此类要求

33. 某旅游团按计划将于9月25日乘飞机由厦门赴杭州，因台风导致航班取消，该团被迫在厦门多停留一天，此时导致的旅游计划更改属于（　　）的更改。
   A. 旅游天数　　　B. 旅游项目　　　C. 旅游日程　　　D. 旅游路线

34. 按照计划，一日本旅游团应于12月5日由西安飞赴乌鲁木齐，由于西安天气原因飞机不能起飞，使该团在新疆的旅游计划被迫减少了一天，此时应由（　　）通知新疆接待旅行社。
   A. 该团组团社　　B. 西安接待社　　C. 西安地陪　　D. 该团全陪

35. 某地陪与司机一道驱车按时抵达机场，发现所接旅游团所乘航班上没有该团旅游者。

此时，该地陪应该（　　）。
A. 同接待社有关部门联系　　　　　　B. 继续在机场等待
C. 同组团社有关部门联系　　　　　　D. 与司机一同返回

36. 地陪小李所带旅游团将乘坐 14：30 的航班由武汉前往深圳，而旅游团前往机场途中，遇交通阻塞耽误了时间，现在已经 13：55 了，旅游车才刚刚驶上机场高速，此时小李应首先（　　）。
A. 报告旅行社领导　　　　　　　　　B. 与机场联系
C. 通知下一站　　　　　　　　　　　D. 稳定旅游者情绪

37. 导游带领旅游团乘坐国内航班需提前（　　）分钟到达机场。
A. 60　　　　　　B. 120　　　　　　C. 180　　　　　　D. 240

38. 导致误机的下列原因中，（　　）属于责任事故。
A. 旅游者因个人原因延误了全团出发时间
B. 旅游车在途中遇到交通严重堵塞
C. 出发前导游安排了自由活动使个别旅游者未归
D. 旅行车在途中发生了故障

39. 导游带领旅游团乘坐国际航班离境需提前（　　）分钟抵达机场。
A. 80　　　　　　B. 120　　　　　　C. 150　　　　　　D. 180

40. 某香港旅游团一旅游者不慎丢失了《港澳居民来往内地通行证》，导游应协助其到（　　）报失。
A. 省公安局　　　B. 中国旅行社　　　C. 省侨办　　　D. 市、县公安机关

41. 某旅游团一华侨不慎丢失了中国护照，导游应协助其到（　　）报失并申办新护照。
A. 外交部门　　　B. 文旅部门　　　　C. 侨务部门　　　D. 遗失地公安机关

42. 为防止旅游者丢失钱物，导游应多做（　　）工作。
A. 引导　　　　　B. 说服　　　　　　C. 提醒　　　　　D. 协助

43. 某国外旅游团乘某航空公司航班来华旅游，入境时一位旅游者发现其托运的行李未到，经多方寻找确系丢失。此时，导游应告知其向（　　）提出索赔。
A. 境外组团社　　　　　　　　　　　B. 所乘航班的航空公司
C. 抵达的机场　　　　　　　　　　　D. 投保的保险公司

44. 在旅游团下榻饭店后，导游应提醒旅游者将贵重物品（　　）。
A. 随身携带　　　　　　　　　　　　B. 存放在旅行社保险柜里
C. 集中保管　　　　　　　　　　　　D. 存放在饭店保险柜里

45. 香港旅游者在内地旅游期间丢失了《港澳居民来往内地通行证》，在办理有关手续后，由公安机关出入境管理部门签发一次性有效的（　　）。
A. 临时身份证　　　　　　　　　　　B. 中华人民共和国入出境通行证
C. 港澳同胞旅行证明　　　　　　　　D.《港澳居民来往内地通行证》遗失证明

46. 对旅游者提出的意见和建议，（　　）体现了导游对旅游者意见和建议的重视程度。
A. 对旅游者表示感谢　　　　　　　　B. 尊重隐私
C. 处理及时　　　　　　　　　　　　D. 迅速答复

47. 台湾同胞在大陆旅游期间遗失来往大陆通行证后，导游应协助其向遗失地公安机关报

失，经核实后发给（　　）。

A. 新的台湾同胞旅行证明　　　　　B. 一次性有效出境通行证

C. 身份证明　　　　　　　　　　　D. 遗失证明

48. 某旅游团一旅游者丢失了一件入关时已登记要携带出境的贵重物品。对此，导游首先应帮助其在旅行社开具证明，再由（　　）持该证明到省级公安局出入境管理处办理遗失物品证明，以备出关时查验。

A. 旅游团领队　　B. 旅游团团长　　C. 旅游接待人员　　D. 物品丢失者

49. 旅游团中的旅游者在旅游中丢失了行李，应由（　　）出面向失主说明情况并赔礼道歉。

A. 导游　　　　　　　　　　　　　B. 旅行社行李员

C. 旅行社计调部人员　　　　　　　D. 旅行社领导

50. 若有旅游者在行车途中出现"动晕症"症状，导游应该（　　）。

A. 及时将其调整到前排合适的位置　B. 请司机放慢行车速度

C. 及时停车，让其下车休息　　　　D. 给其服用晕车药物

51. 境外旅游者不慎丢失了旅行支票，导游应及时告知其向（　　）挂失。

A. 保险公司　　B. 有关银行　　C. 组团社　　D. 接待社

52. 某导游带领一个入境旅游团去故宫游览。下车前，他向全团讲明了游览路线和游览后的集合地点。可是，在游览过程中一名对中国古建筑抱有浓厚兴趣的旅游者走失。该导游经过多方寻找仍未找到，最后打电话与下榻的饭店联系，得知该旅游者已回到饭店。经询问，该旅游者说因为找不到旅游团，又不知道所乘旅游车车号，于是乘出租车返回饭店。对此，该导游应该（　　）。

A. 就自己工作不细致向该旅游者赔礼道歉

B. 就该旅游者未能跟上旅游团提出批评

C. 就该旅游者离团走失表示遗憾

D. 就该旅游者走失向全团发出警示

53. 外国旅游者由于住院治疗必须提前退团，其未享受的综合服务费（　　）。

A. 全额退还　　B. 部分退还　　C. 不予退还　　D. 按协议规定处理

54. 某国内旅游者在旅游团的活动结束后，要求继续在本地逗留，导游应（　　）。

A. 婉言拒绝　　　　　　　　　　　B. 请旅游者自行安排处理

C. 协助其办理在本地逗留的相关事宜　D. 请示旅行社

55. 由于天气变化、自然灾害或非接待部门的原因造成的事故称为（　　）。

A. 轻微事故　　B. 一般事故　　C. 责任事故　　D. 自然事故

56. 旅游者在前往景点途中突患重病，地陪应立即协同（　　），送患者去医院抢救或呼叫救护车前来抢救。

A. 全陪与司机　　　　　　　　　　B. 领队和司机

C. 全陪和景点工作人员　　　　　　D. 全陪、领队和患者亲友

57. 若外国旅游者病危而其亲属又不在身边，地陪要提醒（　　）设法及时通知病危旅游者亲属。

A. 全陪　　　　B. 领队　　　　C. 驻华使领馆人员　　D. 旅行社计调人员

58. 外国旅游者在中国旅游期间因病住院治疗，其亲属来华期间的一切费用由（　　）。
    A. 组团社垫付　　　B. 接团社垫付　　　C. 其亲属自理　　　D. 其使领馆支付

59. 下列事故中，不属于旅游安全事故的是（　　）。
    A. 交通事故　　　　B. 因病住院　　　　C. 食物中毒　　　　D. 溺水事故

60. 旅游安全事故的处理应始终将（　　）放在第一位。
    A. 维护旅行社的声誉和旅游目的地的形象
    B. 保护旅游者的基本权利和利益
    C. 积极组织抢救和保护好事发现场
    D. 尽量降低事故损失和影响

61. 当旅游车发生交通事故并造成旅游者重伤时，导游除要组织人员抢救受伤旅游者和及时打电话给公安交通部门、旅行社和呼叫救护车外，还应做好（　　）工作。
    A. 安慰旅游车司机　　　　　　　　　B. 分清事故责任
    C. 保护旅游者财物　　　　　　　　　D. 保护事故现场

62. 某导游带领旅游团在某餐厅用餐后，一些旅游者出现了食物中毒的症状。此时，该导游应该立即向（　　）报告。
    A. 该餐厅上级管理部门　　　　　　　B. 当地卫生防疫部门
    C. 当地文化和旅游部门　　　　　　　D. 当地公安部门

63. 当旅游者下榻的饭店半夜发生火灾时，导游在及时通知旅游者后，应该（　　）。
    A. 让他们带上贵重物品撤离　　　　　B. 负起指挥他们撤离的责任
    C. 让他们乘坐电梯迅速撤离　　　　　D. 在饭店人员统一指挥下撤离

64. 旅游团按照计划乘船游览时，一位旅游者见湖上有很多小船划得十分自在，于是提出希望划小船，并承诺责任自负，对此导游的正确做法是（　　）。
    A. 请示旅行社　　　　　　　　　　　B. 可表示同意
    C. 做好协助工作　　　　　　　　　　D. 婉拒并做好解释工作

65. 旅游者发生溺水事故时，导游员应采取急救措施。下列做法中，错误的是（　　）。
    A. 按压其背部　　　　　　　　　　　B. 按压其胸部
    C. 清除口鼻中污物　　　　　　　　　D. 拉出其舌头

66. 交通事故的报警电话是（　　）。
    A. 120　　　　　B. 110　　　　　C. 122　　　　　D. 999

67. 下列事件中，不属于治安事故的是（　　）。
    A. 抢劫　　　　　B. 醉酒　　　　　C. 诈骗　　　　　D. 偷窃

68. 如果旅游者集体中毒，除了要将他们送医院急救外，导游还应向（　　）。
    A. 旅游质监部门投诉　　　　　　　　B. 供餐主管部门投诉
    C. 有关安全部门报告　　　　　　　　D. 卫生防疫部门报告

69. 旅游者溺水筋疲力尽时，如导游熟悉水性，应立即跳入水中，从其（　　）接近溺水者。
    A. 正面　　　　　B. 侧面　　　　　C. 头部　　　　　D. 背面

70. 一旦旅游团受到歹徒抢劫，导游首先应（　　）。
    A. 立即报警　　　　　　　　　　　　B. 及时报告旅行社

C. 带领其他旅游者同歹徒搏斗　　　　　D. 保护旅游者人身和财物安全

71. 若旅游者提意见时态度横蛮，气氛紧张，无缓和余地，导游应（　　）。
    A. 请领队调解　　　　　　　　　　B. 进行必要的解释
    C. 不发一言，让其发泄　　　　　　D. 有礼貌地建议另找时间再谈

72. 以下导游预防漏接的措施中，错误的是（　　）。
    A. 认真阅读计划　　　　　　　　　B. 提前抵达接站地点
    C. 提供更加热情周到的服务　　　　D. 核实交通工具到达的准确时间

73. 在带团过程中，如发现个别旅游者有不当言行或可疑迹象，导游应该（　　）。
    A. 立即报告接待社　　　　　　　　B. 立即报告旅游局
    C. 立即报告公安部门　　　　　　　D. 给予必要的提醒和警示

74. 某日本旅游团在南京旅游期间，一名旅游者与导游交流时指责中国捏造事实，称南京大屠杀子虚乌有，并恶意攻击和污蔑我国，此时导游首先应当（　　）。
    A. 严正驳斥　　B. 转移话题　　C. 向旅行社报告　　D. 向公安部门报告

75. 对旅游者提出的种种要求，导游应本着（　　）的原则，视具体情况妥善处理。
    A. 符合法律法规　　B. 合理而可能　　C. 尊重旅游者　　D. 维护尊严

76. 由于境外旅游者的人生观、价值观和政治观点的不同，他们对我国的某些方针政策不理解，存在不同的看法，甚至分歧严重。对此，导游在回答他们这方面的问题时，应在阐明我们的立场和观点的同时，（　　）。
    A. 求同存异　　B. 求同化异　　C. 努力说服　　D. 辨明道理

77. 重症中暑会出现昏倒、皮肤干热，体温超出（　　）等症状。
    A. 37℃　　　　B. 38℃　　　　C. 39℃　　　　D. 40℃

78. 对于国内旅游团中个别人诋毁和污蔑祖国和人民的言论，导游应在阐明自己的观点的同时，指出其问题的性质，（　　）。
    A. 进行教育　　B. 给予批评　　C. 劝其自制　　D. 进行劝导

79. 下列导游行为中，属于违法行为的是（　　）。
    A. 偷阅黄色书刊　　　　　　　　　B. 套购外汇
    C. 在小摊上购买文物　　　　　　　D. 向旅游者介绍旅行社收费细节

80. 对于已经发生的误机事故，导游首先应立即（　　）。
    A. 与机场联系　　　　　　　　　　B. 报告旅行社
    C. 稳定旅游者情绪　　　　　　　　D. 通知下一站

81. 对于外国旅游者由于对我国法律不了解而对我国法律说三道四，导游应该向其讲清道理，并指出其（　　）。
    A. 错误之处　　B. 问题的严重性　　C. 触犯了法律　　D. 要依法处理

82. 在旅游过程中，出现旅游者食物中毒时，导游的下列做法中，错误的是（　　）。
    A. 设法为患者进行催吐　　　　　　B. 立即送患者去医院抢救
    C. 及时将中毒情况报告旅行社　　　D. 请患者不要声张，避免事态扩大

83. 在室内遇到地震时，以下（　　）不可以当作避险场所。
    A. 电梯轿厢　　B. 厨房　　　　C. 卫生间　　　　D. 内墙角

84. 在旅游团到达景点游览之前，对旅游者随身携带的贵重物品，导游应提醒他们将其

（　　）。
   A. 放在旅游车里　　　　　　　　　B. 随身携带好
   C. 存放在景点保安部　　　　　　　D. 交旅游车司机保管

85. 如果旅游者在机场领取行李时找不到托运行李，（　　）应马上带领失主凭机票和行李牌到机场行李查询处登记办理行李丢失或认领手续。
    A. 领队　　　　B. 全陪　　　　C. 团长　　　　D. 地陪

86. 地陪不要为旅游团代管证件和贵重物品，需要时应请（　　）将证件收齐，证件用完后如数归还。
    A. 团长　　　　B. 全陪　　　　C. 领队　　　　D. 旅游者

87. 某旅游团定于晚上乘 9：30 的航班离开桂林，晚餐后部分旅游者提出再看一下市容。对此，地陪应该（　　）。
    A. 提醒旅游者赶快回来，以免误机　　　B. 请全陪陪同他们前往
    C. 告知他们若误机，责任自负　　　　　D. 劝阻他们不要前往

88. 境外旅游团旅游者的行李箱在来华途中丢失，地陪应告知失主向（　　）索赔。
    A. 境外旅行社　　B. 境内组团社　　C. 航空公司　　D. 保险公司

89. 旅游者突患重病，送医院急救时需要动手术，地陪应请（　　）签字。
    A. 领队　　　　B. 旅游者代表　　C. 团长　　　　D. 全陪

90. 食物中毒的特点有（　　），常常集体发病，若抢救不及时会有生命危险。
    A. 潜伏期短，发病快　　　　　　B. 潜伏期长，发病慢
    C. 无潜伏期，发病快　　　　　　D. 潜伏期长，发病突然

91. 当发现旅游团所住饭店发生了火灾，导游应首先（　　）。
    A. 通知领队和全团旅游者撤离　　B. 判断火情，引导自救
    C. 拨打 119 报警　　　　　　　　D. 寻找灭火器灭火

92. 旅游中发生了交通事故，如果导游未受重伤，应首先（　　）。
    A. 组织抢救受伤者　　　　　　　B. 报告交通公安部门
    C. 保护好现场　　　　　　　　　D. 报告旅行社

93. 一旦发生旅游者遭受歹徒袭击或被劫，导游首先应（　　）。
    A. 拨打 110 报警　　B. 保护旅游者安全　　C. 安慰旅游者　　D. 报告旅行社

94. 一旦发生旅游者财物被盗，导游应首先（　　）。
    A. 安慰旅游者　　B. 保护好现场　　C. 向公安部门报案　　D. 报告旅行社

95. 下列造成旅游者走失的常见原因中，不正确的是（　　）。
    A. 导游没有讲清楚游览路线　　　　B. 导游没有认真阅读接待计划
    C. 旅游者没有记清停车位置和车号　D. 导游的讲解不能引起旅游者的兴趣

96. 游览过程中若有旅游者走失，一般情况下由（　　）。
    A. 全陪、地陪、领队分头寻找，团队原地等候
    B. 地陪、全陪分头寻找，领队率团原地等候
    C. 全陪、领队分头寻找，地陪带领其他旅游者继续游览
    D. 领队负责寻找，全陪、地陪带领其他旅游者继续游览

97. 下列造成导游漏接的主观原因中，错误的是（　　）。

A. 司机迟到 B. 导游迟到
C. 没有认真阅读接待计划 D. 举牌接站的地方选择不当

98. 泥石流多发生于山区，在我国的大多数山区都时有发生，尤其在我国（　　）山区尤为严重。
A. 东北 B. 东南 C. 西北 D. 西南

99. 外国旅游者丢失了钱物，导游首先应（　　）。
A. 与领队协商处理办法 B. 及时报告旅行社，听取指示
C. 立即报告公安部门 D. 稳定失主的情绪并帮助其回忆

100. 下列关于旅游活动中溺水事故预防的说法中，不正确的是（　　）。
A. 在旅游活动中，导游要劝阻旅游者不要单独去水情不明的地方游泳
B. 旅游团集体游泳时，导游应提醒旅游者在下水前做好准备活动
C. 导游要提醒身体过度疲劳、过饱的旅游者下水游泳时注意安全
D. 组织水上漂流活动时，导游应关照旅游者穿好救生衣

101. 下列关于泥石流事故预防和处理的说法中，不正确的是（　　）。
A. 一旦发生泥石流，导游一定要引导旅游者迅速跑向高坡
B. 带领旅游者逃离时，要与泥石流的流向成平行的方向奔跑
C. 不要带领旅游者停留在泥石流附近土体不稳定的斜坡上
D. 组织旅游者快跑时，要提醒他们扔掉一切妨碍奔跑速度的物品

102. 旅游团入住饭店后，一旅游者发现其行李箱丢失，导游应首先从（　　）环节查起。
A. 行李员运送行李 B. 旅游团乘坐的交通工具
C. 上一站旅行社 D. 现已入住的饭店

103. 导游在找到走失的旅游者后，绝不可对其进行指责，而应问清（　　）。
A. 走失的时间 B. 走失的地点 C. 走失的原因 D. 走失的结果

104. 如果旅游团在用餐前（　　）提出换餐的要求，地陪应尽量与餐厅联系，但需事先向旅游者讲清楚，如能换妥，差价由旅游者自付。
A. 2小时 B. 3小时 C. 4小时 D. 5小时

105. 下列关于旅游者中暑的说法中，不正确的是（　　）。
A. 旅游者中暑按程度分为轻度中暑和重症中暑
B. 轻度中暑的旅游者有眼花、耳鸣甚至面色苍白、恶心等症状
C. 夏季旅游出汗多，体内盐分减少，要多次少量地让患者饮淡盐开水
D. 夏季出游前，导游要为旅游者准备好预防和治疗中暑的药物

106. "以人为本，救援第一"要求导游在处理突发事件时要以保障旅游者生命安全和身体健康为（　　）。
A. 指导原则 B. 基本方针 C. 最终标准 D. 根本目的

107. 导游在旅游过程中，若发生重大、特别重大旅游突发事件，可依法向（　　）报告。
A. 有关部门 B. 组团社 C. 接待社 D. 医疗救援机构

108. 导游在接受旅游者意见时，应尽量采取（　　）的方式。
A. 领队在场 B. 集众交谈 C. 缓和气氛 D. 个别接触

109. 旅游过程中，若旅游者提出变更旅游合同，导游应当（　　）。

A. 接受　　　　　B. 婉拒　　　　　C. 拒绝　　　　　D. 理解

110. 若旅行社同意旅游者变更旅游合同的要求，导游应按照旅行社的要求与旅游者（　　）。

A. 达成书面意见　　B. 签订书面合同　　C. 签订补充合同　　D. 取得书面保证

三、多项选择题（每题有2~5个正确答案，多选、少选或错选均不得分，请将你认为正确的选项填入括号内）

1. 对旅游团中个别旅游者提出的难以办到的要求，导游应该（　　）。
   A. 认真倾听　　　B. 微笑对待　　　C. 耐心解释　　　D. 借故推拒
   E. 明确拒绝

2. 对于旅游者的个别要求，导游在处理时应坚持的基本原则有（　　）。
   A. "合理而可能"的原则　　　　　　B. 符合法律法规的原则
   C. 维护尊严的原则　　　　　　　　D. 尊重旅游者的原则
   E. 表示同情，借故推拒的原则

3. 某地陪上午11：50将接待的两名黎巴嫩客人安排入住饭店后，对他们说，12：15带他们到餐厅用餐，可他们说，他们通常在14：00以后用午餐，不同意该导游的用餐安排。此时，该导游应该（　　）。
   A. 告知他们饭店餐厅14：00停止供应餐食
   B. 告知客人餐厅供餐时间是固定的，劝其入乡随俗
   C. 若客人仍不同意，则与餐厅联系是否可延长供餐时间
   D. 若餐厅没有延长供餐的规定，则请客人自理
   E. 若餐厅没有延长供餐的规定，则14：00后带领客人到零点餐厅用餐

4. 某旅游团在某地旅游中，部分旅游者听说当地地方菜很有特色，想自费品尝，于是请导游给予帮助联系。此时该导游应该（　　）。
   A. 先就旅游者的要求请示旅行社　　B. 帮助他们在合适的餐馆订餐
   C. 告知他们该餐馆的名称和地址　　D. 告知他们用餐时间和费用
   E. 到时陪同他们一起前往该餐馆

5. 某旅游团入住饭店后，某客房中的一位旅游者发现其客房朝向不好，向导游提出换至面向游泳池的房间。此时，该导游应该（　　）。
   A. 先请该团领队在团内调整　　　　B. 若调整不成则与饭店联系
   C. 若有这类空房可满足其要求　　　D. 告知房差由其自负
   E. 告知房差由其与同房旅游者共负

6. 某旅游团一名旅游者生病，想在客房内用餐。此时，导游应该（　　）。
   A. 将该旅游者的想法告知领队　　　B. 询问餐厅是否提供送餐服务
   C. 询问送餐服务收取多少服务费　　D. 告知该旅游者服务费须自理
   E. 告知该旅游者餐费也须自理

7. 境外旅游者要求购买古玩，导游应该（　　）。
   A. 带领他们到文物商店购买　　　　B. 带领他们到路边地摊上选购
   C. 带领他们到旧货市场购买　　　　D. 提醒他们保管好发票

E. 提醒他们不要将货物上的火漆印弄掉

8. 旅游者要求住高于合同规定星级的饭店，地陪经过联系后，可满足其要求，但是旅游者必须同意（   ）。
   A. 负担高星级饭店客房的全部费用
   B. 负担按合同预订的客房退房损失费
   C. 放弃原预订客房的费用
   D. 负担高星级饭店与原预订客房的房差
   E. 让其原同房旅游者也分担部分房费

9. 某旅游者因其同房的另一位旅游者常常回来很晚，影响其休息，遂向地陪提出住单间的要求。此时，该地陪应该（   ）。
   A. 请领队进行调解
   B. 请领队在全团中进行调整
   C. 与饭店联系空房
   D. 征求其同房另一旅游者意见
   E. 向该旅游者讲清单间费用由其自理

10. 旅游团内由于旅游者在（   ）上的不同，常常使他们对文娱活动提出不同的要求。
    A. 兴趣爱好　　B. 个性特征　　C. 文化程度　　D. 欣赏品位
    E. 团队意识

11. 旅游团中部分旅游者不愿看计划内安排的文娱节目，而要求去看另一演出。此时，地陪可采取的措施有（   ）。
    A. 如时间许可，与计调部联系，尽可能予以更换
    B. 如无法调换，应耐心向这部分旅游者做解释工作
    C. 征求这部分旅游者意见是否可另外安排时间去看另一演出
    D. 若这部分旅游者仍坚持去看另一演出，应讲清费用自理
    E. 若这部分旅游者仍坚持去看另一演出，还应讲清未看的文娱节目票款不退

12. 旅游团中部分旅游者提出自费观看文娱演出，请旅行社帮助联系购票。此时，地陪应该（   ）。
    A. 将旅游者的要求转告旅行社有关部门，请其与娱乐单位联系并报价
    B. 将旅行社有关部门的报价告知旅游者，征得他们的意见
    C. 旅游者认可后，再转告旅行社有关部门并请其代为预订
    D. 旅行社有关部门预订好后再向旅游者收取费用，并将收据交给他们
    E. 到时为旅游者安排旅游车，请他们自行前往

13. 导游帮助旅游团中部分旅游者购买了文娱演出票后，还应做好的工作有（   ）。
    A. 请他们自行乘出租车前往，费用自理
    B. 提醒他们外出观看演出时注意安全
    C. 请他们带上印有饭店名称、电话的饭店卡片
    D. 将自己的联系电话告知他们
    E. 告诉他们自己在饭店等待他们回来

14. 某外国旅游者向导游提出晚上单独到附近的商场购物，请其给予协助。此时，该导游应该（   ）。
    A. 向其告知附近商场的名称
    B. 请其向旅游团领队报告一声
    C. 帮助其安排出租车

D. 为其写上一张有商场名称和购买物品名称的便条

E. 提醒其晚间注意安全

15. 导游带领外国旅游者到文物商店购买古玩和仿古艺术品,导游应该提醒他们(　　)。

    A. 保管好文物商店提供的收据　　　B. 保管好文物商店开具的发票

    C. 保管好物品的包装　　　　　　　D. 不要将物品上的火漆印去掉

    E. 返程时海关还要查验

16. 某外国旅游者临出境时要求地陪代为购买一种商品,该地陪经请示旅行社同意后接受了该项委托。为办好这一委托,该地陪应该(　　)。

    A. 请该旅游者写出委托书

    B. 向其收取必要的钱款

    C. 购货后为其办理托运

    D. 将购货发票、托运单、托运费等复印并将原件寄送该旅游者

    E. 将一份列有购货各项开支情况的表单寄送该旅游者

17. 旅游者要求晚间外出自由活动,导游一般应予同意,但需告知他们(　　)。

    A. 带上饭店卡片　　　　　　　　　B. 不要携带贵重物品

    C. 不要去秩序混乱的地方　　　　　D. 不要与陌生人交谈

    E. 不要回饭店太晚

18. 某旅游团一天下午到颐和园游览时,一位爱好摄影的旅游者看到颐和园的景色十分美丽,向地陪提出自行活动。该地陪与全陪商量后同意了其要求,但需向其告知(　　)。

    A. 集合时间与地点　　　　　　　　B. 旅游车的停车地点和车号

    C. 颐和园的一些主要景观　　　　　D. 自己的联系电话

    E. 摄影中注意安全

19. 某旅游者因之前来访时游览了旅游计划中安排的两个旅游景点,向地陪提出这一天不随团活动,晚上则与大家一起用餐。对此,地陪可满足其要求,但需向其告知(　　)。

    A. 该地其他几个主要景点　　　　　B. 自己的联系电话

    C. 这天的所有费用不退　　　　　　D. 晚上用餐时间和地点

    E. 保管好随身财物

20. 导游要劝阻旅游者自由活动的情况有(　　)。

    A. 存在安全问题时　　　　　　　　B. 旅游团即将离开本地时

    C. 夜间外出购物时　　　　　　　　D. 影响旅游团活动进行时

    E. 影响其他旅游者时

21. 某外国旅游者欲探访其某地的一位朋友,只知道其姓名,但不知具体地址,请地陪帮助。此时,该地陪应该(　　)。

    A. 将该旅游者的请求报告接待社　　B. 请接待社与公安户籍部门联系查找

    C. 找到后再告知该旅游者　　　　　D. 协助与其朋友联系

    E. 联系好后陪同其前往

22. 某外国旅游者提出会见其所在国驻华使领馆的一位官员,请导游给予协助。对此,该导游应该(　　)。

A. 了解会见的目的 B. 请示旅行社领导
C. 告知其使领馆的地址 D. 帮助其与使领馆联系
E. 帮助其叫出租车

23. 某外国旅游团所在国驻华使领馆举行某项庆祝活动，该团领队邀请地陪一起参加。此时，该地陪应该（　　）。
A. 了解参加该项活动还有哪些方面的人 B. 请示组团社领导
C. 得到组团社批准 D. 请示接待社领导
E. 得到接待社批准

24. 某国内旅游团到达B市后，一位旅游者要求其在B市的亲友随团活动。对此，地陪应该（　　）。
A. 了解其亲友的健康情况
B. 征得该团领队与旅游者同意
C. 报告接待社有关部门
D. 让其亲友持身份证到接待社办理入团手续
E. 将临时增加的人员报告组团社

25. 某旅游者坚持要求中途退团，全陪应做好的工作有（　　）。
A. 了解该旅游者要求中途退团的原因
B. 根据退团的原因做好相应解释工作
C. 将该旅游者执意退团情况报告组团社
D. 告知该旅游者未享受的旅游费用可退还
E. 告知该旅游者未享受的旅游费用不予退还

26. 境外旅游者中途退团后，导游应为其做好的工作有（　　）。
A. 帮助其办理离团手续 B. 帮助其订好回程机票
C. 帮助其预订好客房 D. 安排好车辆送其去机场
E. 告知离团后费用自理

27. 境外旅游者因病住院治疗需要延长旅游期限，地陪应做好的工作有（　　）等。
A. 住院期间不时到医院探视 B. 为其办理分离签证或延长签证手续
C. 为其安排人员陪护 D. 病好后为其办理出院手续
E. 为其办理离境事宜

28. 某境外旅游团离境前夕，一旅游者要求留下到另一城市开展商务活动，需要地陪为其办理延长签证，其办理的手续有（　　）。
A. 请示国内组团社 B. 到当地接待社开具证明
C. 该旅游者提供其护照 D. 该旅游团提供集体签证
E. 持上述证明陪同该旅游者到市公安局出入境管理处办理

29. 以下导游对旅游者用餐方面个别要求的处理中，正确的是（　　）。
A. 旅游者要求外出自费品尝风味，应予以协助
B. 旅游者在抵达后提出特殊饮食要求，应婉言拒绝
C. 健康的旅游者要求在客房用餐，可满足，但服务费自理
D. 旅游团在将要用餐前提出换餐，应尽量满足，但差价自理

E. 旅游者因在某旅游景点游兴未尽等原因要求推迟用餐时间，应婉言拒绝

30. 某地陪接待的一个外国旅游团到达饭店时已近中午，在安排他们入住后，该地陪就带领他们到餐厅用餐。其中一位来自阿拉伯国家的旅游者闻到菜肴中的味道不对，便起身离开。该地陪连忙上前询问，得知其中的缘由。在这种情况下，该地陪应该（　　）。
    A. 请领队协调 B. 劝说其将就一下
    C. 带其去零点餐厅点菜 D. 带其去附近餐馆用餐
    E. 告知费用自理

31. 某国外旅游团抵达B市后的第二天，团中一位旅游者因其女儿被汽车撞伤在医院抢救要求退团，地陪在请示接待社后同意了他的要求。随后该地陪还需要为该旅游者做好的工作有（　　）。
    A. 为其办理分离签证 B. 为其预订回程机票
    C. 及时办理退房、退餐 D. 将该团人数的减少通知下一站
    E. 告知余下的旅游费用不退

32. 某境外旅游团一位旅游者在首饰商店看中了一款手链，因嫌价格高了一点没有购买，回饭店后，在其同房旅游者的劝说下又决定购买，要求地陪给予协助，对此地陪应该（　　）。
    A. 以工作忙予以推托 B. 请其同房旅游者陪同前往
    C. 请司机跟他跑一趟 D. 给他叫一辆出租车并告知费用自理
    E. 给他写一商品名称和请售货员协助的便条

33. 以下关于旅游者住房方面的个别要求中，导游可予满足的是（　　）。
    A. 要求购买房中物品 B. 要求住单间但不愿另付房费
    C. 要求延长住店时间且饭店有空房 D. 要求住高标准房间且同意支付差价
    E. 要求住不同楼层的客房且饭店有空房

34. 旅游者小周因为访友，打算中途退团，延长在本地酒店客房的住宿时间，导游应该（　　）。
    A. 出于安全考虑，尽量挽留小李，不让他中途退团，更不能延长住宿时间
    B. 先与饭店联系，若饭店有空房，可满足其要求
    C. 延长期内的房费由小周自付
    D. 如原住饭店没有空房，导游可协助联系其他饭店，房费由小周自付
    E. 如原住饭店没有空房，导游尽量拒绝

35. 重大旅游事故处理完后，导游应写出书面报告，其主要内容有（　　）。
    A. 事故发生的情况与原因 B. 事故处理过程与进展情况
    C. 事故对旅游活动的影响 D. 事故善后处理情况
    E. 应吸取的经验教训

36. 因客观原因引起旅行计划发生变更时，导游应采取的措施有（　　）。
    A. 制订应变计划 B. 报告旅行社
    C. 退还部分费用 D. 做好旅游者解释工作
    E. 征得多数旅游者同意

37. 旅游计划的更改主要表现在（　　）的更改。
    A. 旅游人数　　　B. 旅游天数　　　C. 旅游路线　　　D. 旅游项目
    E. 旅游日程

38. 旅游团因航班取消需延长在当地的停留时间，地陪应采取的措施有（　　）。
    A. 及时报告组团社　　　　　　　B. 重新落实旅游者旅游事宜
    C. 立即报告接待社　　　　　　　D. 及时提醒有关人员通告下站接待社
    E. 向旅游者致以歉意

39. 某旅游团按计划应于18：05乘飞机飞抵B市，该市接待社导游张洁提前半小时到达机场，从机场咨询台得知该团的飞机因暴风雨仍滞留在上一站。此时，张洁应该（　　）。
    A. 继续在机场等待　　　　　　　B. 向接待社报告旅游团仍滞留在上一站
    C. 与该团全陪联系　　　　　　　D. 与饭店联系变更该团住宿时间
    E. 与餐厅联系取消该团的晚餐

40. 引起旅游团计划变更的客观原因有（　　）。
    A. 交通事故　　　B. 旅游者要求　　　C. 竞争因素　　　D. 自然灾害
    E. 气候突变

41. 因客观原因导致缩短或取消在一地的游览时间时，导游应向旅游者（　　），以取得他们的支持和认可。
    A. 实事求是地说明困难　　　　　B. 诚恳地道歉，求得谅解
    C. 讲清计划更改须考虑的问题　　D. 将更改后的安排讲清楚
    E. 讲清计划更改方案的实施

42. 若导游将旅游计划更改方案经与全陪、领队商定并告知旅游者后，旅游者中产生了严重分歧，此时导游应该（　　）。
    A. 先做好有意见旅游者的工作
    B. 先做好旅游团中有影响力的旅游者的工作
    C. 先做好旅游团领队的工作
    D. 请同意方案的旅游者做好有意见旅游者的工作
    E. 告知因分歧延误了旅游行程旅行社不担责

43. 旅游路线的变更是旅游计划变更中较大的变更，这是因为它涉及（　　）的变化。
    A. 旅游城市　　　B. 旅游线路　　　C. 旅游方式　　　D. 旅游天数
    E. 旅游费用

44. 导游在拟订旅游路线变更方案时应遵循（　　）原则。
    A. 符合规定　　　B. 节约成本　　　C. 变动最小　　　D. 具有特色
    E. 影响最小

45. 因客观原因某旅游团被迫在一地延长一天，此时该地导游应做好的工作有（　　）。
    A. 重新落实该团用房、用餐、用车
    B. 安排好该团滞留期间的旅游活动
    C. 提醒有关接待人员通知下一站该团旅游日程的变化
    D. 通知组团社该团旅游日程的变化
    E. 重新落实该团离开该地的交通票据

46. 某旅游团由于在甲地的时间延长了一天，使该团在乙地停留时间减少了一天，此时乙地导游应做好的工作有（　　　）。
   A. 提醒有关方面及时办理退房、退餐、退车
   B. 落实该团抵达后的用房、用餐、用车
   C. 为该团安排好当地具有特色的旅游项目
   D. 提醒有关方面退还旅游者一天的旅费
   E. 重新落实该团赴下一站的交通票据

47. 由于某种原因某旅游团不能前往计划的景点游览，需更换另一景点，此时导游应做好的工作有（　　　）。
   A. 向旅游者如实地说明情况　　　B. 同旅游者协商另一替代景点
   C. 所选景点应有特色　　　　　　D. 将更换情况报告该团组团社
   E. 以精彩的讲解激起旅游者的游兴

48. 旅游者小王在去北京南锣鼓巷参观的途中突然患重病，导游的正确处理办法是（　　　）。
   A. 立即将患者送往就近医院治疗
   B. 拦截其他车辆将其送往医院
   C. 必要时用旅游车将患者直接送往医院
   D. 如无全陪和领队，地陪可单独将其送往医院
   E. 如需做手术，且患者亲属不在，可代为签字

49. 造成旅游团漏接的客观原因有（　　　）。
   A. 旅游者乘坐的航班提前抵达
   B. 旅游者出站时导游未发觉
   C. 旅行社未接到上一站有关航班变化的通知
   D. 旅行社未将航班变化告诉地陪
   E. 导游因交通堵塞等特殊原因未按规定时间抵达机场

50. 造成旅游团漏接的主观原因有（　　　）。
   A. 导游将接团时间、地点搞错　　B. 导游按照旧时刻表时间接团
   C. 导游未带旅游团旅游者名单　　D. 导游选择的接站地点不当
   E. 未按规定时间抵达接站地点

51. 为防止漏接事故的发生，导游事先应做好的工作有（　　　）等。
   A. 认真细致地阅读接待计划和有关来函、来电记录
   B. 掌握旅行社安排上的各种变化
   C. 与司机约定接站出发时间
   D. 核实旅游团所乘交通工具抵达的准确时间
   E. 提前半小时抵达接站地点

52. 为防止漏接的发生，旅行社应做好的工作有（　　　）等。
   A. 制订好旅游接待计划　　　　　B. 加强旅游团信息传递管理
   C. 信息传递做到及时准确　　　　D. 严格接待人员岗位责任制
   E. 加强导游的日常管理

53. 因主观原因造成旅游团漏接后，导游应采取的补救措施有（　　　）。

A. 向该团旅游者赔礼道歉　　　　B. 对该团领队予以特别关照
C. 赔付漏接造成的费用　　　　　D. 更加热情周到地提供各项服务
E. 努力满足旅游者的各种要求

54. 因客观原因造成旅游团漏接后，导游应采取的措施有（　　）。
A. 立即与接待社有关部门联系查明原因　B. 向旅游者进行耐心细致的解释
C. 向该团组团社解释漏接的原因　　　　D. 尽量做好有关弥补工作
E. 请示旅行社后酌情给旅游者一定物质补偿

55. 为预防误机（车、船）事故，导游应（　　）。
A. 认真核实机（车、船）票　　　B. 在离开当天安排自由活动
C. 在离开当天不去偏远的景点　　D. 留足时间去机场（车站、码头）
E. 按规定的时间到达机场（车站、码头）

56. 某导游按照接待计划于19:00抵达机场，接待一个从上海乘坐CA920航班到港的旅游团，从机场方面得知该航班因上海大雨推迟起飞。此时，该导游应该立即将变更情况通知（　　）。
A. 旅行社有关部门　　　　B. 该团下榻的饭店
C. 该团用餐的餐厅　　　　D. 该团用车的汽车公司
E. 下一站旅行社

57. 对于入境站导游来说，如果到达机场后得知所接旅游团所乘航班尚无抵达消息时，他应该到该团所乘航班的航空公司驻机场办事处查清该团航班（　　）。
A. 尚未抵达的原因　　　　B. 是否起飞
C. 何时起飞　　　　　　　D. 途经何地
E. 何时抵达

58. 造成航班延误的主要原因有（　　）。
A. 航班出发地天气突变　　B. 飞机飞行途中天气突变
C. 航班目的地天气突变　　D. 飞机出现机械故障
E. 空中交通管制

59. 当导游带团到达机场后得知该团所乘航班取消后，他应该（　　）。
A. 立即将航班取消情况报告旅行社　B. 向机场取得航班取消证明
C. 安排好旅游者的食宿和游览项目　D. 请行李员将托运行李取出
E. 请旅行社及时将航班取消情况通知下一站

60. 下列旅游者行为中，属于违法的有（　　）。
A. 走私　　　B. 贩毒　　　C. 嫖娼　　　D. 诋毁他人
E. 卖淫

61. 溺水时的自救方法包括（　　）。
A. 不要慌张，发现周围有人时立即呼救
B. 放松全身，让身体漂浮在水面上，等待救援
C. 身体下沉时，可将手掌向下压
D. 如果在水中突然抽筋，又无法靠岸时，立即求救
E. 将头部浮出水面，尽量不用脚踢水，防止体力丧失

62. 重症中暑的症状主要有（　　）。
    A. 昏倒　　　　　　B. 痉挛　　　　　　C. 头痛　　　　　　D. 呼吸困难
    E. 皮肤干热

63. 导游到机场迎接入境旅游团时，如发现该团人数减少了，此时导游应该（　　）。
    A. 向领队问清该团人数减少的原因
    B. 查看该团团体签证是否办理了未来客人的注销手续
    C. 如未办理，应请领队在入境口岸办理注销手续
    D. 立即通知接待社变更该团住房、用餐和交通票数量
    E. 提醒接待社将该团人数减少情况通知下面各站接待社

64. 误机（车、船）属于重大事故是因为它（　　）。
    A. 会给旅游者造成心理压力和损失　　　B. 迫使旅游计划不得不进行更改
    C. 导致旅游计划不能按期完成　　　　　D. 会对旅行社造成重大经济损失
    E. 必将严重影响旅行社的对外声誉

65. 导致旅游团误机的客观原因有（　　）等。
    A. 旅游团中个别旅游者突然走失使旅游团未能及时赶到机场
    B. 领队或旅游者坚持己见，未能按导游规定的时间离店
    C. 导游记错了时间，导致旅游团未能及时赶到机场
    D. 旅游团赴机场途中遇到严重交通拥堵使旅游车不能及时抵达机场
    E. 旅游团赴机场途中发生了交通事故延误了抵达机场时间

66. 导致旅游团误机的主观原因有（　　）等。
    A. 地陪记错了旅游团所乘航班的离站时间，使旅游团未能及时赶到机场
    B. 离站当天地陪日程安排过紧，使旅游团不能及时赶到机场
    C. 旅游团离店出发时地陪迟到，未能带领旅游团及时赶到机场
    D. 地陪未按规定及时将机票交给行李员使其未能为该团办理行李托运后将机票交回
    E. 行李员迟到未能在办理完旅游团行李托运后及时将机票交回地陪

67. 为防止旅游团误机事故的发生，导游应该（　　）。
    A. 认真核对旅游团离站交通票据的日期、时间和离站机场
    B. 将离站前的旅游活动安排到范围广或偏远的景点
    C. 保证按规定的时间抵达机场
    D. 劝阻旅游者离站前自行外出购物和进行自由活动
    E. 带领旅游团旅游者赴机场时在时间上要留有余地

68. 如果旅游团误机已成事实，此时导游应该（　　）。
    A. 立即报告旅行社，请求协助
    B. 立即与机场联系，争取旅游者乘坐下一趟航班
    C. 带领旅游团尽快赶赴机场
    D. 稳定旅游者的情绪，并向他们赔礼道歉
    E. 及时通知下一站对该团日程进行调整

69. 为防止旅游团行李数量出错，导游应同行李员一起做好（　　）工作。
    A. 清点　　　　　　B. 检查　　　　　　C. 存放　　　　　　D. 交接

E. 签字

70. 旅游者通常丢失物品的场合有（　　）。
    A. 离店赴机场时　　B. 参观游览中　　C. 下榻饭店时　　D. 离开餐厅时
    E. 托运行李时

71. 外国旅游团丢失团体签证后，导游应告知立即到公安机关出入境管理部门申报补办，其程序是（　　）。
    A. 由旅游团领队提供团体签证丢失的材料
    B. 准备好原团体签证复印件，并重新打印与原团体签证格式、内容一致的该团旅游者名单
    C. 由接待社开具团体签证遗失公函
    D. 收集该团全体成员护照
    E. 持上述全部资料到公安局出入境管理处报失，申领新的团体签证

72. 外国旅游者丢失护照和签证后，导游应该协助其（　　）。
    A. 向其所在国驻华使领馆挂失
    B. 到当地接待社开具遗失证明
    C. 持旅行社证明到当地公安机关报失，申领公安机关出具的证明
    D. 再持公安机关的证明到其所在国驻华使领馆申办新护照
    E. 再到当地公安机关申办签证

73. 华侨丢失中国护照和签证后，导游应告知（　　）。
    A. 到当地接待社开具遗失证明
    B. 到当地侨务办公室开具遗失证明
    C. 准备好本人照片
    D. 持遗失证明到公安机关报失并申办新护照
    E. 再持新护照到其居住国驻华使领馆办理入境签证

74. 为防止旅游者行李遗失，导游应在（　　）与行李员、领队一起做好行李的清点和交接工作。
    A. 旅游团进站时　　　　　　　　B. 旅游团出站时
    C. 旅游团下榻饭店时　　　　　　D. 旅游团离店时
    E. 旅游团上火车时

75. 如外国旅游团入境时发现有的旅游者行李丢失，导游应带领失主到机场失物登记处办理行李丢失和认领手续，其主要程序是（　　）。
    A. 由失主出示机票和行李牌，说明所乘航班的始发站、中转站及丢失行李的件数与特征
    B. 填写"丢失行李登记表"
    C. 将失主下榻饭店名称、电话号码告知登记处
    D. 记下登记处的电话号码以及有关航空公司办事处的地址和电话
    E. 联系航空公司索赔

76. 某旅游团自上海乘飞机至北京。该团入住饭店后，其中一旅游者发现其他旅游者都拿到了行李箱，而自己的行李箱却没拿到，便告知导游李某。如果你是李某，你将从

（　　）环节进行分析和寻找。

A. 本团旅游者是否拿错

B. 入住该饭店的其他旅游团是否拿错

C. 饭店行李员是否送错

D. 旅行社行李员同饭店行李员交接是否有误

E. 旅行社行李员在运送中是否丢失

77. 境外旅游团旅游者在我国境内丢失了行李，导游应在事后向旅行社写出书面报告，主要内容有（　　）。

A. 行李丢失的原因、经过　　　　B. 自己的分析判断

C. 行李查找过程　　　　　　　　D. 赔偿情况

E. 失主和其他旅游者的反映

78. 某外国旅游者不慎丢失了一款数码相机，导游应采取的措施有（　　）。

A. 请失主仔细回忆丢失的经过、时间和地点

B. 了解丢失的数码相机的品牌、型号、特征和价值

C. 请领队帮助该客人到可能丢失的地方去寻找

D. 立即向公安机关和有关保卫部门报案

E. 带领该旅游者到省级公安厅出入境管理处办理有关手续，并出示《中国海关行李申报单》

79. 某外国旅游者晚餐后回到房间，发现其放在床上的手提摄像机不翼而飞，赶紧报告导游。此时，导游应采取的措施有（　　）。

A. 问清该摄像机的品牌、型号、特征和价值

B. 立即向公安机关或饭店保卫部门报案

C. 及时向旅行社领导汇报，听取指示

D. 请饭店为其开具摄像机遗失证明

E. 到省级公安厅出入境管理处填写"失物经过说明"，并出示《中国海关行李申报单》

80. 为防止旅游者在景点游览时走失，地陪应做好的工作有（　　）。

A. 在景点下车前告知旅游者旅游车的停车地点、车型和车号

B. 在景点示意图前向旅游者介绍游览路线、所需时间、集合时间和地点

C. 在游览中要以丰富的讲解内容和高超的讲解技巧吸引旅游者

D. 在导游讲解中防止他人跟团听讲

E. 在游览中要注意旅游者动向，提醒掉队的旅游者跟上团队

81. 旅游者在旅游景点走失的原因主要有（　　）。

A. 地陪未讲清游览线路和集合时间、地点与停车位置

B. 地陪讲解欠佳，导致旅游者跑到其他旅游团听讲和游览

C. 地陪未讲清各景观游览的先后顺序和周围环境情况

D. 旅游者对游览中见到的某一景观或事物感兴趣而自行走散

E. 旅游者忘记了地陪关于游览线路、集合时间、地点和停车位置的提示

82. 旅游团中一位旅游者患有腹泻，影响其随团旅游。此时，地方导游应该（　　）。

A. 请全陪陪同其到医院诊治　　　　B. 告知治疗费自理

C. 提醒其保管好诊断证明和收据　　D. 将患者腹泻情况报告给旅行社
E. 主动关心其病情并给予必要的帮助

83. 为防止旅游者单独外出时走失，导游应告知其记住（　　）。
   A. 接待社的名称　　　　　　　　B. 自己的电话号码
   C. 下榻饭店的名称　　　　　　　D. 下榻饭店的建筑形式
   E. 下榻饭店的电话号码

84. 导游为预防旅游者走失事故的发生，应采取的措施有（　　）。
   A. 出发前做好预报工作
   B. 游览前告知旅游车停车地点、车型和车号
   C. 游览中以高超的技巧和丰富的讲解吸引旅游者
   D. 导游讲解时注意旅游者行踪，经常清点人数
   E. 请领队负责旅游团的断后工作

85. 遇到海啸时，以下（　　）为正确的自救措施。
   A. 如果在海啸来临时不幸落水，要尽量抓住木板等漂浮物
   B. 在水中要尽可能举手，增大动作幅度，以便救援人员发现
   C. 尽量不要游泳，以防体内热量过快散失
   D. 注意避免与其他硬物碰撞
   E. 尽可能向其他落水者靠拢

86. 旅游团某旅游者在景点游览过程中走失，经全陪和领队分头寻找后仍未找到，此时地陪应该（　　）。
   A. 立即向该景点管理部门求助，告知走失者的特征
   B. 与该团下榻的饭店联系，询问走失者是否已回饭店
   C. 若经过上述努力仍未找到，应及时将情况报告旅行社
   D. 经旅行社同意后，向公安局报案，并告知走失者的特征
   E. 将该团其他旅游者送上旅游车后，自己留下来继续寻找

87. 假如暴雨天导游不得不乘车出行，以下做法正确的是（　　）。
   A. 行前导游应请司机先检查发动机盖和车门的封闭情况及雨刮器、制动器的状况，发现故障及时排除
   B. 行车时导游应提醒司机要降低车速，保持车距
   C. 雨天能见度较低时，可以打开远光灯
   D. 若车辆在涉水行驶过程中熄火，导游应在水位还未完全涨上来前带领旅游者快速撤离危险区域
   E. 千万不要在车内等待救援，以免水位过高时电动门窗自动锁定，危及人身安全

88. 旅游者在旅游过程中患病的主要原因有（　　）等。
   A. 长途旅游劳累　　B. 生活环境改变　　C. 生活习惯改变　　D. 气候变化
   E. 水土不服

89. 为预防旅游者在旅游过程中患病，导游可采取的措施有（　　）等。
   A. 旅游日程安排要根据劳逸结合的原则，使旅游者不要过于劳累
   B. 做好天气预报工作，根据天气变化提醒旅游者增减衣物

C. 在干燥和炎热天气下建议旅游者多喝水，多吃水果
D. 提醒旅游者不要在小摊上购买不洁的食物，不要喝生水
E. 一旦发现旅游者身体不适，建议并协助其去医院诊治

90. 导游了解旅游者健康状况的途径有（　　）。
    A. 通过领队了解　　　　　　　　B. 通过与旅游者交谈了解
    C. 通过旅游者的年龄判断　　　　D. 通过观察旅游者走路判断
    E. 通过旅游者的面色观察

91. 旅游者所患一般疾病有（　　）等。
    A. 中暑　　　　B. 便秘　　　　C. 腹泻　　　　D. 中风
    E. 感冒

92. 导游送患一般疾病的旅游者去医院就医，应做好的工作有（　　）。
    A. 请领队陪同前往　　　　　　　B. 告知医疗费用自理
    C. 提醒其保管好药单　　　　　　D. 提醒其保管好诊断证明
    E. 提醒其保管好付费发票

93. 当导游与旅游者或旅游者与接待者发生接待纠纷时，导游应（　　）。
    A. 遵循旅游合同，防止矛盾扩大化
    B. 处理问题讲求有理、有利、有节，稳定旅游者情绪，引导旅游者理性维权
    C. 做好书面记录，保存书证、物证、电子数据等证据
    D. 及时向旅行社报告，反映接待纠纷的详细情况，并按旅行社要求采取必要的措施
    E. 尽量保障后续旅游行程的执行，维护旅游者和旅行社的合法权益

94. 旅游者在旅游景点游览中突患重病，地陪应该（　　）。
    A. 让患病旅游者就地坐下或躺下　　B. 根据患者情况进行初步救护
    C. 立即拨打电话呼叫救护车　　　　D. 请求景点工作人员或管理部门帮助
    E. 及时将患病旅游者情况报告旅行社

95. 旅游者在饭店休息期间突患重病，全陪应该（　　）。
    A. 立即将旅游者患重病情况报告饭店保卫部门
    B. 立即通知饭店医务人员前来救治
    C. 经饭店医务人员初步救护后将患者送往医院治疗
    D. 自己与领队和患者亲属一同前往
    E. 及时将旅游者患重病情况报告旅行社领导

96. 旅游者在长途交通工具运输途中突患重病，全陪应该（　　）。
    A. 向患者亲属了解患病旅游者的病史，进行初步救护
    B. 请求乘务员通过运输工具上的广播在乘客中寻找医生
    C. 设法将旅游者患重病情况通知下一站急救中心
    D. 设法将旅游者患重病情况通知下一站接待社
    E. 设法将旅游者患重病情况通知下一站导游

97. 国内旅游者患重病被送到医院后，地陪应做好的工作有（　　）。
    A. 向医生介绍患者病史和发病时的症状
    B. 保管好医生签字的有关诊治、抢救和动手术的书面材料

C. 保管好医生为患者开出的全部药单

D. 与接待社保持联系，随时汇报患者情况

E. 患者住院期间陪同社领导不时前往医院探望

98. 国外旅游者患重病被送到医院后，地陪应做好的工作有（　　）。

A. 向医生介绍患者发病时的症状和了解到的病史

B. 提醒领队将患者重病入院治疗情况通知其所属国驻华使领馆

C. 若患者是国际救援组织的投保者，提醒领队与该组织驻华机构联系

D. 若患者需动手术，需征得其所属国驻华使领馆同意并签字

E. 详细记录医院对患者诊断、抢救和动手术全过程情况并保管好医生签字的书面材料

99. 当旅游者死亡时，导游应（　　）。

A. 导游应立即向旅行社报告，由地接社按照国家有关规定做好善后工作，同时应稳定其他旅游者情绪，并继续做好其他旅游者的接待工作

B. 旅游者非正常死亡的，导游应注意保护现场，并及时向当地公安机关报案

C. 旅游者死亡发生在境外的，领队应及时向当地警方报案，同时向中国驻当地使领馆或政府派出机构报告，并按旅行社的安排处理相关事宜

D. 旅游者死亡发生在境外的，领队应及时向当地警方、中国驻当地使领馆或政府派出机构报案，并与其亲属联系，按旅行社的安排处理相关事宜

E. 导游应协助旅游者家属向保险公司办理理赔事宜

100. 入境旅游团中外国旅游者住院治疗时，若患者付不出医疗费用，地陪应提醒领队与（　　）联系，以解决问题。

A. 组织该团的境外旅行社　　　　B. 患者家人

C. 患者所在国驻华使领馆　　　　D. 患者投保的国际急救组织

E. 患者投保的保险公司

101. 为预防交通事故的发生，导游对司机应该（　　）。

A. 在天气不好、交通拥挤的情况下提醒其注意安全，谨慎驾驶

B. 在日程安排上留有余地，不催促司机为抢时间而超速驾驶

C. 在确保旅游者人身安全的情况下，奉劝其慢速行驶

D. 提醒其开车前不要饮酒

E. 出车前提醒其检查车辆，若有隐患及时修理或换车

102. 海啸的征兆主要有（　　）。

A. 海底突然下沉，出现快速退潮现象　　B. 海面出现异常波浪，浪头像一堵墙一样

C. 鱼类突然蹿出海面，来回跳跃　　　　D. 海滩上出现大量深海鱼类在挣扎

E. 野生动物有异常行为，纷纷跑向高处

103. 面对交通事故的发生，导游应该（　　）。

A. 立即组织现场人员抢救受伤旅游者

B. 保护好现场，立即报案

C. 迅速将发生交通事故情况报告接待社

D. 如实向受伤旅游者家属介绍受伤情况

E. 做好未受伤旅游者的安抚工作

104. 旅游团交通事故处理完后，导游应向旅行社和有关旅游行政管理部门写出书面报告，内容包括（　　）等。
    A. 事故发生的时间、地点、原因和经过
    B. 旅游者伤亡情况和诊断结果
    C. 事故责任与责任者的处理情况
    D. 受伤旅游者和其他旅游者的反映
    E. 向保险公司的索赔与赔付情况

105. 为防止旅游者的财物被盗，导游应（　　）。
    A. 提醒旅游者将贵重物品存放在饭店前台保险柜里
    B. 提醒旅游者外出时应将现金放在客房里，不要随身携带
    C. 提醒旅游者在街道上行走时随时注意身边可疑的人
    D. 提醒旅游者不要将房号告诉陌生人，出入房间时要将房门锁好
    E. 在旅游车到达景点后，提醒司机在旅游者下车后关好车门、车窗

106. 旅游者在旅游过程中被歹徒抢劫，导游除了要挺身而出，保护好旅游者的人身和财物安全外，还应迅速报警，讲清（　　）。
    A. 案件发生的时间、地点和经过
    B. 歹徒的衣着、高矮、胖瘦和发型等特征
    C. 受害旅游者的姓名、性别和受伤情况
    D. 损失财物的名称、数量、型号和特征
    E. 受伤旅游者和其他旅游者的反映

107. 为了防止发生火灾，导游应提醒旅游者住店期间（　　）。
    A. 不要将易燃、易爆物品带入饭店　　B. 不要乱扔烟头和躺在床上吸烟
    C. 记清饭店的安全出口和转移路线　　D. 记住饭店总服务台的电话号码
    E. 记住导游的房间号码

108. 旅游者外出自由活动时，导游应提醒他们不要（　　）。
    A. 靠近河湖边上行走　　　　　　　　B. 在水边和水中礁石上拍照
    C. 到非游泳区游泳　　　　　　　　　D. 在河湖冰冻初期的冰上行走
    E. 到人多的商场购物

109. 旅游者溺水被救起后，导游应做好的工作有（　　）。
    A. 立即打电话呼叫救护车　　　　　　B. 及时将旅游者溺水情况报告旅行社
    C. 立即对溺水者进行人工呼吸　　　　D. 及时通知溺水者家属前来看护
    E. 安排好其他旅游者的旅游活动

110. 旅游者溺水被救送往医院后，导游应写出书面报告，内容包括（　　）等。
    A. 溺水原因　　B. 溺水经过　　C. 救援经过　　D. 救治情况
    E. 救治结果

111. 食物中毒的主要症状有（　　）。
    A. 恶心　　　　B. 呕吐　　　　C. 头痛　　　　D. 腹痛
    E. 腹泻

112. 为防止旅游者食物中毒，导游应该（　　）。

A. 安排旅游者在有卫生保障的餐厅（馆）用餐
B. 提醒旅游者不要在不洁的小摊上购买食物，不喝不洁的水
C. 提醒旅游者尽量少喝冰镇的饮料
D. 提醒旅游者不要采摘旅游景点的野果食用
E. 在餐馆用餐时，若发现食物、饮料不卫生、有异味，应立即要求更换

113. 海啸的预防措施主要有（　　）。
    A. 认真学习海啸形成和出现征兆的有关知识
    B. 听到地震和海啸的预报，不要带团到海边和江河口处游览
    C. 感觉到地震时，要立即撤离海边，将旅游团转移到高地
    D. 退潮时不要带领旅游团旅游者乘船到海上或江河口处游览
    E. 涨潮时不要带领旅游团旅游者在海边或江河口观赏风景

114. 因大雪封山，导致旅游团被迫变更旅游活动计划时，导游应采取的措施是（　　）。
    A. 向旅游者耐心解释，求得谅解
    B. 提出替代方案，与旅游者协商
    C. 请旅行社领导出面，向旅游者表示歉意
    D. 报告组团社并通知下一站
    E. 以精彩的讲解、热情的服务激起旅游者的游兴

115. 为了在汛期预防洪水对旅游者的侵袭，导游应做好的工作有（　　）。
    A. 出发前收听气象台的天气预报
    B. 听到气象台的红、橙色预警时要对赴山区、河湖的游览采取相应的措施
    C. 向组团社报告，请示对游览项目进行更改
    D. 向接待社报告，请示对游览项目进行更改
    E. 同旅游者协商，在征得同意后对游览项目进行更改

116. 下列事件中，导游需在事后写出书面报告的有（　　）。
    A. 已成误机（车、船）事故　　B. 交通事故
    C. 境外旅游者丢失护照　　　　D. 旅游者生病住院
    E. 境外旅游者行李在境内丢失

117. 为防止泥石流对旅游者造成危害，导游遇有（　　）情况，可在征求旅游者意见后同旅行社有关部门联系变更旅游日程安排。
    A. 雨天带团经过泥石流多发区　　B. 下雪天带团去山区旅游
    C. 大雨天带团去山区旅游　　　　D. 连续阴雨天带团去山区旅游
    E. 暴雨刚停时带团去山区旅游

118. 若旅游者被洪水围困，导游应采取的措施有（　　）。
    A. 带领旅游者到所选择的安全地方等待救援
    B. 自己先下水试行探路，然后逐步转移旅游者
    C. 利用手机不断向外界发出求救信号
    D. 利用手机迅速报警，将受困地点、人数和所处险情讲清楚
    E. 设法稳定旅游者的情绪，不要让旅游者单独离开集体

119. 导游在带团中遇到泥石流发生时应采取的紧急措施有（　　）。

A. 带领旅游团向山坡上坚固的高处或连片的岩石区快跑
B. 带领旅游团迅速跑入附近的房屋里躲避
C. 逃离时要尽量奔跑在泥石流的前面
D. 组织旅游者快跑时，要提醒他们扔掉一切妨碍奔跑速度的物品
E. 到达安全地带后，要立即与旅行社或当地有关部门联系，请求援助

120. 在室内遇到地震发生时，导游应带领旅游者采取的避震措施有（　　　）。
A. 如旅游团住在平房或楼房一、二层，可带领旅游者迅速转移至室外空旷处
B. 如住在饭店的高层，应立即告知旅游者可躲到卫生间内，并用被褥等保护住头部
C. 告知旅游者不要进电梯，可在楼道躲避
D. 告知旅游者不要逃出后又返回房中取财物
E. 如住在饭店高层，应立即告知旅游者迅速跑到楼顶平台上

121. 在室外遇到地震发生时，导游应带领旅游者采取的避震措施有（　　　）。
A. 带领旅游者迅速跑到空旷场地蹲下
B. 带领旅游者尽量避开山脚、陡崖，以防滚石和滑坡
C. 在海边遇到地震，应告知旅游者就地蹲下
D. 乘车途中遇到地震，应迅速让司机将车开往空旷处
E. 在乘坐火车时遇到地震，应告知旅游者抓牢座位

122. 下列导游的做法中，正确的是（　　　）。
A. 不代为旅游者保管证件　　　　　B. 协助境外旅游者托运购买的大件物品
C. 免费带亲友随团活动　　　　　　D. 即将离开本地时，劝阻旅游者自由活动
E. 为有困难的旅游者转递食品

123. 食物中毒的特点有（　　　）。
A. 潜伏期短　　　　　　　　　　　B. 发病快
C. 表现为激烈的头痛　　　　　　　D. 表现为急性肠胃炎
E. 一般不会有生命危险

124. 导游在处理旅游者不当言行时，应分清（　　　）界限。
A. 不当行为与违法行为　　　　　　B. 言论与行为
C. 思想与行动　　　　　　　　　　D. 有意与无意
E. 无故与有因

125. 旅游者的不当行为一般是指旅游者（　　　）但不足以引起法律责任的行为。
A. 触犯法律　　B. 无视规章　　C. 违反社会公德　　D. 触犯规则
E. 不遵守制度

126. 因客观原因需要变更旅游计划和日程的情形有（　　　）。
A. 延长旅游时间　　　　　　　　　B. 缩短旅游时间
C. 取消在某地的游览时间　　　　　D. 逗留时间不变，但改变部分旅游计划
E. 逗留时间不变，计划完全改变

127. 为了防止发生误机（车、船）事故，导游带团（　　　）到达机场（车站、码头）。
A. 乘火车应提前 40 分钟　　　　　B. 乘轮船应提前 60 分钟
C. 乘国内航班应提前 120 分钟　　　D. 乘国际航班应提前 180 分钟

E. 乘国际航班应提前240分钟

128. 下列有关遇灾求生和救助方法中,正确的是（　　）。
    A. 遇台风,应顺着风向走
    B. 遇地震,不能躲在窗户附近和厨房内
    C. 遇泥石流,应从与泥石流流向垂直的方向逃生
    D. 遇雷击,应当机立断伸手将被雷击者拉离现场
    E. 遇山体滑坡,应向两侧跑离

129. 某旅游者在旅游前购买了旅游意外保险,在旅游中因交通事故受重伤住院,为向保险公司索赔,导游应帮助其收集（　　）等证据。
    A. 医院诊断证明　　　　　　　　B. 旅行社证明
    C. 公安部门的交通事故证明　　　D. 其他旅游者证词
    E. 化验单据

130. 境外旅游者在华旅游期间丢失了旅行支票,导游应做好的协助工作有（　　）。
    A. 到接待社开具证明　　　　　　B. 到当地公安局报失
    C. 由公安局开具遗失证明　　　　D. 告知旅游者向发行支票的单位挂失
    E. 告知向保险公司索赔

131. 若在我国境内航空运输中丢失的行李在离开当地前仍未找到,而旅游团即将赴下一站,此时导游应将（　　）告诉航空公司办事处,以便行李找到后及时运往相应地点交还失主。
    A. 旅游团抵达下几站的时间　　　B. 下几站接待社的名称
    C. 下几站接待该团导游的姓名　　D. 该团全程旅游线路
    E. 该团在下几站下榻的饭店与电话号码

132. 在夏季出游预防和治疗中暑的药物主要有（　　）。
    A. 清凉油　　B. 红景天　　C. 人丹　　D. 藿香正气水
    E. 十滴水

133. 导游安排活动日程要留有余地是指（　　）。
    A. 做到劳逸结合
    B. 晚间不要安排活动
    C. 不将体力消耗大、游览项目多的景点集中安排
    D. 安排活动要有张有弛
    E. 晚间活动的时间不宜安排过长

134. 交通事故造成旅游者重伤后,导游向旅行社和旅游主管部门所写报告应当（　　）。
    A. 内容详细　　B. 表述准确　　C. 证据确凿　　D. 条理清楚
    E. 实事求是

135. 为防止客房治安事故的发生,导游应提醒旅游者（　　）。
    A. 将贵重物品存入饭店保险柜　　B. 不要让陌生人进入房间
    C. 不要让服务员进入房间　　　　D. 出入房间时锁好门
    E. 不要将房号告诉陌生人

136. 旅游者被劫事故处理完后,导游应向旅行社和旅游管理部门呈交事故情况和处理的

书面报告，主要内容有（　　）。
A. 案件性质　　　　　　　　　　B. 旅游者的情绪和反映
C. 侦破情况　　　　　　　　　　D. 公安部门意见
E. 受害旅游者姓名、年龄、国籍和受害情况

137. 为救治溺水者，导游应该（　　）。
A. 让溺水者头低脚高侧卧，以便喝入的水自动流出
B. 将溺水者平放，撬开其嘴，清除口、鼻里的脏东西
C. 拉出溺水者的舌头，以避免堵塞呼吸道
D. 进行口对口人工呼吸及心脏按压
E. 让溺水者俯卧在救护者肩上，头脚下垂，以使呼吸道内水自然流出

138. 若发现境外旅游者对中国异性有不轨行为，导游应予以制止，告知（　　）。
A. 中国的人权观念　　　　　　　B. 中国人的道德观念
C. 中国妇女的权利　　　　　　　D. 中国的法律规定
E. 异性间的行为准则

139. 旅游者在我国境内旅游期间丢失行李，差错一般出在（　　）。
A. 交通运输部门　　　　　　　　B. 旅行社导游
C. 饭店行李部门　　　　　　　　D. 旅行社行李员
E. 旅游者本人

140. 对于旅游者的证件，导游应（　　）。
A. 需要时由领队收取　　　　　　B. 用毕立即如数归还
C. 不要代为保管证件　　　　　　D. 提醒旅游者保管好证件
E. 为避免旅游者丢失，代为保管

141. 若旅游团下榻的饭店发生火灾事故，导游正确的做法是（　　）。
A. 立即打火警电话报警　　　　　B. 迅速通知领队及全团旅游者
C. 引导旅游者从电梯迅速撤离　　D. 迅速通过安全出口疏散旅游者
E. 判断火情，引导旅游者自救

142. 外国旅游团在旅游过程中发生旅游者重大人身伤亡事故，其处理涉及的方面有（　　）。
A. 目的地有关接待单位　　　　　B. 目的地有关部门
C. 旅游者所在国驻华使领馆　　　D. 组织该团的国外旅行社
E. 伤亡旅游者的亲属

143. 地陪接待老年团时，预防团队成员患病的方法有（　　）。
A. 适当缩减旅游项目，放慢旅游节奏　B. 安排日程要留有余地
C. 安排活动节奏要放慢　　　　　D. 随时提醒旅游者注意饮食卫生
E. 及时报告天气变化

144. 带领旅游团在森林区域旅游时，若森林发生火灾，导游应该（　　）。
A. 带领旅游者迅速顺风逃生　　　B. 带领旅游者迅速逆风逃生
C. 正确判断火势延烧方向　　　　D. 正确判断当时的风向
E. 带领旅游者与消防员一起灭火

145. 台湾同胞在大陆旅游中若丢失了"台湾居民来往大陆通行证"，导游应该（　　）。

A. 协助其在接待社开具遗失证明

B. 持接待社开具的证明到当地市、县公安局报失

C. 持接待社开具的证明到当地侨务办公室报失

D. 经查证属实后重新申领相应的旅行证件

E. 经查证属实后发给一次性有效的出境通行证

146. 境外旅游团旅游者被歹徒抢劫后，经境外警方人员多方侦查一时未能破案，导游应做好的善后工作有（　　）。

A. 对被劫旅游者进行安慰，采取必要措施稳定旅游团旅游者情绪

B. 请境外旅行社开具被劫物品的证明

C. 准备好被抢旅游者财务损失情况的证明、资料

D. 告知被劫旅游者该证明供出境时海关查验

E. 处理好受害者的补偿、赔偿事宜

147. 《旅游安全管理办法》中规定的旅游安全事件按等级分为（　　）。

A. 特别重大旅游突发事件　　　　B. 重大旅游突发事件

C. 较大旅游突发事件　　　　　　D. 一般旅游突发事件

E. 轻微旅游突发事件

148. 预防中暑的正确措施是（　　）。

A. 戴遮阳帽、戴太阳镜、涂抹防晒霜

B. 少穿深色的化纤品类服装

C. 在气温高且无风的地方不能逗留过久

D. 喝淡盐水时，要一次性大量地喝

E. 尽量避免旅游者长时间地在骄阳下活动

149. 导游遇到交通事故，应做好的善后处理包括（　　）。

A. 做好安抚工作　　B. 办理善后事宜　　C. 写出书面报告　　D. 拨打119

E. 向旅行社报告

150. 下列旅游事故中，属于旅游安全事故的有（　　）。

A. 旅游车发生交通事故　　　　　B. 坏人抢劫旅游者财物

C. 旅游者食物中毒　　　　　　　D. 旅游者溺水

E. 旅游者突发疾病

151. 为防止个别旅游者晕车（机、船），导游应做好的工作有（　　）。

A. 提醒晕车者不要吃得太饱　　　B. 安排晕车者坐在前排位置

C. 建议感到恶心的晕车者将腰带束紧　　D. 准备一些防晕药物以便给晕车者服用

E. 提醒晕车者在乘车前30分钟服用防晕药物

152. 为防止旅游者在旅游中中暑，导游应做好的工作有（　　）。

A. 提醒旅游者最好穿着白色衣服　　B. 提醒旅游者戴上太阳帽、太阳镜

C. 提醒旅游者使用防晒用品　　　　D. 避免安排旅游者在阳光下活动

E. 避免安排旅游者较长时间在烈日下活动

153. 旅游者中暑后，导游应做好的工作有（　　）等。

A. 将患者转移至阴凉通风处　　　　B. 让患者平躺并抬高其下肢

C. 解开患者衣领并放松其腰带　　　　　D. 用凉湿毛巾敷在患者前额
E. 不要轻易给患者补充水分

154. 导游可以向旅行社报告变更或解除旅游合同的情况是（　　）。
    A. 旅游者患有传染病，可能危害其他旅游者健康和安全的
    B. 旅游者携带危害公共安全的物品且不同意交有关部门处理的
    C. 旅游者携带贵重物品且不同意交饭店前台保险柜的
    D. 旅游者从事违法活动或违反公序良俗活动的
    E. 旅游者从事严重影响其他旅游者权益的活动，且不听劝阻、不能制止的

155. 旅行社依法解除与旅游者订立的合同，导游应做好的工作是（　　）。
    A. 向全团旅游者作出说明　　　　　B. 向解除合同的旅游者作出解释
    C. 退还解除合同旅游者缴纳的费用　D. 协助解除合同的旅游者返回出发地
    E. 保留相关证据

156. 在自由活动期间，旅游者向导游提出拜访亲友，导游应做好的工作是（　　）。
    A. 了解其亲友的姓名　　　　　　　B. 了解其亲友的地址
    C. 提供必要的协助　　　　　　　　D. 必要时可陪同前往
    E. 提醒其注意人身、财产安全

157. 在带团游览过程中，若遭遇到传染病疫情，导游应该（　　）。
    A. 立即暂停旅游活动
    B. 若防疫部门要求对旅游者进行防疫检查，应立即送旅游者至该部门指定的场所
    C. 若查出旅游者患了传染病，应配合他们对旅游者进行隔离
    D. 按旅行社的安排，调整或变更旅游行程
    E. 立即将旅游团遭遇疫情的情况报告旅游管理部门

158. 当旅游者遭遇到社会骚乱之类的群体性事件时，导游的正确做法是（　　）。
    A. 立即将遭遇群体性事件报告旅行社
    B. 立即带领旅游者撤离事发区域
    C. 若旅游者受到威胁，应全力保护其人身和财物安全
    D. 稳定旅游者情绪，视情况变更或取消旅游行程
    E. 立即将遭遇群体性事件报告旅游管理部门

159. 暴雨容易造成的自然灾害主要有（　　）。
    A. 洪水　　　　B. 泥石流　　　　C. 水土流失　　　　D. 山体滑坡
    E. 山体崩塌

160. 导游处理常见问题和突发事件时应遵循的原则有（　　）。
    A. 以人为本，救援第一　　　　　B. 及时报告，加强沟通
    C. 快速反应，减少损失　　　　　D. 周密计划，保护游客
    E. 依法依约，合理可能

161. 因不可抗力或旅游经营者已尽合理注意义务仍不能避免的事件，影响旅游行程而需要调整计划日程时，导游应该（　　）。
    A. 对计划进行合理安排，尽量不影响日程
    B. 将安排后的计划与领队和游客进行沟通

C. 给旅游者一定的物质补偿

D. 将旅游者的意见反馈给旅行社

E. 按照计划安排进行游览

162. 旅游过程中，若遭遇暴雨，导游应提醒旅游者远离（　　），以免发生安全事故。

A. 广告牌　　　　B. 变压器　　　　C. 电线杆　　　　D. 高楼

E. 临时围墙

第九章　导游相关知识

一、判断题（判断下列各题是否正确，正确的请在答卷中相应题号后的括号内打"√"，错误的打"×"）

1. 近代中国成立的第一家旅行社是现代旅行社。（　）
2. 新中国成立后的第一家旅行社是广东省华侨服务社。（　）
3. 1845年，托马斯·库克正式在伦敦开设了自己的旅游办事处——托马斯·库克父子公司。这标志着世界上第一个以营利为目的、向普通民众提供专门化旅游服务的机构正式成立。（　）
4. 我国旅行社业对内开放的标志是民营企业的进入。（　）
5. 边防检查包括护照检查、签证检查、出入境登记卡检查、健康检查和行李物品检查等。（　）
6. 海关检查主要是检查入出境旅客是否携带有违禁品和超限额物品。（　）
7. 卫生检疫仅是对入出境旅客进行传染病检查。（　）
8. 航空公司的代码共享对旅客的好处是有众多的航班和时刻可以选择。（　）
9. 团体旅客误机，客票可改签后续航班。（　）
10. 旅客在网上购买的火车票只要未换取纸质车票，可在不晚于开车前1小时在12306网站上办理退票手续。（　）
11. 境外旅游者来华携入的外汇和票据金额不受限制，但入境时必须向海关申报。（　）
12. 根据国家有关规定，旅游者携带人民币现钞进出境，限额2万元。（　）
13. 旅游者李某患有严重心脏病但未告知旅行社和领队陈某，在泰国旅游期间参加潜水活动导致死亡。对此，旅行社可用投保的旅行社责任险予以赔付。（　）
14. 从资源特色角度说，文化创意园属于文学艺术型旅游景区。（　）
15. 一旦发现旅游者有中风征兆，导游应立即将其搀扶到旅游车上去休息。（　）
16. 若旅游者被蜈蚣刺伤，导游应立即用肥皂水帮其冲洗伤口。（　）
17. 导游带领旅游者到高原旅游的第一个晚上应劝导旅游者早休息，多睡眠。（　）
18. 旅游饭店是一个极具季节性的企业。（　）
19. 根据有关规定，境外旅游者购物离境退税的物品包括服装、首饰、电器、鞋帽、食品、饮料等。（　）
20. 按照有关规定，境外旅游者在退税定点商店购买的退税物品，其金额达到800元时才可享受退税。（　）
21. 旅游饭店产品不能储存，价值随时间而消失。（　）
22. 大型饭店一般拥有300个至500个客房。（　）

23. 我国旅游饭店分为五个星级，即一星级、二星级、三星级、四星级、五星级（含白金五星级）。最低为一星级，最高为白金五星级饭店。（ ）
24. 饭店开业一年后可申请评定星级，经相应星级评定机构评定后，星级标志使用有效期为五年。（ ）
25. 一个国家或地区旅游饭店的行业规模、管理水平和服务质量是衡量其旅游业发展程度的主要标志。（ ）
26. 国家标准《旅游景区质量等级的划分与评定》规定，旅游景区必须有明确的地域范围。（ ）
27. 旅游景区按照功能划分，可以分为经济开发型旅游景区和资源保护型旅游景区。（ ）
28. 旅行社在性质上是自主经营、自负盈亏的中介组织。（ ）
29. 从2002年起，我国旅行社开始与境外旅行社合资成立合资旅行社，这意味着外资旅行社的目标已从商务旅游转向休闲旅游市场。（ ）
30. 旅行社的生存与发展是建立在其设计和生产的产品销售的基础上的。（ ）
31. 经济开发型旅游景区不以营利为目的，大多是以公共资源为依托的。（ ）
32. 旅游景区是以旅游及其相关活动为主要功能或主要功能之一的空间或地域。（ ）
33. 旅行社接待工作的质量会对旅游者的流向与流量产生影响。（ ）
34. 旅游饭店是以间（套）/天为单位出租客房与相关服务的企业。（ ）
35. 饭店的经营需要维持较高的出租率是因为其销售量要受到多种因素的制约。（ ）
36. 网络的普及使旅行社经营的效率大大提高。（ ）
37. 旅游饭店出售的商品是以客房为主的全方位服务。（ ）
38. 大众旅游时代始于第二次世界大战以后。（ ）
39. 华侨旅行服务总社与中国旅行社合署办公是在1976年。（ ）
40. 当代旅游需求发生较大变化主要表现在个性化旅游产品和自助游占绝大部分。（ ）
41. 大陆居民赴台湾旅游须持"大陆居民往来台湾地区通行证"和"入台观光证"。（ ）
42. 从资源特色角度说，黄山属于综合型旅游景区。（ ）
43. 若某旅客购买了航空旅客意外伤害保险，当其进入舱门后，因民航调配不当造成该飞机延误起飞而让其离开飞机，在其离开飞机至再上飞机期间如果遭受到伤害，其责任应由该旅客自负。（ ）
44. 自2020年2月1日起，中国驻外使领馆为海外中国公民提供护照换发和补发服务。（ ）
45. 导游应在研学活动开展前到活动学校，召开研学旅行活动行前说明会。（ ）
46. 导游在研学活动中应将营地知识作为讲解服务的重要内容。（ ）
47. 外国人、华侨、港澳台同胞入境，均须在指定口岸向边防检查站交验有效证件，边防检查站由公安、海关、安全检查三方组成。（ ）
48. 安全检查事关旅客人身安全，所以旅客都必须无一例外经过检查后，才能允许登机。（ ）
49. 根据我国民航局规定，年满14周岁的旅客应购买成人机票。（ ）

50. "北京时间"是指以东九区的地方时作为标准时间。（   ）
51. 海关准许出境人员携出外币的数额为折合5000美元（含5000美元）。（   ）
52. 在航空运输中，旅客托运行李的毁灭、遗失、损坏或者延误，有权对承运人提起诉讼，诉讼时效期间为二年。（   ）
53. 自2021年12月1日起，旅客无论是在线上或者是线下购买火车票，购票前均需完成乘车人本人的手机预留及采集核验。（   ）
54. 旅客购买的机票折扣越低，退票时手续费也越低。（   ）
55. 水路旅客运输全面实行实名制管理是2019年。（   ）
56. 旅客可在全国各地购买车票的种类有不带席位号的异地票、联程票和往返票。（   ）
57. 联程机票是一种中途需要"中转"的机票。（   ）
58. 铁路乘意险的保障范围是从旅客自持有有效乘车凭证验票进站时起至旅客到达所持乘车凭证载明的到站下车为止。（   ）
59. 交通意外伤害保险的保险标的是被保险人的身体。（   ）
60. 按照《中华人民共和国海关对海南离岛旅客免税购物监管办法》，旅客若以牟利为目的为他人购买免税品或将所购免税品在国内市场再次销售，海关查证后将自作出处理之日起，5年内不得享受离岛免税购物政策。（   ）
61. 海南实行的"离岛免税"政策的对象是在海南免税购物后乘火车、飞机、轮船离岛（不包括离境）的年满18周岁的旅客。（   ）
62. 外国人在我国边境城市申请的口岸签证，其停留时间不得超过15天。（   ）

二、单项选择题（下列各题的选项中，只有一项是正确的，请将正确答案的选项填入括号内）

1. 资源保护型旅游景区在经营上的突出特点是具有（   ）。
   A. 专营性　　　B. 竞争性　　　C. 逐利性　　　D. 垄断性
2. 下列不属于散客旅游时代旅游发展趋势的是（   ）。
   A. 服务个性化　　B. 产品定制化　　C. 要求多样化　　D. 规模大型化
3. 旅游饭店要实现收支平衡，需要维持较高的出租率，这是因为它是一个（   ）的企业。
   A. 固定成本高　　B. 技术密集型　　C. 劳动密集型　　D. 可变成本高
4. 散客时代的来临对旅行社提出的要求是（   ）。
   A. 推出大众化的旅游产品　　　B. 推出系列性的旅游产品
   C. 推出个性化的旅游产品　　　D. 推出规范性的旅游产品
5. 下列旅游景区中，属于经济开发型的是（   ）。
   A. 风景名胜区　　B. 旅游度假区　　C. 自然保护区　　D. 水利风景区
6. 团体包价旅游产品的支付方式是旅游者（   ）。
   A. 在出发前分期支付　　　B. 在出发前一次性支付
   C. 抵达目的地时现付　　　D. 抵达目的地后分期支付
7. 为那些从事企业活动的旅游者提供住宿、膳食和商业活动及有关设施的旅游饭店是（   ）。

A. 长住型饭店　　　　B. 度假型饭店　　　　C. 商务型饭店　　　　D. 会议型饭店

8. 我国出入境检查由（　　）负责。
   A. 公安部　　　　　　B. 安全部　　　　　　C. 移民局　　　　　　D. 海关

9. 我国 16 周岁以上公民护照的有效期为（　　）年。
   A. 3　　　　　　　　B. 5　　　　　　　　C. 10　　　　　　　D. 20

10. 海南省自 2018 年 5 月 1 日起对（　　）个国家的人员来旅游实行免签。
    A. 20　　　　　　　B. 35　　　　　　　C. 42　　　　　　　D. 59

11. ADS（Approved Destination Status）签证的特点之一是（　　）。
    A. 可以延期　　　　　B. 可以离团　　　　　C. 可以转签　　　　　D. 不可延期

12. 下列关于签证的表述中，正确的是（　　）。
    A. 华侨回国探亲、旅游必须办理签证
    B. 我国的普通签证仅发给来华旅游的人
    C. 获签证者必须在有效期内进入中国境内
    D. 5 人以上的旅游团队可申办团体签证

13. 导游将骨折伤者搬运到车上后，若遇其昏迷，应将其头部（　　）。
    A. 放平　　　　　　　B. 抬高　　　　　　　C. 放低　　　　　　　D. 偏向一侧

14. 外国旅游者入境时可免税携带酒（　　）瓶（不超过 1.5 升）。
    A. 2　　　　　　　　B. 3　　　　　　　　C. 4　　　　　　　　D. 5

15. 来自疫区的入境旅客如果未持有有效的《国际预防接种证书》，卫生检疫机关将从他（她）离开感染环境时算起，实施（　　）日的留验。
    A. 1　　　　　　　　B. 2　　　　　　　　C. 3　　　　　　　　D. 6

16. 国际货币基金组织创造的特别提款权是一种国际（　　）资产。
    A. 货币　　　　　　　B. 流动　　　　　　　C. 储备　　　　　　　D. 固定

17. 海南省自 2018 年 5 月 1 日起，对一些国家的旅游者实行免签政策，这些国家的旅游者可在海南最多停留（　　）天。
    A. 15　　　　　　　B. 20　　　　　　　C. 30　　　　　　　D. 60

18. 旅行社的主要业务是从事（　　）。
    A. 旅游产品的开发　　　　　　　　　　B. 旅游产品的销售
    C. 旅游活动的经营　　　　　　　　　　D. 旅游服务的提供

19. OPEN 票又称不定期客票，是指没有（　　）的客票。
    A. 确定乘机日期　　　　　　　　　　　B. 确定乘机时间
    C. 订妥座位　　　　　　　　　　　　　D. 确定飞行目的地

20. 2014 年 8 月，中国民用航空局规定，旅客携带的充电宝额定能量超过 100Wh（瓦特小时），但不超过（　　）的，需经航空公司批准后方可携带。
    A. 160Wh　　　　　B. 180Wh　　　　　C. 200Wh　　　　　D. 250Wh

21. 铁路车次前冠有字母"C"的列车为（　　）列车。
    A. 动车组　　　　　　B. 临客普快　　　　　C. 郊游旅客　　　　　D. 城际动车组

22. 铁路车次前冠有字母"Z"的列车为（　　）列车。
    A. 特快旅客　　　　　B. 直达特快　　　　　C. 快速列车　　　　　D. 临客普快

23. 按照铁道部门规定，旅客乘坐动车携带的物品超过（　　）千克应办理托运。
    A. 10   B. 14   C. 16   D. 20
24. 一个 5 岁的孩子购买机票，可以按照同一航班成人普通票价的（　　）购买儿童票。
    A. 10%   B. 20%   C. 30%   D. 50%
25. 旅客乘火车赴香港地区旅游，需提前（　　）分钟到出入境联检大厅办理有关手续。
    A. 30   B. 40   C. 60   D. 90
26. 下列物品中，属于旅客乘坐火车时可以携带的物品是（　　）。
    A. 动物   B. 管制刀具   C. 打火机   D. 鞭炮
27. 乘坐沿海和长江客轮的旅客可随身携带免费行李（　　）千克。
    A. 20   B. 30   C. 40   D. 50
28. 购买联程机票或来回程机票的旅客，如在该联程或回程地点停留 72 小时以上，须在该联程或回程航班飞机离站前两天中午 12 时以前，办理（　　）再证实手续。
    A. 乘机日期   B. 乘机时间   C. 乘机座位   D. 乘机航班
29. 境外旅游者在中国旅游期间，可到中国银行兑换点填写"外汇兑换证明"（俗称"水单"），将外币兑换成人民币。该兑换证明的有效期为（　　）。
    A. 一个月   B. 三个月   C. 半年   D. 一年
30. 中国公民因私出境旅游，可到开办居民个人售汇的银行购汇。按照国家有关规定，境内居民每人每日累计购汇数量不得超过（　　）美元。
    A. 5000   B. 6000   C. 7000   D. 8000
31. 一般位于海滨、山城景色区或温泉附近的饭店是（　　）。
    A. 长住型饭店   B. 度假型饭店   C. 商务型饭店   D. 会议型饭店
32. 接待常住客人，要求常住客人先与酒店签订一项协议书或合同，写明居住的时间和服务项目等的饭店是（　　）。
    A. 长住型饭店   B. 度假型饭店   C. 商务型饭店   D. 会议型饭店
33. 专门为各种从事商业、贸易展览会、科学讲座会的商客提供住宿、膳食和展览厅、会议厅的一种特殊型酒店是（　　）。
    A. 长住型饭店   B. 度假型饭店   C. 商务型饭店   D. 会议型饭店
34. 饭店按规模划分，中型饭店的客房一般是（　　）。
    A. 50 间以下   B. 50 间至 100 间
    C. 100 间至 500 间   D. 500 间至 600 间
35. 航空旅客意外伤害保险的保险期限是指，投保旅客持保险合同约定的航班班机的有效机票到达机场通过安全检查时起至其抵达目的地港（　　）时止。
    A. 走出所乘班机舱门   B. 走上廊桥
    C. 走进候机楼   D. 走出候机楼
36. 下列国家货币中，可在我国境内兑换的是（　　）。
    A. 土耳其里拉   B. 印度卢比   C. 菲律宾比索   D. 巴基斯坦卢比
37. 下列国家货币中，不能在我国兑换成人民币的是（　　）。
    A. 泰国铢   B. 韩国韩元   C. 墨西哥比索   D. 俄罗斯卢布
38. 将信用卡分为普通卡、金卡、白金卡和无限卡是按照（　　）来划分的。

A. 发卡机构性质　　B. 使用范围　　C. 清偿方式　　D. 资信程度

39. 饭店开业（　　）后可申请评定星级。
   A. 一年　　B. 两年　　C. 三年　　D. 五年

40. 在全球范围构建的一个刷卡消费联盟的成员除了维萨卡、万事达卡外，还有（　　）。
   A. 运通卡　　B. 大莱卡　　C. 百万卡　　D. 银联卡

41. 世界上发行最早的信用卡是（　　）。
   A. 万事达卡　　B. 维萨卡　　C. 运通卡　　D. 大莱卡

42. 根据《旅行社条例实施细则》，旅行社在招徕、接待旅游者时，可以（　　）购买旅游意外保险。
   A. 诱使旅游者　　B. 暗示旅游者　　C. 提示旅游者　　D. 代为旅游者

43. 旅游意外保险的投保人和受益人是（　　）。
   A. 组团社　　B. 接团社　　C. 旅游者　　D. 导游

44. 旅游意外保险的索赔时效为（　　）。
   A. 半年　　B. 一年　　C. 两年　　D. 三年

45. 对国内旅游者来说，购买旅游意外伤害保险的保险期限是自被保险人参加旅行社安排的交通工具开始，至该次旅行结束旅游者离开（　　）为止。
   A. 最后一站
   B. 导游
   C. 机场或车站
   D. 旅行社安排的交通工具

46. 对入境旅游者来说，购买旅游意外伤害保险的保险期限是自旅游者参加旅行社安排的旅游行程开始，至该旅游行程结束，旅游者（　　）为止。
   A. 离开最后一站
   B. 与导游告别
   C. 办理完出境手续
   D. 所乘飞机起飞

47. 下列造成航班在始发地延误或取消的原因中，承运人应当向旅客提供餐食或住宿的是（　　）。
   A. 天气原因　　B. 空中交通管制　　C. 发生突发事件　　D. 机务维护

48. 成年旅客购买铁路意外伤害保险为（　　）元。
   A. 3　　B. 5　　C. 10　　D. 15

49. 未成年人购买铁路意外伤害保险为（　　）元。
   A. 1　　B. 3　　C. 5　　D. 10

50. 2022年5月，国际货币基金组织将人民币的特别提款权权重提高至（　　）。
   A. 11.28%　　B. 12.28%　　C. 13.28%　　D. 14.28%

51. 下列关于预防和减轻高原反应的方法中，错误的是（　　）。
   A. 快步行走
   B. 多次少量饮水
   C. 手撑遮阳伞
   D. 服用抗高原反应药

52. 民航临时乘机证明二维码的有效期为（　　）天。
   A. 10　　B. 7　　C. 15　　D. 30

53. 北京时间为12时，当地时间为同日5时的城市是（　　）。
   A. 巴黎　　B. 伦敦　　C. 纽约　　D. 洛杉矶

54. 按照国际上将全球划分为24个时区计算，伦敦是0时区，为4时，则首尔位于东9区，应是（　　）时。
   A. 11　　　　　　B. 12　　　　　　C. 13　　　　　　D. 14

55. 若北京时间为上午 10 时，纽约则为上一天（　　）。
   A.17 时　　　　　B.19 时　　　　　C.21 时　　　　　D.23 时

56. 若华氏为 95 度，则对应的摄氏度数为（　　）度。
   A. 33　　　　　　B. 35　　　　　　C. 37　　　　　　D. 39

57. 若摄氏为 25 度，则对应的华氏度数为（　　）度。
   A. 77　　　　　　B. 78　　　　　　C. 79　　　　　　D. 80

58. 1984 年，国际上将全球划分为 24 个时区，每个时区的范围为（　　）个经度。
   A. 10　　　　　　B. 15　　　　　　C. 20　　　　　　D. 25

59. 按照国际上对时区的划分，北京位于（　　）。
   A. 东四区　　　　B. 东六区　　　　C. 东八区　　　　D. 东十区

60. "北京时间"是以东经（　　）度的地方时作为标准时间的。
   A. 100　　　　　 B. 120　　　　　 C. 140　　　　　 D. 160

61. 1 里等于（　　）英里。
   A. 0.2108　　　　B. 0.2709　　　　C. 0.3107　　　　D. 0.3208

62. 1 尺等于（　　）英尺。
   A. 1.094　　　　　B. 1.096　　　　C. 1.099　　　　D. 1.102

63. 1 磅等于（　　）斤。
   A. 0.7812　　　　B. 0.8345　　　　C. 0.8867　　　　D. 0.9072

64. 1 亩等于（　　）公顷。
   A. 0.0586　　　　B. 0.0598　　　　C. 0.0667　　　　D. 0.0684

65. 来自传染病疫区的旅游者入境时须出示有效的有关疾病的预防接种证书，俗称（　　）。
   A. 绿皮书　　　　B. 白皮书　　　　C. 黄皮书　　　　D. 红皮书

66. 一位外国旅游者在商店看中了一款丝绸，告诉导游人员她需要买 8 英尺，导游人员应告诉售货员给她剪（　　）米。
   A. 2.12　　　　　B. 2.44　　　　　C. 2.56　　　　　D.2.82

67. 按照铁路部门的规定，旅客在开车前不足 24 小时退票，其退票费为票价的（　　）。
   A. 10%　　　　　B. 15%　　　　　C. 20%　　　　　D. 30%

68. 我国公安机关向出境人员签发电子普通护照是在（　　）年。
   A. 2008　　　　　B. 2010　　　　　C. 2012　　　　　D. 2014

69. 下列有关华侨回国探亲、旅游是否办理签证的说法中，正确的是（　　）。
   A. 需要办理签证　　　　　　　　　B. 经主管部门同意后，无须办理签证
   C. 无须办理签证　　　　　　　　　D. 特殊情况下，无须办理签证

70. 香港、澳门地区居民入境时可免税携带 12 度以上酒精饮料的限量为（　　）。
   A. 1 瓶（0.75 升以下）　　　　　　B. 1 瓶（0.85 升）
   C. 2 瓶（0.75 升以下）　　　　　　D. 2 瓶（0.85 升）

71. 1985 年颁布的《旅行社管理暂行条例》，标志着我国旅行社的管理进入（　　）轨道。

A. 社会化　　　B. 制度化　　　C. 科学化　　　D. 法治化

72. 乘火车赴西藏旅游时，先要认真填写一份（　　）。
    A. "高原旅行提示卡"　　　B. "进藏旅行须知卡"
    C. "旅客入藏承诺卡"　　　D. "旅客健康登记卡"

73. 免费乘坐火车的儿童可以携带的行李重量为（　　）千克。
    A. 5　　　B. 10　　　C. 15　　　D. 20

74. 旅行社责任保险的保险期限为（　　）。
    A. 半年　　　B. 一年　　　C. 三年　　　D. 五年

75. ADS签证是一种仅限于在被批准的目的地国家一地（　　）的签证。
    A. 工作　　　B. 学习　　　C. 经商　　　D. 旅游

76. 下列旅游者从境外购买的物品中，进境时无须向海关申报和交验的是（　　）。
    A. 录像带　　　B. 书刊　　　C. 保健品　　　D. VCD光盘

77. 根据我国民航规定，下列物品中，旅客不能随身携带的是（　　）。
    A. 照相机　　　B. 雨伞　　　C. 水果刀　　　D. 木拐杖

78. 我国民航规定，旅客行李在航空运输中丢失后，最迟不得超过从行李应当交付收件人之日起（　　）天以内提出索赔要求。
    A. 7　　　B. 21　　　C. 28　　　D. 35

79. 按照我国民航规定，旅客行李在航空运输中丢失的赔偿费为每千克不超过（　　）元。
    A. 100　　　B. 150　　　C. 200　　　D. 250

80. 团体签证为一式（　　）份。
    A. 二　　　B. 三　　　C. 四　　　D. 五

81. 旅游团可发给团体签证的需（　　）人以上。
    A. 5　　　B. 6　　　C. 8　　　D. 9

82. 必须与护照同时使用的签证是（　　）。
    A. 口岸签证　　　B. 移民签证　　　C. 另纸签证　　　D. 过境签证

83. 按照《护照法》，出国旅游团队的护照有效期为（　　）年。
    A. 1　　　B. 3　　　C. 4　　　D. 10

84. 按照《护照法》，我国公民护照有效期以（　　）周岁为界。
    A. 15　　　B. 16　　　C. 18　　　D. 20

85. 旅客误机后至迟应在该航班离站后的次日（　　）以前，到乘机机场的承运人乘机登记处、承运人售票处或承运人地面服务代理人售票处办理误机确认。
    A. 中午12时　　　B. 下午14时　　　C. 下午16时　　　D. 下午18时

86. 东盟10国的旅游团来我国（　　）旅游，其停留时间只要不超过6日，可免办签证。
    A. 桂林　　　B. 深圳　　　C. 珠海　　　D. 海南

87. 中国民航局颁布的《民用航空飞行标准管理条例》规定，如果旅客在航空器起飞、着陆、滑行以及飞机颠簸过程中擅自离开座位或开启行李架，可能面临（　　）元以上、1万元以下的罚款。
    A. 100　　　B. 200　　　C. 300　　　D. 500

88. 我国民航规定,旅客托运行李每千克价值超过人民币（　　）元时,可办理行李声明价值。
    A. 20　　　　　　B. 30　　　　　　C. 40　　　　　　D. 50
89. 我国民航规定,旅客已办声明价值的托运行李若在运输中丢失,最高赔偿额为（　　）元人民币。
    A. 3000　　　　　B. 5000　　　　　C. 8000　　　　　D. 10000
90. 乘坐沿海和长江客轮的旅客免费携带的行李每件体积不得超过（　　）立方米。
    A. 0.2　　　　　B. 0.3　　　　　C. 0.4　　　　　D. 0.5
91. 旅客乘坐动车组列车携带的杆状物品不得超过（　　）厘米。
    A. 130　　　　　B. 140　　　　　C. 150　　　　　D. 160
92. 散客旅游时代旅行社业的发展趋势之一是（　　）。
    A. 旅行社业逐步向旅行服务业转变　　B. 产品定制化
    C. 更潮流化　　　　　　　　　　　　D. 更大众化
93. 车次前冠有字母"D"的列车为（　　）。
    A. 直达特快列车　B. 动车组　　　　C. 特快旅客列车　D. 快速旅客列车
94. 我国出入境边防检查是由（　　）负责检查。
    A. 安全部门　　　B. 海关部门　　　C. 公安部门　　　D. 移民局
95. 与饭店其他套间相比,双层套间的优点是（　　）。
    A. 起居较方便　　B. 灵活性较大　　C. 私密性较强　　D. 环境较幽雅
96. 下列旅客入境所携带的物品中,不属于海关禁止进境的是（　　）。
    A. 伪造的货币　　B. 化妆品　　　　C. 毒品　　　　　D. 有害印刷品
97. 下列旅客出境所携带的物品中,不属于海关禁止出境的是（　　）。
    A. 外币现钞　　　B. 珍贵文物　　　C. 濒危动物　　　D. 珍稀植物
98. 旅客入境时的卫生检疫主要是对（　　）进行检查。
    A. "三高"疾病　　B. 遗传疾病　　　C. 传染疾病　　　D. 创伤疾病
99. 下列委托代办服务项目中,不属于旅行社提供的是（　　）。
    A. 代订客房　　　B. 代办签证　　　C. 代办护照　　　D. 代办旅游保险
100. 按照《旅游景区质量等级的划分与评定》,AAAAA级景区年接待的境外旅游者数量应达到（　　）人。
    A. 1万　　　　　B. 2万　　　　　C. 3万　　　　　D. 5万
101. 团体船票的退票应在客船规定开航时间（　　）小时以前办理。
    A. 24　　　　　　B. 36　　　　　　C. 48　　　　　　D. 72
102. 根据《旅游景区质量等级的划分与评定》,AAAAA级旅游景区年接待海内外旅游者应达到（　　）人次以上。
    A. 30万　　　　　B. 40万　　　　　C. 50万　　　　　D. 60万
103. 《旅游景区质量等级的划分与评定》所依据的《景观质量评分细则》的评价项目除了资源要素,还有（　　）。
    A. 景观观赏价值　B. 景观市场价值　C. 景观社会价值　D. 景观科研价值
104. 根据《旅游景区质量等级的划分与评定》,AAAA级旅游景区年接待海内外旅游者

50万人次以上,其中海外旅游者为( )人次以上。
A. 3万   B. 4万   C. 5万   D. 6万

105. 资源保护型旅游景区往往是以( )为依托的,景区的目标具有多重性。
A. 经济价值   B. 经营垄断性   C. 资源不可再生性   D. 公共资源

106. 旅行社从事旅游业务活动,必须投保( )。
A. 旅行社责任保险   B. 航空意外保险
C. 旅游意外保险   D. 旅游财产保险

107. 旅客误机后,如未办理误机确认而要改乘其他航班,须缴纳( )变更手续费。
A. 20%   B. 30%   C. 40%   D. 50%

108. 火车票中包括客票和( )两部分。
A. 软座   B. 硬座   C. 卧铺票   D. 附加票

109. 旅行社产品按服务方式分为( )。
A. 预制旅游产品和定制旅游产品   B. 团体旅游产品和散客旅游产品
C. 包价旅游产品和非包价旅游产品   D. 休闲旅游产品和特种旅游产品

110. 对持与中国建交国家的普通护照已在香港地区的外国人,参加在香港地区合法注册的旅行社组织的旅游团来广东珠江三角洲地区旅游6天的政策是( )。
A. 须办理入境签证   B. 须办理过境签证
C. 须申请落地签证   D. 免办签证

111. 导游应以( )、卫生和舒适为基本要求,提前对研学旅行的住宿营地进行实地考察。
A. 安全   B. 健康   C. 特色   D. 经济

112. 入住研学营地时,导游应详细告知学生入住注意事项,宣讲( )知识,带领学生熟悉安全通道,开展巡查、夜查工作。
A. 营地安全   B. 住宿安全   C. 研学安全   D. 旅行安全

113. 下列旅游者入境可以携带免税香烟400支的是( )。
A. 一名18岁的俄罗斯旅游者   B. 一名15岁的南非旅游者
C. 一名30岁的香港旅游者   D. 一名26岁的澳门旅游者

114. 经济舱旅游者的免费行李额是( )千克。
A. 20   B. 30   C. 40   D. 50

115. 我国港澳地区的旅游者来内地旅游,入境时可携带的香烟限量是( )支。
A. 100   B. 200   C. 300   D. 400

116. 下列饭店套间中,灵活性较大的套间是( )。
A. 普通套间   B. 连接套间   C. 商务套间   D. 双层套间

117. 下列旅游景区中,政府干预程度较高的是( )。
A. 旅游度假区   B. 文化创意园   C. 农业观光园   D. 风景名胜区

118. 根据《旅游饭店星级的划分与评定》,四星级饭店的设施设备得分应不低于( )分。
A. 300   B. 320   C. 350   D. 380

119. 按照《境外旅客购物离境退税管理办法(试行)》,境外旅客购物退税的退税率是

( )。
   A. 9% B. 10% C. 11% D. 12%

120. 某境外旅游团一旅游者在上海一退税商店购买了1000元商品，在北京出境时，该旅游者可获得的退税金额应为（　　）元人民币。
   A. 60 B. 70 C. 80 D. 90

121. 资源保护型旅游景区的突出特点是其资源具有（　　）。
   A. 不可复制性 B. 不可再生性 C. 完全垄断性 D. 完全排他性

122. 在下列旅游资源中，属于不可再生性旅游资源的是（　　）。
   A. 迪士尼乐园 B. 名人蜡像馆 C. 故宫博物院 D. 人造微缩景观

123. 下列旅游景区中，属于专项类旅游景区的是（　　）。
   A. 深圳锦绣中华 B. 上海迪士尼乐园 C. 北京颐和园 D. 北京李大钊故居

124. 四星级饭店和五星级（含白金五星级）饭店是完全服务饭店，评定星级时应对（　　）进行全面评价。
   A. 饭店服务 B. 饭店产品 C. 饭店舒适度 D. 客人满意度

125. 饭店星级标识使用的有效期是（　　）年。
   A. 一 B. 二 C. 三 D. 五

126. 饭店中占较大比例的客房是（　　）。
   A. 单人间 B. 大床间 C. 双床间 D. 套间

127. 下列类型饭店中，属于回头客较多的是（　　）。
   A. 商务型饭店 B. 常住型饭店 C. 度假型饭店 D. 会议型饭店

128. 旅游产品是旅行社根据市场需求，通过采购景点、交通、住宿、餐饮、购物、娱乐等单项服务进行（　　），向旅游者提供的旅游线路和相应服务。
   A. 加工 B. 组合 C. 连接 D. 更新

129. 我国旅行社业形成总社与各地分支社外联接待体系始于（　　）。
   A. 20世纪50年代
   B. 1978年改革开放后
   C. 1985年《旅行社管理暂行条例》发布后
   D. 1996年《旅行社管理条例》发布后

130. 在大众旅游时代，旅游需求主要表现为对内涵相似的（　　）旅游产品的需求。
   A. 标准化 B. 差异化 C. 个性化 D. 系列化

131. 出境人员携带超过等值（　　）美元以上外汇现钞出境须向存款或购汇银行所在地国家外汇管理局各分支局申请"携带证"，海关凭加盖外汇局印章的"携带证"放行。
   A. 5000 B. 6000 C. 8000 D. 10 000

132. 中国公民出境旅游、探亲、出访、学习携带的黄金饰品限额为（　　）克。
   A. 15.625 B. 16.625 C. 17.625 D. 31.25

133. 华侨回国探亲使用的有效证件是（　　）。
   A. 通行证 B. 侨胞证 C. 来访证 D. 旅行证

134. 深圳航空公司规定，旅客购买的7~6折机票若要退票，该公司将收取（　　）的退票费。
A. 5% B. 10% C. 20% D. 30%

135. 海南航空公司规定，旅客购买 8.5~8 折机票，不论在飞机起飞前或起飞后退票，均按票面价收取（　　）的退票费。
A. 5% B. 10% C. 15% D. 20%

136. 我国民航规定，旅客退票费最低不得低于（　　）元人民币。
A. 50 B. 60 C. 80 D. 100

137. 旅客在 12306 网站上购买的车票，若已换成纸质车票，其退票应在开车前（　　）分钟内，持购票时的身份证件到车站售票窗口办理。
A. 30 B. 40 C. 50 D. 60

138. 下列人员中，不属于铁路发售半价票对象的是（　　）。
A. 学生 B. 儿童 C. 残疾人 D. 伤残军人

139. 根据《国内航空运输承运人赔偿责任限额规定》，承运人对每名旅客身体伤害的赔偿限额为（　　）元人民币。
A. 20万 B. 30万 C. 40万 D. 50万

140. 根据《国内航空运输承运人赔偿责任限额规定》，承运人对每名旅客随身携带物品的赔偿限额为（　　）元人民币。
A. 2000 B. 3000 C. 4000 D. 5000

141. 《中华人民共和国航空法》规定，在国际航空运输中，承运人对每名旅客的赔偿责任限额为（　　）计算单位。
A. 16600 B. 17600 C. 18600 D. 19600

142. 旅客若将货币、贵重物品夹带在行李中托运发生遗失或损害，航空公司对其的赔偿一般按托运行李承担责任，即最多将不超过（　　）元人民币每千克。
A. 50 B. 80 C. 100 D. 200

143. 《中华人民共和国民用航空法》规定，在国际航空运输中，承运人对旅客托运行李的赔偿责任限额是（　　）计算单位。
A. 16 B. 17 C. 18 D. 19

144. 旅客乘机时的托运行李若超重应付超重行李费，超重行李费率以每千克按经济舱票价的（　　）计算。
A. 0.5% B. 1% C. 1.5% D. 2%

145. 旅客乘坐飞机，其托运行李的总体积不得超过（　　）。
A. 30厘米×50厘米×100厘米 B. 40厘米×50厘米×90厘米
C. 40厘米×60厘米×90厘米 D. 40厘米×60厘米×100厘米

146. 旅客若希望途中改变线路、时间，应购买的机票是（　　）。
A. 普通机票 B. 旅游机票 C. 包机机票 D. 优惠机票

147. 旅客办理完火车退票手续后，铁路运输企业应当在（　　）个工作日内完成退款手续。
A. 5 B. 7 C. 10 D. 15

148. 导游将骨折伤者搬运到车上后，若遇其昏迷，应将其头部（　　）。

A. 放平　　　　　B. 抬高　　　　　C. 放低　　　　　D. 偏向一侧

149. 我国政府对持联程机票搭乘国际航班在我国机场过境且停留不超过24小时而不出机场的外国人的政策是（　　）。
　　A. 须办理入境签证　　　　　　　B. 须办理过境签证
　　C. 须申请落地签证　　　　　　　D. 免办签证

150. 东方航空公司规定，旅客购买9~8折机票，若退票需支付票面费用（　　）的手续费。
　　A. 5%　　　　　B. 10%　　　　　C. 15%　　　　　D. 20%

151. 团体旅客在航班离站时间前一天中午12点以后至航班离站前退票，航空公司将收取的退票费为客票价的（　　）。
　　A. 30%　　　　B. 40%　　　　　C. 50%　　　　　D. 60%

152. 团体旅客在航班离站时间72小时以前退票，航空公司将收取的退票费为客票价的（　　）。
　　A. 5%　　　　　B. 10%　　　　　C. 15%　　　　　D. 20%

153. 下列中亚国家中，与我国互免普通护照签证的是（　　）。
　　A. 哈萨克斯坦　　B. 吉尔吉斯斯坦　　C. 塔吉克斯坦　　D. 土库曼斯坦

154. 下列西亚国家中，单方面对我国公民实行免签的是（　　）。
　　A. 土耳其　　　　B. 阿塞拜疆　　　　C. 伊朗　　　　　D. 叙利亚

155. 下列中亚国家中，单方面对我国公民实行免签的是（　　）。
　　A. 吉尔吉斯斯坦　B. 土库曼斯坦　　　C. 塔吉克斯坦　　D. 乌兹别克斯坦

三、多项选择题（每题有2~5个正确答案，多选、少选或错选均不得分，请将你认为正确的选项填入括号内）

1. 旅行社的主要业务流程有（　　）。
　　A. 旅游产品开发　B. 旅游服务采购　C. 旅游产品销售　D. 旅游咨询
　　E. 旅游接待

2. 旅游服务采购是旅行社为生产旅游产品而向（　　）等单位订购所需要的服务。
　　A. 饭店　　　　　B. 航空公司　　　C. 旅游景点　　　D. 购物场所
　　E. 餐馆

3. 下列国家中，与我国签订了互免普通护照签证协议的有（　　）等。
　　A. 摩尔多瓦　　　B. 乌克兰　　　　C. 毛里求斯　　　D. 塞尔维亚
　　E. 俄罗斯

4. 旅客入出境时的海关检查主要是检查旅客所携带的行李物品中有否（　　）。
　　A. 有价证券　　　B. 违禁物品　　　C. 贵重物品　　　D. 外币
　　E. 超限额物品

5. 我国政府颁发的护照种类有（　　）。
　　A. 外交护照　　　B. 公务护照　　　C. 商务护照　　　D. 普通护照
　　E. 特区护照

6. 2012年5月15日起，我国公安机关在颁发的电子普通护照中嵌入了电子芯片，储存有持照人的（　　）。
   A. 个人基本资料　　B. 面相　　　　C. 指纹　　　　D. 本人签名
   E. 本人联系电话

7. 我国签证分为（　　）。
   A. 外交签证　　　　B. 公务签证　　C. 移民签证　　D. 礼遇签证
   E. 普通签证

8. 按出入境性质，签证分为（　　）等。
   A. 入境签证　　　　B. 出境签证　　C. 出入境签证　D. 过境签证
   E. 落地签证

9. ADS 签证的限制条件是持此签证者（　　）。
   A. 只能在被批准的目的地国家旅游
   B. 不能办理转签
   C. 不能办理延期
   D. 必须在被批准的目的地国家花费一定的金额
   E. 必须团进团出

10. 我国的 L 字签证（普通签证）的签发对象是（　　）。
    A. 旅游者　　　　　B. 探亲者　　　C. 外交人员　　D. 文化交流人员
    E. 留学生或其他因私人员

11. 可选择"绿色通道"通关的人员有（　　）。
    A. 中国主管部门给予外交签证的人员　　B. 中国主管部门给予礼遇签证的人员
    C. 中国主管部门给予公务签证的人员　　D. 中国主管部门给予商务签证的人员
    E. 中国海关给予免验礼遇的人员

12. 饭店的套房除了总统套间外，还有（　　）。
    A. 连接套间　　　　B. 双层套间　　C. 商务套间　　D. 普通套间
    E. 豪华套间

13. 标志着我国在线旅行服务业开端的是 1999 年（　　）公司的成立。
    A. 同程　　　　　　B. 携程　　　　C. 穷游　　　　D. 艺龙
    E. 去哪儿

14. 我国将旅游饭店划分为五个星级的依据是（　　）。
    A. 服务水平　　　　B. 服务项目　　C. 必备条件　　D. 设施设备
    E. 运营质量

15. 航班号 CA1702 的含义是（　　）。
    A. CA 表示中国国际航空公司
    B. 1 表示中国国际航空公司起飞基地所在区域的数字代码
    C. 7 表示中国国际航空公司出发站所属管理局数字代码
    D. 02 表示中国国际航空公司该次航班的具体编号
    E. 最后的数字 2 表示去程航班

16. 航班号 MU545 的含义是（　　）。
    A. MU 表示中国东方航空公司

B. 5 表示中国东方航空公司的数字代码
C. 该航班是中国南方航空公司自上海至新加坡的航班
D. 最后数字 5 表示回程航班
E. 最后数字 5 表示去程航班

17. 按照《民用航空飞行标准管理条例》，旅客的下列行为中，将受到处罚的有（   ）。
    A. 飞机起飞时擅自离开座位开启行李架
    B. 飞机滑行时与其他乘客交谈
    C. 不听机组劝告强行在客舱内放置行李
    D. 在机舱内吸烟
    E. 在紧急情况下不听机组人员指挥造成秩序混乱

18. 旅客在网上购买机票，需输入（   ）。
    A. 前往的城市   B. 日期   C. 航班号   D. 身份证号
    E. 性别/年龄

19. 自 2014 年 8 月 1 日起，我国普通居民购买火车票可使用的证件有（   ）等。
    A. 身份证   B. 户口簿   C. 工作证   D. 临时身份证
    E. 大陆居民往来台湾通行证

20. 民航运输的三种形式之一的班期飞行的特点是飞机（   ）。
    A. 按照班期时刻表飞行   B. 按照规定的航线飞行
    C. 按照规定的里程飞行   D. 机型是预先确定的
    E. 飞行高度是固定的

21. 旅游者参加团体全包价旅游的好处是（   ）。
    A. 有优惠的价格   B. 旅行费用全包   C. 安全性好   D. 便捷省心
    E. 能满足各种需求

22. 外国人乘火车赴西藏旅游必须出示的函件有（   ）。
    A. 西藏自治区人民政府的批准函   B. 西藏自治区文化和旅游部门的批准函
    C. 西藏自治区外事办公室的批准函   D. 西藏自治区商务厅的批准函
    E. 内地司局级接待单位征得西藏有关方面同意的证明信函

23. 航空公司间代码共享对旅客的好处是（   ）。
    A. 享受更加丰富的服务   B. 可对众多航班进行选择
    C. 可节省候机时间   D. 可享受更加美味的餐食
    E. 可享受优惠的环球票价

24. 购买高舱位的机票与购买低舱位的机票在享受服务上的不同之处主要表现在（   ）上。
    A. 能否提前订座   B. 能否提前登机
    C. 能否有较好的餐食   D. 能否看机上电影
    E. 是否允许退票

25. 下列关于旅游机票的说法中，正确的有（   ）。
    A. 票价比较低廉   B. 可享受较高的免费托运行李重量
    C. 不能购买单程票   D. 可享受提前登机

E. 须在机票规定的有效期内回程

26. 下列国家的货币中，可在中国兑换成人民币的有（　　）。
    A. 丹麦克朗　　　B. 巴西里亚尔　　　C. 新西兰元　　　D. 挪威克朗
    E. 澳大利亚元

27. 信用卡的作用是持卡人可按照给予的信用额度（　　）。
    A. 支取现金　　　B. 进行投资　　　C. 购买货物　　　D. 购买股票
    E. 支付劳务费

28. 信用卡是一种电子智能卡，上面印有（　　）等内容。
    A. 发卡行名称　　　B. 持卡者姓名　　　C. 卡号　　　D. 持卡者电话
    E. 有效期

29. 普通一年期机票的特点是（　　）。
    A. 旅客可换乘其他航空公司的航班　　　B. 购买时票价较高
    C. 退票费有优惠　　　D. 旅客乘机没有太多时间上的限制
    E. 旅客可途中改变线路

30. 下列信用卡中，总部位于美国的有（　　）。
    A. 维萨卡　　　B. 万事达卡　　　C. 发达卡　　　D. 百万卡
    E. 运通卡

31. 下列造成旅游者伤亡和财物损失的情形中，旅行社不承担赔偿责任的有（　　）。
    A. 签订合同时旅游者表示身体健康但在旅游过程中突发心脏病而住院
    B. 旅游者乘坐的旅游车因车速过快撞上路边树木而受伤
    C. 旅游者的贵重物品未按导游人员的提示存放到饭店前台保险柜而被盗
    D. 旅游者自行终止旅行社安排的旅游活动后外出被汽车撞伤
    E. 旅游者不听导游人员的劝告到小摊上购买不洁的食品食用后中毒住院

32. 旅游保险的种类有（　　）。
    A. 旅游意外伤害保险　　　B. 航空旅客意外伤害保险
    C. 铁路意外伤害保险　　　D. 旅游车意外伤害保险
    E. 旅行社责任保险

33. 人民币纳入国际货币基金组织特别提款权的重大意义有（　　）。
    A. 使人民币真正跻身于全球主要货币之列
    B. 使人民币作为结算货币得到广泛使用
    C. 将推动人民币成为可兑换的货币
    D. 使人民币成为可自由使用的货币
    E. 使人民币成为可同美元平起平坐的货币

34. 下列中药材中属于禁止出境的有（　　）。
    A. 麝香　　　B. 犀牛角　　　C. 虎骨　　　D. 蟾酥
    E. 党参

35. 下列城市中，对境外旅客实行了144小时过境免签政策的是（　　）。
    A. 上海　　　B. 武汉　　　C. 郑州　　　D. 宁波
    E. 桂林

36. 下列景区中，属于资源保护型旅游景区的有（　　）。
    A. 历史文化名城　　B. 地质公园　　C. 主题公园　　D. 森林公园
    E. 水利风景区

37. 旅游者若发生骨折，导游应采取的现场处理措施有（　　）。
    A. 帮助患者清洗伤口　　　　　　B. 帮助患者止血
    C. 帮助患者包扎　　　　　　　　D. 帮助患者上夹板
    E. 给患者服止痛药

38. 下列旅游景区质量等级的评价项目中，属于《旅游者意见评分细则》的是（　　）。
    A. 旅游安排　　B. 环境卫生　　C. 门票价格　　D. 旅游秩序
    E. 旅游厕所

39. 特别机票可分为（　　）。
    A. 旅游机票　　B. 学生机票　　C. 包机机票　　D. 经济机票
    E. 团体机票

40. 下列物品中，旅客乘坐飞机时不能携带的是（　　）。
    A. 标注100毫升的防晒乳液　　　　B. 标注150毫升的沐浴露
    C. 标注180Wh（瓦特小时）的充电宝　　D. 工艺火柴
    E. 未关闭的手机

41. 若旅游者被蜂蜇伤，导游的应急处理措施有（　　）。
    A. 尽量用消毒针将毒刺剔出　　　　B. 用力捏住伤口处，用口吸出毒汁
    C. 用清水或肥皂水清洗伤口　　　　D. 在伤口处涂上牙膏或食用油
    E. 给患者服用止痛药

42. 若旅游者手臂或腿部被蛇咬伤，导游应采取的应急措施有（　　）。
    A. 用布带在患者伤处上方超过一个关节处结扎
    B. 每隔30分钟将绑住的布带松开一次
    C. 用消过毒的小刀在毒牙痕处避开血管和神经切一个1厘米的十字切口
    D. 设法将毒素吸出或挤出
    E. 用清水清洗伤口完后再用布带将伤口包扎好

43. 旅行社经营实现品牌化对消费者具有（　　）。
    A. 号召力　　B. 原动力　　C. 体验性　　D. 可信性
    E. 完美性

44. 发生高原反应的主要症状有（　　）。
    A. 头部剧烈疼痛、心慌、气短　　　B. 面色苍白、大汗淋漓
    C. 流口水、说话含混不清　　　　　D. 意识恍惚、认知能力骤降
    E. 出现幻觉，常常无目标地跟在他人后面走

45. 导游带领旅游者到高原地区旅游，为预防他们发生高原反应，导游应提前告知旅游者（　　）等。
    A. 不要暴饮暴食，不要吸烟、喝酒　　B. 要多喝水，以预防血栓
    C. 不要急速行走，更不要跑步　　　　D. 要避免将皮肤裸露在外
    E. 要服用抗高原反应药物

46. 旅行社制定的国际入境旅游团接待计划所附的团队名单除了旅游者的姓名外，还应包括（　　）。
   A. 性别　　　　B. 年龄　　　　C. 职业　　　　D. 社会阶层
   E. 护照号码

47. 旅游者发生意外事故后，在旅游保险报案与索赔时应注意的问题有（　　）。
   A. 旅游者发生意外事故后，首先是向保险公司提出索赔
   B. 及时向投保的保险公司报案
   C. 导游应提醒当事人收集包括医院诊断证明、化验单据、意外事故证明等证据
   D. 旅游者因意外住院后，如需要转回本地医院继续治疗，应事先征得保险公司的同意
   E. 旅游者需要转回本地医院继续治疗，可以要求救治医院出具书面转院报告

48. 下列城市中，我国公安部授权可对入境外国人实行口岸签证的有（　　）。
   A. 西安　　　　B. 桂林　　　　C. 郑州　　　　D. 大连
   E. 济南

49. 我国边境检查站对持旅游L签证的外国人入境的条件有（　　）。
   A. 从我国指定的口岸入境
   B. 向边防检查机关缴验有效护照和中国的签证
   C. 填写入境卡
   D. 填写申报单
   E. 经边防检查机关查验核准加盖入境验讫章

50. 持旅游L签证的外国人不得在中国从事的活动有（　　）。
   A. 就业　　　　B. 宗教宣传　　　C. 在教堂做弥撒　　D. 非法采访
   E. 探视外籍人士

51. 对于商务型饭店来说，其设施应力求（　　）。
   A. 完美　　　　B. 舒适　　　　C. 安全　　　　D. 方便
   E. 新颖

52. 自2008年3月以来，我国民航局规定，旅客乘坐国内航班不得携带的物品有（　　）。
   A. 打火机　　　B. 火柴　　　　C. 液体物品　　　D. 刺激性物品
   E. 强磁类物品

53. 我国民航局规定，旅客托运的行李中不得夹带的物品有（　　）等。
   A. 货币　　　　B. 旅行证件　　　C. 工作证件　　　D. 有价证券
   E. 金银制品

54. 下列评价项目中，属于旅游景区《服务质量与环境质量评分细则》的有（　　）。
   A. 资源和环境保护　　　　　　　B. 服务水平
   C. 旅游交通　　　　　　　　　　D. 综合管理
   E. 旅游安排

55. 按照《民用航空安全检查规则》，下列旅客中，可要求在非公开场合进行安检的是（　　）。
   A. 携带机密文件的旅客　　　　　B. 携带贵重物品的旅客
   C. 植入心脏起搏器的旅客　　　　D. 身患传染病的旅客

E. 身患残疾的旅客

56. 下列关于铁路旅客人身意外伤害保险的说法中,正确的是(　　)。
    A. 该险简称乘意险,由原来强制性捆绑式销售改变为乘客自愿购买
    B. 成年旅客购买该险种为 3 元
    C. 成年旅客最高保障有 30 万元意外身故、伤残保险金
    D. 未成年人购买乘意险为 1 元
    E. 未成年人最高保障有 20 万元意外身故、伤残保险金

57. 按照民航规定,旅客误机后的处置办法有(　　)。
    A. 改乘后续航班
    B. 办理退票手续
    C. 若旅客改乘后续航班,承运人应积极予以安排,将收取规定的误机费
    D. 若旅客改乘后续航班,在后续航班有空余座位情况下,不收取误机费
    E. 若旅客要求退票,承运人将收取规定的误机费

58. 旅游意外保险通常保障的内容有(　　)。
    A. 人身意外保障　　B. 医疗费用保障　　C. 个人财物保障　　D. 精神损失保障
    E. 个人法律责任保障

59. 中国口岸边防检查站主要由(　　)组成。
    A. 安检　　　　　　B. 海关　　　　　　C. 公安　　　　　　D. 卫生检疫
    E. 商检

60. 我国民航运输飞行的主要形式有(　　)。
    A. 班期飞行　　　　B. 临时飞行　　　　C. 加班飞行　　　　D. 包机飞行
    E. 紧急飞行

61. 下列人员入境时,须在指定口岸向边防检查站交验有效证件,填写入境卡的是(　　)。
    A. 日本人　　　　　B. 台湾同胞　　　　C. 香港同胞　　　　D. 归国人员
    E. 国外华侨

62. 签证是一国主管机关在外国公民所持的(　　)上签注、盖印,表示准其出入本国国境或者过境的手续。
    A. 通行证　　　　　B. 护照　　　　　　C. 边民证　　　　　D. 旅行证
    E. 工作证

63. 航空公司间的代码共享对航空公司的好处是有利于(　　)。
    A. 完善航线网络　　　　　　　　　　　B. 扩大市场份额
    C. 越过航空市场壁垒　　　　　　　　　D. 降低运营成本
    E. 获得额外利润

64. 与其他保险相比较,旅游保险的特点是(　　)。
    A. 长期性　　　　　　　　　　　　　　B. 强制保险与自愿保险相结合
    C. 医疗保险与人寿保险相结合　　　　　D. 短期性
    E. 财产保险与人身保险相结合

65. 大陆居民赴台湾地区旅游须持有(　　)。

A. 本人身份证 B. 大陆居民往来台湾地区通行证
C. 入台观光证 D. 台湾海基会的签注
E. 台湾旅行社的邀请函

66. 边防检查主要是对入出境旅客（　　）的检查。
A. 护照　　　B. 出入境登记卡　　　C. 健康状况　　　D. 签证
E. 携带物品

67. 下列国家中，可申请电子签证的有（　　）。
A. 俄罗斯　　　B. 韩国　　　C. 新加坡　　　D. 印度尼西亚
E. 日本

68. 内地因私前往港、澳地区探亲和旅游的旅游者可以免税携带烟草制品的限量是（　　）。
A. 香烟200支或雪茄50支　　　B. 香烟200支或烟丝250克
C. 香烟200支和雪茄50支　　　D. 香烟200支和烟丝250克
E. 香烟400支

69. 2013年以来，我国旅行社业在产品、销售和企业运作上做出调整的背景有（　　）。
A.《中华人民共和国旅游法》的实施　　　B. 私家车的普及
C. 铁路客运的提速　　　D. 旅游行业监管的加强
E. 信息网络的广泛应用

70. 机场安全检查的内容主要是检查旅客及其行李物品中是否携带（　　）等危险物品。
A. 枪支　　　B. 易爆　　　C. 有毒放射性　　　D. 腐蚀
E. 液体

71. 旅行社的委托服务主要有（　　）。
A. 接受旅游者的委托，为其提供需要的服务
B. 接受境外旅行社委托，为其提供包价旅游团的接待服务
C. 接受机关、事业单位和社会团体的委托，为其提供需要的服务
D. 接受企业委托，为其提供需要的服务
E. 接受境内其他旅行社委托，为其代办有关旅游事务

72. 在旅行社提供的多种类型的服务中，属于其自身直接向旅游者提供的服务有（　　）。
A. 旅游住宿服务　　　B. 旅游咨询服务
C. 组织、安排服务　　　D. 交通运输服务
E. 导游、领队服务

73. 旅游饭店是一种特殊的企业，它出售的商品可以概括为"时间"、"空间"和"服务"，这就决定了饭店业与其他行业相比较，其生产具有（　　）的特点。
A. 生产受饭店自身规模大小和时间的限制，定时、定量
B. 产品可以储存，价值随时间而消失
C. 产品不能搬运，发展、销售受地理位置的限制
D. 价格随季节、节假日变化很大
E. 生产成本（如水、电、气、租、税等）受到优待

74. 按照服务对象，旅游饭店可分为（　　）。

A. 商务型饭店　　　　B. 长住型饭店　　　　C. 度假型饭店　　　　D. 会议型饭店
E. 连锁型饭店

75. 根据饭店的规模可将其分为（　　）。
   A. 家庭旅馆　　　　B. 小型饭店　　　　C. 中型饭店　　　　D. 大型饭店
   E. 超大型酒店

76. 饭店星级划分条件中，设施设备环节总分600分，按最终得分进行星级划分，以下说法正确的是（　　）。
   A. 一星级、二星级饭店不做要求　　　　B. 三星级最低220分
   C. 四星级最低320分　　　　　　　　　D. 五星级最低420分
   E. 白金五星级要达到550分以上

77. 下列国家中，其公民无须办理签证，持普通护照来华旅游、经商、探亲访友可在我国对外国人开放的口岸入境的有（　　）。
   A. 菲律宾　　　　B. 文莱　　　　C. 新加坡　　　　D. 泰国
   E. 日本

78. 下列关于航空旅客意外伤害保险的说法中，正确的是（　　）。
   A. 该险简称为航意险，属自愿投保的个人意外伤害保险
   B. 保险期限为旅游者通过安全检查时起至旅游者抵达目的港走出所乘航班班机的舱门时止
   C. 保险期限为自旅游者签订保险合同之时起
   D. 由于民航原因，飞机延误起飞又让旅客离开飞机，在此期间被保险人遭受的伤害，保险公司也负责
   E. 此种保险旅游者只能购买一份

79. 因私出境人员在边防检查柜台前应将（　　）递交给边检人员检查。
   A.《出境登记卡》　　　　B. 护照
   C. 签证　　　　　　　　D. 身份证
   E. 托运单

80. 我国普通护照的签发机构是（　　）。
   A. 公安部出入境管理机构
   B. 公安部委托的县级以上地方人民政府公安机关出入境管理机构
   C. 公安部委托的中华人民共和国驻外使馆、领馆
   D. 外交部委托的其他驻外机构
   E. 外交部委托的省、自治区、直辖市和设区的市人民政府外事部门

81. 下列关于海南实行离岛免税政策的说法中，正确的有（　　）。
   A. 凡年满16周岁的旅客在免税商店购物可享受免税政策
   B. 对旅客在海南实行限值、限量、限品种免进口税购物
   C. 离岛免税购物额度目前为每人每年20万元
   D. 旅客购买离岛的免税商品品种目前为50种
   E. 旅客将购买的免税物品再次出售，海关将按相关法规处理

82. 经济开发型旅游景区是指完全以营利为目的，基本上采用了现代企业管理模式，正在

朝（　　）的现代企业制度发展的景区。
A. 注重效益　　　B. 产权清晰　　　C. 责权明确　　　D. 政企分开
E. 管理科学

83. 旅游景区质量等级划分的依据是（　　）的评价得分等。
A. GB 3095—1996　　　　　　　B.《服务质量与环境质量评分细则》
C.《景观质量评分细则》　　　　D. GB 3838
E. GB 3096—1993

84. 导游带团到沙漠旅游前应了解（　　），以便规划游览路线。
A. 气候　　　B. 河流　　　C. 村庄　　　D. 风俗
E. 道路

85. 下列关于导游带团到沙漠旅游前告知旅游者的事项中，正确的有（　　）。
A. 穿上轻便高帮运动鞋　　　　B. 游览过程中不要走散
C. 若走散要停在原地等候救援　　D. 遇到沙暴要避开风的正面
E. 遇到沙暴要躲到沙丘背风面

86. 下列关于导游带团滑雪前告知旅游者的事项中，正确的是（　　）。
A. 穿好带头套的白色滑雪服　　　B. 戴好合适的全封闭保护眼镜
C. 检查滑雪板有无折裂的地方　　D. 检查固定器链接是否牢固
E. 做好手脚、耳朵的保护措施

87. 下列关于导游带团进入滑雪场后告知旅游者的事项中，正确的是（　　）。
A. 要严格遵守滑雪场安全管理规定　　B. 要选择适合自己滑雪水平的滑雪道
C. 可尝试到技术要求高的雪区滑雪　　D. 滑雪过程中要与他人保持一定距离
E. 滑雪过程中不要嬉戏打闹

88. 下列关于导游带团漂流告知旅游者的事项中，正确的是（　　）。
A. 漂流时不要带现金和贵重物品　　B. 漂流前要穿好救生衣
C. 漂流中不要伸手抓水上的漂流物　　D. 漂流中不要适时挪动身体
E. 一旦落水不要惊慌失措

89. 下列患者中，不适宜泡温泉的是（　　）。
A. 癌症患者　　　　　B. 白血病患者
C. 皮肤瘙痒者　　　　D. 女性生理期前后
E. 怀孕初期和末期

90. 泡温泉时应注意的问题有（　　）。
A. 要从低温开始　　　　B. 水温高不宜久泡
C. 若感身体不适应马上离开　　D. 泡温泉时应多喝水
E. 泡完后不要马上冲澡

91. 研学旅行安全防范的基本要求主要包括（　　）。
A. 建立安全管理制度　　　　B. 配备专职安全管理人员
C. 对学生进行安全教育　　　D. 制订各种应急预案
E. 对学生进行科学教育

92. 旅客购买团体机票应注意的问题有（　　）。

A. 机票的有效期 B. 能否退回程票
C. 能否提前订座 D. 能否改签
E. 能否享受更好的餐食

93. 蝎子伤人会引起伤者局部或者全身的中毒反应，还会出现（ ）等病症。
    A. 剧痛 B. 发烧 C. 奇痒 D. 呕吐
    E. 恶心

94. 为确保研学活动安全，导游应配合活动学校成立安全工作组，工作组包括但不限于（ ）。
    A. 交通安全组 B. 饮食安全组 C. 住宿安全组 D. 活动安全组
    E. 卫生安全组

95. 在研学活动中，导游要加强交通服务环节安全防范，应做好的措施有（ ）。
    A. 向学生宣讲交通安全知识和紧急疏散要求
    B. 组织学生有序乘坐交通工具
    C. 随机开展安全巡查工作
    D. 让学生参与交通安全防范宣传
    E. 上下交通工具时清点学生人数

96. 下列关于饭店规模的说法中，正确的是（ ）。
    A. 小型饭店客房数一般在100间以下 B. 中型饭店占我国饭店总数的40%以上
    C. 大型饭店客房数一般在500间以上 D. 中型饭店客房数一般在100~300间
    E. 大型饭店设施和服务项目十分齐全

97. 中国政府禁止出境的文物类别是（ ）。
    A. 一级文物 B. 二级文物 C. 三级文物 D. 四级文物
    E. 五级文物

98. 前来中国的外国旅游者，可向（ ）申请办理签证。
    A. 中国驻外领事机关 B. 入出口岸的中国公安机关
    C. 外交部授权的其他驻外机关 D. 外交代表机关
    E. 公安部授权的口岸签证机关

99. 根据《境外旅客购物离境退税管理办法（试行）》，境外旅客享受退税的条件是（ ）。
    A. 在同一退税定点商店购买了500元的物品
    B. 在离境前所购买的退税物品尚未启用或消费
    C. 离境日距退税物品购买日不超过100天
    D. 所购退税物品由旅客本人随身携带或托运出境
    E. 在我国连续居住不超过183天

100. 下列省、自治区、直辖市中，目前被批准实施境外旅客购物离境退税政策的是（ ）。
    A. 辽宁 B. 吉林 C. 黑龙江 D. 宁夏
    E. 内蒙古

101. 下列信用卡中，属于目前我国受理的是（ ）。
    A. 大莱卡（Dinners Club Card） B. 百万卡（Million Card）

C. 发达卡（Federal Card） D. 巴克利卡（Barclay Card）
E. 万事达卡（Master Card）

102. 旅游景区是具有参观游览、休闲度假、康乐健身等功能，具备相应旅游服务设施并提供相应旅游服务的独立管理区。该管理区应具有（　　）。
    A. 统一的经营管理机构　　　　　B. 清晰的发展蓝图
    C. 健全的经营管理制度　　　　　D. 明确的地域范围
    E. 高效的经营管理体制

103. 旅游饭店是一种特殊的企业，它由（　　）三要素构成。
    A. "时间"　　B. "空间"　　C. "位置"　　D. "文化"
    E. "服务"

104. 旅游饭店已成为旅游业最重要的一个行业，其（　　）是衡量一个国家或地区旅游业发展程度的主要标志。
    A. 档次高低　　B. 行业规模　　C. 从业人数　　D. 管理水平
    E. 服务质量

105. 旅游接待计划中的旅游团或旅游者的基本情况和要求包括（　　）。
    A. 旅游团的名称、团号
    B. 旅游团中旅游者人数和服务等级
    C. 旅游团用餐要求和标准
    D. 旅游者名单、性别和社会阶层
    E. 要求的导游语种和等级

106. 旅游接待计划中的日程安排包括（　　）。
    A. 旅游团或旅游者抵达和离开目的地日期、时间及所乘航班、车次、船次的时间、地点
    B. 旅游路线中所经停各地的名称、抵离交通工具类型及日期、时间
    C. 旅游路线中所经停各地下榻的饭店名称、时间与地点
    D. 旅游团在各地的参观单位、游览景点、品尝的风味、文娱活动、专业活动要求
    E. 旅游活动结束旅游者返回时所乘交通工具的类型及时间

107. 目前我国旅行社可为旅游者承办的委托代办业务包括（　　）。
    A. 当地委托　　B. 区内委托　　C. 联程委托　　D. 区域委托
    E. 国际委托

108. 团体全包价旅游包括的项目除旅游者旅游期间的住宿、餐食、游览车和导游服务外，还包括（　　）。
    A. 交通集散地接送服务　　　　　B. 行李服务
    C. 游览场所门票　　　　　　　　D. 文娱场所入场券
    E. 旅游购物

109. 旅游产品是旅行社向旅游者销售的以（　　）为主要构成要素的旅游线路或项目，以及附着其上的配套服务。
    A. 旅游吸引物　　B. 旅游设施　　C. 相关信息　　D. 策划安排
    E. 组织安排

110. 旅行社能为旅游者提供的服务主要有（　　）。
    A. 导游服务　　　　　　　　　　B. 旅游咨询服务

C. 旅游保险服务 　　　　　　　　D. 组织安排服务
E. 委托代办服务

111. 在散客旅游时代，造成旅游者出行自由化的因素有（　　）。
    A. 旅游设施完善　　　　　　　　B. 旅游者主体意识增强
    C. 旅游者旅游知识丰富　　　　　D. 旅游者消费能力提高
    E. 政策法规健全

112. 我国旅行社业对外开放程度越来越高主要表现在（　　）。
    A. 允许外商投资我国旅行社　　　B. 允许外商设立独资旅行社
    C. 允许中国的旅行社组织出境旅游　D. 取消外商投资旅行社设立分支机构限制
    E. 对外商投资旅行社的注册资本实行国民待遇

113. 中国近代旅行社业的主要特征是（　　）。
    A. 以国内旅游市场需求为起点　　B. 以国际旅游市场旅游者为目标
    C. 经营中注重服务、产品与市场创新　D. 实行企业化运作，连锁化发展
    E. 旅行社数量不断增加，行业规模不断扩大

114. 当代旅游市场需求从总体上看所呈现的主要特征是需求的（　　）。
    A. 同质化　　B. 差异化　　C. 弹性化　　D. 复杂化
    E. 个性化

115. 下列旅客携带的进出境物品中，属于海关暂不放行的是（　　）。
    A. 能传播疾病的物品
    B. 不能当场缴纳税款的进境物品
    C. 不能当场提交许可证的进出境物品
    D. 超出自用合理数量尚未办理报关手续的进出境物品
    E. 未经有关部门认定、鉴定、验核的物品

116. 下列文物中，禁止出境的是（　　）。
    A. 有可能引起不良社会影响的文物
    B. 改革开放前生产、制作的有一定价值的文物
    C. 1949年以前生产、制作的一般文物
    D. 1911年以前生产、制作的文物
    E. 1966年以前生产、制作的有代表性少数民族文物

117. 下列旅游者在海外购买的物品中，返回时须向海关申报和交验的是（　　）。
    A. 唱片　　B. 电影片　　C. 书报　　D. 木雕
    E. 图画

118. 机场安全检查的环节主要有（　　）。
    A. 托运行李物品检查　　　　　　B. 旅客证件检查
    C. 旅客身体检查　　　　　　　　D. 旅客心理检查
    E. 手提行李物品检查

119. 李某参加旅游团赴泰国旅游，因护照遗失到我国驻泰国使领馆申请补发。按照要求，其需提供的材料有（　　）。
    A. 国籍状况声明书　　　　　　　B. 照片

C. 当地警察机构开具的报案证明　　　　D. 申请表
E. 遗失情况说明

120. 下列关于船票的说法中，不正确的是（　　）。
    A. 儿童身高超过1米但不超过1.2米可购买半价票
    B. 每一成人旅客可免费携带一名身高不超过1.2米的儿童
    C. 大、中专学生凭学生证可购买2次院校与家庭所在地港口间的减价学生票
    D. 革命残疾军人凭革命残疾军人证给予优待购买减价票
    E. 乘同一船名、航次、起讫港10张票的团体可购买团体票

121. 下列物品中，禁止旅客乘坐火车时随身携带和托运的物品是（　　）。
    A. 腐蚀性物品　　B. 刺激性物品　　C. 放射性物品　　D. 感染性物质
    E. 毒害品

122. 下列关于旅客乘船时随身携带物品数量的说法中，正确的是（　　）。
    A. 气体打火机5个　　　　　　　　B. 家用卫生杀虫剂不超过300毫升
    C. 安全火柴20盒　　　　　　　　D. 指甲油、染发剂不超过50毫升
    E. 香水、冷烫精不超过100毫升

123. 下列关于旅客乘坐实行车票实名制的火车时购买儿童票的说法中，正确的是（　　）。
    A. 购买儿童票的年龄为6周岁~14周岁
    B. 年满14周岁的儿童应购买全价票
    C. 一名成年旅客可以免费携带一名年龄8周岁以下的儿童
    D. 超过一名时，超过的儿童应购买儿童优惠票
    E. 购买儿童票不实行实名制

124. 下列车次前所冠字母中，属于节假日、春秋旅游季节开行的是（　　）。
    A. "L"的列车　　B. "A"的列车　　C. "N"的列车　　D. "Y"的列车
    E. "JY"的列车

125. 下列人员中，不得乘坐民航客机的是（　　）。
    A. 不足20天的婴儿　　　　　　　　B. 不足14天的婴儿
    C. 孕期超过7个月的孕妇　　　　　　D. 醉酒的旅客
    E. 孕期超过9个月的孕妇

126. 在研学旅游中，导游和研学活动学校要通过各种形式加强对学生的安全教育，目的是提高学生的安全意识，让学生掌握（　　）等安全防范的知识和技能。
    A. 自律　　　　B. 自护　　　　C. 自救　　　　D. 互教
    E. 互救

127. 下列蛇虫的毒液中，属于酸性的有（　　）。
    A. 蝎子　　　　B. 黄蜂　　　　C. 马蜂　　　　D. 胡蜂
    E. 蜈蚣

128. 下列蛇虫的毒液中，属于碱性的有（　　）。
    A. 蝎子　　　　B. 黄蜂　　　　C. 马蜂　　　　D. 胡蜂
    E. 蜈蚣

129. 海南实行的离岛免税的税种包括（　　）。
   A. 营业税 B. 关税
   C. 进口环节增值税 D. 所得税
   E. 消费税

130. 下列物品中，禁止入境的是（　　）。
   A. 带有危险性的害虫 B. 吗啡
   C. 仿真武器 D. 印刷品
   E. 伪造货币

131. 下列国家中，属于我国自2023年12月1日至2024年11月30日持普通护照来华旅游实行免签的有（　　）。
   A. 英国 B. 法国 C. 西班牙 D. 泰国
   E. 马来西亚

132. 旅行社数字化转型是将（　　）等旅行社业务实行一体化管理。
   A. 旅游产品开发 B. 旅游消费者运营
   C. 销售渠道布局 D. 订单流程管理
   E. 财务数据管理

133. 旅行社通过"旅游+"，推进跨界融合对旅行社的好处是有利于其更好地（　　）。
   A. 开展市场营销活动 B. 促进供应商之间的协调
   C. 降低经营成本 D. 提高整体运营效率
   E. 获得超额利润

134. 散客时代旅行社业的发展趋势是（　　）。
   A. 竞争白热化 B. 产品系列化 C. 经营品牌化 D. 数字化转型
   E. 市场营销网络化

135. 下列东南亚国家中，对我国公民实行免签的有（　　）。
   A. 柬埔寨 B. 泰国 C. 印度尼西亚 D. 新加坡
   E. 马来西亚

136. 下列欧洲国家中，对我国公民实行免签的有（　　）。
   A. 圣马力诺 B. 匈牙利 C. 塞尔维亚 D. 白俄罗斯
   E. 波黑

137. 下列国家中，与我国互免签证的国家和地区有（　　）。
   A. 塞尔维亚 B. 阿尔巴尼亚 C. 格鲁吉亚 D. 斯瓦尔巴
   E. 罗马尼亚

138. 下列美洲国家中，单方面对我国公民实行免签的国家有（　　）。
   A. 英属维尔京群岛 B. 多米尼加
   C. 海地 D. 巴哈马
   E. 牙买加

139. 下列南美洲国家中，与我国互免普通护照签证的是（　　）。
   A. 委内瑞拉 B. 厄瓜多尔 C. 巴西 D. 玻利维亚
   E. 苏里南

140. 下列非洲国家中，与我国互免普通护照签证的是（　　）。
    A. 摩洛哥　　　　B. 塞舌尔　　　　C. 肯尼亚　　　　D. 坦桑尼亚
    E. 毛里求斯

141. 下列非洲国家中，单方面对我国公民实行免签的是（　　）。
    A. 贝宁　　　　　B. 突尼斯　　　　C. 塞舍尔　　　　D. 南非
    E. 摩洛哥

《全国导游基础知识》模拟试题汇编

参考答案及解析

第一章 中国共产党成立以来的光辉历程与伟大成就

一、判断题（判断下列各题是否正确，正确的请在答卷中相应题号后的括号内打"√"，错误的打"×"）

1. 中华人民共和国的成立标志着新民主主义革命的胜利和中国人民从此站起来了。（ ）
2. 社会主义革命和社会主义建设时期，中国共产党完成了中华民族有史以来最为广泛而深刻的社会变革。（ ）
3. 遵义会议是中国共产党历史上一个生死攸关的转折点，标志着中国共产党从幼年走向成熟。（ ）
4. 中国共产党的第一次全国代表大会是在上海和浙江嘉兴南湖的游船上召开的。（ ）
5. 1927年8月7日，中共中央在汉口召开紧急会议（又称八七会议）。会议确定了土地革命和武装起义的方针。（ ）
6. 中国式现代化，是中国共产党领导的社会主义现代化，既有各国现代化的共同特征，更有基于自己国情的中国特色。（ ）
7. 遵义会议是中共历史上一个生死攸关的转折点。开始形成以毛泽东同志为核心的党的第一代中央领导集体。（ ）
8. 中共四大选举产生了党的历史上第一个中央纪律检查监督机构——中央监察委员会。（ ）
9. 卢沟桥事变推动了国共两党再次合作，中国由此实现了从国内战争到全国抗战的转变。（ ）
10. 在党的十四大上，首次将"邓小平理论"写入党章。（ ）
11. 2012年11月8日—14日，中国共产党第十八次全国代表大会在北京召开。大会选举习近平为中央委员会总书记。（ ）
12. 第一部《中国共产党章程》是党的二大制定的。（ ）
13. 八七会议标志着中国革命从此开始由大革命失败到土地革命战争兴起的历史性转变。（ ）
14. 1927年9月29日，秋收起义军到达江西永新县三湾村，在朱德的领导下进行了改编，史称"三湾改编"。（ ）
15. 1981年9月20日，我国成功发射一组空间物理探测卫星。这是我国首次用一枚运载

火箭发射三颗卫星。（　　）

16. 2018年3月11日，第十三届全国人民代表大会第一次会议通过《中华人民共和国宪法修正案》，将习近平新时代中国特色社会主义思想写入《中华人民共和国宪法》。（　　）

17. 党的二十大报告正式提出乡村振兴战略，并写入党章。（　　）

18. "一带一路"是指"丝绸之路经济带"和"21世纪海上丝绸之路"。2016年第71届联合国大会通过决议，首次写入"一带一路"倡议。（　　）

19. 2021年1月1日，习近平代表党和人民庄严宣告，经过全党全国各族人民持续奋斗，我们实现了第一个百年奋斗目标，在中华大地上全面建成了小康社会，历史性地解决了绝对贫困问题，正在意气风发向着全面建成社会主义现代化强国的第二个百年奋斗目标迈进。这是中华民族的伟大光荣，这是中国人民的伟大光荣，这是中国共产党的伟大光荣。（　　）

20. 中国第一座自行设计、自行建造的核电站是大亚湾核电站。（　　）

21. 我国成功发射了世界首颗量子科学实验卫星"量子号"。（　　）

22. 2021年1月1日，《中华人民共和国民法典》正式实施，其是新中国第一部以法典命名的法律。（　　）

23. 2017年5月5日，我国自主研制的首款C919大型客机首飞成功。（　　）

24. 1927年10月，毛泽东率领秋收起义部队上湘赣两省交界的井冈山，进行创建革命根据地、开展工农武装割据的斗争，代表了中国革命发展的正确方向。（　　）

25. 中国第二艘航空母舰是福建舰。（　　）

26. 2022年4月29日，第十三届全国人民代表大会常务委员会第二十八次会议通过了《中华人民共和国乡村振兴促进法》。（　　）

27. 2022年10月16日上午10时，中国共产党第十九次全国代表大会在北京人民大会堂开幕，习近平总书记代表第十九届中央委员会向大会做了题为《高举中国特色社会主义伟大旗帜为全面建设社会主义现代化国家而团结奋斗》的报告。（　　）

28. 2017年10月18日，习近平总书记在党的十九大报告中提出，世界命运握在各国人民手中，人类前途系于各国人民的抉择。中国人民愿同各国人民一道，推动人类命运共同体建设，共同创造人类的美好未来！（　　）

29. 中国人民和中华民族之所以能够扭转近代以后的历史命运、取得今天的伟大成就，最根本的是有5000年灿烂的中国文化。（　　）

30. 《中共中央关于党的百年奋斗重大成就和历史经验的决议》是以史为鉴、开创未来，实现中华民族伟大复兴的行动指南。（　　）

31. 中国共产党第五次全国代表大会在武汉举行，并选举产生了党的历史上第一个中央纪律检查监督机构。（　　）

32. 中国共产党第六次全国代表大会是在莫斯科近郊举行的，并通过了经过修改的《中国共产党党章》。（　　）

33. 卢沟桥事变是中国抗日战争全面爆发的起点。（　　）

34. 1945年4月23日至6月11日，中国共产党第七次全国代表大会在延安举行。（　　）

35. 三大战役包括辽沈战役、淮海战役、渡江战役。（　　）

36. "一国两制"构想首先在香港问题上得到成功实践。（　）
37. 改革开放是中国共产党在社会主义初级阶段基本路线的基本点之一。（　）
38. 中国特色社会主义进入新时代，我国社会主要矛盾已经转化为人民日益增长的美好生活需要和不平衡不充分的发展之间的矛盾。（　）
39. 独立自主是中华民族精神之魂，是中国共产党立党立国的重要原则。（　）
40. 新安江水电站是中国第一座自行设计、建造的大型水电站。（　）
41. 中国第一颗氢弹爆炸成功的时间是1964年10月16日。（　）
42. 神舟五号载人飞船成功升空并安全返回，标志着中国成为世界上第一个独立掌握载人航天技术的国家。（　）
43. 中国第一个北极科学考察站——黄河站，是在挪威斯匹次卑尔根群岛的新奥尔松建成的。（　）
44. 中国海军首批舰船编队赴亚丁湾、索马里海域执行护航任务是中国海军首次在海外履行国际人道主义义务。（　）
45. 2010年上海世界博览会是中国首次举办的综合性世界博览会。（　）

二、单项选择题（下列各题的选项中，只有一项是正确的，请将正确答案的选项填入括号内）

1. （　）年7月1日，中共中央在北京天安门广场举行庆祝中国共产党成立100周年大会，各界代表7万余人以盛大仪式欢庆中国共产党百年华诞。
   A. 2018　　　　B. 2019　　　　C. 2020　　　　D. 2021
2. 中共一大选举的中央局书记是（　）。
   A. 陈独秀　　　B. 张国焘　　　C. 毛泽东　　　D. 董必武
3. 秋收起义中，决定将部队转移到敌人力量薄弱的农村，寻找落脚点的领导人是（　）。
   A. 陈独秀　　　B. 瞿秋白　　　C. 毛泽东　　　D. 张国焘
4. 全国性抗战爆发的时间是（　）。
   A. 1931年9月18日　　　　B. 1937年7月7日
   C. 1940年8月20日　　　　D. 1945年8月15日
5. 确定党和人民踏上建设中国特色社会主义伟大征程的转折点是（　）。
   A. 十一届三中全会　　　　B. 十二大
   C. 十三大　　　　　　　　D. 十四大
6. 中国式现代化具有九个方面的本质要求，下列不属于其中的是（　）。
   A. 实现祖国统一　　　　　B. 发展全过程人民民主
   C. 实现全体人民共同富裕　D. 创造人类文明新形态
7. 打响了武装反抗国民党反动派的第一枪，标志着中国共产党独立领导革命战争、创建人民军队和武装夺取政权的开始的起义是（　）。
   A. 南昌起义　　B. 百色起义　　C. 秋收起义　　D. 广州起义
8. 治理好我们这个世界上最大的政党和人口最多的国家，必须坚持党的全面领导特别是党中央集中统一领导，坚持（　），确保党始终总揽全局、协调各方。

A. 全过程人民民主 B. 人民民主专政
C. 民主集中制 D. 高质量发展

9. 五四运动的导火索是（   ）。
   A. 辛亥革命的失败 B. 鸦片战争的爆发
   C. 巴黎和会上中国外交的失败 D. 甲午战争的失败

10. 党的最大政治优势是密切联系群众，党执政后的最大危险是（   ）。
    A. 特殊利益集团 B. 脱离群众
    C. 动摇党的基本路线 D. 贪污腐败

11. 我国第一条电气化铁路是（   ）。
    A. 成渝铁路 B. 兰新铁路 C. 宝成铁路 D. 包兰铁路

12. 中国共产党（   ）全国代表大会通过了关于《中国共产党章程（修正案）》的决议，将习近平新时代中国特色社会主义思想写入党章。
    A. 第十七次 B. 第十八次 C. 第十九次 D. 第二十次

13. 2018年建成的港珠澳大桥总长（   ），是世界上最长的跨海大桥。
    A. 45公里 B. 55公里 C. 35公里 D. 65公里

14. （   ）年5月4日，北京大学、北京高等师范学校等十几所专科以上学校的3000余名学生，在天安门前举行抗议集会，一场震惊中外的反帝爱国运动在北京爆发。
    A. 1917 B. 1918 C. 1919 D. 1920

15. 1923年6月12日—20日，在广州召开中国共产党（   ）全国代表大会，对国共合作的方针和办法做出了正式的决定。
    A. 第一次 B. 第二次 C. 第三次 D. 第四次

16. （   ）年12月12日，张学良、杨虎城在西安扣留蒋介石，并向全国通电，提出停止内战、一致对外等八项主张。
    A. 1934 B. 1935 C. 1936 D. 1937

17. （   ），是中国共产党向人民和历史作出的庄严承诺，是"两个一百年"奋斗目标的第一个百年奋斗目标，也是实现中华民族伟大复兴中国梦的关键一步。
    A. 祖国和平统一 B. 全面建成小康社会
    C. 乡村振兴 D. 全面实现现代化

18. 党的历史上，唯一在国外举行的全国代表大会是（   ）。
    A. 党的五大 B. 党的六大 C. 党的七大 D. 党的八大

19. （   ）年2月25日，全国脱贫攻坚总结表彰大会在京隆重举行，习近平总书记庄严宣告：我国脱贫攻坚战取得了全面胜利。
    A. 2023 B. 2022 C. 2021 D. 2020

20. 2021年11月11日，中国共产党第十九届中央委员会第六次全体会议审议通过了（   ）。
    A.《关于若干历史问题的决议》
    B.《关于建国以来党的若干历史问题的决议》
    C.《中共中央关于党的百年奋斗重大成就和历史经验的决议》
    D.《关于全面推进乡村振兴的决议》

21. 2022年6月17日，中国第三艘航母（　　）下水。
　　A. 福建舰　　　　B. 辽宁舰　　　　C. 山东舰　　　　D. 台湾舰
22. （　　）确立了以毛泽东为核心的党中央领导集体。
　　A. 遵义会议　　　　　　　　　　B. 党的八大
　　C. 党的十一届三中全会　　　　　D. 党的十九大
23. （　　）会议实现了新中国成立以来党的历史上具有深远意义的伟大转折。
　　A. 党的八大　　　　　　　　　　B. 党的十一届三中全会
　　C. 党的十五大　　　　　　　　　D. 党的十九大
24. "一国两制"构想首先在（　　）得到成功实践。
　　A. 澳门　　　　　B. 香港　　　　　C. 台湾　　　　　D. 海南
25. 改革开放的总设计师是（　　）。
　　A. 毛泽东　　　　B. 邓小平　　　　C. 江泽民　　　　D. 胡锦涛
26. 习近平新时代中国特色社会主义思想在（　　）年写入《中华人民共和国宪法》。
　　A. 2017　　　　　B. 2018　　　　　C. 2019　　　　　D. 2020
27. （　　）会议提出了分两步走实现第二个百年奋斗目标。
　　A. 党的十九大　　　　　　　　　B. 党的十八大
　　C. 党的十一届三中全会　　　　　D. 党的十六大
28. 瓦窑堡会议的主要成就是（　　）。
　　A. 确定了建立广泛的抗日民族统一战线的基本策略
　　B. 确立了土地革命的基本路线
　　C. 提出了农村包围城市的革命道路
　　D. 制定了改革开放的政策
29. 西安事变的和平解决的重大意义有（　　）。
　　A. 推动国共两党实现第一次合作
　　B. 推动了国共两党再次合作，实现团结抗日，中国由此实现了从国内战争到全国抗战的伟大转变
　　C. 实现了抗日民族统一战线的正式形成
　　D. 标志着中国进入社会主义建设阶段
30. （　　）会议确定了毛泽东思想为党的指导思想。
　　A. 党的七大　　　　　　　　　　B. 党的八大
　　C. 党的十一届三中全会　　　　　D. 党的十九大
31. 解放战争胜利的标志是（　　）。
　　A. 南京解放　　　　　　　　　　B. 新中国成立
　　C. 三大战役的胜利　　　　　　　D. 西藏和平解放
32. （　　）年中国成功举办了第29届夏季奥运会。
　　A. 2000　　　　　B. 2004　　　　　C. 2008　　　　　D. 2012
33. 中国第一艘航空母舰的名字是（　　）。
　　A. 辽宁舰　　　　B. 山东舰　　　　C. 福建舰　　　　D. 广东舰
34. 新中国成立后制定的第一部法律是（　　）。

A.《中华人民共和国宪法》　　　　　　B.《中华人民共和国婚姻法》
C.《中华人民共和国土地改革法》　　　D.《中华人民共和国民法典》

35. 中国共产党自成立以来，始终坚持的初心使命是（　　　）。
    A. 为中国人民谋幸福、为中华民族谋复兴
    B. 为世界人民谋和平
    C. 为实现共产主义理想
    D. 为推动全球经济发展

三、多项选择题（每题有2~5个正确答案，少选或错选均不得分，请将你认为正确的选项填入括号内）

1. 针对发展难题和人民意愿，就全面建成小康社会进行了具体的部署和安排的党的重要会议有（　　　）。
   A. 十五大　　　B. 十六大　　　C. 十七大　　　D. 十八大
   E. 十九大

2. 中国共产党第一次全国代表大会召开的地点有（　　　）。
   A. 北平沙滩红楼　　　　　　B. 上海望志路
   C. 江西井冈山　　　　　　　D. 浙江嘉兴南湖
   E. 湖北汉口

3. 南昌起义打响了武装反抗国民党反动派的第一枪，其领导人主要有（　　　）。
   A. 周恩来　　　B. 贺龙　　　C. 叶挺　　　D. 朱德
   E. 刘少奇

4. 1948年9月至1949年1月，中国人民解放军同国民党所进行的战略大决战有（　　　）。
   A. 血战湘江　　　B. 辽沈战役　　　C. 鏖战独树镇　　　D. 淮海战役
   E. 平津战役

5. 1949年9月举行的中国人民政治协商会议第一届全体会议上决定了（　　　）。
   A. 毛泽东为中央人民政府主席
   B. 将北平定为中华人民共和国首都，并改名为北京
   C. 《义勇军进行曲》为代国歌
   D. 国旗为五星红旗
   E. 实行社会主义公有制

6. "三个意味着"是习近平总书记2017年10月18日在党的十九大报告中提出的理论。其具体内容包括：（　　　）。
   A. 意味着近代以来久经磨难的中华民族迎来了从站起来、富起来到强起来的伟大飞跃，迎来了实现中华民族伟大复兴的光明前景
   B. 意味着科学社会主义在21世纪的中国焕发出强大生机活力，在世界上高高举起了中国特色社会主义伟大旗帜
   C. 意味着社会主义在中国焕发出强大生机活力并不断开辟发展新境界
   D. 意味着中国特色社会主义拓展了发展中国家走向现代化的途径，为解决人类问题贡

献了中国智慧、提供了中国方案
E. 意味着中国特色社会主义道路、理论、制度、文化不断发展，拓展了发展中国家走向现代化的途径，给世界上那些既希望加快发展又希望保持自身独立性的国家和民族提供了全新选择，为解决人类问题贡献了中国智慧和中国方案

7. 下列内容，属于中国式现代化九个方面的本质要求的有（　　）。
   A. 坚持中国共产党领导　　　　　B. 坚持中国特色社会主义
   C. 发展全过程人民民主　　　　　D. 实现全体人民共同富裕
   E. 创造人类文明新形态

8. 改革开放的实质是：（　　）。
   A. 解放和发展社会生产力　　　　B. 提高综合国力
   C. 进一步解放人民思想　　　　　D. 建设有中国特色的社会主义
   E. 实现中华民族伟大复兴

9. 2001年6月，中国、俄罗斯与（　　）等国元首在上海签署《上海合作组织成立宣言》，正式成立上海合作组织。
   A. 塔吉克斯坦　　　　　　　　　B. 乌兹别克斯坦
   C. 吉尔吉斯斯坦　　　　　　　　D. 哈萨克斯坦
   E. 乌克兰

10. 中国共产党百年历史积累了宝贵经验，这些经验弥足珍贵，概括起来有十个方面，以下正确的有（　　）。
    A. 坚持党的领导　　　　　　　　B. 坚持人民至上
    C. 坚持改革开放　　　　　　　　D. 坚持敢于斗争
    E. 坚持自我革命

11. 下列选项中属于中国共产党百年奋斗的历史经验的有（　　）。
    A. 坚持人民至上　　　　　　　　B. 坚持依法治国
    C. 坚持民主集中制　　　　　　　D. 坚持中国道路
    E. 坚持胸怀天下

12. 党的二十大报告指出：中国式现代化是（　　）。
    A. 人口规模巨大的现代化
    B. 全体人民共同富裕的现代化
    C. 物质文明和精神文明相协调的现代化
    D. 人与自然和谐共生的现代化
    E. 走和平发展道路的现代化

13. 下列属于《关于打赢脱贫攻坚战的决定》中提出"十三五"期间的脱贫攻坚的目标"两不愁、三保障"的有（　　）。
    A. 不愁吃　　　　B. 不愁穿　　　　C. 义务教育　　　　D. 基本医疗
    E. 住房安全有保障

14. 以下是新中国在20世纪60年代的重要成就的有（　　）。
    A. 新安江水电站开始发电　　　　B. 研制成功1.2万吨自由锻造水压机
    C. 成功实施世界首例断肢再植手术　D. 中国第一颗原子弹爆炸成功

E. 中国第一条电气化铁路——宝成铁路建成通车

15. 关于人类命运共同体，下列表述正确的有（　　）。
    A. 2017年10月18日，习近平总书记在党的十九大报告中提出
    B. 为思考人类未来提供了全新的视角
    C. 强调国家间的零和博弈
    D. 超越了种族、文化、国家与意识形态的界限
    E. 为推动世界和平发展给出了一个理性可行的行动方案

16. 《中华人民共和国乡村振兴促进法》中明确提出乡村振兴包含（　　）。
    A. 产业振兴　　　B. 人才振兴　　　C. 文化振兴　　　D. 生态振兴
    E. 组织振兴

17. 党的二十大报告科学回答了新时代新征程全面建设社会主义现代化国家的若干重大问题，特别是关于（　　）等重要论述，构建了中国式现代化理论的基本框架，为推进中国式现代化提供了根本遵循。
    A. 中国式现代化的领导力量　　　B. 中国式现代化的中国特色
    C. 中国式现代化的本质要求　　　D. 中国式现代化的重大原则
    E. 中国式现代化的理论体系

18. 习近平总书记强调，我们党要继续团结带领全国各族人民实现第二个百年奋斗目标，需要全面总结的经验有（　　）。
    A. 我们党在百年历程中取得的应对变局、把握大局、开创新局的历史经验
    B. 我们党在百年历程中取得的探索我国革命道路、建设道路、改革道路的历史经验
    C. 我们党在百年历程中取得的团结带领人民推进民族复兴的历史经验
    D. 我们党在百年历程中取得的敢于斗争、善于斗争的历史经验
    E. 我们党在百年历程中取得的自我革命的历史经验

19. 百团大战的主要战果包括（　　）。
    A. 毙伤日伪军25 800余人　　　B. 破坏铁路474千米、公路1500多千米
    C. 严重地破坏了正太铁路和井陉煤矿　　　D. 彻底消灭了华北地区的日军
    E. 基本宣告了国民党统治的覆灭

20. 《乡村振兴战略规划（2018—2022年）》中提出的乡村振兴"三步走"战略包括（　　）。
    A. 到2020年，乡村振兴的制度框架和政策体系基本形成，各地区各部门乡村振兴的思路举措得以确立，全面建成小康社会的目标如期实现，到2022年，乡村振兴的制度框架和政策体系初步健全
    B. 到2022年，乡村振兴的制度框架和政策体系初步健全，全面建成小康社会的目标如期实现
    C. 到2035年，乡村振兴取得决定性进展，农业农村现代化基本实现
    D. 到2050年，乡村全面振兴，农业强、农村美、农民富全面实现
    E. 到2050年，乡村全面振兴，农业现代化全面实现

21. 下列关于习近平新时代中国特色社会主义思想描述正确的是（　　）。
    A. 是对马克思列宁主义、毛泽东思想、邓小平理论、"三个代表"重要思想、科学发

展观的继承和发展
B. 是马克思主义中国化最新成果
C. 是党和人民实践经验和集体智慧的结晶
D. 是中国特色社会主义理论体系的重要组成部分
E. 是全党全国人民为实现中华民族伟大复兴而奋斗的行动指南，必须长期坚持并不断发展

22. 以下中国共产党的会议上选举习近平为中央委员会总书记的有（   ）。
    A. 十七届一中全会　　　　　　　B. 十八届一中全会
    C. 十九届一中全会　　　　　　　D. 二十届一中全会
    E. 十五届一中全会

23. 关于"一国两制"，正确的说法有（   ）。
    A. 最初是为解决香港问题而提出的
    B. 成功实践于香港和澳门的回归
    C. 是中国特色社会主义的伟大创举
    D. 是香港、澳门回归后保持长期繁荣稳定的最佳制度安排，必须长期坚持
    E. 毛泽东首次提出"一个国家，两种制度"的概念

24. 五四运动的意义在于（   ）。
    A. 推动了中国社会进步
    B. 促进了马克思主义在中国的传播
    C. 为中国共产党成立做了思想上、干部上的准备
    D. 是中国旧民主主义革命走向新民主主义革命的转折点
    E. 是共产党独立建军的开始

25. 中国共产党成立以来的百年光辉历程，历史时期可以分为（   ）。
    A. 旧民主主义革命时期
    B. 新民主主义革命时期
    C. 社会主义革命和社会主义建设时期
    D. 改革开放和社会主义现代化建设时期
    E. 新时代中国特色社会主义建设时期

参考答案及解析

第二章 中国旅游业发展概况

一、判断题（判断下列各题是否正确，正确的请在答卷中相应题号后的括号内打"√"，错误的打"×"）

1. 陈光甫创立的上海商业储蓄银行旅游部结束了外国公司包揽中国旅游业务的历史。（　）
2. 中国旅行社是中华人民共和国成立后我国最早成立的旅行社。（　）
3. 文旅融合，文化是旅游的载体，旅游是文化的灵魂。（　）
4. 新中国旅游业是以邓小平"黄山讲话"为标志，全面转入经济业务领域。（　）
5. 我国入境旅游市场是指我国大陆之外的客源市场，它由外国人（含外籍华人）、海外华侨和中国港澳台地区市场三部分组成。（　）
6. 康养旅游不需要依托良好的自然生态环境。（　）
7. 我国公民的出境旅游包括出国旅游、边境旅游和港澳台地区旅游。（　）
8. 1982年8月，中国旅行游览事业管理局更名为中华人民共和国国家旅游局。（　）
9. 数字文旅主要通过虚拟现实（VR）、增强现实（AR）、大数据、人工智能等技术，为游客提供沉浸式体验。（　）
10. 乡村旅游不包含观光型、体验型、休闲度假型等类型。（　）
11. 定制旅游在整合旅行供应时，不需要进行目标人群细分、兴趣细分、需求细分。（　）
12. 文化和旅游部成立于2018年。（　）
13. 2019年上半年，中国境外旅行支出总额1275亿美元，稳居世界第一位。（　）
14. 1997年，经国务院批准，国家旅游局、公安部发布《中国公民自费出国旅游管理暂行办法》，标志着中国出境旅游市场的形成。（　）
15. 改革开放后，旅游业全面转向经济行业。1981年，国家发布了第一个旅游业发展的战略性文件——《国务院关于加强旅游工作的决定》。（　）
16. 我国首次评定五星级酒店是在1990年。（　）
17. 1992年国家做出了《关于加快发展第三产业的决定》，明确提出旅游业属于第三产业。（　）
18. 实行春节、"五一""十一"三个连续7天的黄金周假期制度是国务院批准发布的《国民旅游休闲纲要》中的一项重要措施。（　）
19. 乡村旅游有两个基本要素，一是乡村地区，二是乡村性。（　）
20. 康养旅游不包含营养膳食、修心养性等手段。（　）
21. 只有以中国共产党领导人民在革命和战争时期建树丰功伟绩所形成的纪念地、标志物为载体,以其所承载的革命历史、革命事迹和革命精神为内容的才是红色旅游。
（　　）
22. 中国旅游业的图形标志是出土于甘肃武威的"马超龙雀"。（　　）
23. 2009 年国务院发布《关于加快发展旅游业的意见》,标志着旅游业全面融入国家战略层面。（　　）
24. 2016 年,国家旅游局牵头其他部委印发《关于推进中小学生研学旅行的意见》,全力推进研学旅行的发展。（　　）
25. 康养旅游是指通过养颜健体、营养膳食、修心养性、关爱环境等各种手段,使人在身体、心智和精神上都能达到自然和谐的优良状态的各种旅游活动的总和。（　　）
26. 南朝沈约是首位在诗句中使用"旅游"一词的诗人。（　　）
27. 陈光甫创办的《旅行》是中国第一本旅游刊物。（　　）
28. 中华人民共和国成立后至改革开放前,旅游业主要服务于外交工作的需要。（　　）
29. 华侨服务社总社是在北京成立的。（　　）
30. 中国国际旅行社总社是在毛泽东的提议下成立的。（　　）
31. 改革开放前,中国旅游业已经形成了一个完整的产业。（　　）
32. 中国旅游业在改革开放后得到了快速的发展。（　　）
33. 2011 年,国务院常务会议通过决议,将每年的 5 月 19 日定为"中国旅游日"。（　　）
34. 世界旅游城市联合会是中国首个全球性、综合性、非政府、非营利国际旅游组织。（　　）
35. 首届世界旅游发展大会是在 2016 年 5 月于北京举办的。（　　）
36. 我国入境旅游市场由外国人、海外华侨和港澳台同胞组成。（　　）
37. 截至 2019 年末,我国已成为世界排名第一的全球最受欢迎的旅游目的地。（　　）
38. 国内旅游市场的快速发展主要得益于我国幅员辽阔、人口众多以及经济的快速发展。（　　）
39. 2017 年,中共中央办公厅、国务院办公厅印发了《建立国家公园体制总体方案》。（　　）
40. 我国旅游市场已形成了入境旅游、国内旅游和出境旅游三大市场三足鼎立的格局。（　　）
41. 文化创意和设计服务与旅游产业的融合是实现旅游产业提质升级的必然选择。（　　）
42. 数字文旅是指利用数字技术和互联网技术,将文化和旅游资源进行数字化处理的旅游模式。（　　）
43. 《关于推进实施国家文化数字化战略的意见》等政策加速了文化和旅游产业数字化转型。（　　）
44. 定制旅游是旅游企业根据游客的固定需求安排旅游行程的旅游方式。（　　）
45. 文旅融合、数字文旅和定制旅游共同构成了当前旅游行业的主要发展趋势。（　　）
46. 《国家生态旅游示范区建设与运营规范》国家标准发布以来,由于受疫情影响,目前国家尚未认定任何国家生态旅游示范区。（　　）
47. 乡村旅游不能有效吸纳农村剩余劳动力。（　　）
48. 康养旅游更注重步履匆匆、走马观花的旅游方式。（　　）

二、单项选择题（下列各题的选项中，只有一项是正确的，请将正确答案的选项填入括号内）

1. （　　）年，《旅行社管理条例》出台，不再对旅行社投资主体的性质进行限制，民营企业投资环境得到极大改善。
   A. 1995　　　　B. 1996　　　　C. 1997　　　　D. 1998

2. （　　）年，国家实行每周"双休"的制度，极大地刺激了国内旅游的发展。
   A. 1995　　　　B. 1996　　　　C. 1997　　　　D. 1998

3. 发展至今，中国已成为世界第（　　）大出境旅游消费国。
   A. 一　　　　B. 二　　　　C. 三　　　　D. 四

4. 提出要将我国旅游业培育成为国民经济的战略性支柱产业和人民群众更加满意的现代服务业的文件是（　　）。
   A. 国务院发布的《关于加快发展旅游业的意见》
   B. 国务院发布的《关于促进旅游业改革发展的若干意见》
   C. 国务院批准发布的《国民旅游休闲纲要》
   D. 国务院发布的《"十三五"旅游业发展规划》

5. （　　）年，《中华人民共和国旅游法》颁布实施，意味着国民旅游权利被写入法律并得到充分保障，旅游市场秩序进一步规范。
   A. 2009　　　　B. 2011　　　　C. 2012　　　　D. 2013

6. 为适应国际交往的需要，由周恩来总理提议，新中国最早设立的负责国际友好协会的人员来华的旅行社是（　　）。
   A. 华侨服务总社　　　　　　　B. 中国旅行社
   C. 中国国际旅行社　　　　　　D. 中国青年旅行社

7. 中国旅游年起始于（　　）年。
   A. 1990　　　　B. 1991　　　　C. 1992　　　　D. 1993

8. 在我国入境旅游市场中，接待人次一直占大多数的是（　　）。
   A. 韩国市场　　　　　　　　　B. 美国市场
   C. 日本市场　　　　　　　　　D. 港、澳、台市场

9. 我国公民出境旅游目的地主要集中在（　　）。
   A. 美洲地区　　B. 欧洲地区　　C. 亚洲地区　　D. 大洋洲地区

10. 1985年，（　　）被国家旅游局确定为中国旅游业的图形标志。
    A. 铜车马　　　　　　　　　　B. "飞马踏燕"
    C. "马超龙雀"　　　　　　　　D. 金钥匙

11. 截至2019年末，我国已成为世界排名第（　　）的全球最受欢迎的旅游目的地。
    A. 四　　　　B. 三　　　　C. 二　　　　D. 一

12. （　　）明确了旅游业是第三产业的重点。
    A.《关于加快发展第三产业的决定》　　B.《旅行社管理条例》
    C.《国务院关于加强旅游工作的决定》　　D.《中国公民自费出国旅游管理暂行办法》

13. 将中国旅游日确定为每年的5月19日是因为（　　）。

A. 徐霞客诞生于这一天　　　　　　B. 徐霞客开始旅行于这一天
C. 徐霞客去世于这一天　　　　　　D.《徐霞客游记》开篇于这一天

14. 2017年，由中国发起的（　　）成立，是中国第一个全球性、综合性、非政府、非营利国际旅游组织。
　　A. 世界旅游城市联合会　　　　　　B. 世界旅游组织
　　C. 世界旅游联盟　　　　　　　　　D. 世界旅行社协会联合会

15. 2012年，世界旅游城市联合会成立，成为首个总部落户中国（　　）的国际性旅游组织。
　　A. 上海　　　　B. 北京　　　　C. 杭州　　　　D. 重庆

16. 1999年9月，国务院修订（　　），将中国全体公民法定节假日放假天数增加至10天，并通过调休形成春节、国庆等7天长假，打造旅游黄金周。
　　A.《全国年节及纪念日放假办法》
　　B.《关于加快发展第三产业的决定》
　　C.《国务院关于加强旅游工作的决定》
　　D.《关于进一步加快旅游业发展的通知》

17. 华侨服务社总社于1973年恢复，并在次年加挂（　　）名称。
　　A. 中国国际旅行社　　　　　　　　B. 中国旅行社
　　C. 中国康辉旅行社　　　　　　　　D. 中国青年旅行社

18. 国家旅游局在（　　）年召开了出境旅游工作会议，正式批准开展中国公民出境旅游业务。
　　A. 1996　　　　B. 1997　　　　C. 1998　　　　D. 1999

19. 中国旅游市场的三大组成部分不包括（　　）。
　　A. 入境旅游　　B. 国内旅游　　C. 出境旅游　　D. 邮轮旅游

20. 1949年，出于扩大统一战线和贯彻侨务政策等需要，华侨服务社作为第一家国营旅行社在（　　）成立。
　　A. 北京　　　　B. 广州　　　　C. 厦门　　　　D. 上海

21. 文化和旅游部是在（　　）成立的。
　　A. 2017年　　　B. 2018年　　　C. 2019年　　　D. 2020年

22. 生态旅游的概念最初是由（　　）在（　　）提出的。
　　A. 世界卫生组织，1980年　　　　　B. 世界自然保护联盟，1983年
　　C. 国际生态旅游协会，1993年　　　D. 国家旅游局，2016年

23. 国际生态旅游协会将生态旅游定义为具有（　　）双重责任的旅游活动。
　　A. 保护自然环境和推动经济发展
　　B. 促进文化交流和维护社会稳定
　　C. 保护自然环境和维护当地人民生活
　　D. 扩大旅游规模和提升旅游品质

24. 以下不属于我国印发的关于生态旅游的文件或者标准的是（　　）。
　　A.《全国生态旅游发展规划（2016—2025年）》
　　B.《国家生态旅游示范区建设与运营规范》

C.《国家绿色旅游示范基地标准》
D.《生态旅游景区》

25. 乡村旅游的基本要素包括（　　　）。
   A. 乡村地区和文化传承　　　　　　B. 乡村地区和乡村性
   C. 自然景观和人文活动　　　　　　D. 农业生产和旅游服务

26. 以下哪一项不是乡村旅游的类型（　　　）。
   A. 观光型　　　　B. 休闲度假型　　　C. 主题公园型　　　D. 民俗文化型

27. （　　　）强调了乡村旅游是贫困地区脱贫攻坚的有效方式。
   A. 2015年中央一号文件
   B. 2016年中央一号文件
   C.《促进乡村旅游发展提质升级行动方案》
   D.《国家生态旅游示范区建设与运营规范》

28. 康养旅游是通过（　　　）等手段，使人在身体、心智和精神上达到自然和谐的优良状态。
   A. 美容美发、营养膳食、心理咨询、修心养性
   B. 养颜健体、营养膳食、修心养性、关爱环境
   C. 体育锻炼、药物治疗、心理疏导、修心养性
   D. 旅游观光、文化体验、休闲娱乐、修心养性

29. 与传统旅游项目相比，康养旅游更注重与（　　　）、养心养颜、健康膳食等形式的结合。
   A. 购物和娱乐　　　　　　　　　　B. 医药保健和运动康体
   C. 商务会议和展览　　　　　　　　D. 教育和科研

30. （　　　）在2016年颁布了《国家康养旅游示范基地标准》。
   A. 国家旅游局　　　　　　　　　　B. 国家卫生健康委员会
   C. 国家发展改革委　　　　　　　　D. 农业农村部

31. （　　　）在世界旅游组织第24届全体大会上入选了"最佳旅游村"。
   A. 贵州西江千户苗寨　　　　　　　B. 云南丽江古城
   C. 浙江余村　　　　　　　　　　　D. 四川九寨沟

32. 文旅融合的观念和运营思维已成为（　　　）的战略思维。
   A. 市级　　　　　B. 省级　　　　　C. 国家级　　　　D. 国际级

33. 文旅融合的原则不包括（　　　）。
   A. 宜融则融　　　B. 能融尽融　　　C. 互不干涉　　　D. 以文促旅

34. 推动文化产业与旅游产业融合发展的主要目的是（　　　）。
   A. 单纯增加旅游收入　　　　　　　B. 单纯保护文化遗产
   C. 推动两个产业转型升级和提质增效　D. 仅提升文化内涵

35. （　　　）与旅游产业的融合，是实现旅游产业提质升级的必然选择。
   A. 文化创意和设计服务　　　　　　B. 传统手工艺
   C. 自然资源开发　　　　　　　　　D. 简单的景点建设

36. 数字文旅主要依赖（　　　）等技术来提升游客体验。

A. 虚拟现实（VR）和增强现实（AR） B. 传统广告宣传
C. 纸质地图和手册 D. 简单的网络服务

37. 数字文旅通过（ ）提高了文旅产业的生产效率。
A. 传统商业模式 B. 信息通信技术的创新应用
C. 政府行政干预 D. 消费者自发组织

38. 定制旅游中，（ ）适合小众的特色旅游线路。
A. 单项组合定制 B. 主题定制 C. C2B 定制 D. 团体包价游

39. 不属于定制旅游的优势的选项是（ ）。
A. 满足游客个性化需求 B. 提高旅游体验质量
C. 降低旅游成本 D. 增加游客参与度

40. 我国定制旅游产生于（ ）。
A. 20 世纪 70 年代 B. 20 世纪 80 年代
C. 21 世纪初期 D. 19 世纪 90 年代

41. 中国旅游日是（ ）年由国务院常务会议通过的决议确定的。
A. 2010 B. 2011 C. 2012 D. 2013

42. 将"马踏飞燕"确定为中国旅游业标志的年份是（ ）。
A. 1980 年 B. 1983 年 C. 1985 年 D. 1988 年

三、多项选择题（每题有 2~5 个正确答案，少选或错选均不得分，请将你认为正确的选项填入括号内）

1. 下列属于周恩来总理对翻译导游人员提出的做好"五大员"的是（ ）。
A. 宣传员 B. 调研员 C. 服务员 D. 协调员
E. 安全员

2. 从新中国成立至改革开放，我国旅游业接待的对象主要是（ ）。
A. 华侨 B. 外国商人 C. 港澳同胞 D. 国际友人
E. 国际组织人员

3. 我国国内旅游市场的主要特点有（ ）。
A. 规模宏大，发展速度快
B. 旅游形式以旅行社组织的为主
C. 旅游消费增长慢
D. 散客旅游所占比重大
E. 旅游消费水平低，但消费能力增长快

4. 如何实现文化产业与旅游产业融合发展？（ ）
A. 进一步强化融合即是发展的理念
B. 进一步树立互促共赢理念
C. 进一步强化一体化发展理念
D. 进一步实现文化创意和设计服务与旅游产业的融合
E. 进一步推动文化产业引领旅游产业发展

5. 我国出境旅游的主要特点有（ ）。

A. 出境旅游规模不断扩大
B. 在出境游客中，因私出境人次远远大于因公出境人次
C. 东北亚和东南亚一直是我国居民出境旅游的主要目的地
D. 出境旅游消费增长较快
E. 散客旅游所占比重大

6. 1990年国家首次评定五星级酒店，首批五星级酒店有三家，分别是（　　）。
   A. 南京金陵饭店　　　　　　　　B. 北京长城饭店
   C. 广州白天鹅宾馆　　　　　　　D. 广州花园酒店
   E. 广州中国大酒店

7. 中国入境旅游市场由（　　）组成。
   A. 外国人（含外籍华人）　　　　B. 国内游客
   C. 海外华侨　　　　　　　　　　D. 港澳台同胞
   E. 东南亚游客

8. 中国旅行、旅游历史悠久，下列关于中国古代旅行活动描述正确的是（　　）。
   A.《易经》中，专讲行商客贾的一卦就称为"旅"卦
   B. 唐时玄奘取经到印度
   C. 明时郑和七下西洋，远至东非海岸
   D. 孔子讲学周游列国
   E. 大旅行家徐霞客作了游记

9. 数字文旅依托的新一代信息技术有（　　）等。
   A. 互联网　　　B. 物联网　　　C. 大数据　　　D. 人工智能
   E. 云计算

10. 文旅融合的发展原则有（　　）。
    A. 宜融则融　　B. 能融尽融　　C. 以文促旅　　D. 以旅彰文
    E. 文化为主

11. 以下属于乡村旅游的类型的有（　　）。
    A. 民俗文化型　　　　　　　　　B. 体验型
    C. 休闲度假型　　　　　　　　　D. 时尚运动型
    E. 科普教育型

12. 智慧旅游是现代科技在（　　）等方面的应用。
    A. 旅游产业发展　　　　　　　　B. 旅游服务
    C. 旅游体验　　　　　　　　　　D. 旅游营销
    E. 旅游投融资

13. 康养旅游的特点有（　　）。
    A. 滞留时间长　　B. 旅游节奏慢　　C. 消费能力强　　D. 重游率高
    E. 只适合老年人

14. 关于中国入境旅游市场的特点，描述正确的有（　　）。
    A. 入境游客数量不断下降　　　　B. 港澳台地区的游客占主体部分
    C. 外国游客主要乘坐轮船入境　　D. 多数游客来华目的是观光休闲

E. 外国游客中，男性游客约占三分之二

15. 研学旅行重在提升中小学生的（　　）。
    A. 自学能力　　　B. 自理能力　　　C. 创新精神　　　D. 实践能力
    E. 吃苦精神

16. 以下属于大力发展乡村旅游，在解决"三农"问题，深化乡村振兴方面，具有独特的优势和直接效应的有（　　）。
    A. 可以扩宽农民增收渠道
    B. 显著提高农产品附加值、带动农村第三产业发展
    C. 能有效吸纳农村剩余劳动力
    D. 改善农村人居环境、提高农民生活水平
    E. 提升农村精神文明水平

17. 定制旅游的形式有（　　）。
    A. 单项组合定制　　B. 主题定制　　C. C2B定制　　D. B2B定制
    E. B2C定制

18. 中国旅游业近年来出现的新业态有（　　）。
    A. 乡村旅游　　　B. 研学旅游　　　C. 传统跟团游　　D. 冰雪旅游
    E. 康养旅游

19. 文旅融合过程中应遵循的原则是（　　）。
    A. 宜融则融　　　B. 科学相融　　　C. 能融尽融　　　D. 以文促旅
    E. 以旅彰文

20. 数字文旅主要依赖（　　）技术提升游客体验。
    A. 虚拟现实（VR）　　　　　　B. 增强现实（AR）
    C. 大数据　　　　　　　　　　D. 人工智能
    E. 互联网

21. "旅游"一词在古诗词中的含义包括（　　）。
    A. 游行游览　　　B. 功利性旅行　　C. 长期寄居他乡　　D. 商贸活动
    E. 文化享受

22. 关于中国旅游日的确立，描述正确的有（　　）。
    A. 中国旅游日是在2011年确定的
    B. 中国旅游日定在每年的5月20日
    C. 中国旅游日的设立起源于徐霞客的游记
    D. 中国旅游日是全国性的法定节假日
    E. 中国旅游日定在每年的5月19日

23. 中华人民共和国成立前，在中国设立了旅游业务的外国公司有（　　）。
    A. 通济隆公司　　　　　　　　B. 美国运通公司
    C. 中国旅行社　　　　　　　　D. 英国旅行社
    E. 日本JTB集团株式会社

24. 陈光甫对中国近代旅游业的贡献包括（　　）。
    A. 创办上海商业储蓄银行并设立旅行部

B. 成立中国旅行社

C. 创办《旅行》杂志

D. 提出"宣传自己，连接别人"工作方针

E. 撰写和出版了《红星照耀中国》

25. 生态旅游的定义中明确的双重责任有（　　　）。
    A. 保护自然环境　　　　　　　　B. 维护当地人民生活
    C. 强调经济收益　　　　　　　　D. 忽视文化遗产保护
    E. 重视文化遗产保护

26. 我国生态旅游产品建设取得的成就包括（　　　）。
    A. 印发《全国生态旅游发展规划（2016—2025年）》
    B. 推出《国家生态旅游示范区建设与运营规范》
    C. 未获得国际生态旅游协会的认可
    D. 认定超过100个国家生态旅游示范区
    E. 生态旅游已经成为游客最喜爱的旅游方式

27. 属于乡村旅游的基本类型的有（　　　）。
    A. 观光型　　　B. 体验型　　　C. 时尚运动型　　　D. 豪华奢侈型
    E. 民宿度假型

28. 康养旅游与传统旅游项目相比，不同之处有（　　　）。
    A. 更多依赖良好的自然生态环境　　　　B. 只包含休闲、观光
    C. 涵盖医药保健、运动康体等形式　　　D. 不注重修心养性
    E. 是传统旅游产业的升级版

30. 下列中国旅游业重要事件发生在改革开放前的有（　　　）。
    A. 华侨服务社在厦门成立
    B. 中国国际旅行社总社成立
    C. 中国旅行游览事业管理局成立
    D. 全国旅游工作会议的召开
    E. 国家第一个关于旅游业发展的战略性文件——《国务院关于加强旅游工作的决定》

参考答案及解析

第三章 中国历史文化

一、判断题（判断下列各题是否正确，正确的请在答卷中相应题号后的括号内打"√"，错误的打"×"）

1. 中国的原始社会，起自大约170万年前的元谋人，止于约公元前2070年夏王朝的建立。（ ）
2. 长江流域的半坡氏族和黄河流域的河姆渡氏族是母系氏族公社的繁荣时期的代表。（ ）
3. 良渚遗址被称为20世纪人类最伟大的考古发现之一，昭示了长江流域与黄河流域一样，同属中华文明的母体，被誉为"长江文明之源"。（ ）
4. 姓，起源于母系氏族时期；氏是姓的衍生，起源于父系氏族时期。姓是区分氏族的特定标志，是血统的标志。氏是姓的分支，代表着家庭或族群的称号。（ ）
5. 西汉后期，王莽篡权，改国号为"新"。刘秀利用农民起义，建立了东汉政权，定都安阳。（ ）
6. 都江堰位于四川成都平原西部的岷江上，始建于秦昭王末年（约前256—前251年），是蜀郡太守李冰父子在前人开凿的基础上组织修建的大型水利工程。（ ）
7. 禹破坏了禅让制，将帝位传给了儿子启，改为世袭制。（ ）
8. 1046年，犬戎（西北地区少数民族）攻破镐京，杀死昏庸的周幽王，西周灭亡。（ ）
9. 公元前2070年，夏启建立了中国历史上第一个王朝——夏。（ ）
10. 公元前475年至前221年为战国时期，我国的奴隶制社会逐步得以确立。（ ）
11. 秦王嬴政自诩"功高三皇，德高五帝"，自称"始皇帝"。（ ）
12. 2015年，中国女药物学家屠呦呦获得"诺贝尔生理学或医学奖"，以表彰她对治疗疟疾的贡献。她是中国首位获得该奖项的中国本土女科学家。（ ）
13. 960年，后周大将杨坚在陈桥驿发动兵变，"黄袍加身"称帝，建北宋，定都东京（今开封）。（ ）
14. 《本草纲目》为世界上内容最丰富、考订最详尽的药物学著作。（ ）
15. 唐代开凿大运河，以东都洛阳为中心，北至涿郡，南达余杭，全长2000多千米。（ ）
16. 谥号原寓褒贬或同情之意，谥号的使用始于西周。（ ）
17. 清朝从1644年入关到1912年退位，历经268年。其中统治最为辉煌的是康熙、雍正、乾隆三帝，人称"康乾盛世"。（ ）
18. 王羲之的《兰亭集序》被誉为"天下第一行书"。（ ）

19. 1945年，中华民族经历14年艰苦卓绝的抗日战争，最终赢得胜利。（ ）
20. 汉文帝时设有采集各地歌谣和整理、制定乐谱的机构，名叫"乐府"。（ ）
21. 北魏贾思勰的《齐民要术》总结了农业生产技术和经验。（ ）
22. 中国文化遗产标志采用了三星堆出土的"四鸟绕日"金饰。（ ）
23. 西汉的《九章算术》是我国现存最早的天文历算和数学著作，书中有比较复杂的分数运算和开平方方法，还最早提出了勾股定理。（ ）
24. 1911年，孙中山领导的辛亥革命推翻了清王朝的统治，同时也结束了延续2000多年的封建君主制，建立了"中华民国"，中国历史翻开了崭新的篇章。（ ）
25. 东晋灭亡后，相继出现了宋、齐、梁、陈四个小王朝，称为南朝。（ ）
26. 春秋战国时期，以孔子、老子、韩非子为代表的三大哲学体系形成诸子百家争鸣的繁荣局面，为中国文化发展奠定了宽广的基础。（ ）
27. 世界上最早的天文学著作是《山海经》。（ ）
28. 龙山文化源自大汶口文化。（ ）
29. 东汉时期张鲁发明制作了地动仪，可以遥测千里以外地震发生的方向，比欧洲早1700多年。（ ）
30. 战国问世、西汉编定的《黄帝内经》成为我国现存最早的一部医书。（ ）
31. 战国前，贵族才有姓氏，贵族男子称氏，女子称姓。（ ）
32. 古人谥号可以单独使用。（ ）
33. 古人在平辈之间，可以直呼其名。（ ）
34. 中华文明拥有5000余年的历史，其有文字可考的文明史长达3700多年。（ ）
35. 中国古代的封建社会被划分为五个发展阶段，其中战国、秦、汉是封建社会形成和初步发展阶段。（ ）
36. 北京人是目前世界上发现的内涵最丰富、资料最齐全的直立人，生活在距今70万年至20万年前。（ ）
37. 山顶洞人掌握了人工取火技术，并进入了父系氏族公社阶段。（ ）
38. 母系氏族公社是建立在母系血缘关系上的社会组织，是氏族社会的第一阶段。（ ）
39. 年，原始含义为庄稼成熟一次，并以地球绕太阳运行一周为一年。（ ）
40. 元代郭守敬所编著的《授时历》确定的一年天数为365.2425天，与地球绕太阳一周的实际时间完全一致。（ ）
41. 公历中，每4年必定有一个闰年。（ ）
42. 农历每年固定有12个月，大月30天，小月29天，全年354天。（ ）
43. 农历中，闰月加到哪个月完全由人为随意决定。（ ）
44. 二十四节气中，春分和秋分是一年之中白天与夜晚时间相等的两天。（ ）
45. 阴阳原指向日为阳、背日为阴的日照相背，这一概念后来没有被引申到其他事物和联系中。（ ）
46. 四书是《大学》《中庸》《论语》《尚书》的合称。（ ）
47. 五经是在汉武帝时期被确定为儒家经典的。（ ）
48. "三纲"即"君为臣纲""父为子纲""兄为弟纲"。（ ）
49. 《周礼》《仪礼》《礼记》合称为"三礼"。（ ）

50. 中医的诊疗方法主要包括望、闻、问、记四种方法。（   ）
51. 中药是指中医用以治病防病和保健养生的药物，与国画、京剧并称为中国的三大国粹。
（   ）
52. 针灸是中医中一种"内病外治"的物理治疗手段，仅通过针具进行治疗。（   ）

二、单项选择题（下列各题的选项中，只有一项是正确的，请将正确答案的选项填入括号内）

1. 良渚文化分布的中心地区在钱塘江流域和太湖流域，最大特色是所出土的（   ）。
   A. 玉器   B. 青铜器   C. 陶器   D. 铁器
2. （   ）泛指中国黄河中、下游地区约新石器时代晚期的一类文化遗存，属铜石并用时代文化。
   A. 半坡文化   B. 龙山文化   C. 仰韶文化   D. 良渚文化
3. （   ）已经学会使用打制石器和天然火，距今约70万—20万年。
   A. 建始人   B. 元谋人   C. 北京人   D. 山顶洞人
4. 早在春秋时期，（   ）便成为国家政权的代称，与宗庙并重。
   A. 姓氏   B. 图腾   C. 社稷   D. 鼎
5. （   ）的制陶业较为发达，以"彩陶文化"而异于其他文化遗存。
   A. 仰韶文化   B. 河姆渡文化   C. 龙山文化   D. 良渚文化
6. 夏、商、西周是中国历史上的（   ）。从公元前2070年夏朝建立到公元前771年西周灭亡，历经1000多年。
   A. 原始社会   B. 封建社会
   C. 奴隶社会   D. 资本主义社会
7. 北魏（   ）以汉化为主题的改革是中国文化史上的盛事。
   A. 孝文帝   B. 隋文帝   C. 唐太宗   D. 忽必烈
8. 公元前221年，秦王嬴政灭东方六国，建立起中国历史上第一个统一的中央集权制（   ）国家，都城咸阳。
   A. 奴隶   B. 封建   C. 原始   D. 资本主义
9. 形成于秦汉的海上丝绸之路在（   ）代得以繁荣。
   A. 宋   B. 元   C. 明   D. 清
10. （   ）代，意大利旅行家马可·波罗来到中国，居住了十几年，游历了很多地方，写下了著名的《马可·波罗游记》，激起了欧洲人对东方文化的好奇与向往。
    A. 汉   B. 唐   C. 宋   D. 元
11. （   ）中有世界公认的较早的黑子记录。
    A.《春秋》   B.《汉书·五行志》
    C.《甘石星经》   D.《左传》
12. （   ）是理学发展的集大成者。
    A. 程颢   B. 朱熹   C. 程颐   D. 王阳明
13. 我国现存也是世界上最早的史书是（   ）。
    A.《左传》   B.《尚书》   C.《春秋》   D.《史记》

14. 春秋末年孔子编写的（　　），为中国史学上第一部编年体史书。
    A.《左传》　　　　B.《春秋》　　　　C.《史记》　　　　D.《诗经》
15. 提出"民贵君轻"思想主张的是战国时期的思想家（　　）。
    A. 孔子　　　　　B. 荀子　　　　　C. 孟子　　　　　D. 墨子
16. 中国历史上首创望、闻、问、切四诊法的著名医师是（　　）。
    A. 扁鹊　　　　　B. 华佗　　　　　C. 张仲景　　　　D. 孙思邈
17. 中国历史上被人们称为"医圣"的是（　　）。
    A. 华佗　　　　　B. 张仲景　　　　C. 孙思邈　　　　D. 李时珍
18. 我国现存最早、最完备的农书是（　　）。
    A. 王祯的《农书》　　　　　　　　B. 徐光启的《农政全书》
    C. 汜胜之的《汜胜之书》　　　　　D. 贾思勰的《齐民要术》
19. 我国现存最早的医书《黄帝内经》是（　　）时期编订的。
    A. 春秋　　　　　B. 战国　　　　　C. 西汉　　　　　D. 东汉
20.《针灸甲乙经》的作者是（　　），这是我国第一部针灸学专著。
    A. 张仲景　　　　B. 华佗　　　　　C. 皇甫谧　　　　D. 孙思邈
21. 战国末（　　）对前人的学说加以总结、综合，集法家之大成。
    A. 商鞅　　　　　B. 韩非　　　　　C. 李斯　　　　　D. 吕不韦
22. 唐朝最有成就的天文学家僧一行制定的（　　），比较准确地反映了太阳运行的规律，系统周密，是当时最精确的历法。
    A.《甘石星经》　　B.《太初历》　　　C.《授时历》　　　D.《大衍历》
23. 西周时的商高是见于著述的中国古代第一位（　　）。
    A. 医学家　　　　B. 天文学家　　　C. 数学家　　　　D. 文学家
24. 被誉为"中国17世纪的工艺百科全书"的是（　　）。
    A.《徐霞客游记》　　　　　　　　B.《梦溪笔谈》
    C.《天工开物》　　　　　　　　　D.《水经注》
25. 干支纪年萌芽于西汉，（　　）时以政府命令的形式在全国通行。
    A. 东汉　　　　　B. 西晋　　　　　C. 东晋　　　　　D. 隋朝
26. 科举制度是中国古代特有的选官制度，它正式开始于（　　）。
    A. 汉朝　　　　　B. 隋朝　　　　　C. 唐朝　　　　　D. 宋朝
27.（　　）是西晋时期杰出的地图学家，绘制出《禹贡地域图》，还提出了绘制地图的原则。
    A. 徐霞客　　　　B. 郦道元　　　　C. 裴秀　　　　　D. 郭守敬
28. 我国第一部纪传体通史《史记》是（　　）编写的。
    A. 司马光　　　　B. 司马迁　　　　C. 班固　　　　　D. 左丘明
29. 汉武帝接受（　　）的建议，罢黜百家，使儒学获得了独尊地位。
    A. 卫青　　　　　B. 霍去病　　　　C. 李斯　　　　　D. 董仲舒
30.（　　）由北宋科学家、政治家沈括撰写，是一部涉及古代中国自然科学、工艺技术及社会历史现象的综合性笔记体著作。
    A.《齐民要术》　　B.《考工记》　　　C.《梦溪笔谈》　　D.《天工开物》

31. 秦丞相李斯也是著名书法家，创造了（　　），作品有《峄山刻石》《泰山刻石》《琅琊台刻石》《会稽刻石》等。
    A. 金文　　　　　B. 小篆　　　　　C. 隶书　　　　　D. 楷书

32. 《临川先生文集》中的"王临川"用的是（　　）称谓。
    A. 排行　　　　　B. 官爵　　　　　C. 地望　　　　　D. 别号

33. 年号是皇帝用以纪年而设置的称号，年号始于西汉（　　）继位之年的"建元"。
    A. 高祖　　　　　B. 文帝　　　　　C. 景帝　　　　　D. 武帝

34. 梁山好汉"智多星""豹子头""母夜叉"等，这些都是（　　），大部分是对人物外貌、能力或品行的概括。
    A. 名　　　　　　B. 表字　　　　　C. 诨号　　　　　D. 别号

35. （　　）主要用于"别婚姻"，是为了区分血缘、防止血缘婚配而发明的相应识别标志。
    A. 姓　　　　　　B. 氏　　　　　　C. 名　　　　　　D. 字

36. 战国时期帛画（　　）被认为是现存最早的古代绘画。
    A. 《女史箴图》　　　　　　　　　B. 《龙凤人物图》
    C. 《洛神赋图》　　　　　　　　　D. 《步辇图》

37. （　　）倡导"诗中有画，画中有诗"，形成诗、书、画三位一体的独特风格，被后人奉为文人画的始祖。
    A. 王维　　　　　B. 吴道子　　　　C. 苏轼　　　　　D. 展子虔

38. 纸张成为我国主要书写工具而得到普遍使用的时期是在（　　）。
    A. 西汉　　　　　B. 东汉　　　　　C. 魏晋　　　　　D. 隋唐

39. 中国古代使用时间最长、最精确的历法是（　　）。
    A. 《黄帝历》　　B. 《大衍历》　　C. 《授时历》　　D. 《大明历》

40. 以下属于法家代表人物的是（　　）。
    A. 孔子　　　　　B. 墨子　　　　　C. 老子　　　　　D. 韩非

41. 唐朝医学家孙思邈被人们尊为"药王"，其全面总结历代和当时的医药学成果，写出了在我国医药学历史上占有重要地位的巨著（　　）。
    A. 《黄帝内经》　B. 《神农本草经》　C. 《千金方》　　D. 《本草纲目》

42. 世界上最早的、由国家颁行的药典是（　　）。
    A. 《四部医典》　B. 《唐本草》　　C. 《千金方》　　D. 《本草纲目》

43. 生肖共12个，又称12属相，起源于战国，（　　）时已有明确记载。
    A. 东汉　　　　　B. 西汉　　　　　C. 晋　　　　　　D. 秦

44. 元代郭守敬所编著的（　　），确定365.2425天为一年，这比地球绕太阳一周的实际时间只差了25.92秒。
    A. 《甘石星经》　B. 《太初历》　　C. 《大衍历》　　D. 《授时历》

45. "开元盛世"指的是（　　）统治时期。
    A. 唐太宗　　　　B. 唐高宗　　　　C. 唐玄宗　　　　D. 武则天

46. 古人将一年分为（　　）个节气，用来表示气候、降雨的变化。
    A. 12　　　　　　B. 28　　　　　　C. 24　　　　　　D. 36

47. 被誉为中国人文地理学的开山鼻祖的是（　　）。

A. 徐霞客　　　　　B. 沈括　　　　　　C. 李白　　　　　　D. 王士性

48. 有"金不换"之称的中国传统中药材是（　　）。
　　A. 人参　　　　　　B. 冬虫夏草　　　　C. 三七　　　　　　D. 鹿茸

49. 以下不属于"四书"的是（　　）。
　　A.《中庸》　　　　B.《论语》　　　　C.《大学》　　　　D.《春秋》

50. 被奉为"楷书之祖"的是（　　）。
　　A. 钟繇　　　　　　B. 王羲之　　　　　C. 柳宗元　　　　　D. 蔡邕

51. 一年之中，白天最长的一天是（　　）当天。
　　A. 夏至　　　　　　B. 冬至　　　　　　C. 春分　　　　　　D. 秋分

52. 素有伤科圣药之誉和"神药""仙丹""灵芝草"美称的中成药是（　　）。
　　A. 大活络丹　　　　B. 云南白药　　　　C. 安宫牛黄丸　　　D. 漳州片仔癀

53. 中国的陆地国土面积在世界上排名（　　）。
　　A. 第一　　　　　　B. 第二　　　　　　C. 第三　　　　　　D. 第四

54. "中华文明探源工程"研究表明，中华文明拥有（　　）的历史。
　　A. 3000 余年　　　　B. 4000 余年　　　　C. 5000 余年　　　　D. 6000 余年

55. （　　）是封建社会形成和初步发展阶段。
　　A. 战国、秦、汉　　　　　　　　　　　B. 三国、两晋、南北朝
　　C. 隋、唐、五代　　　　　　　　　　　D. 辽、宋、夏、金、元

56. 在十二生肖（属相）中，"卯兔"之后的属相是（　　）。
　　A. 未羊　　　　　　B. 午马　　　　　　C. 辰龙　　　　　　D. 巳蛇

57. 北京人生活的大致时间范围为（　　）。
　　A. 距今 3 万年　　　　　　　　　　　　B. 距今 70 万年至 20 万年前
　　C. 距今 170 万年　　　　　　　　　　　D. 距今 4000 多年

58. 母系氏族公社时期，氏族内财产的继承主要是基于（　　）。
　　A. 父系血统　　　　B. 母系血统　　　　C. 子女平均分配　　D. 部落首领决定

59. （　　）遗址是父系氏族公社晚期的代表。
　　A. 河姆渡文化　　　B. 半坡文化　　　　C. 龙山文化　　　　D. 仰韶文化

60. 中国种植水稻的最早证据来自（　　）。
　　A. 山顶洞人　　　　B. 北京人　　　　　C. 河姆渡氏族　　　D. 半坡氏族

61. 下列关于龙山文化的描述，不正确的是（　　）。
　　A. 属于新石器时代晚期　　　　　　　　B. 分布在黄河中、下游地区
　　C. 已进入青铜时代　　　　　　　　　　D. 属于铜石并用时代文化

62. 西周实行的土地制度是（　　）。
　　A. 国家土地私有制　　　　　　　　　　B. 集体土地所有制
　　C. 国家土地所有制　　　　　　　　　　D. 土地公有制

63. "国人暴动"发生在（　　），导致（　　）被赶走。
　　A. 公元前 842 年，周幽王　　　　　　　B. 公元前 841 年，周厉王
　　C. 公元前 771 年，周平王　　　　　　　D. 公元前 770 年，周宣王

64. 东周分为（　　）时期。

A. 春秋和汉朝 B. 战国和秦朝
C. 春秋和战国 D. 汉朝和秦朝

65. 被誉为西周"四大重器"之一的是（　　）。
A. 后母戊鼎 B. 虢季子白盘 C. 鼎湖大鼎 D. 鹿鼎

66. "三家分晋"指的是（　　）分割了晋国。
A. 韩、赵、魏 B. 燕、赵、魏 C. 齐、楚、秦 D. 秦、赵、魏

67. 都江堰是（　　）太守（　　）修筑的防洪灌溉工程。
A. 齐国，管仲 B. 赵国，李冰 C. 秦国，李冰 D. 楚国，吴起

68. "卧薪尝胆"的故事与（　　）有关。
A. 齐桓公 B. 晋文公 C. 越王勾践 D. 吴王阖闾

69. 儒家的创始人是（　　）。
A. 老子 B. 孟子 C. 孔子 D. 庄子

70. 孔子整理的古代文献中，不包括（　　）。
A.《诗》 B.《书》 C.《论语》 D.《礼》

71. 孔子的教育思想中，主张"有教无类"的意义是（　　）。
A. 强调教育应该平等对待所有人
B. 主张只有贵族才能接受教育
C. 认为教育应该严格区分等级
D. 强调教育应以考试成绩为唯一标准

72. 孟子提出的"民为贵，社稷次之，君为轻"体现了（　　）思想。
A. 君主专制 B. 民主平等 C. 民本 D. 君主立宪

73. 汉代儒学在西汉时期分为（　　）。
A. 古文经和今文经 B. 儒学和道家
C. 今文经和法文经 D. 儒学和墨家

74. 董仲舒的主要思想主张是（　　）。
A. 仁政与民本 B. 罢黜百家，独尊儒术
C. 存天理，灭人欲 D. 知行合一

75. 宋明理学的中心观念是（　　）。
A. 礼 B. 仁 C. 理 D. 心

76. 朱熹的著作《四书章句集注》在（　　）的科举制度中被用作题库和标准答案。
A. 唐代 B. 宋代 C. 明代 D. 汉代

77. 清代儒学的新思潮是（　　）。
A. 玄学 B. 佛学 C. 理学 D. 朴学

78. 清代朴学的治学特点不包括（　　）。
A. 重视客观证据 B. 反对主观武断
C. 脱离现实，缺乏思想创新 D. 强调三纲五常

79. 中国原始的"年"的含义是指（　　）。
A. 一个昼夜交替 B. 地球绕太阳运行一周
C. 庄稼生长的一个周期 D. 二十四节气的一个完整循环

80. 根据《授时历》,一年被确定为（　　）。
   A. 365 天　　　　　B. 365.25 天　　　　C. 365.2425 天　　　D. 366 天

81. 在公历中,闰年的设置规则是（　　）。
   A. 每 4 年一闰
   B. 每 100 年一闰
   C. 每 400 年一闰
   D. 四年一闰,但整百年份必须是 400 的倍数才是闰年

82. 农历中,闰月是如何设置的（　　）。
   A. 每隔一年增加一个闰月
   B. 每隔两年增加一个闰月
   C. 每隔三年增加一个闰月
   D. 根据与农历二十四节气的符合程度来推断并增加闰月

83. （　　）节气标志着一年中白天时间最长。
   A. 立春　　　　　　B. 春分　　　　　　C. 夏至　　　　　　D. 冬至

84. 在农历中,（　　）通常被视为正月。
   A. 离立夏最近的"朔日"所在的月　　B. 离立秋最近的"朔日"所在的月
   C. 离立冬最近的"朔日"所在的月　　D. 离立春最近的"朔日"所在的月

85. 古人将一年分为（　　）季节。
   A. 二个　　　　　　B. 三个　　　　　　C. 四个　　　　　　D. 五个

86. 农历中,闰年有（　　）。
   A. 12 个月　　　　　　　　　　　　　B. 13 个月
   C. 11 个月　　　　　　　　　　　　　D. 不确定,视闰月情况而定

87. （　　）不是农历月份的别称。
   A. 孟春　　　　　　B. 仲夏　　　　　　C. 季秋　　　　　　D. 冬月

88. 四书是指儒家经典的（　　）。
   A.《诗经》《尚书》《礼记》《周易》
   B.《大学》《中庸》《论语》《孟子》
   C.《春秋》《左传》《公羊传》《谷（穀）梁传》
   D.《孝经》《尔雅》《黄帝内经》《神农本草经》

89. 五经是在（　　）被定为儒家经典的。
   A. 宋朝　　　　　　B. 汉朝　　　　　　C. 唐朝　　　　　　D. 明朝

90. 被称为"诗仙"的唐代诗人是（　　）。
   A. 杜甫　　　　　　B. 李白　　　　　　C. 王维　　　　　　D. 白居易

91. 以下不属于"十三经"的是（　　）。
   A.《诗经》　　　　B.《史记》　　　　C.《周易》　　　　D.《春秋左氏传》

92. 中医的理论基础是（　　）。
   A. 阴阳五行　　　　B. 解剖学　　　　　C. 物理学原理　　　D. 生物学原理

93. 下列（　　）不属于历史上的中医十大名医。
   A. 扁鹊　　　　　　B. 华佗　　　　　　C. 李时珍　　　　　D. 钟南山

94. 中医的诊疗方法"望闻问切"中，"切"指的是（　　）。
    A. 观察病人外部神色　　　　　　　　B. 询问病人症状
    C. 嗅闻病人气味　　　　　　　　　　D. 切脉诊断
95. （　　）的治疗方法不属于中医的传统疗法。
    A. 针灸　　　　B. 推拿　　　　C. 外科手术　　　　D. 拔罐
96. 中药按加工工艺可分为（　　）。
    A. 草药和矿物药　　　　　　　　　　B. 中药材和中成药
    C. 处方药和非处方药　　　　　　　　D. 内服和外用药
97. 以下名医（　　）是东汉时期的。
    A. 扁鹊　　　　B. 华佗　　　　C. 孙思邈　　　　D. 李时珍
98. 北宋帝王（　　）不仅书法漂亮，还创造了"瘦金体"，并有传世佳作《芙蓉锦鸡》。
    A. 宋仁宗　　　B. 宋神宗　　　C. 宋徽宗　　　　D. 宋高宗
99. 张择端的作品（　　）被誉为不朽的珍品。
    A.《富春山居》　　　　　　　　　　B.《雨后空林》
    C.《清明上河图》　　　　　　　　　D.《池塘晚秋》
100. "北宋三大家"不包括（　　）。
    A. 范宽　　　　B. 董源　　　　C. 李成　　　　D. 苏轼
101. 元代绘画强调（　　）的结合。
    A. 诗、书、画　B. 诗、乐、画　C. 书、乐、画　D. 诗、书、印
102. 以下画家不属于"元四家"的是（　　）。
    A. 黄公望　　　B. 倪瓒　　　　C. 赵孟頫　　　　D. 吴镇
103. 以下画家是明代吴派的代表之一的是（　　）。
    A. 沈周　　　　B. 董其昌　　　C. 徐渭　　　　D. 唐寅
104. 被称为"明四家"或"吴门四家"的画家中不包括（　　）。
    A. 沈周　　　　B. 文徵明　　　C. 唐寅　　　　D. 赵孟頫
105. 清代中期出现的"扬州八怪"中，（　　）以画竹著称。
    A. 金农　　　B. 郑燮（郑板桥）　C. 弘仁　　　D. 髡残（石溪）
106. 中国画按绘画的方法划分，不包括（　　）。
    A. 工笔画　　　B. 写意画　　　C. 素描画　　　D. 半工笔半写意画
107. 中国画强调的"形神兼备"中的"神"指的是（　　）。
    A. 物体的外形　B. 物体的颜色　C. 物体的内在神韵　D. 物体的材质
108. 明代木工（　　）被誉为"蒯鲁班"。
    A. 蒯越　　　　B. 蒯祥　　　　C. 蒯通　　　　D. 蒯彻
109. （　　）创办的世界上第一所医校比欧洲同类机构早200年。
    A. 唐高祖　　　B. 唐太宗　　　C. 唐高宗　　　D. 唐玄宗
110. 唐朝医学家（　　）被誉为"东方医学圣典"。
    A. 张仲景的《伤害杂病论》　　　　　B. 孙思邈的《千金方》
    C. 皇甫谧的《针灸甲乙经》　　　　　D. 李时珍的《本草纲目》
111.《唐本草》是世界上最早的、由国家颁行的（　　）类型的书籍。

A. 诗集　　　　　B. 药典　　　　　C. 史书　　　　　D. 小说
112. 南宋时期（　　）是我国第一部系统的法医学著作。
A.《洗冤集录》　B.《本草纲目》　C.《水经注》　D.《营造法式》
113. 明朝医学家（　　）的著作对前代药物学进行了全面总结。
A. 宋慈　　　　　B. 李时珍　　　　C. 裴秀　　　　　D. 徐霞客
114. 明代地理学家（　　）的著作对石灰岩溶蚀地貌有早于欧洲约两个世纪的观察和记述。
A. 郦道元　　　　B. 徐霞客　　　　C. 王士性　　　　D. 郑和
115. 清代康熙时制成的（　　），是亚洲当时所有的地图中最好的一幅，而且比当时所有的欧洲地图都更好、更精确。
A.《坤舆万国全图》　　　　　　　B.《四洲志》
C.《皇舆全览图》　　　　　　　　D.《海国图志》
116. 元大都的建筑特点是（　　）。
A. 规模宏大但布局杂乱　　　　　B. 规模较小但建筑精美
C. 建筑宏伟且有完善的排水系统　D. 以农业建筑为主

三、多项选择题（每题有 2~5 个正确答案，少选或错选均不得分，请将你认为正确的选项填入括号内）

1. 以下属于中国古典戏曲五大戏曲剧种的有（　　）。
A. 京剧　　　　　B. 昆曲　　　　　C. 花鼓戏　　　　D. 黄梅戏
E. 越剧
2. 下列五行中的"木""金""火"对应的五色是（　　）。
A. 黄　　　　　　B. 青　　　　　　C. 白　　　　　　D. 红
E. 黑
3. 殿试按成绩分为"三甲"，一甲取三名，叫"赐进士及第"。第一名俗称（　　），第二名俗称（　　），第三名俗称（　　）。
A. 状元　　　　　B. 贡士　　　　　C. 榜眼　　　　　D. 举人
E. 探花
4. 北魏郦道元的《水经注》是古代地理学史上最系统、最完备的水文地理著作，具有很高的（　　）价值。
A. 经济学　　　　B. 文学　　　　　C. 史学　　　　　D. 地理学
E. 哲学
5. 仰韶文化最典型的代表有（　　）。
A. 双槐树遗址　　B. 姜寨遗址　　　C. 半坡遗址　　　D. 良渚遗址
E. 齐家坪遗址
6. 属于母系氏族文化遗存的有（　　）。
A. 仰韶文化　　　B. 良渚文化　　　C. 河姆渡文化　　D. 龙山文化
E. 红山文化
7. 战国时期，因多年的兼并战争形成了（　　）、燕、赵、魏、秦七雄争霸的格局。

A. 齐   B. 楚   C. 吴   D. 韩
E. 越

8. 中国古代四大发明是指（   ）。
   A. 造纸术   B. 指南针   C. 印刷术   D. 火药
   E. 麻沸散

9. 下列属于从美洲传入的农作物有（   ）
   A. 玉米   B. 土豆   C. 花生   D. 地瓜
   E. 辣椒

10. 物理上指示方向的指南针的发明由（   ）组成，均属于中国的发明。
    A. 日晷   B. 磁石   C. 司南   D. 磁针
    E. 罗盘

11. 下列对汉武帝的描述，正确的有（   ）。
    A. 举办太学
    B. 派大将卫青、霍去病打击匈奴
    C. 在东北边地屯田，修筑长城
    D. 颁布"推恩令"，削弱王权
    E. 采用董仲舒的建议，罢黜百家，独尊儒术

12. 唐朝与日本、（   ）等许多国家建立了广泛的经济和文化联系。
    A. 朝鲜   B. 越南   C. 印度   D. 伊朗
    E. 阿拉伯

13. 周代子学，以（   ）为代表的三大哲学体系，形成诸子百家争鸣的繁荣局面，为中国文化发展奠定了宽广的基础。
    A. 孔子   B. 孟子   C. 老子   D. 墨子
    E. 韩非子

14. 下列对秦朝的描述，正确的有（   ）。
    A. 是中国历史上第一个统一的、多民族的中央集权制王朝
    B. 建立了以皇帝为中心的政治体制
    C. 实行三省六部制
    D. 统一了文字、货币和度量衡
    E. 修筑了万里长城（秦长城）

15. 东晋灭亡后，相继出现了（   ）四个小王朝，称为南朝。
    A. 宋   B. 齐   C. 魏   D. 梁
    E. 陈

16. 在中国历史上，与北宋同时代的政权有（   ）。
    A. 辽   B. 汉   C. 晋   D. 西夏
    E. 金

17. 世界剧坛上三大古剧具体包括（   ）。
    A. 中国古典戏曲   B. 希腊悲喜剧
    C. 印度梵剧   D. 古罗马戏剧

E. 瑞宾瑙—艾基舞剧

18. 儒家思想也称为儒教或儒学，大致经过了（　　）四个阶段。
    A. 先秦儒学　　　　B. 两汉经学　　　　C. 魏晋玄学　　　　D. 宋明理学
    E. 清代朴学

19. 道家的代表作有（　　）等。
    A.《道德经》　　　B.《孟子》　　　　C.《易》　　　　　D.《庄子》
    E.《墨子》

20. 唐代的（　　）与元代的赵孟頫并称为"楷书四大家"。
    A. 张旭　　　　　　B. 欧阳询　　　　　C. 柳公权　　　　　D. 怀素
    E. 颜真卿

21. 颜真卿的（　　）等历来受学书者推崇。
    A.《九成宫醴泉铭》　　　　　　　　　B.《祭侄文稿》
    C.《神策军碑》　　　　　　　　　　　D.《多宝塔碑》
    E.《玄秘塔碑》

22. 中国画按题材可分为（　　）。
    A. 人物画　　　　　B. 山水画　　　　　C. 写意画　　　　　D. 工笔画
    E. 花鸟画

23. 东晋时的顾恺之专擅人物画，在我国绘画史上他第一个明确提出"以形写神"的主张，其代表作有（　　）。
    A.《女史箴图》　　　　　　　　　　　B.《龙凤人物图》
    C.《步辇图》　　　　　　　　　　　　D.《历代帝王图》
    E.《洛神赋图》

24. 宋代书法家多擅长行、草，其中以（　　）较为著名，被称为宋代四大家。
    A. 米芾　　　　　　B. 苏轼　　　　　　C. 蔡襄　　　　　　D. 文同
    E. 黄庭坚

25. 中医的诊疗方法主要有（　　）。
    A. 望　　　　　　　B. 闻　　　　　　　C. 按　　　　　　　D. 问
    E. 切

26. 清代郑板桥的书法代表作有（　　）等。
    A.《五言诗轴》　　　　　　　　　　　B.《道情》
    C.《漆书》　　　　　　　　　　　　　D.《书画润格》
    E.《前赤壁赋》

27. 五行中的"土""金""水"对应的五音是（　　）。
    A. 宫　　　　　　　B. 商　　　　　　　C. 角　　　　　　　D. 徵
    E. 羽

28. "八卦"中的"乾""坤""坎""离"分别代表（　　）。
    A. 天　　　　　　　B. 地　　　　　　　C. 泽　　　　　　　D. 水
    E. 火

29. 中国书法著名的字体有（　　）。

A. 小篆　　　B. 隶书　　　C. 楷书　　　D. 行书
E. 草书

30. 中医的治疗方法很多，主要有（　　）。
    A. 针灸　　　B. 推拿　　　C. 刮痧　　　D. 拔罐
    E. 正骨

31. 下列古代名医中属于东汉的有（　　）。
    A. 扁鹊　　　B. 张仲景　　C. 华佗　　　D. 王叔和
    E. 孙思邈

32. 下列属于中国著名中成药的有（　　）。
    A. 盐酸小檗碱片　　　　　　B. 大活络丹
    C. 安宫牛黄丸　　　　　　　D. 山西定坤丹
    E. 云南白药

33. 中医中药与（　　）并称为中国的三大国粹。
    A. 国画　　　B. 京剧　　　C. 陶瓷　　　D. 茶叶
    E. 丝绸

34. 人参具有（　　）之功效。
    A. 大补元气　B. 生津　　　C. 滋阴壮阳　D. 安神
    E. 止咳

35. 下列对我国古代天文学成就的描述，正确的有（　　）。
    A.《诗经》中有中国历史上第一次有确切日期的日食记录
    B.《春秋》保存了世界上关于哈雷彗星的最早记录
    C.《甘石星经》是世界上最早的天文学著作，书中记录了800多个恒星的名字，并划分其星宿与体系，对后世发展颇具影响
    D.《汉书·五行志》中有世界公认的较早的黑子记录
    E. 隋朝和尚僧一行在世界上第一次测量出地球子午线长度，他通过观察发现了恒星位置移动现象

36. 下列对《九章算术》的描述，正确的有（　　）。
    A. 是我国古代最重要的数学著作
    B. 它的作者是西汉人
    C. 系统地总结了我国从先秦到东汉初年的数学成就，特别是其中关于负数的概念以及正负数的加减法运算法则，具有重要的世界意义
    D. 它的出现，标志着我国古代数学体系的形成
    E. 三国时期刘徽对《九章算术》的注释是中国数学史上的重要文献，他最早提出十进制小数的概念

37. 下列对我国古代四大发明之一的印刷术的描述，正确的有（　　）。
    A. 印刷术被称为人类"文明之母"，这是中华民族对世界文明的又一重大贡献
    B. 印刷术可以分为雕版印刷术和活字印刷术两种类型
    C. 雕版印刷术是在宋朝日臻成熟，开始大量印刷书籍
    D.《金刚经》是我国发现最早的标有确切年代的雕版印刷品

E. 北宋毕昇发明了活字印刷术。这是排版印刷的开始，它既经济又快捷，堪称人类印刷史上的空前革命

38. 下列地理学著作中，属于明清时期的有（　　　　）。
    A.《水经注》　　　　　　　　　B.《徐霞客游记》
    C.《海国图志》　　　　　　　　D.《四洲志》
    E.《广志绎》

39. 下列对名、字、号的解释，正确的有（　　　　）。
    A. 名是一个人区别于其他人的称号
    B. 古人幼时取名以供长辈呼唤
    C. 字是古人成年后取的别名，与名相表里，又叫"表字"
    D. 韩愈字退之，"愈"与"退之"意义相反
    E. 号是古人在名和字以外的别名，一般为调侃、戏弄

40. 谥号原寓褒、贬、同情之意，下列属于褒义的有（　　　　）。
    A. 文　　　　　B. 武　　　　　C. 幽　　　　　D. 景
    E. 厉

41. 下列属于庙号的有（　　　　）。
    A. 汉中宗　　　B. 汉武帝　　　C. 唐太宗　　　D. 宋太祖
    E. 明成祖

42. 下列属于中国古代中医十大名医的有（　　　　）。
    A. 扁鹊　　　　B. 华佗　　　　C. 张仲景　　　D. 孙思邈
    E. 李时珍

43. 中国古代科举考试中的"连中三元"是指（　　　　）。
    A. 解元　　　　B. 会元　　　　C. 状元　　　　D. 闱元
    E. 胪元

44. 在我国二十四节气中，"冬至"之后的两个节气是（　　　　）。
    A. 小雪　　　　B. 大雪　　　　C. 小寒　　　　D. 大寒
    E. 白露

45. 古人用十二地支记辰，即把一天分为十二个时辰，用地支表示。请问7—9点、11—13点、15—17点分别是（　　　　）。
    A. 辰时　　　　B. 巳时　　　　C. 午时　　　　D. 未时
    E. 申时

46. 在十二生肖（属相）中，"卯兔"之后的三个属相依次是（　　　　）。
    A. 未羊　　　　B. 卯兔　　　　C. 辰龙　　　　D. 巳蛇
    E. 午马

47. 我国古代最发达的四门自然科学是（　　　　）。
    A. 天文学　　　B. 建筑学　　　C. 农学　　　　D. 医学
    E. 数学

48. 以下是儒家代表人物的有（　　　　）。
    A. 孟子　　　　B. 荀子　　　　C. 老子　　　　D. 朱熹

E. 王阳明

49. （　　）并称为"明四家"或"吴门四家"。
   A. 祝枝山　　　B. 仇英　　　C. 沈周　　　D. 文徵明
   E. 唐寅

50. 下列被誉为"草圣"的古代书法家是（　　）。
   A. 王羲之　　　B. 柳公权　　　C. 张旭　　　D. 欧阳询
   E. 怀素

51. 在中国文化史上被誉为诗圣、画圣、医圣和茶圣的是（　　）。
   A. 杜甫　　　B. 王羲之　　　C. 吴道子　　　D. 张仲景
   E. 陆羽

52. 五经指的是（　　）五部儒家经典，定于汉武帝时，也是科举考试必读书。
   A.《诗》　　　B.《书》　　　C.《礼》　　　D.《易》
   E.《春秋》

53. 帝王专用的号有（　　）。
   A. 别号　　　B. 年号　　　C. 庙号　　　D. 陵号
   E. 谥号

54. 一年之中，昼夜时长相等的日子是（　　）当天。
   A. 夏至　　　B. 冬至　　　C. 春分　　　D. 秋分
   E. 立冬

55. 中国是世界上四大文明古国之一，其他三大文明古国包括（　　）。
   A. 古代巴比伦　　　B. 古代埃及　　　C. 古代印度　　　D. 古代希腊
   E. 古代罗马

56. 中国古代经历的主要社会发展时期有（　　）。
   A. 原始社会　　　B. 奴隶社会　　　C. 封建社会　　　D. 资本主义社会
   E. 社会主义社会

57. （　　）属于中国封建社会的繁荣阶段。
   A. 战国　　　B. 隋　　　C. 唐　　　D. 明
   E. 五代

58. 中国近现代史可以划分为（　　）。
   A. 旧民主主义革命阶段　　　B. 中华民国临时政府时期
   C. 新民主主义革命阶段　　　D. 北洋军阀时期
   E. 国民政府时期

59. 中国的原始社会经历了（　　）时期。
   A. 原始人群　　　B. 奴隶社会　　　C. 氏族公社　　　D. 母系氏族公社
   E. 母系氏族公社

60. （　　）文化遗址代表了母系氏族公社的繁荣时期。
   A. 山顶洞人　　　B. 河姆渡氏族　　　C. 半坡氏族　　　D. 大汶口文化
   E. 龙山文化

61. 下列关于北京人的描述，正确的有（　　）。

A. 生活在距今70万年至20万年前　　　B. 能直立行走和使用天然火
C. 主要生活在长江流域　　　　　　　D. 是旧石器时代晚期的代表
E. 是新石器时代中期的代表

62. 下列五行中的"木""金""火"对应的五方是（　　）方。
A. 中　　　　B. 东　　　　C. 西　　　　D. 南
E. 北

63. 下列选项描述了山顶洞人的特征或成就的有（　　）。
A. 掌握了磨制和钻孔技术　　　　　　B. 掌握了人工取火技术
C. 主要生活在黄河流域　　　　　　　D. 属于新石器时代的代表
E. 属于旧石器时代晚期的代表

64. 关于中国近现代史的描述，以下选项正确的有（　　）。
A. 从鸦片战争后到五四运动前夕是旧民主主义革命阶段
B. 中华民国临时政府时期是新民主主义革命的开始
C. 国民政府时期包含了北洋军阀时期
D. 中华人民共和国的成立标志着新民主主义革命的胜利
E. 共109年

65. 西周时期，周王朝在政治上、经济上实行的制度有（　　）。
A. 分封制　　　B. 井田制　　　C. 郡县制　　　D. 国家土地所有制
E. 禅让制

66. 关于"国人暴动"和"共和行政"，说法正确的有（　　）。
A. "国人暴动"发生在公元前841年
B. "国人暴动"导致周厉王被赶走
C. "共和行政"时期由周公和齐公共同执掌大权
D. "共和行政"是中国历史上第一个有确切纪年的时期
E. "共和行政"时期推举周公和召公共同执掌大权

67. 被誉为西周"四大重器"的有（　　）。
A. 大盂鼎　　　B. 毛公鼎　　　C. 后母戊鼎　　　D. 虢季子白盘
E. 散氏盘

68. 东周分为（　　）。
A. 春秋　　　B. 秦朝　　　C. 战国　　　D. 汉朝
E. 诸侯

69. "春秋五霸"通常包括（　　）。
A. 齐桓公　　　B. 宋襄公　　　C. 晋文公　　　D. 楚庄王
E. 秦穆公

70. 对战国时期的历史产生了重要影响的变法有（　　）。
A. 魏国的李悝变法　　　　　　　B. 楚国的吴起变法
C. 秦国的商鞅变法　　　　　　　D. 韩国的申不害变法
E. 齐国的孙武变法

71. 战国时期，对农业发展起到了重要作用的水利工程有（　　）。

A. 邗沟　　　　B. 都江堰　　　　C. 郑国渠　　　　D. 灵渠
E. 京杭大运河

72. 春秋战国时期，社会发生的重大变革有（　　）。
A. 奴隶制走向瓦解　　　　　　B. 封建制初步形成
C. 经济与科学文化空前繁荣　　D. 形成了统一的华夏族
E. 连年战乱，社会退步

73. 中医历史上重要的医学著作有（　　）。
A.《黄帝内经》　B.《伤寒杂病论》　C.《本草纲目》　D.《论语》
E.《神农本草经》

74. 宋代经济上的重要成就有（　　）。
A. 占城稻米的引进与推广　　　B. 丝织品花色增多，蜀绣闻名
C. 造船业发达，指南针的使用　D. 夜市、早市和"瓦子"的兴起
E. 江南、两广得到进一步的开发

75. 宋代瓷器制造的中心有（　　）。
A. 定窑（白瓷）　B. 钧窑（彩瓷）　C. 哥窑（裂纹瓷）　D. 景德镇
E. 越窑

76. 元代在纺织业上的重要变革包括（　　）。
A. 棉布成为江南人主要衣料　　B. 棉花种植范围扩大
C. 松江成为棉纺织业中心　　　D. 黄道婆改进纺织技术
E. 龙山文化

77. 明初朱元璋为加强封建专制采取的措施有（　　）。
A. 废除丞相，保留六部　　　　B. 设厂卫，推八股
C. 大兴文字狱，严惩贪官　　　D. 实行驻军屯田政策
E. 下令建长城

78. 中医的治疗方法包括（　　）。
A. 针灸　　　　B. 推拿　　　　C. 刮痧　　　　D. 拔罐
E. 手术

79. 下列关于郑和下西洋的历史意义，描述正确的有（　　）。
A. 促进了我国与亚非 30 多个国家的友好往来
B. 是中国古代历史上时间最长、规模最大的外交活动
C. 确立了中国最终的版图
D. 激发了欧洲人对东方文化的好奇与向往
E. 是中国古代历史上范围最广的外交活动

80. 清朝"康乾盛世"的皇帝包括（　　）。
A. 康熙帝　　　　B. 雍正帝　　　　C. 乾隆帝　　　　D. 顺治帝
E. 光绪帝

81. "八卦"中的"震""艮""坎""兑"分别代表（　　）。
A. 雷　　　　B. 山　　　　C. 天　　　　D. 水
E. 泽

82. 关于明清时期社会经济上的进步，描述正确的有（　　）。
    A. 水稻成为最重要的农作物
    B. 河北的遵化、广东的佛山成为南北方的冶铁中心
    C. 景德镇的制瓷业已居全国之首，尤以青花瓷最为知名
    D. 松江成为纺织业中心
    E. 出现了"湖广熟，天下足"的谚语

83. 促进了中西文化交流的事件有（　　）。
    A. 郑和下西洋
    B. 马可·波罗游历中国
    C. 鸦片战争
    D. 洋务运动引进西方技术
    E. 修建明长城

84. 关于隋唐宋金元时期的医学成就，下列说法正确的有（　　）。
    A. 唐太宗创办了世界上第一所医校
    B. 孙思邈的《千金方》被誉为"东方医学圣典"
    C. 《唐本草》是世界上第一部药典
    D. 金元时期出现了"金元四大家"
    E. 宋慈的《洗冤集录》是我国第一部系统的法医学著作

85. 唐朝时期的医学贡献包括（　　）。
    A. 孙思邈总结了前代医家的医学理论和治疗经验
    B. 编制了《唐本草》作为国家颁行的药典
    C. 创造了针灸铜人用于教学考试
    D. 编写了我国第一部系统的法医学著作
    E. 唐太宗创办世界上第一所医校

86. 关于北宋时期的医学与建筑成就，以下说法正确的有（　　）。
    A. 王惟一监制了针灸铜人
    B. 李诫编写了《营造法式》
    C. 出现了泉州洛阳桥这一海港大石桥
    D. 北京城在这一时期开始营建
    E. 建起了中国古代保存至今最长的桥——泉州安平桥

87. 中国古代地理学的重要成就有（　　）。
    A. 裴秀绘制了《禹贡地域图》
    B. 郦道元的《水经注》详细描述了水道流经地区的自然地理
    C. 《坤舆万国全图》是明代最早的世界地图
    D. 《皇舆全览图》是清朝时期绘制的亚洲最好的地图
    E. 王士性被誉为中国人文地理学的开山鼻祖，所著《广志绎》是一部很有价值的人文地理学著作

88. 徐霞客在地理学上的贡献主要有（　　）。
    A. 对石灰岩溶蚀地貌进行了观察和记述
    B. 纠正了前代地理学著作中的一些错误
    C. 绘制了《皇舆全览图》
    D. 编写了《广志绎》这部人文地理学著作
    E. 是一部很有价值的人文地理学著作

89. 关于中国古代建筑学的成熟时期，以下说法正确的有（　　）。
    A. 隋唐时期是中国古代建筑的成熟时期
    B. 隋朝宇文恺主持修建了大兴城
    C. 唐代长安城是世界上最大、最壮观的城市
    D. 北宋建起了泉州安平桥
    E. 隋朝工匠李春设计建造的赵州桥，是世界上最早的敞肩石拱桥

90. 下列是宋元时期的代表建筑有（　　）。
    A. 泉州洛阳桥　　B. 赵州桥　　C. 泉州安平桥　　D. 山西应县木塔
    E. 卢沟桥

91. 关于明清时期的建筑成就，以下说法正确的有（　　）。
    A. 北京城在元大都基础上营建
    B. 清代最著名的工程是皇家园林的兴建
    C. 明代大规模兴建万里长城
    D. 李诫编写的《营造法式》，是一部建筑设计、施工的规范书，成为世界上最早、最完备的建筑学著作
    E. 著名建筑师宇文恺主持修建了大兴城

92. 关于儒家思想的创立和发展，选项正确的有（　　）。
    A. 儒家的创始人是孔子
    B. 儒家思想大致经历了先秦儒学、两汉经学、宋明理学和清代朴学四个阶段
    C. 儒家思想在西汉时期被确立为正统思想
    D. 儒家思想与墨家并称为显学
    E. 清代大兴文字狱，儒学逐渐脱离政治

93. 孔子对儒家思想的主要贡献包括（　　）。
    A. 主张恢复西周等级制度——"礼"
    B. 整理了《诗》《书》《礼》《易》等古代文献
    C. 相传撰写了鲁国编年体史书《春秋》
    D. 提出了"仁政"和"德治"的主张
    E. 孔子打破统治阶级垄断教育的局面，设立"私学"

94. 下列哪些作品被后世奉为儒家经典，称为"五经"（　　）。
    A.《诗经》　　B.《尚书》　　C.《礼记》　　D.《春秋》
    E.《易经》

95. 孟子作为儒家代表人物，其主要思想包括（　　）。
    A. 主张"人性本善"
    B. 强调民本思想，主张"民为贵，社稷次之，君为轻"
    C. 提出了"仁政"和"与民同乐"的政治理念
    D. 编写了《论语》
    E. 其著作为《孟子》

96. 汉代儒学在西汉时期分为（　　）。
    A. 古文经学派　　B. 今文经学派　　C. 理学学派　　D. 心学学派

E. 法学学派

97. 董仲舒对儒学的主要贡献有（　　）。
    A. 吸收了道家、法家及阴阳五行家的思想
    B. 提出了"罢黜百家，独尊儒术"的主张
    C. 建立了系统的经学体系
    D. 编写了《说文解字》
    E. 著作了《四书章句集注》

98. 关于宋明理学，下列说法正确的有（　　）。
    A. 以儒家学说为中心，兼容佛道两家的哲学理论
    B. 中心观念是"理"
    C. 强调"存天理，灭人欲"
    D. 王守仁是宋明理学的代表人物
    E. 宋代二程（程颢、程颐）、朱熹以儒家学说为中心，兼容佛道两家的哲学理论，形成儒学新的流派，即理学，亦称"道学""程朱理学"

99. 王守仁在儒学发展上的主要贡献有（　　）。
    A. 创造性地发展了"心学"　　　　　B. 主张"天理即人欲"
    C. 提出了"知行合一"的哲学思想　　D. 编写了《四书章句集注》
    E. 编写了中国第一部字典《说文解字》

100. 清代朴学的特点包括（　　）。
    A. 清代大兴文字狱导致儒学脱离政治　B. 崇实黜虚的学风盛行
    C. 强调客观证据，反对主观武断　　　D. 运用归纳法、演绎法进行研究
    E. 朴学脱离现实，缺乏思想创新

101. 儒学发展史上的重要代表有（　　）。
    A. 孔子　　　　B. 孟子　　　　C. 老子　　　　D. 董仲舒
    E. 朱熹

102. 北宋时期，对绘画有浓厚兴趣的帝王包括（　　）。
    A. 仁宗　　　　B. 神宗　　　　C. 徽宗　　　　D. 高宗
    E. 宁宗

103. 宋徽宗赵佶在书法、绘画上的成就包括（　　）。
    A. 书法创"瘦金体"　　　　　　B. 画作《芙蓉锦鸡》传世
    C. 设立画院培育宫廷画家　　　　D. 创作《清明上河图》
    E.《池塘晚秋》是其传世佳作

104. "北宋三大家"有（　　）。
    A. 范宽　　　　B. 董源　　　　C. 李成　　　　D. 米芾
    E. 苏轼

105. 元代强调文学性和笔墨韵味的画家有（　　）。
    A. 黄公望　　　B. 倪瓒　　　　C. 赵孟頫　　　D. 文徵明
    E. 吴镇

106. "元四家"有（　　）。

A. 黄公望　　　B. 倪瓒　　　C. 王蒙　　　D. 吴镇

E. 赵孟頫

107. 有"张癫素狂"之称的书法家是（　　）。

A. 张旭　　　B. 怀素　　　C. 欧阳询　　　D. 颜真卿

E. 柳公权

108. 被称为"四僧"的画家包括（　　）。

A. 石涛　　　　　　　　B. 朱耷（八大山人）

C. 弘仁　　　　　　　　D. 髡残（石溪）

E. 董其昌

109. 清代画家"四王"指的是（　　）。

A. 王时敏　　　B. 王鉴　　　C. 王原祁　　　D. 王翚

E. 王源

110. 清代中期"扬州八怪"的画家大多具有的特点有（　　）。

A. 出身贫寒

B. 生活清苦

C. 清高狂放

D. 书画成为抒发心胸志向的媒介

E. 重视以书法用笔入画和诗、书、画的三结合

111. 中国画按绘画方法划分，可以分为（　　）。

A. 工笔画　　　B. 写意画　　　C. 山水画　　　D. 半工笔半写意画

E. 人物画

112. 关于"年"的原始含义及历法描述，正确的有（　　）。

A. 年的原始含义为庄稼成熟一次

B. 一个太阳年大约是 365.25 天

C. 《授时历》确定一年为 365.2425 天

D. 农历每年固定有 365 天

E. 《授时历》确定年的时间比西方的公历早了 300 多年

113. 关于闰年的描述，正确的有（　　）。

A. 闰年是为了弥补地球公转周期与日历天数之间的差异

B. 每 4 年必有一个闰年

C. 公历规定整百年份必须是 400 的倍数才是闰年

D. 农历闰年通过增加闰月来实现

E. 1800 年不是闰年

114. 关于"季"的划分，正确的有（　　）。

A. 正月、二月、三月为春季　　　B. 七月、八月、九月为秋季

C. 十月、十一月、十二月为冬季　　　D. 夏季包括孟夏、小满、大暑

E. 春季包括孟春、仲春、季春

115. 关于"月"的描述，正确的有（　　）。

A. 古人将月亮圆缺一次的周期称为"月"

B. 一年共有 12 个月，大月 30 天，小月 29 天

C. 每月初一称为"望"，十五称为"朔"

D. 每月还有"上弦"和"下弦"日

E. 古人还将每月的 30 天分为三个阶段，即上旬、中旬、下旬

116. 关于"日"的描述，正确的有（　　）。
    A. 古人以一个昼夜交替为一日　　　B. 每日固定有 12 小时
    C. 昼夜交替是地球自转的结果　　　D. 在农历中，每月的第一天总是称为"日"
    E. 一日有 24 个节气

117. 下列关于二十四节气的描述，正确的有（　　）。
    A. 二十四节气起源于黄河流域
    B. 夏至是一年之中白天时间最长的一天
    C. 冬至是一年之中夜晚最长的一天
    D. 春分和秋分是白天与夜晚等长的两天
    E. 古人将一年分为 24 个节气，用来表示气候、降雨的变化

118. 属于夏季的节气有（　　）。
    A. 立夏　　　　B. 芒种　　　　C. 处暑　　　　D. 小暑
    E. 大暑

119. 下列关于农历闰月的描述，正确的有（　　）。
    A. 农历闰月是为了弥补农历与太阳年之间的差异
    B. 每隔 2—4 年，农历就会增加一个闰月
    C. 闰月加到哪个月份主要依照与农历的二十四节气相符合来确定
    D. 闰月一定是加在农历的最后一个月
    E. 3 年一闰，5 年两闰，19 年七闰

120. 关于阴阳的概念，描述正确的有（　　）。
    A. 阴阳原指向日为阳、背日为阴的日照相背
    B. 阴阳被引申到自然界相互对立、相互消长的现象、事物和联系中
    C. 在五行学说中，阴阳是核心理论
    D. 阴阳是农历历法的基础
    E. 阴阳是中医学的理论基础之一

121. （　　）是中国传统农历中的月份别称。
    A. 孟春　　　　B. 仲夏　　　　C. 季秋　　　　D. 望月
    E. 朔月

122. 中医的十大名医中，属于汉代和唐代的医生有（　　）。
    A. 扁鹊　　　　B. 华佗　　　　C. 孙思邈　　　　D. 李时珍
    E. 张仲景

123. 属于"五常"所包含的道德准则有（　　）。
    A. 仁　　　　B. 义　　　　C. 礼　　　　D. 智
    E. 让

124. 属于中医的诊疗方法有（　　）。

A. 望诊　　　　B. 闻诊　　　　C. 问诊　　　　D. 切诊
E. 检诊

125. 中国古代的"三礼"指的是（　　）。
A.《诗经》　　B.《周礼》　　C.《仪礼》　　D.《礼记》
E.《说礼》

参考答案及解析

第四章 中国文学知识及旅游诗词、楹联、游记名篇赏析

一、判断题（判断下列各题是否正确，正确的请在答卷中相应题号后的括号内打"√"，错误的打"×"）

1. 秦始皇统一六国之后，统一文字，实行"书同文"政策，推行隶书为标准字体。（ ）
2. 在世界表意和表音的两大文字体系中，汉字属于表意文字系统，是一种表意兼具表音的文字。（ ）
3. 古文字界主流观点认为，世界上所有的自源文字都起源于刻符。（ ）
4. 拉丁文字是世界上最古老的文字之一，是世界上唯一从古代一直演变而来没有间断过的文字形式。（ ）
5. 甲骨文主要指夏商时代刻写在龟甲兽骨上的文字。（ ）
6. 隶书历史上也称佐书、八分，是以点、横、掠、波磔等点画结构取代篆书的线条结构的一种字体。（ ）
7. 战国时期伟大的爱国诗人屈原创造了"楚辞体"诗歌，其代表作是《离骚》。（ ）
8. 中国古典文学分为诗和词。（ ）
9. "三山半落青天外，二水中分白鹭洲。""青天"与"白鹭"小类不同，"青天外"与"白鹭洲"句法结构也不相同。属流水对。（ ）
10. 对联要求对仗工整，平仄协调，上联尾字仄声，下联尾字平声。（ ）
11. 我国第一副对联是后蜀之主孟昶所撰"新年纳余庆，嘉节号长春"。（ ）
12. 王勃的诗与孟浩然齐名，并称"王孟"。（ ）
13. 苏轼的《念奴娇·赤壁怀古》中，"赤壁怀古"是词题，"念奴娇"是词牌。（ ）
14. 最先开启现代文学之门的是五四文学革命的先驱者陈独秀，1917年他率先在《新青年》发表白话诗。（ ）
15. 《送杜少府之任蜀州》的作者是辛弃疾。（ ）
16. 七言诗从西汉时期出现后，逐步为诗歌作者所接受，代替了四言诗的地位。（ ）
17. 柳永是北宋第一个致全力于词作的文人，他创作了不少慢词，提高了词体的表现能力，扩大了词的题材领域，这是对词发展史的一大贡献。（ ）
18. 孟浩然的《宿建德江》把诗人内心的忧愁写得淋漓尽致。（ ）
19. 千古名句"大漠孤烟直，长河落日圆"出自唐代诗人岑参的《使至塞上》。（ ）
20. 《望海潮》的作者柳永是北宋著名词人，豪放派最具有代表性的人物。（ ）

21.《游山西村》一诗中"从今若许闲乘月,拄杖无时夜叩门"的"无时"是指没有时间。
（　　）
22.《泊秦淮》中"商女不知亡国恨,隔江犹唱后庭花"的"商女"指的是经营酒家的商贩女子。（　　）
23.杜甫是唐代伟大的现实主义诗人,被后人誉为"诗仙",与李白并称为"李杜"。
（　　）
24.《望海潮·东南形胜》是柳永盛赞苏州的一首词。（　　）
25.《枫桥夜泊》的作者是唐代诗人张继,此诗写于天宝年间,作者逃到江浙一带避祸。
（　　）
26."月落乌啼霜满天,江枫渔火对愁眠"是李白《送友人》中的句子。（　　）
27.《滕王阁》中的滕王阁在湖北武汉,为江南三大名楼之一。（　　）
28.李白《送友人》一诗中"白水绕东城"的"白水"是指一条河。（　　）
29.《泊秦淮》的作者杜牧是唐代诗人,和李商隐被合称为"小李杜"。（　　）
30.周邦彦以其非凡的天才放笔挥洒,怀古、记游、述梦、咏物、感慨人生,以及描写农村风物等,都一一入词。（　　）
31.《定风波》一词表现了作者苏轼虽处逆境屡遭挫折但不畏惧不颓丧的倔强性格和旷达胸怀。（　　）
32."晴川历历汉阳树,芳草萋萋鹦鹉洲"是崔颢《黄鹤楼》一诗中的名句。（　　）
33.杜甫《登楼》一诗中"可怜后主还祠庙,日暮聊为《梁甫吟》"的《梁甫吟》是一首葬歌的名称。（　　）
34.《夜雨寄北》这首七绝诗的作者是唐代诗人李商隐。（　　）
35.《暮江吟》的作者是明代著名文学家白居易,白居易与元稹共同倡导新乐府运动,世称"元白",与刘禹锡并称"刘白"。（　　）
36.《扬州慢》一词的作者是宋代词人柳永。（　　）
37.《汉书》是我国第一部纪传体断代史,作者是东汉文学家、史学家班超。（　　）
38."世外人法无定法,然后知非法法也；天下事了犹未了,何妨以不了了之"为清朝何元普所作的《四川新都宝光寺大雄宝殿联》。（　　）
39.北宋词人苏轼,突破晚唐五代和宋初以来"词为艳科"的传统樊篱,以诗为词,开创豪放清旷一派,对后世产生巨大影响。作品有《东坡七集》《东坡词》等。（　　）
40.《温州江心屿江心寺联》："云朝朝朝朝朝朝朝朝散；潮长长长长长长长长消。"其中的朝有两个读音,即zhāo和cháo。长有两个读音,即zhǎng和cháng。（　　）
41.《海角天涯胜迹联》的突出特点是联想丰富,借古颂今。上联的"白傅留诗,苏公判牍"是两个生动有趣的故事。既赞美了千古胜迹、壮丽河山,又颂扬了弘扬民族文化的历代文豪。（　　）
42."人生自古谁无死？留取丹心照汗青"是文天祥《过零丁洋》中的诗句。（　　）
43.《山海关孟姜女庙联》："海水朝朝朝朝朝朝朝落；浮云长长长长长长长消。"其中的朝有两个读音,即zhāo和cháo。长有两个读音,即zhǎng和cháng。（　　）
44.《蝴蝶泉联》由眼前的青山翠峦氤氲美景联想到才女李清照的诗,想象丰富,构思巧妙。（　　）

45. "二十四桥明月夜，玉人何处教吹箫"是杜牧《寄扬州韩绰判官》中的诗句。（   ）
46. 建安文学的"建安七子"中，孔融的成就最高，代表作有《从军诗》等。（   ）
47. "三曹"指曹操、曹丕、曹植。（   ）
48. 《资治通鉴》是我国第一部编年体通史，作者是北宋史学家司马光。（   ）
49. 现代文学是指1949年中华人民共和国成立至今在中国版图内产生的文学现象和文学创作的总和。（   ）
50. 1918年，鲁迅在《新青年》杂志上发表的第一篇白话小说《狂人日记》，成为中国现代小说的开端。（   ）
51. 现代戏剧主要是在西洋话剧的影响下产生的。（   ）
52. 莫言的长篇小说《红高粱家族》获得2012年度的诺贝尔文学奖，这是中国文学史上具有划时代意义的重大突破。（   ）
53. 散文是当代文学四大文体（诗歌、散文、戏剧、小说）中成就最为显著的。（   ）
54. 宋词始于宋代，形成于唐代。（   ）
55. 纪昀是清代著名的对联创作高手，他的作品在数量、质量和种类上都超过了前代。（   ）
56. 词原本是音乐文学，为配合乐曲而填写的歌词，所以全称为曲子词，简称为词。（   ）
57. 词的形式特点之一是每首词的句子都是整齐的五言或七言。（   ）
58. 词在初起时，词调往往就是题目，名称与所咏的内容一致。（   ）
59. 带"令"字的词调，如《如梦令》，一般是字少调短的词，属于小令。（   ）
60. 所有的词都只分为两段，称为双调。（   ）
61. 《菩萨蛮》这个词调名称来源于唐代女蛮国进贡的人的形象。（   ）
62. 《忆秦娥》词牌名的由来与白居易的某首词直接相关。（   ）
63. 《念奴娇》这个词调又被称为《大江东去》，这是因为苏轼的一首词中有"大江东去"这句词。（   ）
64. 词的分片是根据音乐的节奏来划分的，与诗有明显的不同。（   ）
65. 刘禹锡是唐代的文学家和哲学家。（   ）
66. 《望洞庭》一诗中的"湖光秋月两相和"描述了月光与湖水融为一体的美景。（   ）
67. 杜甫在唐代宗大历三年（768年）春写下了《登岳阳楼》诗。（   ）
68. 范希文即范仲淹，是唐朝时期的政治家、文学家。（   ）
69. "先天下之忧而忧，后天下之乐而乐"出自范仲淹的《岳阳楼记》。（   ）
70. 滕子京在岳阳楼记中描述了自己到岳州后百废俱兴的政绩。（   ）
71. 吕纯阳即吕洞宾，是"八仙"之一，他曾在岳阳楼三次饮酒赋诗，并醉倒。（   ）
72. 何绍基是清代著名的诗人和书法家，他创作了岳阳楼联。（   ）
73. 岳阳楼联的下联主要描述了岳阳楼的地理形势和山水胜景。（   ）
74. 成都杜甫草堂大廨联的作者是清代诗人顾复初。（   ）
75. 陈子昂的《登幽州台歌》中有"前不见古人，后不见来者"之句。（   ）
76. 岳阳楼位于鄱阳湖，属于湖南省岳阳市。（   ）
77. 苏轼与客人在壬戌年七月既望这一天泛舟游于赤壁之下。（   ）

78.《赤壁赋》文中提到的"明月之诗"是指《诗经》中的《月出》。（　　）
79.《赤壁赋》文中提到的"冯虚御风"形容了苏轼仿佛乘风遨游于太空中的感觉。（　　）
80. 苏轼在《赤壁赋》中认为天地万物都是永恒不变的。（　　）
81. 汉字是世界上最古老的文字之一，且是唯一从古代一直演变而来没有间断过的文字形式。（　　）
82. 小篆是古文字形的终结，它固定了偏旁部首的位置和写法，并固定了每个字的笔画数。（　　）
83. 西周金文中，形声字开始大量增加，偏旁部首的位置也逐渐固定下来。（　　）
84. 汉字的起源可以追溯到仓颉造字的传说，仓颉是黄帝的史官，他受鸟兽脚印的启发创造了汉字。（　　）
85. 金文又称钟鼎文，是古代铸在青铜器物上的文字，它始于夏商时代，盛于周代。（　　）
86. 韩愈的《师说》是唐代散文的重要作品，他反对的是骈文。（　　）
87. 王维的作品以清新淡远、自然脱俗的风格著称，被誉为"诗佛"。（　　）
88. 白居易发起"新乐府"运动，并著有《长恨歌》。（　　）
89. 刘禹锡的诗歌中，"白银盘里一青螺"一句用来形容洞庭湖中的岳阳楼。（　　）
90. 刘禹锡的诗歌因风格独特而被白居易称为"诗圣"。（　　）
91.《暮江吟》中的"可怜九月初三夜"表达了诗人对初秋夜晚的怜爱之情。（　　）
92.《暮江吟》一诗中的"半江瑟瑟半江红"描绘的是江面一半绿色一半红色的景象。（　　）
93. 对联的起源可以追溯到先秦时期，那时人们已经开始在门上挂桃符以镇邪驱灾。（　　）
94. 刘禹锡的《望洞庭》一诗中没有使用到比喻的修辞手法。（　　）
95. 白居易的《暮江吟》通过描写残阳、江水、露珠和月亮，展现了秋夜的和谐宁静。（　　）

二、单项选择题（下列各题的选项中，只有一项是正确的，请将正确答案的选项填入括号内）

1. 中国最早的文字是（　　）。
   A. 甲骨文　　　B. 大篆　　　C. 金文　　　D. 石鼓文
2. 秦始皇统一六国后，实行"书同文"的政策，推行（　　）为标准字体。
   A. 大篆　　　B. 小篆　　　C. 隶书　　　D. 楷书
3. 日语中的平假名便是以汉字的（　　）形式为蓝本创作的。
   A. 隶书　　　B. 草书　　　C. 楷书　　　D. 行书
4. 有"天下第一行书"之称的是（　　）。
   A. 王羲之所书《兰亭集序》　　　B. 颜真卿所书《祭侄文稿》
   C. 苏轼所书《黄州寒食帖》　　　D. 柳公权所书《蒙诏帖》
5. 汉字印刷使用最为广泛的字体是（　　）。
   A. 行书　　　B. 宋体　　　C. 楷书　　　D. 隶书

6. 被称为"甲骨文之父"的是（　　）。
   A. 郭沫若　　　　B. 王懿荣　　　　C. 刘鹗　　　　D. 王国维
7. 《楚辞》中以屈原作品最多，质量最高，他的（　　）是《楚辞》的代表作。
   A.《离骚》　　　B.《九章》　　　C.《九歌》　　　D.《天问》
8. 《乐府诗集》的作者是（　　）。
   A. 班固　　　　　B. 郭茂倩　　　　C. 张衡　　　　D. 鲍照
9. "两岸严风吹玉树，一滩明月晒银砂"采用的对仗手法是（　　）。
   A. 借对　　　　　B. 宽对　　　　　C. 邻对　　　　D. 工对
10. 哀悼死者、治丧祭祀时专用的对联叫（　　）。
    A. 门联　　　　　B. 堂联　　　　　C. 挽联　　　　D. 寿联
11. 《昆明滇池大观楼联》"九夏芙蓉，三春杨柳"中"九夏"是指（　　）。
    A. 九个夏天　　　　　　　　　　　　B. 夏季九十天
    C. "九"通"久"　　　　　　　　　　　D. 芙蓉的一个品种
12. 《过零丁洋》一诗中"零丁洋"在如今的哪个省？（　　）
    A. 海南省　　　　B. 浙江省　　　　C. 福建省　　　D. 广东省
13. 从体裁上来说，三国时魏文帝曹丕的两首《燕歌行》属于（　　）。
    A. 古体诗　　　　B. 词　　　　　　C. 绝句　　　　D. 律诗
14. 《南昌滕王阁联》中"问江上才人，阁中帝子"的"江上才人"指（　　）。
    A. 李元婴　　　　B. 王勃　　　　　C. 刘坤一　　　D. 苏轼
15. 《应县木塔联》描写的应县木塔有古代建筑"（　　）博物馆"的美誉。
    A. 栏杆　　　　　B. 斗拱　　　　　C. 彩绘　　　　D. 木雕
16. 《望洞庭》一诗的作者是（　　）。
    A. 孟浩然　　　　B. 杜甫　　　　　C. 刘禹锡　　　D. 李白
17. 《黄鹤楼》一诗中"晴川历历汉阳树，芳草萋萋鹦鹉洲"一句的"川"指的是（　　）。
    A. 山川　　　　　B. 平原　　　　　C. 沙洲　　　　D. 汉江
18. 崔颢的《黄鹤楼》一诗是一首佳作，抒发了作者的（　　）的情感。
    A. 思乡念亲　　　B. 追思古人　　　C. 抒情言志　　D. 吊古怀乡
19. 名句"海内存知己，天涯若比邻"出自大诗人（　　）之手。
    A. 王勃　　　　　B. 杨炯　　　　　C. 卢照邻　　　D. 骆宾王
20. 姜夔的《扬州慢》一词中提到的"春风十里""豆蔻词工"都与著名诗人（　　）有关。
    A. 杜甫　　　　　B. 杜牧　　　　　C. 杜延年　　　D. 杜如晦
21. 王维是中国（　　）的重要代表人物之一。
    A. 边塞诗　　　　B. 婉约派　　　　C. 豪放派　　　D. 山水田园诗
22. 《定风波》这首词的作者是北宋著名文学家（　　）。
    A. 司马光　　　　B. 王安石　　　　C. 苏轼　　　　D. 沈括
23. 王勃的《送杜少府之任蜀州》中"无为在歧路，儿女共沾巾"一句的"歧路"指的是（　　）。

A. 大道　　　　　B. 错误的道路　　　C. 岔路　　　　　D. 远方的路

24. 《成都杜甫草堂大廨联》的作者是（　　）。
A. 顾复初　　　　B. 何元普　　　　C. 江庸　　　　　D. 唐理淮

25. （　　）共180个字，堪称"古今天下第一联"。
A. 昆明滇池大观楼联　　　　　　B. 岳阳楼联
C. 贵阳市甲秀楼长联　　　　　　D. 黄鹤楼联

26. 《成都武侯祠联》："能攻心，则反侧自消，从古知兵非好战；不审势，则宽严皆误，后来治蜀要深思。"上下联之间内容的关系属于（　　）。
A. 正对　　　　　B. 反对　　　　　C. 串对　　　　　D. 流水对

27. 《苏州寒山寺联》中"诗人题二十八字，长留胜迹，可知佳句不须多"的"诗人"描述的是（　　）
A. 张继　　　　　B. 文天祥　　　　C. 戚继光　　　　D. 郑成功

28. 《题陕西黄帝陵联》的作者是（　　）。
A. 毛泽东　　　　B. 彭祐　　　　　C. 郭沫若　　　　D. 姜园宪

29. 《蝴蝶泉联》描述的蝴蝶泉位于（　　）。
A. 云南大理　　　B. 云南昆明　　　C. 中国台湾　　　D. 山东济南

30. 下列千古名句中，出自《滕王阁序》的是（　　）。
A. 千呼万唤始出来，犹抱琵琶半遮面
B. 孤帆远影碧空尽，唯见长江天际流
C. 落霞与孤鹜齐飞，秋水共长天一色
D. 人生自是有情痴，此恨不关风与月

31. 下面对范仲淹《岳阳楼记》词、句的注音或解释有误的是（　　）。
A. 越明年：到第二年。越：及，到
B. 浩浩汤汤（dàng）：水势浩大的样子
C. 大观：盛大的美景
D. 微斯人，吾谁与归：假如没有这种人，我同谁一道呢？微，没有。归，归附，皈依

32. "先天下之忧而忧，后天下之乐而乐"出自中国游记名篇（　　）。
A. 《滕王阁序》　　　　　　　　B. 《赤壁赋》
C. 《醉翁亭记》　　　　　　　　D. 《岳阳楼记》

33. 《望海潮》一词的作者是（　　）。
A. 苏轼　　　　　B. 李清照　　　　C. 辛弃疾　　　　D. 柳永

34. 杜甫《登楼》一诗，表示对古今误国昏君的极大轻蔑的一句是（　　）。
A. 花近高楼伤客心，万方多难此登临
B. 锦江春色来天地，玉垒浮云变古今
C. 北极朝廷终不改，西山寇盗莫相侵
D. 可怜后主还祠庙，日暮聊为《梁甫吟》

35. 名联"云朝朝朝朝朝朝朝朝散，潮长长长长长长长长消"的作者是（　　）。
A. 陶澍　　　　　B. 王十朋　　　　C. 赵之谦　　　　D. 赵孟頫

36. 白居易诗句"可怜九月初三夜，露似真珠月似弓"运用的修辞手法是（　　）。

A. 比喻 B. 拟人 C. 夸张 D. 双关

37. 对联"开辟荆榛，千秋功业；驱除荷房，一代英雄"描述的是民族英雄（   ）。
    A. 岳飞 B. 文天祥 C. 戚继光 D. 郑成功

38. 《黄鹤楼》一诗的作者是（   ）。
    A. 李白 B. 崔颢 C. 白居易 D. 王勃

39. "东南形胜，三吴都会，钱塘自古繁华"写的是（   ）。
    A. 嘉兴 B. 南京 C. 苏州 D. 杭州

40. 诗句"野旷天低树，江清月近人"出自（   ）。
    A. 张继《枫桥夜泊》 B. 孟浩然《宿建德江》
    C. 王维《使至塞上》 D. 杜牧《泊秦淮》

41. 东晋的（   ）是第一位用诗歌的形式反映田园生活的"田园诗人"。
    A. 陶渊明 B. 谢灵运 C. 孔融 D. 王粲

42. 被称为"诗圣"的唐代诗人是（   ）。
    A. 杜甫 B. 李白 C. 王维 D. 白居易

43. 我国第一部诗歌总集是（   ）。
    A. 《山海经》 B. 《孔雀东南飞》 C. 《诗经》 D. 《离骚》

44. 下列唐宋八大家中，属于唐代的是（   ）。
    A. 韩愈、苏轼 B. 王安石、苏轼
    C. 王安石、柳宗元 D. 韩愈、柳宗元

45. 关汉卿的代表作是杂剧（   ）。
    A. 《西厢记》 B. 《牡丹亭》 C. 《窦娥冤》 D. 《拜月亭》

46. 被誉为"天下第一行书"的是（   ）。
    A. 颜真卿的《祭侄文稿》 B. 王羲之的《兰亭集序》
    C. 苏轼的《黄州寒食帖》 D. 米芾的《蜀素帖》

47. "初唐四杰"不包括（   ）。
    A. 王勃 B. 杨炯 C. 卢照邻 D. 杜甫

48. 陈子昂的《登幽州台歌》被认为是（   ）。
    A. 怀古诗的绝唱 B. 边塞诗的绝唱
    C. 山水诗的典范 D. 叙事诗的巅峰

49. 杜甫的代表作包括（   ）。
    A. "三吏三别" B. 《春望》 C. 《长恨歌》 D. 《登高》

50. 宋词始于（   ），极盛于（   ）。
    A. 梁代，宋代 B. 宋代，元代 C. 梁代，唐代 D. 汉代，唐代

51. 柳永的词作风格属于（   ）。
    A. 豪放派 B. 婉约派 C. 现实主义 D. 浪漫主义

52. 韩愈和柳宗元共同发动了（   ）。
    A. 新乐府运动 B. 古文运动
    C. 诗歌革新运动 D. 散文复兴运动

53. 被誉为"唐代七言律诗第一"的作品是（   ）。

A.《滕王阁序》 B.《春望》 C.《黄鹤楼》 D.《长恨歌》

54. 对联,又被称为( )。
  A. 对子 B. 楹帖 C. 楹联 D. 以上都是

55. 我国对联发展史上的第一副对联是( )撰写的。
  A. 苏轼 B. 王安石 C. 孟昶 D. 朱熹

56. ( )曾命令公卿士人家门上必贴春联。
  A. 明太祖朱元璋 B. 明成祖朱棣
  C. 明孝宗朱祐樘 D. 明世宗朱厚熜

57. 清代学者( )在其著作中将对联分为十类。
  A. 纪昀 B. 梁章钜 C. 郑燮 D. 何绍基

58. 对联在( )进入了鼎盛时期。
  A. 唐代 B. 宋代 C. 明代、清代 D. 汉代

59. 不属于梁章钜在《楹联丛话》中对联分类的十类之一的选项是( )。
  A. 故事 B. 春联 C. 庙祀 D. 挽词

60. 体现了春联的特点的对联是( )
  A. 清风明月本无价,近水远山皆有情
  B. 破虏平蛮,功贯古今人第一;出将入相,才兼文武世无双
  C. 新年纳余庆,嘉节号长春
  D. 书山有路勤为径,学海无涯苦作舟

61. 词又称为长短句,主要是因为( )。
  A. 词的句子总是整齐的五言或七言 B. 词调名称多样
  C. 曲子总有长短快慢,句子难以整齐 D. 词与音乐无关

62. 词调又称为( )。
  A. 词名 B. 词牌 C. 诗牌 D. 乐章名

63. 在词的发展过程中,词调与所咏内容的关系发生的变化有( )。
  A. 始终一致 B. 始终不一致
  C. 初期一致,后来可能不一致 D. 初期不一致,后来逐渐一致

64.《菩萨蛮》这个词调名称的来源与( )有关。
  A. 唐玄宗的喜好 B. 女蛮国的进贡
  C. 词的内容 D. 词的作者

65. 词的双调中,第一段通常称为( )。
  A. 上片或上阕 B. 下片或下阕
  C. 前段或前阕 D. 后段或后阕

66.《忆秦娥》这个词牌名是由( )得来的。
  A. 词的内容 B. 词的作者
  C. 词的格式及开头两句 D. 词的长度

67.《念奴娇》又叫《大江东去》,这是因为( )。
  A. 词的内容与大江东去有关
  B. 词的作者喜欢这个名字

C. 苏轼的一首《念奴娇》第一句是"大江东去"
D. 词的格式要求

68.《望洞庭》一诗中,"湖光秋月两相和"的"和"字指的是(　　)。
   A. 湖光和月光颜色相同   B. 湖光与月光相互映照,融为一体
   C. 湖面平静无波   D. 月光下的湖面像镜子

69.《暮江吟》一诗中,"半江瑟瑟半江红"的"瑟瑟"指的是(　　)。
   A. 残阳的颜色   B. 夜晚的寂静
   C. 碧绿色   D. 月光的清冷

70. 在《望海潮》一诗中,"东南形胜"的"形胜"指的是(　　)。
    A. 东南地区的要冲之地   B. 东南地区的美丽风景
    C. 东南地区的繁华经济   D. 东南地区的文化繁荣

71. 白居易的号是(　　)。
    A. 诗仙   B. 诗圣   C. 香山居士   D. 青莲居士

72. "先天下之忧而忧,后天下之乐而乐"这句名言出自(　　)之手。
    A. 杜甫   B. 滕子京   C. 范仲淹   D. 吕洞宾

73. 吕纯阳是"八仙"中的(　　)。
    A. 张果老   B. 吕洞宾   C. 蓝采和   D. 曹国舅

74. "前不见古人,后不见来者"这句诗出自(　　)的作品。
    A. 杜甫   B. 范仲淹   C. 陈子昂   D. 滕子京

75. 洞庭湖南面可以直到的河流有(　　)。
    A. 潇水和资水   B. 湘水和资水
    C. 潇水和湘水   D. 沅水和湘水

76.《岳阳楼联》下联"诸君试看"中提到的"东道岩疆"指的是(　　)。
    A. 洞庭湖的东面   B. 岳阳楼的东面
    C. 岳阳城东南方向的高山   D. 扬子江北岸

77. "潴者、流者、峙者、镇者"分别指(　　)。
    A. 洞庭湖、湘江、巴陵山、岳阳城
    B. 洞庭湖、扬子江、岳阳城、巴陵山
    C. 洞庭湖、扬子江、巴陵山、岳阳城
    D. 扬子江、洞庭湖、岳阳城、巴陵山

78. "壬戌之秋,七月既望"中的"既望"指的是农历(　　)。
    A. 十六日   B. 十五日   C. 十四日   D. 十七日

79.《赤壁赋》文中"白露横江,水光接天"描述的景象是(　　)。
    A. 清晨的江面   B. 夜晚的星空
    C. 秋季的江景   D. 春季的花海

80. "浩浩乎如冯虚御风"中的"冯虚"的意思是(　　)。
    A. 依靠着虚空   B. 踏着实地
    C. 乘着云彩   D. 跳入深渊

81.《赤壁赋》文中提到的"客有吹洞箫者"所吹的箫声(　　)。

A. 欢快而热烈　　　　　　　　　　B. 悠扬而悦耳
   C. 悲凉而幽怨　　　　　　　　　　D. 激昂而高亢
82. "此非曹孟德之困于周郎者乎？"中的"周郎"指（　　）。
   A. 周瑜　　　　B. 周兴　　　　C. 周勃　　　　D. 周处
83. 苏轼在《赤壁赋》一文中对人生短暂和宇宙无穷的感慨是通过（　　）来表达的。
   A. 直接抒发　　　　　　　　　　B. 借用古人故事
   C. 描绘自然景观　　　　　　　　D. 歌唱神话传说
84.《赤壁赋》整体表达了作者的情感变化是（　　）。
   A. 始终悲观　　　　　　　　　　B. 由乐转悲再归于豁达
   C. 一直乐观　　　　　　　　　　D. 愤怒与无奈
85. 甲骨文主要是（　　）的文字。
   A. 商代　　　　B. 周代　　　　C. 秦代　　　　D. 汉代
86. 草书是在（　　）的基础上演变而来的。
   A. 甲骨文　　　B. 隶书　　　　C. 楷书　　　　D. 金文

三、多项选择题（每题有2~5个正确答案，少选或错选均不得分，请将你认为正确的选项填入括号内）

1. 汉字经历了一个漫长的演变过程。大致可以分为商代甲骨文、周代金文、（　　）等阶段。
   A. 春秋文字　　　B. 战国文字　　　C. 秦代小篆　　　D. 汉代隶书
   E. 魏晋至今的楷书
2. 汉字"六书"中，属于汉字的造字规则的有（　　）。
   A. 象形　　　　B. 指事　　　　C. 形声　　　　D. 会意
   E. 转注
3. 下列关于对律诗的说法，正确的有（　　）。
   A. 每首限定八句四联，五律四十字，七律五十六字
   B. 押平声韵
   C. 每句的平仄都有规定
   D. 确立三字尾的节奏
   E. 每篇的对仗都有规定
4. 中国文学分为（　　）。
   A. 先秦文学　　　B. 古典文学　　　C. 近代文学　　　D. 现代文学
   E. 当代文学
5. 古体诗在体制上，有下面几个特点（　　）。
   A. 句数、字数不限　　　　　　　B. 用韵比较自由
   C. 不讲究平仄　　　　　　　　　D. 不用对仗
   E. 常见有四言、五言和七言诗
6. 对仗主要有以下几种类型（　　）。
   A. 工对　　　　B. 邻对　　　　C. 宽对　　　　D. 窄对

E. 流水对

7. "乐府三绝"主要是指（　　）。
   A. 汉代《孔雀东南飞》　　　　B. 北朝《木兰诗》
   C. 汉代《陌上桑》　　　　　　D. 唐代《长歌行》
   E. 唐代《秦妇吟》

8. 先秦历史散文主要有（　　）。
   A.《春秋》　　B.《左传》　　C.《战国策》　　D.《论语》
   E.《国语》

9. 楹联的格律要求主要有（　　）、出句与对句平仄相谐。
   A. 出句与对句字数相等　　　　B. 出句与对句词性相同
   C. 出句与对句结构相应　　　　D. 出句与对句节奏相同
   E. 出句与对句内容相对

10. 毛泽东主席的《浪淘沙·北戴河》一词下片前三句依次是（　　）。
    A. 往事越千年　　　　　　　B. 魏武挥鞭
    C. 萧瑟秋风今又是　　　　　D. 东临碣石有遗篇
    E. 换了人间

11. "初唐四杰"是指（　　）。
    A. 王勃　　　B. 杨炯　　　C. 骆宾王　　　D. 卢照邻
    E. 王昌龄

12. 下列关于崔颢《黄鹤楼》一诗的描述，正确的有（　　）。
    A. 颔联描绘了黄鹤楼的近景
    B. 颔联描绘了黄鹤楼的远景
    C. 颈联描绘了黄鹤楼外的日景
    D. 尾联描绘了黄鹤楼下的晚景
    E.《黄鹤楼》之所以成为千古传颂的佳作，就在于诗歌描述的意境美和绘画美

13. 陆游《游山西村》是一首七言律诗，其中运用对仗手法的诗句是（　　）。
    A. 莫笑农家腊酒浑，丰年留客足鸡豚
    B. 山重水复疑无路，柳暗花明又一村
    C. 箫鼓追随春社近，衣冠简朴古风存
    D. 从今若许闲乘月，拄杖无时夜叩门
    E. 王师北定中原日，家祭无忘告乃翁

14. 对柳永《望海潮》词中的"羌管弄晴，菱歌泛夜"一句分析正确的有（　　）。
    A. 夸张虚饰　　B. 烘托对比　　C. 对仗工整　　D. 互文见义
    E. 比喻象征

15. 横额与对联的关系，主要有以下几种（　　）。
    A. 对联写意，横额题名　　　　B. 对联画龙，横额点睛
    C. 联额互补，相辅相成　　　　D. 互相参照，字数不限
    E. 用韵自由，不讲平仄

16. 对《使至塞上》一文及其作者的分析正确的有（　　）。

A. 作者王维是唐代著名的边塞诗人
B. 作者王维与孟浩然齐名，并称"王孟"
C. 萧关：古关名，又名陇山关
D. 使至塞上：奉命出使边塞
E. 燕然：古山名，即今蒙古国杭爱山。这里代指前线

17. 下列是描写江南三大名楼的千古名诗，诗与作者对应正确的有（　　）。
    A.《滕王阁诗》王勃   B.《登岳阳楼》杜甫
    C.《黄鹤楼》崔颢   D.《黄鹤楼送孟浩然之广陵》白居易
    E.《登鹳雀楼》王之涣

18. 下列诗句出自李白《送友人》一诗的有（　　）。
    A. 桃花潭水深千尺，不及汪伦送我情
    B. 浮云游子意，落日故人情
    C. 李白乘舟将欲行，忽闻岸上踏歌声
    D. 此地一为别，孤蓬万里征
    E. 挥手自兹去，萧萧班马鸣

19. 对《兰亭集序》一文及其作者王羲之的分析正确的有（　　）。
    A. 作者王羲之是著名书法家，有"书圣"之称
    B. 在书法史上，王羲之与其子王献之合称为"二王"
    C. 王羲之的代表作《兰亭集序》被誉为"天下第一行书"
    D. 王羲之将与诸位好友相聚于兰亭所附诗作编成一本诗集，本文是他为该诗集所作的一篇序言
    E. 本文是王羲之为纪念与友人相聚于会稽山阴兰亭而写的一篇游记

20. 对文天祥《过零丁洋》一诗分析正确的有（　　）。
    A. 遭逢：遭遇
    B. 起一经：因为精通一种经书，通过科举考试而被朝廷选拔入仕做官
    C. 惶恐滩：在今江西万安赣江中，水流湍急，极为险恶
    D. 丹心：红心，比喻忠心
    E. 萍：浮萍

21. 下列属于《永遇乐·京口北固亭怀古》一词的语句有（　　）。
    A. 千古江山，英雄无觅，孙仲谋处
    B. 从头越，苍山如海，残阳如血
    C. 舞榭歌台，风流总被、雨打风吹去
    D. 想当年，金戈铁马，气吞万里如虎
    E. 凭谁问：廉颇老矣，尚能饭否？

22. 赵孟頫是元初著名的（　　）。
    A. 书法家   B. 画家   C. 诗人   D. 小说家
    E. 剧作家

23. 以下对应县木塔及《应县木塔联》"俯瞩桑干，滚滚波涛萦似带；遥临恒岳，苍苍岫嶂屹如屏"的分析正确的有（　　）。

A. "萦似带""屹如屏"用的是拟人手法

B. 应县木塔有中国古代建筑"斗拱博物馆"之美称

C. 应县木塔为我国现存最高、最古老的木构塔式建筑

D. 应县木塔获得吉尼斯纪录，为世界上最高的木塔

E. 应县木塔与云冈石窟、悬空寺并称为雁北大同区域"三大奇观"

24. 下列关于辛弃疾的《永遇乐·京口北固亭怀古》的描述正确的有（　　）。

A. 永遇乐：词牌名

B. 京口北固亭怀古：词题名

C. 寻常：古代指长度，八尺为寻，倍寻为常

D. 四十三年：指宋高宗绍兴四十三年

E. 作者以廉颇隐喻自己，担忧重蹈历史覆辙，被朝廷弃而不用，用而不信，才能无法施展，壮志不能实现

25. 崔颢的《黄鹤楼》是历代所推崇的一首名诗，是因为它具有（　　）。

A. 意境美　　　　B. 结构美　　　　C. 绘画美　　　　D. 音乐美

E. 语言美

26. 宋词婉约派的代表人物有（　　）。

A. 辛弃疾　　　　B. 晏殊　　　　C. 苏轼　　　　D. 柳永

E. 晏几道

27. 下列民歌中，被称为"乐府双璧"的是（　　）。

A. 孔雀东南飞　　B. 木兰诗　　　C. 秦妇吟　　　D. 长歌行

E. 陌上桑

28. 对刘禹锡《望洞庭》一诗"潭面无风镜未磨""白银盘里一青螺"分析正确的有（　　）。

A. 两句都巧妙地用了比喻

B. 洞庭湖如镜、如盘

C. 用白银盘装着螺蛳

D. "潭面无风镜未磨"表现了湖面的平静朦胧

E. 君山犹如镶嵌在明镜似的洞庭湖上的一颗翡翠，美不胜收

29. 对李商隐《夜雨寄北》一诗中"巴山夜雨"的分析正确的有（　　）。

A. 诗人当时在巴蜀

B. 巴山：指大巴山

C. 诗中重复出现了"巴山夜雨"

D. 反映作者写诗时是雨天

E. 巴山夜雨：指客居异地又逢夜雨缠绵的孤寂情景

30. 下列关于白居易《暮江吟》一诗的描述正确的有（　　）。

A. 这是一首纯粹写景的小诗

B. 全诗反映了作者轻松愉悦的情绪

C. 可怜：可爱的意思

D. 月似弓：农历九月初三，上弦月，其弯如弓

E. 作者白居易是唐代伟大的浪漫主义诗人

31. 下列诗句属于杜牧《泊秦淮》的有（   ）。
    A. 烟笼寒水月笼沙
    B. 可怜后主还祠庙
    C. 日暮聊为《梁甫吟》
    D. 商女不知亡国恨
    E. 夜泊秦淮近酒家

32. 下列对《游山西村》一诗的分析正确的有（   ）。
    A. 山西村是指作者故乡的一个村庄
    B. 诗中"从今若许闲乘月，拄杖无时夜叩门"的"无时"是指随时
    C. 本诗的作者是陆游
    D. 此诗表现诗人陶醉在山野风光和农村的人情中，表达了对田园生活的喜爱和恋恋不舍的感情
    E. 此诗表达陆游罢官在家的心灰意冷

33. 以下关于《南京莫愁湖郁金堂联》的描述正确的有（   ）。
    A. 湖属卢家：指莫愁女夫家姓卢
    B. 韵事：指莫愁女的传说
    C. 地归徐氏：明太祖朱元璋将莫愁湖赐给中山王徐达
    D. 汤沐：一处名为汤沐的名园
    E. 商女：指旧社会卖唱的女子

34. 《题陕西黄帝陵联》的上下联是（   ）。
    A. 世外人法无定法，然后知非法法也
    B. 天下事了犹未了，何妨以不了了之
    C. 自轩辕创业，上下五千年，古国文明光广宇
    D. 看松柏凌霄，纵横十万里，全球赤子仰黄陵
    E. 尘劫历一千余年，重复旧观，幸有名贤来作主

35. 《岳阳楼联》中"诗耶、儒耶、吏耶、仙耶"，分别是指的（   ）。
    A. 杜甫   B. 李白   C. 范仲淹   D. 滕子京
    E. 吕洞宾

36. 《郑成功纪念馆联》的上下联是（   ）。
    A. 爽借清风明借月
    B. 开辟荆榛，千秋功业
    C. 青冢有情犹识路
    D. 平沙无处可招魂
    E. 驱除荷虏，一代英雄

37. 《承德避暑山庄万壑松风联》："（   ）君王，处处（   ）公，道旁介寿；（   ）天子，年年（   ）节，塞上称觞。"空处正确的字词依次是（   ）。
    A. 八十   B. 十八   C. 九重   D. 重九
    E. 重阳

38. 对《崇州陆游祠对联》解释正确的有（   ）。
    A. 作者为汪德嘉
    B. 上联写陆游的人生经历
    C. 下联肯定陆游是继屈原之后又一伟大的爱国主义诗人

D. 崇州陆游祠，是除绍兴外，全国仅有的纪念陆游的专祠

E. 铁马铜驼，暗指全副披挂上战场，表现陆游志复中原的爱国思想

39. 对彭祜的《蝴蝶泉联》"蝴蝶舞翩跹，为万紫千红飞来飞去，前生疑是庄周化；青山留胜迹，有层峦叠嶂宜晴宜雨，此地重吟道韫诗"分析正确的有（　　）。

　　A. 庄周化：庄周做梦变成了蝴蝶

　　B. 道韫诗：指东晋诗人谢道韫的诗

　　C. 上联由在万紫千红、香气扑鼻的花丛中飘逸飞舞的蝴蝶联想到庄周化蝶的故事

　　D. 下联则由眼前的青山翠峦氤氲美景联想到东晋诗人谢道韫的诗

　　E. 联语在构思上运用衬托的手法，将蝴蝶泉之神韵魅力刻画渲染得淋漓尽致，令人十分叹服

40. 下面出自《海角天涯胜迹联》的诗句有（　　）。

　　A. 万里晴空，几片闲云浮海角

　　B. 一湾碧水，八方游子恋天涯

　　C. 峰高华岳三千丈

　　D. 险据秦关百二重

　　E. 黄龙山静鸟谈天

41. 苏轼《赤壁赋》最大的特点是在艺术手法上做到了（　　）、（　　）、（　　）的融合。

　　A. 境　　　　B. 景　　　　C. 情　　　　D. 理

　　E. 事

42. 下面出自王勃《滕王阁序》的有（　　）。

　　A. 落霞与孤鹜齐飞，秋水共长天一色

　　B. 冯唐易老，李广难封

　　C. 浮云游子意，落日故人情

　　D. 海内存知己，天涯若比邻

　　E. 关山难越，谁悲失路之人？萍水相逢，尽是他乡之客

43. 以下出自《岳阳楼记》的有（　　）。

　　A. 先天下之忧而忧，后天下之乐而乐

　　B. 醉翁之意不在酒，在乎山水之间也

　　C. 人知从太守游而乐，而不知太守之乐其乐也

　　D. 不以物喜，不以己悲

　　E. 微斯人，吾谁与归

44. 《岳阳楼记》的作者范仲淹是北宋著名的（　　）。

　　A. 政治家　　　　B. 文学家　　　　C. 军事家　　　　D. 音乐家

　　E. 书法家

45. 以下出自《兰亭集序》的有（　　）。

　　A. 事不目见耳闻，而臆断其有无，可乎

　　B. 暂得于己，快然自足，不知老之将至

　　C. 仰观宇宙之大，俯察品类之盛，所以游目骋怀，足以极视听之娱，信可乐也

　　D. 或因寄所托，放浪形骸之外

E. 夫人之相与，俯仰一世

46. 下面对苏轼的《赤壁赋》一文分析正确的有（　　）。
    A. 第一段写白天游赤壁的情景
    B. 第二段写作者饮酒放歌的欢乐与客人悲凉的箫声
    C. 第三段写客人对人生短促无常的感叹
    D. 第四段是作者针对客人之人生无常的感慨陈述自己的见解，以宽解对方
    E. 第五段写客人听了作者的一番谈话后，转悲为喜，开怀畅饮

47. 下面对范仲淹《岳阳楼记》词、句的注音或解释正确的有（　　）。
    A. 冥冥：昏暗的样子
    B. 浩浩汤汤（dàng）：水势浩大的样子
    C. 居庙堂之高：端坐在高高的庙堂之上
    D. 大观：盛大的美景
    E. 微斯人，吾谁与归：假如没有这种人，我同谁一道呢？微，没有。归，归附，皈依

48. 《海南海口五公祠联》一文中有"于东坡外，有此五贤"，以下哪些人属于此五贤？（　　）
    A. 苏轼　　　　B. 海瑞　　　　C. 李纲　　　　D. 赵鼎
    E. 李德裕

49. 《桂林独秀峰联》的上下联是（　　）。
    A. 只有天在上　　　　　　　　B. 举头红日近
    C. 撑天凌日月　　　　　　　　D. 插地震山河
    E. 回首白云低

50. 进入21世纪后的小说主要有三类：第一类是（　　）；第二类是（　　）；第三类是（　　）。
    A. 底层写作　　B. 青春写作　　C. 网络写作　　D. 校园写作
    E. 历史写作

51. 20世纪20年代中期，中国新诗出现多种诗派与流向，包括（　　）。
    A. "普罗"诗派　　B. 新月诗派　　C. 象征诗派　　D. 现代诗派
    E. 七月诗派

52. 20世纪20年代中期，趋向于革命现实主义的"普罗"诗派的代表性作家有（　　）。
    A. 闻一多　　　　B. 徐志摩　　　　C. 殷夫　　　　D. 蒋光慈
    E. 林徽因

53. 抗战后期和解放战争时期，（　　）等新剧目，成为解放区戏剧戏曲改革与创新的典范之作。
    A. 《屈原》　　　　　　　　　　B. 《白毛女》
    C. 《逼上梁山》　　　　　　　　D. 《雷雨》
    E. 《上海屋檐下》

54. 律诗的八行可分为四联，以下属于律诗四联的有（　　）。
    A. 首联　　　　B. 颔联　　　　C. 颈联　　　　D. 堂联
    E. 尾联

55. 新时期是当代小说创作的又一个繁荣期，出现了一大批优秀作家作品，包括（　　）。
   A. 王蒙的《春之声》　　　　　　　　B. 贾平凹的《废都》
   C. 余华的《许三观卖血记》　　　　　D. 韩寒的《三重门》
   E. 浩然的《金光大道》

56. 以下属于鲁迅的小说有（　　）。
   A.《祝福》　　　B.《故乡》　　　C.《子夜》　　　D.《家》
   E.《药》

57. 新时期戏剧创作仍以话剧为主，可以分为三类。主要有（　　）。
   A. 李龙云的《洒满月光的荒原》
   B. 陶骏等人的《魔方》
   C. 陈亚先的新编历史京剧《曹操与杨修》
   D. 李龙云的《小井胡同》
   E. 老舍的《茶馆》

58. 下列关于汉字的起源，说法正确的有（　　）。
   A. 汉字是世界上最古老的文字之一
   B. 汉字是唯一从古代一直演变而来没有间断过的文字形式
   C. 汉字起源于古埃及的圣书字
   D. 仓颉造字的传说在中国历史上流传很广
   E. 从比较成熟的甲骨文算起，已有3000多年的历史。

59. 属于汉字形体演变阶段的有（　　）。
   A. 甲骨文　　　B. 金文　　　C. 草书　　　D. 行书
   E. 楷书

60. 西周金文相比甲骨文，显著变化包括（　　）。
   A. 直观表意性减弱，书写符号性增强
   B. 字形结构趋向稳定，异字同形现象减少
   C. 形声字大量增加
   D. 保留了更多图画性强的文字
   E. 偏旁部首混用的现象大为减少

61. 以下文字材料属于战国文字的有（　　）。
   A. 写在竹木简上的简册文字　　　　B. 刻在石头上的石刻文字
   C. 甲骨文　　　　　　　　　　　　D. 写在丝织品上的帛书文字
   E. 写在玉石片上的盟书

62. 小篆的主要特点包括（　　）。
   A. 固定了偏旁部首的位置和写法
   B. 增强了字形的直观表意性
   C. 结束了各国文字结构不同、形体杂乱的局面
   D. 是古文字形的终结
   E. 固定了每个字的笔画数

63. 唐诗鼎盛时期的代表人物包括（　　）。

A. 李白　　　　B. 杜甫　　　　C. 王勃　　　　D. 苏轼
E. 白居易

64. 杜甫深刻记录了安史之乱前后的社会状况的作品包括（　　）。
    A. 三吏　　　　　　　　　　　B. 三别
    C.《送元二使安西》　　　　　D.《长恨歌》
    E.《九月九日忆山东兄弟》

65. 唐诗的形式主要包括（　　）。
    A. 五言古体诗　　B. 七言绝句　　C. 词　　　　D. 七言律诗
    E. 五言绝句

66. 王维的代表作包括（　　）。
    A.《送元二使安西》　　　　　B.《九月九日忆山东兄弟》
    C.《春望》　　　　　　　　　D.《师说》
    E.《卖炭翁》

67. 宋词中婉约派词人的作品风格是（　　），体现了这一风格的词句有（　　）。
    A. 典雅柔婉，曲尽情态
    B. 今宵酒醒何处？杨柳岸，晓风残月
    C. 大江东去，浪淘尽，千古风流人物
    D. 舞低杨柳楼心月，歌尽桃花扇底风
    E. 无可奈何花落去，似曾相识燕归来

68. 唐代传奇小说的代表作包括（　　）。
    A.《李娃传》　　B.《柳毅传》　　C.《莺莺传》　　D.《师说》
    E.《聊斋》

69. 清代学者梁章钜将对联分为（　　）等。
    A. 故事　　　　B. 春联　　　　C. 庙祀　　　　D. 挽词
    E. 格言

70. 对联按应用范围分类的类型包括（　　）。
    A. 春联　　　　B. 佳话　　　　C. 门联　　　　D. 寿联
    E. 堂联

71. 词调，也称为词牌，下列关于词调的说法，正确的有（　　）。
    A. 词调就是词写作时所依据的曲调乐谱的名称
    B. 词调在初起时，词调往往就是题目
    C. 一个词调只有一个名称
    D. 带"慢"字的词调都是长调
    E. 带"引"字、"近"字的，则属中调

72. 词调名称中带有表示长短或节奏的特定字的有（　　）。
    A.《声声慢》　　B.《好事近》　　C.《青门引》　　D.《忆江南》
    E.《江城子》

73. 关于岳阳楼的历史文化，描述正确的有（　　）。
    A. 岳阳楼位于洞庭湖畔，今湖南省岳阳市

B. 岳阳楼因杜甫的《登岳阳楼》诗而闻名
C. 岳阳楼传说是"八仙"之一吕洞宾光顾过的地方
D. 岳阳楼与范仲淹的《岳阳楼记》无关
E. 滕子京重修了岳阳楼

74. 客人吹洞箫的声音被形容为（　　）。
    A. 呜呜然　　　　　　　　　　B. 如泣如诉
    C. 激昂高亢　　　　　　　　　D. 余音袅袅，不绝如缕
    E. 如怨如慕

75.《赤壁赋》中客人回答苏子提问"何为其然也"时，引用了曹操的有（　　）。
    A. 月明星稀　　B. 乌鹊南飞　　C. 渺渺兮予怀　　D. 望美人兮天一方
    E. 哀吾生之须臾

76.《赤壁赋》中提到的自然景象有（　　）。
    A. 明月升起　　B. 白露横江　　C. 舳舻千里　　D. 清风徐来
    E. 水波不兴

参考答案及解析

第五章　中国建筑艺术

一、判断题（判断下列各题是否正确，正确的请在答卷中相应题号后的括号内打"√"，错误的打"×"）

1. 中国古代以偶数为吉祥数字，所以平面组合中绝大多数的开间为双数；而且开间越多，等级越高。（　　）
2. 唐朝皇帝李世民认为平地筑起高坡太劳民伤财，同时为了防止水土流失和盗墓，封土即改为"以山为陵"的形式。（　　）
3. 宋代帝陵的封土——"方上"规模要比秦汉时代小得多。（　　）
4. 中国古代建筑就单体建筑而言，以正方形平面最为普遍。（　　）
5. 中国古代建筑的庭院与组群布局一般采用对称的方式，沿着纵轴线与横轴线设计。（　　）
6. 丽江古城受中原建城礼制的影响，城中道路网规则，设有森严的城墙。（　　）
7. 长城的烽火台上贮薪，日间焚烟，夜间举火。（　　）
8. 嘉量是我国古代的标准量器，象征着国家统一和强盛。（　　）
9. 北京故宫是我国现存最大、最完整的宫殿建筑群，其总体规划和建筑形制最大限度地体现了皇权至上的思想。（　　）
10. 北京社稷坛其总体形制与太庙相同。（　　）
11. 中国古代以奇数为吉祥数字，所以平面组合中绝大多数的开间为单数；而且开间越多，等级越高。（　　）
12. 布达拉宫位于拉萨市西北的玛布日山上，是我国著名的宫堡式建筑群，为蒙古族古建筑艺术的代表作。（　　）
13. 清代颁布的《营造法式》是中国各种建筑设计、结构、用料和施工的"规范"。（　　）
14. 湖南长沙马王堆汉墓的墓室为砖石筑成。（　　）
15. 唐昭陵是唐代十八陵中保存最完整的一座。（　　）
16. 位于明十三陵区正中的是长陵。（　　）
17. 清西陵位于河北省遵化市。（　　）
18. 我国古代楼阁的作用是居住、游憩、远眺、藏书、供佛及军事防御。（　　）
19.《滕王阁赋》的作者是王勃。（　　）
20. 西安大雁塔是密檐式塔的典型代表。（　　）
21. 帝王陵的地面建筑主要由祭祀建筑区、神道、护陵监三部分组成。祭祀建筑区为陵园建筑的重要部分，供祭祀之用。（　　）

22. 北京妙应寺白塔为覆钵式塔。（ ）
23. 北京故宫内廷有三座花园，即宁寿宫花园、慈宁宫花园和御花园。（ ）
24. 清代帝王陵集中在辽宁和河北两省境内。（ ）
25. 歇山顶是庑殿顶和悬山顶的结合，由一条正脊、四条垂脊和四条戗脊组成，故又称为九脊顶。（ ）
26. 南京古城的聚宝门是我国现存最大、最为完整的堡垒瓮城。（ ）
27. 天坛南边围墙左右两角呈弧形，北边围墙左右两角呈方形，以象征古人"天圆地方"的观念。（ ）
28. 我国古城的城垣一般有两重，外面的称"城"，里面的称"郭"。（ ）
29. 文溯阁是雍正时期在沈阳故宫西路营造的建筑。（ ）
30. 自产生灵魂观念以来，人们便有了筑坟的念头。大约从商代开始，出现"封土为坟"的做法。（ ）
31. 云南大理的崇圣寺三塔为密檐式塔。（ ）
32. 我国古代的墓室结构依次经历了土穴墓、砖石墓和木椁墓三个发展阶段。（ ）
33. 唐乾陵是唐高宗李治和女皇武则天的合葬墓。（ ）
34. 社稷坛以五色土覆盖坛面，以象征"普天之下，莫非王土"，并祈求全国风调雨顺、五谷丰登。（ ）
35. 我国古代建筑的彩画共有三种，按等级从高到低排列依次为和玺彩画、苏式彩画和旋子彩画。（ ）
36. 祭天、地、日、月等活动都在郊外进行，统称郊祭。（ ）
37. 中国古代建筑在建筑物的屋顶、面阔、台基乃至色彩和彩绘的图案等方面都有严格的等级差别。（ ）
38. 秦始皇陵位于陕西临潼，北宋陵位于河南开封。（ ）
39. 居庸关位于北京市昌平区境内，其得名始自汉代。（ ）
40. 汉茂陵是汉武帝刘彻的陵墓，位于陕西兴平市，周围有霍去病、卫青等20余个陪葬墓。（ ）
41. 我国古代崇拜"中"的意识与古代人们对北极星的崇拜有关。（ ）
42. 古希腊建筑的结构属拱券结构。（ ）
43. 罗马的大型公共建筑中最常采用的建筑形式是梁柱结构。（ ）
44. 文艺复兴建筑发源于意大利的佛罗伦萨，开始的标志是佛罗伦萨大教堂的大穹隆顶。（ ）
45. 江南古镇分布在江苏、浙江境内，以周庄、同里、甪直、乌镇、南浔和西塘六大古镇享誉海内外，军事防御功能强。（ ）
46. 凤凰古城位于湖南湘西土家族、苗族自治州凤凰县的沱江边，是中国西南地区文物建筑最多的县。（ ）
47. 北京爨底下村位于北京市门头沟区斋堂镇。（ ）
48. 西方古代建筑崇尚"封闭型空间"。（ ）
49. 西方建筑的色彩具有较长时期的稳定性。（ ）
50. 西方建筑注重与自然的和谐。（ ）

51. 拜占庭建筑是在继承古希腊建筑文化的基础上发展起来的，以基督教为背景。（   ）
52. 罗马风建筑是 10—12 世纪欧洲基督教流行地区的一种建筑风格。（   ）
53. 哥特式建筑的整体风格为高耸瘦削，且带尖。（   ）
54. 巴洛克建筑风格的基调是朴实无华而又新奇欢畅，具有强烈的世俗享乐的味道。（   ）
55. "巴洛克"一词，由法语 rocaille（贝壳工艺）演化而来，原意为建筑装饰中的一种贝壳形图案。（   ）
56. 罗马式风格的形成以英国杜勒姆教堂为标志。（   ）
57. 杭州湾跨海大桥于 2011 年获得中国建设工程鲁班奖和第十届中国土木工程詹天佑奖。（   ）
58. 东方明珠广播电视塔是中国第一高塔。（   ）
59. 上海中心大厦获得了美国 LEED 白金级认证绿色建筑。（   ）
60. 1949 年中华人民共和国成立初期，重要的政府建筑都采用了具有西方新古典主义特征的建筑风格。（   ）
61. 1929 年，沙逊大厦在上海外滩落成，拉开了近现代建筑史上具有重要价值的现代建筑设计的帷幕。（   ）
62. 吕彦直主持完成了北平地区一些古建筑的维修，如北平天坛、祈年殿、国子监等。（   ）
63. 新中国成立以后，中国一跃成为全球最大的建筑市场。（   ）
64. 浮桥常用于军事目的，故也称"战桥"。（   ）
65. 梁桥在我国桥梁史上出现较晚，但发展迅猛，是我国古桥中最富有生命力的一种类型。（   ）
66. 古镇是一种介于古城和古村落之间的聚落形态，大多由商业发展而来。（   ）
67. 古村落规模最小，为农业人口居住，以商业为主。（   ）
68. 明长城的主体是敌台。（   ）
69. 长城上的敌台只有实心的一种。（   ）

二、单项选择题（下列各题的选项中，只有一项是正确的，请将正确答案的选项填入括号内）

1. 我国现存最早的木构架建筑的实物是（   ）。
   A. 山西五台南禅寺大雄宝殿   B. 山西太原晋祠圣母殿
   C. 福建泉州清净寺   D. 山西芮城永乐宫
2. 我国古代崇拜"中"的意识与古代人们对（   ）的崇拜有关。
   A. 泰山   B. 北极星   C. 太阳   D. 祖先
3. 在中国古代建筑中，四根木头圆柱围成的空间称为（   ）。
   A. 间   B. 开间   C. 面阔   D. 进深
4. 在中国古代建筑中，等级最高的彩画是（   ）。
   A. 和玺彩画   B. 旋子彩画   C. 苏式彩画   D. 庙堂彩画
5. 在中国古代建筑中，等级最高的屋顶是（   ）。

A. 重檐庑殿顶　　　　B. 单檐庑殿顶　　　　C. 悬山顶　　　　　　D. 硬山顶
6. 我国现存最大、最为完整的堡垒瓮城是（　　）。
　　A. 北京正阳门　　　　B. 南京聚宝门　　　　C. 西安永宁门　　　　D. 平遥东门
7. 我国被列入《世界遗产名录》，始建于南宋的古城是（　　）。
　　A. 丽江　　　　　　　B. 南京　　　　　　　C. 西安　　　　　　　D. 平遥
8. 我国现存最大型的、保存完整的城墙是（　　）。
　　A. 丽江　　　　　　　B. 南京　　　　　　　C. 西安　　　　　　　D. 平遥
9. 我国历史上规模最大的长城是（　　）。
　　A. 秦长城　　　　　　B. 楚长城　　　　　　C. 汉长城　　　　　　D. 明长城
10. 在历史上保护过丝绸之路的长城是（　　）。
　　A. 秦长城　　　　　　B. 汉长城　　　　　　C. 隋长城　　　　　　D. 明长城
11. 被称为"危岭雄关"的是（　　）。
　　A. 慕田峪长城　　　　　　　　　　　　　　B. 八达岭长城
　　C. 司马台长城　　　　　　　　　　　　　　D. 金山岭长城
12. 我国明长城保存最完整、最具有代表性的段落是（　　）。
　　A. 八达岭长城　　　　B. 金山岭长城　　　　C. 慕田峪长城　　　　D. 司马台长城
13. 我国古代帝王祭祀祖宗的地方是（　　）。
　　A. 天坛　　　　　　　B. 地坛　　　　　　　C. 社稷坛　　　　　　D. 太庙
14. 故宫中吉祥缸的用途是（　　）。
　　A. 标准量器　　　　　　　　　　　　　　　B. 装饰
　　C. 盛满清水以防火灾　　　　　　　　　　　D. 象征长寿
15. 位于沈阳故宫东路的建筑是（　　）。
　　A. 崇政殿　　　　　　B. 大政殿　　　　　　C. 文溯阁　　　　　　D. 仰熙斋
16. 皇帝祭天的时间是（　　）。
　　A. 春分　　　　　　　B. 夏至　　　　　　　C. 秋分　　　　　　　D. 冬至
17. 地坛的形状呈（　　）。
　　A. 圆形　　　　　　　B. 方形　　　　　　　C. 土字形　　　　　　D. 工字形
18. 我国规模最大、年代最早的孔庙位于（　　）。
　　A. 北京　　　　　　　B. 江苏南京　　　　　C. 山东曲阜　　　　　D. 河南洛阳
19. 秦汉帝王陵墓的封土形式是（　　）。
　　A. 方上　　　　　　　B. 以山为陵　　　　　C. 宝城宝顶　　　　　D. 呈覆斗形
20. 唐乾陵的封土形式是（　　）。
　　A. 方上　　　　　　　B. 以山为陵　　　　　C. 宝城宝顶　　　　　D. 呈覆斗形
21. 明清时期帝王陵墓的封土形式是（　　）。
　　A. 方上　　　　　　　B. 以山为陵　　　　　C. 宝城宝顶　　　　　D. 呈覆斗形
22. 具有"一陵两冢"陵寝结构的明代帝陵是（　　）。
　　A. 明长陵　　　　　　B. 明显陵　　　　　　C. 明定陵　　　　　　D. 明孝陵
23. 湖南长沙马王堆汉墓属于（　　）。
　　A. 土穴墓　　　　　　B. 木椁墓　　　　　　C. 空心砖墓　　　　　D. 石室墓

24. 唐代"以山为陵"的代表性陵墓是（   ）。
    A. 茂陵　　　　　　B. 乾陵　　　　　　C. 定陵　　　　　　D. 长陵
25. 砖石墓出现的朝代是（   ）。
    A. 原始社会时期　　B. 商周时期　　　　C. 秦朝　　　　　　D. 西汉
26. 中国古代最大的一座帝王陵是（   ）。
    A. 秦始皇陵　　　　B. 汉茂陵　　　　　C. 唐乾陵　　　　　D. 明定陵
27. 在明十三陵中，以雄伟的地面建筑闻名于世的陵墓是（   ）。
    A. 定陵　　　　　　B. 长陵　　　　　　C. 景陵　　　　　　D. 永陵
28. 在明十三陵中，已发掘地下宫殿的陵墓是（   ）。
    A. 定陵　　　　　　B. 长陵　　　　　　C. 景陵　　　　　　D. 永陵
29. 为滕王阁作序的人是（   ）。
    A. 李元婴　　　　　B. 阎都督　　　　　C. 吴子章　　　　　D. 王勃
30. 撰写《岳阳楼记》的人是（   ）。
    A. 滕子京　　　　　B. 范仲淹　　　　　C. 苏舜钦　　　　　D. 邵竦
31. 源于中国传统建筑且能登高远眺的佛塔形式是（   ）。
    A. 楼阁式　　　　　B. 密檐式　　　　　C. 覆钵式　　　　　D. 金刚宝座式
32. 世界上现存最大的敞肩桥梁是（   ）。
    A. 安济桥　　　　　B. 苏州宝带桥　　　C. 泉州洛阳桥　　　D. 潮州广济桥
33. 中国古代第一座启闭式（或称"开启活动式"）的石桥是（   ）。
    A. 安济桥　　　　　B. 苏州宝带桥　　　C. 泉州洛阳桥　　　D. 潮州广济桥
34. 为了使桥基和桥墩石胶结牢固，采用"种蛎固基法"加固桥墩的桥是（   ）。
    A. 安济桥　　　　　B. 苏州宝带桥　　　C. 泉州洛阳桥　　　D. 潮州广济桥
35. 具有侗族建筑风格的桥是（   ）。
    A. 泉州洛阳桥　　　B. 苏州宝带桥　　　C. 程阳风雨桥　　　D. 潮州广济桥
36. 下列古桥中，建筑年代最早的是（   ）。
    A. 河北赵州桥　　　B. 北京卢沟桥　　　C. 苏州宝带桥　　　D. 泉州洛阳桥
37. 我国南方民居和较小的殿堂楼阁多采用（   ）木构架结构。
    A. 穿斗式　　　　　B. 井干式　　　　　C. 抬梁式　　　　　D. 混合式
38. 在（   ）规定，庶民民居不得饰彩画。
    A. 唐代　　　　　　B. 宋代　　　　　　C. 元代　　　　　　D. 明代
39. 我国现存年代最早的砖塔是（   ）。
    A. 登封嵩岳寺塔　　　　　　　　　　　B. 大理千寻塔
    C. 西安大雁塔　　　　　　　　　　　　D. 西安小雁塔
40. 在以下中国名桥中，建有侗族楼亭的是（   ）。
    A. 程阳永济桥　　　B. 北京卢沟桥　　　C. 苏州宝带桥　　　D. 泉州洛阳桥
41. （   ）形成人与自然的高度融合状态，村寨树林异常茂密，鸟啼蝉鸣，充满了浓郁的原始乡土气息。
    A. 宏村　　　　　　B. 爨底下村　　　　C. 哈尼古村　　　　D. 水峪古村
42. 西方建筑材料以（   ）为主。

A. 木材　　　　　B. 砖　　　　　　C. 土　　　　　　D. 石

43. 下列宫殿外的陈设中，象征着国家的统一和强盛的是（　　）。
    A. 门海　　　　　B. 嘉量　　　　　C. 日晷　　　　　D. 华表

44. 我国古代建筑中，由一条正脊、四条垂脊和四条戗脊组成的屋顶形式是（　　）。
    A. 歇山顶　　　　B. 庑殿顶　　　　C. 悬山顶　　　　D. 硬山顶

45. 沈阳故宫东、中、西路的重要建筑依次是（　　）。
    A. 大政殿、崇政殿、文溯阁　　　　B. 崇政殿、文溯阁、大政殿
    C. 十王亭、崇政殿、大政殿　　　　D. 崇政殿、大政殿、文溯阁

46. 在中国古代建筑中，柱子的颜色有所不同，等级最高的是（　　）。
    A. 红色　　　　　B. 金色　　　　　C. 绿色　　　　　D. 蓝色

47. 中国第一高塔是（　　）。
    A. 广州塔　　　　　　　　　　　　B. 东方明珠广播电视塔
    C. 上海环球金融中心大厦　　　　　D. 台北101大楼

48. 北京"十大建筑"完成于（　　）年。
    A. 1957　　　　　B. 1958　　　　　C. 1959　　　　　D. 1960

49. 长江上第一座由中国自行设计和建造的双层式铁路、公路两用桥梁是（　　）。
    A. 武汉长江大桥　　　　　　　　　B. 南京长江大桥
    C. 上海长江大桥　　　　　　　　　D. 枝江百里洲长江大桥

50. （　　）因其相对高度超过四渡河特大桥，刷新世界纪录而成为全球第一高桥。
    A. 北盘江大桥　　　　　　　　　　B. 港珠澳大桥
    C. 杭州湾跨海大桥　　　　　　　　D. 南京长江大桥

51. （　　）因其超大的建筑规模、空前的施工难度和顶尖的建造技术而闻名世界，并由此获得2018—2019年度中国建设工程鲁班奖（国家优质工程）。
    A. 北盘江大桥　　　　　　　　　　B. 港珠澳大桥
    C. 杭州湾跨海大桥　　　　　　　　D. 南京长江大桥

52. （　　）获"中国结构最复杂的超高层建筑""中国最高的空中苏式园林"等美誉。
    A. 中央电视台总部大楼　　　　　　B. 苏州"东方之门"
    C. 上海环球金融中心大厦　　　　　D. 国家体育场（鸟巢）

53. 1934年，（　　）编著了《清式营造则例》一书。
    A. 梁思成　　　　B. 吕彦直　　　　C. 杨廷宝　　　　D. 卢镛标

54. 罗马建筑最大的成就和特点是（　　）。
    A. 尖顶　　　　　B. 拱券结构　　　C. 柱式结构　　　D. 色彩明快

55. 欧洲建筑的开拓者是（　　）。
    A. 古希腊建筑　　B. 古罗马建筑　　C. 拜占庭建筑　　D. 哥特式建筑

56. （　　）崇尚人体美，无论是雕刻作品还是建筑，他们都认为人体的比例是最完美的。
    A. 古罗马人　　　B. 古希腊人　　　C. 法国人　　　　D. 英国人

57. 欧洲文艺复兴建筑发源于（　　）。
    A. 英国　　　　　B. 法国　　　　　C. 意大利　　　　D. 德国

58. 镜厅是凡尔赛宫最著名的大厅，由敞廊改建而成，属于（　　）建筑。

A. 哥特　　　　　　B. 拜占庭　　　　　C. 洛可可　　　　　D. 新古典主义

59. 18世纪末、19世纪初,欧洲新古典建筑活动的中心在(　　)。
    A. 德国　　　　　　B. 英国　　　　　　C. 法国　　　　　　D. 意大利

60. (　　)是一座"牛形村落"。
    A. 宏村　　　　　　B. 爨底下村　　　　C. 哈尼村落　　　　D. 水峪古村

61. (　　)被誉为"第二八达岭"。
    A. 慕田峪长城　　　B. 司马台长城　　　C. 金山岭长城　　　D. 老龙头长城

62. (　　)为万里长城第一关。
    A. 居庸关　　　　　B. 山海关　　　　　C. 嘉峪关　　　　　D. 娘子关

63. (　　)是国内唯一一段深入大海的长城。
    A. 慕田峪长城　　　B. 司马台长城　　　C. 金山岭长城　　　D. 老龙头长城

64. (　　)以古碾存世多而闻名。
    A. 北京水峪古村　　B. 安徽宏村　　　　C. 云南哈尼古村　　D. 北京爨底下村

65. (　　)建筑普遍使用"穹隆顶",整体造型中心突出,有时在四角上建造小一些的穹顶。
    A. 古希腊　　　　　B. 古罗马　　　　　C. 拜占庭　　　　　D. 哥特式

66. (　　)建筑的特点最主要的就是"高直"二字。
    A. 古希腊　　　　　B. 古罗马　　　　　C. 拜占庭　　　　　D. 哥特式

67. (　　)建筑大量使用椭圆、曲线以及充沛的装饰来塑造富有动感而多变的建筑效果。
    A. 哥特式　　　　　B. 洛可可　　　　　C. 巴洛克　　　　　D. 拜占庭

68. 洛可可建筑风格产生于(　　)。
    A. 希腊　　　　　　B. 意大利　　　　　C. 英国　　　　　　D. 法国

69. (　　)建筑装饰的特点是:色彩明快,爱用嫩绿、粉红、玫瑰红等鲜艳的浅色调,线脚大多用金色。方法细腻,常常采用不对称手法。
    A. 哥特式　　　　　B. 拜占庭　　　　　C. 巴洛克　　　　　D. 洛可可

70. (　　)属于哥特式建筑。
    A. 英国杜勃姆教堂　　　　　　　　　　B. 法国巴黎圣母院
    C. 意大利佛罗伦萨大教堂　　　　　　　D. 意大利罗马耶稣会堂

71. (　　)属于拜占庭式建筑。
    A. 英国杜勃姆教堂　　　　　　　　　　B. 法国巴黎圣母院
    C. 圣索非亚大教堂　　　　　　　　　　D. 意大利佛罗伦萨大教堂

72. 法国雄狮凯旋门属于(　　)。
    A. 罗马风建筑　　　　　　　　　　　　B. 哥特式
    C. 巴洛克建筑　　　　　　　　　　　　D. 新古典主义建筑

73. (　　)于2007年12月24日被美国《时代》周刊杂志评选为2007年世界十大建筑奇迹之一,2013年11月7日获世界高层建筑与都市人居学会(CTBUH)"2013年度全球最佳高层建筑奖"。
    A. 国家体育场　　　　　　　　　　　　B. 中央电视台总部大楼
    C. 东方明珠广播电视塔　　　　　　　　D. 上海中心大厦

74. （　　）于 2011 年获得了美国 LEED 白金级认证绿色建筑。
    A. 苏州"东方之门"　　　　　　　　B. 广州塔
    C. 台北 101 大楼　　　　　　　　　D. 上海中心大厦
75. （　　）是一座悬挂式铁索桥。
    A. 广济桥　　　　B. 洛阳桥　　　　C. 卢沟桥　　　　D. 泸定桥
76. （　　）是北京现存最古老的连拱石桥。
    A. 广济桥　　　　B. 洛阳桥　　　　C. 卢沟桥　　　　D. 泸定桥
77. （　　）有"天下第一雄关"的美名。
    A. 居庸关　　　　B. 山海关　　　　C. 嘉峪关　　　　D. 娘子关

三、多项选择题（每题有 2~5 个正确答案，少选或错选均不得分，请将你认为正确的选项填入括号内）

1. 唐朝建筑的特点有（　　）。
    A. 单体建筑的屋顶坡度平缓　　　　B. 出檐深远
    C. 柱子较粗壮　　　　　　　　　　D. 重要建筑门窗多采用菱花隔窗
    E. 风格庄重朴实
2. 宋朝建筑的特点有（　　）。
    A. 单体建筑的屋顶坡度平缓　　　　B. 出檐深远
    C. 柱子较粗壮　　　　　　　　　　D. 重要建筑门窗多采用菱花隔窗
    E. 建筑风格渐趋柔和
3. 下列建筑，属于唐朝的有（　　）。
    A. 山西太原晋祠圣母殿　　　　　　B. 山西五台县南禅寺大殿
    C. 山西五台县佛光寺东大殿　　　　D. 山西芮城县广仁王庙正殿
    E. 洪洞广胜寺
4. 下列建筑，属于宋朝的有（　　）。
    A. 山西太原晋祠圣母殿　　　　　　B. 福建泉州清净寺
    C. 山西五台县佛光寺　　　　　　　D. 山西芮城永乐宫
    E. 河北正定隆兴寺
5. 明皇陵主要分布在（　　）。
    A. 北京　　　　B. 天津　　　　C. 南京　　　　D. 湖北
    E. 河北
6. 下列传统思想，体现在中国古代建筑中的有（　　）。
    A. 敬天祀祖　　　B. 皇权至上　　　C. 阴阳五行　　　D. 仁义道德
    E. 百善孝为先
7. 歇山顶由（　　）构成。
    A. 一条正脊　　　B. 四条垂脊　　　C. 四条戗脊　　　D. 四条斜脊
    E. 四条扒梁
8. 下列屋顶形式中，有重檐的是（　　）。
    A. 庑殿顶　　　　B. 歇山顶　　　　C. 硬山顶　　　　D. 悬山顶

E. 攒尖顶
9. 山东曲阜"三孔"是指（　　）。
　　A. 孔府　　　　　B. 孔庙　　　　　C. 孔林　　　　　D. 孔碑
　　E. 孔殿
10. 明代长城防御体系由（　　）等建筑构成。
　　A. 城墙　　　　　B. 敌台　　　　　C. 烽燧　　　　　D. 关隘
　　E. 瓮城
11. 长城上的著名关隘有（　　）。
　　A. 山海关　　　　B. 嘉峪关　　　　C. 居庸关　　　　D. 阳关
　　E. 古北口
12. 下列属于中国古代建筑的构建的有（　　）。
　　A. 屋顶　　　　　B. 斗拱　　　　　C. 山墙　　　　　D. 藻井
　　E. 彩绘
13. 以下有关嘉峪关的表述正确的有（　　）。
　　A. 是明代万里长城西端的终点　　　　B. 有"天下第一雄关"的美名
　　C. 关城平面呈方形　　　　　　　　　D. 关城中有一过街塔基座,名云台
　　E. 是目前保存最完整的一座城关
14. 中国古代宫殿布局的规律有（　　）。
　　A. 严格的中轴对称　　　　　　　　　B. 左祖右社
　　C. 前朝后寝　　　　　　　　　　　　D. 北圆南方
　　E. 右祖左社
15. 中国古代的社稷坛主要用来祭祀（　　）。
　　A. 祖先　　　　　B. 粮食神　　　　C. 土地神　　　　D. 孔子
　　E. 关羽
16. 置于宫殿面前盛满清水以防火灾的水缸被称为（　　）。
　　A. 门海　　　　　B. 吉祥缸　　　　C. 如意缸　　　　D. 嘉量
　　E. 福海
17. 在宫殿中,象征长寿的动物雕刻有（　　）。
　　A. 狮子　　　　　B. 龟　　　　　　C. 鹤　　　　　　D. 麒麟
　　E. 鹿
18. 北京故宫前朝的三大殿是（　　）。
　　A. 养心殿　　　　B. 太和殿　　　　C. 中和殿　　　　D. 保和殿
　　E. 大政殿
19. 沈阳故宫中路的建筑有（　　）。
　　A. 大政殿　　　　B. 崇政殿　　　　C. 凤凰楼　　　　D. 文溯阁
　　E. 仰熙斋
20. 以下有关拉萨布达拉宫的表述,正确的有（　　）。
　　A. 位于拉萨市红山上
　　B. 为历代达赖喇嘛的夏宫

C. 是我国著名的宫堡式建筑群

D. 相传建于公元 7 世纪

E. 是原西藏封建农奴社会政教合一的统治中心

21. 中国古代皇帝进行的郊祭活动有（　　　）。
    A. 祭天　　　　　B. 祭地　　　　　C. 祭日　　　　　D. 祭月
    E. 祭祖先

22. 以下有关孔庙的表述正确的有（　　　）。
    A. 曲阜孔庙原为孔子故宅
    B. 鲁哀公时立庙
    C. 历代增修，至清代扩至现存规模
    D. 主要建筑有大成殿、奎文阁、碑亭等
    E. 整个建筑群以中轴线贯穿，左右对称、布局严谨

23. 封土形式为"方上"形制的帝王陵墓有（　　　）。
    A. 汉茂陵　　　　B. 唐乾陵　　　　C. 宋永昌陵　　　　D. 明孝陵
    E. 清景陵

24. 以下陵墓中，封土形式为宝城宝顶的有（　　　）。
    A. 秦始皇陵　　　B. 汉茂陵　　　　C. 唐乾陵　　　　D. 明十三陵
    E. 清东陵

25. 帝王陵墓的祭祀建筑有（　　　）。
    A. 祾恩殿　　　　B. 配殿　　　　　C. 廊庑　　　　　D. 神道
    E. 祭坛

26. 以下有关秦始皇陵的表述，正确的有（　　　）。
    A. 位于陕西西安市临潼区骊山脚下　　　B. 是世界上最大的一座陵墓
    C. 1976 年春在此发现兵马俑坑　　　　D. 是中国古代最大的一座帝王陵墓
    E. 依山为陵

27. 砖石墓流行的朝代有（　　　）。
    A. 商　　　　　　B. 周　　　　　　C. 秦　　　　　　D. 汉
    E. 唐

28. 清代帝王陵墓主要集中在（　　　）。
    A. 今辽宁新宾县　　　　　　　　　　B. 今辽宁沈阳市
    C. 今河北遵化市　　　　　　　　　　D. 今河北易县
    E. 今北京昌平区

29. 清代帝王陵墓位于河北的有（　　　）。
    A. 永陵　　　　　B. 昭陵　　　　　C. 福陵　　　　　D. 清东陵
    E. 清西陵

30. 中国古代江南三大名楼有（　　　）。
    A. 黄鹤楼　　　　B. 岳阳楼　　　　C. 滕王阁　　　　D. 佛香阁
    E. 天一阁

31. 中国古代佛塔主要的类型有（　　　）。

A. 楼阁式　　　　B. 密檐式　　　　C. 覆钵式　　　　D. 金刚宝座式
E. 笋塔

32. 下列古塔中，属于楼阁式塔的有（　　）。
    A. 西安大雁塔　　　　　　　　B. 西安小雁塔
    C. 河南登封嵩岳寺塔　　　　　D. 山西应县木塔
    E. 云南崇圣寺三塔

33. 以下佛塔中，属于密檐式塔的有（　　）。
    A. 西安大雁塔　　　　　　　　B. 西安小雁塔
    C. 山西应县木塔　　　　　　　D. 泉州开元寺双塔
    E. 河南登封嵩岳寺塔

34. 中国古桥若以桥梁的结构及外观形式划分，主要有（　　）。
    A. 梁桥　　　　B. 浮桥　　　　C. 索桥　　　　D. 拱桥
    E. 铁索桥

35. 以下有关赵州桥的表述正确的有（　　）。
    A. 横跨在河北赵县城南的洨河上　　B. 由著名工匠李春设计建造
    C. 世界上现存最大的敞肩桥　　　　D. 此类桥加重了桥身自重
    E. 不利于洪水的宣泄

36. 以下有关广东潮州广济桥的表述正确的有（　　）。
    A. 位于广东潮州市之东韩江上
    B. 是中国古代第一座开启活动式的石桥
    C. 始建于南宋乾道六年（1170年），历时57年建成
    D. 为使桥基和桥墩石胶结牢固，采用了"种蛎固基法"
    E. 为纤道桥

37. 以下有关北京卢沟桥的表述正确的有（　　）。
    A. 位于北京市丰台区永定河上
    B. 始建于明代
    C. 是北京现存最古老的连拱石桥
    D. 1937年7月7日，侵华日军在此制造了卢沟桥事变
    E. 桥身两侧石雕护栏有望柱，柱头上均雕刻伏卧石狮

38. 我国古代木构架结构主要有（　　）三种形式。
    A. 抬梁式　　　　B. 井干式　　　　C. 歇山式　　　　D. 穿斗式
    E. 卷棚式

39. 我国古代建筑最具特色的外观特征有（　　）。
    A. 大屋顶　　　　B. 挑檐　　　　C. 彩绘　　　　D. 小屋顶
    E. 平檐

40. 北京故宫内廷的主要建筑有（　　）。
    A. 乾清宫　　　　B. 交泰殿　　　　C. 大政殿　　　　D. 坤宁宫
    E. 清宁宫

41. 以下有关秦始皇陵的描述，正确的有（　　）。

A. 位于陕西省西安市临潼区　　　　　B. 是世界上最大的一座陵墓
C. 筑有两重夯土城垣　　　　　　　　D. 陵冢依山而建
E. 1974年春在此发现兵马俑坑

42. 中国古代建筑的彩画多出现在（　　）等构件上。
A. 梁枋　　　　B. 斗拱　　　　C. 藻井　　　　D. 门柱
E. 天花

43. 五四运动后到抗日战争爆发，是中国近代建筑事业繁荣发展阶段。（　　）等大城市，建筑活动增多，新建了一批近代化水平较高的高楼大厦。
A. 上海　　　　B. 天津　　　　C. 北京　　　　D. 西安
E. 南京

44. 建筑家吕彦直的代表作是（　　）。
A. 南京中山陵　　　　　　　　B. 南京中央体育场
C. 中央医院　　　　　　　　　D. 金陵大学图书馆
E. 广州中山纪念堂

45. 杨廷宝主持完成了北平地区一些古建筑的维修，如北平天坛、祈年殿、国子监等，设计了（　　）等建筑。
A. 南京中山陵　　　　　　　　B. 南京中央体育场
C. 中央医院　　　　　　　　　D. 金陵大学图书馆
E. 广州中山纪念堂

46. 20世纪20年代末的上海是中国的经济中心，远东地区最大的贸易、工业、金融都市以及对外通商的窗口城市。现代风格的建筑最早正是在这里诞生。这些建筑包括（　　）。
A. 沙逊大厦　　B. 汉弥登大厦　　C. 都城饭店　　D. 中央医院
E. 首都饭店

47. 下面关于罗马风建筑的描述正确的是（　　）。
A. 罗马风建筑是10—12世纪欧洲基督教流行地区的一种建筑风格
B. 因采用古罗马式的券、拱而得名
C. 多见于修道院和教堂，给人以雄浑庄重的印象
D. 罗马式风格的形成以英国杜勒姆教堂为标志
E. 罗马式风格的形成以意大利的佛罗伦萨大教堂为标志

48. 哥特式建筑的特点有（　　）。
A. 尖塔高耸　　　　　　　　　B. 尖形拱门
C. 大窗户　　　　　　　　　　D. 绘有圣经故事的花窗玻璃
E. 穹隆顶

49. 哥特式建筑的代表建筑有（　　）。
A. 巴黎圣母院　　　　　　　　B. 德国科隆大教堂
C. 佛罗伦萨大教堂　　　　　　D. 俄罗斯圣母大教堂
E. 英国威斯敏斯特大教堂

50. 拜占庭建筑的特点包括（　　）。

A. 屋顶造型，普遍使用"穹隆顶"
B. 整体造型中心突出，体量既高又大的圆穹顶成为整座建筑的构图中心
C. 创造了把穹顶支承在独立方柱上的结构方法和与之相应的集中式建筑形制
D. 采用尖券等建筑形式来减轻屋顶的重量
E. 大面积地用马赛克或粉画进行装饰，使建筑内部空间与外部立面显得灿烂夺目

51. 拜占庭建筑的代表建筑有（　　）。
    A. 圣索菲亚大教堂   B. 巴黎圣母院
    C. 佛罗伦萨大教堂   D. 罗马圣卡罗教堂
    E. 圣马克教堂

52. 文艺复兴建筑提倡对（　　）建筑形式的运用，并强调建筑形式的思想性、观念性。
    A. 哥特式   B. 古希腊   C. 古罗马   D. 巴洛克
    E. 洛可可

53. 巴洛克建筑的特征包括（　　）。
    A. 大量使用椭圆、曲线以及充沛的装饰来塑造富有动感而多变的建筑效果
    B. 其风格的基调是富丽堂皇而又新奇欢畅，具有强烈的世俗享乐的味道
    C. 喜欢用弧线和S形线，尤其爱用贝壳、旋涡、山石作为装饰题材
    D. 色彩明快，爱用嫩绿、粉红、玫瑰红等鲜艳的浅色调，线脚大多用金色
    E. 其代表作有罗马耶稣会教堂、罗马圣卡罗教堂、德国十四圣徒朝圣教堂等

54. 巴洛克建筑的代表作有（　　）。
    A. 罗马耶稣会教堂   B. 罗马圣卡罗教堂
    C. 德国十四圣徒朝圣教堂   D. 佛罗伦萨大教堂
    E. 奥地利维也纳舒伯鲁恩宫

55. 山西有十大古镇，其特点为（　　）。
    A. 历史悠久   B. 市井气息浓郁
    C. 军事防御功能强   D. 装饰艺术别致
    E. 文化内涵厚重

56. 中西建筑对比有许多不同，包括（　　）。
    A. 建筑理念不同   B. 建筑材料不同
    C. 布局方式不同   D. 外观不同
    E. 功能不同

57. 东汉出现了全部石造的建筑物，包括（　　）。
    A. 石祠   B. 石阙   C. 石墓   D. 石塔
    E. 石桥

58. 清朝规定，（　　）可涂红色。
    A. 皇宫正殿门   B. 一品官员府第门
    C. 二品官员府第门   D. 三品官员府第门
    E. 四品官员府第门

59. 苏式彩画主要用于园林和住宅，其画面包括（　　）。
    A. 龙   B. 凤   C. 山水   D. 人物故事

E. 花鸟鱼虫

60. 中国古村镇文化底蕴丰厚，可分为四个片区，即（　　）。
    A. 文化地理片区　　B. 民族片区　　C. 民系片区　　D. 民俗片区
    E. 混合区

61. 中国江南水乡古镇泛指长江以南古镇，分布在（　　）省境内。
    A. 江苏　　B. 安徽　　C. 浙江　　D. 福建
    E. 江西

62. 江南古镇以周庄、同里、（　　）六大古镇享誉海内外。
    A. 甪直　　B. 乌镇　　C. 南浔　　D. 西塘
    E. 碛口

63. 故宫内有四座花园，即（　　）。
    A. 御花园　　B. 宁寿宫花园　　C. 慈宁宫花园　　D. 建福宫花园
    E. 畅春园

64. 我国密檐式塔具有以下（　　）特点。
    A. 外檐层数多且间隔小　　B. 塔下部第一层塔身特别高
    C. 塔的下部为一方形巨大高台　　D. 大都是实心，一般不能登临
    E. 可登高远眺

65. 我国国庆十周年北京十大建筑包括（　　）。
    A. 人民大会堂　　B. 北京西站　　C. 民族文化宫　　D. 民族饭店
    E. 钓鱼台国宾馆

66. 中国人崇尚"天人合一"，中国建筑讲究艺术与功能相辅相成，形成了（　　）特色。
    A. 尺度自然　　B. 意境独特
    C. 强调人与自然的对立　　D. 礼乐并行
    E. 以人为中心

67. 西方建筑崇尚"开放空间"，把中心广场称为（　　）。
    A. 城市的中心　　B. 城市的客厅
    C. 城市的起居室　　D. 城市的后花园
    E. 城市的集市

68. 官式建筑包括（　　）。
    A. 宫殿　　B. 官衙　　C. 佛寺　　D. 道观
    E. 土楼

69. 中国最具特色的民居包括（　　）。
    A. 北京白云观　　B. 北京四合院
    C. 黄土高原窑洞　　D. 安徽古民居
    E. 福建土楼

参考答案及解析

第六章　中国园林艺术

一、判断题（判断下列各题是否正确，正确的请在答卷中相应题号后的括号内打"√"，错误的打"×"）

1. 西亚园林体系以水法作为园林的特色，把水作为园林的灵魂，使水在园林中尽量发挥作用。（　　）
2. 中国古典园林重在体现均衡对称的观念；西方园林重在表现自然美。（　　）
3. 根据文献记载，早在商周时期我们的先人就已经开始利用自然的山泽、水泉、树木、鸟兽进行初期的造园活动。（　　）
4. 私家园林是供皇帝嫔妃、王公官吏、富商大贾等休闲的园林。（　　）
5. 中国古典园林最初的形式为囿。（　　）
6. 我国江南类型园林地域范围大，真山真水较多。（　　）
7. 秦汉的上林苑，用太液池所挖土堆成岛，象征东海神山，开创了人为造山的先例。（　　）
8. 魏晋南北朝的文人雅士们采用概括、提炼手法，所造山的真实尺度大大缩小，力求体现自然山峦的形态和神韵。（　　）
9. 中国古典自然式园林以表现动态的水景为主。（　　）
10. 当水面很小时，可用乱石为岸，并植配以细竹野藤，这种理水手法被称作掩。（　　）
11. 中国古典园林选择花木的标准是：一讲姿美；二讲色美；三讲味香。（　　）
12. 中国园林中的廊既可在交通上连通自如，将园林建筑串通一气，又可让游人移步换景，仔细品味周围景色。（　　）
13. 公元 11 世纪，周武王曾建"灵囿"。（　　）
14. 中国古典园林力求含蓄的造园手法。（　　）
15. 园林中的重要点景建筑是书房馆斋。（　　）
16. 中国山水园林所表现的是自然美。（　　）
17. 园林入口处常迎门挡以假山，这种构景处理叫作山抑。（　　）
18. 透过漏窗的窗隙，可见园外的美景，这种构景手法叫作漏景。（　　）
19. 我国现存最大的皇家园林是颐和园。（　　）
20. 根据皇家园林建园的用途和特点，可将颐和园景区分为政治活动区、帝后生活区、风景游览区三部分。（　　）
21. 承德避暑山庄宫殿区的宫殿金碧辉煌。（　　）
22. 被称为"江南三大奇石"的上海豫园的玉玲珑、苏州留园的冠云峰、杭州竹素园的绉云峰，都是假山中的佼佼者。（　　）

23. 苏州的拙政园颇有朴素自然的景色和淡泊恬静的情趣,为江南古园之杰作,居苏州四大名园之首。（ ）
24. 留园被认为是苏州古典园林中以少胜多的典范。（ ）
25. 何园的四季假山在扬州古典园林中别具特色。（ ）
26. 黄石假山、砖雕、圆雕、龙墙为寄畅园的特色。（ ）
27. 上海豫园中的冠云峰为宋代花石纲遗物。（ ）
28. 广东顺德的清晖园园内所有装饰无一雷同,并且大都以岭南佳果为题材,富有岭南特色。（ ）
29. 盆景流派的起源和发展是先南后北,由南到北,南多于北。（ ）
30. 广东番禺余荫山房造园时吸收了苏杭庭院建筑的艺术风格,整座园林布局以灵巧精致的艺术特色著称。（ ）
31. 中国古典园林重在体现均衡对称的观念,西方园林重在表现人文的力量。（ ）
32. 中国古典园林布局形式以自由、变化、曲折为特点,要求景物源于自然,又高于自然。（ ）
33. 唐宋时期中国园林进入转折期,官僚、文人自建园林或参与造园工作,将诗与画融入园林的布局与造景中。（ ）
34. 以园林所处地理位置划分,中国古典园林可分为三种类型,即北方类型、江南（扬子江）类型和岭南类型。（ ）
35. 中国古典园林理水之法一般有掩、隔、合三种。（ ）
36. 苏州沧浪亭的复廊、拙政园的水廊、留园的曲廊被誉为"江南三大名廊"。（ ）
37. 苏州留园的冠云峰、上海豫园的玉玲珑以及杭州竹素园的瑞云峰有"江南三大名石"的美誉。（ ）
38. 苏州的拙政园,按其占有者身份划分,属私家园林；按其所处地理位置划分,属江南（扬子江）类型。（ ）
39. 世界园林经过数千年的发展,形成了以欧洲、西亚、中国为代表的三大园林体系。（ ）
40. 苏州网师园始建于南宋,清康熙年间,光禄寺少卿宋宗元购得此园并重建,定园名为网师园。（ ）
41. 游览古典园林讲究"游"（漫步游览）与"停"（驻足观赏）的结合。（ ）
42. 从心理学的角度讲,一般情况下,年轻好动的游人喜欢穿越小桥流水,可以选择进廊游览；年龄大的游人可以为他们选择登山越水的路径。（ ）
43. 现代园林需要以中国的民族特征和独特的地理环境作为建设的指导原则,民众可以在园林景观中培育基本的生态伦理意识,确认和重塑自身的国家认同感。（ ）
44. 三江源国家公园包括长江源、黄河源、塔里木河源三个园区,被誉为"中华水塔"。（ ）
45. 2021年,国务院批复同意设立三江源国家公园。（ ）
46. 西亚园林体系以水法为园林的特色,在平面布置上把园林建成"田"字,用纵横轴线分作四区,于十字林荫路交叉处设置中心水池,把水作为园林的灵魂,使水在园林中尽量发挥作用。（ ）

47. 商周时期出现了以宫室建筑为主的宫苑。（　　）
48. 中国古典园林在师法自然的同时，更致力于营造一个充满诗情画意的艺术空间，这是造园者更高、更内在的追求。（　　）
49. 中国古典园林深受传统儒道思想自然审美观的影响，追求"天人合一"，在造园艺术上包含两层内容：一是总体布局、组合要合乎自然，二是每个山水景象要素的形象组合要合乎自然规律。（　　）
50. 中国古典园林多开敞，面积有限。（　　）
51. 中国古典园林造园手法讲究平铺直叙。（　　）
52. 苏州环秀山庄的假山是江南私家园林叠山的典型代表，为清代叠山大师戈裕良所做。（　　）
53. 自然式山水园林以表现动态的水景为主。（　　）
54. 亭在园林中主要供人休憩观景，还起着"点景"与"引景"的作用。（　　）
55. 园林中的廊实际上是带屋顶的路，是我国古代园林中一种既"引"且"观"的建筑。（　　）
56. 北京颐和园728米长的长廊为单面空廊，是我国古建筑和园林中最长的廊。（　　）
57. 匾额是指悬置于门楣之上的题字牌，楹联是指门两侧柱上的竖牌。（　　）
58. 盆景由景、盆、几（架）三个要素组成。（　　）
59. 海派盆景以海南为中心，树种以松柏类为主。（　　）
60. 中国现代园林指的是1840年到当下这段时期的园林建造活动。（　　）
61. 中国现代园林指后来由西方传入的，等同于中国原有的传统造园形式。（　　）

二、单项选择题（下列各题的选项中，只有一项是正确的，请将正确答案的选项填入括号内）

1. 中国古典园林的转折点是在（　　）。
   A. 商周时期　　　B. 秦汉时期　　　C. 魏晋南北朝时期　　　D. 唐宋时期
2. 我国古代园林的成熟阶段是（　　）。
   A. 商周　　　B. 秦汉　　　C. 唐宋　　　D. 明清
3. 我国古代园林精深发展阶段是（　　）。
   A. 商周　　　B. 秦汉　　　C. 唐宋　　　D. 明清
4. 下列园林中，属于皇家园林的是（　　）。
   A. 苏州拙政园　　　B. 苏州留园　　　C. 上海豫园　　　D. 北京颐和园
5. 下列园林中，属于私家园林的是（　　）。
   A. 北京北海公园　　　B. 苏州留园　　　C. 承德避暑山庄　　　D. 北京颐和园
6. 北方类型园林的特点是（　　）。
   A. 明媚秀丽
   C. 具有热带风光
   B. 淡雅朴素
   D. 建筑富丽堂皇
7. 江南（扬子江）类型园林的特点是（　　）。
   A. 风格粗犷
   C. 具有热带风光
   B. 淡雅朴素
   D. 建筑富丽堂皇

8. 岭南类型园林的特点是（　　）。
   A. 明媚秀丽　　　　　　　　　　　B. 淡雅朴素
   C. 具有热带风光　　　　　　　　　D. 建筑富丽堂皇
9. 江南类型园林的代表城市是（　　）。
   A. 南京　　　　B. 上海　　　　C. 苏州　　　　D. 杭州
10. 造园条件最好的园林类型是（　　）。
    A. 北方类型　　B. 江南类型　　C. 岭南类型　　D. 西南类型
11. 具有热带风光的园林类型是（　　）。
    A. 北方类型　　B. 江南类型　　C. 岭南类型　　D. 西南类型
12. （　　）时期，官僚及文人墨客自建园林或参与造园工作，将诗与画融入园林的布局与造景中。
    A. 商周　　　　B. 秦汉　　　　C. 魏晋南北朝　　D. 唐宋
13. 金弹子是（　　）盆景的特有树种。
    A. 江浙　　　　B. 四川　　　　C. 岭南　　　　D. 云南
14. （　　）盆景以树桩盆景为主，制作精细，在布局构思和气韵意境上，体现出"大胆落墨，小心收拾"的中国画理，并具有苍老、古雅特色，尤以雀梅、榉、榆、石榴、黄杨、梅花、米叶冬青为最。
    A. 浙江派　　　B. 扬派　　　　C. 徽派　　　　D. 苏派
15. 中国古典园林主要表现的水景是（　　）。
    A. 静态的水景　B. 动态的水景　C. 台阶瀑布　　D. 喷泉
16. 在园林中以建筑和绿化将曲折的池岸加以掩映，此种理水方法是（　　）。
    A. 掩　　　　　B. 隔　　　　　C. 破　　　　　D. 挑
17. 在园林中筑堤横断于水面，此种理水方法是（　　）。
    A. 掩　　　　　B. 隔　　　　　C. 破　　　　　D. 挑
18. 在园林中，当水面很小时，可用乱石为岸，并植以细竹野藤，使一洼水池也有深邃山野风致的手法称为（　　）。
    A. 掩　　　　　B. 隔　　　　　C. 破　　　　　D. 挑
19. 在园林植物中，象征坚强和长寿的是（　　）。
    A. 竹　　　　　B. 松柏　　　　C. 莲花　　　　D. 兰花
20. 在园林植物中，最为淡雅的是（　　）。
    A. 蜡梅　　　　B. 桂花　　　　C. 莲花　　　　D. 兰花
21. 在园林植物中，最为清幽的是（　　）。
    A. 蜡梅　　　　B. 紫薇　　　　C. 莲花　　　　D. 兰花
22. 在园林植物中，象征人品清逸和气节的是（　　）。
    A. 竹　　　　　B. 柏　　　　　C. 莲花　　　　D. 兰花
23. 在园林植物中，象征多子多孙的是（　　）。
    A. 玉兰　　　　B. 石榴　　　　C. 莲花　　　　D. 紫薇
24. 将园外的景色和风光巧妙地收进园内游人眼中，以丰富园内景色，使园内外景色融为一体，让游人扩展视觉和联想，以小见大的是（　　）。

A. 夹景　　　　B. 对景　　　　C. 借景　　　　D. 框景

25. 在园林植物中，象征高官厚禄的是（　　）。
    A. 玉兰　　　　B. 牡丹　　　　C. 桂花　　　　D. 紫薇

26. 苏州"四大园林"中，代表元朝艺术风格的是（　　）。
    A. 拙政园　　　B. 留园　　　　C. 沧浪亭　　　D. 狮子林

27. 在园林中，用来观赏风景、收藏书画的建筑是（　　）。
    A. 楼阁　　　　B. 厅堂　　　　C. 亭　　　　　D. 榭

28. 榭是园林中最重要的休息场所，最适宜观赏（　　）。
    A. 山景　　　　B. 水景　　　　C. 树景　　　　D. 桥景

29. 在园林中起到重要的点景作用的建筑是（　　）。
    A. 厅堂　　　　B. 馆斋　　　　C. 楼阁　　　　D. 石桥

30. 在园林中，由两条单廊复合而成的廊叫作（　　）。
    A. 单廊　　　　B. 复廊　　　　C. 双层廊　　　D. 双面空廊

31. 在中国古典园林中，最好的景色往往藏在后面，这种构景手法叫作（　　）。
    A. 抑景　　　　B. 添景　　　　C. 夹景　　　　D. 对景

32. 在中国古典园林中，如果主景两侧大而无当，可用建筑物、树木花卉屏障起来，这种构景手法叫作（　　）。
    A. 抑景　　　　B. 添景　　　　C. 夹景　　　　D. 对景

33. 扬州瘦西湖的四面亭四面临水，每侧都有圆形的月洞门。其中一个收入美丽的五亭桥画面，体现了（　　）的构景手法。
    A. 框景　　　　B. 漏景　　　　C. 借景　　　　D. 对景

34. 杭州三潭印月有雕以梅、兰、竹、菊，分别寓意春、夏、秋、冬的一组漏窗，用的就是（　　）之法。
    A. 框景　　　　B. 夹景　　　　C. 漏景　　　　D. 借景

35. 杭州西湖北面的保俶塔与南面重建的雷峰塔，就是一组绝妙的（　　）。
    A. 框景　　　　B. 对景　　　　C. 借景　　　　D. 漏景

36. 有佛香阁和十七孔桥的著名园林是（　　）。
    A. 北海公园　　B. 颐和园　　　C. 承德避暑山庄　D. 留园

37. 在颐和园政治活动区中，重要的建筑是（　　）。
    A. 玉澜堂　　　B. 仁寿殿　　　C. 宜芸馆　　　D. 乐寿堂

38. 颐和园全园景色的构图中心是（　　）。
    A. 大报恩延寿寺　B. 仁寿殿　　　C. 佛香阁　　　D. 乐寿堂

39. 我国现存占地面积最大的皇家园林是（　　）。
    A. 颐和园　　　B. 北海公园　　C. 承德避暑山庄　D. 拙政园

40. 园名出自王羲之诗句的寄畅园在（　　）。
    A. 苏州　　　　B. 杭州　　　　C. 扬州　　　　D. 无锡

41. 我国最大的木雕佛像位于（　　）。
    A. 颐和园　　　B. 北海公园　　C. 承德避暑山庄　D. 拙政园

42. "龙墙"位于（　　）。

  A. 拙政园　　　　　B. 豫园　　　　　C. 清晖园　　　　　D. 个园

43. 具有皱、瘦、漏、透四大特点的叠山之石是（　　）。
  A. 太湖石　　　　　B. 灵璧石　　　　　C. 黄石　　　　　D. 宣石

44. 居苏州四大名园之首的园林是（　　）。
  A. 沧浪亭　　　　　B. 狮子林　　　　　C. 拙政园　　　　　D. 留园

45. 四季假山位于（　　）。
  A. 何园　　　　　B. 狮子林　　　　　C. 个园　　　　　D. 留园

46. 被认为是苏州园林中以少胜多典范的园林是（　　）。
  A. 沧浪亭　　　　　B. 狮子林　　　　　C. 网师园　　　　　D. 留园

47. 有"城市山林"之誉的园林是（　　）。
  A. 个园　　　　　B. 何园　　　　　C. 寄畅园　　　　　D. 豫园

48. 苏州拙政园是由明代御史（　　）弃官回乡后拓建而成。
  A. 文徵明　　　　　B. 徐泰时　　　　　C. 王献臣　　　　　D. 史正志

49. 著名太湖石"玉玲珑"是（　　）的主要景观。
  A. 个园　　　　　B. 何园　　　　　C. 寄畅园　　　　　D. 豫园

50. 广东"四大园林"中保存原貌最好的是（　　）。
  A. 清晖园　　　　　B. 可园　　　　　C. 余荫山房　　　　　D. 十二石斋

51. 我国古典园林中一种既"引"且"观"的建筑是（　　）。
  A. 榭　　　　　B. 舫　　　　　C. 轩　　　　　D. 廊

52. 苏州沧浪亭不用围墙用假山，巧妙利用了园外的流水，这是（　　）。
  A. 抑景　　　　　B. 障景　　　　　C. 借景　　　　　D. 添景

53. 陆游的诗句"山重水复疑无路，柳暗花明又一村"所表达的意境在造园手法上称为（　　）。
  A. 抑景　　　　　B. 障景　　　　　C. 借景　　　　　D. 添景

54. 园主特别爱竹，园内翠竹成林，园名取自清袁枚诗句的是（　　）。
  A. 豫园　　　　　B. 留园　　　　　C. 寄畅园　　　　　D. 个园

55. 我国古建筑和园林中最长的廊是（　　）。
  A. 苏州沧浪亭的复廊　　　　　B. 拙政园的水廊
  C. 留园的曲廊　　　　　D. 北京颐和园长廊

56. （　　）盆景为全国盆景之新秀，多用福建茶树、岭梅等为材料制作。
  A. 江浙　　　　　B. 四川　　　　　C. 云南　　　　　D. 岭南

57. 中国古典园林中，借景的方法有多种，如借池塘中的鱼称为（　　）。
  A. 仰借　　　　　B. 俯借　　　　　C. 邻借　　　　　D. 远借

58. 北京颐和园内的谐趣园、圆明园内的廊然大公（后来也称双鹤斋）均为仿（　　）而建。
  A. 拙政园　　　　　B. 豫园　　　　　C. 寄畅园　　　　　D. 个园

59. 北京的北海公园属于（　　）。
  A. 私家园林　　　　　B. 皇家园林　　　　　C. 江南园林　　　　　D. 岭南园林

60. （　　）是我国树桩盆景的主要流派。其取材多为观叶类的松、柏、榆、瓜子黄杨等，贵在自幼栽培，其制作以人工剪扎为主，造型层次分明，颇似中国画的工笔细描。
A. 苏派　　　　　B. 扬派　　　　　C. 徽派　　　　　D. 浙江派

61. (　　) 体现了中国现代园林的公共性。
A. 哈尔滨群力公园　　　　　　B. 杭州花港观鱼公园
C. 北京奥林匹克公园　　　　　D. 北京CBD现代艺术中心公园

62. (　　) 体现了中国现代园林的系统性。
A. 深圳绿道规划　　　　　　　B. 杭州花港观鱼公园
C. 北京奥林匹克公园　　　　　D. 北京CBD现代艺术中心

63. (　　) 体现了中国现代园林的国家性。
A. 哈尔滨群力公园　　　　　　B. 三江源国家公园
C. 北京奥林匹克公园　　　　　D. 北京CBD现代艺术中心公园

64. 公元前11世纪，周文王曾建"(　　)"。
A. 自然山水园林　　B. 灵囿　　　　C. 上林苑　　　　D. 一池三山

65. (　　) 时期，形成皇家园林一池三山的模式。
A. 商周　　　　　B. 秦汉　　　　　C. 魏晋南北朝　　　D. 隋唐

66. 现在保存下来的园林大多属于 (　　) 时期的。
A. 秦汉　　　　　B. 魏晋南北朝　　C. 唐宋　　　　　D. 明清

67. (　　) 园林以水法为园林的特色。
A. 中国园林　　　B. 西亚园林　　　C. 欧洲园林　　　D. 美洲园林

68. (　　) 园林体系强调"规则和有序"。
A. 中国园林　　　B. 西亚园林　　　C. 欧洲园林　　　D. 美洲园林

69. 北方园林的代表城市是 (　　)。
A. 北京　　　　　B. 西安　　　　　C. 洛阳　　　　　D. 开封

70. 皇家园林的特点是 (　　)。
A. 建筑富丽堂皇　B. 常用假山假水　C. 规模小　　　　D. 明媚秀丽

71. 私家园林的特点是 (　　)。
A. 建筑富丽堂皇　　　　　　　B. 常用真山真水
C. 规模大　　　　　　　　　　D. 色彩淡雅素净

72. 江南私家园林叠山的典型代表是 (　　)。
A. 苏州环秀山庄的假山　　　　B. 上海豫园的假山
C. 扬州个园的四季假山　　　　D. 扬州何园假山

73. 西亚园林把 (　　) 作为园林的灵魂。
A. 山　　　　　　B. 水　　　　　　C. 植物　　　　　D. 建筑

74. (　　) 是待客与集会活动的场所，也是园林中的主体建筑。
A. 楼阁　　　　　B. 厅堂　　　　　C. 书房馆斋　　　D. 轩

75. (　　) 是仿舟船造型的建筑，常建于水际或池中。
A. 榭　　　　　　B. 亭　　　　　　C. 舫　　　　　　D. 轩

76. (　　) 一般指地处高旷、环境幽静的建筑物，小巧玲珑、开敞精致，不讲究对称。
A. 榭　　　　　　B. 轩　　　　　　C. 舫　　　　　　D. 亭

77. 从出土文物看，（ ）出现经过艺术加工的盆景。
   A. 周朝　　　　　B. 汉朝　　　　　C. 魏晋南北朝　　　　D. 唐朝

三、多项选择题（每题有2~5个正确答案，少选或错选均不得分，请将你认为正确的选项填入括号内）

1. 历史上人类创建了数以千万计的园林，（ ）堪称代表，被推崇为三大园林体系。
   A. 欧洲园林　　　B. 非洲园林　　　C. 西亚园林　　　D. 美洲园林
   E. 中国园林

2. 下列属于岭南类型园林的有（ ）。
   A. 清晖园　　　　B. 可园　　　　　C. 留园　　　　　D. 个园
   E. 余荫山房

3. 唐宋时期造园活动的特点有（ ）。
   A. 官僚及文人墨客自建园林或参与造园工作
   B. 将诗与画融入园林的布局与造景中
   C. 反映了当时社会上层地主阶级的诗意化生活要求
   D. 唐宋写意山水园在体现自然美的技巧上取得了很大的成就
   E. 进入园林精深发展阶段

4. 中国古典园林的特点有（ ）。
   A. 造园艺术：师法自然　　　　　B. 指导思想：顺应自然
   C. 艺术风格：诗情画意　　　　　D. 造园手法：力求含蓄
   E. 树木花卉，整齐划一

5. 下列园林中被列入《世界遗产名录》的有（ ）。
   A. 拙政园　　　　B. 留园　　　　　C. 颐和园　　　　D. 网师园
   E. 豫园

6. 按园林所处地理位置划分，中国园林的类型有（ ）。
   A. 皇家园林　　　B. 私家园林
   C. 北方类型　　　D. 江南（扬子江）类型
   E. 岭南类型

7. 太湖石具有（ ）的优点，常置于假山的上部，供游人玩赏品味。
   A. 皱　　　　　　B. 瘦　　　　　　C. 漏　　　　　　D. 透
   E. 直

8. 中国盆景主要有两种类型，即（ ）。
   A. 树木盆景　　　B. 山水盆景　　　C. 水旱盆景　　　D. 石料盆景
   E. 竹盆景

9. 我国古典园林采用的理水方法有（ ）。
   A. 掩　　　　　　B. 挑　　　　　　C. 隔　　　　　　D. 破
   E. 断

10. 我国古典园林理水方法中的"掩"的做法有（ ）。
    A. 用建筑掩映池岸　　　　　　　B. 用植物掩映池岸

C. 在水面上筑桥　　　　　　　　D. 在水面上筑堤
E. 用乱石为岸

11. 我国古典园林选择植物的标准有（　　　）。
    A. 姿美　　　B. 色美　　　C. 四季常有绿　　　D. 月月有花香
    E. 味香

12. 下列园林中属于皇家园林的有（　　　）。
    A. 北京的北海公园　　　　　　　B. 北京颐和园
    C. 北京恭王府花园　　　　　　　D. 承德避暑山庄
    E. 苏州拙政园

13. 下列有关园林建筑厅堂的表述正确的有（　　　）。
    A. 是待客与集会活动的场所　　　B. 是园林中的次要建筑
    C. 先确定厅堂的位置　　　　　　D. 一般坐南朝北
    E. 体量较大

14. 下列园林建筑中，属于厅堂的有（　　　）。
    A. 拙政园的远香堂　　　　　　　B. 留园的涵碧山房
    C. 狮子林的荷花厅　　　　　　　D. 颐和园的佛香阁
    E. 怡园的鸳鸯厅

15. 中国山水园林的特色有（　　　）。
    A. 通过人工美追求几何形美　　　B. 表现的是自然美
    C. 整齐一律，均衡对称　　　　　D. 虽由人作，宛自天开
    E. 布局形式以自由、变化、曲折为特点

16. 下列园林建筑中，用来藏书、供佛的著名楼阁是（　　　）。
    A. 宁波的天一阁　　　　　　　　B. 武汉的黄鹤楼
    C. 岳阳的岳阳楼　　　　　　　　D. 南昌的滕王阁
    E. 颐和园的佛香阁

17. 下列有关园林建筑中斋的表述正确的有（　　　）。
    A. 供读书用　　　　　　　　　　B. 环境隐蔽清幽
    C. 建筑华丽　　　　　　　　　　D. 位于建筑的主要游览路线上
    E. 常附以小院，植芭蕉、梧桐等树木花卉

18. 下列有关园林建筑中榭的表述正确的有（　　　）。
    A. 建于水边或花畔　　　　　　　B. 平面常为长方形
    C. 仿舟船造型　　　　　　　　　D. 小巧玲珑
    E. 开敞精致

19. 按平面形状划分，园林中的亭可分为（　　　）。
    A. 六角亭　　　B. 圆亭　　　C. 扇面亭　　　D. 单檐亭
    E. 歇山亭

20. 按屋顶形式划分，园林中的亭可分为（　　　）。
    A. 攒尖亭　　　B. 圆亭　　　C. 扇面亭　　　D. 单檐亭
    E. 歇山亭

21. 抑景主要有（　　）之分。
    A. 远抑　　　　B. 山抑　　　　C. 近抑　　　　D. 曲抑
    E. 树抑

22. 园林中常见的桥的类型有（　　）。
    A. 拱桥　　　　B. 平桥　　　　C. 廊桥　　　　D. 索桥
    E. 曲桥

23. 南北园林的墙上设有（　　）。
    A. 漏窗　　　　B. 洞门　　　　C. 空窗　　　　D. 亭
    E. 楼

24. 下列有关匾额、楹联及刻石的表述正确的有（　　）。
    A. 完全由园主自己题写
    B. 园主邀集一些文人题写
    C. 内容多数是直接引用前人已有的现成诗句，或略作变通
    D. 有一些是即兴创作的
    E. 能够起到点景的作用

25. 下列有关抑景的表述正确的有（　　）。
    A. "先藏后露"
    B. "欲扬先抑"
    C. "山重水复疑无路，柳暗花明又一村"
    D. 一走进门口就能看到最好的景色
    E. 园林入口处常迎门挡以假山

26. 在主景的前面或两侧添加建筑物或植物的构景手法叫作（　　）。
    A. 抑景　　　　B. 添景　　　　C. 夹景　　　　D. 对景
    E. 框景

27. 在园林中，人们可通过门、洞、漏窗等来赏景，这种构景手法叫作（　　）。
    A. 漏景　　　　B. 添景　　　　C. 夹景　　　　D. 对景
    E. 框景

28. 下列构景手段中，属于借景的有（　　）。
    A. 远借　　　　B. 邻借　　　　C. 仰借　　　　D. 俯借
    E. 应地而借

29. 下列有关添景的表述正确的有（　　）。
    A. 在主景前添加植物或建筑　　　　B. 在主景两侧添加植物或建筑
    C. 在主景对面添加植物或建筑　　　　D. 景色显得更有层次美
    E. 主景更显诗情画意

30. 下列有关夹景的表述正确的有（　　）。
    A. 在主景前添加植物或建筑　　　　B. 在主景两侧添加植物或建筑
    C. 在主景对面添加植物或建筑　　　　D. 景色显得更有层次美
    E. 主景更显诗情画意

31. 根据皇家园林的用途和特点，颐和园划分的区域有（　　）。

A. 前山区　　　B. 后山区　　　C. 政治活动区　　　D. 帝后生活区
E. 风景游览区

32. 颐和园帝后生活区建筑有（　　）。
    A. 仁寿殿　　　B. 玉澜堂　　　C. 宜芸馆　　　D. 乐寿堂
    E. 德和园

33. 风景游览区是颐和园的核心，可分为三部分，即（　　）。
    A. 万寿山前山景区　　　　B. 后山后湖景区
    C. 昆明湖景区　　　　　　D. 须弥灵境景区
    E. 万宝塔景区

34. 承德避暑山庄宫殿区的建筑有（　　）。
    A. 正宫　　　B. 松鹤斋　　　C. 万壑松风　　　D. 东宫
    E. 南宫

35. 承德避暑山庄苑景区可分为（　　）。
    A. 湖区　　　B. 平原区　　　C. 山区　　　D. 寺庙区
    E. 宫殿区

36. 花木对园林山石景观起衬托作用，又往往和园主追求的精神境界有关，以下象征荣华富贵的花卉有（　　）。
    A. 牡丹　　　B. 玉兰　　　C. 兰花　　　D. 桂花
    E. 紫薇

37. 下列园林中，属于苏州四大历史名园的有（　　）。
    A. 网师园　　　B. 狮子林　　　C. 沧浪亭　　　D. 拙政园
    E. 留园

38. 拙政园由（　　）三部分构成。
    A. 中　　　B. 东　　　C. 西　　　D. 南
    E. 北

39. 以下有关拙政园的表述正确的有（　　）。
    A. 始建于明代
    B. 具有典型的江南水景园林特色
    C. 园中水池面积较大
    D. 东园内有"冠云峰"
    E. 被认为是苏州古典园林中以少胜多的典范

40. 园林中动物的作用主要有（　　）。
    A. 观赏娱乐　　　　　B. 寄予美好寓意
    C. 科学研究　　　　　D. 商品出售
    E. 扩大和涤化自然境界

41. 以下有关留园的表述正确的有（　　）。
    A. 东部以建筑院落为主　　　B. 西部是光绪时扩建的土山枫林
    C. 中部以山水景色为主　　　D. 北部是桃园等田园风光
    E. 具有典型的北方园林特色

42. 以下有关网师园的表述正确的有（　　）。
    A. 始建于南宋　　　　　　　　　　B. 小中见大，布局严谨
    C. 园内有园，景外有景　　　　　　D. 主次分明又富于变化
    E. 具有典型的岭南园林特色

43. 下列园林中，位于扬州的有（　　）。
    A. 个园　　　　B. 寄畅园　　　　C. 豫园　　　　D. 何园
    E. 留园

44. 以下有关何园的表述正确的有（　　）。
    A. 始建于清代　　　　　　　　　　B. 东部紧凑，西部开敞
    C. 以复道廊与假山贯穿分隔　　　　D. 园中有四季假山
    E. 有城市山林之誉

45. 下列有关寄畅园的表述，正确的有（　　）。
    A. 位于无锡市
    B. 是江南名园
    C. 是中国山麓别墅园的代表
    D. 取王羲之"取欢仁智乐，寄畅山水阴"句中的"寄畅"两字命名
    E. 园中有太湖石"玉玲珑"

46. 下列有关豫园的表述，正确的有（　　）。
    A. 位于上海市
    B. 始建于明代
    C. 为"豫（愉）悦老亲"而建
    D. 黄石假山、砖雕、圆雕、龙墙为其特色
    E. 北京颐和园中的谐趣园仿此园而建

47. 上海豫园的特色有（　　）。
    A. 黄石假山　　　B. 砖雕　　　　C. 圆雕　　　　D. 龙墙
    E. 太湖石"冠云峰"

48. 广东的四大名园是（　　）。
    A. 清晖园　　　B. 可园　　　　C. 梁园　　　　D. 余荫山房
    E. 个园

49. 下列有关清晖园的表述正确的有（　　）。
    A. 位于佛山市
    B. 始建于清代
    C. 总体布局能因地制宜，配置得体
    D. 建筑设计方面独具匠心
    E. 造园时运用了"咫尺山林"的手法

50. 中国盆景有三大流派，即（　　）。
    A. 江浙盆景　　B. 岭南盆景　　　C. 云南盆景　　D. 贵州盆景
    E. 四川盆景

51. 我国江浙盆景有四个支派，即（　　）。

A. 苏派   B. 扬派   C. 浙江派   D. 徽派
E. 杭派

52. 现代园林的时代特点主要依靠其内在功能承载，这些功能主要体现在（　　）、国家性五个特性之上。
    A. 公共性   B. 生态性   C. 系统性   D. 审美性
    E. 全面性

53. （　　）体现了中国现代园林的生态性。
    A. 哈尔滨群力公园   B. 杭州花港观鱼公园
    C. 北京奥林匹克公园   D. 北京CBD现代艺术中心公园
    E. 杭州江洋畈生态公园

54. （　　）体现了中国现代园林的审美性。
    A. 哈尔滨群力公园   B. 杭州花港观鱼公园
    C. 北京奥林匹克公园   D. 北京CBD现代艺术中心公园
    E. 杭州江洋畈生态公园

55. 三江源国家公园位于中国的西部，青藏高原的腹地，青海省南部，包括（　　）三个园区。
    A. 长江源   B. 黄河源   C. 额尔齐斯源   D. 澜沧江源
    E. 塔里木河源

56. 我国江浙盆景以（　　）为主要材料。
    A. 松   B. 柏   C. 榆   D. 梅
    E. 杨

57. 皇家园林的特点包括（　　）
    A. 规模宏大   B. 真山真水较多
    C. 建筑色彩淡雅素净   D. 建筑体形高大
    E. 建筑小巧玲珑

58. 私家园林的特点包括（　　）。
    A. 常用假山假水   B. 真山真水较多
    C. 建筑色彩淡雅素净   D. 建筑小巧玲珑
    E. 规模宏大

59. 下列园林建筑属于私家园林的有（　　）。
    A. 承德避暑山庄   B. 颐和园   C. 恭王府花园   D. 拙政园
    E. 清晖园

60. 北方园林的代表大多集中在（　　）。
    A. 北京   B. 西安   C. 洛阳   D. 开封
    E. 济南

61. 南方园林的代表大多集中在（　　）。
    A. 南京   B. 上海   C. 苏州   D. 扬州
    E. 赣州

62. 江南园林的特点包括（　　）。

A. 范围大　　　　　　B. 建筑富丽堂皇　　　C. 淡雅朴素　　　　　D. 明媚秀丽
E. 曲折幽深

63. 北方园林的特点包括（　　　）。
   A. 范围大　　　　　　　　　　　　B. 建筑富丽堂皇
   C. 建筑色彩淡雅素净　　　　　　　D. 明媚秀丽
   E. 曲折幽深

64. 岭南园林的特点包括（　　　）。
   A. 具有热带风光　　　　　　　　　B. 建筑物较高而宽敞
   C. 范围大　　　　　　　　　　　　D. 明媚秀丽
   E. 建筑富丽堂皇

65. 江南三大奇石指（　　　）。
   A. 广州海珠花园的大鹏展翅　　　　B. 上海豫园的玉玲珑
   C. 苏州留园的冠云峰　　　　　　　D. 苏大附中的瑞云峰
   E. 杭州竹素园的绉云峰

66. 明清时期园林中的动物主要有（　　　）。
   A. 白鹤　　　　B. 鸳鸯　　　　C. 金鱼　　　　D. 老虎
   E. 金钱豹

67. 我国盆景可分为五大流派，有岭南派、（　　　）。
   A. 川派　　　　B. 苏派　　　　C. 海派　　　　D. 徽派
   E. 扬派

68. 我国园林叠山的石材主要有两种，即（　　　）。
   A. 黄石　　　　B. 宣石　　　　C. 灵璧石　　　　D. 太湖石
   E. 笋石

69. 唐代王维的辋川别业中放养（　　　），以寄托"一生几经伤心事，不向空门何处销"的解脱情趣。
   A. 鹿　　　　B. 鸳鸯　　　　C. 鹤　　　　D. 金鱼
   E. 羊

70. 亭按所处位置分，有（　　　）。
   A. 桥亭　　　　B. 路亭　　　　C. 井亭　　　　D. 廊亭
   E. 方亭

71. 园林中的廊按结构形式可分为（　　　）。
   A. 单廊　　　　B. 复廊　　　　C. 双面空廊　　　　D. 直廊
   E. 曲廊

72. 园林中的廊按总体造型及其与地形、环境的关系可分为（　　　）等。
   A. 爬山廊　　　　B. 水廊　　　　C. 桥廊　　　　D. 曲廊
   E. 复廊

73. 江南三大名廊指（　　　）。
   A. 上海豫园的复廊　　　　　　　　B. 苏州沧浪亭的复廊
   C. 拙政园的水廊　　　　　　　　　D. 留园的曲廊

E. 北海公园的双层廊

74. 园林围墙的作用主要是（　　）。
    A. 划分内外范围　　　B. 分割内部空间　　　C. 遮挡劣景　　　D. 装饰园景
    E. 交通

75. 上海豫园有五条龙墙，即（　　）。
    A. 青龙　　　　　　B. 伏卧龙　　　　　　C. 穿云龙　　　　D. 双龙抢珠
    E. 睡眠龙

76. 我国海派盆景具有（　　）的特点。
    A. 明快流畅　　　　B. 造型层次分明　　　C. 九曲回环　　　D. 苍老古雅
    E. 雄健精巧

参考答案及解析

第七章　中国饮食文化

一、判断题（判断下列各题是否正确，正确的请在答卷中相应题号后的括号内打"√"，错误的打"×"）

1. 中国烹饪与法国烹饪、土耳其烹饪被认为是世界三大烹饪流派的代表。　　　　（　　）
2. 苏菜的代表菜有清炖蟹粉狮子头、九转大肠、松鼠鳜鱼等。　　　　（　　）
3. 果酒是以果品为原料经发酵酿制而成的高度饮料酒，如梅子酒、葡萄酒、苹果酒等。尤以葡萄酒最为著名。　　　　（　　）
4. 官府菜是古代官宦之家所制的馔肴。　　　　（　　）
5. 孔府菜是山东曲阜孔府的菜肴，是经千百年的发展演变而形成的典型的官府菜。　　　　（　　）
6. 孔府菜代表菜有孔府一品锅、八仙过海、黄焖鱼翅等。　　　　（　　）
7. 谭家菜出自清末官僚谭宗浚家中。　　　　（　　）
8. 随园菜是因《随园食单》而得名的清代官府菜。　　　　（　　）
9. 龙井茶是经过萎凋、揉切、发酵和干燥而制成的红茶。　　　　（　　）
10. 青茶也称乌龙茶，属半发酵茶，介于红茶与绿茶之间。　　　　（　　）
11. 绿茶是不发酵茶叶，初制时采用高温杀青，以保持鲜叶原有的嫩绿。　　　　（　　）
12. 太湖碧螺春茶，原名"吓煞人香"，后乾隆皇帝改名为"碧螺春"。　　　　（　　）
13. 酱香型名酒有贵州茅台酒、四川宜宾五粮液、贵州贵阳大曲等。　　　　（　　）
14. 有"金镶玉"之称的茶是君山银针。　　　　（　　）
15. 鲁菜追求本味，清鲜平和，适应性强。　　　　（　　）
16. 唐代茶圣陆羽的《茶经》是中国也是世界上第一部茶叶科学专著。　　　　（　　）
17. 明代出现了较全面的酿酒专著——朱翼中的《北山酒经》，详细记述了制曲酿酒的方法。　　　　（　　）
18. 兼香型白酒指具有两种以上主体香型的白酒，又称为复香型或混合香型酒，如贵州省遵义市董酒、湖北省武汉市特制黄鹤楼酒。　　　　（　　）
19. 浙江安吉白茶、太湖白茶是采用萎凋、轻微发酵制成的茶。　　　　（　　）
20. 重庆江湖菜味重刺激，以麻、辣、鲜、香为主，调味宁过勿缺，油轻料薄。　　　　（　　）
21. 素菜以其食用对象分为寺观素菜、宫廷素菜、民间素菜。　　　　（　　）
22. 世界有三大饮料，即茶、咖啡、可可。　　　　（　　）
23. 武夷岩茶可分为大红袍、凤凰单枞、肉桂、水仙、奇种五类。　　　　（　　）
24. 1875 年，黟县人余干臣从福建罢官回原籍经商，便仿效福建"闽红"制法，试制红茶。　　　　（　　）

25. 滇红在国际市场上与印度大吉岭茶、斯里兰卡乌伐茶齐名，并称为世界三大高香名茶。
（　　）
26. 红楼菜是根据《红楼梦》所记述的贾府的肴馔饮食所研制的菜肴，具有宫廷菜的特点。
（　　）
27. 中国的素席产生于秦汉时期，主要用于祭祀和重大典礼。（　　）
28. 西湖龙井因产于浙江省杭州市西湖龙井村及其附近而得名。其中尤以狮子峰所产为最佳，被誉为"龙井之巅"。（　　）

二、单项选择题（下列各题的选项中，只有一项是正确的，请将正确答案的选项填入括号内）

1. 属于我国四大菜系的地方风味是（　　）。
   A. 浙江风味　　　B. 四川风味　　　C. 福建风味　　　D. 湖南风味
2. 我国延续时间最长的典型官府菜是（　　）。
   A. 孔府菜　　　　B. 随园菜　　　　C. 谭家菜　　　　D. 红楼菜
3. 属于我国四大菜系的地方风味是（　　）。
   A. 浙江风味　　　B. 广东风味　　　C. 安徽风味　　　D. 湖南风味
4. 以选料广博杂奇、菜肴新颖奇异而闻名的菜系是（　　）。
   A. 苏菜　　　　　B. 鲁菜　　　　　C. 粤菜　　　　　D. 川菜
5. 属于我国四大菜系的四川风味的菜肴是（　　）。
   A. 油爆双脆　　　B. 葱烧海参　　　C. 樟茶鸭子　　　D. 大煮干丝
6. 下列传统名菜中，属于鲁菜的是（　　）。
   A. 油泡鲜虾仁　　B. 响油鳝糊　　　C. 清汤燕菜　　　D. 素烩鱼翅
7. 属于我国四大菜系的江苏风味的菜肴是（　　）。
   A. 鱼香肉丝　　　B. 糖醋鲤鱼　　　C. 樟茶鸭子　　　D. 大煮干丝
8. 属于我国四大菜系的广东风味的菜肴是（　　）。
   A. 鱼香肉丝　　　B. 葱烧海参　　　C. 樟茶鸭子　　　D. 脆皮乳猪
9. 在以下菜肴中，属于孔府菜的菜肴是（　　）。
   A. 大煮干丝　　　B. 诗礼银杏　　　C. 黄焖鱼翅　　　D. 荷包里脊
10. 在以下菜肴中，属于谭家菜的菜肴是（　　）。
    A. 八仙过海　　　B. 孔府一品锅　　C. 黄焖鱼翅　　　D. 荷包里脊
11. 绿茶的制作方法是（　　）。
    A. 发酵　　　　　B. 高温杀青　　　C. 半发酵　　　　D. 渥红
12. 红茶的茶汤颜色是（　　）。
    A. 红色　　　　　B. 绿色　　　　　C. 金黄色　　　　D. 黄色
13. 西湖龙井茶属于（　　）。
    A. 红茶　　　　　B. 白茶　　　　　C. 乌龙茶　　　　D. 绿茶
14. 按茶叶初加工方式分类，安溪铁观音属于（　　）。
    A. 红茶　　　　　B. 白茶　　　　　C. 青茶　　　　　D. 绿茶
15. 以茶叶和鲜花为原料，经过窨花工艺制成的花茶形成于（　　）。

A. 唐代 　　　　　B. 宋代 　　　　　C. 明代 　　　　　D. 清代
16. 茅台酒的香型属于（　　　）。
    A. 酱香型 　　　B. 米香型 　　　C. 窖香型 　　　D. 清香型
17. 泸州老窖酒的香型属于（　　　）。
    A. 酱香型 　　　B. 米香型 　　　C. 窖香型 　　　D. 清香型
18. 汾酒的香型属于（　　　）。
    A. 酱香型 　　　B. 米香型 　　　C. 窖香型 　　　D. 清香型
19. 三花酒的香型属于（　　　）。
    A. 酱香型 　　　B. 米香型 　　　C. 窖香型 　　　D. 清香型
20. 下列菜肴属于开封仿宋菜的是（　　　）。
    A. 两色腰子 　　B. 怀抱鲤鱼 　　C. 辋川小样 　　D. 凤尾鱼翅
21. "霸王别姬"属于（　　　）菜系的代表菜。
    A. 鲁菜 　　　　B. 粤菜 　　　　C. 苏菜 　　　　D. 川菜
22. 我国烹饪历史的"铜烹时期"属于（　　　）。
    A. 商周时期 　　B. 秦汉时期 　　C. 隋唐时期 　　D. 明清时期
23. 普洱茶属于（　　　）。
    A. 红茶 　　　　B. 黑茶 　　　　C. 黄茶 　　　　D. 青茶
24. 高浓度啤酒的麦汁浓度是（　　　）。
    A. 6°~8° 　　　B. 10°~12° 　　C. 14°~20° 　　D. 22°~26°
25. （　　　）是重庆"江湖菜"流行之鼻祖。
    A. 重庆火锅 　　B. 来凤鱼 　　　C. 江津酸菜鱼 　　D. 水煮鱼
26. 以鸭血和毛肚杂碎为主料的江湖菜是（　　　）。
    A. 酸菜鱼 　　　B. 辣子鸡 　　　C. 毛血旺 　　　D. 来凤鱼
27. 青岛啤酒采用（　　　）传统工艺精心酿制而成。
    A. 俄国 　　　　B. 英国 　　　　C. 德国 　　　　D. 法国
28. 1962年以来连续获得"国家名酒"称号和质量金奖的是（　　　）。
    A. 北京啤酒 　　B. 哈尔滨啤酒 　　C. 上海啤酒 　　D. 青岛啤酒
29. 1904年，中国人在（　　　）办起啤酒厂。
    A. 北京 　　　　B. 上海 　　　　C. 哈尔滨 　　　D. 青岛
30. 我国最早的葡萄酒酿造企业是（　　　）。
    A. 山东烟台张裕葡萄酒厂 　　　　B. 北京长城葡萄酒厂
    C. 吉林通化葡萄酒厂 　　　　　　D. 宁夏贺兰山葡萄酒厂
31. （　　　）我国西北地区已用葡萄蒸制葡萄烧酒。
    A. 汉朝 　　　　B. 魏晋南北朝 　　C. 唐朝 　　　　D. 宋朝
32. 在果酒中，（　　　）最为著名。
    A. 梅子酒 　　　B. 苹果酒 　　　C. 葡萄酒 　　　D. 樱桃酒
33. （　　　）产于浙江省绍兴市，古称越酒、山阴甜酒。本品酿造历史悠久，为我国乃至世界上最古老的饮料酒黄酒中的最名贵者。
    A. 绍兴元红酒 　　B. 绍兴加饭酒 　　C. 绍兴善酿酒 　　D. 龙岩沉缸酒

34. （　　）是一种特甜型酒。
    A. 绍兴元红酒　　　B. 绍兴加饭酒　　　C. 绍兴善酿酒　　　D. 龙岩沉缸酒
35. 贵州茅台酒以优良的（　　）为原料。
    A. 大米　　　　　　B. 小麦　　　　　　C. 玉米　　　　　　D. 高粱
36. 自1952年以来，（　　）在历届全国评酒会上，连获"国家名酒"称号，为国内国际市场上的"酒中明珠"，素有"国酒"之誉。
    A. 贵州茅台酒　　　B. 泸州老窖特曲　　C. 五粮液酒　　　　D. 汾酒
37. 桂林三花酒以（　　）为原料。
    A. 大米　　　　　　B. 小麦　　　　　　C. 玉米　　　　　　D. 高粱
38. 被誉为"米酒之王"的是（　　）。
    A. 陕西西凤酒　　　B. 汾酒　　　　　　C. 遵义董酒　　　　D. 桂林三花酒
39. （　　）是我国历史上最早的名酒，于1915年获得巴拿马万国博览会金奖。
    A. 贵州茅台酒　　　B. 泸州老窖特曲　　C. 五粮液酒　　　　D. 汾酒
40. 中国是世界上最早的酿酒国家，早在（　　）年前就已开始酿酒。
    A. 6000　　　　　　B. 5000　　　　　　C. 4000　　　　　　D. 3000
41. 兼香型酒以（　　）为代表。
    A. 桂林三花酒　　　B. 遵义董酒　　　　C. 杏花村汾酒　　　D. 五粮液酒
42. "越陈越香"被公认为是（　　）区别于其他茶类的最大特点。
    A. 白牡丹　　　　　B. 君山银针　　　　C. 普洱茶　　　　　D. 铁观音
43. （　　）茶性寒凉，有退热祛暑之功效。
    A. 绿茶　　　　　　B. 红茶　　　　　　C. 黄茶　　　　　　D. 白茶
44. （　　）茸毛密盖，芽身金黄，被称为"金镶玉"。
    A. 白毫银针　　　　B. 白牡丹　　　　　C. 铁观音　　　　　D. 君山银针
45. （　　）型酒在白酒中所占比例最大。
    A. 酱香　　　　　　B. 浓香　　　　　　C. 清香　　　　　　D. 米香
46. 清香型酒以（　　）为代表。
    A. 桂林三花酒　　　B. 遵义董酒　　　　C. 凤翔西凤酒　　　D. 杏花村汾酒

三、多项选择题（每题有2~5个正确答案，少选或错选均不得分，请将你认为正确的选项填入括号内）

1. 在以下菜系中，属于四大菜系的有（　　）。
    A. 鲁菜　　　　　　B. 浙菜　　　　　　C. 川菜　　　　　　D. 淮扬菜
    E. 徽菜
2. 中国烹饪与（　　）被认为是世界三大烹饪流派的代表。
    A. 意大利烹饪　　　B. 法国烹饪　　　　C. 土耳其烹饪　　　D. 西班牙烹饪
    E. 巴西烹饪
3. 在以下菜肴中，属于鲁菜的有（　　）。
    A. 油爆双脆　　　　B. 葱烧海参　　　　C. 鱼香肉丝　　　　D. 麻婆豆腐
    E. 糖醋鲤鱼

4. 下列关于鲁菜主要特点表述正确的有（　　）。
   A. 精于制汤和以汤调味
   B. 用料广博、味道多样、菜肴适应面广
   C. 具有鲜、嫩、香、脆的特色
   D. 口味偏于咸鲜
   E. 善用葱香调味

5. 以下菜肴中，属于川菜的有（　　）。
   A. 宫保鸡丁　　　B. 葱烧海参　　　C. 鱼香肉丝　　　D. 麻婆豆腐
   E. 水煮鱼

6. 下列对川菜特点的表述正确的有（　　）。
   A. 用料广博　　　　　　　　　　B. 精于制汤和以汤增鲜
   C. 味道多样　　　　　　　　　　D. 菜肴适应面广
   E. 味型以咸鲜为主而善于用葱香调味

7. 下列属于淮扬菜的代表名菜的有（　　）。
   A. 松鼠鳜鱼　　　B. 盐水鸭　　　C. 太爷鸡　　　D. 霸王别姬
   E. 油泡鲜虾仁

8. 下列对淮扬菜特点的表述正确的有（　　）。
   A. 取料不拘一格而物尽其用，重鲜活
   B. 特别讲究刀工、火工和造型
   C. 味型丰富，百菜百味
   D. 以干煸、干烧见长
   E. 追求本味，清鲜平和

9. 以下菜肴中，属于粤菜的有（　　）。
   A. 清炖狮子头　　　B. 油泡鲜虾仁　　　C. 白云猪手　　　D. 麻婆豆腐
   E. 东江盐焗鸡

10. 下列对粤菜特点的表述正确的有（　　）。
    A. 取料广博奇杂
    B. 汲取了外来的各种烹饪原料和烹饪技艺
    C. 味型丰富，百菜百味
    D. 调味重清脆鲜爽嫩滑而突出原味
    E. 调味重清爽、鲜淡、平和

11. 以下菜肴中，属于孔府菜的有（　　）。
    A. 八仙过海　　　B. 诗礼银杏　　　C. 怀抱鲤鱼　　　D. 白玉虾圆
    E. 清汤燕窝

12. 宫廷菜的特点有（　　）。
    A. 造型美观，寓意吉祥　　　　　　B. 烹调细腻
    C. 选料考究，配料严格　　　　　　D. 讲究刀工
    E. 使用的餐具简单

13. 谭家菜擅长烹制海味，下列菜中最为出名的有（　　）。

A. 鱼 B. 燕窝 C. 鱼翅 D. 海参
E. 海蜇

14. 随园菜的特色有（　　）。
    A. 十分讲究原料的选择 B. 加工、烹调精细而卫生
    C. 讲究色香味形器 D. 注重筵席的制作艺术
    E. 豪华奢侈，讲究礼仪

15. 素菜的特征有（　　）。
    A. 以时鲜为主，清爽素净 B. 花色繁多，制作考究
    C. 讲究色香味形器 D. 营养独特，健身疗疾
    E. 豪华奢侈，讲究礼仪

16. 江湖菜的特点有（　　）。
    A. 土 B. 粗 C. 洋 D. 精
    E. 杂

17. 下列茶叶中，属于乌龙茶的有（　　）。
    A. 西湖龙井 B. 武夷岩茶 C. 铁观音 D. 凤凰单枞
    E. 黄山毛峰

18. 下列茶叶中，属于再加工茶的有（　　）。
    A. 红茶 B. 紧压茶 C. 花茶 D. 乌龙茶
    E. 黄茶

19. 绿茶产量大，品种多，其中以（　　）最为著名。
    A. 西湖龙井 B. 太湖碧螺春 C. 大红袍 D. 铁观音
    E. 黄山毛峰

20. 下列有关乌龙茶的表述正确的有（　　）。
    A. 属于全发酵的茶叶 B. 介于红茶和绿茶之间
    C. 绿叶镶红边 D. 汤呈红色
    E. 香气芬芳浓醇

21. 龙井茶的"四绝"是指（　　）。
    A. 色绿 B. 香郁 C. 清雅 D. 形美
    E. 味甘

22. 下列白酒中，属于浓香型的有（　　）。
    A. 五粮液 B. 三花酒 C. 泸州老窖特曲 D. 习水大曲
    E. 汾酒

23. 下列白酒中，属于兼香型的有（　　）。
    A. 汾酒 B. 遵义董酒 C. 洋河大曲 D. 陕西西凤酒
    E. 三花酒

24. 下列酒中，属于黄酒的有（　　）。
    A. 加饭酒 B. 味美思 C. 龙岩沉缸酒 D. 金奖白兰地
    E. 汾酒

25. 清代宫廷菜是在各具特色的风味菜的基础上发展起来的，它们有（　　）。

A. 山东风味　　　B. 四川风味　　　C. 蒙回风味　　　D. 满族风味
E. 傣族风味

26. 下列菜肴中属于开封仿宋菜的有（　　）。
A. 两色腰子　　　B. 驼蹄羹　　　C. 东华鲊　　　D. 水晶脍
E. 莲花鸡签

27. 下列菜肴中，属于北京清代仿膳宫廷菜的有（　　）。
A. 凤尾鱼翅　　　B. 驼蹄羹　　　C. 金蟾玉鲍　　　D. 一品官燕
E. 水晶脍

28. 孔府菜历史悠久，有以下特点：（　　）。
A. 选料精而广
B. 制作精细、烹调技法全面、注重营养、善于调味
C. 命名极为讲究，寓意深远
D. 造型美观，寓意吉祥
E. 选料考究，制作严格

29. 下列菜肴中，属于随园菜的代表名菜是（　　）。
A. 鳆鱼炖鸭　　　　　　　B. 白玉虾圆
C. 乌龙戏珠　　　　　　　D. 雪梨鸡片
E. 糟鹅掌

30. 中国素菜的三个派系包括（　　）。
A. 宫廷素食　　　　　　　B. 寺院素食
C. 民间素食　　　　　　　D. 官府素食
E. 少数民族素食

31. 制作素菜享有盛名的寺院包括（　　）。
A. 厦门南普陀寺　　　　　B. 杭州灵隐寺
C. 上海玉佛寺　　　　　　D. 成都宝光寺
E. 甘肃拉卜楞寺

32. 下列分别属于酱香型、浓香型、米香型、清香型的名酒是（　　）。
A. 茅台　　　　　　　　　B. 五粮液
C. 桂林三花酒　　　　　　D. 遵义董酒
E. 山西汾酒

33. 绍兴加饭酒的特点有（　　）。
A. 酒色黄而莹澈　　　　　B. 香气浓而沉郁
C. 味道醇厚　　　　　　　D. 不能久藏
E. 越陈越香

34. 啤酒的特点有（　　）。
A. 营养丰富　　　B. 高热量　　　C. 低热量　　　D. 酒度高
E. 低酒度

35. 来凤镇的厨师在继承川菜传统烹制手法的基础上，大胆创新，烧制出以"（　　）"为主要特征的来凤鱼。

A. 麻 B. 辣 C. 烫 D. 嫩
E. 咸

36. 根据是否杀菌，啤酒可分为（　　）。
    A. 生啤 B. 黄啤 C. 黑啤 D. 高浓度啤酒
    E. 熟啤

37. 中国烹饪具体到每道菜肴，则讲究（　　）均为上等。
    A. 色 B. 香 C. 味 D. 形
    E. 器

38. 进入夏朝后，中国烹饪经历了（　　），发展到现代。
    A. 烧烤时期 B. 石烹时期 C. 陶烹时期 D. 铜烹时期
    E. 铁烹时期

39. 中国八大菜系指在四大菜系基础上，增加（　　）等四个菜系。
    A. 浙菜 B. 徽菜 C. 湘菜 D. 沪菜
    E. 闽菜

40. 从时代划分，中国菜可分为（　　）。
    A. 仿古风味 B. 现代风味 C. 市肆风味 D. 食堂风味
    E. 家庭风味

41. 按生产者主体划分，中国菜可分为（　　）。
    A. 仿古风味 B. 现代风味 C. 市肆风味 D. 食堂风味
    E. 家庭风味

42. 从地域角度划分，中国菜可分为（　　）。
    A. 四大菜系 B. 八大菜系 C. 十大菜系 D. 十二大菜系
    E. 十五大菜系

43. 鲁菜主要包括（　　）。
    A. 济南菜 B. 德州菜 C. 胶东菜 D. 潍坊菜
    E. 孔府菜

44. 川菜主要分（　　）等三类。
    A. 蓉派 B. 渝派 C. 盐帮 D. 江湖菜
    E. 达州菜

45. 粤菜由（　　）三部分组成。
    A. 广州 B. 惠州 C. 潮州 D. 汕头
    E. 东江

46. 宫廷菜在造型手段上主要运用"（　　）"等工艺方法使菜肴的外形更加完整饱满。
    A. 围 B. 配 C. 镶 D. 酱
    E. 酿

47. 清代宫廷菜擅长（　　）。
    A. 熘 B. 炒 C. 蒸 D. 炸
    E. 煲

48. 清代宫廷菜以（　　）著称。

A. 清　　　　　B. 鲜　　　　　C. 酥　　　　　D. 香

E. 嫩

49. 谭家菜的特点包括（　　）。
    A. 甜咸适口，南北均宜　　　　　B. 讲究原汁原味
    C. 选料精，加工细　　　　　　　D. 在烹饪上不拘常法
    E. 火候足、下料重，菜肴软烂

50. 素菜制作的原料主要有（　　）。
    A. 蔬菜　　　　B. 豆制品　　　　C. 面筋　　　　D. 竹笋
    E. 动物油

51. 绿茶的特点包括（　　）。
    A. 绿茶是不发酵的茶叶　　　　　B. 绿茶是全发酵的茶叶
    C. 初制时采用高温杀青　　　　　D. 绿叶绿汤
    E. 味爽鲜醇

52. 乌龙茶的产地主要集中在（　　）一带。
    A. 福建　　　　B. 广东　　　　C. 广西　　　　D. 台湾
    E. 安徽

53. 太湖碧螺春茶的特点是（　　）。
    A. 条索纤细　　B. 卷曲成螺　　C. 茸毛密布　　D. 清香幽雅
    E. 沁人心脾

54. 红茶的特点是（　　）。
    A. 用全发酵法制成　　　　　　　B. 采用高温杀青的方法制成
    C. 红叶红汤　　　　　　　　　　D. 香甜味醇
    E. 耐泡

55. 1904 年、1915 年中国人先后在（　　）办起啤酒厂。
    A. 哈尔滨　　　B. 上海　　　　C. 北京　　　　D. 青岛
    E. 沈阳

56. 山东省烟台市张裕葡萄酒厂生产的（　　），在 1915 年美国旧金山举行的巴拿马国际博览会上一举拿下四块金质奖章。
    A. 红葡萄酒　　B. 白葡萄酒　　C. 味美思　　　D. 雷司令
    E. 金奖白兰地

57. 葡萄酒按色泽可分为（　　）。
    A. 红葡萄酒　　B. 桃红葡萄酒　C. 加香葡萄酒　D. 甜葡萄酒
    E. 白葡萄酒

58. 五粮液酒以高粱、（　　）五种粮食为原料，以古法工艺配方酿造而成。
    A. 大米　　　　B. 糯米　　　　C. 大麦　　　　D. 小麦
    E. 玉米

59. 黑茶制茶工艺一般包括（　　）四道工序。
    A. 萎凋　　　　B. 杀青　　　　C. 揉捻　　　　D. 渥堆
    E. 干燥

参考答案及解析

第八章　中国传统工艺美术

一、判断题（判断下列各题是否正确，正确的请在答卷中相应题号后的括号内打"√"，错误的打"×"）

1. 宋代这一时期涌现出许多驰名中外的瓷窑，其中以定、汝、官、哥、钧五大名窑最为著名。　　　　　　　　　　　　　　　　　　　　　　　　　　　　　（　）
2. 宜兴紫砂器是用特殊陶土制成的有釉细陶器。　　　　　　　　　　　　（　）
3. 仿"唐三彩"首产于洛阳。　　　　　　　　　　　　　　　　　　　　（　）
4. 元、明、清瓷器的主流是青花瓷。　　　　　　　　　　　　　　　　　（　）
5. 现代最著名的"瓷都"是江西景德镇。　　　　　　　　　　　　　　　（　）
6. 醴陵釉下彩瓷器是先上釉，后画彩。　　　　　　　　　　　　　　　　（　）
7. 福建德化白瓷擅长雕塑文殊菩萨。　　　　　　　　　　　　　　　　　（　）
8. 宋代钧窑专为宫廷烧制御用青瓷，烧造工艺达到了中国陶瓷史上的极致。（　）
9. 我国四大名绣中，有着"东方明珠"之誉的是苏绣。　　　　　　　　　（　）
10. 湘绣的传统题材是狮、虎、猫等。　　　　　　　　　　　　　　　　（　）
11. 粤绣题材广泛，其中以龙、凤、博古等最具特色。　　　　　　　　　（　）
12. 蜀绣以构图精巧、刻画细腻、形神兼备、色彩明丽而著称。　　　　　（　）
13. 生漆自古产于中国，漆器制作始于六七千年以前。　　　　　　　　　（　）
14. 扬州市漆器历史悠久，早在战国时期就已生产，在明朝时达到全盛时期，成为全国漆器制作中心。　　　　　　　　　　　　　　　　　　　　　　　　　　　（　）
15. 扬州镶嵌漆器被誉为"真正的中国民族艺术"。　　　　　　　　　　　（　）
16. 距今 7000 年的新石器时代晚期就出现了玉质工具，玉器是由玉质工具发展而来的。　　　　　　　　　　　　　　　　　　　　　　　　　　　　　　　　（　）
17. 北京玉雕集南北技艺之长，形成了自己独特的风格。　　　　　　　　（　）
18. 玉雕《大禹治水玉山》的玉料来自扬州，雕刻在和田。　　　　　　　（　）
19. 宣纸分为生宣和熟宣两种，熟宣渍水渗化，最适合创作写意画。　　　（　）
20. 湖笔具有尖、齐、圆、健四大特点。　　　　　　　　　　　　　　　（　）
21. 唐末五代奚超携子来到歙州，利用当地茂密的松林，制出好墨。　　　（　）
22. 宣纸最早产于宋代，它的原料是青檀皮。清代才掺和稻草，改变了用料比例。（　）
23. 被称为我国四大名砚之首的是歙砚。　　　　　　　　　　　　　　　（　）
24. 仰韶文化是距今 4000 年的新石器文化，因最早发现于河南省渑池县仰韶村而得名。　　　　　　　　　　　　　　　　　　　　　　　　　　　　　　　　（　）
25. 玉有软玉、硬玉之分。软玉是中国传统的玉料。　　　　　　　　　　（　）

26. 中国木版年画出现于北朝。（　　）
27. 苏州桃花坞有"家家会刻版，人人善丹青"之誉。（　　）
28. 四川绵竹年画色彩上采用对比手法，设色单纯、艳丽，强烈明快，构成红火、热烈的艺术效果。（　　）
29. 中国民间剪纸始于宋朝。（　　）
30. 中国剪纸可分为南方派、江浙派、北方派。（　　）
31. 景泰蓝正名"铜胎掐丝珐琅"，又称"嵌珐琅"，是一种在铁质的胎型上，用柔软的扁铜丝掐成各种花纹焊上，然后把珐琅质的色釉填充在花纹内烧制而成的器物。（　　）
32. 制作景泰蓝的主要原料是紫铜，也用珐琅。（　　）
33. 在1904年圣路易斯世博会上，中国景泰蓝荣获头等奖。从此景泰蓝在五洲四海名声大振，受到了各国人民的喜爱和称赞。（　　）
34. 福建省阳江市是南国风筝之乡，阳江风筝已有1400多年的历史。（　　）
35. 广东省阳江市1993年被国家体委授予"全国风筝之乡"。（　　）
36. 佛山剪纸有"活化石"之称，它较完整地传承了中华民族阴阳哲学思想与生殖繁衍崇拜的观念。（　　）
37. 相传山东省为中国风筝的发源地。（　　）
38. 广东省阳江市被世界各国人民称为"风筝的故乡"。（　　）
39. 山西剪纸中的戏曲窗花有独到之处。（　　）
40. 湖笔被赞为"笔中之冠"。（　　）
41. 木版年画出现于雕版印刷术发明之前的宋代。（　　）
42. 江苏省连云港市东海县素有"水晶之乡""水晶王国"之称。（　　）
43. 清代著名漆工黄大成，将绝技传之吴越，开该地漆作之先声，并著成《髹饰录》一书。（　　）
44. 在史书上雕漆又可称为"剔红"。（　　）
45. 龙山文化是距今6000多年前中国新石器时代晚期的一种文化。（　　）
46. 仰韶文化遗址中发现了非常精美的彩陶，故仰韶文化被称为"彩陶文化"。（　　）

二、单项选择题（下列各题的选项中，只有一项是正确的，请将正确答案的选项填入括号内）

1. 我国陶器发明的时间是在（　　）。
   A. 旧石器时代　　B. 新石器时代　　C. 商朝　　D. 周朝
2. 我国瓷器发明的时间是在（　　）。
   A. 商朝　　B. 周朝　　C. 西汉　　D. 东汉
3. 中国制瓷业极其辉煌的时期是（　　）。
   A. 唐代　　B. 宋代　　C. 明代　　D. 清代
4. 在景德镇四大传统名瓷中享有"瓷国明珠"的是（　　）。
   A. 青花瓷　　B. 玲珑瓷　　C. 粉彩瓷　　D. 颜色釉瓷
5. 泡茶数天后不馊且仍能保持茶香，并享有天下"神品"的陶瓷器是（　　）。
   A. 景德镇瓷器　　　　　　B. 醴陵釉下彩瓷器

C. 宜兴紫砂器　　　　　　　　　　D. 山东淄博美术陶瓷

6. 被誉为"天下神品"的陶器是（　　）。
   A. 唐三彩　　　　B. 淄博美术陶瓷　　C. 景德镇瓷器　　D. 紫砂器
7. 在日本被称为"天目釉"的淄博名贵釉是（　　）。
   A. 雨点釉　　　　B. 茶叶末釉　　　　C. 黄釉　　　　　D. 绿釉
8. 釉面开片、造型端庄古朴的瓷器产自（　　）。
   A. 定窑　　　　　B. 汝窑　　　　　　C. 哥窑　　　　　D. 官窑
9. 有"何来观音"美誉的瓷器是（　　）。
   A. 景德镇瓷器　　B. 醴陵釉下彩瓷器　C. 龙泉青瓷　　　D. 德化白瓷
10. 擅长烧制釉下彩瓷器的地方是（　　）。
    A. 江西景德镇　　B. 湖南醴陵　　　　C. 浙江龙泉　　　D. 福建德化
11. 浙江龙泉瓷器的釉色多为（　　）。
    A. 白色　　　　　B. 黑色　　　　　　C. 黄色　　　　　D. 青色
12. 有"青如玉、明如镜、声如磬"特点的瓷器是（　　）。
    A. 江西景德镇瓷器　　　　　　　　　B. 湖南醴陵瓷器
    C. 浙江龙泉瓷器　　　　　　　　　　D. 福建德化瓷器
13. 开始制作苏绣的朝代是（　　）。
    A. 商朝　　　　　B. 西周　　　　　　C. 春秋　　　　　D. 战国
14. 苏绣的全盛时期是（　　）。
    A. 唐代　　　　　B. 宋代　　　　　　C. 明代　　　　　D. 清代
15. 以"双面绣"为艺术特征的绣品是（　　）。
    A. 苏绣　　　　　B. 湘绣　　　　　　C. 粤绣　　　　　D. 顾绣
16. 苏绣的代表作品是（　　）。
    A. 双面绣《猫》　B. 虎　　　　　　　C. 百鸟朝凤　　　D. 熊猫
17. 湘绣的代表作品是（　　）。
    A. 猫　　　　　　B. 虎　　　　　　　C. 百鸟朝凤　　　D. 熊猫
18. 形象逼真、生机盎然的《百鸟朝凤》是（　　）的代表作。
    A. 蜀绣　　　　　B. 苏绣　　　　　　C. 湘绣　　　　　D. 粤绣
19. 这种漆器具有质地轻巧坚牢、造型雅致大方、色泽鲜艳古朴、做工精细，还具耐热、耐酸、耐碱等优点。这是对（　　）的正确描述。
    A. 北京雕漆　　　　　　　　　　　　B. 扬州镶嵌漆器
    C. 福州脱胎漆器　　　　　　　　　　D. 贵州大方漆器
20. 被誉为"真正的中国民族艺术"的漆器是（　　）。
    A. 北京雕漆　　　　　　　　　　　　B. 福州脱胎漆器
    C. 扬州镶嵌漆器　　　　　　　　　　D. 平遥推光漆器
21. 以镶嵌螺钿为特色的漆器是（　　）。
    A. 北京雕漆　　　　　　　　　　　　B. 福州脱胎漆器
    C. 扬州镶嵌漆器　　　　　　　　　　D. 平遥推光漆器
22. 清朝《大禹治水图》玉山子的玉料是（　　）。

A. 云南翡翠　　　　B. 河南独山玉　　　　C. 辽宁岫岩玉　　　　D. 新疆和田玉

23. 清朝《大禹治水图》玉山子的雕刻地点是在（　　）。
    A. 苏州　　　　　　B. 北京　　　　　　　C. 扬州　　　　　　　D. 新疆

24. 我国四大名砚之首是（　　）。
    A. 端砚　　　　　　B. 歙砚　　　　　　　C. 洮砚　　　　　　　D. 澄泥砚

25. 以名贵玛瑙为釉，色泽独特，随光变幻，其釉色如雨过天晴，土质细润，器表呈蝉翼纹细小开片，被世人称为"似玉、非玉而胜玉"的瓷器产自（　　）。
    A. 官窑　　　　　　B. 汝窑　　　　　　　C. 定窑　　　　　　　D. 钧窑

26. （　　）瓷器釉质莹润，造型端庄古朴，传世者弥足珍贵。其重要特征是釉面开片。
    A. 汝窑　　　　　　B. 官窑　　　　　　　C. 定窑　　　　　　　D. 哥窑

27. 我国四大民间木版年画中，以木版雕刻，采用一版一色传统水印法印制的是（　　）。
    A. 四川绵竹年画　　　　　　　　　B. 山东潍坊杨家埠年画
    C. 天津杨柳青年画　　　　　　　　D. 苏州桃花坞年画

28. 清中后期最为风行，有"家家会刻版，人人擅丹青"之誉的是（　　）。
    A. 山东潍坊杨家埠年画　　　　　　B. 天津杨柳青木版年画
    C. 四川绵竹年画　　　　　　　　　D. 江苏苏州桃花坞年画

29. 民间画坛称之为"姑苏版"的木版年画是（　　）。
    A. 天津市杨柳青　　　　　　　　　B. 江苏省苏州市桃花坞
    C. 山东省潍坊市杨家埠　　　　　　D. 河南省开封市朱仙镇

30. 贴在窗户上作为装饰的剪纸是（　　）。
    A. 喜花　　　　　　B. 礼花　　　　　　　C. 斗香花　　　　　　D. 窗花

31. 在全国各地的剪纸艺术中，具有北方地区粗犷、雄壮、简练、淳朴的风格特点的是（　　）。
    A. 山西剪纸　　　　B. 陕西剪纸　　　　　C. 浙江剪纸　　　　　D. 江苏剪纸

32. 摆附在糕饼、寿面、鸡蛋等礼品上的剪纸是（　　）。
    A. 喜花　　　　　　B. 礼花　　　　　　　C. 斗香花　　　　　　D. 窗花

33. 多用于祭祖祀神等汉族民俗活动时的装饰用的一种套色剪纸是（　　）。
    A. 喜花　　　　　　B. 礼花　　　　　　　C. 斗香花　　　　　　D. 窗花

34. 中国剪纸流派中，被称为剪纸"活化石"的是（　　）。
    A. 浙江剪纸　　　　B. 山西剪纸　　　　　C. 扬州剪纸　　　　　D. 陕西剪纸

35. 相传中国风筝的发源地是在（　　）。
    A. 北京　　　　　　B. 天津　　　　　　　C. 山东　　　　　　　D. 江苏

36. （　　）以烧白瓷而著称。
    A. 定窑　　　　　　B. 汝窑　　　　　　　C. 官窑　　　　　　　D. 哥窑

37. （　　）以烧制乳浊釉瓷为主，以其"入窑一色，出窑万彩"的神奇"窑变"而闻名。
    A. 钧窑　　　　　　B. 汝窑　　　　　　　C. 官窑　　　　　　　D. 哥窑

38. （　　）工匠善雕琢中小件，以"小、巧、灵、精"出彩。
    A. 北京　　　　　　B. 南京　　　　　　　C. 扬州　　　　　　　D. 苏州

39. 广东阳江的"（　　）"风筝被评为世界风筝十绝之一。

A. 龙头蜈蚣　　　　B. 沙燕　　　　　　C. 灵芝　　　　　　D. 双桃

40. 南国风筝之乡是（　　）。
A. 潍坊　　　　　　B. 阳江　　　　　　C. 佛山　　　　　　D. 泉州

41. （　　）是仰韶文化半坡类型彩陶的珍品。
A. 蛋壳陶　　　　　　　　　　　　B. 人面鱼纹彩陶盆
C. 彩陶花瓣纹　　　　　　　　　　D. 鹳鱼石斧缸

42. （　　）出现了用高岭土作胎，施青釉的原始瓷器。
A. 夏朝　　　　　　B. 商朝　　　　　　C. 周朝　　　　　　D. 汉朝

43. 宋代有五大名窑，（　　）窑居于五大名窑之首。
A. 官　　　　　　　B. 哥　　　　　　　C. 汝　　　　　　　D. 钧

44. 明成化鸡缸杯属于（　　）。
A. 釉上彩　　　　　B. 釉下彩　　　　　C. 斗彩　　　　　　D. 五彩

45. 唐三彩是盛行于唐代的一种（　　）陶器。
A. 低温釉　　　　　B. 高温釉　　　　　C. 色釉　　　　　　D. 透明釉

46. 被誉为"东方艺术瑰宝"的陶器是（　　）。
A. 紫砂器　　　　　B. 唐三彩　　　　　C. 淄博美术陶瓷　　D. 德化白瓷

47. 被誉为"中国白"的瓷器是（　　）。
A. 景德镇瓷器　　　B. 定窑白瓷　　　　C. 龙泉青瓷　　　　D. 德化白瓷

48. 金银线垫绣是（　　）中具有特色的技艺之一。
A. 苏绣　　　　　　B. 湘绣　　　　　　C. 粤绣　　　　　　D. 蜀绣

49. （　　）的一个独特现象就是绣工多为男工。
A. 苏绣　　　　　　B. 湘绣　　　　　　C. 粤绣　　　　　　D. 蜀绣

50. 中国漆器制作始于（　　）以前。
A. 二三千年　　　　B. 三四千年　　　　C. 四五千年　　　　D. 六七千年

51. 扬州镶嵌漆器在（　　）达到全盛时期。
A. 汉朝　　　　　　B. 唐朝　　　　　　C. 宋朝　　　　　　D. 明朝

52. 扬州市漆器产品以（　　）最具特色。
A. 雕漆嵌玉　　　　B. 镶嵌螺钿　　　　C. 骨石镶嵌　　　　D. 百宝嵌

53. 元代出现了南北不同风格的玉作，北玉以（　　）为中心。
A. 西安　　　　　　B. 开封　　　　　　C. 洛阳　　　　　　D. 北京

54. 苏州工匠善雕琢（　　）。
A. 山子雕　　　　　B. 链子活　　　　　C. 中小件　　　　　D. 大件

55. 自清代初年开始，形成了清代墨界的四大家。道光以后唯（　　）一家，独领墨艺风骚，从此徽墨驰名天下。
A. 曹素功　　　　　B. 汪近圣　　　　　C. 汪节庵　　　　　D. 胡开文

56. 我国剪纸艺术的鼎盛时期是（　　）时期。
A. 魏晋南北朝　　　B. 隋唐　　　　　　C. 宋元　　　　　　D. 明清

57. （　　）是一种套色剪纸，多用于祭祖祀神等汉族民俗活动时的装饰。
A. 斗香花　　　　　B. 喜花　　　　　　C. 礼花　　　　　　D. 窗花

58. （　　）是中国剪纸流行最早的地区之一。
    A. 佛山　　　　　B. 扬州　　　　　C. 金华　　　　　D. 蔚县
59. （　　）剪纸其表现手法和中国画白描的手法有异曲同工之妙。
    A. 佛山　　　　　B. 扬州　　　　　C. 金华　　　　　D. 蔚县
60. （　　）刻纸利用当地名特产铜箔和色纸作为主要原料，色彩丰富、苍劲豪放。
    A. 佛山　　　　　B. 扬州　　　　　C. 金华　　　　　D. 蔚县

三、多项选择题（每题有 2~5 个正确答案，少选或错选均不得分，请将你认为正确的选项填入括号内）

1. 下列有关瓷器的表述正确的有（　　）。
   A. 胎料的成分主要是高岭土　　　　B. 胎料的成分主要是普通黏土
   C. 烧成温度在 800℃　　　　　　　D. 烧成温度必须在 1200℃以上
   E. 胎体吸水率不足 1%
2. 宜兴紫砂器呈（　　）。
   A. 赤褐色　　　　B. 浅黄色　　　　C. 紫黑色　　　　D. 黑色
   E. 紫色
3. 下列有关宜兴紫砂器的表述正确的有（　　）。
   A. 质地细腻　　　　　　　　　　　B. 胎体上涂釉
   C. 色泽多浅淡　　　　　　　　　　D. 有较强的吸附力
   E. 传热快
4. "唐三彩"是一种盛行于唐代的陶器，以（　　）为基本釉色。
   A. 黄　　　　　　B. 绿　　　　　　C. 白　　　　　　D. 褐
   E. 黑
5. 下列釉中，汉代在山东省淄博市生产的有（　　）。
   A. 翠绿釉　　　　B. 栗黄釉　　　　C. 茶黄釉　　　　D. 淡绿釉
   E. 白釉
6. 下列名贵釉中，属于山东省淄博市生产的有（　　）。
   A. 雨点釉　　　　B. 茶叶末釉　　　C. 唐三彩　　　　D. 釉下彩
   E. 白釉
7. 下列有关景德镇的表述正确的有（　　）。
   A. 景德镇是我国的"瓷都"
   B. 所产瓷器向来有"青如玉、明如镜、声如磬"的美誉
   C. 魏晋南北朝时开始生产瓷器
   D. 宋代景德年间烧制官窑
   E. 传统名瓷为青花瓷
8. 下列瓷器属于景德镇生产的传统名瓷的有（　　）。
   A. 青花瓷　　　　B. 青花玲珑瓷　　C. 唐三彩　　　　D. 粉彩瓷
   E. 高温颜色釉瓷
9. 湖南醴陵釉下彩瓷具有（　　）等特性，并以此保护画面能始终保持原来色彩。

A. 耐潮湿　　　B. 耐摩擦　　　C. 无铅毒　　　D. 耐风化
E. 耐酸碱

10. 下列地方，被认定为我国三大瓷都的是（　　　）。
    A. 福建省泉州市德化县　　　B. 江西省景德镇市
    C. 山东省淄博市　　　D. 浙江省龙泉市
    E. 湖南省株洲市醴陵市

11. 下列有关我国瓷都德化瓷塑观音的表述正确的有（　　　）。
    A. 德化著名民间雕塑艺人何朝宗擅长雕塑观音
    B. 塑于清朝
    C. 仪态呆板
    D. 面容秀丽，端庄慈祥
    E. 有"何来观音"的美誉

12. 下列有关龙泉青瓷的表述正确的有（　　　）。
    A. 瓷器釉色多呈青色
    B. "白如玉、薄如纸、明如镜、声如磬"
    C. 产品有两种
    D. 包括白胎和朱砂胎青瓷，称"哥窑"
    E. 包括釉面开片的黑胎青瓷，称"弟窑"

13. 下列刺绣中，被认定为我国四大名绣的是（　　　）。
    A. 顾绣　　　B. 苏绣　　　C. 湘绣　　　D. 蜀绣
    E. 粤绣

14. 下列有关苏绣的表述正确的有（　　　）。
    A. 主要产于江苏苏州、南通一带
    B. 苏绣始于春秋时期
    C. 明代是全盛时期
    D. 最能体现苏绣艺术特征的是"双面绣"
    E. 双面绣《猫》是苏绣现代作品的代表

15. 下列有关湘绣的表述正确的有（　　　）。
    A. 主要产自湖南长沙一带
    B. 强调写实
    C. 形象生动
    D. 最能体现湘绣艺术特征的是"双面绣"
    E. 双面绣《猫》是湘绣现代作品的代表

16. 下列刺绣题材属于湘绣的有（　　　）。
    A. 狮子　　　B. 虎　　　C. 猫　　　D. 鸟
    E. 松鼠

17. 下列有关粤绣的表述正确的有（　　　）。
    A. 主要产自广东省广州市与潮州市
    B. 构图丰满，繁而不乱

C. 掺色柔和

D. 针法多样，善于变化

E. 双面绣《猫》是粤绣现代作品的代表

18. 下列刺绣题材属于粤绣的有（　　）。
    A. 狮子　　　　B. 虎　　　　C. 龙　　　　D. 凤
    E. 博古

19. 玉雕大致可分为件活和零碎活两大类，其中的"零碎活"主要包括（　　）。
    A. 茶具　　　　B. 戒指　　　　C. 别针　　　　D. 印章
    E. 烟嘴

20. 下列刺绣题材属于蜀绣的有（　　）。
    A. 狮子　　　　B. 虎　　　　C. 熊猫　　　　D. 鲤鱼
    E. 松鼠

21. 当代漆器主要分布于北京、（　　）、贵州大方、甘肃天水等地。
    A. 福建福州　　　B. 江苏扬州　　　C. 浙江杭州　　　D. 四川成都
    E. 山西平遥

22. 古代雕漆作品以（　　）为主。
    A. 剔红　　　　B. 剔黄　　　　C. 剔黑　　　　D. 剔白
    E. 剔绿

23. 下列对和田玉特性的描述，正确的有（　　）。
    A. 该玉属于软玉
    B. 有韧性
    C. 质地细腻
    D. 光泽柔润
    E. 该玉属于硬玉

24. 下列有关北京玉雕风格特征的描述，正确的有（　　）。
    A. 造型古朴典雅
    B. 生动传神
    C. 雄浑古朴
    D. 玲珑剔透
    E. 用色绝俏

25. 湖笔可分四大类，包括（　　）。
    A. 羊毫　　　　B. 狼毫　　　　C. 紫毫　　　　D. 猪毫
    E. 兼毫

26. 湖笔的主要特点有（　　）。
    A. 尖　　　　B. 平　　　　C. 齐　　　　D. 圆
    E. 健

27. 宣纸的主要特点有（　　）。
    A. 纸质柔韧　　　B. 洁白平滑　　　C. 细腻匀整　　　D. 容易起皱
    E. 不掉毛

28. 下列砚台中，被誉为我国四大名砚的是（　　）。
    A. 端砚　　　　B. 歙砚　　　　C. 洮砚　　　　D. 桃花石砚
    E. 澄泥砚

29. 下列木版年画产地，被誉为中国三大木版年画产地的是（　　）。

A. 天津市杨柳青　　　　　　　　　　B. 江苏省苏州市桃花坞
C. 山东省潍坊市杨家埠　　　　　　　D. 河南省开封市朱仙镇
E. 广东省佛山市

30. 下列剪纸中属于礼花的有（　　）。
    A. 糕饼花　　B. 果花　　C. 圈盆花　　D. 喜花
    E. 窗花

31. 陕西剪纸具有下列特点（　　）。
    A. 风格细腻　　B. 造型古拙　　C. 风格粗犷　　D. 寓意明朗
    E. 形式多样

32. 下列剪纸中，属于鞋花中常见的三种形式的是（　　）。
    A. 鞋头花　　B. 鞋面花　　C. 鞋里花　　D. 鞋帮花
    E. 鞋底花

33. 剪纸按用途划分可分为（　　）。
    A. 张贴用　　B. 摆衬用　　C. 刺绣底样　　D. 立体剪纸
    E. 印染用

34. 下列剪纸，属于北方派的有（　　）。
    A. 扬州　　B. 浙江　　C. 河北　　D. 山西
    E. 陕西

35. 中国风筝的技艺概括起来有四个字，即（　　）。
    A. 扎　　B. 糊　　C. 绘　　D. 刻
    E. 放

36. 清代涌现出了缤纷多彩的彩瓷，包括（　　），都是闻名中外的精品。
    A. 素三彩　　B. 五彩　　C. 粉彩　　D. 珐琅彩
    E. 唐三彩

37. （　　）为黑陶的四大特点。
    A. 黑　　B. 薄　　C. 光　　D. 硬
    E. 纽

38. 广东阳江风筝的特点有（　　）。
    A. 造型美观　　　　　　　　　B. 技术精巧
    C. 形神兼备　　　　　　　　　D. 栩栩如生
    E. 有2000多年的历史

39. 早在七八千年前的新石器时代，我国的先民就已经制造和使用陶器。由于当时的社会生产力极其低下，主要有（　　）。
    A. 红陶　　B. 彩陶　　C. 黑陶　　D. 灰陶
    E. 印纹陶

40. 仰韶文化庙底沟类型陶器的代表作品有（　　）。
    A. 人面鱼纹彩陶盆　　　　　　B. 彩陶花瓣纹盆
    C. 鹳鸟石斧缸　　　　　　　　D. 小口尖底瓶
    E. 鱼蛙纹彩陶盆

41. 蛋壳黑陶杯"（　　）"，被考古界誉为"四千年前地球文明最精致之制作"。
    A. 黑如漆　　　　B. 亮如镜　　　　C. 薄如纸　　　　D. 硬如瓷
    E. 声如磬

42. 宋代五大名窑指汝窑、官窑、（　　）。
    A. 越窑　　　　　B. 哥窑　　　　　C. 钧窑　　　　　D. 定窑
    E. 邢窑

43. 景德镇五彩瓷以红、黄、（　　）五种彩料为主。
    A. 蓝　　　　　　B. 绿　　　　　　C. 紫　　　　　　D. 褐
    E. 黑

44. 景德镇瓷器素有（　　）之称。
    A. 白如玉　　　　B. 薄如纸　　　　C. 明如镜　　　　D. 声如磬
    E. 青如玉

45. 龙泉青瓷有（　　）的特点。
    A. 青如玉　　　　B. 薄如纸　　　　C. 明如镜　　　　D. 声如磬
    E. 白如玉

46. 龙泉青瓷产品有两种，即（　　）。
    A. 青花玲珑瓷　　　　　　　　　　B. 白胎和朱砂胎青瓷
    C. 青花瓷　　　　　　　　　　　　D. 釉面开片的黑胎青瓷
    E. 粉彩瓷

47. 哥窑瓷的特点是"胎薄如纸、（　　）"。
    A. 釉色丰润　　　B. 釉厚如玉　　　C. 釉面布满纹片　　D. 紫口铁足
    E. 胎色灰黑

48. 湘绣在配色上善于运用（　　）。
    A. 红色　　　　　B. 深浅灰色　　　C. 黑白色　　　　D. 黄色
    E. 蓝色

49. 苏绣主要产于（　　）一带。
    A. 苏州　　　　　B. 扬州　　　　　C. 无锡　　　　　D. 南通
    E. 杭州

50. 蜀绣的代表作有（　　）。
    A. 蜀宫女演乐图　B. 熊猫　　　　　C. 水草鲤鱼　　　D. 芙蓉鲤鱼
    E. 百鸟朝凤

51. 中国传统工艺三宝指（　　）。
    A. 北京的景泰蓝　　　　　　　　　B. 江西景德镇瓷器
    C. 苏州的苏绣　　　　　　　　　　D. 北京雕漆
    E. 福州脱胎漆器

52. 中国工艺美术三长指（　　）。
    A. 北京雕漆　　　　　　　　　　　B. 福州脱胎漆器
    C. 江西景德镇瓷器　　　　　　　　D. 湖南长沙湘绣
    E. 江苏苏州苏绣

53. 中国四大名玉指（　　　）。
    A. 新疆的和田玉　　　　　　　　　B. 青海格尔木的昆仑玉
    C. 河南南阳的独山玉　　　　　　　D. 辽宁岫岩的岫岩玉
    E. 陕西蓝田的蓝田玉

54. 苏州工匠善于雕琢中小件玉器，以"（　　　）"出彩。
    A. 小　　　　　B. 巧　　　　　C. 俏　　　　　D. 灵
    E. 精

55. 北京景泰蓝主要有五道工序，即焊胎、（　　　）。
    A. 打钻掏膛　　B. 掐丝　　　　C. 点蓝　　　　D. 烧蓝
    E. 磨光和镀金

56. 湖笔按大小规格，可分为（　　　）四种。
    A. 大楷　　　　B. 尺楷　　　　C. 寸楷　　　　D. 中楷
    E. 小楷

57. 明代徽墨制造形成了（　　　）两大派系。
    A. 歙派　　　　B. 宣派　　　　C. 休派　　　　D. 黟派
    E. 祁派

58. 硬翅风筝具有（　　　）特点。
    A. 翅膀坚硬　　B. 吃风大　　　C. 飞得高　　　D. 飞得远
    E. 翅膀柔软

59. 元代出现了南北不同风格的玉作，南玉以（　　　）为中心。
    A. 南京　　　　B. 苏州　　　　C. 扬州　　　　D. 泉州
    E. 杭州

60. 扬州玉雕尤以（　　　）技艺独具一格。
    A. 动物形圆雕　B. 花卉　　　　C. 山子雕　　　D. 链子活
    E. 炉瓶

第九章　中国民族与宗教知识

一、判断题（判断下列各题是否正确，正确的请在答卷中相应题号后的括号内打"√"，错误的打"×"）

1. 近代汉地佛教寺院大部分属净土宗寺院。（　　）
2. 根据第七次全国人口普查的数据，中国 55 个少数民族人口中，人口数量最多的是满族。（　　）
3. 中国民族的地理分布特点是：大杂居、小聚居、相互交错居住。（　　）
4. 根据第七次全国人口普查的数据，中国 55 个少数民族人口中，人口数量最少的是鄂伦春族。（　　）
5. 汉服最大的特点是大襟、左衽。（　　）
6. 1979 年，我国将农历九月初九重阳节定为老人节。（　　）
7. 佛教大约创立于公元前 6 世纪。在世界各大宗教中，佛教创立的时间最早。（　　）
8. 西汉哀帝元寿元年（公元前 2 年），佛教开始传入中国。（　　）
9. 相传普贤菩萨的道场在四川峨眉山。（　　）
10. 禅宗是中国佛教史上流传最久远、对中国文化思想影响最广泛的宗派。（　　）
11. 重庆市大足石刻以两宋石造像为代表。（　　）
12. 云冈石窟尤以唐代壁画艺术著称于世。（　　）
13. 河南洛阳的白马寺为中国第一座佛教寺院。（　　）
14. 汉地佛教寺院的法堂是僧众打坐禅修之处。（　　）
15. 西藏拉萨的色拉寺是历世班禅驻锡之地。（　　）
16. 金元以来，全国道教形成全真道与正一道两大教派。（　　）
17. 陕西鄠邑区重阳宫、北京白云观、山西芮城永乐宫并称全真道三大祖庭。（　　）
18. 龙虎山是道教创始人张道陵最初修道炼丹肇基之所。（　　）
19. 北堂是北京最古老的天主教堂，现为中国天主教北京主教座堂。（　　）
20. 什叶派是伊斯兰教中人数最多的一派，中国穆斯林大多属于什叶派。（　　）
21. 泉州清净寺是我国现存最古老的典型阿拉伯式清真寺。（　　）
22. 喀什艾提尕尔清真寺是新疆地区最大的清真寺。（　　）
23. 山西五台山是我国唯一兼有汉地佛教和藏传佛教道场的佛教圣地。（　　）
24. 农历七月初七是牛郎织女鹊桥相会之日，有"中国情人节"之喻。（　　）
25. 农历五月初五是端午节。端午节又称端阳节、重五节、天中节、女儿节、五月节等，是汉族民间传统节日，也是中国传统三大节日之一，流行于全国大多数地区。（　　）

26. 清明节的民俗活动主要有扫墓、烧"包袱"、插柳、踏青、登高、放风筝、荡秋千等。（　　）
27. 中秋节是仅次于春节的第二大节日。（　　）
28. 1962年，考古学家夏鼐首次提出"中华民族共同体"的概念。（　　）
29. 1988年，林耀华提出"中华民族多元一体格局"的观念。（　　）
30. 只有铸牢中华民族共同体意识，才能有效应对实现中华民族伟大复兴过程中民族领域可能发生的风险挑战，才能为党和国家兴旺发达、长治久安提供重要思想保证。（　　）
31. 大汉族主义和地方民族主义都利于中华民族共同体建设。（　　）
32. 中国传统式建筑清真寺分几进院落，没有明显的中轴线。（　　）
33. 依照伊斯兰教规定，不管清真寺中轴线朝向如何，礼拜正殿和殿内壁龛（圣龛）必须背向麦加（在中国为背向西方），以示跪拜朝向。（　　）
34. 北京牛街清真寺是北京市规模最大、历史最悠久的清真大寺，也是中国北方最古老清真寺之一。（　　）
35. 基督教第一次分裂由宗教改革而引发，发生在11世纪中叶，分裂为西部的天主教和东部的正教（东正教）。（　　）
36. 全真道随山派祖庭是武当山。（　　）
37. 有"戈壁明珠"之称的石窟是甘肃麦积山石窟。（　　）
38. 山西五台山塔院寺的大白塔，为尼泊尔阿尼哥设计的藏式白塔，为五台山的象征标志。（　　）

二、单项选择题（下列各题的选项中，只有一项是正确的，请将正确答案的选项填入括号内）

1. 佛祖释迦牟尼的成道地是（　　）。
   A. 蓝毗尼花园　　B. 鹿野苑　　C. 拘尸那迦　　D. 菩提伽耶
2. 佛祖释迦牟尼的初转法轮处是（　　）。
   A. 蓝毗尼花园　　B. 鹿野苑　　C. 拘尸那迦　　D. 菩提伽耶
3. 我国将农历九月初九重阳节定为老人节的时间是（　　）。
   A. 1986年　　B. 1989年　　C. 1997年　　D. 2001年
4. 汉地俗称"黄教"的藏传佛教教派指的是（　　）。
   A. 宁玛派　　B. 萨迦派　　C. 噶举派　　D. 格鲁派
5. 在寺院围墙涂有象征文殊、观音和金刚手菩萨的红白黑三色花纹的藏传佛教教派是（　　）。
   A. 噶举派　　B. 宁玛派　　C. 格鲁派　　D. 萨迦派
6. 佛教开始传入中国是在（　　）时期。
   A. 东汉　　B. 西汉　　C. 魏晋　　D. 南北朝
7. 云冈石窟以昙曜五窟最为著名，其中第20窟露天大佛（　　）是云冈石窟的象征。
   A. 毗卢遮那佛像　　　　B. 卢舍那佛像
   C. 弥勒佛像　　　　　　D. 释迦牟尼佛像

8. 中国佛教史上对中国文化思想影响最广泛的佛教宗派是（　　）。
   A. 禅宗　　　　　B. 天台宗　　　　C. 法相宗　　　　D. 律宗
9. 中国佛教中，文殊菩萨的道场在（　　）。
   A. 山西五台山　　B. 浙江普陀山　　C. 四川峨眉山　　D. 安徽九华山
10. 中国佛教中，普贤菩萨的道场在（　　）。
    A. 山西五台山　　B. 浙江普陀山　　C. 四川峨眉山　　D. 安徽九华山
11. 藏传佛教格鲁派历代班禅活佛的驻锡之地是（　　）。
    A. 甘丹寺　　　　B. 哲蚌寺　　　　C. 扎什伦布寺　　D. 色拉寺
12. 下列道教宫观中，享有"道观之祖"之美誉的是（　　）。
    A. 陕西西安鄠邑区重阳宫　　　　　B. 北京白云观
    C. 陕西周至县楼观　　　　　　　　D. 四川青城山常道观
13. 道教真武大帝的道场在（　　）。
    A. 重庆丰都县平都山　　　　　　　B. 湖北丹江口市武当山
    C. 四川梓潼县七曲山　　　　　　　D. 广东博罗县罗浮山
14. 早期的"五斗米道"的创始人是（　　）。
    A. 张角　　　　　B. 张鲁　　　　　C. 张道陵　　　　D. 张与材
15. 主张道、佛、儒三教合一的道教派别是（　　）。
    A. 正一派　　　　B. 全真派　　　　C. 符箓派　　　　D. 灵宝派
16. 基督教于唐代贞观年间第一次传入中国，当时传入的教派为（　　）。
    A. 天主教　　　　　　　　　　　　B. 东正教
    C. 聂斯脱利派（景教）　　　　　　D. 新教
17. 我国下列部分民众信仰伊斯兰教的少数民族中，属什叶派的是（　　）。
    A. 哈萨克族　　　B. 塔吉克族　　　C. 乌孜别克族　　D. 塔塔尔族
18. 中国穆斯林大多属于伊斯兰教的（　　）。
    A. 逊尼派　　　　B. 什叶派　　　　C. 苏菲派　　　　D. 瓦哈比派
19. 我国现存规模最大、保存最完整的古清真寺是（　　）。
    A. 泉州清净寺　　　　　　　　　　B. 广州怀圣寺
    C. 北京牛街清真寺　　　　　　　　D. 西安化觉寺
20. 伊斯兰教在（　　）永徽二年传入中国。
    A. 隋　　　　　　B. 唐　　　　　　C. 宋　　　　　　D. 元
21. 基督教是由巴勒斯坦人耶稣于（　　）创立的。
    A. 公元前 1 世纪　　　　　　　　　B. 1 世纪
    C. 2 世纪　　　　　　　　　　　　D. 6 世纪
22. 道教全真道有七个支派，其中长春子（　　）开创的龙门派势力最大，至今全真道仍以龙门派人数最多。
    A. 葛洪　　　　　B. 寇谦之　　　　C. 陆修静　　　　D. 丘处机
23. 汉族是世界上人口最多的民族。截至 2021 年，汉族人口（　　）。
    A. 约为 7 亿　　　B. 约为 10 亿　　C. 约为 12.8 亿　 D. 约为 15 亿
24. 对汉民族思想影响最为深刻的是（　　）。

A. 儒家　　　　　B. 道家　　　　　C. 法家　　　　　D. 阴阳家

25. 中国古代春节的节日活动持续的时间是（　　）。
   A. 正月初一至正月初五　　　　　B. 正月初一至正月十五
   C. 腊月二十三至次年正月初五　　D. 腊月二十三至次年正月十五

26. 清明时节荡秋千的习俗盛行于（　　）。
   A. 汉代　　　　　B. 唐代　　　　　C. 宋代　　　　　D. 明代

27. 关于端午节的起源，流传最为广泛的说法是（　　）。
   A. 纪念屈原　　　　　　　　　　B. 源于腊祭
   C. 源于赛龙舟　　　　　　　　　D. 源于避五毒的活动

28. 清以后，端午之神被认定为（　　）。
   A. 秦琼　　　　　B. 尉迟恭　　　　C. 钟馗　　　　　D. 张天师

29. 钱塘观潮的最佳时节为（　　）。
   A. 元宵节前后　　　　　　　　　B. 清明节前后
   C. 端午节前后　　　　　　　　　D. 中秋节前后

30. 中秋节始定于（　　）。
   A. 北宋　　　　　B. 南宋　　　　　C. 元　　　　　　D. 明

31. （　　）是僧众打坐禅修之处，一般不对游客开放。
   A. 法堂　　　　　B. 禅堂　　　　　C. 罗汉堂　　　　D. 大雄宝殿

32. 大雄宝殿为佛寺正殿，又称"大殿"。有供奉一佛、三佛、五佛、七佛等情况。以（　　）同殿居多。
   A. 一佛　　　　　B. 三佛　　　　　C. 五佛　　　　　D. 七佛

33. 由中国传入朝鲜、日本、越南等国的佛教，以（　　）为主。
   A. 藏传佛教　　　B. 小乘佛教　　　C. 大乘佛教　　　D. 禅宗

34. 藏传佛教格鲁派的第一座寺庙和祖庭是（　　）。
   A. 甘丹寺　　　　B. 色拉寺　　　　C. 拉卜楞寺　　　D. 塔尔寺

35. 有"塑像馆"之称的石窟是（　　）。
   A. 云冈石窟　　　　　　　　　　B. 龙门石窟
   C. 敦煌石窟　　　　　　　　　　D. 麦积山石窟

36. （　　）年是佛教传入中国两千年。
   A. 2002　　　　　B. 1998　　　　　C. 2012　　　　　D. 2000

37. 因老子在（　　）上的说经台为尹喜口授第一部道教经典《道德经》，故这里被视为道教发祥地之一。
   A. 终南山　　　　B. 青城山　　　　C. 龙虎山　　　　D. 鹤鸣山

38. 原始道教阶段，以（　　）为代表。
   A. 五斗米道和太平道　　　　　　B. 天师道和正一道
   C. 正一道和全真道　　　　　　　D. 五斗米道和天师道

39. （　　）最早提出"中华民族"的概念，并进行了深入研究。
   A. 梁启超　　　　B. 杨度　　　　　C. 章太炎　　　　D. 孙中山

40. 伊斯兰教创立于（　　）。

A. 公元前 6 世纪初　　B. 1 世纪初　　　　C. 7 世纪初　　　　D. 公元前 1 世纪初

41. 伊斯兰教的创始人是（　　）。
　　A. 释迦牟尼　　　　B. 耶稣　　　　　　C. 穆罕默德　　　　D. 哈里发

42. 新疆地区最大的清真寺是（　　）。
　　A. 乌鲁木齐塔塔尔清真寺　　　　　　B. 库车清真大寺
　　C. 吐鲁番卡孜汗大寺　　　　　　　　D. 喀什艾提尕尔清真寺

43. （　　）因原建筑群布局状似凤凰，故又名"凤凰寺"。
　　A. 泉州清净寺　　　B. 广州怀圣寺　　　C. 杭州真教寺　　　D. 扬州仙鹤寺

44. （　　）是教主穆罕默德十六世孙普哈丁来中国传教时兴建的。
　　A. 泉州清净寺　　　B. 广州怀圣寺　　　C. 杭州真教寺　　　D. 扬州仙鹤寺

45. （　　）又名"狮子寺"，俗称"光塔寺"。
　　A. 泉州清净寺　　　B. 广州怀圣寺　　　C. 杭州真教寺　　　D. 扬州仙鹤寺

46. 北京地区最古老的天主教堂是（　　）。
　　A. 东堂（王府井教堂）　　　　　　　　B. 西堂（西直门天主堂）
　　C. 南堂（宣武门教堂）　　　　　　　　D. 北堂（西什库天主教堂）

47. 北京地区最大的天主教堂是（　　）。
　　A. 东堂（王府井教堂）　　　　　　　　B. 西堂（西直门天主堂）
　　C. 南堂（宣武门教堂）　　　　　　　　D. 北堂（西什库天主教堂）

48. （　　）是上海地区最大的天主教堂，也是远东地区最大教堂之一。
　　A. 上海徐家汇天主堂　　　　　　　　　B. 上海佘山圣母大教堂
　　C. 上海国际礼拜堂　　　　　　　　　　D. 上海沐恩堂

49. （　　）是上海地区最大的新教教堂。
　　A. 上海国际礼拜堂　　　　　　　　　　B. 上海沐恩堂
　　C. 上海圣三一堂　　　　　　　　　　　D. 上海景灵堂

50. （　　）因与宋氏家族有关联而著名。
　　A. 上海国际礼拜堂　　　　　　　　　　B. 上海沐恩堂
　　C. 上海圣三一堂　　　　　　　　　　　D. 上海景灵堂

51. 基督教景教最早于（　　）朝传入我国。
　　A. 汉　　　　　　　B. 唐　　　　　　　C. 宋　　　　　　　D. 元

52. 道教的创立地点是（　　）。
　　A. 四川鹤鸣山　　　B. 四川青城山　　　C. 陕西终南山　　　D. 江西龙虎山

53. 全真道的创立者是（　　）。
　　A. 丘处机　　　　　B. 王重阳　　　　　C. 张与材　　　　　D. 郝大通

54. （　　）是中国道教史上的著名炼丹家、医药学家、气功家和养生学家。
　　A. 葛洪　　　　　　B. 寇谦之　　　　　C. 陆修静　　　　　D. 陶弘景

55. 王重阳弟子开创的全真道七个支派中，势力最大的是（　　）。
　　A. 遇仙派　　　　　B. 南无派　　　　　C. 龙门派　　　　　D. 华山派

56. 正一道的祖庭是（　　）。
　　A. 阁皂山　　　　　B. 龙虎山　　　　　C. 茅山　　　　　　D. 罗浮山

57. （　　）是全真道第一丛林，全真道最大派别龙门派祖庭，全真道三大祖庭之一。
    A. 成都青羊宫　　　　B. 苏州玄妙观　　　　C. 广州三元宫　　　　D. 北京白云观
58. 观音菩萨的道场在（　　）。
    A. 山西五台山　　　　B. 浙江普陀山　　　　C. 四川峨眉山　　　　D. 安徽九华山
59. 地藏菩萨的道场在（　　）。
    A. 山西五台山　　　　B. 浙江普陀山　　　　C. 四川峨眉山　　　　D. 安徽九华山
60. 安徽九华山的开山寺总丛林是（　　）。
    A. 祇园寺　　　　　　B. 化城寺　　　　　　C. 百丈宫　　　　　　D. 甘露寺
61. （　　）是我国唯一兼有汉地佛教和藏传佛教道场的佛教圣地。
    A. 峨眉山　　　　　　B. 普陀山　　　　　　C. 九华山　　　　　　D. 五台山
62. （　　）是五台山历史最悠久、最负盛名的寺院，属全国重点文物保护单位。
    A. 塔院寺　　　　　　B. 显通寺　　　　　　C. 菩萨顶寺　　　　　D. 殊像寺
63. （　　）是普陀山规模最大的寺院和佛教中心，为供奉观音大士的主刹。
    A. 法雨寺　　　　　　B. 普济寺　　　　　　C. 大乘禅院　　　　　D. 慧济寺

三、多项选择题（每题有2~5个正确答案，少选或错选均不得分，请将你认为正确的选项填入括号内）

1. 重阳节又称（　　）。
    A. 团圆节　　　　　　B. 晒秋节　　　　　　C. 仲秋节　　　　　　D. 重九节
    E. 老人节
2. 重阳节的主要习俗活动有（　　）。
    A. 登高远眺　　　　　B. 祭祖　　　　　　　C. 饮菊花酒　　　　　D. 吃重阳花糕
    E. 插茱萸
3. 中国沿海伊斯兰教四大古寺包括（　　）。
    A. 广州怀圣寺　　　　B. 杭州真教寺　　　　C. 扬州仙鹤寺　　　　D. 西安化觉寺
    E. 泉州清净寺
4. 元明清三代，汉地佛教主要流行的宗派有（　　）。
    A. 法相宗　　　　　　B. 净土宗　　　　　　C. 禅宗　　　　　　　D. 天台宗
    E. 密宗
5. 我国佛教石刻有三个高潮期，即（　　）。
    A. 汉朝　　　　　　　B. 北朝　　　　　　　C. 盛唐　　　　　　　D. 两宋
    E. 明朝
6. 下列属于藏传佛教四个特色的是（　　）。
    A. 以小乘佛教为主　　　　　　　　　　　B. 宗教与政治结合
    C. 咒术性　　　　　　　　　　　　　　　D. 对喇嘛异常尊崇
    E. 活佛转世思想
7. 元宵节之夜的活动有（　　）。
    A. 赏灯　　　　　　　B. 迎神　　　　　　　C. 猜灯谜　　　　　　D. 祭祖
    E. 吃元宵

8. 以下佛教寺院属于峨眉山名寺的有（　　）。
   A. 报国寺　　　　B. 伏虎寺　　　　C. 祇园寺　　　　D. 万年寺
   E.（金顶）普光殿

9. 以下佛教寺院属于五台山名寺的有（　　）。
   A. 显通寺　　　　B. 塔院寺　　　　C. 普济寺　　　　D. 万年寺
   E. 菩萨顶寺

10. 以下佛教寺院属于普陀山名寺的有（　　）。
    A. 殊像寺　　　　B. 普济寺　　　　C. 慧济寺　　　　D. 祇园寺
    E. 法雨寺

11. 藏传佛教格鲁派拉萨三大寺指的是（　　）。
    A. 拉卜楞寺　　　B. 扎什伦布寺　　C. 甘丹寺　　　　D. 哲蚌寺
    E. 色拉寺

12. 端午节的主要活动包括（　　）。
    A. 赛龙舟　　　　B. 吃粽子　　　　C. 饮雄黄酒　　　D. 踏青
    E. 佩香囊香袋

13. 以下属于塔尔寺"艺术三绝"的是（　　）。
    A. 酥油花　　　　B. 檀木大佛　　　C. 堆绣　　　　　D. 壁画
    E. 金丝楠木佛龛

14. 下列关于中秋节起源的说法，正确的有（　　）。
    A. 起源于古代对嫦娥飞天故事的敬仰
    B. 起源于古人对兔爷的崇拜
    C. 起源于古代对月亮的崇拜
    D. 起源于月下歌舞觅偶的习俗
    E. 起源于古代秋季拜土地神的习俗

15. 我国西北地区藏、蒙古等民族的藏传佛教格鲁派佛教中心有（　　）。
    A. 扎什伦布寺　　B. 拉卜楞寺　　　C. 五当召　　　　D. 哲蚌寺
    E. 塔尔寺

16. 清明节的民俗活动主要有（　　）。
    A. 扫墓　　　　　B. 烧"包袱"　　　C. 祭日　　　　　D. 荡秋千
    E. 踏青

17. 踏青也称（　　）。
    A. 审春　　　　　B. 探春　　　　　C. 赏春　　　　　D. 游春
    E. 春游

18. 端午节又称（　　）。
    A. 重阳节　　　　B. 端阳节　　　　C. 重五节　　　　D. 五月节
    E. 中元节

19. 以下关于道教全真道特点的描述，正确的有（　　）。
    A. 主张道、佛、儒三教合一　　　　B. 行符箓
    C. 道士必须出家住宫观，不得蓄妻室　D. 重内丹修炼

E. 主要流行于江南地区和台湾省

20. 道教全真道三大祖庭是（　　）。
    A. 北京白云观　　　　　　　　B. 江西龙虎山上清宫
    C. 陕西西安鄠邑区重阳宫　　　D. 陕西周至县楼观
    E. 山西芮城永乐宫

21. 我国以下道观中，属于全真道著名丛林的有（　　）。
    A. 北京白云观　　　　　　　　B. 江西龙虎山上清宫
    C. 山东崂山太清宫　　　　　　D. 武汉长春观
    E. 苏州玄妙观

22. 以下道教名山中，属于符箓派三名山的是（　　）。
    A. 广东罗浮山　　　　　　　　B. 江西龙虎山
    C. 江苏茅山　　　　　　　　　D. 江西阁皂山
    E. 四川青城山

23. 以下道教名山中，属于丹鼎派名山的有（　　）。
    A. 广东罗浮山　　　　　　　　B. 江西龙虎山
    C. 江苏茅山　　　　　　　　　D. 杭州葛仙岭
    E. 四川青城山

24. 下列我国著名教堂中，属于天主教教堂的有（　　）。
    A. 北京南堂　　　　　　　　　B. 上海圣三一堂
    C. 天津老西开教堂　　　　　　D. 广州圣心大教堂
    E. 哈尔滨圣索菲亚教堂

25. 下列我国著名教堂中，属于基督教新教教堂的有（　　）。
    A. 上海圣母大教堂　　　　　　B. 上海国际礼拜堂
    C. 上海圣三一堂　　　　　　　D. 上海佘山圣母大教堂
    E. 上海沐恩堂

26. 中华人民共和国成立后，我国的基督教（新教）在坚持独立自主自办的方针下，实行（　　）。
    A. 自办　　　　B. 自治　　　　C. 自养　　　　D. 自传
    E. 自主

27. 中国民族的地理分布特点有（　　）。
    A. 分布明显　　B. 大杂居　　　C. 小聚居　　　D. 以水为中心
    E. 相互错居住

28. 中国三大鬼节指（　　）。
    A. 清明节　　　　　　　　　　B. 七月十五中元节
    C. 感恩节　　　　　　　　　　D. 万圣节
    E. 十月初一寒衣节

29. 中国少数民族虽然所占的人口比例很小，但分布的地区却很广，主要分布在（　　）。
    A. 东北　　　　B. 华中　　　　C. 华北　　　　D. 西北
    E. 西南

30. "汉族"因中国的汉王朝而得名,在汉朝以前称（　　）。
   A. "秦"　　　　　B. "中华"　　　　　C. "华"　　　　　D. "夏"
   E. "华夏"

31. 清明节又称（　　）。
   A. 鬼节　　　　　B. 冥节　　　　　C. 感恩节　　　　　D. 春耕节
   E. 踏青节

32. 汉族宗教信仰的传统观念是（　　）。
   A. 自然崇拜　　　B. 天命崇拜　　　C. 图腾崇拜　　　D. 祖先崇拜
   E. 鬼神崇拜

33. 汉族人烹饪中除讲究色、香、味之外,还追求（　　）。
   A. 质　　　　　　B. 形　　　　　　C. 器　　　　　　D. 意
   E. 境

34. 古老的汉服最大的特点是（　　）。
   A. 衣袖宽大　　　B. 下摆开衩　　　C. 大襟　　　　　D. 中间开襟
   E. 右衽

35. 汉族传统民居包括（　　）。
   A. 四合院　　　　B. 窑洞　　　　　C. 徽派民居　　　D. 土楼
   E. 竹楼

36. 春节的节日活动有（　　）。
   A. 祭祖　　　　　B. 迎神　　　　　C. 吃团圆饭　　　D. 守岁
   E. 踏青

37. 春节期间,最常见的吃食是（　　）。
   A. 家常饼　　　　B. 饺子　　　　　C. 面条　　　　　D. 年糕
   E. 元宵（或汤圆）

38. 春节期间主要的庆祝活动有（　　）。
   A. 荡秋千　　　　B. 舞狮　　　　　C. 踩高跷　　　　D. 扭秧歌
   E. 玩花灯

39. 北朝时期的佛教石刻代表有（　　）。
   A. 敦煌石窟北魏窟　　　　　　　　B. 龙门石窟北魏窟
   C. 云冈石窟北魏窟　　　　　　　　D. 麦积山石窟
   E. 大足石刻

40. 下列关于佛教称呼的描述,正确的有（　　）。
   A. 现在一般称和尚为师父,称尼姑为师太
   B. "高僧"是对德行高的僧人的尊称
   C. "大师",一般用以尊称著名僧人
   D. 以职务相称,如住持（方丈）
   E. 一般都称"法师"

41. 云南上座部大型佛寺,一般由（　　）组成。
   A. 大殿　　　　　B. 僧舍　　　　　C. 藏经室　　　　D. 戒堂

E. 鼓房

42. 雍和宫三绝指的是（　　）。
    A. 五百罗汉山　　B. 檀木大佛　　C. 金丝楠木佛龛　　D. 壁画
    E. 堆绣

43. （　　）为中华民族共同体的形成奠定了良好的基础。
    A. 内向型的地理环境　　　　　　B. 外向型的地理环境
    C. 历史上统一的经济基础　　　　D. 多元一体的政治制度
    E. 封建割据的政治制度

44. 各民族交往、交流、交融广泛拓展，中华民族共同体意识不断增强，（　　）的社会主义民族关系不断巩固和发展。
    A. 平等　　B. 团结　　C. 互助　　D. 友爱
    E. 和谐

45. 党的十九大报告中，习近平总书记明确提出了三个"共同体"意识，即（　　）。
    A. 人与自然是生命共同体　　　　B. 各民族共同团结进步
    C. 铸牢中华民族共同体意识　　　D. 各民族共同繁荣发展
    E. 推动构建人类命运共同体

46. 铸牢中华民族共同体意识是（　　）的必然要求。
    A. 维护各民族根本利益
    B. 实现中华民族伟大复兴
    C. 巩固和发展平等、团结、互助、和谐社会主义民族关系
    D. 党的民族工作开创新局面
    E. 不断实现各族人民对美好生活的向往

47. 做好新时代党的民族工作，铸牢中华民族共同体意识，重点要把握好几个方面的关系，即（　　）。
    A. 正确把握共同性和差异性的关系
    B. 正确把握中华民族共同体意识和各民族意识的关系
    C. 正确把握中华文化和各民族文化的关系
    D. 正确把握物质和精神的关系
    E. 在中华民族大家庭中，各民族手足相亲、守望相助

48. （　　）并称为世界三大宗教。
    A. 佛教　　B. 印度教　　C. 基督教　　D. 道教
    E. 伊斯兰教

49. 在下列教堂中，属于东正教教堂的是（　　）。
    A. 上海景灵堂　　　　　　B. 上海圣母大教堂
    C. 上海国际礼拜堂　　　　D. 哈尔滨圣索菲亚教堂
    E. 上海佘山圣母大教堂

50. 基督教四传中国，包括（　　）。
    A. 唐朝一传中国　　　　　B. 元代再次传入
    C. 宋元之际三传中国　　　D. 明清之际三传中国

E. 鸦片战争后四传中国

51. （　　　）并称为普陀三大寺。
   A. 大乘禅院　　　B. 普济寺　　　C. 法雨寺　　　D. 紫竹禅林
   E. 慧济寺

52. 基督教的三大教派指（　　　）。
   A. 天主教　　　B. 东正教　　　C. 圣公会　　　D. 基督教独立教会
   E. 新教

53. 道教主要分为两大教派，即（　　　）。
   A. 符箓派　　　B. 龙门派　　　C. 全真道　　　D. 正一道
   E. 丹鼎派

54. 将道教上升为理论化阶段的代表人物是（　　　）。
   A. 葛洪　　　B. 寇谦之　　　C. 陆修静　　　D. 陶弘景
   E. 王重阳

55. 佛祖四大圣迹指（　　　）。
   A. 出生地蓝毗尼花园（今尼泊尔境内）　　　B. 成长地净饭王迦毗罗卫国
   C. 成道地菩提伽耶　　　D. 初转法轮地鹿野苑
   E. 涅槃地拘尸那迦

56. 山西五台山有五大禅林，即显通寺、（　　　）。
   A. 南禅寺　　　B. 塔院寺　　　C. 菩萨顶寺　　　D. 殊像寺
   E. 罗睺寺

57. 佛教在中国的发展可分为三个阶段，即（　　　）。
   A. 初传　　　B. 译传　　　C. 发展　　　D. 创造
   E. 融合

58. 中国佛教禅门五宗指临济宗、（　　　）。
   A. 黄龙宗　　　B. 沩仰宗　　　C. 曹洞宗　　　D. 云门宗
   E. 法眼宗

59. 藏传佛教有四大宗派，即（　　　）。
   A. 宁玛派　　　B. 萨迦派　　　C. 噶举派　　　D. 格鲁派
   E. 黑教

60. 元明清时期，中国汉族地区主要流行（　　　）。
   A. 禅宗　　　B. 天台宗　　　C. 华严宗　　　D. 法相宗
   E. 净土宗

61. 以禅宗为例，中国佛教寺庙七堂指山门、佛殿、法堂、（　　　）。
   A. 配殿　　　B. 僧堂　　　C. 厨库　　　D. 浴室
   E. 西净

62. 隋唐两代，中国僧人开宗立派，形成三论宗、天台宗、华严宗、法相宗、（　　　）。
   A. 律宗　　　B. 净土宗　　　C. 禅宗　　　D. 密宗
   E. 云门宗

63. 现存东正教堂主要集中在（　　　）。

A. 哈尔滨 B. 北京 C. 天津 D. 上海
E. 新疆

64. 安徽九华山四大丛林是（ ）。
A. 化城寺 B. 祇园寺 C. 百岁宫 D. 东崖寺
E. 甘露寺

第十章　中国旅游景观

一、判断题（判断下列各题是否正确，正确的请在答卷中相应题号后的括号内打"√"，错误的打"×"）

1. 珠穆朗玛峰海拔 8848.48 米，为世界第一高峰。（　　）
2. 截至 2022 年，全国重点文物保护单位已达 5058 处，这是历史遗存的精华，是中华民族的宝贵财富，也是人类共同的财富。（　　）
3. 东岳泰山位于山东省泰安市，古称"岱宗"，以雄伟著称。主峰玉皇顶海拔 1545 米，是五岳最高峰。（　　）
4. 满陇桂雨是新西湖十景之一，人行走在桂树丛中，沐"雨"披香，别有一番意趣，故名为"满陇桂雨"。（　　）
5. 青海湖鸟岛每年的 4 月是观鸟的最好季节。（　　）
6. 我国流纹岩山地以浙江省为最多，著名的有雁荡山、天台山、会稽山以及杭州西湖附近的宝石山。（　　）
7. 南岳四绝是"祝融峰之高，方广寺之深、藏经殿之秀，水帘洞之奇"。（　　）
8. 人称"三三秀水清如玉，六六奇峰翠插天"的是峨眉山。（　　）
9. 华山为花岗岩山体，不同成因的花岗岩微地貌密集分布，形成了世界上已知花岗岩地貌中分布最密集、形态最多样的峰林。（　　）
10. 黄山以奇松、怪石、云海、瀑布四绝著称于世。（　　）
11. 花岗岩的球状风化现象属于典型的化学风化。（　　）
12. 衡山为华中第一峰，因此有"华中屋脊"之称。（　　）
13. 我国海岸线总长度约 3.2 万千米，其中大陆海岸线北起中朝边境的鸭绿江口，南到中越边境的北仑河口，全长 1.8 万千米，岛屿海岸线 1.4 万千米。（　　）
14. 构造湖是由地壳运动产生断裂凹陷经储水而成，如鄱阳湖、滇池、日月潭、镜泊湖等。（　　）
15. 翠甲天下的蜀南竹海，位于四川南部的泸州市境内。（　　）
16. 九寨沟其水景规模之巨，景型之多，数量之众，形状之美，布局之精和环境之佳等指标经综合鉴定，位居中国风景名胜区水景之冠。（　　）
17. 黄龙景区位于四川省松潘县境内，地表钙华是黄龙景观的最大特色。（　　）
18. 中国第一大群岛是舟山群岛。（　　）
19. 我国第一大内陆湖泊是天山天池。（　　）
20. 西双版纳野象谷位于西双版纳傣族自治州景洪市以北 36 千米处，是我国最大的非洲象聚集地。（　　）

21. 太湖是现今《世界遗产名录》中中国唯一一个湖泊类文化遗产。（ ）
22. 洱海是大理"风花雪月"四景之一"洱海花"之所在。（ ）
23. 我国南岳衡山雨凇最多。（ ）
24. 佛光是光线衍射作用中产生的一种特殊自然景观，佛光的出现必须具备阳光、云雾和佛教寺庙三个条件。（ ）
25. 极光是高纬度地区高空出现的一种发光现象，我国黑龙江漠河和新疆阿尔泰有极光出现。（ ）
26. 极光是低纬度地区高空出现的一种发光现象。（ ）
27. 吊水楼瀑布是镜泊湖一道亮丽的风景线。（ ）
28. 日食是月球遮掩地球的一种天象。（ ）
29. 济南趵突泉属于温泉。（ ）
30. 日月潭是台湾省最大的人工湖泊，卧伏在玉山和阿里山之间。（ ）
31. 青岛极地海洋世界是目前国内拥有极地海洋动物品种最全、数量最多的场馆之一。（ ）
32. 中国地貌种类的多样、典型，是世界其他国家难以相比的，其中包括四大高原、四大盆地、三大平原和三大岛屿。（ ）
33. 花岗岩地貌是由于火山爆发的熔岩在地面上快速冷却凝固后形成的。（ ）
34. 华山四周均是绝壁，尤其是从东峰沿长峰至石楼峰构成的巨大崖壁，被称为"华山仙掌"，体现了花岗岩地貌的险峻美感。（ ）
35. 丹霞地貌以广东丹霞山最为典型，因此得名。（ ）
36. 丹霞地貌的形成一般需要红层盆地、构造抬升和温暖湿润气候三个条件。（ ）
37. 广西桂林山水和云南石林都是岩溶地貌（喀斯特地貌）的代表性景观。（ ）
38. 溶洞内的沉积物只有石钟乳和石笋两种类型。（ ）
39. 流纹岩是一种火山的酸性喷出岩石，其化学成分与花岗岩相同。（ ）
40. 我国流纹岩山地以广西壮族自治区为最多，著名的有雁荡山、天台山等。（ ）
41. 石英砂岩峰林地貌主要由地壳稳定上升、岩石垂直节理发育、风化和重力作用等因素共同形成。（ ）
42. 湖南张家界是世界上最典型的石英砂岩峰林峡谷地貌。（ ）
43. 生物海岸主要是由珊瑚、红树林等生物构建而成的海岸。（ ）
44. 冰川地貌景观主要包括冰川侵蚀地貌景观和冰川堆积地貌景观，分别分布在雪线以上和雪线以下。（ ）
45. 华山是五岳中最高的山峰，其主峰南峰海拔2154.9米。（ ）
46. 衡山又名"寿岳"，最高峰祝融峰海拔1300.2米。（ ）
47. 扎龙自然保护区是世界上最大的丹顶鹤繁殖地，每年4—5月有大量丹顶鹤在此栖息繁衍。（ ）
48. 武陵源以其独特的石英砂岩峰林闻名，被誉为"奇峰三千，秀水八百"。（ ）
49. 卧龙国家级自然保护区以"熊猫之乡"享誉中外，建有世界著名的"五一棚"大熊猫野外观测站。（ ）
50. 雁荡山因其山顶有湖，芦苇茂密，结草为荡，南归秋雁多宿于此而得名。（ ）

51. 三亚海滨位于海南岛最南端，其中亚龙湾海滨有"东方夏威夷"之称。（　）
52. 中国的河流绝大多数是外流河，河流水量占全国河流总水量的95%以上。（　）
53. 长江是中国第一长河，也是世界第三长河，全长6300多千米。（　）
54. 三江并流指的是金沙江、澜沧江和怒江在云南省境内并行奔流，形成了"江水并流而不交汇"的奇特景观。（　）
55. 京杭大运河是世界上里程最长、工程最大、最古老的运河，全长约1794千米。（　）
56. 喀纳斯湖是我国唯一的南西伯利亚区系动植物分布区，湖面海拔1375米。（　）
57. 长白山天池是中国和朝鲜的界湖，位于长白山主峰火山锥体的顶部，海拔2100多米。（　）
58. 吊水楼瀑布又称镜泊湖瀑布，是世界最大的火山瀑布。（　）
59. 雾凇是雾气在低于0℃时附着在物体上面直接凝华生成的白色絮状凝结物。（　）
60. 北京香山红叶的观赏期是每年的10月中旬到11月上旬。（　）
61. 蜀南竹海主要位于四川南部的宜宾市境内，拥有15属58种竹子。（　）

二、单项选择题（下列各题的选项中，只有一项是正确的，请将正确答案的选项填入括号内）

1. （　）是目前国内拥有极地海洋动物品种最全、数量最多的场馆之一。
   A. 大连老虎滩极地海洋馆　　　　B. 青岛极地海洋世界
   C. 香港海洋公园　　　　　　　　D. 武汉海昌极地海洋公园
2. 下列我国重要的珍稀动物保护区中，以丹顶鹤闻名的是（　）。
   A. 扎龙国家级自然保护区　　　　B. 卧龙国家级自然保护区
   C. 青海湖国家级自然保护区　　　D. 西双版纳野象谷
3. 武陵源独特的（　）在国内外均属罕见，素有"奇峰三千、秀水八百"之称。
   A. 流纹岩峰林　　　　　　　　　B. 石灰岩峰林
   C. 石英砂岩峰林　　　　　　　　D. 花岗岩峰林
4. （　）是亚洲最大的以展示珊瑚礁生物群为主的大型海洋生物馆。
   A. 大连老虎滩极地海洋馆　　　　B. 青岛极地海洋世界
   C. 香港海洋公园　　　　　　　　D. 武汉海昌极地海洋公园
5. 下列高峰中，属于恒山主峰的是（　）。
   A. 玉皇顶、大汉阳峰　　　　　　B. 天都峰、大塔山
   C. 玉京峰、祝融峰　　　　　　　D. 天峰岭、翠屏峰
6. 武夷山景区属（　）地貌。
   A. 花岗岩　　　B. 丹霞　　　C. 流纹岩　　　D. 喀斯特
7. 下列景区中，不属于海岸地貌景观的是（　）。
   A. 海南红树林　　B. 山东成山头　　C. 浙江雁荡山　　D. 台湾野柳
8. 被誉为"中国古代道教建筑的露天博物馆"的风景名山是指（　）。
   A. 龙虎山　　　B. 武当山　　　C. 三清山　　　D. 庐山
9. 下列不属于月色景观的是（　）。
   A. 西湖三潭印月　　　　　　　　B. 岳阳洞庭秋月

C. 无锡二泉映月　　　　　　　　　　D. 台湾日月潭
10. 衡山属于（　　）山体。
    A. 石灰岩　　　B. 流纹岩　　　C. 花岗岩　　　D. 变质岩
11. 有"东南第一山"之称的名山是（　　）。
    A. 雁荡山　　　B. 长白山　　　C. 武夷山　　　D. 阿里山
12. 旅顺口外礁岛棋布，其中以（　　）最为著名。
    A. 湄洲岛　　　B. 蛇岛　　　C. 刘公岛　　　D. 南麂岛
13. 下列不属于我国五大淡水湖的是（　　）。
    A. 鄱阳湖　　　B. 洞庭湖　　　C. 呼伦湖　　　D. 梁子湖
14. 享有"中华第一瀑"盛誉的瀑布是（　　）。
    A. 黄果树瀑布　　B. 壶口瀑布　　C. 吊水楼瀑布　　D. 兰溪瀑布
15. 下列瀑布中属于大型钙华瀑布的是（　　）。
    A. 德天瀑布　　B. 诺日朗瀑布　　C. 九龙瀑布　　D. 兰溪瀑布
16. （　　）被誉为"玻璃世界"。
    A. 衡山雨凇　　　　　　　　　　B. 峨眉山雨凇
    C. 庐山雨凇　　　　　　　　　　D. 雁荡山雨凇
17. 有"温泉城"之称的城区是（　　）。
    A. 咸宁市区　　B. 福州市区　　C. 济南城区　　D. 台湾北投
18. 喀纳斯湖属于（　　）。
    A. 构造湖　　　B. 堰塞湖　　　C. 火山口湖　　　D. 冰川湖
19. 新疆罗布泊洼地属于（　　）。
    A. 丹霞地貌　　　　　　　　　　B. 海岸地貌
    C. 风沙地貌　　　　　　　　　　D. 石英砂岩峰林地貌
20. 下列属于风成湖的是（　　）。
    A. 敦煌月牙泉　　B. 太湖　　　C. 青海湖　　　D. 天山天池
21. （　　）是气候带形成的基本因素。
    A. 太阳辐射　　B. 气压　　　C. 地貌类型　　　D. 气流
22. 下列瀑布中，属于珠江流域的是（　　）。
    A. 黄果树瀑布　　B. 壶口瀑布　　C. 吊水楼瀑布　　D. 兰溪瀑布
23. 长江三峡自西向东为（　　）。
    A. 西陵峡、巫峡、瞿塘峡　　　　B. 瞿塘峡、巫峡、西陵峡
    C. 巫峡、西陵峡、瞿塘峡　　　　D. 西陵峡、瞿塘峡、巫峡
24. 有着"天下第一潮"之称的是（　　）之潮。
    A. 长江　　　B. 珠江　　　C. 钱塘江　　　D. 黑龙江
25. 下列不属于气象、气候景观的是（　　）。
    A. 云雾、云海景观　　　　　　　B. 雾凇、雨凇景观
    C. 冰雪景观　　　　　　　　　　D. 极光景观
26. 塔里木河位于我国（　　）盆地。
    A. 准噶尔　　　B. 四川　　　C. 塔里木　　　D. 柴达木

27. 人们把泉口水温超过（   ）或显著高于当地年平均气温的泉称为温泉。
    A. 10℃ B. 20℃ C. 25℃ D. 30℃
28. 海迹湖是由泥沙沉积使得浅水海湾与海洋分割而成，如（   ）。
    A. 日月潭、洪泽湖 B. 杭州西湖、太湖
    C. 千岛湖、镜泊湖 D. 鄱阳湖、洞庭湖
29. 镜泊湖位于（   ）。
    A. 黑龙江哈尔滨市 B. 黑龙江省牡丹江市
    C. 辽宁省沈阳市 D. 河北省张家口市
30. 贵州草海属于（   ）。
    A. 堰塞湖 B. 构造湖 C. 溶蚀湖 D. 火山口湖
31. （   ）是中国最大的火山堰塞湖。
    A. 镜泊湖 B. 长白山天池 C. 日月潭 D. 喀纳斯湖
32. 被清代曾作霖称为"山中有水水中山，山自凌空水自闲"的湖泊是（   ）。
    A. 纳木错湖 B. 五大连池 C. 日月潭 D. 泸沽湖
33. 世界最大的水利枢纽工程三峡工程位于三峡中的（   ）。
    A. 兵书宝剑峡 B. 巫峡 C. 瞿塘峡 D. 西陵峡
34. 下列不是京杭大运河沟通的水系是（   ）。
    A. 海河 B. 黄河 C. 长江 D. 珠江
35. 2004年，中华人民共和国和俄罗斯联邦签署最后边界协定，将两国国界以（   ）为基本界限划清。
    A. 乌拉尔河 B. 鸭绿江 C. 黑龙江 D. 额尔齐斯河
36. 北京香山红叶最好的观赏季节是（   ）。
    A. 10月上旬到10月下旬 B. 10月中旬到11月上旬
    C. 10月下旬到11月中旬 D. 11月中旬到12月上旬
37. 会随着季节和天气的变化而时时变换颜色，有名的"变色湖"是（   ）。
    A. 长白山天池 B. 日月潭 C. 五大连池 D. 喀纳斯湖
38. 下列湖泊，以摩梭人独特的文化和民族风俗而具有独特、丰富的内涵是（   ）。
    A. 镜泊湖 B. 洱海 C. 泸沽湖 D. 纳木错
39. 我国出现海市蜃楼景观最多的地区在（   ）。
    A. 厦门 B. 海南三亚 C. 山东蓬莱 D. 台湾东海岸
40. （   ）为世界上海拔最高的大型湖泊。
    A. 纳木错 B. 青海湖 C. 天山天池 D. 喀纳斯湖
41. 亚洲第一跨国瀑布是（   ）。
    A. 诺日朗瀑布 B. 九龙瀑布 C. 蛟龙瀑布 D. 德天瀑布
42. 最为著名、最为多见的佛光观赏地是（   ）。
    A. 黄山 B. 泰山 C. 五台山 D. 峨眉山金顶
43. 蛟龙瀑布位于（   ）。
    A. 云南省罗平县 B. 广西大新县中越边境
    C. 台湾省嘉义县 D. 四川省瓦屋山

44. 极具观赏价值的四川含羞泉属于（　　）。
    A. 温泉　　　　　B. 冷泉　　　　　C. 奇特泉　　　　　D. 矿泉
45. 我国第一、第二大咸水湖是（　　）。
    A. 镜泊湖、纳木错　　　　　B. 青海湖、泸沽湖
    C. 青海湖、纳木错　　　　　D. 喀纳斯湖、长白山天池
46. 垦丁位于台湾省屏东县，地质以（　　）为主。
    A. 花岗岩　　　　　B. 珊瑚礁　　　　　C. 石灰岩　　　　　D. 火山岩
47. 著名的少林寺位于（　　）。
    A. 武夷山　　　　　B. 衡山　　　　　C. 嵩山　　　　　D. 恒山
48. 有"城在海上，海在城中"之称的海滨是（　　）。
    A. 海南三亚　　　　　B. 青岛海滨　　　　　C. 厦门海滨　　　　　D. 舟山群岛
49. 下列不属于"雁荡三绝"的是（　　）。
    A. 灵峰　　　　　B. 大龙湫　　　　　C. 灵岩　　　　　D. 灵泉
50. 每到秋天，北京香山漫山遍野的（　　）红得像火焰一样，形成香山红叶美景。
    A. 枫树叶　　　　　B. 梧桐树叶　　　　　C. 银杏叶　　　　　D. 黄栌树叶
51. 中国落差最大的瀑布是（　　）。
    A. 壶口瀑布　　　　　B. 蛟龙瀑布　　　　　C. 德天瀑布　　　　　D. 诺日朗瀑布
52. 世界上最大的玄武岩瀑布是（　　）。
    A. 壶口瀑布　　　　　B. 吊水楼瀑布　　　　　C. 黄果树瀑布　　　　　D. 诺日朗瀑布
53. 九龙瀑布位于（　　）省。
    A. 江西　　　　　B. 浙江　　　　　C. 云南　　　　　D. 台湾
54. "三江并流"是指（　　）"江水并流而不交汇"的世界罕见地理景观。
    A. 金沙江、澜沧江、怒江　　　　　B. 金沙江、沱江、怒江
    C. 金沙江、漓江、怒江　　　　　D. 岷江、澜沧江、怒江
55. 我国被誉为"天然火山博物馆"的著名火山景区是指（　　）景区。
    A. 长白山天池　　　　　B. 黑龙江五大连池
    C. 云南腾冲　　　　　D. 云南苍山
56. 冰雪运动有"白色旅游"之称，素有"冰城"之称的是（　　）。
    A. 长春　　　　　B. 沈阳　　　　　C. 哈尔滨　　　　　D. 大连
57. 以下名泉中，不属于奇特泉的是（　　）。
    A. 广元含羞泉　　　　　B. 桂平喷乳泉
    C. 台南水火泉　　　　　D. 镇江中冷泉
58. 我国雾凇出现最多的是（　　）。
    A. 吉林省吉林市　　　　　B. 吉林省长春市
    C. 黑龙江省哈尔滨市　　　　　D. 黑龙江省漠河市
59. 以下著名的日出日落景观地中，夕阳景观最佳观赏之地是（　　）。
    A. 泰山日观峰　　　　　B. 杭州西湖雷峰塔
    C. 峨眉山金顶　　　　　D. 庐山天池亭
60. 被视为五岳之首的泰山主峰玉皇顶海拔约为（　　）。

A. 2000 米　　　　B. 2500 米以上　　C. 1500 余米　　　D. 2800 米

61. 现今《世界遗产名录》中，中国唯一一个湖泊类文化遗产是（　　）。
    A. 台湾日月潭　　B. 岳阳洞庭湖　　C. 青海青海湖　　D. 杭州西湖

62. 以下景观中，不属于著名佛光景观地的是（　　）。
    A. 庐山　　　　　B. 九华山　　　　C. 泰山　　　　　D. 峨眉山

63. 我国最大的咸水湖是（　　）。
    A. 艾丁湖　　　　B. 纳木错　　　　C. 青海湖　　　　D. 喀纳斯湖

64. 我国会出现极光现象的地方是（　　）。
    A. 新疆天山
    B. 新疆阿尔泰
    C. 内蒙古呼伦贝尔
    D. 黑龙江哈尔滨

65. 全东南亚最大的海洋水族馆及主题游乐园是（　　）。
    A. 青岛海洋公园
    B. 香港海洋公园
    C. 大连老虎滩极地海洋馆
    D. 上海海昌海洋公园

66. 青岛极地海洋世界主要展示（　　）。
    A. 热带海洋动物
    B. 南、北极海洋动物
    C. 深海生物
    D. 温带海洋动物

67. 中国的地势特点是（　　）。
    A. 东高西低　　　B. 北高南低　　　C. 西高东低　　　D. 南高北低

68. 不属于中国的四大高原的是（　　）。
    A. 青藏高原　　　B. 内蒙古高原　　C. 云贵高原　　　D. 辽东高原

69. 花岗岩地貌的典型代表是（　　）。
    A. 桂林山水
    B. 丹霞山
    C. 黄山猴子观海
    D. 张家界天门山

70. "一线天"地貌形成的原因是（　　）。
    A. 流水沿垂直节理冲刷下切
    B. 火山爆发熔岩冷却凝固
    C. 冰川侵蚀
    D. 海水冲刷

71. 丹霞地貌得名的依据是（　　）。
    A. 广东丹霞山的典型性
    B. 江西龙虎山的独特性
    C. 福建武夷山的美丽
    D. 安徽齐云山的古老

72. 不属于我国著名的丹霞地貌景观的是（　　）。
    A. 湖南崀山　　　B. 贵州赤水　　　C. 青海祁连山　　D. 甘肃张掖

73. 石林式石芽主要以（　　）最为典型。
    A. 广西桂林
    B. 云南路南石林
    C. 湖北神农架
    D. 贵州黄果树

74. 溶洞形成的原因有（　　）。
    A. 地壳运动直接形成
    B. 地下水沿构造面溶蚀和侵蚀
    C. 火山岩浆冷却凝固
    D. 冰川作用侵蚀

75. 溶洞内的"钟乳石"主要是由（　　）形成的。
    A. 地下水中的盐分结晶
    B. 地下水中的碳酸氢钙沉淀

C. 火山灰沉积 D. 风化作用

76. 流纹岩因其（　　）特征而得名。
 A. 火山喷发的强度 B. 岩石表面的波纹状构造
 C. 富含流纹状矿物质 D. 坚硬的质地

77. 湖南张家界的主要地貌类型是（　　）。
 A. 丹霞地貌 B. 石英砂岩峰林地貌
 C. 海岸地貌 D. 冰川地貌

78. 华山位于（　　）境内。
 A. 陕西省西安市 B. 陕西省华阴市
 C. 河南省洛阳市 D. 山西省太原市

79. 华山主峰（　　）是五岳中的最高峰。
 A. 朝阳峰 B. 莲花峰 C. 落雁峰 D. 南峰

80. 黄山的主峰中，（　　）海拔最高。
 A. 光明顶 B. 天都峰 C. 莲花峰 D. 飞龙峰

81. 武夷山的主要地貌特征是（　　）。
 A. 喀斯特地貌 B. 丹霞地貌 C. 冰川地貌 D. 火山地貌

82. "奇峰三千，秀水八百"是对风景名胜区（　　）的描述。
 A. 桂林山水 B. 武陵源 C. 九寨沟 D. 黄龙

83. 黄龙风景区以（　　）景观为最大特色。
 A. 高原钙华湖群 B. 石灰岩溶洞
 C. 喀斯特地貌 D. 地表钙华

84. 长白山位于（　　）。
 A. 黑龙江省东北部 B. 吉林省东南部
 C. 辽宁省南部 D. 内蒙古自治区东部

85. 舟山群岛位于（　　）的东北部海域。
 A. 浙江省 B. 福建省 C. 江苏省 D. 山东省

86. 三亚海滨的（　　）被称为"东方夏威夷"。
 A. 天涯海角 B. 落笔洞 C. 亚龙湾 D. 大小洞天

87. 黄河的壶口瀑布有（　　）的美誉。
 A. 狂涛卷地、飞瀑撼天 B. 黄河之水天上来
 C. 天下第一潮 D. 锦绣中华的代表

88. 珠江流域著名的旅游资源有（　　）。
 A. 虎跳峡和白帝城 B. 桂林山水和黄果树瀑布
 C. 西湖和故宫 D. 三峡和黄山

89. 喀纳斯湖位于新疆的（　　）。
 A. 伊犁地区 B. 喀什地区 C. 阿勒泰地区 D. 吐鲁番地区

90. （　　）被誉为"中华第一瀑"。
 A. 壶口瀑布 B. 吊水楼瀑布 C. 黄果树瀑布 D. 九龙瀑布

91. 亚洲第一大跨国瀑布是（　　）。

A. 蛟龙瀑布　　　　B. 九龙瀑布　　　　C. 德天瀑布　　　　D. 壶口瀑布
92. 冰雪景观通常出现在（　　　）。
    A. 纬度较低且海拔较低的地区　　　　B. 纬度较高或海拔较高的地区
    C. 热带季风气候区　　　　　　　　　D. 温带海洋性气候区
93. 佛光现象是光学现象中的（　　　）造成的。
    A. 光的折射　　　　B. 光的反射　　　　C. 光的衍射　　　　D. 光的散射
94. 著名佛光景观地不包括（　　　）。
    A. 峨眉山　　　　　B. 泰山　　　　　　C. 衡山　　　　　　D. 黄山
95. 杭州满陇桂雨景区以（　　　）闻名。
    A. 梅花　　　　　　B. 樱花　　　　　　C. 桂花　　　　　　D. 牡丹
96. 四川卧龙自然保护区以动物（　　　）而著称。
    A. 熊猫　　　　　　B. 金丝猴　　　　　C. 老虎　　　　　　D. 丹顶鹤
97. 扎龙自然保护区是珍稀水禽（　　　）的主要繁殖地。
    A. 白鹤　　　　　　B. 丹顶鹤　　　　　C. 天鹅　　　　　　D. 企鹅
98. 青海湖鸟岛在（　　　）是观鸟的最佳时期。
    A. 10月　　　　　　B. 7月　　　　　　　C. 8月　　　　　　D. 5月

三、多项选择题（每题有2~5个正确答案，少选或错选均不得分，请将你认为正确的选项填入括号内）

1. 花岗岩地貌常见的景观一般有以下几种：（　　　）。
    A. 石蛋及其垒砌造型　　　　　B. 石柱、孤峰及峰林
    C. 绝壁、陡崖　　　　　　　　D. 一线天
    E. 洞穴、石窟
2. 丹霞地貌的形成一般需要的条件有（　　　）。
    A. 红层盆地　　　　　　　　　B. 构造抬升
    C. 温暖湿润气候　　　　　　　D. 火山喷发
    E. 风化与剥蚀
3. 下列景区，属于流纹岩地貌的有（　　　）。
    A. 庐山　　　　　　　　　　　B. 雁荡山
    C. 天台山　　　　　　　　　　D. 杭州西湖宝石山
    E. 恒山
4. 我国著名的丹霞地貌有（　　　）。
    A. 福建武夷山　　　B. 江西龙虎山　　　C. 安徽齐云山　　　D. 重庆金佛山
    E. 湖南崀山
5. 黄龙"四绝"包括（　　　）。
    A. 彩池　　　　　　B. 雪山　　　　　　C. 峡谷　　　　　　D. 瀑布
    E. 森林
6. 以下属于常见的地貌类型的有（　　　）。
    A. 花岗岩地貌　　　B. 岩溶地貌　　　　C. 流纹岩地貌　　　D. 风沙地貌

E. 冰川地貌

7. 下列不属于阿里山"五奇"的有（　　）。
   A. 灵峰　　　　B. 日出　　　　C. 温泉　　　　D. 瀑布
   E. 高山铁路

8. 喀斯特地貌有各种类型，一般可以分为地表喀斯特和地下喀斯特两种，以下属于常见地表喀斯特景观的有（　　）。
   A. 峰林　　　　B. 一线天　　　C. 天生桥　　　D. 桌山
   E. 峡谷

9. 我国已开发的冰川风景区有（　　）。
   A. 四川贡嘎山的海螺沟冰川　　　　B. 西藏的珠穆朗玛峰冰川
   C. 新疆阿尔泰山的喀纳斯冰川湖　　D. 云南丽江的玉龙雪山冰川
   E. 西藏昌都的雅隆冰川

10. 下列海滨景观中，位于我国台湾地区的有（　　）。
    A. 垦丁　　　　B. 琉球　　　　C. 野柳　　　　D. 巴厘岛
    E. 亚龙湾

11. 下列名山，属于道教名山的有（　　）。
    A. 三清山　　　B. 崂山　　　　C. 五台山　　　D. 齐云山
    E. 黄山

12. 下列名山，属于我国佛教名山的有（　　）。
    A. 武当山　　　B. 九华山　　　C. 普陀山　　　D. 峨眉山
    E. 三清山

13. 下列景观中不属于中岳嵩山的有（　　）。
    A. 元代观星台　B. 东林寺　　　C. 岳麓书院　　D. 少林寺
    E. 三叠泉

14. 卧龙国家级自然保护区内建有相当规模的（　　）等国家保护动物繁殖场。
    A. 猕猴　　　　B. 大熊猫　　　C. 小熊猫　　　D. 金丝猴
    E. 丹顶鹤

15. 三江并流的"三江"是指（　　）。
    A. 金沙江　　　B. 长江　　　　C. 怒江　　　　D. 雅鲁藏布江
    E. 澜沧江

16. 黄河发源于青海巴颜喀拉山，所流经省级行政区包括（　　）。
    A. 青海　　　　B. 四川　　　　C. 贵州　　　　D. 甘肃
    E. 陕西

17. 下列由地壳运动产生断裂凹陷经储水而形成的湖泊有（　　）。
    A. 滇池　　　　B. 洱海　　　　C. 草海　　　　D. 日月潭
    E. 千岛湖

18. 下列湖泊属于海迹湖的有（　　）。
    A. 太湖　　　　B. 杭州西湖　　C. 千岛湖　　　D. 镜泊湖
    E. 日月潭

19. 下列江河中，由京杭大运河沟通的有（   ）。
    A. 汉江　　　　　　B. 珠江　　　　　　C. 长江　　　　　　D. 钱塘江
    E. 黄河

20. 常见的天象景观包括（   ）。
    A. 日出日落景观　　　　　　　　　　B. 月色景观
    C. 极光景观　　　　　　　　　　　　D. 日食、月食景观
    E. 佛光

21. 著名佛光景观地有（   ）。
    A. 峨眉山　　　　　B. 庐山　　　　　　C. 泰山　　　　　　D. 黄山
    E. 华山

22. 以下名山中，山体主要由花岗岩构成的有（   ）。
    A. 泰山　　　　　　B. 黄山　　　　　　C. 武夷山　　　　　D. 雁荡山
    E. 三清山

23. 长江三峡景区保留的著名历史名胜古迹有（   ）。
    A. 三游洞　　　　　B. 巴人悬棺　　　　C. 象池月夜　　　　D. 白帝城
    E. 九老仙府

24. 长江干流流经11个省级行政区，其中不包括（   ）。
    A. 新疆　　　　　　B. 西藏　　　　　　C. 广西　　　　　　D. 贵州
    E. 浙江

25. 中国长度最长的四大河流是（   ）。
    A. 长江　　　　　　B. 黄河　　　　　　C. 黑龙江　　　　　D. 珠江
    E. 雅鲁藏布江

26. "（   ）"，鳞次栉比的优美建筑成为青岛独占鳌头的风光特色。
    A. 青山　　　　　　B. 碧海　　　　　　C. 绿树　　　　　　D. 红瓦
    E. 银沙

27. 下列属于舟山群岛的景点有（   ）。
    A. 普陀山　　　　　　　　　　　　　B. 雁荡山
    C. 朱家尖　　　　　　　　　　　　　D. 海上蓬莱岱山
    E. 湄洲岛

28. 下列对黑龙江五大连池的描述，正确的有（   ）。
    A. 五大连池因有5个互相连通的火山堰塞湖如串珠般排列而得名
    B. 是一处著名的火山景观和以矿泉为特色的疗养胜地
    C. 这里拥有世界上保存最完整、分布最集中、品类最齐全、状貌最典型的新老时期火山地质地貌
    D. 这里拥有24座新老时期火山，喷发时代跨越200多万年
    E. 被誉为"天然火山博物馆"和"打开的火山教科书"

29. 下列关于中国各地气候类型的描述，正确的有（   ）。
    A. 东部属季风气候　　　　　　　　　　B. 东部属海洋气候
    C. 西北部属温带大陆性干旱气候　　　　D. 西北部属温带季风气候

E. 青藏高原属高寒气候

30. 下列属于花岗岩名山的有（　　）。
    A. 泰山　　　　B. 武夷山　　　　C. 龙虎山　　　　D. 三清山
    E. 华山

31. 花岗岩高山景区的景观特点有（　　）。
    A. 雄伟险峻　　B. 群峰簇拥　　C. 峭拔危立　　D. 多洞穴
    E. 丹山碧水

32. 地球上的岩石可分为（　　）。
    A. 岩浆岩　　　B. 沉积岩　　　C. 变质岩　　　D. 石英岩
    E. 花岗岩

33. 长白山天池是下列哪些江河的源头？（　　）
    A. 嫩江　　　　B. 黑龙江　　　C. 松花江　　　D. 鸭绿江
    E. 图们江

34. 下列对天山的描述，正确的有（　　）。
    A. 是我国唯一的南西伯利亚区系动植物分布区
    B. 有博格达峰、托木尔峰、天山天池、汗腾格里冰川等著名景点
    C. 是世界上距离海洋最远的山系和全球干旱地区最大的山系
    D. 最高峰托木尔峰海拔7443米
    E. 有迷人的夏季牧场以及天山雪莲等特产

35. 我国著名的温泉有（　　）。
    A. 黄山温泉　　　　　　　　B. 云南安宁温泉
    C. 广东从化温泉　　　　　　D. 台湾北投温泉
    E. 杭州虎跑泉

36. 下列景观中属于大理著名的"风花雪月"四景的有（　　）。
    A. 苍山雪　　　B. 玉龙山雪　　C. 洱海月　　　D. 滇池月
    E. 丽江月

37. 下列湖泊属于冰蚀湖的有（　　）。
    A. 喀纳斯湖　　B. 五大连池　　C. 帕桑错　　　D. 巴松错
    E. 贵州草海

38. 下列有关塔里木河的描述，正确的有（　　）。
    A. 位于新疆南部塔里木盆地　　　B. 发源于天山山脉及喀喇昆仑山
    C. 塔里木河是南疆地区的母亲河　D. 塔里木河最后流入台特玛湖
    E. 塔里木河是中国的第四长河流

39. 黄山三大主峰是（　　）。
    A. 玉京峰　　　B. 莲花峰　　　C. 光明顶　　　D. 天都峰
    E. 玉皇顶

40. 历史上有"天下第一泉"之称的四大名泉是（　　）。
    A. 镇江中泠泉　B. 庐山谷帘泉　C. 北京玉泉　　D. 济南趵突泉
    E. 西安华清池

41. 我国著名的云海景观有（　　）。
    A. 黄山云海　　　B. 峨眉云海　　　C. 庐山云海　　　D. 衡山云海
    E. 泰山云海

42. "巴山夜雨"是指渝陕交界大巴山地的山间谷地，出现细雨蒙蒙的景观，其主要成因是（　　）。
    A. 气温高，湿度大
    B. 谷地中湿热空气不易扩散
    C. 夜间降温后湿热的空气上升使水汽凝结
    D. 降落的丝丝细雨，呈细雨霏霏、烟雾缭绕景观
    E. 降雨过程也有无穷韵味，如诗如梦

43. 佛光的出现必须具备（　　）等条件。
    A. 阳光　　　　　B. 云雾　　　　　C. 佛寺　　　　　D. 地形
    E. 江河

44. 下列属于地表喀斯特地貌的景点有（　　）。
    A. 桂林山水　　　B. 云南石林　　　C. 张家界黄龙洞　D. 北京石花洞
    E. 重庆金佛山

45. 武陵源位于湖南山西北部张家界市内，由各具特色的四大风景区组成。以下属于武陵源"五绝"的有（　　）。
    A. 奇峰　　　　　B. 幽谷　　　　　C. 秀水　　　　　D. 怪石
    E. 溶洞

46. 以下属于"九寨沟六绝"的有（　　）。
    A. 翠海　　　　　B. 叠瀑　　　　　C. 奇松　　　　　D. 云海
    E. 藏情

47. 泰山四大自然名景包括（　　）。
    A. 南屏晚钟　　　B. 旭日东升　　　C. 晚霞夕照　　　D. 黄河金带
    E. 云海玉盘

48. 我国著名的海岸地貌景观有（　　）。
    A. 海南三亚湾　　　　　　　　　　B. 台湾野柳
    C. 大连金石滩　　　　　　　　　　D. 秦皇岛北戴河
    E. 张家界

49. 以下属于"阿里山五奇"的有（　　）。
    A. 高山铁路　　　B. 森林　　　　　C. 日出　　　　　D. 瀑布
    E. 温泉

50. 在我国（　　）会有极光出现。
    A. 黑龙江漠河　　B. 新疆阿尔泰　　C. 吉林长白山　　D. 重庆武隆
    E. 甘肃张掖

51. 中国的自然旅游景观主要包括（　　）。
    A. 地貌景观　　　B. 水体景观　　　C. 动植物景观　　D. 气象气候景观
    E. 人文古迹景观

52. 下列属于花岗岩地貌的常见景观有（　　）。
    A. 石蛋及其垒砌造型　　　　　　　B. 溶洞与石笋
    C. 石柱、孤峰及峰林　　　　　　　D. 绝壁、陡崖
    E. 峡谷与瀑布

53. 人文旅游景观主要包括（　　）。
    A. 历史文物古迹　　　　　　　　　B. 古代与现代建筑
    C. 民族民俗　　　　　　　　　　　D. 宗教建筑及遗存
    E. 地质奇观

54. 中国的四大高原分别是（　　）。
    A. 青藏高原　　B. 云贵高原　　C. 帕米尔高原　　D. 内蒙古高原
    E. 黄土高原

55. 中国的三大平原包括（　　）。
    A. 华北平原　　　　　　　　　　　B. 长江中下游平原
    C. 四川平原　　　　　　　　　　　D. 东北平原
    E. 恒河平原

56. 地表喀斯特地貌包含（　　）。
    A. 石芽和溶沟　　B. 孤峰　　C. 溶洞　　D. 峰林
    E. 地上河

57. 石芽地貌根据形态可以分为（　　）。
    A. 山脊式石芽　　B. 丘陵式石芽　　C. 石林式石芽　　D. 棋盘式石芽
    E. 峰林式石芽

58. 以下关于流纹岩地貌的描述，正确的有（　　）。
    A. 火山喷发出的岩浆和火山灰冷却后形成
    B. 具有流纹状构造
    C. 岩体节理和裂隙发育，易形成奇峰异洞
    D. 同一景物从不同角度呈现多种形象
    E. 流纹岩山地以浙江省为最多

59. 石英砂岩峰林地貌的形成条件有（　　）。
    A. 地壳稳定上升　　　　　　　　　B. 岩石垂直节理发育
    C. 长期风化和重力作用　　　　　　D. 充沛的地表流水侵蚀
    E. 植被覆盖保护岩石不被风化

60. 海岸地貌旅游资源按照形态和性质可分为（　　）。
    A. 山地海岸　　B. 平原海岸　　C. 生物海岸　　D. 沙漠海岸
    E. 冰川海岸

61. 海蚀地貌景观主要包括（　　）。
    A. 海蚀洞　　B. 海蚀崖　　C. 海蚀拱桥　　D. 海蚀沙滩
    E. 海蚀柱

62. 风沙地貌景观主要包括（　　）。
    A. 风蚀地貌景观　　　　　　　　　B. 风积地貌景观

C. 冰川地貌景观　　　　　　　　　　D. 水体地貌景观

E. 火山地貌景观

63. 冰川地貌景观可以分为（　　　）。
    A. 冰川侵蚀地貌景观　　　　　　　　B. 冰川堆积地貌景观
    C. 风蚀地貌景观　　　　　　　　　　D. 风积地貌景观
    E. 火山熔岩地貌景观

64. 以下关于武夷山的描述，正确的有（　　　）。
    A. 典型的丹霞地貌
    B. 曲折萦回的九曲溪
    C. 丰富的生物多样性
    D. 全球生物多样性保护的关键地区
    E. 享有"三三秀水清如玉，六六奇峰翠插天"的美誉

65. 长白山的主要旅游景观包括（　　　）。
    A. 长白山天池　　B. 瀑布　　C. 温泉　　D. 原始森林
    E. 冰雪景观

66. 以下关于苍山的描述，正确的有（　　　）。
    A. 位于云南洱海之西
    B. 是云岭山脉南端的主峰
    C. 因其山色苍翠，山顶点白而得名
    D. 孕育了20多亿年的"天然地质天书"
    E. 经夏不消的苍山雪是"风花雪月"四景之一

67. 大连海滨—旅顺口海滨的特色有（　　　）。
    A. 位于辽东半岛南端　　　　　　　　B. 是著名的海滨疗养、旅游和避暑胜地
    C. 旅顺口是历史上的海上门户和军港　D. 拥有著名的蛇岛
    E. 举办了多届奥运会帆船比赛

68. 青岛海滨的独特风光包括（　　　）。
    A. 青山　　B. 碧海　　C. 绿树　　D. 红瓦
    E. 建筑

69. 以下属于长江流经的省份的有（　　　）。
    A. 青海　　B. 四川　　C. 甘肃　　D. 湖北
    E. 福建

70. 以下关于黄河的描述，正确的有（　　　）。
    A. 中国第二长河　　　　　　　　　　B. 注入东海
    C. 世界上含沙量最高　　　　　　　　D. 发源于巴颜喀拉山
    E. 不流经内蒙古

71. 五大连池被誉为（　　　）。
    A. "天然火山博物馆"　　　　　　　　B. "世界最大淡水湖"
    C. "打开的火山教科书"　　　　　　　D. "中华第一瀑"所在地
    E. "天湖"

72. 下列关于吊水楼瀑布的描述，正确的有（　　）。
    A. 位于黑龙江省牡丹江市　　　　　　B. 是世界最大的玄武岩瀑布
    C. 落差高达 200 米　　　　　　　　　D. 瀑布下有个名为"黑龙潭"的水潭
    E. 全年水量稳定，不受季节影响

73. 根据水流状况的不同，泉可以分为（　　）等类型。
    A. 间歇泉　　　　B. 温泉　　　　C. 常流泉　　　　D. 热泉
    E. 冷泉

74. 以下属于我国著名的云海景观的有（　　）。
    A. 黄山云海　　　B. 巫山云海　　　C. 庐山云海　　　D. 峨眉云海
    E. 武当山云海

75. 佛光景观的形成需要的条件有（　　）。
    A. 晴朗的天空　　B. 充足的阳光　　C. 适当的云雾　　D. 较低的气温
    E. 特定的地形

76. 以下属于日出日落景观的观赏地点有（　　）。
    A. 泰山日观峰　　B. 峨眉山金顶　　C. 杭州西湖　　　D. 北极光观测站
    E. 北戴河鹰角亭

77. 北京香山红叶的特点有（　　）。
    A. 秋季红叶如火焰
    B. 黄栌树栽植于清代乾隆年间
    C. 观赏红叶季节在 10 月中旬到 11 月上旬
    D. 黄栌树栽植于清代康熙年间
    E. 冬季红叶如火焰

78. 蜀南竹海的特色除了是天然大氧吧外，还包括（　　）。
    A. 生长着 15 属 58 种竹子　　　　　B. 有珍稀竹种如紫竹、罗汉竹
    C. 竹工艺品品种繁多　　　　　　　　D. 竹食品丰富多样
    E. 是亚洲最大的竹林

79. 青海湖鸟岛的主要特点是（　　）
    A. 栖息着数以万计的候鸟　　　　　　B. 是亚洲象的聚集地
    C. 每年 5 月是观鸟最佳季节　　　　　D. 有大量的水族馆展示
    E. 是世界最大的鸟岛

80. 大连老虎滩极地海洋馆包含的特色场馆有（　　）。
    A. 极地馆　　　B. 珊瑚馆　　　C. 大熊猫博物馆　　　D. 野象谷
    E. 海洋摩天塔

第十一章 中国主要客源国（地）和目的地国（地）概况

一、判断题（判断下列各题是否正确，正确的请在答卷中相应题号后的括号内打"√"，错误的打"×"）

1. 日本国家政体为议会君主立宪制。天皇为国家象征，无权参与国政。（ ）
2. 日本奈良市的唐招提寺由唐代高僧鉴真创建。（ ）
3. 西班牙有三大特色小吃，分别是哈蒙（生火腿）、托尔大（鸡蛋土豆煎饼）和海鲜饭。（ ）
4. 韩国人受西方文化影响，接受礼物要当面打开。（ ）
5. 韩国首尔的崇礼门也叫南大门，是首尔乃至韩国的主要地标。（ ）
6. 新加坡的国花是金链花。（ ）
7. 新加坡首都新加坡市位于新加坡岛的南岸，整个国家也即一座城市，有"花园城市"的美誉。（ ）
8. 泰国首都曼谷是世界上佛寺最多的地方，有大小寺院400多个。（ ）
9. 印度教徒奉牛为神明，进入印度教寺庙时，身上绝不可穿戴牛皮制造的衣物，如皮鞋、皮带、表带、钱包、手提包等。（ ）
10. 马来西亚首都吉隆坡标志性建筑双子塔，高401米，是目前世界上最高的双子塔。（ ）
11. 印度尼西亚有200多个民族，其中爪哇族人口最多，占人口总数的45%。（ ）
12. 土耳其的首都安卡拉是土耳其第一大城市，素有"土耳其的心脏"之称。（ ）
13. 法国是世界第一旅游接待国，旅游业一直名列世界前茅。（ ）
14. 慕尼黑拥有"德国最大的书柜"——德意志图书馆，是世界图书业的中心，也是欧洲最繁忙的展览场所。（ ）
15. 意大利的佛罗伦萨是世界上文艺复兴时期艺术作品保存最丰富的地区之一。（ ）
16. 荷兰的首都是海牙。（ ）
17. 日内瓦是瑞士首都。（ ）
18. 俄罗斯人对盐十分崇拜，将盐视为珍宝和祭祀用的供品，因此他们用"面包加盐"的方式迎接贵宾，以示最热烈的欢迎。（ ）
19. 加拿大实行联邦议会制，总督是国家元首。（ ）
20. 美国人见面与分手时行握手礼，不论男士、女士，都应主动向对方伸手。（ ）

21. 里约热内卢是巴西第一大城及最大港口，也是南美第一大城。（   ）
22. 埃及在阿拉伯语中意为"太阳之国"。（   ）
23. 在埃及共发现96座金字塔，最大的是开罗郊区吉萨的三座金字塔：胡夫金字塔、卡夫拉金字塔和孟卡拉金字塔。（   ）
24. 泰姬陵是全印度尼西亚乃至世界最有名的陵墓，被世人称为"人间建筑的奇迹"，是世界七大奇迹之一。（   ）
25. 大堡礁位于澳大利亚东北部海域，是世界最大、最长的珊瑚礁群，1981年被列入《世界遗产名录》。（   ）
26. 埃及是非洲经济最发达的国家，有"非洲经济小巨人"之称。（   ）
27. 在南非，不要为对方生了男孩表示祝贺。（   ）
28. 南非的开普敦有非洲的"拉斯维加斯"之称，是全球第二大赌场。（   ）
29. 大象酒（Amarula）是用南非伯尔硬胡桃（Marula）酿造的酒，是南非特有的名酒。（   ）
30. 在南非，最受欢迎的鸵鸟工艺品是鸵鸟蛋工艺品，包括鸟蛋彩绘、蛋雕和蛋壳灯罩等。（   ）
31. 无论埃及人为你做什么事情，都不用给他们小费。（   ）
32. 世界旅游组织（UNWTO）是联合国系统内唯一的政府间国际组织，专门负责全球旅游业的领导工作。（   ）
33. 世界旅游组织的前身是国际官方旅游组织联盟（IUOTO），该组织成立于1925年，总部位于荷兰海牙。（   ）
34. 1980年起，世界旅游组织开始实行每年的9月27日为世界旅游日，该节日是为了纪念世界旅游组织成立章程的通过。（   ）
35. 太平洋亚洲旅游协会（PATA）是一个民间性、行业性、地区性的非政府间国际旅游组织，其总部设在澳大利亚的悉尼。（   ）
36. 世界旅行社协会联合会（UFTAA）是世界上最大的民间性国际旅游组织之一，其宗旨之一是确保旅行社业务在经济、法律和社会领域内最大限度地得到发展。（   ）
37. 国际山地旅游联盟是由中国贵州省发起成立的，以山地旅游为主题定位的非营利性国际组织，其总部和秘书处设在贵州省贵阳市。（   ）
38. 世界旅游城市联合会成立于2012年9月15日，是全球第一个以城市为主体的国际旅游组织，其总部设在北京。（   ）
39. 泰国是以农业为主的国家，稻米出口额约占世界市场交易额的1/3。（   ）
40. 泰国是世界上唯一的粮食净出口国和天然橡胶的最大出口国。（   ）
41. 印度尼西亚是世界上最大的群岛国，被称为"千岛之国"，且境内火山密布，故又被称为"火山之国"。（   ）
42. 土耳其共和国的国花是郁金香。（   ）
43. 马尔代夫是全民伊斯兰国家，伊斯兰教是国教，并且所有马尔代夫人均为马尔代夫族。（   ）
44. 阿联酋的政体为贵族共和制，联邦最高委员会由7个酋长国的酋长组成，是最高权力机构。（   ）

45. 法国的文艺复兴时期人文主义文学代表人物有弗朗索瓦·拉伯雷和蒙田。（　　）
46. 巴黎是法国的首都，也是著名的"世界花都""时装之都""香水之都"。（　　）
47. 法国的经济总量居欧洲首位，世界第四位，并且是全球最大的汽车生产国之一。
（　　）
48. 荷兰的经济支柱是花卉产业，有"欧洲花园"之称。（　　）
49. 荷兰人忌讳别人对他们拍照，与荷兰人合影或为他们拍照应事先征得同意。（　　）
50. 荷兰的第二大城市是鹿特丹，其小孩堤防风车村已被列入《世界遗产名录》。（　　）
51. 美国的国旗是星条旗，国花是玫瑰。（　　）
52. 美国的国家政体是总统内阁制，总统既是国家元首也是政府首脑。（　　）
53. 巴西利亚是巴西的首都，也是南美洲建都时间最短的城市。（　　）
54. 巴西的足球文化非常发达，被称为"足球王国"。（　　）
55. 澳大利亚的经济以农牧业、采矿业和制造业为主，被称为"骑在羊背上的国家"和"坐在矿车上的国家"。（　　）
56. 新西兰是世界上最大的鹿茸生产国和出口国，其官方语言为英语和毛利语。（　　）
57. 埃及的国花是睡莲，官方语言为阿拉伯语，且伊斯兰教为国教。（　　）
58. 埃及的尼罗河是世界上最长的河流，流经非洲东部与北部，最终注入地中海。（　　）

二、单项选择题（下列各题的选项中，只有一项是正确的，请将正确答案的选项填入括号内）

1. 与日本人合影，忌讳（　　）一起合影。
   A. 两人　　　　　B. 三人　　　　　C. 四人　　　　　D. 五人
2. 三明治是（　　）人的发明，也是现代快餐的标志。
   A. 美国　　　　　B. 英国　　　　　C. 法国　　　　　D. 德国
3. 由唐代高僧鉴真创建的日本著名寺院是（　　）。
   A. 奈良唐招提寺　B. 奈良东大寺　　C. 京都清水寺　　D. 京都金阁寺
4. 美国旧金山的标志性景点是（　　）。
   A. 自由女神像　　B. 中央公园　　　C. 联合国总部大楼　D. 金门大桥
5. 日本佛教文化的中心是（　　）。
   A. 东京　　　　　B. 京都　　　　　C. 奈良　　　　　D. 箱根
6. 在新加坡，用（　　）指人，被认为是极端无礼的动作。
   A. 大拇指　　　　B. 中指　　　　　C. 食指　　　　　D. 小拇指
7. 曾是韩国封建社会后期的政治中心，也是当今首尔规模最大、最古老的宫殿之一的是（　　）。
   A. 昌德宫　　　　B. 海印寺　　　　C. 宗庙神殿　　　D. 景福宫
8. 韩国著名旅游胜地济州岛的象征是（　　）。
   A. 正房瀑布　　　B. 白鹿潭　　　　C. 汉拿峰　　　　D. 梵鱼寺
9. 马来西亚的首都是（　　）。
   A. 马六甲　　　　B. 吉隆坡　　　　C. 雅加达　　　　D. 曼谷
10. 泰国唯一没有和尚居住的佛寺是（　　）。

A. 金佛寺　　　　　B. 卧佛寺　　　　　C. 玉佛寺　　　　　D. 帕烘寺

11. 印度最大的城市是（　　）。
    A. 新德里　　　　　B. 孟买　　　　　　C. 加尔各答　　　　D. 班加罗尔

12. 菲律宾人忌讳数字（　　）。
    A. 13　　　　　　　B. 4　　　　　　　C. 6　　　　　　　　D. 7

13. 印度尼西亚人乐意品尝中国的（　　）。
    A. 川菜　　　　　　B. 鲁菜　　　　　　C. 苏菜　　　　　　D. 粤菜

14. 印度尼西亚巴厘岛有"千庙之岛"之誉称，这些庙宇属于（　　）建筑。
    A. 伊斯兰教　　　　B. 印度教　　　　　C. 佛教　　　　　　D. 巴哈伊教

15. 土耳其共和国的首都是（　　）。
    A. 安卡拉　　　　　B. 伊斯坦布尔　　　C. 特洛伊　　　　　D. 布尔萨

16. （　　）是欧洲最大经济体，被称为"欧洲经济的火车头"。
    A. 法国　　　　　　B. 德国　　　　　　C. 英国　　　　　　D. 意大利

17. 欧洲最古老的中国城位于英国的（　　）。
    A. 伦敦　　　　　　B. 爱丁堡　　　　　C. 利物浦　　　　　D. 伯明翰

18. 英国的国花是（　　）。
    A. 玫瑰　　　　　　B. 木槿花　　　　　C. 水仙花　　　　　D. 矢车菊

19. 世界第一大旅游接待国是（　　）。
    A. 美国　　　　　　B. 中国　　　　　　C. 法国　　　　　　D. 西班牙

20. 法国的（　　）因每年国际电影节而闻名于世。
    A. 巴黎　　　　　　B. 马赛　　　　　　C. 尼斯　　　　　　D. 戛纳

21. 法国巴黎最高的建筑物是（　　）。
    A. 罗浮宫　　　　　B. 巴黎圣母院　　　C. 凡尔赛宫　　　　D. 埃菲尔铁塔

22. 因大仲马的小说《基督山伯爵》而吸引众多游客慕名前来的城市是（　　）。
    A. 巴黎　　　　　　B. 马赛　　　　　　C. 尼斯　　　　　　D. 戛纳

23. 英国伦敦最著名的标志性建筑是（　　）。
    A. 白金汉宫　　　　B. 唐宁街10号　　　C. 伦敦塔　　　　　D. 大本钟

24. 亚洲唯一的粮食净出口国是（　　）。
    A. 缅甸　　　　　　B. 泰国　　　　　　C. 越南　　　　　　D. 日本

25. 有着"北方玫瑰"之称的泰国城市是（　　）
    A. 芭堤雅　　　　　B. 清迈　　　　　　C. 普吉　　　　　　D. 曼谷

26. 德国中世纪哥特式建筑艺术的代表作是（　　）。
    A. 亚琛大教堂　　　　　　　　　　　　B. 新天鹅堡
    C. 科隆大教堂　　　　　　　　　　　　D. 法兰克福大教堂

27. 被喻为全球最大的"露天历史博物馆"的城市是（　　）。
    A. 伦敦　　　　　　B. 巴黎　　　　　　C. 巴塞罗那　　　　D. 罗马

28. 德国"最翠绿"的大都市是（　　）。
    A. 科隆　　　　　　B. 慕尼黑　　　　　C. 法兰克福　　　　D. 柏林

29. 被称为"博物馆之城"的意大利城市是（　　）。

A. 罗马　　　　　B. 佛罗伦萨　　　　C. 威尼斯　　　　D. 米兰

30. 意大利的（　　）是世界时装之都。
    A. 罗马　　　　　B. 米兰　　　　　　C. 威尼斯　　　　D. 佛罗伦萨

31. 有"水上城市"和"百岛之城"之称的意大利的城市是（　　）。
    A. 米兰　　　　　B. 罗马　　　　　　C. 威尼斯　　　　D. 佛罗伦萨

32. 被称为西班牙"国粹"的是（　　）。
    A. 斗牛　　　　　B. 吉他　　　　　　C. 弗拉门科舞蹈　D. 托尔大

33. （　　）有"伊比利亚半岛的明珠"之称。
    A. 马德里　　　　B. 巴塞罗那　　　　C. 安达卢西亚　　D. 阿拉贡

34. 著名的亚欧大陆桥的西桥头堡是（　　）。
    A. 海牙　　　　　B. 丽丝　　　　　　C. 鹿特丹　　　　D. 阿姆斯特丹

35. 享有"欧洲百万富翁都市"称号的城市是（　　）。
    A. 法国马赛　　　B. 意大利米兰　　　C. 瑞士苏黎世　　D. 荷兰鹿特丹

36. 瑞士联邦的首都是（　　）。
    A. 日内瓦　　　　B. 伯尔尼　　　　　C. 苏黎世　　　　D. 洛桑

37. 瑞士最大的城市是（　　）。
    A. 伯尔尼　　　　B. 苏黎世　　　　　C. 日内瓦　　　　D. 洛桑

38. 用"面包加盐"的方式迎接贵宾表示最热烈欢迎的国家是（　　）。
    A. 波兰　　　　　B. 德国　　　　　　C. 俄罗斯　　　　D. 法国

39. 位于莫斯科红场上的著名东正教堂是（　　）。
    A. 瓦西里·勃拉仁内教堂　　　　　　B. 彼得保罗大教堂
    C. 喀山大教堂　　　　　　　　　　　D. 十二使徒教堂

40. 有"枫叶之国"美誉的国家是（　　）。
    A. 加拿大　　　　B. 美国　　　　　　C. 巴西　　　　　D. 新西兰

41. 加拿大的首都是（　　）。
    A. 温哥华　　　　B. 渥太华　　　　　C. 魁北克　　　　D. 多伦多

42. 自由女神像位于纽约哈得逊河口的自由岛上，是（　　）送给美国独立100周年的礼物，自由女神像成为美国的象征。
    A. 英国　　　　　B. 法国　　　　　　C. 德国　　　　　D. 西班牙

43. 美国最大的城市是（　　）。
    A. 纽约　　　　　B. 华盛顿　　　　　C. 洛杉矶　　　　D. 旧金山

44. 巴西联邦共和国的首都是（　　）。
    A. 圣保罗　　　　B. 里约热内卢　　　C. 巴西利亚　　　D. 萨尔瓦多

45. 巴西的官方语言是（　　）。
    A. 英语　　　　　B. 葡萄牙语　　　　C. 西班牙语　　　D. 法语

46. 巴西的标志性建筑是（　　）。
    A. 巴西利亚的三权广场　　　　　　　B. 圣保罗市的圣保罗大教堂
    C. 圣保罗市的意大利大厦　　　　　　D. 里约热内卢的耶稣雕像

47. 世界上最大的咖啡产地是（　　）。

A. 印度尼西亚　　　B. 沙特阿拉伯　　　C. 哥伦比亚　　　D. 巴西

48. 澳大利亚的国花是（　　）。
 A. 金合欢　　　B. 矢车菊　　　C. 郁金香　　　D. 荷花

49. （　　）有"帆船之都"的美誉。
 A. 奥克兰　　　B. 悉尼　　　C. 基督城　　　D. 皇后镇

50. 新西兰最大的城市是（　　）。
 A. 惠灵顿　　　B. 奥克兰　　　C. 皇后镇　　　D. 基督城

51. 南非共和国的行政首都、立法首都、司法首都依次是（　　）。
 A. 布隆方丹、开普敦、比勒陀利亚
 B. 比勒陀利亚、布隆方丹、开普敦
 C. 开普敦、比勒陀利亚、布隆方丹
 D. 比勒陀利亚、开普敦、布隆方丹

52. 著名的好望角景区位于南非的（　　）。
 A. 茨瓦内　　　B. 开普敦　　　C. 约翰内斯堡　　　D. 太阳城

53. 南非最大的城市和经济中心是（　　）。
 A. 约翰内斯堡　　　B. 开普敦　　　C. 茨瓦内　　　D. 太阳城

54. 世界上最长的河流是（　　）。
 A. 密西西比河　　　B. 尼罗河　　　C. 亚马孙河　　　D. 长江

55. 印度的国花是（　　）。
 A. 茉莉花　　　B. 扶桑　　　C. 荷花　　　D. 木槿花

56. 好莱坞电影《007：大破天幕杀机》和成龙的《特务迷城》都曾在土耳其的（　　）取景。
 A. 蓝色清真寺　　　B. 地下水宫　　　C. 棉花堡　　　D. 大巴扎

57. 郁金香的真正原产地是（　　）。
 A. 法国　　　B. 荷兰　　　C. 英国　　　D. 土耳其

58. （　　）位于澳大利亚东南部，是澳大利亚第一大城市，有"南半球的纽约"之称。
 A. 堪培拉　　　B. 悉尼　　　C. 墨尔本　　　D. 昆斯敦

59. 新西兰的（　　）是世界著名的"探险之都"，探险活动包括雪上运动、蹦极、喷射快艇、骑马、滑翔伞、跳伞、水上漂流等。
 A. 奥克兰　　　B. 惠灵顿　　　C. 罗托鲁阿　　　D. 昆斯敦

60. 新西兰的（　　）是世界上最南端的首都，有"风城"之称。
 A. 奥克兰　　　B. 惠灵顿　　　C. 罗托鲁阿　　　D. 昆斯敦

61. 南非的（　　）素有"黄金之城"的美誉，是世界上最大的产金中心。
 A. 开普敦　　　B. 约翰内斯堡　　　C. 太阳城　　　D. 比勒陀利亚

62. 埃及人视（　　）为国家和伊斯兰教的代表色。
 A. 白色　　　B. 绿色　　　C. 黑色　　　D. 蓝色

63. （　　）是非洲最大的城市。
 A. 开罗　　　B. 亚历山大　　　C. 开普敦　　　D. 约翰内斯堡

64. 埃及特有的旅游纪念品是（　　）。

A. 香水 B. 铜盘
C. 纸莎草画 D. 土耳其式长衫

65. 世界旅游组织的总部设在（　　）。
A. 美国 B. 西班牙 C. 泰国 D. 法国

66. （　　），中国成为世界旅游组织的正式成员国。
A. 1975年 B. 1983年 C. 1991年 D. 2003年

67. 世界旅游日是在每年的（　　）。
A. 9月26日 B. 9月27日 C. 10月1日 D. 10月2日

68. 太平洋亚洲旅游协会的总部原设在（　　）。
A. 泰国曼谷 B. 美国旧金山
C. 澳大利亚悉尼 D. 菲律宾马尼拉

69. 世界旅行社协会联合会的总部设在（　　）。
A. 意大利罗马 B. 法国巴黎
C. 比利时布鲁塞尔 D. 美国纽约

70. （　　），中国旅游协会加入世界旅行社协会联合会。
A. 1993年 B. 1995年 C. 2000年 D. 2010年

71. 世界旅游城市联合会的总部设在中国（　　）。
A. 北京 B. 上海 C. 广州 D. 成都

72. 国际山地旅游联盟的总部设在中国（　　）。
A. 北京 B. 贵阳 C. 杭州 D. 广州

73. 世界旅游联盟的发起国是（　　）。
A. 美国 B. 法国 C. 德国 D. 中国

74. 韩国的首都是（　　）。
A. 东京 B. 首尔 C. 釜山 D. 仁川

75. 新加坡的官方语言有（　　）。
A. 1种 B. 2种 C. 3种 D. 4种

76. 泰国的国花是（　　）。
A. 荷花 B. 茉莉花 C. 金链花 D. 玫瑰

77. 泰国的主要宗教是（　　）。
A. 基督教 B. 伊斯兰教 C. 佛教 D. 印度教

78. 泰国的首都是（　　）。
A. 曼谷 B. 清迈 C. 普吉岛 D. 帕塔亚

79. 印度共和国的官方语言是（　　）。
A. 印地语和泰语 B. 英语和泰语
C. 英语和印地语 D. 马来语和印地语

80. 印度教徒视（　　）为神明。
A. 蛇 B. 鳄鱼 C. 牛 D. 孔雀

81. 马来西亚的国花是（　　）。
A. 茉莉花 B. 荷花 C. 扶桑 D. 金链花

82. 马来西亚的宗教中（　　）是国教。
    A. 佛教　　　　　　B. 印度教　　　　　　C. 基督教　　　　　　D. 伊斯兰教
83. 世界旅游组织的英文简称是（　　）。
    A. WTO　　　　　　B. UNWTO　　　　　　C. PATA　　　　　　D. UFTAA
84. 泰国曼谷被誉为（　　）。
    A. 佛教之都　　　　B. 购物之都　　　　　C. 音乐之都　　　　　D. 电影之都
85. 马来西亚的（　　）有"世界锡都、胶都"之美誉。
    A. 吉隆坡　　　　　B. 槟城　　　　　　　C. 马六甲　　　　　　D. 柔佛巴鲁
86. 土耳其共和国的首都是（　　）。
    A. 伊斯坦布尔　　　B. 安卡拉　　　　　　C. 亚历山大　　　　　D. 喀山
87. 位于澳大利亚首都堪培拉的景点有（　　）。
    A. 悉尼歌剧院　　　B. 格里芬湖　　　　　C. 海港大桥　　　　　D. 大堡礁
88. 马尔代夫的主要经济支柱是（　　）。
    A. 石油业　　　　　B. 渔业　　　　　　　C. 旅游业　　　　　　D. 农业
89. 阿联酋的国花是（　　）。
    A. 郁金香　　　　　B. 玫瑰　　　　　　　C. 孔雀草　　　　　　D. 荷花
90. 阿联酋的首都是（　　）。
    A. 迪拜　　　　　　B. 阿布扎比　　　　　C. 沙迦　　　　　　　D. 哈伊马角
91. 德国的首都是（　　）。
    A. 柏林　　　　　　B. 法兰克福　　　　　C. 慕尼黑　　　　　　D. 汉堡
92. 意大利的主要宗教是（　　）。
    A. 伊斯兰教　　　　B. 佛教　　　　　　　C. 天主教　　　　　　D. 印度教
93. 下列选项不是法国三大支柱产业之一的是（　　）。
    A. 钢铁　　　　　　B. 汽车　　　　　　　C. 建筑　　　　　　　D. 纺织
94. （　　）被称为"水城"，是意大利著名的旅游城市。
    A. 罗马　　　　　　B. 威尼斯　　　　　　C. 佛罗伦萨　　　　　D. 那不勒斯
95. 德国的经济总量在世界排名大约是（　　）。
    A. 第一　　　　　　B. 第二　　　　　　　C. 第三　　　　　　　D. 第四
96. 下列选项不是意大利文艺复兴时期的"美术三杰"之一的是（　　）。
    A. 达·芬奇　　　　B. 米开朗琪罗　　　　C. 拉斐尔　　　　　　D. 但丁
97. 法国巴黎的著名地标建筑不包括（　　）。
    A. 埃菲尔铁塔　　　B. 罗马斗兽场　　　　C. 凯旋门　　　　　　D. 巴黎圣母院
98. 德国人口味上偏爱（　　）。
    A. 咸辣　　　　　　B. 酸甜　　　　　　　C. 酸辣　　　　　　　D. 苦甜
99. 荷兰的国花是（　　）。
    A. 玫瑰　　　　　　B. 郁金香　　　　　　C. 菊花　　　　　　　D. 牡丹
100. 荷兰的首都是（　　）。
    A. 阿姆斯特丹　　　B. 海牙　　　　　　　C. 鹿特丹　　　　　　D. 乌得勒支
101. 荷兰的货币是（　　）。

A. 欧元　　　　　B. 荷兰盾　　　　C. 美元　　　　　D. 英镑
102. 埃及的（　　）是非洲最大的城市。
A. 亚历山大　　　B. 开罗　　　　　C. 吉萨　　　　　D. 卢克索
103. 俄罗斯的主要宗教是（　　）。
A. 伊斯兰教　　　B. 佛教　　　　　C. 东正教　　　　D. 印度教
104. 俄罗斯的首都是（　　）。
A. 圣彼得堡　　　B. 莫斯科　　　　C. 叶卡捷琳堡　　D. 喀山
105. 加拿大的首都是（　　）。
A. 多伦多　　　　B. 渥太华　　　　C. 温哥华　　　　D. 蒙特利尔
106. 美国的国花是（　　）。
A. 玫瑰　　　　　B. 郁金香　　　　C. 菊花　　　　　D. 牡丹
107. 巴西的经济实力在拉美地区排名（　　）。
A. 首位　　　　　B. 第二位　　　　C. 第三位　　　　D. 第四位
108. 新西兰的首都是（　　）。
A. 奥克兰　　　　B. 惠灵顿　　　　C. 克赖斯特彻奇　D. 昆斯敦
109. 南非的主要宗教信仰是（　　）。
A. 伊斯兰教　　　B. 佛教　　　　　C. 基督教　　　　D. 印度教

三、多项选择题（每题有 2~5 个正确答案，少选或错选均不得分，请将你认为正确的选项填入括号内）

1. 下列数字中属于日本忌讳数字的有（　　）。
A. 4　　　　　　B. 6　　　　　　C. 9　　　　　　D. 8
E. 42
2. 日本传统文化的"三道"指的是（　　）。
A. 剑道　　　　　B. 书道　　　　　C. 茶道　　　　　D. 柔道
E. 花道
3. 在韩国（　　）是皇家颜色，象征着幸福。
A. 红色　　　　　B. 黄色　　　　　C. 白色　　　　　D. 黑色
E. 绿色
4. 韩国首尔下列景点中，属于世界文化遗产的有（　　）。
A. 昌德宫　　　　　　　　　　　B. 水原华城
C. 宗庙神殿　　　　　　　　　　D. 景福宫
E. 朝鲜王朝的皇家陵墓
5. 新加坡是个购物天堂，其特色商品主要有（　　）。
A. 胡姬花饰品　　　　　　　　　B. 陶瓷
C. 肉骨茶　　　　　　　　　　　D. 美珍香猪肉脯
E. 鳄鱼皮制品
6. 以下亚洲景点中，属于新加坡的著名景点的有（　　）。
A. 鱼尾狮塑像　　B. 双子塔　　　　C. 牛车水　　　　D. 云顶高原

E. 圣淘沙岛

7. 下列印度著名景点中，属于新德里的有（　　）。
   A. 泰姬陵　　　　　B. 琥珀堡　　　　　C. 红堡　　　　　D. 印度门
   E. 水宫

8. 马来西亚是亚洲新兴的工业国之一，是世界上最大的（　　）生产国。
   A. 天然橡胶　　　　B. 水果　　　　　　C. 铁　　　　　　D. 锡
   E. 棕榈油

9. 古代东方四大奇迹指的是（　　）。
   A. 中国万里长城　　　　　　　　　　　B. 印度泰姬陵
   C. 埃及金字塔　　　　　　　　　　　　D. 印尼婆罗浮屠
   E. 柬埔寨吴哥古迹

10. 土耳其拥有世界七大奇迹中的两个，即（　　）。
    A. 阿耳忒弥斯神庙　　　　　　　　　B. 摩索拉斯陵墓
    C. 罗德岛的太阳神铜像　　　　　　　D. 亚历山大港的灯塔
    E. 奥林匹亚的宙斯神像

11. 下列对泰国的表述正确的有（　　）。
    A. 泰国以佛教为国教
    B. 泰国人喜欢喝热茶
    C. 泰国和尚绝对不能与女性有任何身体接触
    D. 泰国的国花是金链花
    E. 进入寺庙及进入他人房间前要脱鞋

12. 给英国人送礼时，忌讳带有（　　）的图案。
    A. 大熊猫　　　　　B. 山羊　　　　　　C. 大象　　　　　D. 孔雀
    E. 老虎

13. 埃及人忌讳的颜色有（　　）
    A. 黑色　　　　　　B. 绿色　　　　　　C. 紫色　　　　　D. 黄色
    E. 蓝色

14. 法国首都巴黎被称为（　　）。
    A. 世界花都　　　　B. 时装之都　　　　C. 香水之都　　　D. 天使之城
    E. 世界会议之城

15. 以下对德国人特点的描述，正确的有（　　）。
    A. 讲究守时　　　　　　　　　　　　B. 讲究工作效率
    C. 注重衣着　　　　　　　　　　　　D. 喜欢谈论天气
    E. 喜欢高谈阔论

16. 以下对法国人特点的描述，正确的有（　　）。
    A. 法国是世界上最早行亲吻礼的国家
    B. 他们与人交往热情，喜欢高谈阔论
    C. 交谈时忌打听个人私事
    D. 法国人送花枝数和花朵数不能是"13"或双数

E. 喜欢谈论天气
17. 给法国人送礼时，忌讳带有（　　　）的图案。
   A. 孔雀　　　　　B. 中国龙　　　　　C. 仙鹤　　　　　D. 蝙蝠
   E. 狗
18. 南欧三大游览中心是（　　　）。
   A. 戛纳　　　　　B. 尼斯　　　　　C. 蒙特卡洛　　　　　D. 米兰
   E. 马赛
19. 法国巴黎的三大地标建筑是（　　　）。
   A. 巴黎圣母院　　　B. 埃菲尔铁塔　　　C. 枫丹白露　　　　D. 罗浮宫
   E. 凯旋门
20. 法国罗浮宫三大国宝级藏品是（　　　）。
   A.《胜利女神》雕像　　　　　　　B.《维纳斯》雕像
   C.《玛尔塞卢斯》雕像　　　　　　D.《垂死的奴隶》雕像
   E.《蒙娜丽莎》油画
21. 属于德国第三大城市慕尼黑的景点有（　　　）。
   A. 新天鹅堡　　　　　　　　　　B. 玛丽亚广场
   C. 歌德故居　　　　　　　　　　D. 奥林匹克中心
   E. 宝马汽车博物馆
22. 南非有（　　　）之称。
   A. 非洲经济小巨人　　　　　　　B. 太阳之国
   C. 骑在羊背上的国家　　　　　　D. 食在海洋的国家
   E. 坐在矿车上的国家
23. 意大利文艺复兴盛期"美术三杰"是（　　　）。
   A. 提香　　　　　B. 达·芬奇　　　　　C. 米开朗琪罗　　　　　D. 但丁
   E. 拉斐尔
24. 新西兰是个高度发达的资本主义国家，其（　　　）出口值皆为世界第一。
   A. 鹿茸　　　　　B. 奶制品　　　　　C. 羊肉　　　　　D. 粗羊毛
   E. 生蚝
25. 罗马的三大古罗马古迹是（　　　）。
   A. 威尼斯广场　　　　　　　　　B. 万神殿
   C. 许愿池　　　　　　　　　　　D. 古罗马竞技场
   E. 地下墓穴
26. 意大利的特色产品包括（　　　）。
   A. 皮具　　　　　B. 手工花边　　　　　C. 体育用品　　　　　D. 意大利时装
   E. 木雕郁金香
27. 西班牙有三大特色小吃，分别是（　　　）。
   A. 哈蒙　　　　　B. 托尔大　　　　　C. 巧里索　　　　　D. 海鲜饭
   E. 奶酪
28. 西班牙民风奔放热情，以（　　　）而闻名。

A. 斗牛　　　　　B. 弗拉门科舞蹈　　C. 吉他　　　　　D. 郁金香
E. 奶酪

29. 西班牙巴塞罗那尤以现代主义建筑闻名于世，具有代表性的建筑有（　　）。
A. 圣家族大教堂　　　　　　　B. 巴特约之家
C. 太阳门广场　　　　　　　　D. 米拉之家
E. 古伊尔公园

30. 下列荷兰景点位于鹿特丹的有（　　）。
A. 小孩堤防风车村　　　　　　B. 凡·高博物馆
C. 博曼斯美术馆　　　　　　　D. 德夫哈芬
E. 水坝广场

31. "荷兰四宝"指的是（　　）。
A. 风车　　　　　B. 木鞋　　　　　C. 奶酪　　　　　D. 不锈钢刀具
E. 郁金香

32. 下列荷兰景点位于阿姆斯特丹的有（　　）。
A. 水坝广场　　　　　　　　　B. 小孩堤防风车村
C. 荷兰王宫　　　　　　　　　D. 凡·高博物馆
E. 马德罗丹小人国

33. 瑞士有（　　）之誉。
A. 钟表王国　　　B. 世界屋脊　　　C. 花卉王国　　　D. 度假之都
E. 世界公园

34. 莫斯科是俄罗斯的首都。著名景点有（　　）。
A. 红场　　　　　　　　　　　B. 冬宫
C. 克格勃博物馆　　　　　　　D. 克里姆林宫
E. 列宁墓

35. 俄罗斯民间的忌讳有（　　）。
A. 兔子玩具或图案　　　　　　B. 打碎镜子
C. 打翻盐瓶　　　　　　　　　D. 打碎盘碟
E. 数字"13"

36. 以下俄罗斯著名景点中，位于圣彼得堡的有（　　）。
A. 克里姆林宫　　　　　　　　B. 叶卡捷琳娜宫
C. 冬宫　　　　　　　　　　　D. 涅瓦大街
E. 普希金村

37. 澳大利亚农牧业发达，自然资源丰富，有（　　）之称。
A. 骑在羊背上的国家　　　　　B. 坐在矿车上的国家
C. 手持麦穗的国家　　　　　　D. 身在鲜花的国家
E. 食在海洋的国家

38. 美国人主要信奉（　　）。
A. 基督教新教　　B. 天主教　　　　C. 印度教　　　　D. 东正教
E. 佛教

39. 美国人忌讳（　　）。
    A. 数字"13"　　B. 黑色　　C. 蝙蝠　　D. 黑猫
    E. 白猫

40. 下列美国著名景点，位于纽约的有（　　）。
    A. 百老汇　　B. 自由女神像　　C. 联合国总部大楼　　D. 华尔街
    E. 好莱坞

41. 位于澳大利亚第二大城市墨尔本的著名景点有（　　）。
    A. 大洋路　　B. 海港大桥　　C. 中央海岸　　D. 皇家展览馆
    E. 菲利浦港

42. 巴西经济实力居拉美首位，是农牧业大国，（　　）等产量都居全球首位。
    A. 咖啡　　B. 可可　　C. 大米　　D. 棕榈油
    E. 甘蔗

43. 埃及人钟爱（　　）。
    A. 白色　　B. 绿色　　C. 黑色　　D. 蓝色
    E. 紫色

44. 世界旅游组织的性质与宗旨包括（　　）。
    A. 是联合国系统的政府间国际组织　　B. 担负全球旅游业的领导作用
    C. 总部设在西班牙马德里　　D. 宗旨是促进全球和平与繁荣
    E. 定期向成员国提供统计资料

45. 下列关于世界旅游日的描述，正确的有（　　）。
    A. 每年的9月27日为世界旅游日
    B. 世界旅游日从1980年开始实行
    C. 设立意义在于纪念世界旅游组织成立章程的通过
    D. 世界旅游组织的各成员国每年需围绕当年世界旅游日主题开展纪念活动
    E. 目的是促进世界各国的经济发展

46. 下列关于太平洋亚洲旅游协会的描述，正确的有（　　）。
    A. 成立于1951年1月
    B. 是一个民间性、行业性、地区性的非政府间国际旅游组织
    C. 总部在曼谷
    D. 成员包括国家旅游组织和旅游企业
    E. 主要职责是管理国际旅游法规

47. 世界旅行社协会联合会的主要任务包括（　　）。
    A. 团结和加强各国旅行社协会和组织
    B. 解决会员间的专业纠纷
    C. 在国际上代表旅行社行业与其他组织合作
    D. 为会员提供技术上的指导和帮助
    E. 制定国际旅游法规

48. 世界旅游城市联合会的特点与宗旨包括（　　）。
    A. 是非政府、非营利性国际组织

B. 总部设在北京

C. 是全球第一个以城市为主体的国际旅游组织

D. 宗旨是"旅游让城市生活更美好"

E. 主要任务是制定旅游行业标准

49. 埃及的著名景点包括（　　）。

    A. 开罗的萨拉丁城堡和阿慕尔清真寺

    B. 吉萨金字塔区的胡夫金字塔和狮身人面像

    C. 卡纳克阿蒙神殿是世界文化遗产"古底比斯及其陵墓群"的一部分

    D. 尼罗河是世界上最长的河流，流经埃及

    E. 亚历山大的卡特巴城堡是世界七大奇迹之一

50. 国际山地旅游联盟的宗旨包括（　　）。

    A. 保护山地资源　　　　　　　B. 传承山地文明

    C. 发展山地经济　　　　　　　D. 造福山地民众

    E. 管理国际山地旅游市场

51. 日本的传统艺术形式有（　　）。

    A. 浮世绘　　　B. 歌舞伎　　　C. 能乐　　　D. 茶道

    E. 瑜伽

52. 关于泰国的简况，描述正确的有（　　）。

    A. 泰国的国名为泰王国　　　　B. 是天然橡胶的最大出口国

    C. 泰国的官方语言为泰语　　　D. 泰国以农业为主

    E. 泰国的首都是河内

53. 关于泰国的经济，描述正确的有（　　）。

    A. 泰国是世界著名的大米生产国和出口国

    B. 泰国是亚洲唯一的粮食净出口国

    C. 泰国的经济结构以工业为主

    D. 泰国是亚洲第三大海洋渔业国

    E. 泰国的货币是卢比

54. 泰国的民俗中，应该避免的行为有（　　）。

    A. 左手服务或用左手吃东西　　B. 触摸别人头部

    C. 公开批评人　　　　　　　　D. 穿着黑色服装进入寺庙

    E. 与泰国人见面时拥抱

55. 关于印度的宗教和民俗，描述正确的有（　　）。

    A. 印度教是印度的主要宗教　　B. 印度人视数字"1"为不吉利数字

    C. 印度教徒奉牛为神明　　　　D. 印度妇女一般不与男人握手

    E. 印度人点头表示同意

56. 关于土耳其的民俗，描述正确的有（　　）。

    A. 土耳其人进清真寺时必须脱鞋

    B. 土耳其菜肴以烤、炸、煎、煮为主，多肉食品

    C. 土耳其人大多喝酒，无饮食禁忌

D. 土耳其人忌讳使用左手递东西

E. 土耳其人喜欢在公共场合议论塞浦路斯与希腊的冲突

57. 属于土耳其的著名景点有（　　）。

　　A. 蓝色清真寺　　　B. 金字塔　　　　C. 地下水宫　　　D. 圣索菲亚大教堂

　　E. 埃菲尔铁塔

58. 在马尔代夫被禁止的有（　　）。

　　A. 携带猪肉入境　　　　　　　　　B. 在岛上钓鱼

　　C. 采摘珊瑚　　　　　　　　　　　D. 携带贝壳出境

　　E. 在公共场合祈祷

59. 阿联酋的著名景点有（　　）。

　　A. 哈利法塔　　　B. 金字塔　　　C. 艾恩文化遗址　　　D. 大本钟

　　E. 棕榈岛

60. 以下关于法国文学家及其代表作品的表述，正确的有（　　）。

　　A. 弗朗索瓦·拉伯雷与《巨人传》　　　B. 莫里哀与《巴黎圣母院》

　　C. 皮埃尔·高乃依与《熙德》　　　　　D. 维克多·雨果与《悲惨世界》

　　E. 乔治·桑与《红与黑》

61. 法国人在下面哪些方面有特殊的忌讳或偏好（　　）。

　　A. 忌讳数字"13"和黑色　　　　　B. 偏爱蓝色和粉红色

　　C. 喜欢用孔雀图案装饰　　　　　　D. 偏好核桃和杜鹃花图案

　　E. 忌讳星期五

62. 关于意大利的文化和民俗，说法正确的有（　　）。

　　A. 意大利是文艺复兴运动的发源地　　B. 意大利人忌讳数字"13"和"星期五"

　　C. 意大利人不喜欢中国传统山水图案　　D. 意大利的主要民族是意大利人

　　E. 意大利人守时观念强，组织性强

63. 关于荷兰的基本信息，描述正确的有（　　）。

　　A. 荷兰的国名是荷兰王国　　　　　B. 荷兰的面积为 41 528 平方千米

　　C. 荷兰的国花是郁金香　　　　　　D. 荷兰的主要民族是荷兰族

　　E. 荷兰的官方语言是荷兰语和英语

64. 关于荷兰人的民俗习惯，描述正确的（　　）。

　　A. 荷兰人喜欢橙色和蓝色的图案　　B. 荷兰人忌讳别人对他们拍照

　　C. 在荷兰喝酒水时，一般应将杯子斟满　　D. 荷兰人办事有精确的日程表

　　E. 荷兰人不喜欢在公共场合轻声细语

65. 荷兰的著名特产包括（　　）。

　　A. 荷兰木鞋　　　B. 台夫特蓝陶　　　C. 红波奶酪　　　D. 手表

　　E. 枫糖饼

66. 关于瑞士的著名景点，描述正确的有（　　）。

　　A. 伯尔尼老城被联合国教科文组织列入《世界遗产名录》

　　B. 少女峰是瑞士人气最旺的观光景点

　　C. 卢塞恩湖是卢塞恩的重要景点

D. 苏黎世是瑞士最大的城市，但并非金融中心

E. 采尔马特是瑞士著名的度假胜地

67. 瑞士的著名特产包括（　　）。

　A. 瑞士手表　　　　B. 荷兰木鞋　　　　C. 瑞士巧克力　　　　D. 加拿大枫糖浆

　E. 瑞士威氏军刀

68. 关于美国的基本信息，描述正确的有（　　）。

　A. 美国的国名是美利坚合众国

　B. 美国的面积为937万平方千米

　C. 美国的国旗是星条旗

　D. 国花是玫瑰

　E. 美国的官方语言是西班牙语

69. 关于美国的政治制度，描述正确的有（　　）。

　A. 美国的国家政体是总统内阁制

　B. 内阁由各部部长和总统指定的其他官员组成

　C. 最高立法机构为国会，由参议院和众议院组成

　D. 总统是国家元首，但不是政府首脑

　E. 美国是中央集权制国家

70. 关于美国的民俗，描述正确的有（　　）。

　A. 美国人忌讳数字"13"和星期五

　B. 美国人喜欢黑色，象征庄重

　C. 美国人送礼讲究单数

　D. 美国人在正式社交场合必须按请柬要求着装

　E. 美国人不习惯在社交活动中迟到

71. 关于巴西的基本信息，描述正确的有（　　）。

　A. 巴西的国名是巴西联邦共和国

　B. 巴西的面积为851.04万平方千米

　C. 巴西的官方语言是西班牙语

　D. 巴西利亚是巴西的首都

　E. 巴西是世界上面积最大的国家

72. 关于澳大利亚的经济特点，描述正确的有（　　）。

　A. 澳大利亚是发达的资本主义国家

　B. 经济以农牧业、采矿业和制造业为主

　C. 澳大利亚被誉为"骑在羊背上的国家"

　D. 澳大利亚是世界矿产品五大资源国和生产国之一

　E. 澳大利亚的货币是日元

73. 关于新西兰的著名景点，描述正确的有（　　）。

　A. 奥克兰有世界第一座海底玻璃展示隧道

　B. 罗托鲁阿是地热、火山、温泉等资源的聚集地

　C. 惠灵顿是新西兰的首都，有"风城"之称

    D. 克赖斯特彻奇（基督城）有"非洲的拉斯维加斯"之称

    E. 昆斯敦是新西兰最南端的城市

74. 南非的著名景点包括（　　　）。

    A. 开普敦的好望角和桌山

    B. 约翰内斯堡的黄金城和兰德精炼厂

    C. 太阳城是全球第一大赌场

    D. 克鲁格国家公园是南非最著名的野生动物园

    E. 比勒陀利亚的市政厅和教堂广场

75. 关于埃及民俗，描述正确的有（　　　）。

    A. 埃及人忌讳吃猪肉和猪革制品

    B. 埃及人视猫为神圣的精灵

    C. 埃及人忌讳用左手传递物品或食物

    D. 埃及人珍爱蓝色，视其为国家和伊斯兰教的代表色

    E. 埃及人忌讳当着他们的面称赞女子身材苗条

《地方导游基础知识》模拟试题汇编

参考答案及解析

第一章 华北地区各省市自治区导游基础知识

第一节 北京市

一、判断题（判断下列各题是否正确，正确的请在答卷中相应题号后的括号内打"√"，错误的打"×"）

1. 北京市地处华北大平原的北部，东面与天津市毗连，其余均与河北省相邻。（ ）
2. 西山、军都山两山在南口关沟相交，形成一个向东北展开的半圆形大山弯，人们称之为"北京湾"。（ ）
3. 北京天然河道自北向南贯穿五大水系，即拒马河（大清河支流）水系、永定河水系、北运河水系、潮白河水系、蓟运河水系，最后分别汇入渤海。（ ）
4. 北京的气候为典型的暖温带半湿润半干旱季风气候。（ ）
5. 早在110万年前，北京周口店地区就出现了原始人群"北京人"。（ ）
6. 北京建城有3000多年的历史，最初见于记载的名称为"蓟"。（ ）
7. 位于北京大兴区和河北保定市交界处的北京大兴国际机场，从空中俯瞰，就像一只展翅欲飞的凤凰。（ ）
8. 京剧是中国的国粹，已有200多年的历史，是中国最大的戏曲剧种，有"国剧"之称。（ ）
9. 世界最大的穹顶建筑——中国国家大剧院，以"城市中的剧院、剧院中的城市"展示了新世纪超乎想象的"湖中明珠"的姿态。（ ）
10. 北京市以古都文化、红色文化、京味文化和创新文化四大方面推动首都文化建设。（ ）
11. 北京皇城有四门，内城有九门，人们常称老北京是"四九城"。（ ）
12. 中国国家博物馆为世界上单体建筑最大的博物馆。（ ）
13. 北京冬奥公园的面积是北京奥林匹克森林公园的近两倍，是首都东部最大的城市休闲公园。（ ）
14. 北京最具特色的民俗风情是四合院、胡同和京剧。（ ）
15. 北京成功举办了第29届夏季奥林匹克运动会与第24届冬季奥林匹克运动会，是世界第一个"双奥之城"。（ ）
16. 北京的地势西北高，东南低。西部、北部和东北部三面环山，东南部是一片缓缓向渤海倾斜的平原。（ ）

17. 北京、上海、西安是国家重点建设的中国航空三大门户复合枢纽。（   ）
18. 北京最高峰是西山，被誉为京西的"珠穆朗玛"。（   ）
19. 永定河斜贯北京西南部，是最大的过境河流，历史上曾有"小黄河""无定河"之称。（   ）
20. 北京中轴线历经700多年的变化发展，是"古都的灵魂和脊梁"。（   ）
21. 北京西部为西山，属燕山山脉。（   ）
22. 北京的城市规划具有以宫城为中心、左右对称的特点。（   ）
23. 密云古北水镇国际休闲旅游度假区是国家级旅游度假区。（   ）
24. 京剧是昆、汉两个剧种在北京融合后的产物。（   ）

二、单项选择题（下列各题的选项中，只有一项是正确的，请将正确答案的选项填入括号内）

1. "左环沧海，右拥太行，北枕居庸，南襟河济，诚天府之国"，这段话描述的是（   ）。
   A. 大连　　　　　B. 太原　　　　　C. 北京　　　　　D. 成都
2. 1951年12月，北京市人民政府授予（   ）"人民艺术家"称号。
   A. 巴金　　　　　B. 老舍　　　　　C. 曹禺　　　　　D. 王蒙
3. 现当代著名小说家、散文家，京派小说的传人（   ）被誉为"抒情的人道主义者，中国最后一个纯粹的文人，中国最后一个士大夫"。
   A. 王蒙　　　　　B. 王朔　　　　　C. 曹禺　　　　　D. 汪曾祺
4. 中国最大的戏曲剧种是（   ）。
   A. 京韵大鼓　　　B. 北京琴书　　　C. 京剧　　　　　D. 评剧
5. 北京"书香京城""演艺之都"建设硕果累累，（   ）正持续擦亮北京的文化名片。
   A. "大戏看北京"　B. "好戏看北京"　C. "榜样阅读"　　D. "京华好书"
6. 北京的中轴线南起（   ），北至钟鼓楼，长约7.8千米。
   A. 东直门　　　　B. 朝阳门　　　　C. 永定门　　　　D. 德胜门
7. （   ）是世界五大博物馆之一。
   A. 故宫博物院　　　　　　　　　　B. 中国国家博物馆
   C. 首都博物馆　　　　　　　　　　D. 中国人民革命军事博物馆
8. 北京有（   ）世界遗产，是全球拥有世界文化遗产数量最多的城市。
   A. 5处　　　　　B. 6处　　　　　C. 7处　　　　　D. 8处
9. 北京有9家国家5A级旅游景区，下列未被列入国家5A级旅游景区的是（   ）。
   A. 恭王府　　　　B. 奥林匹克公园　C. 圆明园　　　　D. 国家大剧院
10. 北京四合院源于（   ）院落式民居，是老北京城最主要的民居建筑。
    A. 宋代　　　　　B. 元代　　　　　C. 明代　　　　　D. 清代
11. 北京胡同众多，最古老的胡同是元朝就有的（   ）。
    A. 钱市胡同　　　B. 砖塔胡同　　　C. 灵境胡同　　　D. 九湾胡同
12. 北京胡同众多，最窄的胡同是（   ）。
    A. 钱市胡同　　　B. 砖塔胡同　　　C. 灵境胡同　　　D. 九湾胡同

13. 北京胡同众多，最宽的胡同是（　　）。
    A. 钱市胡同　　B. 砖塔胡同　　C. 灵境胡同　　D. 九湾胡同
14. 北京胡同众多，拐弯最多的胡同是（　　）。
    A. 钱市胡同　　B. 砖塔胡同　　C. 灵境胡同　　D. 九湾胡同
15. 北京胡同众多，最长的胡同是（　　）。
    A. 钱市胡同　　B. 灵境胡同　　C. 东交民巷　　D. 九湾胡同
16. 老北京的（　　）一带是北京平民文化娱乐、饮食商业集中区，其中最值得一看的是"八大怪"的表演。
    A. 王府井　　B. 天桥　　C. 什刹海　　D. 潭柘寺
17. 位于（　　）上的密云水库是华北地区最大的水库，也是北京最重要的地表饮用水水源地，有"燕山明珠"之称。
    A. 拒马河　　B. 永定河　　C. 北运河　　D. 潮白河
18. 国家速滑馆又称"冰丝带"，它的外形由（　　）条晶莹美丽的丝带状曲面玻璃幕墙环绕，与明亮剔透的超白玻璃相结合，就像速度滑冰运动员在冰上留下的滑行轨迹，象征速度和激情。
    A. 21　　B. 22　　C. 23　　D. 24
19. 2024年北京被列入国家5A级旅游景区的是（　　）。
    A. 恭王府景区
    B. 北京（通州）大运河文化旅游景区
    C. 北京奥林匹克公园景区
    D. 圆明园景区
20. 素有"玉关天堑""北门锁钥"之称的是（　　）。
    A. 八达岭长城　　B. 山海关长城　　C. 嘉峪关长城　　D. 玉门关长城
21. 中国第一条采用自主研发的北斗卫星导航系统、设计速度350千米/小时的智能化高速铁路是（　　）。
    A. 京沪高速铁路　　B. 京哈高速铁路　　C. 京张高速铁路　　D. 京广高速铁路
22. 世界上第一条最高设计速度350千米/小时的高寒、大风沙高速铁路是（　　）。
    A. 京包高速铁路　　B. 京哈高速铁路　　C. 哈大高速铁路　　D. 京张高速铁路
23. 北京最大的过境河流（　　），斜贯北京西南部。
    A. 拒马河　　B. 永定河　　C. 北运河　　D. 潮白河
24. 谭家菜作为北京菜的代表之一，以善烹（　　）最为有名。
    A. 牛羊肉　　B. 鸡鸭肉　　C. 山珍　　D. 海味

三、多项选择题（每题有2~5个正确答案，多选、少选或错选均不得分，请将你认为正确的选项填入括号内）

1. 北京在古都文化的传承中，"一线三带"是重点内容之一，即做好中轴线申遗工作，统筹推进（　　）建设。
    A. 大运河文化带　　　　B. 长城文化带
    C. 中关村文化带　　　　D. 西山永定河文化带
    E. 明十三陵文化带
2. 老舍是京味文学的代表作家，其小说和话剧创作的成就很高，代表作有（　　）等。

A.《骆驼祥子》 B.《原野》 C.《四世同堂》 D.《茶馆》
E.《龙须沟》

3. 北京城池是明清两朝都城防御建筑的总称，由（　　）组成。
   A. 宫城　　　　B. 皇城　　　　C. 内城　　　　D. 中城
   E. 外城

4. 下列北京著名旅游地中，被列入世界遗产的项目有（　　）。
   A. 长城　　　　　　　　　　B. 雍和宫
   C. 周口店"北京人"遗址　　　D. 恭王府
   E. 天坛

5. 北京小吃品种多、味道佳，京味小吃的代表有（　　）。
   A. 豆汁儿　　　B. 炒肝　　　　C. 耳朵眼炸糕　　D. 头脑
   E. 艾窝窝

6. 北京特产门类多，品种丰富，工艺品有（　　）。
   A. 雕漆　　　　B. 景泰蓝　　　C. 泥人张彩塑　　D. 玉器
   E. "风筝魏"风筝

7. 北京特产门类多，品种丰富，食品、果品有（　　）。
   A. 六必居酱菜　B. 稻香村糕点　C. 茯苓夹饼　　　D. 全聚德烤鸭
   E. 十八街麻花

8. 被世人称为"中国的三大国粹"的是（　　）。
   A. 中国京剧　　B. 中国武术　　C. 中国画　　　　D. 中国医学
   E. 中国杂技

9. 北京先后成为（　　）。
   A. 魏国都　　　B. 辽陪都　　　C. 金中都　　　　D. 元大都
   E. 明、清国都

10. 下列美食中，属于北京风味小吃的有（　　）。
    A. 豌豆黄　　　B. 驴打滚　　　C. 煎饼馃子　　　D. 卤煮火烧
    E. 熟梨糕

11. "三山五园"是对北京西北郊、以清代皇家园林为代表的历史文化遗产的统称。"三山"指的是（　　）。
    A. 万寿山　　　B. 石景山　　　C. 香山　　　　　D. 玉泉山
    E. 西山

12. "三山五园"是对北京西北郊、以清代皇家园林为代表的历史文化遗产的统称。下列属于"五园"的是（　　）。
    A. 颐和园　　　B. 圆明园　　　C. 淑春园　　　　D. 谐趣园
    E. 静明园

13. 下列北京著名旅游地中，被列入国家5A级旅游景区的有（　　）。
    A. 北海公园　　B. 雍和宫　　　C. 周口店"北京人"遗址
    D. 恭王府　　　E. 天坛公园

第二节 天津市

一、判断题（判断下列各题是否正确，正确的请在答卷中相应题号后的括号内打"√"，错误的打"×"）

1. 天津东邻渤海，素有"渤海明珠"之称。（　　）
2. 天津的地貌特征可以概括为南高北低，西南高、东北低。（　　）
3. 天津市是中国最大的港口城市。（　　）
4. 天津地方曲艺颇具特色，主要有天津时调、天津快板、京韵大鼓（又名"小口大鼓"）、京东大鼓（亦称"乐亭大鼓"）、西河大鼓、天津相声等。（　　）
5. 自隋唐以来，天津就是南北文人墨客聚集之地。（　　）
6. 天津民间艺术家张兆祥，是泥人张第一代。其《编织女工》彩塑作品曾获巴拿马赛会一等奖。（　　）
7. 天津古文化街是天津老字号店、民间手工艺品店的集中地，始建于明代的天后宫就位于此。（　　）
8. 冯骥才，1942年出生于天津市，中国当代作曲家、画家、社会活动家。（　　）
9. 天津始于隋朝大运河的开通。南运河和北运河的交汇处、现在的金钢桥三岔河口地方是天津最早的发祥地，史称"三会海口"。（　　）
10. 天津五大特色产业分别是绿色能源、智慧港口、人工智能、智能车联网和集成电路产业。（　　）
11. 天津港是世界十大港口之一，位于静海区。（　　）
12. 平津战役纪念馆"红色医药文化遗存展"入选国家文物局发布的100个"弘扬中华优秀传统文化、培育社会主义核心价值观"主题展览推介项目。（　　）
13. 天津"五大道"各种建筑风格汇集一处，被誉为"万国建筑博物馆"。（　　）
14. 天津民间艺术家张明山（1826—1906）是相声演员。（　　）
15. 天津作为军事重地，于明建文年间正式设卫。（　　）

二、单项选择题（下列各题的选项中，只有一项是正确的，请将正确答案的选项填入括号内）

1. 天津的最高点为蓟州区和河北兴隆县交界处的（　　）。
   A. 九龙山　　B. 黄崖山　　C. 盘山　　D. 九山顶
2. （　　）手书的"天津劝业场"五字巨匾，字大1米，苍劲雄伟，是其代表作。
   A. 孟广慧　　B. 严修　　C. 华世奎　　D. 赵元礼
3. 天津的交通事业发展很快，现在已基本形成以（　　）为中心的海、陆、空一体的交通网络。
   A. 港口　　B. 机场　　C. 火车站　　D. 高速公路
4. （　　）早已风靡全国和海外华人世界。
   A. 塘沽版画　　B. 北郊农民画　　C. 杨柳青年画　　D. 大港版画

5. 下列项目属于天津世界文化遗产的是（　　）。
   A. 津门故里　　　B. 大沽口炮台　　　C. 天津文庙　　　D. 黄崖关长城
6. （　　）擅使"贯口"和文哏段子，被誉为"中国相声泰斗"。
   A. 马三立　　　B. 苏文茂　　　C. 杨少华　　　D. 高英培
7. 天津人口最多的少数民族是（　　）。
   A. 满族　　　B. 蒙古族　　　C. 回族　　　D. 朝鲜族
8. 位于天津古文化街的（　　）始建于元代，是中国最北的妈祖庙，也是世界三大妈祖庙之一。
   A. 杨柳青画社经营部　　　　　　B. 四宝堂
   C. 春在堂　　　　　　　　　　　D. 天后宫
9. （　　）是相声演员的成名地。
   A. 北京　　　B. 天津　　　C. 沈阳　　　D. 大连
10. 1915 年，张明山创作的（　　）彩塑作品获得巴拿马万国博览会一等奖。
    A.《挑山工》　　B.《珍珠鸟》　　C.《编织女工》　　D.《泥人张》
11. 1997 年（　　）被定为"津门四绝"之一。
    A. 狗不理包子　　B. 十八街麻花　　C. 耳朵眼炸糕　　D. 猫不闻饺子
12. （　　）设"海津镇"，是军事重镇和漕粮转运中心。
    A. 隋朝　　　B. 唐朝　　　C. 元朝　　　D. 明朝
13. 天津市国家 5A 级旅游景区有古文化街旅游区（津门故里）和（　　）。
    A. 盘山风景名胜区　　　　　　B. 黄崖关长城
    C. 平津战役纪念馆　　　　　　D. 大运河（天津段）
14. 泥人张彩塑、杨柳青年画和（　　）被称为天津民间工艺"三绝"。
    A. 风筝魏风筝　　B. 陕北剪纸　　C. 关中皮影　　D. 木版年画
15. 下列不属于天津特色小吃的是（　　）。
    A. 煎饼馃子　　B. 糖礅　　C. 果仁张　　D. 驴肉火烧
16. 以下（　　）是天津的国家 5A 级旅游景区。
    A. 黄崖关古长城　　B. 天津之眼摩天轮　　C. 津门故里　　D. 独乐寺行宫
17. 天津卫自（　　）设立以来逐渐形成一个"人杂五方"的移民城市。
    A. 唐代　　　B. 宋代　　　C. 明代　　　D. 清代
18. 北塘古镇属于（　　）类型的旅游资源。
    A. 城市观光游　　B. 海滨度假游　　C. 红色旅游　　D. 自然生态游

三、多项选择题（每题有 2~5 个正确答案，多选、少选或错选均不得分，请将你认为正确的选项填入括号内）

1. 天津是（　　）的汇合处和入海口，素有"河海要冲"之称。
   A. 永定河　　　B. 北运河　　　C. 子牙河　　　D. 滦河
   E. 大清河
2. 马三立创立了独具特色的"马氏相声"，其著名作品有（　　）等。
   A.《说瞎话》　　B.《逗你玩》　　C.《扒马褂》　　D.《黄鹤楼》

E.《学外语》

3. 天津旅游资源丰富，可概括为（　　）。
   A. 城市观光游　　B. 海滨度假游　　C. 红色旅游　　D. 自然生态游
   E. 博物馆游

4. 冯骥才的代表作品有散文（　　）等。
   A.《珍珠鸟》　　B.《雕花烟斗》　　C.《三寸金莲》　　D.《挑山工》
   E.《泥人张》

5. 被称为"津门三绝"的食品是（　　）。
   A. 狗不理包子　　B. 猫不闻饺子　　C. 十八街麻花　　D. 耳朵眼炸糕
   E. 州河鲤

6. 天津特产主要有（　　）等。
   A. 宝坻大米　　B. 沧州金丝小枣　　C. 蓟州板栗　　D. 北辰葡萄
   E. 沙窝萝卜

7. 下列关于天津说法正确的有（　　）。
   A. 海上丝绸之路的战略支点　　B. "一带一路"交会点
   C. 亚欧大陆桥最近的东部起点　　D. 别名津沽、沽门
   E. 连接国内外、联系南北方、沟通东西部的重要枢纽

8. 天津的民俗有（　　）。
   A. 相声、快板　　B. 快书、话剧　　C. 高跷、耍狮子　　D. 腰鼓、风筝
   E. 时调、剪纸

9. 下列历史文化名人中，是天津人的有（　　）。
   A. 民国大总统曹锟　　B. 相声表演艺术家马三立
   C. "两弹一星"元勋于敏　　D. 精武会创始人霍元甲
   E. 唐初四杰之一王勃

10. （　　）被称为天津民间工艺"三绝"。
    A. 泥人张彩塑　　B. 杨柳青年画　　C. "风筝魏"风筝　　D. 蔚县剪纸
    E. 潍坊风筝

11. 天津特色产业有（　　）。
    A. 医药制造业　　B. 智慧港口　　C. 人工智能　　D. 智能车联网
    E. 集成电路产业

12. 著名的津菜有（　　）。
    A. 罾蹦鲤鱼　　B. 冬令四珍　　C. 虾脑扒白菜　　D. 酸沙紫蟹
    E. 九转大肠

13. 天津湿地类型多样，包括（　　）。
    A. 沿海滩涂　　B. 沼泽　　C. 内陆滩涂　　D. 红树林
    E. 内陆盐沼

14. 20世纪初期，（　　）享誉天津书坛，被称为"天津四大书法家"。
    A. 华世奎　　B. 王学仲　　C. 孟广慧　　D. 严修
    E. 赵元礼

15. 天津红色旅游目的地有（　　　）。
    A. 平津战役纪念馆　　　　　　　　B. 周恩来邓颖超纪念馆
    C. 中共中央北方局旧址纪念馆　　　D. 天津觉悟社纪念馆
    E. 天津学生抗日救亡义务教育纪念馆等

第三节　河北省

一、判断题（判断下列各题是否正确，正确的请在答卷中相应题号后的括号内打"√"，错误的打"×"）

1. 河北省的气候为暖温带大陆性季风气候。（　　）
2. 河北省是首都北京连接全国各地的必经之地，是华东、华南和华中等区域连接"三北"地区的枢纽。（　　）
3. 评剧是河北省最具代表性的地方性剧种。（　　）
4. 承德避暑山庄是中国现存占地最大的古代帝王宫苑，也是中国古典园林之最高范例。（　　）
5. 清西陵位于河北省易县，是我国现存规模最宏大、体系最完整、布局最得体的帝王陵墓建筑群。（　　）
6. 承德避暑山庄是明代皇帝夏天避暑和处理政务的场所。（　　）
7. 河北省是全国唯一兼有高原、山地、丘陵、平原、盆地和海滨的省份。（　　）
8. 现今物资交流、商品交易、群众文化娱乐活动和旅游成了河北各地庙会的主题。（　　）
9. 唐山杂技、沧州武术、杨氏太极拳等流行于河北省及全国。（　　）
10. 河北是中国剪纸、中国皮影戏、太极拳等入选《人类非物质文化遗产代表作名录》的项目保护地之一。（　　）
11. 河北省因位于海河下游以北地区，故得名"河北"。（　　）
12. 蔚县小五台山的东台海拔2882米，为河北省最高峰。（　　）
13. 滦河水系是流经河北省最大水系。（　　）
14. 河北省张家口市阳原县的泥河湾盆地，已发现多处含有人类早期活动迹象的遗址。（　　）
15. 河北梆子于2006年5月20日被列入国家级非物质文化遗产代表性项目名录。（　　）

二、单项选择题（下列各题的选项中，只有一项是正确的，请将正确答案的选项填入括号内）

1. 河北省典型的地域文化是（　　　）。
   A. 蓟州文化　　　B. 三晋文化　　　C. 燕赵文化　　　D. 荆楚文化
2. 河北省河流众多，主要包括海河和（　　　）两大水系。
   A. 淮河　　　　　B. 滦河　　　　　C. 永定河　　　　D. 大清河
3. （　　　）是河北省特色产业的重要组成部分，从传统的钢铁、石化等重工业到新兴的信息技术、生物医药等高新技术产业,形成了较为完备的产业体系。

A. 制造业　　　　B. 旅游业　　　　C. 手工业　　　　D. 建筑业

4. 河北有华北地区最大的内陆淡水湖（　　）。

A. 白洋淀　　　　B. 鄱阳湖　　　　C. 洞庭湖　　　　D. 洪泽湖

5. 河北省民俗风情多姿多彩,其中最具有代表性的是（　　）。

A. 庙会　　　　　B. 皇会　　　　　C. 迎春会　　　　D. 敖包会

6. "天下第一药市"是（　　）。

A. 凤凰山庙会　　B. 苍岩山庙会　　C. 安国药王庙会　D. 蔚县庙会

7. 号称"山菜之王",国内外市场供不应求的是河北（　　）。

A. 蕨菜　　　　　B. 刺老芽　　　　C. 蒲公英　　　　D. 口蘑

8. 河北省现拥有世界文化遗产（　　）处。

A. 4　　　　　　 B. 5　　　　　　 C. 6　　　　　　 D. 7

9. 位于河北的清西陵共有陵墓（　　）座。

A. 13　　　　　　B. 14　　　　　　C. 15　　　　　　D. 16

10. 我国现存占地最大的古代帝王宫苑是（　　）。

A. 圆明园　　　　B. 承德避暑山庄　C. 拙政园　　　　D. 留园

11. 河北省（　　）是世界上著名的"杂技之乡"。

A. 赵县　　　　　B. 吴桥县　　　　C. 辛集市　　　　D. 易县

12. 河北少数民族人口最多的是（　　）。

A. 满族　　　　　B. 回族　　　　　C. 蒙古族　　　　D. 朝鲜族

13. 唐山皮影是河北唐山地区广为流传的民间艺术,形成于金,以（　　）见长。

A. 说　　　　　　B. 学　　　　　　C. 逗　　　　　　D. 唱

14. 河北省（　　）海滨环境优美,风光秀丽,冬无严寒,夏无酷暑,是我国一处规模较大、设施比较齐全的海滨避暑胜地。

A. 金石滩　　　　B. 北戴河　　　　C. 南戴河　　　　D. 浅水湾

15. 河北菜有三大流派,分别是以保定为代表的直隶官府菜、以（　　）为代表的宫廷塞外派和以唐山为代表的冀东沿海派。

A. 承德　　　　　B. 秦皇岛　　　　C. 石家庄　　　　D. 廊坊

16. 民间出现"勾栏""瓦舍"等杂技演出场所是在（　　）时。

A. 明朝　　　　　B. 元朝　　　　　C. 宋朝　　　　　D. 唐朝

17. 河北省第一个百万千瓦级风电示范基地在（　　）。

A. 秦皇岛　　　　B. 承德　　　　　C. 张家口　　　　D. 保定

18. 燕赵文化是在（　　）时期燕国、赵国区域内产生的一种区域文化,以慷慨悲歌为普遍的特征和特殊的标志。

A. 春秋　　　　　B. 战国　　　　　C. 秦汉　　　　　D. 隋唐

三、多项选择题（每题有 2~5 个正确答案,多选、少选或错选均不得分,请将你认为正确的选项填入括号内）

1. 河北省现拥有世界文化遗产（　　）。

A. 长城（河北段） B. 承德避暑山庄及其周围寺庙
C. 清东陵、清西陵 D. 大运河（河北段）
E. 石家庄市西柏坡景区

2. 河北省的国家级旅游度假区有（　　）。
   A. 石家庄市西柏坡景区 B. 安新白洋淀景区
   C. 秦皇岛市山海关景区 D. 崇礼冰雪旅游度假区
   E. 秦皇岛市北戴河度假区

3. "太行三珍"是指（　　）。
   A. 核桃　　　　B. 柿子　　　　C. 口蘑　　　　D. 花椒
   E. 金丝小枣

4. 河北省著名的特色小吃有（　　）等。
   A. 吊炉烧饼　　B. 香河肉饼　　C. 驴肉火烧　　D. 打糕
   E. 捞汁莜面

5. （　　）是中国历史上北方陶瓷艺术的典型代表。
   A. 定窑　　　　B. 邢窑　　　　C. 磁州窑　　　D. 唐山陶瓷
   E. 哥窑

6. 滦河上游建有（　　）等大型水库。
   A. 庙宫　　　　B. 潘家口　　　C. 岳城　　　　D. 大黑汀
   E. 官厅

7. 河北省的（　　）等新能源资源都比较丰富。
   A. 风能资源　　B. 海洋能资源　C. 太阳能资源　D. 生物能资源
   E. 地热资源

8. 河北省地热资源可划分为（　　）四大热水区。
   A. 冀北山地区　B. 冀西山地区　C. 冀西北山间盆地 D. 河北平原区
   E. 冀东山地区

9. 河北民间曲艺有（　　）等30余种。
   A. 乐亭大鼓　　B. 河西大鼓　　C. 评书　　　　D. 相声
   E. 快板书

10. （　　）统称为"冀东民间艺术的三朵花"。
    A. 河西大鼓　　B. 乐亭大鼓　　C. 相声　　　　D. 评戏
    E. 唐山皮影

11. 盛行于河北的民间舞蹈有（　　）。
    A. 安塞腰鼓　　B. 徐水狮子舞　C. 昌黎地秧歌　D. 井陉拉花
    E. 招龙舞

12. 河北的少数民族中，（　　）为世居民族。
    A. 满族　　　　B. 藏族　　　　C. 回族　　　　D. 蒙古族
    E. 朝鲜族

13. 西汉中山靖王刘胜夫妇墓，共出土遗物1万余件，其中包括（　　）等稀世珍宝。
    A. 素纱禅衣　　B. 金缕玉衣　　C. 长信宫灯　　D. T形帛画

E. 错金铜博山炉
14. 河北菜即冀菜，包括（　　　）三大流派。
    A. 冀北乡村菜　　　　B. 冀中南菜　　　　C. 冀西山野菜　　　　D. 冀东沿海菜
    E. 宫廷塞外菜
15. 下列关于清东陵和清西陵描述正确的是（　　　）。
    A. 属清代帝王陵寝群
    B. 是我国第一批全国重点文物保护单位
    C. 清东陵位于河北易县，清西陵位于河北遵化市
    D. 国家5A级旅游景区
    E. 世界文化遗产

第四节　山西省

一、判断题（判断下列各题是否正确，正确的请在答卷中相应题号后的括号内打"√"，错误的打"×"）

1. 山西因春秋战国时期属晋国地，故简称"晋"。（　　）
2. 山西省境域地势高低起伏异常显著，总的地势是"三山夹一川"。（　　）
3. 北宋时期，大同、平阳（今临汾）、太原三城是黄河流域的著名都会。（　　）
4. 明清时期山西作家罗贯中的《三国演义》是我国第一部长篇章回体小说。（　　）
5. 山西独特的地理、历史环境形成了山西独特的民俗风情，人们称之为"黄河文化"或"黄土文化"。（　　）
6. 王昌龄被后世称作"七绝圣手"，他的作品《从军行》被誉为唐人七绝压卷之作。（　　）
7. 山西的四大梆子戏，包括南路梆子（蒲剧）、中路梆子、上党梆子和北路梆子。（　　）
8. 新石器时代的文化遗址，山西迄今已发现2000余处，主要分布在晋中和晋西地区。（　　）
9. 山西曾向外移民十几次，洪洞县大槐树是当时一个主要移民站。全国不少地方流传的"问我祖先在何处，山西洪洞大槐树"即由此而来。（　　）
10. 山西人饮食以植物性食物为主食，晋南是小麦和高粱、玉米、谷子、豆类相杂。（　　）
11. 山西省大部分地区海拔在1500米以上。（　　）
12. 山西自古有"表里山河"之誉。（　　）
13. 山西恒山最高的叶斗峰海拔3061.1米，被称为"华北屋脊"。（　　）
14. 山西素有"中国古代文化博物馆"之美称，还被誉为"华夏文明的摇篮"。（　　）
15. 随着京石高速铁路的开通，太原被纳入北京2小时经济圈。（　　）

二、单项选择题（下列各题的选项中，只有一项是正确的，请将正确答案的选项填入括号内）

1. 山西省西部是以（   ）为主干的黄土高原。
   A. 七峰山峰　　　B. 洪涛山　　　C. 中条山　　　D. 吕梁山
2. 五岳之一的北岳（   ）位于山西省境内。
   A. 泰山　　　B. 华山　　　C. 衡山　　　D. 恒山
3. 山西省总的地势是（   ）。
   A. "一川夹两山"　　B. "两川夹一山"　　C. "两山夹一川"　　D. "三川夹两山"
4. 山西除黄河、海河之外，还有其他较大的河流，包括汾河、桑干河等，被誉为（   ）。
   A. "中原水塔"　　B. "北方水塔"　　C. "华北水塔"　　D. "华中水塔"
5. 运城芮城县西侯度文化遗址发现的火烧骨，把我国范围内发现的人类用火历史向前推进了（   ）万年。
   A. 1　　　B. 10　　　C. 100　　　D. 1000
6. 山西境内规模最大的石窟是（   ）。
   A. 大同云冈石窟　　B. 太原天龙山石窟　　C. 太原龙山石窟　　D. 长治羊头山石窟
7. 山西少数民族人口最多的是（   ）。
   A. 回族　　　B. 满族　　　C. 蒙古族　　　D. 彝族
8. 山西人在炕周围墙上作的画被称为（   ）。
   A. 壁围画　　　B. 炕围画　　　C. 年画　　　D. 墙围画
9. 山西历史上涌现出了不少戏曲作家，为戏曲艺术的兴盛作出了杰出的贡献，如元曲四大家中的关汉卿、（   ）、郑光祖都为山西籍曲作家。
   A. 白居易　　　B. 薛稷　　　C. 罗贯中　　　D. 白朴
10. 张彦远所著的世界上第一部绘画通史《历代名画记》，被誉为（   ）。
    A. "无韵之离骚"　　　　　　B. "画史之绝唱"
    C. "画史中的《春秋》"　　　D. "画史中的《史记》"
11. 山西有四大佛教圣地之一的（   ）。
    A. 五台山　　　B. 普陀山　　　C. 峨眉山　　　D. 九华山
12. 山西有文字记载的历史达3000年之久，素有"中国古代文化博物馆"之美称，还被誉为（   ）。
    A. "华夏民族的摇篮"　　　　B. "中华民族的摇篮"
    C. "华夏文明的摇篮"　　　　D. "中华文明的摇篮"
13. 山西有国家5A级旅游景区10家：云冈石窟景区、五台山风景名胜区、皇城相府生态文化旅游区、绵山景区、平遥古城、雁门关景区、洪洞大槐树寻根祭祖园、（   ）、云丘山景区、黄河壶口瀑布旅游区（临汾）。
    A. 文水刘胡兰纪念馆　　　　B. 黎城黄崖洞八路军兵工厂
    C. 壶关太行山大峡谷八泉峡景区　　D. 祁县乔家大院
14. 国家一级保护动物（   ）是山西省的"省鸟"。

A. 白鹇鹋　　　　B. 黄腹角雉　　　　C. 褐马鸡　　　　D. 绿孔雀

15. 芮城永乐宫是典型的（　　）道观建筑群，宫内壁画是我国绘画艺术的珍品。
    A. 明代　　　　B. 元代　　　　C. 清代　　　　D. 宋代

16. "元曲四大家"中，（　　）不是山西籍。
    A. 白朴　　　　B. 马致远　　　　C. 关汉卿　　　　D. 郑光祖

17. 清代（　　）成为国内实力最雄厚的商帮。
    A. 粤商　　　　B. 晋商　　　　C. 浙商　　　　D. 徽商

18. 北魏建都平城，今（　　），统一北方。
    A. 大同市　　　　B. 忻州市　　　　C. 太原市　　　　D. 朔州市

三、多项选择题（每题有2~5个正确答案，多选、少选或错选均不得分，请将你认为正确的选项填入括号内）

1. 山西省内较大的河流有（　　）。
   A. 桑干河　　　　B. 滹沱河　　　　C. 汾河　　　　D. 漳河
   E. 潮白河

2. "十四五"期间，山西重点发展的战略性新兴产业有（　　）等14个。
   A. 信息技术应用创新产业　　　　B. 半导体产业
   C. 大数据融合创新产业　　　　D. 碳基新材料产业
   E. 煤机智能制造装备产业

3. 山西境内，浓厚的传统文化集中反映在现存的三个民俗博物馆内，它们有（　　）。
   A. 河边民俗博物馆　　　　B. 乔家大院民俗博物馆
   C. 丁村民俗博物馆　　　　D. 太原民俗博物馆
   E. 山西民俗博物馆

4. 山西最为有名的名产有（　　）。
   A. 汾酒　　　　B. 竹叶青　　　　C. 老陈醋　　　　D. 葡萄酒
   E. 大同黄花

5. 属于山西风味食品的有（　　）。
   A. 猫耳朵　　　　B. 头脑　　　　C. 艾窝窝　　　　D. 拨鱼
   E. 闻喜饼

6. 山西是海河主要支流（　　）的发源地。
   A. 永定河　　　　B. 大清河　　　　C. 子牙河　　　　D. 漳卫河
   E. 汾河

7. "中国五大面条"包括（　　）。
   A. 山西刀削面　　　　B. 武汉热干面　　　　C. 北京炸酱面　　　　D. 兰州拉面
   E. 河南烩面

8. "中国四大名醋"包括（　　）。
   A. 山西老陈醋　　　　B. 浙江玫瑰米醋　　　　C. 福建永春老醋　　　　D. 四川保宁醋
   E. 江苏镇江香醋

9. 山西人的饮食习惯丰富多样，主食以植物性食物为主，且地方特色各异。请选择以下正确的描述（　　　）。

A. 山西全省各地都普遍以大米为主食

B. 晋中地区以小麦为主食，辅以高粱、玉米、谷子、豆类

C. 晋南地区盛产小麦，人们以白面为主食

D. 晋东南地区的主食中，小米占据重要地位

E. 晋北地区人们喜食含热量较高的莜麦、玉米、土豆等

10. 山西的民俗风情独具特色，以下选项准确描绘了其特色的有（　　　）。

A. 深受地理与历史环境熏陶　　　　B. 乔家大院民俗博物馆是重要展示窗口

C. 民间艺术包括剪纸、炕围画、面塑　D. 传统民居以窑洞和"地窨院"为代表

E. 与江南水乡文化有深厚渊源

11. 山西汾酒享有盛誉，以下说法正确的是（　　　）。

A. 汾酒是清香型白酒的代表

B. 盛产于山西汾阳市杏花村，故又称"杏花村酒"

C. 汾酒与竹叶青都是山西的著名酒品

D. 汾酒以其独特的酱香型口感而著称

E. 汾酒的历史悠久，是山西酒文化的瑰宝

12. 下列关于山西的概况，说法正确的有（　　　）。

A. 五台山叶斗峰有"华北屋脊"之称　　B. 全省地形像一个"凹"字

C. 被誉为"华北水塔"　　　　　　　　D. 总的地势是"两山夹一川"

E. 因地属吕梁山以西，故名山西

13. 与全国同类矿产相比，山西资源储量居全国第一位的矿产有（　　　）。

A. 煤矿　　　　B. 镁矿　　　　C. 耐火黏土　　　　D. 冶金用白云岩

E. 铝土矿

14. 以下（　　　）是山西著名的革命活动遗址。

A. 八路军总部旧址　B. 黄崖洞兵工厂　C. 刘胡兰纪念馆　D. 平遥古城

E. 洪洞大槐树

15. 山西的民间艺术主要有（　　　）等。

A. 剪纸　　　　B. 风筝　　　　C. 炕围画　　　　D. 泥人

E. 面塑

第五节　内蒙古自治区

一、判断题（判断下列各题是否正确，正确的请在答卷中相应题号后的括号内打"√"，错误的打"×"）

1. 内蒙古自治区的地形以平原为主。　　　　　　　　　　　　　　　　　　（　　）
2. 内蒙古自治区由于地理位置和地形的影响，形成以温带大陆性季风气候为主的复杂多样的气候。　　　　　　　　　　　　　　　　　　　　　　　　　　　　　　（　　）
3. 内蒙古自治区有3个盟，即呼伦贝尔盟、锡林郭勒盟、阿拉善盟。　　　　　（　　）

4. 《蒙古黄金史》成书于13—14世纪，该书记述了蒙古民族500多年形成、发展、壮大的历史。（   ）
5. 蒙古族舞蹈产生于民间，然后被搬上舞台。主要有安代舞、筷子舞、马刀舞、驯马舞、长鼓舞等。（   ）
6. 在内蒙古自治区，献哈达是蒙古族牧民迎送客人和日常交往中使用的礼节，哈达主要有蓝色和白色两种，蓝色哈达是献给一般客人的，白色哈达是献给尊贵客人的。（   ）
7. "呼麦"是蒙古族特有的单人发出多声部唱法的高超演唱形式，是一种"喉音"艺术。（   ）
8. 北宋时女真人创立了辽国，在今内蒙古赤峰巴林左旗附近建立了蒙古草原上的第一个都城——上京。（   ）
9. 白食是蒙古族的敬客食品，按照蒙古族的习惯，白色表示纯洁、吉祥、崇高，因此白食是蒙古人待客的最高礼遇。（   ）
10. 1949年内蒙古自治政府成立。（   ）
11. 阿拉善沙漠国家地质公园是中国唯一的沙漠地质公园。（   ）
12. 必鲁图沙峰是世界最高的沙山，位于阿拉善盟的腾格里沙漠景区内。（   ）
13. 位于鄂尔多斯库布齐沙漠中的响沙湾，被誉为"响沙之王"。（   ）

二、单项选择题（下列各题的选项中，只有一项是正确的，请将正确答案的选项填入括号内）

1. "蒙古"其意为（   ）。
   A. "永恒之火"　　B. "吉祥"　　C. "光明的东方"　　D. "团结、联合"
2. 内蒙古自治区海拔最高点位于（   ）。
   A. 贺兰山　　B. 阴山　　C. 大兴安岭　　D. 大青山
3. 蒙古族的英雄史诗是（   ）。
   A.《江格尔》　　B.《蒙古秘史》　　C.《玛纳斯》　　D.《格萨（斯）尔》
4. 下列属于蒙古族的舞蹈是（   ）。
   A. 刀郎舞　　B. 马刀舞　　C. 鹰舞　　D. 锅庄舞
5. 蒙古族牧民多住（   ）。
   A. 蒙古包　　B. 竹楼　　C. 四合院　　D. 碉房
6. 内蒙古自治区的（   ）是著名的"世界稀土之都"。
   A. 呼和浩特　　B. 赤峰　　C. 二连浩特　　D. 包头
7. 那达慕大会是（   ）最具民族特色的传统盛会。
   A. 藏族　　B. 维吾尔族　　C. 蒙古族　　D. 满族
8. 蒙古族的红食多种多样，吃得最多的是（   ）。
   A. 羊肉　　B. 牛肉　　C. 马肉　　D. 骆驼肉
9. 内蒙古盛产中药材，有被誉为中国"国老"的（   ）。
   A. 黄芪　　B. 甘草　　C. 肉苁蓉　　D. 麻黄
10. 蒙古族烹调方法最著名的是（   ）。

A. 煮　　　　　　B. 炒　　　　　　C. 烤　　　　　　D. 涮

11. 按照蒙古族的习惯，表示纯洁、吉祥、崇高的颜色是（　　）。
　　A. 绿　　　　　　B. 红　　　　　　C. 黄　　　　　　D. 白
12. （　　）深刻地反映了蒙古族人民的生活理想和美学追求。
　　A.《蒙古秘史》　　　　　　　　B.《乌巴什洪台吉》
　　C.《格萨（斯）尔》　　　　　　D.《江格尔》
13. （　　）曾在今内蒙古赤峰市巴林左旗附近建立了蒙古草原上的第一个都城——上京。
　　A. 契丹人　　　　B. 东胡人　　　　C. 匈奴人　　　　D. 楼烦人
14. 蒙古族文学史上第一篇历史小说是（　　）。
　　A.《江格尔》　　　　　　　　　B.《蒙古秘史》
　　C.《乌巴什洪台吉》　　　　　　D.《蒙古黄金史》
15. （　　）是蒙古族牧民迎送客人和日常交往中使用的礼节。
　　A. 敬茶　　　　　B. 献哈达　　　　C. 敬酒　　　　　D. 抱腰接面礼
16. 被誉为"中国地精"的药材是（　　）。
　　A. 黄芪　　　　　B. 肉苁蓉　　　　C. 甘草　　　　　D. 车前子
17. 被称为"补气药材之最"的药材是（　　）。
　　A. 黄芪　　　　　B. 肉苁蓉　　　　C. 甘草　　　　　D. 车前子
18. 被列为"中国四大名石"的内蒙古名石是（　　）。
　　A. 寿山石　　　　B. 青田石　　　　C. 昌化石　　　　D. 巴林石
19. 内蒙古自治区的地势以（　　）为主。
　　A. 高原　　　　　B. 山地　　　　　C. 沙漠　　　　　D. 草原
20. 位于内蒙古自治区东北部的（　　）被誉为"草原明珠"，是世界著名的天然牧场、"世界四大草原"之一，有"牧草王国"之称。也是中国最大的、保存最完好的草原。
　　A. 呼伦贝尔草原　B. 锡林郭勒草原　C. 科尔沁草原　　D. 乌兰察布草原
21. （　　）草原被誉为"草原上的花园"。
　　A. 呼伦贝尔草原　B. 锡林郭勒草原　C. 科尔沁草原　　D. 乌兰察布草原
22. 内蒙古自治区特有的旅游项目是（　　）。
　　A. 划船　　　　　B. 骑骆驼　　　　C. 骑马　　　　　D. 玩沙

三、多项选择题（每题有2~5个正确答案，多选、少选或错选均不得分，请将你认为正确的选项填入括号内）

1. 内蒙古自治区的地貌主要包括（　　）。
　　A. 高原　　　　　B. 山地　　　　　C. 沙漠　　　　　D. 平原
　　E. 盆地
2. 内蒙古自治区的气候特点包括（　　）。
　　A. 降水量少　　　　　　　　　B. 风大
　　C. 寒暑变化剧烈　　　　　　　D. 潮湿多雨
　　E. 降水量大
3. 内蒙古现有世界遗产2处，包括（　　）。

A. 成吉思汗陵 B. 元上都遗址
C. 长城（内蒙古段） D. 辽上京遗址
E. 和林格尔土城子遗址

4. 蒙古族的传统食品分为（　　）。
 A. 红食 B. 棕食 C. 白食 D. 绿食
 E. 黑食

5. 被称为蒙古族的"三大历史巨著"的是（　　）。
 A.《蒙古秘史》 B.《蒙古黄金史》
 C.《江格尔》 D.《玛纳斯》
 E.《蒙古源流》

6. 蒙古族的服饰大体可分为（　　）4个主要组成部分。
 A. 帽子 B. 首饰 C. 长袍 D. 腰带
 E. 靴子

7. 蒙古族饮食大致分3类，即（　　）。
 A. 蔬菜 B. 粮食 C. 奶食 D. 肉食
 E. 干果

8. 蒙古族"男子三项那达慕"指（　　）。
 A. 赛马 B. 摔跤 C. 投布鲁 D. 套马
 E. 射箭

9. 内蒙古草原资源丰富，有6个著名大草原，即呼伦贝尔草原、锡林郭勒草原、（　　）。
 A. 科尔沁草原 B. 乌兰察布草原 C. 鄂尔多斯草原 D. 乌拉盖草原
 E. 阿拉善荒漠草原

10. 蒙古族（　　）已被联合国教科文组织列入《人类非物质文化遗产代表作名录》。
 A. 长调民歌 B. 马头琴音乐 C. 祭敖包 D. 那达慕
 E. 呼麦

11. 蒙古族传统文化的核心理念有三点，即（　　）。
 A. 崇尚自然 B. 践行开放 C. 恪守信义 D. 尊老爱幼
 E. 童叟无欺

第二章　东北地区各省导游基础知识

第一节　辽宁省

一、判断题（判断下列各题是否正确，正确的请在答卷中相应题号后的括号内打"√"，错误的打"×"）

1. 辽宁省是全国工业门类较为齐全的省份之一。（   ）
2. 辽宁省地形概貌大致是"七山一水三分田"。（   ）
3. 辽宁，简称"辽"，取辽河流域永远安宁之意而得其名。（   ）
4. 辽宁地处北亚经济圈核心地带，位于我国东北地区最南部。（   ）
5. 辽宁省是东北地区唯一既沿海又沿边的省份。（   ）
6. 辽中玫瑰、恒仁冰酒、红崖子花生、盘锦大米、岫岩滑子蘑、大连海参六大特产入选首批100个地理标志产品名单。（   ）
7. 满族，旧称满洲族，"满洲"在满语中是"满意"之意。（   ）
8. 满族主要分布在东北三省，尤以黑龙江省最多。（   ）
9. 满族先民一年四季都穿袍服，因八旗制度而称为"旗袍"。（   ）
10. 1929年南京国民政府改奉天省为辽宁省，辽宁自此得名。（   ）
11. 辽宁的菱镁矿是世界范围内较有优势的矿种，质地优良、埋藏浅，保有量大。（   ）
12. 伯夷、叔齐的《采薇歌》是辽宁最早有文字记载的文学作品。（   ）
13. 考古发现，早在50万—40万年以前，辽宁已是古人类活动的场所，营口金牛山猿人遗址与北京周口店猿人遗址比肩齐声。（   ）
14. 辽宁省因是大清的"发祥地"，划归盛京特别行政区管辖。清末改为奉天省。（   ）
15. 辽宁省拥有"三陵""一宫"旅游资源，其中"三陵"指的是清永陵、清福陵、清东陵。（   ）

二、单项选择题（下列各题的选项中，只有一项是正确的，请将正确答案的选项填入括号内）

1. 辽宁省南濒渤海、黄海，东南以（   ）为界河，与朝鲜民主主义人民共和国隔江相望。
   A. 辽河　　　　　B. 浑河　　　　　C. 鸭绿江　　　　D. 松花江
2. 辽宁省第一大河是（   ）。
   A. 浑河　　　　　B. 辽河　　　　　C. 太子河　　　　D. 大凌河
3. 辽西渤海沿岸又称"辽西走廊"，其主要地形类型是（   ）。

A. 丘陵　　　　　B. 盆地　　　　　C. 山地　　　　　D. 平原

4. 辽宁省气候类型为（　　）。
   A. 温带海洋性气候　　　　　B. 温带大陆性季风气候
   C. 亚热带季风气候　　　　　D. 地中海气候

5. 辽宁省戏曲艺术种类齐全，其中（　　）享誉全国。
   A. 评书　　　　　B. 辽剧　　　　　C. 二人转　　　　　D. 评剧

6. 满族最隆重的礼节是（　　）。
   A. 请安礼　　　　　B. 跪拜礼　　　　　C. 磕头礼　　　　　D. 抱腰接面礼

7. 辽宁最早有文字记载的文学作品是（　　）。
   A.《采薇歌》　　B.《麦秀歌》　　C.《辽城望月》　　D.《辽东山夜临秋》

8. 辽宁省以（　　）、钢铁为代表的原材料工业，在全国占有重要位置。
   A. 工业机器人　　B. 石油化工　　C. 冶金矿山　　D. 通用航空

9. 辽宁省现拥有国家5A级旅游景区（　　）家。
   A. 4　　　　　B. 5　　　　　C. 6　　　　　D. 7

10. （　　）是唯一在中国历史上两度建立过王朝的少数民族。
    A. 回族　　　　　B. 朝鲜族　　　　　C. 满族　　　　　D. 蒙古族

11. 满族的主食是（　　）。
    A. 小米　　　　　B. 大米　　　　　C. 玉米　　　　　D. 高粱

12. 俗称"口袋房，曼子炕"的民居属于（　　）。
    A. 回族　　　　　B. 朝鲜族　　　　　C. 蒙古族　　　　　D. 满族

13. 满族的点心中，人们最为喜食的是（　　）。
    A. 打糕　　　　　B. 萨其马　　　　　C. 粑粑　　　　　D. 团徹

14. 满族主要分布在东北三省，尤以（　　）最多，是5个世居少数民族之一。
    A. 黑龙江　　　　B. 辽宁　　　　C. 吉林　　　　D. 内蒙古

15. 辽菜因具有满族特色、农家特色、海鲜特色和（　　）特色，美名盛传。
    A. 朝鲜族　　　　B. 回族　　　　C. 蒙古族　　　　D. 锡伯族

16. 金牛山遗址位于辽宁（　　），与北京周口店猿人遗址比肩齐声。
    A. 沈阳　　　　　B. 营口　　　　　C. 大连　　　　　D. 抚顺

17. （　　）地形概貌大致是"六山一水三分田"。
    A. 黑龙江　　　　B. 江苏　　　　C. 辽宁　　　　D. 吉林

18. 2024年（　　）旅游度假区被确定为新一批国家级旅游度假区。
    A. 大连长岛　　　B. 大连金石滩　　　C. 葫芦岛碣石　　　D. 沈阳辉山

三、多项选择题（每题有2~5个正确答案，多选、少选或错选均不得分，请将你认为正确的选项填入括号内）

1. 辽宁省的"一宫三陵"是非常具有吸引力的旅游资源，其中，"三陵"是指（　　）。
   A. 永陵　　　　　B. 泰陵　　　　　C. 福陵　　　　　D. 昭陵
   E. 景陵

2. 辽宁省戏曲艺术种类齐全，特色鲜明，主要包括（　　）等艺术形式。

  A. 花鼓戏   B. 辽剧   C. 京剧   D. 评书

  E. 二人转

3. 满族"三大怪"包括（　　）。

  A. 窗户纸糊在外   B. 请客人吃羊头和羊尾巴

  C. 大姑娘叼烟袋   D. 养活孩子吊起来

  E. 不落夫家

4. 辽宁省有5个世居少数民族，分别有（　　）和锡伯族。

  A. 满族   B. 蒙古族   C. 回族   D. 朝鲜族

  E. 赫哲族

5. 辽宁省现拥有的世界文化遗产有（　　）。

  A. 沈阳故宫   B. 葫芦岛九门口长城

  C. 沈阳清昭陵   D. 本溪五女山山城

  E. 大连金石滩

6. 辽宁民俗活动种类丰富，主要有（　　）等。

  A. 安国药王庙会   B. 金州龙舞   C. 建昌落子   D. 本溪社火

  E. 辽西高跷秧歌

7. 辽宁省的国家5A级旅游景区包括大连市老虎滩景区、本溪市本溪水洞景区和（　　）。

  A. 沈阳市植物园   B. 大连市金石滩景区

  C. 盘锦市红海滩风景廊道景区   D. 鞍山市千山景区

  E. 本溪市五女山景区

8. 辽宁果品众多，梨的品种主要有（　　）。

  A. 鞍山南果梨   B. 北镇鸭梨   C. 绥中白梨   D. 莱阳丰水梨

  E. 辽阳香水梨

9. 辽宁省的地理特征包括（　　）。

  A. 位于我国东北地区最南部，是连接华北与东北地区的重要通道

  B. 地形大致是"六山一水三分田"，地势北高南低

  C. 辽河是省内第一大河流

  D. 西南与河北省毗连，东南与朝鲜民主主义人民共和国隔海相望

  E. 全省陆地总面积为14.87万平方千米，是东北地区唯一既沿海又沿边的省份

10. （　　）及中朝两国共有的界河鸭绿江等，形成辽宁省的主要水系。

  A. 辽河   B. 浑河   C. 大凌河   D. 太子河

  E. 绕阳河

11. 辽宁省的主枢纽港有（　　）。

  A. 丹东港   B. 锦州港   C. 大连港   D. 葫芦岛港

  E. 营口港

12. 关于辽宁二人转，以下说法正确的有（　　）。

  A. 辽宁二人转享誉全国，属于走唱类曲艺

  B. 铁岭民间艺术团是辽宁二人转中最为知名的团体之一

  C. 锦州黑山县的二人转在辽宁地区享有盛名

D. 辽宁二人转主要流行于辽宁、吉林、黑龙江等东北地区

E. 单田芳是著名的二人转表演艺术家

13. 沈阳评剧三大流派分别是（　　）。
    A. 韩派　　　　B. 花派　　　　C. 筱派　　　　D. 梅派
    E. 程派

14. 请从以下选项中选出正确匹配民族与其传统节日的组合（　　）。
    A. 满族—药香节　B. 锡伯族—西迁节　C. 蒙古族—敖包节　D. 彝族—泼水节
    E. 藏族—雪顿节

15. 满族的舞蹈多姿多彩，通常由（　　）活动演化而来。
    A. 狩猎活动　　B. 战斗场景　　C. 萨满祭祀　　D. 农耕劳作
    E. 节日庆典

第二节　吉林省

一、判断题（判断下列各题是否正确，正确的请在答卷中相应题号后的括号内打"√"，错误的打"×"）

1. 吉林省共辖9个地级行政区，其中7个地级市，2个自治州。（　　）
2. 吉林省位于中国东北地区腹地，省名来源于清代吉林城，是蒙古语"吉林乌拉"的简称。（　　）
3. 吉林省地貌形态差异明显，地势由西北向东南倾斜，呈现明显的西北高、东南低的特征。（　　）
4. 吉林地处享誉世界的"黄金玉米带"和"黄金水稻带"，素有"黑土地之乡"的美誉，是中国重要的商品粮生产基地。（　　）
5. 长白山在我国境内天池西侧的白云峰，海拔2691米，为东北第一高峰。（　　）
6. 吉林菜以民族菜、民俗菜、宫廷菜和山珍菜4个系列为框架。（　　）
7. "东北新三宝"指的是人参、貂皮、鹿茸。（　　）
8. 吉林省是全国唯一的省与本省中一个市重名的省份。（　　）
9. 清乾隆十二年，清廷建吉林城，命名"吉林乌拉"，吉林由此得名。（　　）
10. 在解放战争中，中国共产党领导的东北民主联军，在吉林大地上组织了四战四平、四保临江、三下江南等战役，成为扭转东北战局的关键。（　　）
11. 长春—满洲里—德国（简称"长满欧"）国际货运班列，终点到达德国的柏林，是国内运行的所有国际班列中，途经国家最少、运行时间最短、基础运行成本最低的班列。（　　）
12. 吉林港是吉林省最大的内河港口，是吉林省同俄罗斯远东地区开展直接贸易的重要水上通道。（　　）
13. 吉林当代蒙古族文学、朝鲜族文学和满族文学创作均走在全国前列。（　　）
14. 吉林省有被列入第一批国家公园名单的东北虎豹国家公园。（　　）
15. 吉林省是朝鲜族的主要聚居地，设有延边朝鲜族自治州，"朝鲜"的原意是"永恒

之火"。（ ）
16. 吉林省民俗主要包括东北鼓乐、长白山冬俗、查干湖冬捕等。（ ）
17. 吉菜是以天然、绿色、营养、健康、安全为时尚特色的新菜系。（ ）
18. 珲春市被中国野生动物保护协会授予"中国东北虎之乡"称号。（ ）
19. 吉林省自西向东形成西有虎豹、中有梅花鹿、东有白鹤的生态连廊。（ ）
20. 长春电影制片厂是新中国第一家电影制片厂，堪称"新中国电影的摇篮"。（ ）
21. 吉林省有国家级旅游度假区2家：长白山国际度假区、长白山华美胜地旅游度假区。（ ）
22. 吉林省名源于满语"吉林乌拉"，意为"松花江沿岸"，简称"吉"。（ ）
23. 吉林省的平原以松辽分水岭为界，以南为松嫩平原，以北为辽河平原。（ ）
24. 回甲节是朝鲜族有民族特色的家庭节日。（ ）
25. 早期的吉林文学包括渤海文学、辽代文学、金代文学和清代文学。（ ）
26. 吉林省拥有世界文化遗产2处：高句丽王城、王陵及贵族墓葬，伪满皇宫博物院。（ ）
27. 吉菜是采用吉林的特产原料和特有的烹饪工艺，结合当地各民族饮食文化和习俗而烹制的风味菜，讲究刀工、火工。（ ）
28. 吉林位于世界冰雪黄金纬度带，长白山与欧洲的阿尔卑斯山、北美的落基山并称"世界三大粉雪基地"。（ ）

二、单项选择题（下列各题的选项中，只有一项是正确的，请将正确答案的选项填入括号内）

1. 吉林省位于中国东北中部，处于（ ）地理几何中心地带。
   A. 中亚 B. 东亚 C. 东南亚 D. 东北亚
2. 东北地区第一高峰是（ ）。
   A. 大黑山 B. 哈达岭 C. 白云峰 D. 龙岗山
3. 吉林省河流众多，其中（ ）水系面积最大。
   A. 图们江 B. 鸭绿江 C. 松花江 D. 绥芬河
4. 吉林省最大的人工湖泊是（ ）。
   A. 雁鸣湖 B. 查干湖 C. 月亮泡 D. 松花湖
5. 长白山素有（ ）之称，是中国六大林区之一。
   A. "长白林海" B. "辽东林海" C. "林海雪原" D. "千里林海"
6. 在我国，朝鲜族数量最多的地区是（ ）。
   A. 黑龙江省 B. 吉林省 C. 辽宁省 D. 内蒙古自治区
7. 朝鲜族的歌舞蜚声全国，朝鲜族的（ ）已被列入《人类非物质文化遗产代表作名录》。
   A. 摔跤 B. 秋千 C. 跳板 D. 农乐舞
8. 爱穿白衣素服，因而有"白衣民族"之称的民族是（ ）。
   A. 蒙古族 B. 朝鲜族 C. 满族 D. 回族
9. 婴儿周岁、回甲节、回婚节是（ ）特有的民俗节日。

A. 苗族　　　　　B. 壮族　　　　　C. 朝鲜族　　　　D. 满族
10. 吉林省拥有国家5A级旅游景区（　　）家。
A. 7　　　　　　B. 8　　　　　　　C. 9　　　　　　D. 10
11. 吉林省以中部（　　）为界，吉林省可分为东部山地和中西部平原两大地貌区。
A. 长白山　　　　B. 吉林哈达岭　　　C. 龙岗山　　　　D. 大黑山
12. 吉林省拥有世界文化遗产（　　）处。
A. 1　　　　　　B. 2　　　　　　　C. 3　　　　　　D. 4
13. 因其树干挺拔、树皮鲜艳、树形娇美而被称作"美人松"的是（　　），并被列入《国家重点保护野生植物名录》。
A. 长白松　　　　B. 红松　　　　　C. 黄山松　　　　D. 罗汉松
14. 中华十大名山之一的（　　）"雄山托天池，林海藏珍奇"，是世人瞩目的神奇之地。
A. 武夷山　　　　B. 昆仑山　　　　C. 长白山　　　　D. 黄山
15. 吉林省东部长白山区野生药用植物资源丰富，吉林（　　）与云南西双版纳、四川峨眉山并称"中国三大天然药库"。
A. 通化　　　　　B. 白山　　　　　C. 松原　　　　　D. 延边
16. "东有虎豹、中有梅花鹿、西有白鹤"是（　　）独特的生态连廊。
A. 黑龙江　　　　B. 吉林　　　　　C. 辽宁　　　　　D. 内蒙古
17. 玉米出口量连续多年居全国首位的是（　　）省。
A. 山东　　　　　B. 河南　　　　　C. 辽宁　　　　　D. 吉林

三、多项选择题（每题有2~5个正确答案，多选、少选或错选均不得分，请将你认为正确的选项填入括号内）

1. 吉林省的省会长春市，是著名的（　　）。
A. 汽车城　　　　B. 电影城　　　　C. 科教文化城　　D. 森林城
E. 雕塑城
2. 长白山天池是（　　）三大河流的发源地。
A. 松花江　　　　B. 辽河　　　　　C. 鸭绿江　　　　D. 黑龙江
E. 图们江
3. 吉林省河流众多，分属五大水系，包括（　　）和绥芬河。
A. 松花江　　　　B. 图们江　　　　C. 鸭绿江　　　　D. 辽河
E. 海河
4. 被誉为"中国四大自然奇观"的是（　　）。
A. 桂林山水　　　B. 九寨沟　　　　C. 云南石林　　　D. 长江三峡
E. 吉林雾凇
5. 下列选项中，属于朝鲜族民族舞蹈的有（　　）。
A. 长鼓舞　　　　B. 马刀舞　　　　C. 象帽舞　　　　D. 扇子舞
E. 农乐舞
6. 在（　　）三国交界处的珲春防川可体验"一眼望三国，犬吠惊三疆"之意境。
A. 中　　　　　　B. 俄　　　　　　C. 蒙　　　　　　D. 朝

E. 韩

7. 传统的"东北三宝"指的是（　　）。
   A. 人参　　　　B. 不老草　　　　C. 林蛙　　　　D. 貂皮
   E. 鹿茸

8. 吉林著名美食有（　　）等。
   A. 泡菜　　　　B. 打糕　　　　C. 冷面　　　　D. 老边饺子
   E. 李连贵熏肉大饼

9. 吉林省民俗活动丰富多彩，下列民俗活动中，属于吉林省的有（　　）。
   A. 东北鼓乐　　B. 长白山年俗　　C. 查干湖冬捕　　D. 送"春牛图"
   E. "开秧门"

10. 下列湖泊中，位于吉林省的有（　　）。
    A. 镜泊湖　　　B. 松花湖　　　C. 雁鸣湖　　　D. 查干湖
    E. 兴凯湖

11. 下列工艺品中，属于吉林当地的手工艺品有（　　）。
    A. 水印木刻版画　　　　　　　B. 水彩水粉画
    C. 树皮画　　　　　　　　　　D. 松花湖浪木根雕
    E. 彩绘雕刻葫芦

12. 吉林盛产野生中药材，（　　）被称为"东北新三宝"。
    A. 红景天　　　B. 不老草　　　C. 鹿茸　　　　D. 灵芝
    E. 林蛙

第三节　黑龙江省

一、判断题（判断下列各题是否正确，正确的请在答卷中相应题号后的括号内打"√"，错误的打"×"）

1. 黑龙江省位于中国东北部，是我国位置最北、最东的省份。（　　）
2. 黑龙江省地形的自然特点大致是西北部高，东南部低。（　　）
3. 黑龙江省内有黑龙江、乌苏里江、松花江、拒马河四大水系。（　　）
4. 黑龙江省属于寒温带与温带大陆性季风气候。（　　）
5. 商周时期黑龙江地区的古代先民由西向东，形成了东胡、秽貊、肃慎三大族系。（　　）
6. 1115 年，完颜阿骨打建国号"辽"，定都会宁府（今哈尔滨市阿城区）。（　　）
7. 2008 年，中国和俄罗斯在黑瞎子岛上举行"中俄界碑揭牌仪式"，备受瞩目的黑瞎子岛，一半领土回归中国。（　　）
8. 黑龙江省有被列入第一批国家公园名单的东北虎豹国家公园。（　　）
9. 扎龙国家级自然保护区属湿地生态系统类型的自然保护区，是世界上最大的丹顶鹤繁殖地。（　　）
10. 黑龙江人吃蔬菜有两种主要形式：一种是水煮菜，另一种是蘸酱菜。（　　）

11. "五常大米"是中国国家地理标志产品,已被纳入中欧互认地理标志。（　　）
12. 黑龙江西部的三江平原、东北部的松嫩平原,是中国面积最大的平原——东北平原的一部分。（　　）
13. 黑龙江省自然资源丰富,拥有大森林、大湿地、大界江、大冰雪等优良的生态资源。（　　）
14. 大兴安岭盛产珍贵的红松,被称为"红松的故乡"。（　　）
15. 扎龙国家级自然保护区内的扎龙湿地为亚洲第一、世界第四,也是世界最大的芦苇湿地。（　　）
16. "寒地黑土""绿色有机""非转基因"是黑龙江农业的3张金字招牌。（　　）
17. 黑龙江省共辖12个地级市和1个自治州。（　　）
18. 哈尔滨的冻梨、马迭尔冰棍深受年轻人喜爱。（　　）
19. 黑龙江省因流经境内最大的河流黑龙江而得名,简称"黑"。（　　）
20. 1949年,松江省与黑龙江省合并为新的黑龙江省,省会为哈尔滨市。（　　）
21. 公路交通在黑龙江省占有很大比例,广大北部、东部地区仍以公路运输为主。（　　）
22. 黑龙江省伊春市有"林都"之称。（　　）
23. 大庆油田是世界上为数不多的特大型海相砂岩油田,是我国最大的油田。（　　）
24. 黑龙江省美术以油画闻名。（　　）
25. 围绕"一季带动四季"的核心策略,黑龙江积极探寻旅游新路径,在积极谋划"超长冰雪季"的同时,精心筹划"超长避暑季"。（　　）
26. 黑龙江菜品中蒸菜较多,喜食渍酸菜,菜码大,分量足。（　　）
27. 黑龙江作为维护国家粮食安全的"压舱石",农业综合机械化率、粮食总产量居全国第一。（　　）
28. 黑龙江是全国最早开发利用冰雪资源,发展冰雪产业的省份。目前已形成冰雪场地装备和冰雪运动器材两大制造体系。（　　）

二、单项选择题（下列各题的选项中,只有一项是正确的,请将正确答案的选项填入括号内）

1. 黑龙江省的整个地形特征可以概括为（　　）。
   A. "五山一水一草三分田"　　　　B. "五山二水一草二分田"
   C. "五山一水二草二分田"　　　　D. "五山二水二草一分田"
2. 中国面积最大的平原是（　　）。
   A. 东北平原　　B. 华北平原　　C. 长江中下游平原　　D. 珠江三角洲平原
3. 我国最北部的边陲是（　　）,每年夏至时,白天长达21小时,是我国白天最长的地方。
   A. 呼玛县　　　B. 漠河市　　　C. 塔河县　　　D. 抚远市
4. 2018年通车的（　　）是中国高寒地区最长的快速铁路。
   A. 滨州快速铁路　B. 兰新快速铁路　C. 青藏快速铁路　D. 哈佳快速铁路
5. 五大连池药泉会（圣水节）指的是200多年前（　　）猎人在五大连池药泉山下发现矿泉后,各族人民每年农历五月初五端午节前后举行的纪念活动。

    A. 达斡尔族　　　　　B. 锡伯族　　　　　C. 赫哲族　　　　　D. 鄂伦春族
6. 瑟宾节是（　　）的传统节日，每年6月18日举行，以驯鹿为吉祥物。
    A. 达斡尔族　　　　　B. 鄂温克族　　　　C. 赫哲族　　　　　D. 鄂伦春族
7. 齐齐哈尔市富拉尔基区罕伯岱村是（　　）聚集村落，至今仍保留着传统婚俗。
    A. 达斡尔族　　　　　B. 锡伯族　　　　　C. 赫哲族　　　　　D. 鄂伦春族
8. 中国近现代女作家（　　）是"民国四大才女"之一，被誉为"20世纪30年代的文学洛神"。
    A. 吕碧城　　　　　　B. 石评梅　　　　　C. 张爱玲　　　　　D. 萧红
9. 黑龙江省有1家国家级旅游度假区是（　　）。
    A. 哈尔滨太阳岛旅游度假区　　　　　B. 五大连池旅游度假区
    C. 亚布力滑雪旅游度假区　　　　　　D. 镜泊湖旅游度假区
10. 黑龙江独有的世居少数民族是（　　）。
    A. 达斡尔族　　　　　B. 锡伯族　　　　　C. 赫哲族　　　　　D. 鄂伦春族
11. 下列关于世居黑龙江的少数民族生产方式，描述正确的是（　　）。
    A. 鄂伦春族以捕鱼为主　　　　　　B. 达斡尔族以牧业为主
    C. 赫哲族以狩猎为主　　　　　　　D. 朝鲜族以捕鱼为主
12. "古伦木沓"为（　　）的节日，意为祭祀火神，每年春季举行。
    A. 达斡尔族　　　　　B. 锡伯族　　　　　C. 赫哲族　　　　　D. 鄂伦春族
13. 满洲饮食文化、俄罗斯饮食文化和（　　），三种饮食文化交会、融合，逐步形成了独具特色的黑龙江饮食文化。
    A. 燕赵饮食文化　　　B. 吴越饮食文化　　C. 闽粤饮食文化　　D. 齐鲁饮食文化
14. 下列关于黑龙江省饮食的描述不正确的是（　　）。
    A. 黑龙江菜品炒菜较多　　　　　　B. 民族风味有赫哲族风味杀生鱼
    C. 酸菜馅的水饺最为出众　　　　　D. 黑龙江人喜爱白酒与啤酒
15. 黑龙江的"（　　）"是中国国家地理标志产品，已被纳入中欧互认地理标志。
    A. 肇源大米　　　　　B. 庆安大米　　　　C. 北大荒大米　　　D. 五常大米
16. 黑龙江省土地总面积47.3万平方千米，居全国（　　）位。
    A. 第三　　　　　　　B. 第四　　　　　　C. 第五　　　　　　D. 第六
17. 中国严寒地区设计建设标准最高的一条高速铁路是（　　）。
    A. 哈大高速铁路　　　B. 哈佳高速铁路　　C. 哈齐高速铁路　　D. 京哈高速铁路
18. 国际重要湿地数量居全国首位的是（　　）。
    A. 青海　　　　　　　B. 西藏　　　　　　C. 黑龙江　　　　　D. 云南

三、多项选择题（每题有2~5个正确答案，多选、少选或错选均不得分，请将你认为正确的选项填入括号内）

1. 黑龙江省省会哈尔滨，素有（　　）之称。
    A. "冰城"　　　　　　　　　　　　B. "江城"
    C. "东方莫斯科"　　　　　　　　　D. "东方小巴黎"
    E. "东方威尼斯"

2. 黑龙江的主要湖泊有（　　）等。
   A. 兴凯湖　　　　B. 松花湖　　　　C. 镜泊湖　　　　D. 卧龙湖
   E. 五大连池

3. 哈大高速铁路纵贯东北三省，途经的副省级城市有（　　）。
   A. 哈尔滨　　　　B. 长春　　　　C. 四平　　　　D. 沈阳
   E. 大连

4. 黑龙江省的主要土特产有（　　）。
   A. 红肠　　　　B. 酒糖　　　　C. 野生蘑菇　　　　D. 大马哈鱼
   E. 东北大米

5. 梁晓声创作的北大荒知青题材的系列小说有（　　）等。
   A.《这是一片神奇的土地》　　　　B.《今夜有暴风雪》
   C.《淡淡的晨雾》　　　　D.《北极光》
   E.《年轮》

6. 下列关于黑龙江省的文化艺术，描述正确的有（　　）。
   A. 黑龙江省美术以油画闻名
   B. 赫哲族人的鱼皮画表现出了极高的艺术水准
   C. 鄂伦春族艺人的桦树皮工艺品，给人以回归自然之感
   D. 龙江剧是在二人转的基础上形成的新剧种
   E. 冰雕艺术自20世纪80年代初在哈尔滨发展起来

7. 黑龙江省的旅游资源主要包括（　　）。
   A. 冰雪旅游　　　　B. 避暑旅游　　　　C. 湿地旅游　　　　D. 诗路旅游
   E. 边境旅游

8. 黑龙江省的滑雪资源主要集中在（　　）四大区域。
   A. 哈尔滨市　　　　B. 佳木斯市　　　　C. 伊春市　　　　D. 大兴安岭地区
   E. 牡丹江市

9. 黑龙江省的土特产中，被人们称作东北"三大蘑菇"的有（　　）。
   A. 口蘑　　　　B. 元蘑　　　　C. 榛蘑　　　　D. 猴头蘑
   E. 松蘑

10. 黑龙江省内有（　　）四大水系。
    A. 黑龙江　　　　B. 松花江　　　　C. 鸭绿江　　　　D. 乌苏里江
    E. 绥芬河

11. 下列美食中，属于黑龙江的有（　　）。
    A. 得莫利炖鱼　　　　B. 鲇鱼炖茄子　　　　C. 酱骨架　　　　D. 地三鲜
    E. 锅包肉

第三章 华东地区各省市导游基础知识

第一节 上海市

一、判断题（判断下列各题是否正确，正确的请在答卷中相应题号后的括号内打"√"，错误的打"×"）

1. 上海市有长兴、横沙、崇明3个岛屿，其中长兴岛是中国的第三大岛。（　）
2. 上海属热带季风性气候。（　）
3. 上海别称为"申"是因为相传春秋战国时期，上海曾经是楚国春申君黄歇的封邑。（　）
4. 1931年华光片上有声电影公司在日本完成中国第一部片上发音影片《雨过天晴》。（　）
5. 大金山岛为上海最高点，海拔103.7米。（　）
6. 上海是中国铁路枢纽、民用航空运输中心及邮轮母港。上海国际航运已经建成了外高桥码头、洋山深水港和吴淞口国际邮轮码头。（　）
7. 海派文化即上海本土文化，具有地方典型特色，特指以江南文化为主体的中国传统文化。（　）
8. 著名作家巴金曾经在上海定居生活，并在上海创作了小说《灭亡》。（　）
9. 上海是中国著名的近现代绘画文化基地，著名代表人物有漫画家张乐平、国画大师黄宾虹等。（　）
10. 石库门建筑始于20世纪20年代，采用欧式联排式的木结构，后来演变成排列整齐的砖木结构的"老式石库门"。（　）
11. 北京是中国的国际经济、金融、贸易、航运、科技创新中心，也是国际文化大都市和重要的国际旅游目的地。（　）
12. 上海市位于中国南北海岸中心点，长江和黄浦江入海汇合处。（　）
13. 唐朝时政府把上海镇从华亭县划出，批准设立上海县，标志着上海建城之始。（　）
14. 16世纪中叶，明朝的上海已成为全国棉纺织手工业中心。（　）
15. 第一次鸦片战争以后，天津被辟为通商口岸，是当时亚洲最繁华的大都市，并有"十里洋场""东方巴黎"等称号。（　）
16. 刘海粟于1912年在上海创立中国第一所美术学校。（　）
17. 被誉为"万国建筑博览"的是厦门鼓浪屿。（　）

二、单项选择题（下列各题的选项中，只有一项是正确的，请将正确答案的选项填入括号内）

1. 在中国的直辖市中，国际经济、金融、贸易、航运、科技创新中心指的是（　　）。
   A. 北京市　　　　B. 天津市　　　　C. 上海市　　　　D. 重庆市
2. 上海市最大的湖泊是（　　）。
   A. 淀山湖　　　　B. 滴水湖　　　　C. 金山湖　　　　D. 明珠湖
3. 上海建城始于（　　）。
   A. 宋朝　　　　　B. 元朝　　　　　C. 明朝　　　　　D. 清朝
4. 世界上规模最大的隧桥结合工程位于（　　）。
   A. 珠海市　　　　B. 广州市　　　　C. 泉州市　　　　D. 上海市
5. 崇明长江三角洲国家地质公园是（　　）唯一一座国家地质公园。
   A. 江苏　　　　　B. 浙江　　　　　C. 上海　　　　　D. 安徽
6. 上海国际电影节的最高奖项为（　　）。
   A. 金鸡奖　　　　B. 金犊奖　　　　C. 金翎奖　　　　D. 金爵奖
7. 茅盾先生的小说（　　）以20世纪30年代的上海为原型创作。
   A.《春蚕》　　　B.《子夜》　　　C.《秋收》　　　D.《林家铺子》
8. 1912年（　　）创立了中国第一所美术学校。
   A. 刘海粟　　　　B. 关山月　　　　C. 张大千　　　　D. 黄宾虹
9. 上海被誉为"中华商业第一街"的商业街是（　　）。
   A. 淮海路商业街　　　　　　　　　B. 淮海中路商业街
   C. 南京路商业街　　　　　　　　　D. 四川北路商业街
10. 被誉为"中国第一高楼"的上海中心大厦的高度为（　　）。
    A. 621米　　　　B. 623米　　　　C. 632米　　　　D. 635米
11. 有"十里洋场""东方巴黎"称号的是（　　）。
    A. 南京　　　　　B. 无锡　　　　　C. 杭州　　　　　D. 上海
12. 中国南北海岸的中心点为（　　）。
    A. 舟山　　　　　B. 宁波　　　　　C. 上海　　　　　D. 厦门
13. 上海特有的传统民居是（　　）。
    A. 弄堂　　　　　B. 四合院　　　　C. 土楼　　　　　D. 碉房
14. 中国唯一的国家级综合性国际艺术节是（　　）国际艺术节。
    A. 北京　　　　　B. 上海　　　　　C. 广州　　　　　D. 深圳
15. 下列特产美食中，属于上海特产的是（　　）。
    A. 大白兔奶糖、黄桥烧饼　　　　　B. 全蛋萨其马、苏式月饼
    C. 状元糕、高桥松饼　　　　　　　D. 城隍庙的五香豆、八公山豆腐
16. 国务院批复于（　　）设立浦东新区。
    A.1990年　　　　B.1992年　　　　C.1994年　　　　D.1996年
17. 城市轨道交通网络运营里程数居全球第一位的城市是（　　）。
    A. 北京　　　　　B. 天津　　　　　C. 上海　　　　　D. 广州

18. 中国第一部片上发音的影片于（　　）完成。
    A. 1923 年　　　　B. 1927 年　　　　C. 1931 年　　　　D. 1938 年
19. 中国唯一获国际电影制片人协会认证的国际 A 类电影节——上海国际电影节创办于（　　）。
    A. 1982 年　　　　B. 1988 年　　　　C. 1993 年　　　　D. 1996 年
20. 中国第一个国际性电视节——上海电视节创办于（　　）。
    A. 1980 年　　　　B. 1986 年　　　　C. 1991 年　　　　D. 1995 年
21. 中国唯一的国家性综合性国际艺术节——上海国际艺术节创办于（　　）。
    A. 1985 年　　　　B. 1988 年　　　　C. 1995 年　　　　D. 1999 年

三、多项选择题（每题有 2~5 个正确答案，多选、少选或错选均不得分，请将你认为正确的选项填入括号内）

1. 上海独特文化孕育的著名女作家有（　　）。
    A. 王安忆　　　　B. 张爱玲　　　　C. 冰心　　　　D. 丁玲
    E. 庐隐
2. 下列属于上海市国家 5A 级旅游景区的有（　　）。
    A. 东方明珠广播电视塔　　　　B. 上海迪士尼乐园
    C. 上海科技馆　　　　D. 上海野生动物园
    E. 中国共产党一大·二大·四大纪念馆景区
3. 上海本帮菜的代表名菜有（　　）。
    A. 无为熏鸭　　　　B. 响油鳝糊　　　　C. 枫泾丁蹄　　　　D. 腌笃鲜
    E. 松江鲈鱼
4. 下列民俗中，属于上海人的民俗有（　　）。
    A. 前往城内庙中争烧"头香"，撞"头钟"
    B. 商家接财神多供三牲：生猪头、牛、羊
    C. 正月初五为财神（俗称"路头神"）的诞辰，各地都有接财神之举
    D. 在中秋节，有"斋月宫"的民俗
    E. 立冬的一大习俗是"吃青团"
5. 下列属于上海国家级旅游度假区的有（　　）。
    A. 上海野生动物园　　　　B. 上海佘山
    C. 上海朱家角　　　　D. 明珠湖·西沙湿地
    E. 上海国际旅游度假区
6. 巴金在上海创作的长篇小说有（　　）。
    A.《家》　　　　B.《灭亡》　　　　C.《寒夜》　　　　D.《赞歌集》
    E.《随想录》
7. 曾经在上海定居生活过的作家有（　　）。
    A. 鲁迅　　　　B. 茅盾　　　　C. 巴金　　　　D. 张爱玲
    E. 王安忆

第二节 江苏省

一、判断题（判断下列各题是否正确，正确的请在答卷中相应题号后的括号内打"√"，错误的打"×"）

1. 产生于宋朝苏州一带的"江南丝竹"是江苏极具代表性的民间音乐，"丝"指丝弦乐器，"竹"指管乐器。（　　）
2. 江苏省是全国唯一拥有大江、大河、大湖、大海的省份。（　　）
3. 江苏省的气候以淮河、苏北灌溉总渠一线为界，以北属于亚热带湿润季风气候，以南属暖温带湿润、半湿润季风气候。（　　）
4. 江苏人过冬至大如年，人们吃年糕、做汤圆、穿新衣服、祭祀祖先。（　　）
5. 江苏省取江宁、苏州二府之首字而得名。（　　）
6. 1993年发现的下草湾人化石表明，早在50万年前就有古人类在江苏活动。（　　）
7. 江苏铁路交通发达，初步搭建起了江苏长江以北地区的高铁骨架网络，"轨道上的江苏"基本建成。（　　）
8. 自古以来，江苏文化璀璨，人文底蕴深厚，楚汉文化、吴文化、金陵文化、新安文化相互交融。（　　）
9. 江苏省聚力打造制造强省，大力发展电子、电气机械及器材制造、化工等十大支柱产业，培育新一代信息技术、新材料、节能环保等五大战略性新兴产业。（　　）
10. 苏州港是由张家港港、常熟港、镇江港三港合一组建成的港口。（　　）
11. 江苏省的地貌包括平原和山地两种类型。（　　）
12. 在江苏草鞋山遗址发现的距今约6000年的马家浜文化时期的水稻田，是目前中国发现最早有灌溉系统的古稻田。（　　）
13. 清代，浙江地区粮、盐产量雄居全国之首。（　　）
14. 江苏省以高速公路交通发达著称全国。（　　）
15. 太仓港是我国的重要海港，亦是欧亚大陆桥的"东桥头堡"，是第二亚欧大陆桥的东起点，终点在荷兰鹿特丹港。（　　）
16. "太湖三白"是指白鱼、银鱼和白虾。"太湖三宝"指的是银鱼、梅鲚和白虾。（　　）
17. 江苏的农事祭祀风俗中，第一天插秧叫"甩火把"。（　　）

二、单项选择题（下列各题的选项中，只有一项是正确的，请将正确答案的选项填入括号内）

1. 江苏进行探春、采春、迎春和打春及迎春牛和送"春牛图"等活动是在（　　）。
   A. 立春　　　　B. 雨水　　　　C. 惊蛰　　　　D. 春分
2. 素有"东南第一佳味，天下之至美"的美誉是（　　）。
   A. 鲁菜　　　　B. 川菜　　　　C. 淮扬菜　　　　D. 粤菜
3. 汉大赋的开山祖师是西汉淮阴的（　　），他被后人推崇为"文章领袖"。
   A. 贾谊　　　　B. 枚乘　　　　C. 冯衍　　　　D. 左思

4. 中国第一部系统文艺理论巨著《文心雕龙》的作者是（　　）。
   A. 刘勰　　　　　　B. 嵇康　　　　　　C. 阮籍　　　　　　D. 庾信
5. 江苏有农事祭祀风俗，例如，为了防治病虫害，正月半夜要（　　）。
   A. "开秧门"　　　　B. "甩火把"　　　　C. "扫虫"　　　　　D. "庆丰"
6. 被誉为"百戏之祖"的剧种是（　　）。
   A. 淮剧　　　　　　B. 京剧　　　　　　C. 昆曲　　　　　　D. 梆子
7. 江苏省最高峰是连云港云台山的玉女峰，海拔为（　　）。
   A. 224.4 米　　　　B. 424.4 米　　　　C. 624.4 米　　　　D. 824.4 米
8. 江苏省的港口中，被称为欧亚大陆桥的"东桥头堡"的港口是（　　）。
   A. 苏州港　　　　　B. 南京港　　　　　C. 张家港港　　　　D. 连云港港
9. 姜堰溱潼会船代表了（　　）的地域特色文化习俗。
   A. 端午节　　　　　B. 元宵节　　　　　C. 清明节　　　　　D. 中秋节
10. 《春江花月夜》是唐朝江苏诗人（　　）的作品。
    A. 张若虚　　　　　B. 贺知章　　　　　C. 万齐融　　　　　D. 邢巨
11. （　　）素有"二胡之乡"的美誉。
    A. 浙江　　　　　　B. 江苏　　　　　　C. 安徽　　　　　　D. 上海
12. 下列关于江苏民俗的描述中，正确的是（　　）。
    A. 苏南人口味偏甜，嗜品茶
    B. 苏北人重工商，缫丝织布，心灵手巧
    C. 南京秦淮灯会代表了清明节时有地域特色的文化习俗
    D. 江南注重观赏性、娱乐性的同时也注重实用性
13. 江苏省有（　　）国家 5A 级旅游景区。
    A. 23 家　　　　　B. 24 家　　　　　C. 25 家　　　　　D. 26 家
14. 马鞍国际机场位于（　　）。
    A. 南京　　　　　　B. 苏州　　　　　　C. 常州　　　　　　D. 徐州
15. 《好一朵茉莉花》是（　　）的民歌。
    A. 浙江省　　　　　B. 安徽省　　　　　C. 江苏省　　　　　D. 江西省
16. 在下列省级行政区中，平原面积占比居中国首位的是（　　）。
    A. 浙江省　　　　　B. 安徽省　　　　　C. 江苏省　　　　　D. 湖北省
17. 中国地势最低的省份是（　　）。
    A. 广东省　　　　　B. 江西省　　　　　C. 福建省　　　　　D. 江苏省
18. 世界上第一个野生麋鹿保护区建在（　　）。
    A. 浙江省　　　　　B. 江苏省　　　　　C. 福建省　　　　　D. 广东省

三、多项选择题（每题有 2~5 个正确答案，多选、少选或错选均不得分，请将你认为正确的选项填入括号内）

1. 江苏省有大小湖泊 290 多个，其中（　　）为全国第三、第四大淡水湖。
   A. 鄱阳湖　　　　　B. 洞庭湖　　　　　C. 太湖　　　　　　D. 洪泽湖
   E. 巢湖

2. 历史上，江苏涌现出了（　　）等著名文学家。
   A. 朱自清　　　　B. 徐悲鸿　　　　C. 叶圣陶　　　　D. 钱钟书
   E. 刘海粟

3. 下列世界遗产全部或者部分位于江苏省的有（　　）。
   A. 苏州古典园林　　B. 大运河　　C. 明清皇家陵寝　　D. 丝绸之路
   E. 中国黄（渤）海候鸟栖息地（第一期）

4. 下列菜肴中，属于淮扬菜的代表名菜有（　　）。
   A. 三套鸭　　　　B. 叫花鸡　　　　C. 问政山笋　　　　D. 大煮干丝
   E. 清炖蟹粉狮子头

5. 截至 2024 年 6 月底，江苏省的国家级旅游度假区有（　　）等。
   A. 南京汤山　　　B. 常州太湖湾　　C. 天目湖　　　　D. 阳澄湖半岛
   E. 宿迁骆马湖

6. 江苏省内的平原有（　　）。
   A. 苏北平原　　　B. 黄淮平原　　　C. 江淮平原　　　D. 滨海平原
   E. 长江三角洲平原

7. 明朝时期，当时的全国丝织业三大中心有（　　）。
   A. 无锡　　　　　B. 苏州　　　　　C. 杭州　　　　　D. 南京
   E. 宁波

8. 被誉为"长江三鲜"的鱼是（　　）。
   A. 鲟鱼　　　　　B. 鲥鱼　　　　　C. 河豚　　　　　D. 鳗鲡
   E. 刀鱼

9. 下列著名人物中，与江苏有关的有（　　）。
   A. 枚乘　　　　　B. 李煜　　　　　C. 张旭　　　　　D. 朱自清
   E. 张若虚

10. 下列传统工艺品，属于江苏省的有（　　）。
    A. 惠山泥人　　　B. 桃花坞年画　　C. 宜兴紫砂壶　　D. 云锦
    E. 昌化鸡血石雕

第三节　浙江省

一、判断题（判断下列各题是否正确，正确的请在答卷中相应题号后的括号内打"√"，错误的打"×"）

1. 浙江省境内最大的河流钱塘江，因江流曲折，称"之江"，又称"浙江"，省以江名，简称"浙"。（　　）
2. 浙江这片土地孕育的吴越文化、宋韵文化、南孔文化、阳明文化等独树一帜。（　　）
3. 浙江是中国岛屿最多的省份，舟山岛为中国第三大岛。（　　）
4. 浙江地处亚热带中部，属季风性湿润气候。（　　）
5. 距今 7000—5000 年的河姆渡文化，发现了最早的榫卯构件，出土了大量保存完好的

稻米，证明当时浙江先民已能人工栽培水稻。（ ）
6. 杭州湾跨海大桥北起嘉兴海宁郑家埭，南至宁波慈溪水路湾，全长36千米。（ ）
7. 2023年，宁波舟山港货物吞吐量13.2亿吨，连续15年居全球第一。（ ）
8. 1922年在上海成立的湖畔诗社是我国第一个新诗社。（ ）
9. 目前，浙江正在打造浙东唐诗之路、大运河诗路、钱塘江诗路和瓯江山水诗路"四条诗路"旅游线。（ ）
10. 丽水设有全国唯一的畲族自治地区——景宁畲族自治县，是华东地区唯一的民族自治区域。（ ）
11. 富春江九姓渔民的"水上婚礼"，以"抛新娘"的水上婚俗最为奇特。（ ）
12. 浙江省生产民俗有象山县的中国开渔节、湖州含山的蚕花节等。（ ）
13. 湖州市的五芳斋粽子号称"江南粽子大王"。（ ）
14. 浙江省最大的人工湖泊是新安江水电站建成后形成的千岛湖。（ ）
15. 湖州市区南部钱山漾遗址出土的一批珍贵的丝麻织物，证明了四五千年以前，浙江先民已开始养蚕缫丝。（ ）
16. 杭州湾跨海大桥通车，标志着浙江全域实现"县县通高速"。（ ）
17. 1928年，蔡元培亲自主持建立杭州国立西湖艺术院（中国美术学院前身），杭州成为中国美术重镇。（ ）
18. 浙江工艺品以"浙江三雕一塑"著称，即东阳木雕、昌化鸡血石雕、青田石雕和瓯塑。（ ）
19. 浙江省的旅游宣传口号是"诗画江南，山水浙江"。（ ）
20. 钱塘江大潮，被誉为"最壮观的海潮"。因嘉兴海宁盐官镇为最佳观潮胜地，也被人们称为"海宁潮"。（ ）
21. 浙江是中国高产综合性农业区，茶叶、蚕丝、海鲜和粮食等在中国占有重要地位。（ ）
22. 义乌国际商贸城是全球最大的小商品集散地，是"无所不有"的世界超市，享有"小商品海洋，购物者天堂"的美誉。（ ）
23. 杭州是2016年G20峰会举办地，也是2023年第19届亚运会举办地。（ ）
24. 青田县毛竹蓄积量和商品竹均名列全国第一，是著名的"中国竹乡"。（ ）
25. 六朝以后，浙江文学逐渐兴起。南渡的李清照和世居钱塘的朱淑真乃宋代女作家的双子星座。（ ）
26. 2019年，由西泠印社领衔申报的"中国篆刻"被列入《人类非物质文化遗产代表作名录》。（ ）
27. 2023年杭州第19届亚运会的主题口号是"心心相融，@未来"。（ ）
28. 杭州奥体中心体育场俗称"大莲花"与杭州奥体中心网球中心俗称"小莲花"，交相辉映。（ ）
29. "大莲花"首创的"旋转开闭屋盖"功能，能够根据天气情况进行开合。（ ）
30. 杭州国家版本馆是新时代的文化地标，是国家站在文化安全和文化复兴战略高度上谋划的用以存放保管文明"金种子"的"库房"，也称"中华文明种子基因库"。（ ）

31. 乌镇是典型的中国江南水乡古镇,素有"鱼米之乡、丝绸之府"之称和"中国最后的枕水人家"之誉。（　　）
32. 浙江电子商务、物流、服装、旅游等产业优势明显。（　　）

二、单项选择题（下列各题的选项中,只有一项是正确的,请将正确答案的选项填入括号内）

1. 东西和南北的直线距离均为450千米左右的省份是（　　）。
   A. 江苏　　　　B. 浙江　　　　C. 福建　　　　D. 江西
2. 浙江地形有（　　）之说,龙泉境内海拔1929米的黄茅尖为浙江最高峰。
   A. "五山二水三分田"　　　　B. "六山一水三分田"
   C. "七山一水两分田"　　　　D. "八山一水一分田"
3. 迄今为止发现的浙江省最早的古人类化石是5万年前的（　　）化石。
   A. 建德人　　　B. 河姆渡人　　C. 良渚人　　　D. 马家浜人
4. 在浙江发现七八千年前的"独木舟"属于（　　）。
   A. 河姆渡文化　B. 马家浜文化　C. 跨湖桥文化　D. 良渚文化
5. 沿海的宁波、（　　）与舟山群岛之间每天都有多班客轮往返,形成了中国最为繁忙的海上客运"金三角"。
   A. 上海　　　　B. 温州　　　　C. 台州　　　　D. 绍兴
6. "浙江"作为行政区名称自（　　）始。
   A. 秦朝　　　　B. 汉朝　　　　C. 隋朝　　　　D. 唐朝
7. 文学史上存诗最多的诗人是（　　）。
   A. 李白　　　　B. 杜甫　　　　C. 苏轼　　　　D. 陆游
8. 在地方戏曲百花园中,（　　）独树一帜,是中国第二大剧种,有"第二国剧"之称。
   A. 豫剧　　　　B. 黄梅戏　　　C. 越剧　　　　D. 评剧
9. 浙江省有4处世界遗产,分别是西湖、中国大运河（杭州段）、良渚古城遗址公园和（　　）。
   A. 雁荡山　　　B. 普陀山　　　C. 天台山　　　D. 江郎山
10. 遵循"绿水青山就是金山银山"的重要理念,作为高质量发展建设共同富裕示范区的（　　）,美丽乡村建设走在了全国前列,全域旅游生机勃勃。
    A. 广东省　　　B. 福建省　　　C. 浙江省　　　D. 山东省
11. 中国最大的渔场（　　）,素有"东海鱼仓"和"中国渔都"之美称。
    A. 黄渤海渔场　B. 舟山渔场　　C. 南海渔场　　D. 北部湾渔场
12. 海宁观潮节现已形成"一潮三看四景"的追潮旅游,其中在盐官看（　　）。
    A. "碰头潮"　　B. "回头潮"　　C. "一线潮"　　D. "半夜潮"
13. 浙江省2024年新增的国家5A级旅游景区是（　　）。
    A. 台州府城文化旅游区　　　　B. 天一阁·月湖景区
    C. 缙云仙都景区　　　　　　　D. 云和梯田景区
14. 自称"山哈",意为"山里的客人",该民族是（　　）。
    A. 高山族　　　B. 畲族　　　　C. 苗族　　　　D. 壮族

15. 以"色绿、香郁、味甘、形美"四绝著称的名茶是（　　）。
    A. 龙井茶　　　　B. 铁观音　　　　C. 君山银针　　　　D. 大红袍

16. "凤凰装"是少数民族（　　）代表性的传统服装。
    A. 瑶族　　　　　B. 彝族　　　　　C. 畲族　　　　　　D. 黎族

17. 浙江省域品牌主题词（　　）是高质量发展建设共同富裕示范区图景与动力的鲜明描述。
    A. "诗画江南、活力浙江"　　　　　B. "诗画江南、山水浙江"
    C. "诗画江南、魅力浙江"　　　　　D. "诗画江南、美丽浙江"

18. "东方文化名湖"（　　）是中国唯一一个湖泊类文化遗产。
    A. 鄱阳湖　　　　B. 杭州西湖　　　C. 洞庭湖　　　　　D. 太湖

19. 随着2023年第19届亚运会在杭州成功举办，一组名为（　　）的亚运吉祥物，装点着杭城，深受人们喜爱。
    A. "忆杭州"　　　B. "忆江南"　　　C. "杭州忆"　　　　D. "江南忆"

20. 2023年杭州第19届亚运会3个吉祥物中，代表世界遗产良渚古城遗址的是（　　）。
    A. 淙淙　　　　　B. 琮琮　　　　　C. 莲莲　　　　　　D. 宸宸

21. 2023年杭州第19届亚运会3个吉祥物中，代表世界遗产西湖的是（　　）。
    A. 淙淙　　　　　B. 琮琮　　　　　C. 莲莲　　　　　　D. 宸宸

22. 2023年杭州第19届亚运会3个吉祥物中，代表世界遗产京杭大运河的是（　　）。
    A. 淙淙　　　　　B. 琮琮　　　　　C. 莲莲　　　　　　D. 宸宸

23. 杭州国家版本馆，又名（　　）、中国国家版本馆杭州分馆，是中国国家版本馆总馆异地灾备库、江南特色版本库，以及华东地区版本资源集聚中心。
    A. 文瀚阁　　　　B. 文济阁　　　　C. 文润阁　　　　　D. 文沁阁

24. 中国国家版本馆是保藏、展示国家版本资源的场馆，中央总馆名为（　　）。
    A. 文瀚阁　　　　B. 文济阁　　　　C. 文润阁　　　　　D. 文沁阁

25. 中国国家版本馆是保藏、展示国家版本资源的场馆，西安分馆名为（　　）。
    A. 文瀚阁　　　　B. 文济阁　　　　C. 文润阁　　　　　D. 文沁阁

26. 中国国家版本馆是保藏、展示国家版本资源的场馆，广州分馆名为（　　）。
    A. 文瀚阁　　　　B. 文济阁　　　　C. 文润阁　　　　　D. 文沁阁

27. 世界互联网大会的永久会址在中国江南水乡古镇（　　）。
    A. 乌镇　　　　　B. 南浔　　　　　C. 周庄　　　　　　D. 西塘

三、多项选择题（每题有2~5个正确答案，多选、少选或错选均不得分，请将你认为正确的选项填入括号内）

1. 浙江省四大名湖指的是（　　）。
   A. 杭州西湖　　　B. 绍兴东湖　　　C. 嘉兴南湖　　　　D. 宁波东钱湖
   E. 淳安千岛湖

2. 浙江省下辖11个地级市，其中（　　）是副省级城市。
   A. 杭州　　　　　B. 温州　　　　　C. 宁波　　　　　　D. 绍兴
   E. 金华

3. 历史上，在杭州定都过的政权有（　　）。
   A. 东吴　　　　B. 吴越国　　　　C. 南唐　　　　D. 北宋
   E. 南宋

4. 浙江民俗活动丰富多彩，下列活动中，属于节日民俗的有（　　）。
   A. 绍兴祝福　　　　　　　　　B. 缙云祭祀黄帝大典
   C. 泰顺百家宴　　　　　　　　D. 宁海"十里红妆"
   E. 苏庄舞草龙

5. 当代中国四大文学奖（　　）中，以浙江籍作家命名的有两项。
   A. 老舍文学奖　　B. 茅盾文学奖　　C. 巴金文学奖　　D. 鲁迅文学奖
   E. 曹禺戏剧文学奖

6. 并称为"浙江四大曲种"的地方曲艺有（　　）。
   A. 绍兴莲花落　　B. 宁波走书　　C. 金华道情　　D. 杭州小热昏
   E. 温州鼓词

7. 西泠印社创建于清光绪三十年（1904年），下列关于西泠印社的描述正确的有（　　）。
   A. 由皖派篆刻家发起创建
   B. 吴昌硕为第一任社长
   C. 以"保存金石，研究印学，兼及书画"为宗旨
   D. 是海内外历史最悠久、成就最高、影响最广的研究金石篆刻、书画的民间艺术团体
   E. 有"天下第一名社"之誉

8. 浙江民俗内容丰富，底蕴深厚，包括（　　），已成为旅游活动的重要特色。
   A. 山地文化　　B. 平原文化　　C. 海洋文化　　D. 商贸文化
   E. 流寓文化

9. 畲族是浙江人口最多的少数民族，下列关于畲族的描述正确的有（　　）。
   A. 畲族多为清朝初年从福建迁来
   B. 相传盘瓠为其祖先，育有三男一女
   C. 盘瓠的三个儿子分别姓盘、蓝、钟，女婿姓雷
   D. 畲族女性的传统服装"凤凰装"十分精致美观
   E. 畲族"惠明茶"历史悠久，明清时期曾被列为贡品

10. "丽水三宝"指的是（　　）。
    A. 龙泉青瓷　　B. 龙泉宝剑　　C. 遂昌竹炭　　D. 景宁惠明茶
    E. 青田石雕

11. 以下关于浙菜的描述，正确的有（　　）。
    A. 宋嫂鱼羹是杭州传统名菜
    B. 宁波菜烹饪上讲究"二轻一重"
    C. 金华菜以火腿为原料是其最大特色
    D. 雪菜大黄鱼是绍兴传统名菜
    E. 温州菜注重"鲜咸合一"

12. 下列关于良渚遗址的描述正确的有（　　）。

A. 良渚遗址距今 5300—4300 年
B. 2017 年,良渚遗址又发现了 5000 年前的古城,被誉为"中华第一城"
C. 良渚古城外围水利系统是迄今所知中国最早的大型水利工程,也是世界最早的水坝
D. 良渚古城遗址是人类早期城市文明的范例,实证了中华 5000 年文明史
E. 2019 年,良渚古城遗址被列入《世界遗产名录》

第四节 安徽省

一、判断题(判断下列各题是否正确,正确的请在答卷中相应题号后的括号内打"√",错误的打"×")

1. 安徽省的省名取自明朝安庆、徽州两府首字合成,因境内有皖山、春秋时期有古皖国而简称"皖"。( )
2. 安徽省地形地貌呈现多样性,中国两条重要的河流——长江和钱塘江自西向东横贯全境,把全省分为淮北平原、江淮丘陵、皖南山区 3 个自然区域。( )
3. 安徽省最高的山峰为天柱山的主峰天柱峰。( )
4. 安徽省的气候以淮河为分界线,淮河以北属暖温带半湿润季风气候,淮河以南属亚热带湿润季风气候。( )
5. 起源于安徽的徽商重视文化教育,经商崇尚信义,以义为利,"贾而好儒""贾儒结合",有"儒商"之称。( )
6. 黄山茶道指的是沏、品黄山茶的程序,包括烹汤、涤器、投茶、注汤、敬茶、闻香、论茶等 15 道程序。( )
7. 安徽铜陵的铁画,黑白分明,虚实相间,苍劲凝重,豪放潇洒,既有国画之意境,又有雕塑的立体感。( )
8. 在中国历次十大名茶评比中,安徽黄山毛峰、祁门红茶、太平猴魁、六安瓜片等多次入围。( )
9. 1952 年合并皖南、皖北行署,设立安徽省,省会设于芜湖市。( )
10. 安徽的地理位置在中国交通干线网中具有承东启西的作用,已形成快速畅通的公路、铁路、航空、水运交通网络。( )
11. 我国历史上的夏禹,与安徽有密切的关系。( )
12. 安徽省是中华文明的重要发祥地之一,目前发现最早的人类活动可追溯到 300 万年前。( )
13. 安徽满族主要分布在合肥一带,以"完颜"为姓,自明朝初期就生活在这里。( )
14. 徽派建筑中,以皖南古村落西递、宏村粉墙黛瓦马头墙的为代表特色。( )
15. 安徽的"文房四宝"为宣笔、宣纸、徽墨、歙砚。( )
16. 安徽涌现出老子、孟子、庄子、管子等一批著名历史人物。( )
17. 新安理学其奠基人程颢、程颐及集大成者朱熹的祖籍均在安徽的桐城。( )
18. 安徽省的特色农业品牌有徽茶、亳药、霍山石斛、长丰草莓、砀山酥梨等。( )

二、单项选择题（下列各题的选项中，只有一项是正确的，请将正确答案的选项填入括号内）

1. 安徽的（　　）被誉为"酥梨之乡"。
   A. 歙县　　　　　B. 砀山　　　　　C. 宁国　　　　　D. 祁门

2. 安徽的"枇杷之乡"是（　　）。
   A. 砀山　　　　　B. 歙县　　　　　C. 宁国　　　　　D. 祁门

3. 安徽省的国家级旅游度假区有（　　）和黄山黟县国际乡村旅游度假区。
   A. 皖南古村落——西递、宏村　　　　B. 宣城市绩溪县龙川景区
   C. 黄山市徽州区古徽州文化旅游区　　D. 合肥市巢湖半汤温泉养生度假区

4. 安徽省的（　　）主要分布在宁国市。
   A. 满族　　　　　B. 回族　　　　　C. 畲族　　　　　D. 苗族

5. 安徽省的地形地貌分为3个自然区域，其中以黄山、九华山为代表的山岳风光位于（　　）区域。
   A. 淮北　　　　　B. 江淮　　　　　C. 皖南　　　　　D. 江北

6. 老庄道家学派产生于（　　）。
   A. 长江流域　　　B. 黄河流域　　　C. 淮河流域　　　D. 新安江流域

7. 以京剧、黄梅戏徽剧为代表的戏剧文化属于安徽文化中的（　　）。
   A. 淮河文化　　　B. 新安文化　　　C. 皖江文化　　　D. 庐州文化

8. 我国清代文坛最大的散文流派是桐城派，其早期的重要作家均为清代安徽桐城人。下列属于桐城派代表人物的是（　　）。
   A. 方苞、刘大櫆、姚鼐　　　　　　B. 方苞、吴敬梓、姚鼐
   C. 方苞、刘大櫆、袁枚　　　　　　D. 方苞、吴敬梓、梁启超

9. 下列文化名人中，与安徽有关的是（　　）。
   A. 陈独秀、丁汝昌、蔡元培　　　　B. 胡适、詹天佑、陈寅恪
   C. 李鸿章、吴作人、郭沫若　　　　D. 李鸿章、朱光潜、陶行知

10. 安徽被称为"中国戏曲之乡"，其中被誉为"东方芭蕾"的戏曲是（　　）。
    A. 徽剧　　　　　B. 黄梅戏　　　　C. 傩戏　　　　　D. 花鼓灯

11. 被称为"东方日内瓦湖"的是（　　）。
    A. 巢湖　　　　　B. 龙子湖　　　　C. 太平湖　　　　D. 鄱阳湖

12. 安徽省的满族主要分布在（　　）。
    A. 肥西　　　　　B. 肥东　　　　　C. 长丰县　　　　D. 定远县

13. 安徽省有（　　）国家5A级旅游景区。
    A. 10家　　　　　B. 11家　　　　　C. 12家　　　　　D. 13家

14. 下列特色食品中，产地在安徽的食品有（　　）。
    A. 无为熏鸭　　　B. 血粑鸭子　　　C. 盐水鸭　　　　D. 三套鸭

15. 下列关于安徽的描述，正确的是（　　）。
    A. 安徽省的江淮区域是一望无际的大平原，土地平坦肥沃
    B. 淮河以南属于暖温带半湿润季风气候

C. "和田猿人"遗址表明250万年前我们的祖先就在这片土地上繁衍生息
D. 安徽省现有6个民用运输机场

16. 徽商从（　　）开始崛起，开始对全国产生重要影响。
 A. 宋朝　　　　　　B. 元朝　　　　　　C. 明朝　　　　　　D. 清朝
17. 安徽凤阳小岗村在（　　）首先实行了"大包干"，拉开了中国农村改革大幕。
 A.1976年　　　　　B.1977年　　　　　C.1978年　　　　　D.1979年
18. 世界特有的野生动物扬子鳄和白鳍豚就产在长江流域的（　　）段。
 A. 四川省　　　　　B. 安徽省　　　　　C. 湖北省　　　　　D. 江苏省
19. 皖江文化是以（　　）为中心的古皖文化，是江淮文化的发祥地。
 A. 桐城　　　　　　B. 宁国　　　　　　C. 界首　　　　　　D. 潜山

三、多项选择题（每题有2~5个正确答案，多选、少选或错选均不得分，请将你认为正确的选项填入括号内）

1. 新石器时代，安徽受到（　　）的共同影响。
 A. 仰韶文化　　　　B. 龙山文化　　　　C. 河姆渡文化　　　D. 青莲岗文化
 E. 印纹釉陶文化
2. 新安理学的奠基人有（　　）。
 A. 程颢　　　　　　B. 程颐　　　　　　C. 朱熹　　　　　　D. 方苞
 E. 姚鼐
3. 下列属于安徽省的国家5A级旅游景区有（　　）。
 A. 天柱山风景区　　　　　　　　　　B. 黄山风景区
 C. 黟县皖南古村落——西递宏村　　　D. 天堂寨旅游景区
 E. 九华山风景区
4. 下列菜肴中，属于徽菜的代表名菜有（　　）。
 A. 一品锅　　　　　B. 臭鳜鱼　　　　　C. 清蒸石鸡　　　　D. 问政山笋
 E. 毛豆腐
5. 下列土特产品中，产地为安徽的有（　　）。
 A. 祁门红茶　　　　B. 太平猴魁　　　　C. 古井贡酒　　　　D. 惠山泥人
 E. 巢湖银鱼
6. 安徽文化主要由（　　）组成。
 A. 海派文化　　　　B. 淮河文化　　　　C. 新安文化　　　　D. 皖江文化
 E. 庐州文化
7. 我国清代文坛上最大的散文流派——桐城派的代表人物有（　　）。
 A. 姚鼐　　　　　　B. 方苞　　　　　　C. 朱熹　　　　　　D. 李公麟
 E. 刘大櫆
8. 下列属于安徽的戏曲有（　　）。
 A. 徽剧　　　　　　B. 昆曲　　　　　　C. 花鼓灯　　　　　D. 黄梅戏
 E. 池州的傩戏

第五节 福建省

一、判断题（判断下列各题是否正确，正确的请在答卷中相应题号后的括号内打"√"，错误的打"×"）

1. 福建省的省会为厦门市。（　）
2. 福建省以侵蚀海岸为主，鼓浪屿为全省第一大岛。（　）
3. 福建地势总体上东南高、西北低，横断面略呈马鞍形。（　）
4. 福建海运自古发达，宋时泉州为世界大商港之一。（　）
5. 妈祖原名林默，宋朝人，她一生奔波海上，救急扶危，人们将妈祖奉为名副其实的"海上女神"。（　）
6. 福建最主要的五大剧种是闽剧、莆仙戏、梨园戏、高甲戏、粤剧。（　）
7. 2009年，"妈祖信俗"被联合国教科文组织列入《人类非物质文化遗产代表作名录》。（　）
8. 福建人讲究茶艺，其中乌龙茶茶艺有36道。（　）
9. 福建茶叶最著名的是红茶，其主要代表是安溪铁观音、武夷山岩茶。（　）
10. 荔枝是福建省特产水果，味甜品优，营养丰富。（　）
11. 闽南文化包括建筑文化、民俗文化、宗教文化、民间艺术、宗族文化及方言等。（　）
12. 南音是福建省闽南地区的传统音乐，2009年被联合国教科文组织列入《人类非物质文化遗产代表作名录》。（　）
13. 盘歌会是畲族最隆重、最虔诚的信仰习俗活动。（　）
14. 凤凰装是畲族女性的传统服饰，以其独特的凤凰形态设计而闻名。（　）
15. 福建海边有三大渔女：惠安女、浔埔女和湄洲女。其中惠安女服饰和湄洲女习俗被列入国家级非物质文化遗产代表性项目名录。（　）
16. 三明宁化石壁作为客家早期的聚散中心，成为世界客家的祖地。（　）
17. 朱熹是明代理学的集大成者，他所创立的闽学体系包含丰富的哲学思想、人文精神、道德理念，被称为朱子文化，对后世影响深远。（　）

二、单项选择题（下列各题的选项中，只有一项是正确的，请将正确答案的选项填入括号内）

1. 福建最长的河流是（　）。
   A. 九龙江　　　　B. 晋江　　　　C. 闽江　　　　D. 汀江
2. 福建海岸线的长度居全国第（　）位。
   A. 1　　　　　　B. 2　　　　　　C. 3　　　　　　D. 4
3. 福建省第一大岛是（　）。
   A. 金门岛　　　　B. 海坛岛　　　C. 鼓浪屿　　　D. 三都岛
4. 闽南语起源于（　）。

A. 福州　　　　　B. 潮州　　　　　C. 泉州　　　　　D. 厦门

5. 被称为"福州戏"的是（　　）。
   A. 闽剧　　　　　B. 莆仙戏　　　　C. 高甲戏　　　　D. 芗剧

6. 属于清朝福建的（　　）是"睁眼看世界第一人"。
   A. 严复　　　　　B. 陈嘉庚　　　　C. 沈葆桢　　　　D. 林则徐

7. 福建有四大平原，面积最大的是（　　）。
   A. 福州平原　　　B. 兴化平原　　　C. 漳州平原　　　D. 泉州平原

8. 福建靠近北回归线，背山面海，受季风环流和地形的影响，形成暖热湿润的（　　）。
   A. 亚热带季风气候
   B. 南亚热带气候
   C. 亚热带海洋性季风气候
   D. 中亚热带气候

9. 闽东南沿海地区属（　　）。
   A. 南亚热带气候
   B. 中亚热带气候
   C. 亚热带季风气候
   D. 亚热带海洋性季风气候

10. （　　）朝时期置福建行中书省。
    A. 唐　　　　　　B. 宋　　　　　　C. 元　　　　　　D. 明

11. 福建的（　　）核电站是中国第一座在海岛上建设的核电站。
    A. 福清　　　　　B. 宁德　　　　　C. 漳州　　　　　D. 霞浦

12. 送王船是闽南人表达对海洋的敬畏和感恩而举行的一种祭祀活动，拥有600年的历史，广泛流行于中国闽南地区和（　　）马六甲沿海地区。
    A. 新加坡　　　　B. 菲律宾　　　　C. 马来西亚　　　D. 印度尼西亚

13. 闽南文化始于（　　）。
    A. 夏朝　　　　　B. 商朝　　　　　C. 周朝　　　　　D. 秦朝

14. 福建省的形象宣传口号是（　　）。
    A. "好客福建"　　B. "多彩福建"　　C. "清新福建"　　D. "清爽福建"

15. 武夷岩茶是中国传统名茶，产于（　　）的武夷山一带。
    A. 闽北　　　　　B. 闽东　　　　　C. 闽南　　　　　D. 闽西

16. （　　）是全国最大的鞋业信息基地，形成了鞋产品生产、加工、贸易的完整产业链，为中国一体化鞋链的纽带。
    A. 浙江温州　　　B. 福建莆田　　　C. 浙江义乌　　　D. 福建晋江

17. 最著名的武夷岩茶是（　　）。
    A. 大红袍茶　　　B. 白鸡冠　　　　C. 铁罗汉　　　　D. 水金龟

18. 福建省的特产水果是（　　）。
    A. 柑橘　　　　　B. 龙眼　　　　　C. 荔枝　　　　　D. 香蕉

19. 福建（　　）剪纸艺术源远流长，以构图丰满匀称、对称平衡、线条连贯简练、连接自然、细腻雅致著称，作为"中国剪纸"的子项，被列入《人类非物质文化遗产代表作名录》。
    A. 泉州　　　　　B. 漳浦　　　　　C. 宁德　　　　　D. 厦门

三、多项选择题（每题有2~5个正确答案，多选、少选或错选均不得分，请将你认为正确的选项填入括号内）

1. 福建省水系密布，河流众多，主要有（　　）。
   A. 九龙江　　　B. 信江　　　C. 交溪　　　D. 汀江
   E. 晋江

2. 福建省岛屿众多，星罗棋布，主要有（　　）。
   A. 金门岛　　　B. 南日岛　　　C. 海坛岛　　　D. 舟山岛
   E. 三都岛

3. 下列属于福建世界遗产项目的有（　　）。
   A. 武夷山　　　B. 福建土楼　　　C. 三明泰宁丹霞　　　D. 厦门鼓浪屿
   E. 宁化天鹅洞群

4. 下列菜品中，属于闽东菜的有（　　）。
   A. 鸡汤氽海蚌　　　B. 鸡蓉金丝笋　　　C. 佛跳墙　　　D. 醉糟鸡
   E. 荔枝肉

5. 下列小吃中，属于福建的有（　　）。
   A. 蚝仔煎　　　B. 锅边糊　　　C. 土笋冻　　　D. 担担面
   E. 赖汤圆

6. 与近代福建船政文化有关的两位历史人物是（　　）。
   A. 林则徐　　　B. 李鸿章　　　C. 左宗棠　　　D. 盛世才
   E. 沈葆桢

7. 与近代福建船政文化有关的景点是（　　）。
   A. 罗星塔公园
   B. 马限山公园
   C. 马江海战纪念馆
   D. 三明宁化石壁
   E. 昭忠祠

8. 福建最主要的五大剧种是闽剧、（　　）。
   A. 莆仙戏　　　B. 梨园戏　　　C. 高甲戏　　　D. 芗剧
   E. 采茶戏

9. 福建是（　　）的发源地。
   A. 绿茶　　　B. 乌龙茶　　　C. 红茶　　　D. 白茶
   E. 茉莉花茶

10. 福建乌龙茶最主要的代表是（　　）。
    A. 安溪铁观音　　　B. 泉州黄金桂　　　C. 漳平水仙　　　D. 泉州永春佛手
    E. 武夷岩茶

11. 福建三大特色产业集群是（　　）。
    A. 武夷岩茶　　　B. 福建食用菌　　　C. 小龙虾　　　D. 蚕丝
    E. 闽西禽蛋

第六节 江西省

一、判断题（判断下列各题是否正确，正确的请在答卷中相应题号后的括号内打"√"，错误的打"×"）

1. 江西省的地形以平原、丘陵为主。（　）
2. 铜、钨、铀、钽、稀土、金、银被誉为江西的"七朵金花"。（　）
3. 客家是汉民族共同体的一个分支，祖籍中原，自东晋以来，由于战乱、灾荒等种种原因，客家先民不得不举族而迁，定居在赣、闽、粤三省毗邻的山区。（　）
4. 江西有三大世界遗产。（　）
5. 江西的旅游资源可以概括为"四大名山""四大摇篮""四大千年""六个一"。（　）
6. 江西"四大名山"指秀甲天下庐山、革命摇篮井冈山、峰林奇观三清山、道教祖庭阁皂山。（　）
7. 第二次国内革命战争时期，中国共产党领导人民群众先后在江西建立了大片革命根据地。（　）
8. 傩舞是赣傩的主要表演形式，素有中国舞蹈"活化石"之称。（　）
9. 唐代的高安桂岩书院和德安义门东佳书院都是我国设立较早的书院。（　）
10. 清代改江西布政使司为江西省，行政区域基本承袭明建制。（　）
11. 江西省中药材资源丰富，医药产业发达，医药产业集群入选中国县城产业集群竞争力100强。（　）
12. 景德镇陶瓷始于汉，明真宗时将年号景德赐给该镇，于是景德镇瓷器驰名天下。（　）
13. 国内最大的陶瓷交易综合体为景德镇国际陶瓷博览交易中心（陶博城）。（　）

二、单项选择题（下列各题的选项中，只有一项是正确的，请将正确答案的选项填入括号内）

1. 傩舞是广泛流传于各地的一种具有驱鬼逐疫、祭祀功能的民间舞，历史悠久，成型于（　）。
   A. 夏朝　　　　B. 商朝　　　　C. 周朝　　　　D. 秦朝
2. （　）理学家朱熹重兴的白鹿洞书院享有"海内第一书院"的美誉。
   A. 唐代　　　　B. 宋代　　　　C. 元代　　　　D. 明代
3. 中国第一大淡水湖是（　）。
   A. 太湖　　　　B. 洞庭湖　　　　C. 鄱阳湖　　　　D. 洪泽湖
4. 中华人民共和国的摇篮是（　）。
   A. 井冈山　　　　B. 南昌　　　　C. 瑞金　　　　D. 安源
5. 享有"海内第一书院"美誉的是（　）。
   A. 白鹿洞书院　　B. 鹅湖书院　　C. 白鹭洲书院　　D. 华林书院
6. 首创学术自由争辩之风的书院是（　）。

A. 白鹿洞书院　　　B. 鹅湖书院　　　C. 白鹭洲书院　　　D. 华林书院

7. 以"白如玉、明如镜、薄如纸、声如磬"的特色闻名中外的瓷器是（　　）。
   A. 钧瓷　　　　　B. 汝瓷　　　　　C. 龙泉瓷器　　　D. 景德镇瓷器

8. 曾获巴拿马国际食品博览会金奖的是（　　）。
   A. 遂川狗牯脑茶　　　　　　　　　B. 婺源婺绿
   C. 修水红茶　　　　　　　　　　　D. 庐山云雾茶

9. 江西唯一的国家名酒是（　　）。
   A. 四特酒　　　　B. 李渡酒　　　　C. 章贡酒　　　　D. 堆花酒

10. 历史上曾是皇室贡品的水果是（　　）。
    A. 赣州脐橙　　　B. 遂川金橘　　　C. 南丰蜜橘　　　D. 南康早熟柚

11. （　　）开始确立行中书省（简称"行省"）制度。江西行省辖区远远大于今天的江西省区。
    A. 汉朝　　　　　B. 唐朝　　　　　C. 宋朝　　　　　D. 元朝

12. （　　）产业集群是江西省发展的特色产业集群。
    A. 小龙虾　　　　B. 稻米　　　　　C. 食用菌　　　　D. 茶叶

13. 江西省的省会是（　　）。
    A. 九江　　　　　B. 南昌　　　　　C. 赣州　　　　　D. 吉安

14. （　　）是亚洲超大型铜工业基地之一，有"世界钨都""中国铜都"的美誉。
    A. 江西　　　　　B. 贵州　　　　　C. 云南　　　　　D. 湖南

15. "四个千年"——千年瓷都景德镇、千年名楼滕王阁、千年书院白鹿洞、千年古寺东林寺属于（　　）省。
    A. 湖北　　　　　B. 江西　　　　　C. 福建　　　　　D. 湖南

16. （　　）是著名的"中国面包之乡"。
    A. 江西抚州资溪县　　　　　　　　B. 江西鹰潭市
    C. 江西丰城市　　　　　　　　　　D. 江西贵溪市

17. （　　）有"中式糕点之乡""中国桃酥之乡"的美誉。
    A. 江西抚州资溪县　B. 江西鹰潭市　　C. 江西丰城市　　D. 江西贵溪市

18. 位于江西的著名医药制造企业是（　　）。
    A. 鲁南医药　　　B. 复星医药　　　C. 振东制药　　　D. 江中集团

19. 景德镇陶瓷始于（　　）。
    A. 商朝　　　　　B. 周朝　　　　　C. 汉朝　　　　　D. 魏晋南北朝

三、多项选择题（每题有2~5个正确答案，多选、少选或错选均不得分，请将你认为正确的选项填入括号内）

1. 江西省地形以（　　）为主。
   A. 丘陵　　　　　B. 山地　　　　　C. 盆地　　　　　D. 平原
   E. 谷地

2. 江西省有五大水系，主要包括（　　）。
   A. 抚河　　　　　B. 信江　　　　　C. 晋江　　　　　D. 饶河

E. 修河

3. 江西民俗众多，包括（　　）等。
   A. 景德镇瓷俗　　　　　　　　　B. 宁海"十里红妆"婚俗
   C. 婺源茶俗　　　　　　　　　　D. 樟树药俗
   E. 鄱阳湖畔渔俗

4. 江西四大摇篮指（　　）。
   A. 井冈山　　B. 南昌　　C. 瑞金　　D. 赣州
   E. 安源

5. 江西名菜包括（　　）。
   A. 鄱阳湖胖鱼头　　B. 萍乡烟熏肉　　C. 庐山石鸡　　D. 藜蒿炒腊肉
   E. 文山肉丁

6. 江西糕点特产有（　　）。
   A. 丰城冻米糖　　B. 贵溪灯芯糕　　C. 弋阳年糕　　D. 聚春园凤梨酥
   E. 九江茶饼

7. 与江西有关的糕点品牌有（　　）。
   A. 唐小合　　B. 广莲申　　C. 鲍师傅　　D. 泸溪河
   E. 詹记

8. 江西是农业大省，其中（　　）桃被誉为"江西三宝"。
   A. 柑橘　　B. 油茶　　C. 脐橙　　D. 柚子
   E. 猕猴桃

9. 樟树四特酒是江西唯一的国家名酒，被周恩来总理赞誉为"（　　）"，四特酒由此而得名。
   A. 清　　B. 香　　C. 醇　　D. 柔
   E. 纯

10. 江西水果以（　　）为名贵地方品种。
    A. 赣南脐橙　　B. 南丰蜜橘　　C. 遂川金橘　　D. 龙眼
    E. 南康早熟柚

11. 江西有（　　）等知名品牌。
    A. 庐山云雾茶　　B. 南安板鸭　　C. 泰和乌鸡　　D. 长安汽车
    E. 金圣卷烟

12. 江西现有世界遗产项目4处，即（　　）
    A. 庐山　　B. 三清山　　C. 龙虎山　　D. 龟峰
    E. 九连山

13. 江西有国家一级保护动物（　　）。
    A. 中华鲟　　B. 熊猫　　C. 金丝猴　　D. 金钱豹
    E. 白鳍豚

第七节 山东省

一、判断题（判断下列各题是否正确，正确的请在答卷中相应题号后的括号内打"√"，错误的打"×"）

1. 山东在元代以前为地理概念，元朝置山东东、西路统军司，山东遂成为正式行政区划名称。（   ）
2. 山东境内地貌复杂，大体可分为平原、台地、丘陵、山地等基本地貌类型。（   ）
3. 山东的大陆海岸线北起冀、鲁交界处的漳卫新河河口，南至鲁、苏交界处的绣针河河口。（   ）
4. 山东是中华民族古老文明发祥地之一。目前发现的最早的山东人——"沂源人"距今100万年。（   ）
5. 齐鲁文化是先秦时期齐国、鲁国形成和发展的一种地域文化。齐文化重伦理，鲁文化尚功利；齐文化尊重传统，鲁文化讲求革新，两种文化在发展中逐渐有机地融合在一起。（   ）
6. 山东是中国古代文化的发源地之一，也是古代文化的中心。这里曾有过许多杰出的政治家，如孔子、孟子、颜子、曾子、墨子、荀子等。（   ）
7. 山东省海洋资源得天独厚，中国对虾、扇贝、鲍鱼、刺参、海胆等海珍品的产量均居全国首位。（   ）
8. 山东省有烟台市蓬莱阁旅游区（三仙山—八仙过海）、济宁市曲阜明故城（三孔）旅游区、泰安市泰山景区、青岛市崂山景区等15家国家5A级旅游景区。（   ）
9. 山东素称"齐鲁之邦，礼仪之乡"，鲁西地区以农耕文化为特色，潍坊风筝、杨家埠年画散发着浓郁的泥土气息；胶东沿海渔家风情浓郁，粗犷奔放；鲁中平原历史悠久，是孔孟之乡。（   ）
10. 山东旅游资源丰富，自然风光秀丽，文物古迹众多。"文化圣地，度假天堂""好客山东"成为山东省旅游整体形象品牌。（   ）
11. 山东在金代以前泛指崤山、华山或太行山以东的黄河流域广大地区。（   ）
12. 山东的气候属亚热带季风气候类型。（   ）
13. 山东为全国建党最早的省份之一。（   ）
14. 抗日战争爆发后，山东创建了4个解放区，即渤海、滨海、鲁中和鲁南。（   ）
15. 山东的非金属矿产以鲁中、鲁南和胶东半岛居多。（   ）
16. 山东济南被称为"面塑之乡"。（   ）

二、单项选择题（下列各题的选项中，只有一项是正确的，请将正确答案的选项填入括号内）

1. 山东省海拔最高点为（   ）的主峰，海拔1532.7米。
   A. 崂山　　　　　　B. 蒙山　　　　　　C. 鲁山　　　　　　D. 泰山
2. 山东半岛大陆海岸线全长3345千米，占全国大陆海岸线的（   ）。

A. 1/6　　　　　　B. 1/5　　　　　　C. 1/4　　　　　　D. 1/3
3. (　　)是全国民间说唱艺术发达的省份之一,有"书山曲海"之誉。
　　A. 辽宁　　　　　　B. 山西　　　　　　C. 山东　　　　　　D. 四川
4. 中国封建社会中延续时间最长、最具东方建筑风格的官衙与内宅二合一贵族庄园,号称"天下第一家"的是(　　)。
　　A. 孔府　　　　　　B. 孔庙　　　　　　C. 豫园　　　　　　D. 留园
5. 王羲之的《兰亭序》被誉为"天下第一行书"。王羲之是(　　)。
　　A. 河北人　　　　　B. 江苏人　　　　　C. 山东人　　　　　D. 浙江人
6. 山东主要地方剧种是(　　)。
　　A. 吕剧　　　　　　B. 柳子戏　　　　　C. 五音戏　　　　　D. 山东梆子
7. 山东从(　　)开始成为正式行政区划的名称。
　　A. 金代　　　　　　B. 宋代　　　　　　C. 明代　　　　　　D. 清代
8. 被誉为"中华之魂"的是(　　)。
　　A. 嵩山　　　　　　B. 华山　　　　　　C. 泰山　　　　　　D. 黄山
9. 在齐鲁文化中,最核心的文化是(　　)。
　　A. 儒家文化　　　　B. 道家文化　　　　C. 兵家文化　　　　D. 法家文化
10. 下列关于山东的戏剧描述正确的是(　　)。
　　A. 金末元初产生了用参军戏演唱的戏曲形式即元杂剧,山东是主要流行地区之一
　　B. 元人贾仲明的《录鬼簿续编》和明初钟嗣成的《录鬼簿》中记载的山东籍戏曲作家共28人,能歌善唱者4人。
　　C. 戏曲到元朝时进入蓬勃发展时期。李开先的《宝剑记》和孔尚任的《桃花扇》成就突出。
　　D. 山东的说唱艺术包括山东评书、山东快书、数来宝、山东大鼓等。
11. 下列度假区中,属于山东省的国家级旅游度假区是(　　)。
　　A. 齐河黄河国际生态城旅游度假区　　　　B. 尧山温泉旅游度假区
　　C. 仙女山旅游度假区　　　　　　　　　　D. 明月山温汤旅游度假区
12. 每年国际风筝节的固定举办地是(　　)。
　　A. 青岛　　　　　　B. 日照　　　　　　C. 潍坊　　　　　　D. 济南
13. 被称为"面塑之都"的是(　　)。
　　A. 烟台　　　　　　B. 济南　　　　　　C. 淄博　　　　　　D. 青岛
14. 下列菜肴中,属于鲁菜代表的是(　　)。
　　A. 油爆河虾　　　　B. 松鼠鳜鱼　　　　C. 九转大肠　　　　D. 清蒸石鸡
15. 下列特产中,属于山东的是(　　)。
　　A. 杨家埠木版年画、烟台苹果、惠山泥人
　　B. 张裕葡萄酒、东阿阿胶、建水紫陶
　　C. 潍坊风筝、德州扒鸡、水井坊酒
　　D. 高密剪纸、章丘大葱、孔府家酒
16. 国务院将山东(　　)命名为"中国蔬菜之乡"。
　　A. 济南　　　　　　B. 潍坊　　　　　　C. 章丘　　　　　　D. 寿光

17. 甲午海战之地、"最适合人类居住的范例城市"是指（　　）。
   A. 烟台　　　　　B. 青岛　　　　　C. 日照　　　　　D. 威海
18. 大汶口文化因山东泰安市大汶口遗址而得名，距今约（　　）。
   A.8500—6500年　B.7500—5500年　C.6500—4500年　D.5500—3500年
19. 被誉为"泉城"的是（　　）。
   A. 济南　　　　　B. 青岛　　　　　C. 烟台　　　　　D. 日照

三、多项选择题（每题有2~5个正确答案，多选、少选或错选均不得分，请将你认为正确的选项填入括号内）

1. 原始社会末期的著名代表文化中，首次在山东被发现的文化有（　　）。
   A. 半坡文化　　　B. 大汶口文化　　C. 龙山文化　　　D. 河姆渡文化
   E. 良渚文化
2. 高密扑灰年画的主要流派有（　　）。
   A. 老抹画　　　　B. 杨柳青　　　　C. 红货　　　　　D. 墨屏
   E. 滨州
3. 大汶口文化中出土的文物有（　　）。
   A. 红陶　　　　　B. 白陶　　　　　C. 石器　　　　　D. 玉器
   E. 铁器
4. 中国在科学技术方面出了很多名人，下列名人为山东省的科学家有（　　）。
   A. 鲁班　　　　　B. 甘德　　　　　C. 汜胜之　　　　D. 贾思勰
   E. 王叔和
5. 下列名菜中属于鲁菜的有（　　）。
   A. 葱爆海参　　　B. 油爆双脆　　　C. 糖醋黄河鲤鱼　D. 麻婆豆腐
   E. 锅塌豆腐
6. 山东省的副省级城市有（　　）。
   A. 济南市　　　　B. 淄博市　　　　C. 青岛市　　　　D. 威海市
   E. 烟台市
7. 春秋战国时期，今山东的大部分地区都属于（　　）。
   A. 齐国　　　　　B. 燕国　　　　　C. 鲁国　　　　　D. 楚国
   E. 韩国
8. 下列关于生物资源的称号属于山东的有（　　）。
   A. 北方落叶果树的王国　　　　　　B. 中药宝库
   C. 中国蔬菜之乡　　　　　　　　　D. 水果水产之乡
   E. 粮棉油之库
9. 下列海产品中，山东的产量居全国首位的有（　　）。
   A. 扇贝　　　　　B. 鲍鱼　　　　　C. 刺参　　　　　D. 海胆
   E. 中国对虾
10. 下列思想家属于山东籍的有（　　）。
    A. 孔子　　　　　B. 颜子　　　　　C. 曾子　　　　　D. 墨子

E. 庄子
11. 下列文学家中,属于山东籍的有(　　)。
   A. 孔融　　　B. 李清照　　　C. 辛弃疾　　　D. 蒲松龄
   E. 孔尚任
12. 中国东部唯一的黄金海滨城市群包括(　　)。
   A. 青岛　　　B. 淄博　　　C. 潍坊　　　D. 威海
   E. 烟台

第四章 华中地区各省导游基础知识

第一节 河南省

一、判断题（判断下列各题是否正确，正确的请在答卷中相应题号后的括号内打"√"，错误的打"×"）

1. 河南省的气候属北亚热带向暖温带过渡的大陆性季风气候，呈现四季分明、雨热同期、地区差异性较大、灾害性天气频繁的明显特征。（   ）
2. 黄河流经河南 700 余千米，郑州至开封段由于泥沙淤积，河床平均高出两岸地面 3~5 米，形成"地上悬河"的独特自然景观。（   ）
3. 河南漯河人许慎编写的《文心雕龙》是我国较早的字典之一。（   ）
4. 中国八大古都中河南就有 4 个，分别是洛阳、开封、信阳、郑州。（   ）
5. 河南少林武功是中国体系最庞大的武术门派，集北派武术之大成，会外家武术之精华，为中华武术的象征。（   ）
6. 河南是龙的故乡，神龙文化发源地。被称为"人文始祖"的太昊伏羲，在今周口安阳一带"以龙师而龙名"，首创龙图腾。（   ）
7. 豫菜坚持"一菜一格"的基本传统。（   ）
8. 北宋时，洛阳人口达 100 多万，为当时全国第一大城市。（   ）
9. 中国第一部诗歌总集《诗经》中，河南篇目作品有 100 多篇，占总篇目的 2/3。（   ）
10. 在河南丰富、浓郁的民俗风情中，以赶庙会、青龙节、鬼节、祭灶节最具有代表性。（   ）
11. 隋炀帝迁都洛阳，以洛阳为中心开凿了隋唐大运河，一直通航到明清时期，促进了南北经济、文化交流。（   ）
12. 现今河南大部分地区属九州中的豫州，故有"中原""中州"之称。（   ）
13. 河南地跨长江、淮河、黄河、海河四大流域。（   ）
14. 河南省是中华民族与华夏文明的发源地之一，为中国建都朝代最多、建都历史最长、古都数量最多的省份。（   ）
15. 中国历史上第一个奴隶制国家夏朝建都阳城，今河南安阳。（   ）

二、单项选择题（下列各题的选项中，只有一项是正确的，请将正确答案的选项填入括号内）

1. 河南省最高峰是（   ）。

A. 灵宝老鸦岔　　　B. 嵩县玉皇顶　　　C. 栾川老君山　　　D. 洛宁全宝山

2. （　　）时，河南属于河南江北行省，开封是治所，此为河南称省的开始。
   A. 宋朝　　　　　B. 元朝　　　　　C. 明朝　　　　　D. 清朝

3. （　　）是我国唯一地跨长江、淮河、黄河、海河四大流域的省份。
   A. 山东省　　　　B. 河北省　　　　C. 陕西省　　　　D. 河南省

4. 农历（　　）被视为龙欲升天的日子，故称"龙抬头节"或"青龙节"。
   A. 正月初一　　　B. 正月十五　　　C. 二月初二　　　D. 二月十五

5. 河南省是文物资源大省，不可移动文物数量居全国（　　）。
   A. 第一　　　　　B. 第二　　　　　C. 第三　　　　　D. 第四

6. 出土于河南安阳的后母戊鼎，现藏于（　　）。
   A. 河南省博物馆　　　　　　　　　B. 中国国家博物馆
   C. 中国故宫博物院　　　　　　　　D. 安阳博物馆

7. 活字印刷术发明于（　　）。
   A. 湖北省　　　　B. 湖南省　　　　C. 河南省　　　　D. 河北省

8. （　　）被誉为"七朝古都"。
   A. 开封　　　　　B. 郑州　　　　　C. 安阳　　　　　D. 洛阳

9. （　　）被誉为"九朝古都"。
   A. 开封　　　　　B. 郑州　　　　　C. 安阳　　　　　D. 洛阳

10. 北宋时，（　　）人口达 100 多万，为当时全国第一大城市。
    A. 安阳　　　　　B. 开封　　　　　C. 洛阳　　　　　D. 郑州

11. 正月赶庙会为河南民俗文化的经典代表，（　　）是中原民俗文化的活化石。
    A. 中牟古庙会　　　　　　　　　　B. 济源古庙会
    C. 浚县古庙会　　　　　　　　　　D. 登封古庙会

12. 河南农历腊月二十三"祭灶节"，其中典型的祭灶食品要首推（　　）。
    A. 吊炉烧饼　　　B. 烙馍卷菜　　　C. 胡辣汤　　　　D. 灶糖

13. 左思所写（　　）轰动一时，留下了"洛阳纸贵"的历史佳话。
    A.《三都赋》　　B.《鵩鸟赋》　　C.《归田赋》　　D.《吊屈原赋》

14. （　　）为"天下第一名刹"。
    A. 白马寺　　　　B. 灵隐寺　　　　C. 嵩山少林寺　　D. 大相国寺

15. 河南省国家级旅游度假区有（　　）、三门峡市天鹅湖旅游度假区和郑州银基国际旅游度假区。
    A. 鹤壁淇河生态旅游区　　　　　　B. 尧山温泉旅游度假区
    C. 焦作云台山景区　　　　　　　　D. 洛阳重渡沟风景区

16. 4000 多年前的龙山文化中晚期和（　　），说明中原进入了石、铜器并用时代。
    A. 裴李岗文化　　　　　　　　　　B. 仰韶文化
    C. 贾湖文化　　　　　　　　　　　D. 二里头文化

17. 2022 年河南卫视爆火的春晚节目是（　　）。
    A.《大宋·东京梦华》　　　　　　　B.《唐宫夜宴》
    C.《洛神水赋》　　　　　　　　　　D.《禅宗少林》

18. 隋炀帝以（　　）为中心开凿了隋唐大运河。
    A. 洛阳　　　　B. 西安　　　　C. 北京　　　　D. 扬州

三、多项选择题（每题有2~5个正确答案，多选、少选或错选均不得分，请将你认为正确的选项填入括号内）

1. 河南是全国重要的矿产资源大省和矿业大省，优势矿产主要有（　　）。
    A. 钼　　　　B. 金　　　　C. 铝　　　　D. 银
    E. 铁

2. 河南省被联合国教科文组织列入《人类非物质文化遗产代表作名录》的有（　　）。
    A. 蔚县剪纸　　　　　　　　B. 太极拳
    C. 二十四节气　　　　　　　D. 信阳毛尖茶制作技艺
    E. 皮影戏

3. 河南省有着丰富、浓郁的民俗风情，以（　　）最具有代表性。
    A. 赶庙会　　　B. 青龙节　　　C. 鬼节　　　D. 赶年
    E. 祭灶节

4. 河南特色饮食有（　　）。
    A. 郑州烩面　　B. 洛阳水席　　C. 开封灌汤包子　　D. 驴肉火烧
    E. 三鲜豆皮

5. 河南省土特产有（　　）。
    A. 新郑大枣　　B. 四大怀药　　C. 灵宝苹果　　D. 信阳毛尖
    E. 洛川苹果

6. 河南省大力发展（　　）等新业态、新模式，形成别具一格、辨识度高的发展特色。
    A. 生态农业　　B. 农村电商　　C. 现代民宿　　D. 乡村旅游
    E. 养生健康

7. 五代的（　　）均建都开封。
    A. 后梁　　　　B. 后唐　　　　C. 后晋　　　　D. 后汉
    E. 后周

8. 以下（　　）内容体现了河南是中原文化的根源所在地。
    A. 河南是龙的故乡，神龙文化的发源地　　B. 河南是中华姓氏的重要发源地
    C. 河南是汉字文化的始源地　　　　　　　D. 河南是中国文学的发祥地
    E. 河南是中医药文化起源地

9. 河南省56个民族成分齐全，少数民族人口占比较高的有（　　）。
    A. 朝鲜族　　　B. 回族　　　　C. 蒙古族　　　D. 满族
    E. 藏族

10. 在农历二月二众多的食俗活动中，吃（　　）的人最多。
    A. 摊煎饼　　　B. 饺子　　　　C. 枣馍　　　　D. 炒黄豆
    E. 腊肉

11. 河南的名酒有（　　）。
    A. 杜康酒　　　B. 宝丰酒　　　C. 仰韶酒　　　D. 张弓酒

E. 宋河粮液

12. 豫菜的代表菜有（　　）。
   A. 黄河鲤鱼焙面　　B. 牡丹燕菜　　C. 白扒广肚　　D. 开花馍
   E. 宫保鸡丁

13. 河南作为农业大省，粮食总产量稳居全国第二，是（　　）等经济作物的重要产区。
   A. 油料　　B. 蔬菜　　C. 食用菌　　D. 大豆
   E. 中药材

14. 洛阳著名的旅游景点有（　　）。
   A. 龙门石窟　　B. 白马寺　　C. 岳飞庙　　D. 关林
   E. 古墓博物馆

15. 河南省的世界文化遗产有长城（河南段）、龙门石窟、（　　）。
   A. 安阳殷墟　　　　　　　　　B. 登封"天地之中"历史建筑群
   C. 丝绸之路（河南段）　　　　D. 大运河（河南段）
   E. 关林

第二节　湖北省

一、判断题（判断下列各题是否正确，正确的请在答卷中相应题号后的括号内打"√"，错误的打"×"）

1. 湖北省处于中国地势第一级阶梯向第二级阶梯过渡地带。（　）
2. 楚剧在清代乾隆年间形成了一个独立的汉族地方声腔剧种。（　）
3. 湖北省境内的长江支流众多，其中汉水为最大支流。（　）
4. 以荆州古城、蒲圻赤壁、襄阳古隆中、当阳长坂坡等为代表的三国历史古迹是湖北旅游文化的一大特色。（　）
5. 湖北省铁路、公路、水运、航空等交通网络加快完善，正在从"九省通衢"向"九州通衢"跨越。（　）
6. 宋元时期，湖北人在医学、文化、学术领域取得诸多成就，书法家米芾就是其中的杰出代表。（　）
7. 武汉是中国京剧第一世家"京剧谭门谭鑫培"的故乡。（　）
8. 钟祥明孝陵是中南唯一的也是全国最大的单体帝王陵。（　）
9. 湖北省的传统工艺品有汉绣、挑花、土家锦、绿松石雕、菊花石雕、贝雕、石膏雕塑、章水泉竹器。（　）
10. 黄梅戏起源于安徽安庆，原名黄梅调、采茶戏。（　）
11. 夏王朝时期，夏文化的影响已经到达江汉地区。（　）
12. 清雍正三年，湖广分治，大体以洞庭湖为界，南为湖南布政使司；北为湖北布政使司，定为湖北省，省会武昌。（　）
13. 2014年，中华人民共和国开挖的第一条人工运河"江汉运河"通航，一条围绕江汉平原、内连武汉城市圈的810千米高等级黄金航道圈全面建成。（　）

14. 春秋战国时期，楚国进一步强盛，精神文化方面的成就突出，屈原是楚国文学的代表人物。（ ）

二、单项选择题（下列各题的选项中，只有一项是正确的，请将正确答案的选项填入括号内）

1. 湖北省地势大致为东、西、北三面环山，（　　），整体略呈向南敞开的不完整盆地。
   A. 中间高　　　B. 中间低平　　　C. 南边低平　　　D. 南边高
2. 湖北省陆地最高点位于西部号称"华中屋脊"的（　　）。
   A. 武陵山　　　B. 武当山　　　C. 神农顶　　　D. 巫山
3. （　　）被誉为中国的"千湖之省"。
   A. 湖南　　　B. 湖北　　　C. 河南　　　D. 广东
4. 湖北省最大的淡水湖是（　　）。
   A. 东湖　　　B. 长湖　　　C. 大冶湖　　　D. 洪湖
5. （　　）是中国春秋时期南方诸侯国楚国的物质文化和精神文化的总称，是汉文明的重要组成部分。
   A. 燕赵文化　　　B. 三晋文化　　　C. 楚文化　　　D. 秦汉文化
6. 湖北省（　　）被誉为"道教第一山"。
   A. 武当山　　　B. 青城山　　　C. 龙虎山　　　D. 九华山
7. 拥有长江干线最长的省份是（　　）。
   A. 湖南省　　　B. 湖北省　　　C. 四川省　　　D. 江苏省
8. （　　）是中南唯一的也是单体面积最大的明代帝王陵。
   A. 明显陵　　　B. 明孝陵　　　C. 明定陵　　　D. 明长陵
9. 中国古代四大发明家之一的毕昇故里是湖北省（　　）。
   A. 蕲春县　　　B. 秭归县　　　C. 兴山县　　　D. 英山县
10. 世界四大文化名人之一屈原的故里位于（　　）秭归县。
    A. 湖南省　　　B. 陕西省　　　C. 山西省　　　D. 湖北省
11. （　　）是"活化石"水杉的原产地，闻名世界的"水杉王"就生长在这里。
    A. 安徽　　　B. 江西　　　C. 湖南　　　D. 湖北
12. 编钟出土于（　　）随州擂鼓墩。
    A. 湖南　　　B. 陕西　　　C. 湖北　　　D. 山西
13. 湖北省汉族习俗中最具特色的节日是（　　）。
    A. 端午节　　　B. 中秋节　　　C. 劳动节　　　D. 春节
14. 湖北菜，又称（　　），为中国十大菜系之一。
    A. 京菜　　　B. 徽菜　　　C. 楚菜　　　D. 川菜
15. 女儿会是湖北（　　）的民俗风情。
    A. 侗族　　　B. 傣族　　　C. 苗族　　　D. 土家族
16. 湖北省文化底蕴深厚，文物古迹众多，（　　）就诞生在湖北。
    A. 黄帝　　　B. 炎帝　　　C. 伏羲　　　D. 女娲
17. （　　）是中国京剧第一世家"京剧谭门谭鑫培"的故乡。

A. 荆州　　　　　B. 南京　　　　　C. 武汉　　　　　D. 长沙
18. (　　) 时江夏郡曾一度改称鄂州，今湖北简称"鄂"即源于此。
A. 隋朝　　　　　B. 唐朝　　　　　C. 宋朝　　　　　D. 元朝

三、多项选择题（每题有 2~5 个正确答案，多选、少选或错选均不得分，请将你认为正确的选项填入括号内）

1. (　　) 都曾是楚文化的主体。
A. 瓷器文化　　　B. 青铜文化　　　C. 彩陶文化　　　D. 玉器文化
E. 漆器文化

2. 湖北省地方戏剧源远流长，其中 (　　) 流传广泛。
A. 汉剧　　　　　B. 楚剧　　　　　C. 黄梅戏　　　　D. 二人转
E. 评剧

3. (　　) 被联合国教科文组织列入"人与自然保护圈计划"。
A. 神农架　　　　B. 武陵山　　　　C. 武当山　　　　D. 明显陵
E. 长江三峡

4. 湖北的名菜有 (　　)。
A. 清蒸武昌鱼　　B. 三鲜豆皮　　　C. 沔阳珍珠丸子　D. 麻婆豆腐
E. 糖油粑粑

5. 湖北省拥有 4 处世界遗产，包括 (　　)。
A. 武当山古建筑群　　　　　　　　B. 钟祥明显陵
C. 神农架　　　　　　　　　　　　D. 土司遗址
E. 长城

6. 湖北的民俗风情主要包括 (　　) 风情和 (　　) 习俗。
A. 回族　　　　　B. 土家族　　　　C. 汉族　　　　　D. 满族
E. 彝族

7. 屈原家乡秭归县端午习俗形式独特，主要体现在 (　　)。
A. 贴端午对联　　B. 门口挂艾叶菖蒲　C. 包粽子　　　　D. 煮盐蛋
E. 泡雄黄酒等

8. 湖北名酒有 (　　)。
A. 黄鹤楼　　　　B. 江小白　　　　C. 白云边　　　　D. 五粮液
E. 劲酒

9. 湖北菜又称"楚菜""鄂菜"，为中国十大菜系之一，代表菜式有 (　　) 和三鲜豆皮等。
A. 清蒸武昌鱼　　B. 排骨藕汤　　　C. 紫菜薹炒腊肉　D. 沔阳珍珠丸子
E. 黄陂糖蒸肉

10. 湖北聚焦 (　　) 等优势产业，加快产业"项目、平台、人才"一体化布局，积极抢占产业新赛道、科技制高点。
A. 光电子信息产业　　　　　　　　B. 新能源与智能网联汽车产业
C. 生命健康产业　　　　　　　　　D. 高端装备产业

E. 北斗产业

11. 湖北民族风情绚丽多彩，以下选项中是土家族所独有的节日有（　　）。
    A. 赶年　　　　　B. 苗年　　　　　C. 牛王节　　　　D. 女儿会
    E. 走婚

12. 湖北是一个多民族省份，世居少数民族主要有（　　）等。
    A. 土家族　　　　B. 苗族　　　　　C. 回族　　　　　D. 侗族
    E. 满族

13. 湖北早期文化的代表是江汉地区的屈家岭文化遗址，这里出土了大量新石器时代的石器和陶器，其中（　　）具有很高的研究价值，是楚文化发展的源头。
    A. 蛋壳彩陶　　　B. 壶形器　　　　C. 带谷壳的红烧土　D. 蛋壳黑陶
    E. 人面盆

14. （　　）景点被评为"中国旅游胜地四十佳"。
    A. 神农架　　　　B. 武当山　　　　C. 长江三峡　　　　D. 黄鹤楼
    E. 葛洲坝

15. 以下是湖北籍名人的有（　　）。
    A. 毕昇　　　　　B. 屈原　　　　　C. 张仲景　　　　D. 王昭君
    E. 李时珍

第三节　湖南省

一、判断题（判断下列各题是否正确，正确的请在答卷中相应题号后的括号内打"√"，错误的打"×"）

1. 湖南省因省内第二大河流湘江流贯全境而简称"湘"。（　　）
2. 湖南自古盛植木芙蓉，五代时就有"秋风万里芙蓉国"之说，因此有"芙蓉国"之称。（　　）
3. 湖南属大陆性亚热带季风湿润气候，四季分明，光热充足，降水丰沛，雨热同期，气候条件比较优越。（　　）
4. 湖南基本形成了以鄱阳湖为中心，长江、湘江、沅水干流为依托，岳阳港、长沙港等重要港口为节点的水路交通运输体系。（　　）
5. "三湘四水"是湖南的又一称谓。（　　）
6. "三湘"因湘江流经永州时与"潇水"、流经衡阳时与"蒸水"和入洞庭湖时与"沅水"相汇而得名，分别称"潇湘""蒸湘""沅湘"。（　　）
7. 土家族的房屋依山而建，俗称吊脚楼。（　　）
8. 明初王夫之是湖南古代文坛影响最大、成就最高的作家。（　　）
9. 湖南书法艺术成就最高的是唐代的欧阳询和怀素。（　　）
10. 苗族人自称"毕兹卡"，意为"本地人"。（　　）
11. 长沙黄花机场是湖南省最大的机场，是中国十二大干线机场之一，是中国（湖南）自由贸易试验区门户机场、湖南航空主运营基地。（　　）

12. 湖南生物资源多样,是全国乃至世界珍贵的生物基因库之一,有华南虎、云豹、白鹤等18种国家一级保护动物。（　　）
13. 湖南省因大部分区域处于洞庭湖以南而得名"湖南"。（　　）
14. 摆手舞是著名的土家舞蹈。（　　）
15. 巫傩文化起源于华夏先民的自然崇拜、图腾崇拜和巫术意识。（　　）

二、单项选择题（下列各题的选项中，只有一项是正确的，请将正确答案的选项填入括号内）

1. 湖南现代小说、诗歌创作的女性拓荒者是（　　）。
   A. 丁玲　　　　　B. 陈衡哲　　　　C. 冰心　　　　　D. 萧红
2. （　　）被誉为"革命党之大文豪"，创作了《猛回头》《警世钟》。
   A. 陈天华　　　　B. 黄兴　　　　　C. 宋教仁　　　　D. 唐才常
3. 湖南英才辈出，（　　）是被称为"东方黑格尔"的思想家。
   A. 王夫之　　　　B. 李东阳　　　　C. 贾谊　　　　　D. 周敦颐
4. 被称为"江南三大名楼"之一的（　　）位于湖南省。
   A. 黄鹤楼　　　　B. 鹳雀楼　　　　C. 滕王阁　　　　D. 岳阳楼
5. 湘潭人（　　）为现代杰出书画家、篆刻家，曾获得"人民艺术家"称号。
   A. 齐白石　　　　B. 周立波　　　　C. 田汉　　　　　D. 古华
6. 湖南最有影响的地方小戏是（　　）。
   A. 武陵戏　　　　B. 巴陵戏　　　　C. 花鼓戏　　　　D. 花灯戏
7. 南岳（　　）"五岳独秀"，为南方著名佛教禅林和避暑胜地。
   A. 泰山　　　　　B. 华山　　　　　C. 衡山　　　　　D. 恒山
8. 湖南（　　）入选联合国教科文组织《人类非物质文化遗产代表作名录》。
   A. 祁剧　　　　　B. 湘剧　　　　　C. 昆曲　　　　　D. 花鼓戏
9. （　　）是土家族比较流行的一种古老的舞蹈。
   A. 孔雀舞　　　　B. 摆手舞　　　　C. 竹竿舞　　　　D. 锅庄舞
10. 土家族菜肴的主要特点为（　　）。
    A. 酸甜　　　　　B. 酸辣　　　　　C. 辛辣　　　　　D. 咸鲜
11. 德夯苗族节庆活动以（　　）最为隆重。
    A. 斗牛节　　　　B. 苗年　　　　　C. 姊妹节　　　　D. 六月六
12. （　　）和摆手舞并称土家族人民的"艺术之花"。
    A. 茅古斯　　　　B. 巫傩文化　　　C. 土家锦　　　　D. 吊脚楼
13. 土家族的传统节日主要有（　　）、六月六等。
    A. 赶秋节　　　　B. 赶年　　　　　C. 跳香节　　　　D. 打背节
14. 湖南书法艺术成就最高的（　　）是古代四大楷书家之一。
    A. 颜真卿　　　　B. 柳公权　　　　C. 欧阳询　　　　D. 褚遂良
15. （　　）的习俗相传与土家族祖先为了抗击外来侵略，提前吃年饭以出发迎战有关系。
    A. 六月六　　　　B. 赶年　　　　　C. 哭嫁　　　　　D. 打三朝
16. （　　）开始有"湖南"之名。

A. 汉代　　　　　B. 唐代　　　　　C. 宋代　　　　　D. 五代

17. "西兰卡普"是（　　）独特的织锦工艺品。
    A. 彝族　　　　　B. 壮族　　　　　C. 土家族　　　　D. 纳西族

三、多项选择题（每题有2~5个正确答案，多选、少选或错选均不得分，请将你认为正确的选项填入括号内）

1. "三湘四水"是对湖南的称谓，其中"四水"指（　　）。
   A. 湘江　　　　　B. 汉水　　　　　C. 资江　　　　　D. 沅江
   E. 澧水

2. 湖南饮食形成（　　）的特色。
   A. 油重　　　　　B. 色浓　　　　　C. 酸辣　　　　　D. 麻辣
   E. 香鲜

3. 湖湘文化的精神特质包括（　　）。
   A. 淳朴重义　　　B. 敢为人先　　　C. 经世致用　　　D. 兼收并蓄
   E. 心忧天下

4. 湘菜为中国八大菜系之一，由（　　）三个地方菜组成。
   A. 湘江流域　　　B. 鄱阳湖区　　　C. 洞庭湖区　　　D. 湘西山区
   E. 资水流域

5. 文化产业在湖南走出了一条特色发展道路，（　　）全国知名。
   A. "广电湘军"　　B. "出版湘军"　　C. "动漫湘军"　　D. "影视湘军"
   E. "文化湘军"

6. 湖南省生物资源多样，是全国乃至世界珍贵的生物基因库之一，有（　　）等18种国家一级保护动物。
   A. 华南虎　　　　B. 东北虎　　　　C. 云豹　　　　　D. 白鹤
   E. 大熊猫

7. 下列属于湖南苗族民俗风情的是（　　）。
   A. 赶秋节　　　　B. 跳香节　　　　C. 六月六　　　　D. 火把节
   E. 赶年

8. 湖南著名的陶瓷产品有（　　）。
   A. 醴陵釉下五彩瓷和红瓷　　　　　B. 德化白瓷
   C. 长沙铜官陶瓷　　　　　　　　　D. 衡阳界牌瓷器
   E. 青花瓷

9. 鸦片战争前后，形成了以（　　）为代表的湖湘经世派文学群体。
   A. 曾国藩　　　　B. 李元度　　　　C. 左宗棠　　　　D. 胡林翼
   E. 何绍基

10. 湘军的崛起，出现了大量的军旅诗人，比较有代表性的有（　　）。
    A. 罗泽南　　　　B. 彭玉麟　　　　C. 李元度　　　　D. 郭嵩焘
    E. 魏源

11. 湖南地方戏曲剧种影响较大的有（　　）等。

A. 湘剧　　　　　　B. 花鼓戏　　　　　C. 武陵戏　　　　　D. 祁剧
E. 傩堂戏

12. 湖南省现拥有世界遗产为（　　　）。
    A. 武陵源风景名胜区　　　　　　B. 崀山丹霞地貌
    C. 永顺老司城遗址　　　　　　　D. 湘西州凤凰古城旅游区
    E. 岳阳洞庭湖旅游度假区

13. 湖南的名茶有（　　　）。
    A. 长沙高桥银峰　　B. 南岳云雾茶　　C. 岳阳北港毛尖　　D. 古丈毛尖
    E. 信阳毛尖

14. 湘菜的代表菜有（　　　）。
    A. 剁椒鱼头　　　　B. 辣椒炒肉　　　C. 湘西外婆菜　　　D. 吉首酸肉
    E. 小炒黄牛肉

15. 以下属于兼香型酒的有（　　　）。
    A. 常德武陵酒　　　B. 长沙白沙液酒　C. 湘西酒鬼酒　　　D. 邵阳湘窖酒
    E. 浏阳河酒

参考答案及解析

第五章 华南地区各省自治区导游基础知识

第一节 广东省

一、判断题（判断下列各题是否正确，正确的请在答卷中相应题号后的括号内打"√"，错误的打"×"）

1. 广东省地处中国大陆最南部，东邻江西，北接福建、湖南，西连广西，南临南海。
（　　）
2. 广东省地势总体北低南高。（　　）
3. 广东省属东亚季风区，由北向南分别为北亚热带、南亚热带和热带气候，是全国光、热和水资源最丰富的地区之一。（　　）
4. 广东有3处世界遗产。（　　）
5. 广东的名山有南海西樵山、惠州罗浮山、肇庆鼎湖山、韶关丹霞山。（　　）
6. 广东的戏曲以粤剧、潮剧、广东雷剧3种流行最广、影响最大、观众最多。（　　）
7. 广东音乐又称粤乐，实指广府音乐，是我国传统器乐丝竹乐的一种。（　　）
8. 广东省内温泉资源丰富，类型多样，分布广泛，堪称"温泉大省"。（　　）
9. 广东省主要民俗与节庆活动有迎春花市、元旦花车巡游、元宵灯会、中秋灯会等。
（　　）
10. 广绣亦称"粤绣"，包括广府的广绣和潮汕的潮绣。（　　）
11. 广东珠三角11市联手港澳打造粤港澳大湾区。（　　）
12. 粤菜因其选料严格、质鲜味美、养生保健等特点而名扬天下。（　　）
13. 广东省最大的平原是潮汕平原。（　　）
14. 广东的5个项目被列入《人类非物质文化遗产代表作名录》。（　　）
15. 广东音乐代表性曲目有《步步高》《雨打芭蕉》《平湖秋月》等。（　　）

二、单项选择题（下列各题的选项中，只有一项是正确的，请将正确答案的选项填入括号内）

1. 始建于唐代的（　　）是中国四大古代清真寺之一，为我国现存最古老的清真寺建筑。
　　A. 怀圣寺　　　　B. 凤凰寺　　　　C. 清净寺　　　　D. 仙鹤寺
2. 广东省最高峰为（　　）。
　　A. 白云山　　　　B. 西樵山　　　　C. 鼎湖山　　　　D. 石坑崆

3. （　　）为国内现存最宏伟的双尖塔哥特式教堂建筑之一，有"远东巴黎圣母院"之誉。
   A. 石室圣心大教堂　　　　　　　　B. 佘山圣母大教堂
   C. 上海圣母大教堂　　　　　　　　D. 北京南堂

4. 广东省有国家 5A 级旅游景区（　　）家。
   A. 12　　　　　B. 13　　　　　C. 14　　　　　D. 15

5. 2010 年，（　　）被授予中国首个"中国海鲜美食之都"的称号。
   A. 广州　　　　B. 湛江　　　　C. 潮州　　　　D. 开平

6. 《平湖秋月》是（　　）的代表性剧目。
   A. 粤剧　　　　B. 潮剧　　　　C. 粤乐　　　　D. 粤北采茶戏

7. 广东拥有众多的优良港口资源，广州港、深圳港、汕头港和（　　）已成为中国对外交通和贸易的重要通道。
   A. 潮州港　　　B. 佛山港　　　C. 湛江港　　　D. 汕尾港

8. 2013 年，以广东侨批为主构成的"侨批档案——海外华侨银信"入选（　　）。
   A.《世界记忆名录》
   B.《世界遗产名录》
   C.《人类非物质文化遗产代表作名录》
   D.《人类口头和非物质遗产代表作名录》

9. 岭南画派与粤剧、广东音乐被称为"岭南三秀"，其创始人为高剑父、高奇峰、（　　）。
   A. 冯云山　　　B. 周树人　　　C. 陈树人　　　D. 罗芳伯

10. 广东乡村休闲产业多样化、多元化发展趋势明显，涌现出农业公园、田园综合体、特色小镇及其他休闲农业园区模式，（　　）旅游品牌日益响亮。
    A. "美丽乡村"　B. "醉美乡村"　C. "示范乡村"　D. "粤美乡村"

11. 享有"世界美食之都"称号的城市是（　　）。
    A. 广州　　　　B. 惠州　　　　C. 潮州　　　　D. 顺德

12. 考古发现，约 12.9 万年以前，岭南出现了早期古人——（　　）。
    A. 丁村人　　　B. 金牛山人　　C. 山顶洞人　　D. 马坝人

13. 下列属于广东的名山是（　　）。
    A. 韶关西樵山　B. 肇庆鼎湖山　C. 南海丹霞山　D. 深圳莲花山

14. 广东人的饮食离不开饮茶。（　　）工夫茶独具特色，家家户户必备精良的饮茶器具。
    A. 广州　　　　B. 潮州　　　　C. 梅州　　　　D. 惠州

15. （　　）有"南国红豆"的盛誉。
    A. 雷剧　　　　B. 广东汉剧　　C. 潮剧　　　　D. 粤剧

16. 广东特色工艺品有佛山剪纸、佛山狮头艺术、（　　）、新会葵艺。
    A. 广州木雕　　B. 石湾陶瓷　　C. 阳江漆器　　D. 潮汕潮绣

17. 南狮的表演方式中（　　）最为常见。
    A. 采青　　　　B. 出洞　　　　C. 上山　　　　D. 入洞

18. 广东省的广府文化传承了（　　）文化。

A. 古代中原文化　　B. 岭南文化　　C. 百越文化　　D. 闽越文化

三、多项选择题（每题有2~5个正确答案，多选、少选或错选均不得分，请将你认为正确的选项填入括号内）

1. 广东省海岸线漫长、海岛众多，滨海旅游资源丰富。拥有（　　）等国家级海洋公园。
   A. 海陵岛　　B. 特呈岛　　C. 雷州乌石　　D. 南澳青澳湾
   E. 阳西月亮湾

2. 韶关南华寺因六祖慧能而蜚声中外，成为佛教重要流派禅宗的祖庭，与（　　）并称"岭南四大名寺"。
   A. 潮州开元寺　　B. 肇庆庆云寺　　C. 广州光孝寺　　D. 揭阳天福寺
   E. 佛山宝林寺

3. 属于广东特色食品的有（　　）。
   A. 沙河粉　　B. 透明马蹄糕　　C. 东江盐焗鸡　　D. 广式腊味
   E. 东山羊

4. 广东特产主要有（　　）。
   A. 莲雾　　B. 槟榔　　C. 英德红茶　　D. 荔枝
   E. 黄登菠萝

5. 广东粥的特点是粥米煮开花和注意调味，有（　　）。
   A. 滑鸡粥　　B. 鱼生粥　　C. 及第粥　　D. 艇仔粥
   E. 小米粥

6. 英德英西峰林走廊、肇庆七星岩、乐昌古佛岩等融（　　）于一体。
   A. 奇　　B. 静　　C. 幽　　D. 险
   E. 峻

7. 珠江三角洲水网密布，形成独具地方特色的以（　　）为代表的水网水乡景观。
   A. 桑基鱼塘　　B. 稻田鱼塘　　C. 沙基鱼塘　　D. 果基鱼塘
   E. 蔗基鱼塘

8. 下列少数民族是广东省世居的少数民族的有（　　）。
   A. 黎族　　B. 瑶族　　C. 满族　　D. 壮族
   E. 回族

9. 广东最具代表性的溶洞景观群有（　　）。
   A. 连州地下河　　B. 七星岩溶洞　　C. 英德宝晶宫　　D. 西樵山白云洞
   E. 阳春玉溪三洞

10. 广东省著名温泉有（　　）。
    A. 从化温泉　　B. 珠海御温泉　　C. 珠海海泉湾　　D. 惠州温泉
    E. 茂名御水古温泉

11. 广东著名湖泊有（　　）。
    A. 肇庆星湖　　B. 广州麓湖　　C. 惠州西湖　　D. 湛江湖光岩
    E. 河源万绿湖

12. 广东省的传统医药文化以（　　）、西关正骨手法为主。

A. 艾灸疗法　　　　　B. 化橘红中药文化　C. 陈皮中药文化　　D. 天灸疗法
E. 针灸疗法

13. 传统上，南狮狮头有（　　　）之分。
A. 刘备　　　　　　B. 诸葛亮　　　　　C. 关羽　　　　　　D. 张飞
E. 曹操

14. 粤菜因其（　　　）而扬名天下。
A. 原汁原味　　　　B. 选料严格　　　　C. 质鲜味美　　　　D. 精致典雅
E. 养生保健

第二节　广西壮族自治区

一、判断题（判断下列各题是否正确，正确的请在答卷中相应题号后的括号内打"√"，错误的打"×"）

1. 广西壮族自治区是中国唯一与欧盟国家海陆相连的省级行政区，是中国通往欧盟最便捷的国际大通道，具有沿海、沿江、沿边优势。（　　）
2. 广西的首府是南宁市。（　　）
3. 广西境内山脉多呈弧形，形成盆地边缘山脉和外部山脉。（　　）
4. 广西属热带季风气候区。（　　）
5. 广西有2处世界遗产。（　　）
6. 广西多声部合唱的侗族大歌是最具特色的中国民间音乐艺术，被列入《人类非物质文化遗产代表作名录》。（　　）
7. 三花酒（"米酒之王"）是桂林的名酒。（　　）
8. 左江花山岩画是广西拥有的世界遗产之一。（　　）
9. 宋至道三年（997年），广南路分为广西东路和广西西路，今广西大部属广西西路，广西之名源于此。（　　）
10. 《印象·刘三姐》开创了中国山水实景演出的先河。（　　）
11. "歌圩"是瑶族对歌、赛歌的盛大集会。（　　）
12. 广西的博白被誉为"桂圆肉之乡"。（　　）
13. 广西河流众多，区内河流大多随着地势从西南流向西北。（　　）
14. 广西最大的岛屿是硇洲岛。（　　）
15. 1958年3月5日，广西壮族自治区第一届人民代表大会第一次会议召开，宣告广西壮族自治区成立。（　　）

二、单项选择题（下列各题的选项中，只有一项是正确的，请将正确答案的选项填入括号内）

1. 盆地边缘山脉中的猫儿山主峰海拔2141米，是（　　　）第一高峰。
A. 华南　　　　　　B. 华东　　　　　　C. 华西　　　　　　D. 华北

2. 广西壮族自治区是（　　　）地区最便捷的出海口。

A. 华南　　　　　B. 东南　　　　　C. 江南　　　　　D. 西南

3. 广西（　　）渔场是中国四大渔场之一，鱼类、虾类、头足类、蟹类、贝类和其他海产动物、藻类等海洋生物资源种类繁多。
   A. 南部湾　　　　B. 北部湾　　　　C. 南泥湾　　　　D. 东部湾

4. 秦始皇统一岭南后，今广西地域纳入中央王朝版图，分属桂林郡和（　　）。
   A. 象郡　　　　　B. 苍梧郡　　　　C. 郁林郡　　　　D. 合浦郡

5. （　　）是汉族民间传统舞蹈之一，在广西各地均极为流行。
   A. 牛舞　　　　　B. 青蛙舞　　　　C. 龙舞　　　　　D. 师公舞

6. 广西的主要地方剧种和中国十大戏曲剧种之一是（　　）。
   A. 壮剧　　　　　B. 苗剧　　　　　C. 彩调剧　　　　D. 桂剧

7. 20世纪60年代初，代表广西文化艺术最高水平的（　　）《刘三姐》享誉国内外。
   A. 铜鼓舞　　　　B. 扁担舞　　　　C. 桂剧　　　　　D. 彩调剧

8. （　　）的建筑（风雨桥、鼓楼、吊脚楼、凉亭、寨门、水井亭等木结构建筑）是广西民族风情"四绝"之一。
   A. 壮族　　　　　B. 苗族　　　　　C. 瑶族　　　　　D. 侗族

9. （　　）是我国人口最多的少数民族，主要分布在广西、云南、湖南、广东、贵州等地。
   A. 蒙古族　　　　B. 回族　　　　　C. 满族　　　　　D. 壮族

10. 壮族在饮食方面，主食是大米和（　　）。
    A. 玉米　　　　　B. 土豆　　　　　C. 小麦　　　　　D. 小米

11. 壮族的歌、瑶族的舞、（　　）、侗族的建筑被称为广西民族风情"四绝"。
    A. 白族的戏　　　B. 苗族的戏　　　C. 白族的节　　　D. 苗族的节

12. 下列（　　）不是广西特色美食。
    A. 腾冲大救驾　　B. 阳朔啤酒鱼　　C. 梧州纸包鸡　　D. 巴马烤香猪

13. （　　）是中国四大名锦之一，以织工精巧、图案别致、色彩绚丽和结实耐用著称。
    A. 壮锦　　　　　B. 湘锦　　　　　C. 粤锦　　　　　D. 库锦

14. （　　）是苗族人民最喜爱、最常用的一种民间多声部乐器。
    A. 芦笙　　　　　B. 天琴　　　　　C. 独玄琴　　　　D. 长鼓

15. 广西的面积为（　　）万平方千米。
    A. 22.76　　　　　B. 23.76　　　　　C. 22.67　　　　　D. 23.67

16. 明代为（　　），广西的名称由此固定下来。
    A. 广西行省　　　　　　　　　　　B. 广西承宣布政使司
    C. 广南西路　　　　　　　　　　　D. 广西省

17. 广西壮族自治区成立于（　　）年。
    A. 1958　　　　　B. 1950　　　　　C. 1953　　　　　D. 1957

18. 从（　　）起，将12月11日（百色起义纪念日）定为自治区成立纪念日。
    A. 1958　　　　　B. 1968　　　　　C. 1978　　　　　D. 1988

三、多项选择题（每题有 2~5 个正确答案，多选、少选或错选均不得分，请将你认为正确的选项填入括号内）

1. 广西壮族自治区的国家级旅游度假区有（　　　）。
   A. 桂林阳朔遇龙河旅游度假区　　　　B. 大新明仕旅游度假区
   C. 北海银滩国家旅游度假区　　　　　D. 桂林雁山旅游度假区
   E. 贺州黄姚古镇景区

2. 壮族具有悠久灿烂的民族文化。包括（　　　）。
   A. 花山岩画　　　B. 铜鼓　　　C. 织锦　　　D. 唐卡
   E. 刺绣

3. 广西民间文学的形式主要有民间神话、民间故事、民间传说、民间长诗等，（　　　）均是其中的代表。
   A.《布洛陀》　　B.《布伯的故事》　　C.《盘瓠》　　D.《伏羲兄妹》
   E.《格萨（斯）尔》

4. 歌圩节是壮族的民间传统歌节，流行于广西、云南等地。多在春秋两季举行，为期数天。除了对歌，圩日期间还举行（　　　）等活动。
   A. 赛马　　　B. 抛绣球　　　C. 碰红蛋　　　D. 踢毽子
   E. 抢花炮

5. 广西特产包括（　　　）。
   A. 桂林豆腐乳　　B. 马蹄糕　　C. 荔浦芋头　　D. 兴安白果
   E. 嘉积鸭

6. 广西境内有湘桂、（　　　）和南昆线 5 条国家干线铁路。
   A. 南崇　　　B. 黔桂　　　C. 南玉　　　D. 焦柳
   E. 黎湛

7. 广西矿产资源种类多，储量大，尤以（　　　）等有色金属为最。
   A. 铝　　　B. 铁　　　C. 银　　　D. 铜
   E. 锡

8. 广西民间乐器种类繁多，特色鲜明。侗族有（　　　）。
   A. 马骨胡　　B. 牛腿琴　　C. 长鼓　　D. 侗笛
   E. 天琴

9. 广西各族传统唱歌节日丰富多彩，如苗族的（　　　）等。
   A. 赶坡　　　B. 三月三　　　C. 哈节　　　D. 坐妹
   E. 歌圩节

10. 广西舞蹈极具地方特色和民族色彩，壮族的（　　　）等主题鲜明。
    A. 春牛舞　　B. 青蛙舞　　C. 扁担舞　　D. 师公舞
    E. 绣球舞

11. 桂剧俗称（　　　），是广西主要的地方剧种和中国十大戏曲剧种之一，入选首批国家级非物质文化遗产代表性项目名录。
    A. 桂南采茶戏　　B. 桂戏　　C. 邕剧　　D. 毛南戏

E. 桂班戏
12. 广西著名的中成药有（　　）等。
A. 金嗓子喉宝　　B. 桂林西瓜霜　　C. 玉林正骨水　　D. 两面针镇痛片
E. 华佗风痛宝
13. 广西菜肴多以本地盛产的山珍、水产和禽畜肉为原料，还常以岭南佳果如（　　）等入菜。
A. 荔枝　　B. 龙眼　　C. 菠萝　　D. 香蕉
E. 杧果
14. 广西产业产值均已突破千亿元的产业有（　　）。
A. 水果　　B. 蔬菜　　C. 渔业　　D. 优质家畜
E. 蔗糖
15. （　　）等一批新兴产业逐渐成为广西乡村产业振兴的强劲引擎。
A. 广西六堡茶　　　　　　　B. 贵港富硒农产品
C. 浦北陈皮　　　　　　　　D. 马山蓝莓
E. 三江稻鱼

第三节　海南省

一、判断题（判断下列各题是否正确，正确的请在答卷中相应题号后的括号内打"√"，错误的打"×"）

1. 海南岛属于亚热带季风海洋性气候。（　　）
2. 海南岛位于中国最南端，北隔琼州海峡与广东省划界。（　　）
3. 海南的文学艺术最早表现于记录苗族神话传说的民歌等口头文学形式。（　　）
4. 海南省省会是三亚市。（　　）
5. 2009年，海南"黎族传统纺染织绣技艺"被列入《急需保护的非物质文化遗产名录》。（　　）
6. 黎族一般日食四餐，竹筒烧饭是黎族日常生活中独特的野炊方法。（　　）
7. "隆闺"是黎寨中比较独特的一种房屋建筑形式，它是男女青年谈情说爱、吹奏乐器和对歌定情的场所。（　　）
8. 海南传统四大名菜为文昌鸡、嘉积鸭、和乐蟹、临高乳猪。（　　）
9. 海南的风味小吃有海南粉、海南鸡饭、海南粽、苗族五色饭等。（　　）
10. 2012年6月，国务院正式批准撤销西沙群岛、南沙群岛、中沙群岛办事处，设立地级市三沙市，政府驻中沙永兴岛。（　　）
11. 海南省是全国最大的"热带宝地"，由于光、热、水等条件优越，农田终年可以种植，不少作物年收获2~3次。（　　）
12. 黎族是一个能歌善舞的民族。竹竿舞已成为海南民族歌舞的符号。鼻箫是黎族富有特色的乐器。（　　）
13. 海南省是我国海域面积最大的省。（　　）

14. 历史上海南岛曾被称为"琼台、琼崖、儋耳"。（   ）
15. "三月三"是黎族最盛大的民间传统节日。（   ）

二、单项选择题（下列各题的选项中，只有一项是正确的，请将正确答案的选项填入括号内）

1. 海南简称"琼"，源于（   ）的琼州。
   A. 秦代　　　　B. 汉代　　　　C. 唐代　　　　D. 宋代
2. 海南岛总体地势为（   ）。
   A. 中部高、四周低　　　　B. 中部低、四周高
   C. 西部低、东部高　　　　D. 西部高、东部低
3. 海南最高的山是（   ）。
   A. 五指山　　　B. 鹦哥岭　　　C. 霸王岭　　　D. 吊罗山
4. 世界上唯一有环岛高铁的岛屿是（   ）。
   A. 美国夏威夷　　　　　　B. 韩国济州岛
   C. 中国海南岛　　　　　　D. 印度尼西亚巴厘岛
5. 海南是我国（   ）族聚居区，它颇具特色的民族文化和风情，具有独特的旅游观光价值。
   A. 苗　　　　　B. 瑶　　　　　C. 黎　　　　　D. 壮
6. 琼台书院是（   ）所修建的。
   A. 海瑞　　　　B. 李德裕　　　C. 苏东坡　　　D. 焦映汉
7. 海南省共有国家 5A 级旅游景区（   ）家。
   A. 5　　　　　 B. 6　　　　　 C. 7　　　　　 D. 8
8. 元初，我国著名的纺织能手黄道婆，就是到海南学习了（   ）的纺织技艺才名垂青史的。
   A. 壮族　　　　B. 苗族　　　　C. 土家族　　　D. 黎族
9. 黎族妇女曾有文面文身的习俗，称为（   ）。
   A. 儋耳　　　　B. 隆闺　　　　C. 雕题　　　　D. 打柴
10. 海南从（   ）时期开始成为海上丝绸之路始发点之一。
    A. 秦汉　　　　B. 唐宋　　　　C. 元明　　　　D. 明清
11. 在海南品尝小吃的特色形式是吃"早茶"和（   ）。
    A. 午餐　　　　B. 消夜　　　　C. 老爸茶　　　D. 海鲜餐
12. （   ）年 4 月 13 日，撤销广东省海南行政区，设立海南省和海南经济特区。
    A. 1876　　　 B. 1980　　　　C. 1984　　　　D. 1988
13. 黎族女子穿对襟无扣上衣，下穿（   ）。
    A. 百褶裙　　　B. 长裤　　　　C. 长百褶裙　　D. 无褶筒裙
14. 下列土特产品中，不属于海南的是（   ）。
    A. 黎苗织锦　　B. 珍珠饰品　　C. 荔浦芋头　　D. 椰雕
15. 海南的山岳最具特色的是密布热带原始森林，有 4 个热带原始森林区，其中以（   ）最为典型。

A. 乐东尖峰岭　　　B. 昌江霸王岭　　　C. 陵水吊罗山　　　D. 琼中五指山
16. 海南岛是理想的天然盐场，其中（　　）最著名。
　　A. 莺歌海盐场　　B. 东方盐场　　　C. 榆亚盐场　　　D. 长芦盐场
17. （　　）是海南岛上最早的居民。
　　A. 壮族　　　　　B. 回族　　　　　C. 苗族　　　　　D. 黎族
18. 被列入《急需保护的非物质文化遗产名录》的海南项目是（　　）。
　　A. 黎族传统纺染织绣技艺　　　　　B. 帆船水密舱壁制作
　　C. 麦西热甫　　　　　　　　　　　D. 铜鼓制作技艺

三、多项选择题（每题有2~5个正确答案，多选、少选或错选均不得分，请将你认为正确的选项填入括号内）

1. 下列关于海南特色的叙述正确的有（　　）。
　　A. 中国最年轻的省份　　　　　　　B. 中国唯一的热带海洋省份
　　C. 以旅游业为龙头　　　　　　　　D. 现代服务业为主导产业
　　E. 生产总值居全国之首
2. 海南岛上有不少千姿百态的喀斯特溶洞，其中著名的有（　　）。
　　A. 落笔洞　　　　B. 千龙洞　　　　C. 金伦洞　　　　D. 恩村洞
　　E. 皇帝洞
3. 下列属海南国家5A级旅游景区的有（　　）。
　　A. 五指山　　　　　　　　　　　　B. 三亚南山大小洞天
　　C. 天涯海角　　　　　　　　　　　D. 三亚市蜈支洲岛
　　E. 海南槟榔谷黎苗族文化旅游区
4. 出现在海南历史上的四大才子分别有（　　），他们为海南古代文化发展作出了贡献。
　　A. 丘浚　　　　　B. 王佐　　　　　C. 海瑞　　　　　D. 张岳崧
　　E. 张居正
5. 海南的山岳最具特色的是密布热带原始森林，包括（　　）热带原始森林区。
　　A. 尖峰岭　　　　B. 霸王岭　　　　C. 吊罗山　　　　D. 五指山
　　E. 都阳山
6. 海南的文化艺术在本地基调上显现出移民区域的多元特色，有（　　）等。
　　A. 黎族歌舞　　　　　　　　　　　B. 儋州"调声"
　　C. 琼剧　　　　　　　　　　　　　D. "哩哩美"渔歌
　　E. 疍家人咸水歌
7. 海南民族风情中最具有特色的便是（　　）的生活习俗。
　　A. 壮族　　　　　B. 黎族　　　　　C. 苗族　　　　　D. 回族
　　E. 土家族
8. 海南省国家级旅游度假区有（　　）。
　　A. 三亚市亚龙湾国家级旅游度假区　B. 琼海博鳌东屿岛旅游度假区
　　C. 三亚南山大小洞天旅游区　　　　D. 万宁石梅湾旅游度假区
　　E. 三亚市天涯海角游览区

9. 海南的世居民族有（　　）。
   A. 汉族　　　　B. 黎族　　　　C. 苗族　　　　D. 彝族
   E. 回族

10. 黎族的服饰及习俗独具特色，以下描述正确的有（　　）。
    A. 黎族男子常穿无领对襟上衣，下穿前后两幅布的吊襜，结鬃缠头
    B. 黎族女子穿对襟有扣上衣，下穿有褶筒裙，多绣织花纹
    C. 黎族女子束发于脑后，常插有牛骨、金属、箭猪毛制成的发簪
    D. 黎族妇女在盛装时会佩戴项圈、手镯、脚环、耳环等饰品
    E. 黎族妇女有文面文身的习俗，这一习俗被称为"雕题"

11. 黎族人民的医药知识也很丰富，能够根据不同的病情使用（　　）等治疗方法。
    A. 热敷　　　　B. 针灸　　　　C. 扇汗　　　　D. 火灸
    E. 推拿

12. 黎族的（　　）和服饰等均已被列入国家级非物质文化遗产代表性项目名录。
    A. 打柴舞　　　B. 三月三节　　C. 民歌　　　　D. 竹木器乐
    E. 船形屋营造技艺

13. 海南的特产有（　　）。
    A. 黄花梨木　　B. 沉香　　　　C. 加工佛珠　　D. 南药
    E. 翡翠

14. 海南传统的四大名菜有（　　）。
    A. 曲口海鲜　　B. 嘉积鸭　　　C. 和乐蟹　　　D. 东山羊
    E. 文昌鸡

参考答案及解析

第六章 西南地区各省市自治区导游基础知识

第一节 重庆市

一、判断题（判断下列各题是否正确，正确的请在答卷中相应题号后的括号内打"√"，错误的打"×"）

1. 重庆因金沙江古称"渝水"，故简称"渝"。（　）
2. 唐朝时，因渝水绕城，改楚州为渝州，重庆始简称"渝"。（　）
3. 重庆具有"巴山夜雨"的气候特色，年夜雨量占年总降水量的40%~50%。（　）
4. 重庆文化中较有代表性的是巴渝文化，巴渝文化起源于巴文化，指的是巴族和巴国在历史发展中所形成的地域性文化。（　）
5. 川江号子是川江船工们为统一动作和节奏，由号工领唱，众船工帮腔、合唱的一种一领众和式的民间歌唱形式。2006年，川江号子被批准列入了人类口头与非物质文化遗产名录。（　）
6. 春秋战国时期，巴族的民歌也相当有名。作为山歌的巴山调，亦称竹枝词，经民众创作和传唱，文人受其影响而纷纷效仿。唐代大诗人刘禹锡就曾仿民歌作《竹枝词》9首。（　）
7. 重庆地形东西高、中间低，从东西向河谷倾斜。（　）
8. 重庆建成了全世界规模最大的山地城市轨道交通运营网络，取得多项世界"第一"和全国"第一"。（　）
9. 重庆的支柱产业是汽车、装备制造和旅游。（　）
10. 重庆的少数民族中，人口最多的是苗族。（　）
11. 重庆市是西部大开发重要的战略支点、"一带一路"和长江经济带重要联结点及内陆开放高地，也是西部大开发重要的战略支点。（　）
12. 重庆是一座独具特色的"山城""江城"和"雾都"。（　）
13. 川北平行岭谷是我国东北—西南走向山脉组合最整齐的地区，也是世界上特征最显著的褶皱山地带。（　）
14. 抗日战争期间战期间，重庆是世界反法西斯战争远东指挥中心，是中国大后方的政治、经济和文化中心。（　）
15. 抗日战争时期和解放战争初期，以周恩来同志为代表的中共中央南方局在重庆开展统一战线工作，形成了"红岩精神"。（　）

16. 天津市被誉为"东方底特律"，支柱产业有汽车、电子和装备制造。（   ）

二、单项选择题（下列各题的选项中，只有一项是正确的，请将正确答案的选项填入括号内）

1. 长江上游地区的经济、金融、科创、航运和商贸物流中心，西南地区综合交通枢纽和最大的工商业城市是（   ）。
   A. 成都　　　　　B. 重庆　　　　　C. 昆明　　　　　D. 贵阳

2. 在中国的直辖市中，人口最多的是（   ）。
   A. 北京　　　　　B. 天津　　　　　C. 上海　　　　　D. 重庆

3. 南宋淳熙十六年（1189 年），（   ）先封恭王，后即帝位，自诩"双重喜庆"，升恭州为重庆府，重庆由此得名。
   A. 宋高宗　　　　B. 宋孝宗　　　　C. 宋光宗　　　　D. 宋宁宗

4. 重庆于（   ）正式成为中国第四个、西部地区唯一的直辖市。
   A. 1993 年　　　　B. 1995 年　　　　C. 1997 年　　　　D. 1999 年

5. 近代中国最早对外开埠的内陆通商口岸是（   ）。
   A. 成都　　　　　B. 重庆　　　　　C. 昆明　　　　　D. 贵阳

6. 近代著名的资产阶级革命宣传家（   ）的《革命军》一书被章太炎称许为"义师先声"。
   A. 章炳麟　　　　B. 陈天华　　　　C. 陆皓东　　　　D. 邹容

7. 既是我国最大的国家地质公园，也被誉为"天然地质博物馆"的是（   ）。
   A. 石林　　　　　B. 张家界　　　　C. 黄山　　　　　D. 长江三峡

8. 选用青菜头经独特的加工工艺制成的鲜嫩香脆的风味产品是（   ），它与法国酸黄瓜、德国甜酸甘蓝并称"世界三大名腌菜"。
   A. 涪陵榨菜　　　B. 潮汕橄榄菜　　C. 东北酸菜　　　D. 内江大头菜

9. 重庆菜属于川菜中三大流派之一（   ）流派的发源地。
   A. 上河帮　　　　B. 中河帮　　　　C. 下河帮　　　　D. 小河帮

10. 下列产业属于重庆支柱产业的是（   ）。
    A. 汽车、生物医药　　　　　　　　B. 电子、装备制造
    C. 绿色环保、基层电路　　　　　　D. 软件、信息技术服务

11. 下列旅游度假区中，属于重庆的国家级旅游度假区的是（   ）。
    A. 邛海、凤凰岛、仙女山　　　　　B. 阳宗海、野玉海山地、丰都南天湖
    C. 赤水河谷、莫干山、石柱黄水　　D. 丰都南天湖、仙女山、石柱黄水

12. 被联合国教科文组织誉为"保存完好的世界唯一古代水文站"的古代建筑是（   ）。
    A. 都江堰　　　　B. 郑国渠　　　　C. 白鹤梁　　　　D. 大运河

13. 下列景区中，属于重庆的全国红色旅游经典景区是（   ）。
    A. 八路军重庆办事处旧址、歌乐山革命烈士纪念馆
    B. 史迪威将军博物馆、大韩民国临时政府旧址
    C. "六五"大隧道惨案遗址、重庆林园
    D. 重庆国民政府旧址、白帝城

14. 重庆太阳辐射弱，日照时间短，常年多雾，尤以（　　）为甚，素有"雾都"之称。
    A. 春夏　　　　　B. 冬春　　　　　C. 秋冬　　　　　D. 夏秋
15. 以独特的"喀斯特桌山"地貌被列入《世界遗产名录》，也是名副其实的"生物基因库""中华药库"的是（　　）。
    A. 巫山　　　　　B. 金佛山　　　　C. 武陵山　　　　D. 大巴山
16. 重庆市（　　）的云雾山全年雾日数量堪称"世界之最"。
    A. 渝中区　　　　B. 大足区　　　　C. 璧山区　　　　D. 涪陵区
17. 重庆正式开埠、对外开放始于（　　）。
    A. 1840年　　　　B. 1852年　　　　C. 1879年　　　　D. 1891年
18. 全国最大的内河港是（　　）。
    A. 宜宾港　　　　B. 果园港　　　　C. 景洪港　　　　D. 蚌埠港

三、多项选择题（每题有2~5个正确答案，多选、少选或错选均不得分，请将你认为正确的选项填入括号内）

1. 下列山系属于世界三大褶皱山系的有（　　）。
    A. 川东平行岭谷　　B. 阿巴拉契亚山　　C. 乞力马扎罗山　　D. 安第斯—落基山
    E. 阿尔卑斯山
2. 下列名人中，属于重庆十大历史文化名人的有（　　）。
    A. 秦良玉、李惺　　　　　　　B. 竹禅、杨裕勋
    C. 程琪芝、张森楷　　　　　　D. 张培爵、胡适
    E. 向楚、巴金
3. 下列景区中，属于重庆的国家5A级旅游景区的有（　　）。
    A. 大足石刻景区、云阳龙缸景区
    B. 武隆喀斯特旅游区、阆中古城旅游区
    C. 酉阳桃花源景区、江津四面山景区
    D. 万盛黑山谷景区、彭水县阿依河景区
    E. 黔江区濯水景区、南川金佛山景区
4. 下列民俗风情中，属于富有巴渝特色的重庆民俗风情的有（　　）。
    A. 川江号子、乡间吹打　　　　B. 铜梁龙灯、秀山花灯戏
    C. 九龙楹联、土家摆手舞　　　D. 土家族啰儿调、京剧
    E. 川剧、儋州调声
5. 下列特产中，属于重庆特产的有（　　）。
    A. 城口漆艺、黄花梨木　　　　B. 大足竹编、三峡石砚
    C. 谭木匠木雕、綦江农民版画　D. 荣昌夏布、巫溪围腰
    E. 荣昌安陶、北碚剪纸
6. 下列属于重庆市的山有（　　）。
    A. 巫山　　　　　B. 大巴山　　　　C. 大别山　　　　D. 武陵山
    E. 大娄山
7. 下列河流流经重庆市的有（　　）。

A. 长江 B. 乌江 C. 綦江 D. 大宁河
E. 嘉陵江
8. 重庆特产中药材有（　　）。
A. 石柱黄连 B. 南川杜仲 C. 贝母 D. 天麻
E. 巫山党参
9. 下列属于巴渝文化的有（　　）。
A. 民族文化 B. 袍哥文化 C. 移民文化 D. 码头文化
E. 抗战陪都文化
10. 下列名人中，重庆籍的有（　　）。
A. 竹禅 B. 张森楷 C. 秦良玉 D. 邹容
E. 张培爵
11. 下列小吃为重庆特色小吃的有（　　）。
A. 肠旺面 B. 龙抄手 C. 烧饵块 D. 小面
E. 磁器口麻花

第二节　四川省

一、判断题（判断下列各题是否正确，正确的请在答卷中相应题号后的括号内打"√"，错误的打"×"）

1. 四川省位于我国大陆地势三大阶梯中的第一级和第二级之间，地形复杂多样，全省大致可分为四川高原山地和川西盆地两大部分。（　　）
2. 四川素有"天府之国"的美誉，也是大熊猫的故乡。（　　）
3. 四川的湖泊大多为冰蚀湖、溶蚀湖、堰塞湖，主要分布在东部高原山地区。（　　）
4. 汉代四川地区建立了两个国家：一个是在今川西地区，以古蜀族为中心的蜀国；另一个是在今川东地区（包括今重庆市），以古巴族为中心的巴国。（　　）
5. 四川茶叶的质量和产量在唐以前都居全国首位，尤以"扬子江中水，蒙山顶上茶"而广为传颂。（　　）
6. 四川省有不少中药是独有的，如带有"川"字头的药材川芎、川贝母、川羌活、川黄檗、川牛膝、川附子等。（　　）
7. 彝族男子头顶留一小块头发，称为"英雄结"，裹青蓝布头帕，前方扎成"天菩萨"。（　　）
8. 四川省东部的盆地和川西的高原山地呈现出两种截然不同的民俗文化类型——东部盆地的少数民族民俗和西部以农耕文化为主的农耕民俗。（　　）
9. 四川省是全国最大的芳香油产地。（　　）
10. 四川曲艺起源甚早，在四川商周墓中出土的各种类型的说唱艺术陶俑，表情诙谐，神态逼真，表明了那个时期曲艺的普及和成熟。（　　）
11. 三星堆遗址出土的"太阳神鸟"金饰是中国文化遗产的标志。（　　）
12. 广汉三星堆遗址可能是蚕丛王族建立的早期蜀王国的都城。（　　）

13. 被誉为"最美318线"的公路指的是宜攀高速。（　　）
14. 羌族的建筑为碉房，碉房内砌有火塘，火种终年不熄，称为"万年火"。（　　）
15. 中国乃至世界有明确文字记载最早的种茶人是神农。（　　）

二、单项选择题（下列各题的选项中，只有一项是正确的，请将正确答案的选项填入括号内）

1. 四川的河流中，属于黄河水系的有（　　）。
   A. 岷江　　　　B. 白河　　　　C. 雅砻江　　　　D. 大渡河
2. 四川最大的冰川群同时也是横断山系和青藏高原东部最大的冰川群是（　　）。
   A. 贡嘎山冰川　　B. 达古冰川　　C. 绒布冰川　　D. 米堆冰川
3. 四川盆地及周围山地属于（　　）气候类型，这种气候总体上体现出冬暖、春早、夏热、秋雨的特点。
   A. 热带季风　　　　　　　　　　B. 亚热带季风性湿润
   C. 温带季风　　　　　　　　　　D. 高原山地
4. 四川省适合开展冬季的避寒康养之旅的地区为（　　）。
   A. 川东地区　　B. 川西地区　　C. 川中盆地　　D. 川西南山地
5. 四川境内日照最多的、有"小太阳城"之称的地方是（　　）。
   A. 康定市　　　B. 甘孜县　　　C. 稻城县　　　D. 松潘县
6. 四川的"寒极"是（　　）。
   A. 石渠县　　　B. 色达县　　　C. 会理县　　　D. 甘洛县
7. 被称为"云朵上的民族"的是（　　）。
   A. 藏族　　　　B. 土家族　　　C. 羌族　　　　D. 苗族
8. "四川"的名称开始于（　　）。
   A. 唐朝　　　　B. 宋朝　　　　C. 元朝　　　　D. 明朝
9. 四川省有（　　）家国家5A级旅游景区。
   A. 14　　　　　B. 15　　　　　C. 16　　　　　D. 17
10. 明代学者（　　）被赞为"明代著述第一人"。
    A. 杨慎　　　　B. 赵熙　　　　C. 杜甫　　　　D. 张鹏翮
11. 在川剧的多种声腔中，最能代表川剧独特风格的是（　　）。
    A. 昆腔　　　　B. 高腔　　　　C. 弹戏　　　　D. 灯调
12. 四川省有（　　）世界遗产。
    A. 3处　　　　B. 4处　　　　C. 5处　　　　D. 6处
13. 既是全国最大的彝族聚居区，又是第二大藏族聚居区的省区是（　　）。
    A. 西藏　　　　B. 青海　　　　C. 四川　　　　D. 云南
14. 中国文化遗产的标志是（　　）。
    A. "太阳神鸟"金饰　　　　　　B. 玉牌形饰
    C. 龙形饰　　　　　　　　　　D. 青铜纵目人像
15. 下列菜肴中，属于川菜的代表名菜的是（　　）。
    A. 宫保鸡丁、臭鳜鱼　　　　　B. 回锅肉、鱼香肉丝

C. 麻婆豆腐、口味虾　　　　　　　　D. 夫妻肺片、炝锅鱼
16. （　　）享有"一菜一格，百菜百味"的声誉。
   A. 川菜　　　　B. 粤菜　　　　C. 鲁菜　　　　D. 徽菜
17. 四川有全国第一大海相气田（　　）。
   A. 元坝气田　　B. 普光气田　　C. 苏里格气田　　D. 川南气田
18. 有"赋圣"之誉的司马相如是（　　）人。
   A. 陕西　　　　B. 河南　　　　C. 四川　　　　D. 贵州
19. 主持修建都江堰水利工程的是（　　）。
   A. 王商　　　　B. 杨洪　　　　C. 李冰　　　　D. 李严
20. 中华人民共和国成立后自行设计施工、完全采用国产材料修建的第一条铁路是（　　）。
   A. 成渝铁路　　B. 成昆铁路　　C. 川藏铁路　　D. 川青铁路
21. 被誉为"云端上的高速公路"的是（　　）。
   A. 川藏公路　　B. 雅西高速　　C. 成宜高速　　D. 德都高速
22. 我国海拔最高的民用机场是（　　）。
   A. 拉萨机场　　B. 香格里拉机场　　C. 西宁机场　　D. 稻城亚丁机场

三、多项选择题（每题有2~5个正确答案，多选、少选或错选均不得分，请将你认为正确的选项填入括号内）

1. 四川的支柱产业有（　　）。
   A. 电子信息　　B. 装备制造　　C. 食品饮料　　D. 先进材料
   E. 能源化工
2. 下列文化名人中，和四川相关的有（　　）。
   A. 司马相如　　B. 李白　　　　C. 杨慎　　　　D. 郭沫若
   E. 尹珍
3. 川剧表演中最引人注目的独门特技有（　　）等。
   A. 变脸　　　　B. 滚灯　　　　C. 吐火　　　　D. 椅子功
   E. 水袖功
4. 下列景区属于四川省的世界遗产项目的有（　　）。
   A. 四川大熊猫栖息地　　　　　　　B. 甘孜州稻城亚丁
   C. 黄龙　　　　　　　　　　　　　D. 青城山—都江堰
   E. 峨眉山—乐山大佛
5. 下列名酒中，属于川酒的代表名酒的有（　　）。
   A. 茅台酒　　　B. 五粮液　　　C. 剑南春　　　D. 沱牌曲酒
   E. 泸州老窖特曲
6. 金沙江的水电站中，最著名的世界级的水电站有（　　）。
   A. 白鹤滩　　　B. 向家坝　　　C. 溪洛渡　　　D. 乌东德
   E. 葛洲坝
7. 被称为"中国陆地三大气田"的有（　　）。

A. 临兴气田　　　B. 东方气田　　　C. 苏格里气田　　　D. 元坝气田
E. 普光气田

8. 下列关于四川生物资源的表述正确的有（　　　）。
   A. 四川是中国乃至世界重要的生物基因宝库
   B. 四川有松、杉、柏类植物87种，居全国之首
   C. 四川是全国最大的芳香油产地
   D. 四川的野生果植物中，水蜜桃的资源最为丰富
   E. 四川的野生大熊猫种群数量居全国第一位

9. 传统川菜分为上河帮、下河帮与小河帮三大流派。上河帮川菜代表性菜品有（　　　）。
   A. 麻婆豆腐　　　B. 口水鸡　　　C. 回锅肉　　　D. 宫保鸡丁
   E. 鱼香肉丝

10. 四川省的国家级旅游度假区有（　　　）。
    A. 成都天府青城康养休闲旅游度假区　　　B. 邛海旅游度假区
    C. 峨眉山市峨秀湖旅游度假区　　　D. 宜宾蜀南竹海旅游度假区
    E. 成都西岭雪山—花水湾旅游度假区

第三节　贵州省

一、判断题（判断下列各题是否正确，正确的请在答卷中相应题号后的括号内打"√"，错误的打"×"）

1. 贵州地貌可概括为高原山地、丘陵和盆地3种基本类型，其中丘陵居多。　　　（　　　）
2. 贵州属温带季风气候区，气候特征主要为冬无严寒，夏无酷暑，降水丰富，雨热同季。
   （　　　）
3. 贵州省最高点位于赫章县珠市乡韭菜坪，海拔2900.6米。　　　（　　　）
4. 黔西南的苗族妇女服饰多将银饰钉在衣服上，称为"银衣"，头上戴着形如牛角的银质头饰，独具特色。　　　（　　　）
5. 贵州是全国唯一一个没有平原支撑的省份。　　　（　　　）
6. 贵州是西南地区的铁路交通枢纽，1958年，中华人民共和国成立后贵州第一条铁路——黔桂铁路通车。　　　（　　　）
7. 贵州傩戏中的巫傩有上千年的历史，如今贵州省苗族中的"撮泰吉"就是其中的重要代表。　　　（　　　）
8. 贵州有遵义市赤水河谷、六盘水市野玉海山地和仙女山3家国家级旅游度假区。
   （　　　）
9. "国酒"茅台是我国清香型白酒的典范。　　　（　　　）
10. 贵州西江千户苗寨是全国最大的苗寨。　　　（　　　）
11. 夜郎文化是贵州独特的本土文化。　　　（　　　）
12. 云南省被誉为"了解和研究地球生命发展演化史的宝库"。　　　（　　　）
13. 青海省被称为"世界桥梁博物馆"。　　　（　　　）

14. 贵州省内各地的少数民族如仡佬族、苗族、布依族和彝族等少数民族都有奉龙为神灵的传统。（   ）
15. 明代思想家王阳明的心学主旨"致良知"在贵州提出。（   ）
16. 被誉为"中国天眼"的是贵州黔南布依族苗族自治州境内的500米口径球面射电望远镜。（   ）
17. 我国和世界上苗族服饰种类最多、保存最好的区域是黔西北，被称为"苗族服饰博物馆"。（   ）
18. 贵州省传统的中药材有虫草、天麻、石斛、杜仲等。（   ）

二、单项选择题（下列各题的选项中，只有一项是正确的，请将正确答案的选项填入括号内）

1. 贵州最为典型的丹霞地貌分布在（   ）。
   A. 六盘水　　　　B. 安顺　　　　C. 赤水　　　　D. 毕节
2. 贵州省的河流中，境内最大的河流是（   ）。
   A. 乌江　　　　B. 六冲河　　　　C. 清水江　　　　D. 横江
3. 贵州始杯海绵化石的发现，将地球生命起源向前推到了距今（   ）前。
   A. 4亿年　　　　B. 5亿年　　　　C. 6亿年　　　　D. 7亿年
4. "贵州"作为地名始于（   ）。
   A. 唐代　　　　B. 宋代　　　　C. 元代　　　　D. 明代
5. 战国、秦汉时期，夜郎国崛起于中国西南部，其中心为（   ）。
   A. 云南　　　　B. 四川　　　　C. 贵州　　　　D. 广西
6. 全国唯一一个没有平原支撑的省区是（   ）。
   A. 新疆　　　　B. 西藏　　　　C. 青海　　　　D. 贵州
7. 目前贵州省内各地的少数民族如仡佬族、苗族、布依族以及彝族等少数民族都将（   ）奉为神灵。
   A. 梅　　　　B. 兰　　　　C. 竹　　　　D. 菊
8. 被誉为"世界上最大的民族博物馆""人类疲惫心灵的最后家园"的是贵州的（   ）。
   A. 黔东南州　　　　B. 黔西南州　　　　C. 遵义市　　　　D. 毕节市
9. 世界上最具代表性的喀斯特地貌的瀑布是（   ）。
   A. 壶口瀑布　　　　B. 吊水楼瀑布　　　　C. 黄果树瀑布　　　　D. 德天瀑布
10. 下列名茶中，产地在贵州的是（   ）。
    A. 梵净山茶、六安瓜片　　　　B. 湄潭湄江茶、都匀毛尖茶
    C. 富硒茶、祁门红茶　　　　D. 太平猴魁、凤庆红茶
11. 被称为"中国杜仲之乡"的是（   ）。
    A. 贵阳　　　　B. 遵义　　　　C. 安顺　　　　D. 毕节
12. 下列特产产地在贵州的是（   ）。
    A. 桐梓木兰片、镇远陈年道菜　　　　B. 安顺百花串酱菜、弥渡卷蹄
    C. 毕节豆腐干、吹肝　　　　D. 独山盐酸菜、临泽红枣
13. 苗族的传统节日中最重要的是（   ）。

A. 龙船节　　　　　B. 赶秋坡　　　　　C. 吃新节　　　　　D. 芦笙节
14. 苗族较大的聚居区在（　　）。
    A. 黔西南和湘鄂渝黔的交界地带　　　B. 黔东南和湘鄂渝黔的交界地带
    C. 云南与贵州交界地带　　　　　　　D. 湖北与重庆交界地带
15. 苗族的代表性建筑是（　　）。
    A. 楼上楼　　　　　B. 土掌房　　　　　C. 吊脚楼　　　　　D. 石板房
16. "贵州"于（　　）正式建立行省。
    A. 宋朝　　　　　　B. 元朝　　　　　　C. 明朝　　　　　　D. 清朝
17. 红军长征中著名的遵义会议于（　　）在遵义召开。
    A. 1933年　　　　　B. 1934年　　　　　C. 1935年　　　　　D. 1936年
18. 梵净山（　　）为全球独有。
    A. 金丝猴　　　　　B. 滇金丝猴　　　　C. 川金丝猴　　　　D. 黔金丝猴

三、多项选择题（每题有2~5个正确答案，多选、少选或错选均不得分，请将你认为正确的选项填入括号内）

1. 下列景区中，被列入《全国红色旅游经典景区名录》的有（　　）。
    A. 遵义会议会址　　　　　　　　　　B. 黎平会议会址
    C. 红军四渡赤水战役旧址　　　　　　D. 天龙古镇
    E. 镇远古城
2. 被称为"贵州文坛之祖"的有（　　）。
    A. 杜牧　　　　　　B. 盛览　　　　　　C. 柳永　　　　　　D. 尹珍
    E. 曾巩
3. 根据《黔诗纪略》一书的统计，明朝贵州的诗人多达300多人，其中影响较大的有
   （　　）。
    A. 王训　　　　　　B. 孙应鳌　　　　　C. 谢三秀　　　　　D. 杨文聪
    E. 陈子龙
4. 下列景区属于贵州的国家5A级旅游景区的有（　　）。
    A. 黄果树瀑布景区、梵净山旅游区
    B. 荔波樟江景区、花溪区青岩古镇景区
    C. 毕节市百里杜鹃景区、野玉海山地景区
    D. 镇远古城旅游景区、普者黑景区
    E. 赤水丹霞旅游区、龙宫景区
5. 下列小吃中，属于贵州代表性小吃的有（　　）。
    A. 牛肉粉、烧饵块　　　　　　　　　B. 丝娃娃、肠旺面
    C. 豆花面、红油米豆腐　　　　　　　D. 羊肉粉、水城烙锅
    E. 波波糖、荞凉粉
6. 贵州的名茶有（　　）。
    A. 遵义湄潭湄江茶　　　　　　　　　B. 黔南都匀毛尖茶
    C. 铜仁梵净山茶　　　　　　　　　　D. 富硒茶

E. 梧州六堡茶
7. 贵州省出土的三叠纪古生物化石有（　　）。
   A. 胡氏贵州龙　　B. 许氏禄丰龙　　C. 黔鱼龙　　D. 纳罗虫
   E. 海百合
8. 贵州围绕（　　）等优势产业，大力发展林业产业和林下经济，因地制宜做好"土特产"文章。
   A. 茶叶　　B. 刺梨　　C. 辣椒　　D. 夏秋蔬菜
   E. 中药材种植
9. 下列属于贵州遗产的有（　　）。
   A. 荔波　　B. 施秉　　C. 梵净山　　D. 赤水丹霞
   E. 遵义播州海龙屯遗址
10. 建筑中，属于贵州省的代表性建筑有（　　）。
    A. 苗族吊脚楼　　B. 布依族石板房　　C. 土家族楼上楼　　D. 普米族木楞房
    E. 侗族鼓楼和风雨桥

第四节　云南省

一、判断题（判断下列各题是否正确，正确的请在答卷中相应题号后的括号内打"√"，错误的打"×"）

1. 云南名称有两个来历，一谓"彩云之南"，另一说法是因位于"云岭之南"而得名。（　）
2. 云南的水运主要是在有"东方多瑙河"之称的澜沧江—湄公河和金沙江—长江两大水系上。（　）
3. 云南省河流分属独龙江（伊洛瓦底江）、怒江（萨尔温江）、澜沧江（湄公河）、元江（红河）、南盘江（珠江）五大水系。（　）
4. 丽江纳西族妇女服装具有民族特色，出门披黑羊皮七星披肩。在肩部缀有2个大圆布圈代表日、月，背上并排缀着7个小圆布圈，垂穗7对，用丝线绣成各种图案，俗称"披星戴月"，象征着重视读书学习。（　）
5. 纳西族由祭司东巴用来书写经书的两种文字，一种是图画象形文字"哥巴文"，绝大多数的东巴经用这种文字写成；另一种文字称"东巴文"，它是一种表词的音节文字。（　）
6. 白族平坝区住房多为瓦房，布局一般多为"一正两耳""三坊一照壁""四合五天井"。山区多为上楼下厩的垛木房；高寒地区则是单间或两间相连的茅草房。（　）
7. 傣族从关门节到开门节的3个月内，是"关门"的时间，为一年中农事活动最频繁的时期。（　）
8. 纳西族的灿烂民族文化遗存有世界文化遗产丽江古城（大研镇）、《创世纪》等三部史诗、东巴音乐、东巴舞蹈、东巴画、丽江古乐和丽江壁画等。（　）
9. 云南的特产主要有三七、天麻、虫草、云南白药、活血圣药血竭、茶叶、小粒咖啡、

大理石工艺品、腾冲玉器、剑川木雕、建水紫陶、永昌云子等。（   ）
10. 云南名菜有汽锅鸡、牛羊肉泡馍、香茅草烤鸡、腾冲大救驾、酸笋煮鱼等。（   ）
11. 红壤是云南分布最广、最重要的土壤资源，故云南有"红土高原""红土地"之称。
（   ）
12. 云南省海拔最低点在与越南交界的河口县境内南溪河与红河汇合处，海拔76.4米。
（   ）
13. 两汉至东晋时期云南出现的古滇青铜文明，在中国乃至世界青铜文化史上占有十分重要的位置。（   ）
14. 沧源崖画是我国目前发现的最古老的崖画之一。（   ）
15. 被尊为"联圣"的是孙髯翁。（   ）
16. 纳西古乐被誉为"音乐化石"。（   ）
17. 茶马古道源于古代西南边疆的茶马互市，兴于隋朝，盛于清朝，是中国西南民族经济文化交流的走廊。（   ）
18. 云南省人口在百万以上的少数民族有彝族、哈尼族、白族、傣族、纳西族、壮族6个。
（   ）

二、单项选择题（下列各题的选项中，只有一项是正确的，请将正确答案的选项填入括号内）

1. 下列纳西族的文化中，被联合国教科文组织列入《世界记忆名录》的是（   ）。
   A. 东巴象形文字   B. 东巴古籍   C. 东巴画   D. 东巴舞
2. 云南省最高点为德钦县梅里雪山主峰（   ），海拔6740米。
   A. 缅茨姆峰   B. 吉娃仁安峰   C. 卡瓦格博峰   D. 布迥松阶吾学峰
3. 云南湖泊中，深度为全省之最的是（   ）。
   A. 滇池   B. 洱海   C. 抚仙湖   D. 泸沽湖
4. 云南是人类最早发源地之一，1965年在元谋发现的"元谋人"化石，说明距今（   ）以前古人类就生息在此。
   A. 50万年   B. 80万年   C. 120万年   D. 170万年
5. "云南"正式成为省一级区划名称是从（   ）开始的。
   A. 宋朝   B. 元朝   C. 明朝   D. 清朝
6. 被民族学家喻为"人类社会家庭婚姻发展史的活化石"的是（   ）的"阿注"婚姻。
   A. 摩梭人   B. 克木人   C. 普米族   D. 藏族
7. 白族姑娘的头饰上，显示着"风花雪月"，垂下的穗子象征（   ）。
   A. 下关风   B. 上关花   C. 苍山雪   D. 洱海月
8. 白族最隆重的节日是（   ）。
   A. 春节   B. 绕三灵   C. 三月街   D. 耍海节
9. 傣族最有特色的住房是（   ）。
   A. 土掌房   B. 干栏式建筑   C. 木楞房   D. 吊脚楼
10. 纳西族独特的传统节日是（   ）。
    A. 春节   B. 火把节   C. 三朵节   D. 泼水节

11. 云南省六大旅游区中，被称为"喀斯特山水文化旅游区"的是（　　）。
    A. 滇西南　　　　B. 滇东南　　　　C. 滇中　　　　D. 滇西北
12. 下列名人中，祖籍是云南的是（　　）。
    A. 朱德　　　　B. 蔡锷　　　　C. 孙髯翁　　　　D. 聂耳
13. （　　）是一片人间少有的完美保留自然生态和民族传统文化的净土，素有"高山大花园""动植物王国"的美称。
    A. 普者黑　　　　B. 腾冲　　　　C. 香格里拉　　　　D. 三江并流
14. 傣族的歌手被称为（　　）。
    A. 东巴　　　　B. 毕摩　　　　C. 赞哈　　　　D. 本主
15. 傣族辞旧迎新的传统节日是（　　）。
    A. 开门节　　　　B. 关门节　　　　C. 泼水节　　　　D. 火把节
16. 下列（　　）不是云南的美誉。
    A. "有色金属王国"　　　　B. "药物宝库"
    C. "香料之乡"　　　　D. "水果王国"
17. 云南省面积最大的湖泊是（　　）。
    A. 滇池　　　　B. 洱海　　　　C. 泸沽湖　　　　D. 抚仙湖
18. 中老昆万铁路于（　　）全线通车运营。
    A. 2017 年　　　　B. 2019 年　　　　C. 2021 年　　　　D. 2023 年
19. 有"世界锡都"之称的城市是（　　）。
    A. 蒙自　　　　B. 个旧　　　　C. 东川　　　　D. 会泽

三、多项选择题（每题有 2~5 个正确答案，多选、少选或错选均不得分，请将你认为正确的选项填入括号内）

1. 下列景区中，属于云南省世界遗产项目的有（　　）。
    A. 丽江古城　　　　B. 三江并流　　　　C. 西双版纳　　　　D. 澄江帽天山化石群
    E. 红河哈尼梯田
2. 构成云南 2000 多年文明史纵向脉络的文化有（　　）。
    A. 古滇文化　　　　B. 爨文化　　　　C. 夜郎文化　　　　D. 大理文化
    E. 南诏文化
3. 云南各民族的服饰按照所分布地区的自然地理气候条件，可分为（　　）。
    A. 轻薄短紧型　　　　B. 宗教祭祀型　　　　C. 轻便型　　　　D. 祖先崇拜型
    E. 宽大厚重型
4. 旅游是云南的金字招牌，云南正因地制宜地发展（　　）等业态。
    A. 乡村旅游　　　　B. 康养旅游　　　　C. 跨境旅游　　　　D. 体育旅游
    E. 研学旅游
5. 下列景区属于云南省的国家级旅游度假区的有（　　）。
    A. 阳宗海　　　　B. 玉溪抚仙湖　　　　C. 西双版纳　　　　D. 芒市孔雀湖
    E. 大理古城
6. 1938 年，由（　　）组成的西南联合大学搬迁至云南。

A. 清华大学　　　B. 北京大学　　　C. 复旦大学　　　D. 南开大学
E. 浙江大学

7. 云南的水运主要是在（　　）上。
   A. 怒江—萨尔温江　B. 元江—红河　　C. 南盘江—珠江　　D. 金沙江—长江
   E. 澜沧江—湄公河

8. 下列名人中，云南籍的有（　　）。
   A. 杨慎　　　　　B. 郑和　　　　　C. 聂耳　　　　　D. 孙髯
   E. 林则徐

9. 下列属于云南省国家5A级旅游景区的有（　　）。
   A. 石林风景名胜区　　　　　　　　　B. 玉龙雪山景区
   C. 腾冲市和顺古镇景区　　　　　　　D. 大理崇圣寺三塔文化旅游区
   E. 文山州丘北县普者黑旅游景区

10. 下列少数民族的服饰，属于炎热地区轻薄短紧型的有（　　）。
    A. 白族　　　　　B. 佤族　　　　　C. 傣族　　　　　D. 阿昌族
    E. 布朗族

第五节　西藏自治区

一、判断题（判断下列各题是否正确，正确的请在答卷中相应题号后的括号内打"√"，错误的打"×"）

1. 西藏自治区位于中国西南部，北面与新疆维吾尔自治区、甘肃省相邻，东面和东南面同四川省、云南省接壤。（　　）
2. 西藏自治区气候多样，垂直变化大。空气稀薄、气压高、氧气足。（　　）
3. 青藏铁路是世界上海拔最高、在冻土上路程最长的高原铁路，被誉为"天路"。（　　）
4. 西藏自治区被列入《世界遗产名录》的建筑是甘丹寺。（　　）
5. 藏戏包括西藏藏戏、安多藏戏、德格藏戏、昌都藏戏4个剧种。（　　）
6. 牧区的藏族人住帐篷，帐篷是用羊毛织成的。（　　）
7. 献哈达是藏族待客规格最高的一种礼仪，表示对客人热烈的欢迎和诚挚的敬意。（　　）
8. 《仓央嘉措情歌》举世瞩目，其作者仓央嘉措（1683—1706）是第六代达赖喇嘛。（　　）
9. 西藏三大药材指麝香、藏红花、冬虫夏草。（　　）
10. 元朝时期，西藏成为中国元朝中央政府直接治理下的一个行政区域。（　　）
11. 望果节又名"藏戏节"，已被列入国家级非物质文化遗产代表性项目名录。（　　）
12. 青藏高原是世界上隆起最早、面积最大、海拔最高的高原，因而被称为"世界屋脊"。（　　）
13. 雅鲁藏布江大峡谷深达5382米，是地球上最深的峡谷。（　　）

14. 1727年，康熙皇帝正式设立驻藏大臣处理西藏事务。（   ）
15. 乾隆皇帝时形成了以"金瓶掣签"认定活佛转世灵童的制度，并以国家法律的形式确定下来。（   ）
16. 7世纪，赞普松赞干布建立王朝，唐朝称其为"吐蕃"，直到清康熙年间才称"西藏"，藏族称谓亦由此而来。（   ）
17. 酥油是从牛、羊奶里提炼出来的，以夏季牦牛奶里提炼的白色酥油为最佳。（   ）
18. 藏族农区的主食是牛羊肉，牧区的主食为糌粑。（   ）

二、单项选择题（下列各题的选项中，只有一项是正确的，请将正确答案的选项填入括号内）

1. 被称为"世界屋脊"的是（   ）。
   A. 黄土高原　　　　B. 青藏高原　　　　C. 云贵高原　　　　D. 内蒙古高原
2. 世界最高峰是（   ）。
   A. 珠穆朗玛峰　　　B. 冈仁波齐峰　　　C. 南迦巴瓦峰　　　D. 冈底斯山脉
3. 中国湖泊最多的地方是（   ）。
   A. 四川　　　　　　B. 贵州　　　　　　C. 青海　　　　　　D. 西藏
4. 西藏以登山旅游为特色的旅游区是（   ）。
   A. 拉萨　　　　　　B. 藏西旅游区　　　C. 藏西南　　　　　D. 藏南
5. 藏族著名的英雄史诗是（   ）。
   A.《玛纳斯》　　　　　　　　　　　　B.《格萨（斯）尔》
   C.《江格尔》　　　　　　　　　　　　D.《阿诗玛》
6. （   ）年，西藏自治区正式成立，自治区首府设在拉萨。
   A. 1951　　　　　　B. 1955　　　　　　C. 1958　　　　　　D. 1965
7. 藏族祖先早在（   ）多年前，就在雅鲁藏布江流域繁衍生息了。
   A. 2000　　　　　　B. 3000　　　　　　C. 4000　　　　　　D. 5000
8. 藏族在（   ）被称为"吐蕃"。
   A. 汉朝　　　　　　B. 唐朝　　　　　　C. 宋朝　　　　　　D. 元朝
9. 藏族农区的主食是（   ），即把青稞炒熟磨成细粉。
   A. 酸奶　　　　　　B. 牛羊肉　　　　　C. 糌粑　　　　　　D. 奶酪
10. 藏族的传统民居称（   ）。
    A. 碉房　　　　　　B. 碉楼　　　　　　C. 吊脚楼　　　　　D. 竹楼
11. 藏族男女都喜欢戴的帽子是（   ）。
    A. 金花帽　　　　　B. 尕帕　　　　　　C. 狗皮帽　　　　　D. 号帽
12. 雪顿节被认为是（   ）。
    A. 喝青稞酒的节日　　　　　　　　　　B. 吃酸奶子的节日
    C. 庆祝丰收的节日　　　　　　　　　　D. 祈求一年风调雨顺的节日
13. 唐卡也叫"唐嘎""唐喀"，系藏文音译，指用彩缎装裱后悬挂供奉的宗教卷轴画，兴起于（   ）世纪前后。
    A. 8　　　　　　　　B. 9　　　　　　　　C. 10　　　　　　　D. 11

14. "献哈达"礼仪中，适用于最高、最隆重仪式的是（　　）。
    A. 淡黄色哈达　　　B. 浅蓝色哈达　　　C. 五彩哈达　　　D. 白色哈达
15. （　　）的活立木蓄积量居全国第一。
    A. 西藏　　　B. 新疆　　　C. 内蒙古　　　D. 青海
16. （　　）为西藏第一大河，也是世界上海拔最高的大河。
    A. 金沙江　　　B. 怒江　　　C. 澜沧江　　　D. 雅鲁藏布江
17. （　　）是藏族人一年一度预祝丰收的传统节日。
    A. 雪顿节　　　B. 望果节　　　C. 采花节　　　D. 酥油花灯节
18. （　　）药浴法对风湿病、关节炎有一定治疗效果，为保障民众的生命健康和疾病防治发挥着重要作用。
    A. 藏医　　　B. 蒙医　　　C. 苗医　　　D. 傣医

三、多项选择题（每题有2~5个正确答案，多选、少选或错选均不得分，请将你认为正确的选项填入括号内）

1. 西藏自治区著名河流有四条，包括（　　）。
   A. 金沙江　　　B. 怒江　　　C. 澜沧江　　　D. 乌江
   E. 雅鲁藏布江
2. 西藏有三大"圣湖"，包括（　　）。
   A. 纳木措　　　B. 巴松错　　　C. 玛旁雍错　　　D. 羊卓雍措
   E. 森里措
3. 藏族文化中已被联合国教科文组织列入《人类非物质文化遗产代表作名录》的有（　　）。
   A. 锅庄舞　　　B. 藏戏　　　C. 热贡艺术　　　D. 唐卡
   E.《格萨（斯）尔》
4. 藏族的民族节日有（　　）。
   A. 藏历年　　　B. 雪顿节　　　C. 望果节　　　D. 赛马节
   E. 那达慕
5. 藏族有独特的食品结构和饮食习惯，被称为西藏饮食"四宝"的有（　　）。
   A. 酥油　　　B. 茶叶　　　C. 糌粑　　　D. 牛羊肉
   E. 青稞酒
6. 西藏是国际河流分布最多的中国省区，亚洲著名的（　　）等河流的上源都在这里。
   A. 恒河　　　B. 印度河　　　C. 布拉马普特拉河　　　D. 红河
   E. 湄公河
7. 西藏自然风光绮丽，名胜古迹众多，旅游资源丰富多彩，现已形成各具特色的4个旅游区——（　　）。
   A. 拉萨　　　B. 藏西　　　C. 藏西南　　　D. 藏南
   E. 藏北
8. 藏族以牧业为主，也从事农业。适应严酷气候的（　　）是主要的畜牧对象。
   A. 马　　　B. 牛　　　C. 牦牛　　　D. 绵羊

E. 藏绵羊

9. （　　）是藏族服饰的基本特征。

A. 长袖　　　　　B. 宽腰　　　　　C. 短裙　　　　　D. 长裙

E. 长靴

10. 藏族服装颜色以（　　）为主，配以艳丽的腰带或花边。

A. 蓝色　　　　　B. 红色　　　　　C. 黄色　　　　　D. 绿色

E. 白色

参考答案及解析

第七章 西北地区各省自治区导游基础知识

第一节 陕西省

一、判断题（判断下列各题是否正确，正确的请在答卷中相应题号后的括号内打"√"，错误的打"×"）

1. 陕西被北山和秦岭分为三大自然区：北部是秦巴山区，中部是关中平原区，南部是黄土高原区。（　　）
2. 秦岭是中国南北气候分界线，陕西省跨3个气候带，南北气候差异较大。（　　）
3. 陕西得名始于商朝，周、召二公以陕陌为界，分陕之东、陕之西而治。（　　）
4. 陕西省的文物点密度之大、数量之多、等级之高，均居全国第一。（　　）
5. 陕西民俗文化囊括了联合国教科文组织"非物质文化遗产"划分的所有类型，包括口头传说、表演艺术、社会风俗、礼仪、节庆、传统手工艺技能等。（　　）
6. 1937—1947年，西安是中共中央所在地和陕甘宁边区首府，是中国革命的指导中心和总后方。（　　）
7. 陕西美食有腊汁肉夹馍、凉皮、牛羊肉泡馍、葫芦头泡馍、涮牛肚、粉汤羊血、酸汤羊肉水饺、柿饼炸糕、葫芦鸡、油泼面、担担面、岐山臊子面等。（　　）
8. 为践行国家"一带一路"倡议，陕西构建了辐射欧洲腹地的黄金物流大通道，开通了中欧班列。（　　）
9. 中国最豪华、最奢侈的宴席是唐朝的"周八珍"。（　　）
10. 陕西省是科教大省，也是中国重要的国防科技工业基地，科教资源富集，创新综合实力雄厚。（　　）
11. 陕西省境内的最高点为少华山。（　　）
12. 陕西的关中及陕北大部具有中温带气候特色。（　　）
13. 在陕西建都的朝代有西周、秦、西汉、新、东汉、西晋、前赵、前秦、后秦、大夏、西魏、北周、隋、唐、宋15个。（　　）
14. 中国历史上第一个大规模的城市是西汉京师长安城。（　　）
15. 唐代长安城是当时世界上最大的城市。（　　）
16. 唐朝张骞两次出使中亚，开辟出一条横贯东西、连接欧亚的丝绸之路。（　　）
17. 陕西省的煤、天然气、水泥灰岩保有储量均排全国第1位。（　　）

二、单项选择题（下列各题的选项中，只有一项是正确的，请将正确答案的选项填入括号内）

1. 陕西省最低点在白河县与湖北省交界的汉江南岸，海拔（　　）。
   A. 165.6 米　　　B. 167.6 米　　　C. 168.6 米　　　D. 170.6 米

2. 中国南北气候分界线的（　　）山脉横贯陕西省东西。
   A. 华山　　　B. 秦岭　　　C. 钟南山　　　D. 大巴山

3. 陕西省最大的内陆湖泊是（　　）。
   A. 红寺湖　　　B. 林皋湖　　　C. 福地湖　　　D. 红碱淖

4. 100多万年前的（　　）是迄今已知最早在陕西生活的古人类。
   A. 大荔人　　　B. 蓝田猿人　　　C. 河姆渡人　　　D. 山顶洞人

5. 距今（　　），生活在姬水流域的黄帝部落和姜水流域的炎帝部落，在冲突中走向融合，逐渐形成了中国历史上最早的民族共同体——华夏族。
   A. 2000 多年　　　B. 3000 多年　　　C. 4000 多年　　　D. 5000 多年

6. 中国第一本烹饪理论典籍是（　　）。
   A.《周易》　　　　　　　　B.《齐民要术》
   C.《黄帝内经》　　　　　　D.《吕氏春秋·本味篇》

7. 在国家电影制片单位中，第一个在国际A级电影节获得最高奖项的是（　　）。
   A. 八一电影制片厂　　　　　B. 西部电影集团
   C. 长春电影制片厂　　　　　D. 上海电影制片厂

8. 被誉为"天然历史博物馆"的省份是（　　）。
   A. 河南　　　B. 山西　　　C. 陕西　　　D. 山东

9. 中国第一条沙漠高速公路是（　　）。
   A. 榆靖高速公路　　B. 机场高速公路　　C. 宁石高速公路　　D. 西潼高速公路

10. 下列景区属于陕西省国家5A级旅游景区的是（　　）。
    A. 黄帝陵景区　大雁塔·大唐芙蓉园景区
    B. 秦始皇兵马俑博物馆　中卫沙坡头旅游景区
    C. 大明宫旅游景区　镇北堡西部影视城
    D. 延安革命纪念地景区　互助土族故土园旅游区

11. 陕西民间一种流行广泛的、传统的、规模壮观的群众娱乐活动，通常在正月、节日盛会或庙会期间进行的是（　　）。
    A. 转九曲　　　B. 社火　　　C. 碗碗腔　　　D. 迎春

12. 中国西北黄土高原居民的古老居住形式是（　　）。
    A. 窑洞　　　B. 四合院　　　C. 土楼　　　D. 竹楼

13. 陕西省的自然资源中，产量和质量均居全国之冠的是（　　）。
    A. 红枣　　　B. 生漆　　　C. 甘草　　　D. 桐油

14. 下列属于陕西特产的是（　　）。
    A. 商洛核桃　琼锅糖　　　　　B. 临潼火晶柿子　太西煤雕
    C. 临潼石榴　黄河鲤鱼　　　　D. 紫阳毛尖茶　大方漆器

15. 下列民间工艺品属于陕西特色的是（   ）。
   A. 陕北剪纸 蜡染
   B. 榆林柳编 芜湖铁画
   C. 户县农民画 蓝印花布
   D. 关中皮影 挂线木偶
16. "诗家夫子"是（   ）。
   A. 孟浩然   B. 高适   C. 王昌龄   D. 岑参

三、多项选择题（每题有2~5个正确答案，多选、少选或错选均不得分，请将你认为正确的选项填入括号内）

1. 下列朝代中，曾在陕西建都的有（   ）。
   A. 西周、秦   B. 东汉、西晋   C. 大夏、西魏   D. 隋、唐
   E. 东晋、北周
2. 陕西的地方戏曲（   ）并称陕西三大剧种。
   A. 秦腔   B. 碗碗腔   C. 眉户   D. 吕剧
   E. 豫剧
3. 下列陕西作家中，曾获得过茅盾文学奖的有（   ）。
   A. 高建群   B. 路遥   C. 陈忠实   D. 贾平凹
   E. 京夫
4. 被誉为"西京三部曲"的大型秦腔现代戏是（   ）。
   A.《三滴血》   B.《周仁回府》   C.《西京故事》   D.《大树西迁》
   E.《迟开的玫瑰》
5. 陕西造就了一批文化巨匠，其中汉代大史学家有（   ）。
   A. 司马迁   B. 班彪   C. 班固   D. 司马相如
   E. 班昭
6. 下列陕西省的河流属于黄河水系的有（   ）。
   A. 延河   B. 汉江   C. 洛河   D. 丹江
   E. 无定河
7. 下列关于陕西公路的表述中，正确的有（   ）。
   A. 秦岭终南山公路隧道为世界规模第一
   B. 亚洲第一高墩大桥是洛河特大桥
   C. 中国第一条沙漠高速公路是榆靖高速公路
   D. 机场专用高速公路是西部标准最高的双向八车道透水路面
   E. 陕西高速公路以西安为中心，呈"米"字形向四周辐射
8. 下列诗人，与陕西有关的有（   ）。
   A. 杜甫   B. 王维   C. 岑参   D. 王昌龄
   E. 白居易
9. 下列属于西部电影集团代表影片的有（   ）。
   A.《老井》   B.《红高粱》   C.《霸王别姬》   D.《大话西游》
   E.《大红灯笼高高挂》
10. 下列世界遗产中，与陕西有关的有（   ）。

A. 长城 B. 大运河
C. 中国丹霞 D. 秦始皇陵及兵马俑坑
E. 丝绸之路：长安—天山廊道的路网

11. 下列属于陕西省国家级旅游度假区的有（　　）。
    A. 仙女山旅游度假区　　　　　　B. 宝鸡市太白山温泉旅游度假区
    C. 商洛市牛背梁旅游度假区　　　D. 灰汤温泉旅游度假区
    E. 凤凰岛旅游度假区

12. 下列属于"陕西十大怪"的有（　　）。
    A. 面条像裤带　　　　　　　　　B. 不坐椅蹲起来
    C. 油泼辣子一道菜　　　　　　　D. 石头长到云天外
    E. 秦腔不唱吼起来

13. 下列属于中国饮食文化史上第一的有（　　）。
    A. 中国最早的宴席是"周八珍"
    B. 烹饪流派中国最多
    C. 中国第一本烹饪理论典籍《吕氏春秋·本味篇》
    D. "烹饪"一词最早也见于《周易》一书
    E. 中国最豪华、最奢侈的宴席是唐朝的"烧尾宴"

第二节　甘肃省

一、判断题（判断下列各题是否正确，正确的请在答卷中相应题号后的括号内打"√"，错误的打"×"）

1. 甘肃名称的来历是取甘州（今张掖）与肃州（今酒泉）二地的首字而成。（　　）
2. 甘肃省地处黄土高原、青藏高原和云贵高原三大高原的交会地带。（　　）
3. 南宋年间，西夏统治河西时设有甘肃军司（驻甘州，今张掖市甘州区），这是最早出现的"甘肃"之名。（　　）
4. 甘肃省境内最原始的戏剧场景应该源于嘉峪关黑山岩画、肃北野马山至马鬃山一带的岩画、靖远吴家川陈家沟岩画中粗犷的舞蹈场面。（　　）
5. 莫高窟壁画中的隋代舞台演出样式，可视为后世戏曲演出时文武场分坐左右之先河。（　　）
6. 甘肃文艺界创作出舞剧《丝路花雨》开创了舞蹈中的敦煌舞派，被评为20世纪经典舞蹈作品。（　　）
7. 甘肃省民族民间艺术丰富多彩。民歌有河州和洮岷花儿、陇东信天游，甘南藏民歌。（　　）
8. 甘肃有"甘肃五个宝，归芪黄参草"之说，当归、红（黄）芪、大黄、党参、甘草品质优良。（　　）
9. 甘肃风味美食有兰州百合桃、涮羊肉、陇西腊肉、静宁烧鸡、高三酱肉等。（　　）
10. 甘肃的世界遗产有敦煌莫高窟，长城（甘肃段），丝绸之路：长安—天山廊道的路网

（甘肃段）。 （   ）
11. 甘肃有亚洲最大的金矿——阳山金矿。 （   ）
12. "天下称富庶者，无如陇右"中"陇右"指的是现在的甘肃地区。 （   ）
13. 由于西夏曾置甘肃军司，元代设甘肃省，故简称"甘"；又因省境大部分在陇山（六盘山）以西，唐代曾在此设置过陇右道，故简称为"陇"。 （   ）
14. 甘肃省整体形状酷似葫芦。 （   ）
15. 西汉哲学家、文学家王符的《潜夫论》为千百年来流传的"陇右鸿文"。 （   ）
16. 秦、汉、明三代修筑长城的起点均为青海。 （   ）
17. 天水伏羲庙是我国目前规模最宏大、保存最完整的纪念伏羲氏的唐代建筑群。 （   ）
18. 东乡族的"宴席曲"是举行婚礼时在宴席场地演唱的一种民间传统乐曲，大致可分为散曲、叙事曲、说唱曲。 （   ）

二、单项选择题（下列各题的选项中，只有一项是正确的，请将正确答案的选项填入括号内）

1. 中国最早的旧石器时代打制石器出土于（   ），这里是我国旧石器时代文化研究的起源地。
   A. 天水 B. 武威 C. 张掖 D. 庆阳
2. 新石器时代的（   ）遗址有中国北方旱作农业起源的证据以及中国宫殿建筑和城市起源的证据。
   A. 兴隆洼文化 B. 裴李岗文化 C. 大地湾文化 D. 顶狮山文化
3. 最早出现"甘肃"这一名称是在（   ）。
   A. 东汉 B. 西汉 C. 北宋 D. 南宋
4. 世界上一次性建成通车里程最长的高速铁路是（   ）。
   A. 兰新高铁 B. 兰渝铁路 C. 徐兰高铁 D. 银西高铁
5. 甘肃的特色产业以（   ）六大产业为代表。
   A. 牛、羊、菜、果、薯、药 B. 牛、羊、花、果、薯、药
   C. 羊、驼、菜、果、薯、药 D. 羊、驼、菜、果、薯、酒
6. 保安族的（   ）是举行婚礼时在宴席场地演唱的一种民间传统乐曲。
   A. 花儿 B. 信天游 C. 宴席曲 D. 劳动号子
7. 全国唯一一座黄河穿城而过的城市是（   ）。
   A. 西安 B. 兰州 C. 银川 D. 西宁
8. 《诗经》中有关秦人、周人在甘肃的篇章有（   ）。
   A.《周南》《召南》 B.《鲁颂》《商颂》
   C.《生民》《绵》 D.《大雅·公刘》《秦风》
9. 1986年（   ）放马滩出土的战国晚期秦简上记载的《志怪故事》是"中国最早的志怪故事"，是中国小说的源头。
   A. 嘉峪关 B. 武威 C. 天水 D. 张掖
10. 出土于甘肃省武威市雷台东汉墓的青铜器（   ），1983年被确定为中国旅游标志，并一直沿用至今。

A. 四羊方尊　　　　B. 马踏飞燕　　　　C. 虎豹戏蛇　　　　D. 龟形砚台
11. 素有"世界风库"之称的是（　　　）。
　　A. 秦州　　　　　B. 肃州　　　　　　C. 凉州　　　　　　D. 瓜州
12. 既是天下李姓的祖地，也是海内外李氏寻根问祖之地的是（　　　）。
　　A. 镇原　　　　　B. 渭源　　　　　　C. 陇南　　　　　　D. 陇西
13. 甘肃苹果产业目前拥有的国家地理标志保护产品是（　　　）。
　　A. 红玉苹果　花冠苹果　　　　　　B. 花牛苹果　平凉金果
　　C. 庆阳苹果　洛川苹果　　　　　　D. 首红苹果　千秋苹果
14. 被农业部认定为"中国半夏之乡"的是（　　　）。
　　A. 临夏　　　　　B. 西和　　　　　　C. 泾川　　　　　　D. 合水
15. 我国乃至世界壁画最多的石窟群是（　　　）。
　　A. 云冈石窟　　　B. 龙门石窟　　　　C. 敦煌石窟　　　　D. 麦积山石窟
16. 甘肃省的邻国有（　　　）。
　　A. 不丹　　　　　B. 蒙古国　　　　　C. 哈萨克斯坦　　　D. 巴基斯坦
17. 甘肃省在（　　　）万年前就开始出现人类。
　　A. 70　　　　　　B. 60　　　　　　　C. 50　　　　　　　D. 40
18. 红军三大主力一、二、四方面军于1936年10月在甘肃（　　　）实现胜利大会师。
　　A. 会宁　　　　　B. 靖远　　　　　　C. 陇西　　　　　　D. 合水

三、多项选择题（每题有2~5个正确答案，多选、少选或错选均不得分，请将你认为正确的选项填入括号内）

1. 甘肃省境内的（　　　）遗址中出土的各类精美彩陶器皿充实了我国彩陶文化历史。
　　A. 仰韶文化　　　B. 半坡文化　　　　C. 马家窑文化　　　D. 良渚文化
　　E. 齐家文化
2. 中国历史上建立最早的两个县为秦朝设的（　　　）。
　　A. 邽县　　　　　B. 襄城县　　　　　C. 颍阳县　　　　　D. 冀县
　　E. 高阳县
3. 以下诗词名篇中，与甘肃有关的有（　　　）。
　　A. 王之涣的《凉州词》　　　　　　B. 岑参的《发临洮将赴北庭留别》
　　C. 杜甫的《秦州杂诗》　　　　　　D. 骆宾王的《于易水送人》
　　E. 李商隐的《瑶池》
4. 以下景区为甘肃省的国家5A级旅游景区的有（　　　）。
　　A. 嘉峪关市嘉峪关文物景区　　　　B. 张掖市七彩丹霞景区
　　C. 天水市麦积区麦积山景区　　　　D. 酒泉市敦煌市鸣沙山月牙泉景区
　　E. 陇南市官鹅沟景区
5. 甘肃特有的少数民族有（　　　）。
　　A. 锡伯族　　　　B. 撒拉族　　　　　C. 东乡族　　　　　D. 裕固族
　　E. 保安族
6. 甘肃省的矿产资源中，名列全国第一的有（　　　）。

A. 铜　　　　　　B. 铂　　　　　　C. 镍　　　　　　D. 钴
E. 锡

7. 下列舞台剧中，属于甘肃省文艺界创作的有（　　）。
A.《西域情》　　B.《西出阳关》　　C.《丝路花雨》　　D.《雷雨》
E.《天下第一鼓》

8. 位于甘肃省境内的佛教石窟有（　　）。
A. 云冈石窟　　B. 大足石刻　　C. 龙门石窟　　D. 敦煌莫高窟
E. 麦积山石窟

9. 下列长城遗存遗迹位于甘肃省的有（　　）。
A. 嘉峪关　　　B. 阳关　　　　C. 玉门关　　　D. 雁门关
E. 居庸关

10. 下列节庆中，属于甘南的有（　　）。
A. 浪山节　　　B. 插箭节　　　C. 娘乃节　　　D. 采花节
E. 毛兰姆大法会

11. 下列属于甘肃省的著名工艺品有（　　）。
A. 酒泉夜光杯　　B. 兰州雕刻葫芦　　C. 临夏砖雕　　D. 陇南根雕
E. 黄河卵石雕

第三节　青海省

一、判断题（判断下列各题是否正确，正确的请在答卷中相应题号后的括号内打"√"，错误的打"×"）

1. 青海省地广人稀，人口较少。　　　　　　　　　　　　　　　　　（　　）
2. 青海北部高大的山脉将青海分割为柴达木盆地、共和盆地、河湟谷地和青南高原四大块。　　　　　　　　　　　　　　　　　　　　　　　　　　　　（　　）
3. 青海有6个民族自治州，分别是海南藏族自治州、海北藏族自治州、黄南藏族自治州、玉树藏族自治州、果洛藏族自治州和海东蒙古族藏族自治州。　　　（　　）
4. 青藏高原目前考古发现的时代最早的遗存是小柴旦湖遗址。　　　　（　　）
5. 四人《骆驼舞》是撒拉族传统戏剧中唯一保存下来的内容比较完整的剧目。（　　）
6. 青海花儿的"令儿"（曲调）有"白牡丹令""尕马儿令""东峡令"等七八种。（　　）
7. 区别土族已婚或未婚妇女的标志是发式、"帖弯"颜色和额带的不同。（　　）
8. 土族重礼好客，凡前来拜访和投宿的客人都会受到热情接待。用餐前，主人先向客人敬酒三杯，叫作"上马三杯酒"。客人启程时，主人在大门口向客人又敬三杯酒，叫作"吉祥如意三杯酒"。　　　　　　　　　　　　　　　　　　　（　　）
9. 青海省有汉、藏、回、土、撒拉、蒙古6个世居民族。　　　　　　（　　）
10. 青海省的世界遗产有可可西里1项。　　　　　　　　　　　　　　（　　）
11. 青海兼具了青藏高原、内陆干旱盆地和黄土高原的3种地形地貌。（　　）
12. 青海汇聚了大陆季风性气候、内陆干旱气候和青藏高原气候3种气候形态。（　　）

13. 小柴旦湖遗址是青藏高原目前考古发现的时代最早的遗存，也是青海地区新石器时代重要遗址。（   ）
14. 青海古代历史上存在的三大王国为吐谷浑王国、南凉王国和青唐政权。（   ）
15. 察尔汗盐湖是全国第二大钾镁盐矿床。（   ）
16. 在青海省海西州的天峻县发现了一种名为可燃冰的环保新能源，西方学者称其为"21世纪能源"或"未来能源"。（   ）
17. 青海岩画主要是古代羌人、吐蕃人的文化遗存。（   ）
18. 花儿又被称为"少年"，一般只在山野歌唱，并且要回避长辈及家人。演唱时，称为"漫少年"。（   ）
19.《格萨（斯）尔》史诗是世界上唯一一部至今还在不断创作的"活着的史诗"。（   ）

二、单项选择题（下列各题的选项中，只有一项是正确的，请将正确答案的选项填入括号内）

1. 被誉为中国"天空之境"的是（   ）。
   A. 青海湖　　　　B. 长白山天池　　　C. 东台吉乃尔湖　　D. 茶卡盐湖
2. 青海省平均海拔 3000 米，最高点位于（   ）的布喀达坂峰，海拔 6860 米。
   A. 祁连山　　　　B. 昆仑山　　　　　C. 唐古拉山　　　　D. 巴颜喀拉山
3. 被誉为"万山之宗"的省区是（   ）。
   A. 西藏　　　　　B. 新疆　　　　　　C. 青海　　　　　　D. 甘肃
4. 我国最大的内陆湖泊也是最大的内陆咸水湖是（   ）。
   A. 长白山天池　　B. 青海湖　　　　　C. 鄱阳湖　　　　　D. 喀纳斯湖
5. 目前国内最大的石棉矿床地处（   ）。
   A. 塔里木盆地　　B. 柴达木盆地　　　C. 四川盆地　　　　D. 鄂尔多斯盆地
6. 最早生息活动在青海的（   ）是我国西部古老民族之一，其于公元前 2 世纪移居青海。
   A. 女真族　　　　B. 契丹族　　　　　C. 锡伯族　　　　　D. 羌族
7. 青海古代历史上存在的王国中，立国时间最长，对青海古代历史、经济、文化、交通等方面产生了重大而深远的影响的政权是（   ）。
   A. 吐谷浑王国　　B. 南凉王国　　　　C. 青唐政权　　　　D. 苏毗王国
8. 撒拉族妇女所钟爱的一种用铜或银制成、形似马蹄的乐器是（   ）。
   A. 口弦　　　　　B. 唢呐　　　　　　C. 二胡　　　　　　D. 马头琴
9. 撒拉族青年普遍喜爱的一种传统的体育活动是（   ）。
   A. 荡秋千　　　　B. "打蚂蚱"　　　　C. 赛马　　　　　　D. 斗牛
10. 青海岩画分布在玉树市勒巴沟、刚察县的哈龙沟、都兰县的巴哈默力沟、可可西里的野牛沟等 20 处地区，共（   ）多幅图画，有人物岩画、动物岩画、宗教岩画、器具岩画 4 类。
    A. 400　　　　　B. 600　　　　　　C. 800　　　　　　D. 1000
11. 青海河湟（   ）是一种民间情歌，一般认为起源于明代，成熟于清代，发展繁荣于近现代。

A. 信天游　　　B. 花儿　　　C. 飞歌　　　D. 大歌

12. 我国面积最大的湿地类型国家级自然保护区是（　　）。
    A. 青海湖国家级自然保护区　　　B. 三江源国家级自然保护区
    C. 珠穆朗玛峰国家级自然保护区　　　D. 高黎贡山国家级自然保护区

13. 青海民和地区土族一年一度庆丰收、谢神恩的节日是（　　）。
    A. 纳顿节　　　B. 雪顿节　　　C. 旺果节　　　D. 花儿会

14. 被誉为"中国格萨尔文化之乡"的是（　　）。
    A. 黄南州　　　B. 海北州　　　C. 玉树州　　　D. 果洛州

15. （　　）日常菜肴以肉、乳制品为多，民间有不少以当地土特产为原料制作的食品，其中较有代表性的有哈力海、沓乎日、烧卖（油炒面包子）等，日常喜饮茯茶、酥油茶以及青稞酿成的酩馏酒。
    A. 撒拉族　　　B. 土族　　　C. 蒙古族　　　D. 藏族

16. 青海省海拔最高点为（　　）的布喀达坂峰。
    A. 昆仑山　　　B. 卓尔山　　　C. 巴颜喀拉山　　　D. 格拉丹东

17. 中国首条穿越秦岭的高速铁路是（　　）。
    A. 青藏铁路　　　B. 兰新铁路　　　C. 西成铁路　　　D. 兰青铁路

18. 青海省的湖泊数量居全国第（　　）。
    A. 一　　　B. 二　　　C. 三　　　D. 四

19. 青海省的河流中，（　　）流域的水电资源最为丰富。
    A. 长江　　　B. 黄河　　　C. 澜沧江　　　D. 黑河

20. 撒拉族传统戏剧中唯一保存下来的内容比较完整的剧目为（　　）。
    A. 撒拉曲　　　B. 宴席曲　　　C. 花儿　　　D. 骆驼舞

三、多项选择题（每题有2~5个正确答案，多选、少选或错选均不得分，请将你认为正确的选项填入括号内）

1. 青海是（　　）的发源地，被称为"江河源头""三江源"，素有"中华水塔"的美誉。
   A. 长江　　　B. 黄河　　　C. 珠江　　　D. 淮河
   E. 澜沧江

2. 下列生态产业中，属于青海省的十大特色生态产业的有（　　）。
   A. 牛羊肉、乳制品　　　B. 枸杞、沙棘
   C. 藜麦、青稞　　　D. 中藏药、矿石
   E. 矿泉水、藏毯

3. 在青海乐都柳湾原始社会氏族公共墓地考古发掘中，有近4万件文物惊现于世，其中彩陶2万余件，包括了新石器时代的（　　）。
   A. 马家窑文化马厂类型　　　B. 齐家文化
   C. 辛店文化　　　D. 大地湾文化
   E. 马家窑文化半山类型

4. 下列景区属于青海的国家5A级旅游景区的有（　　）。
   A. 青海湖景区　　　B. 海北州阿咪东索景区

C. 张掖市临泽县七彩丹霞景区　　　　D. 西宁市塔尔寺景区
　　E. 海东市互助土族故土园旅游区
5. 下列工艺品及特色小吃，均为青海的有（　　）。
　　A. 藏刀　甜醅　　　　　　　　　　B. 岫岩玉雕　手抓羊肉
　　C. 唐卡　馓子　　　　　　　　　　D. 土族刺绣　酿皮
　　E. 藏毯　尕面片
6. 青海致力于培育（　　）四大新兴产业。
　　A. 绿色建材　　　　　　　　　　　B. 新一代信息技术
　　C. 军民融合　　　　　　　　　　　D. 节能环保
　　E. 现代生产性服务业
7. 青海的东部旅游区包括（　　）等旅游资源。
　　A. 湟中塔尔寺　　B. 藏乡"六月会"　C. 同仁"热贡艺术"　D. 土族於菟舞
　　E. 青海湖

第四节　宁夏回族自治区

一、判断题（判断下列各题是否正确，正确的请在答卷中相应题号后的括号内打"√"，错误的打"×"）

1. 地处中国西部的黄河上游，素有"塞上江南"之美誉的省区是新疆维吾尔自治区。（　　）
2. 六盘山是一条南北走向的狭长山脉，因登山古道须经六重盘绕才能到达顶峰而得名。（　　）
3. 宁夏回族婚俗程序大致可以分为说媒、订茶、插花、娶亲、表贤惠和回门。（　　）
4. 有2项世界遗产的部分在宁夏，即长城（宁夏段）和丝绸之路：长安—天山廊道的路网（宁夏段）。（　　）
5. 宁夏在地形上分为三大板块，其中中部是引黄灌区，地势平坦，土壤肥沃，素有"塞上江南"的美誉。（　　）
6. 宁夏有银川市灵武水洞沟旅游区、银川市镇北堡西部影视城、中卫市沙坡头旅游景区3家国家5A级旅游景区。（　　）
7. 宁夏民俗主要有回族民俗和西夏民俗。其中西夏妇女喜欢梳高髻，一般妇女发髻上通常没有任何饰物。他们较为注重的节日有冬至节、圣节、中元节和中秋节等。（　　）
8. 回族工匠在制香、制药、制革等方面较为著名，尤以善于经营珠宝玉石、园艺和服务等著称。（　　）
9. 东乡族的盖碗茶有红糖砖茶、白糖清茶、冰糖窝窝茶及八宝茶。八宝茶里面放有花生、柿饼、红枣、核桃仁、芝麻等果脯作辅料，揭开盖碗，香气四溢。（　　）
10. 开斋节、古尔邦节和圣纪节是回族的主要节日。（　　）
11. 宁夏的"两山一河""三堡一城"体现了深厚的文化底蕴，展示着独特的自然风光。（　　）

12. 元朝灭西夏后，以平定西夏、稳定西夏、西夏"安宁"之意，取名"宁夏"，宁夏因此而得名。（　　）
13. 契丹族首领李元昊以宁夏为中心，建立地方割据政权，国号大夏（史称"西夏"）。（　　）
14. 宁夏回族自治区现有2个机场。（　　）
15. 宁东能源化工基地是国家级现代煤化工示范区；宁夏的钽铌铍、电解铝、金属锰产能全国领先。（　　）
16. 贺兰山岩画遗存记录了远古人类20 000—10 000年前放牧、狩猎、祭祀、征战、娱舞等生产生活场景。（　　）
17. 西夏王陵是我国现存规模最大的西夏文化遗址。（　　）
18. 被联合国授予"全球环保500佳"的是敦煌响沙山月牙泉。（　　）
19. 回族的民居建筑基本摆脱了阿拉伯和中亚建筑风格，采纳了中国传统的以殿宇式四合院为主的建筑式样，但布局和装修独具民族风格。（　　）

二、单项选择题（下列各题的选项中，只有一项是正确的，请将正确答案的选项填入括号内）

1. 被古人称为"朔方之保障，沙漠之咽喉"的山是（　　）。
   A. 六盘山　　　　B. 云雾山　　　　C. 须弥山　　　　D. 贺兰山
2. 灵武市的（　　）表明，早在3万年前的旧石器时代，就有人类在此生息繁衍。
   A. 贺兰口遗址　　　　　　　　　　B. 水洞沟遗址
   C. 高家闸遗址　　　　　　　　　　D. 金山林场遗址
3. "宁夏"的名称开始于（　　）在此设宁夏路。
   A. 宋朝　　　　　B. 元朝　　　　　C. 明朝　　　　　D. 清朝
4. 宁夏的特色饮食中，相传有近千年历史的最具代表性的是（　　）。
   A. 沙湖大鱼头　　B. 糖醋黄河鲤鱼　C. 手抓羊肉　　　D. 清蒸鸽子鱼
5. 被世人誉为"神秘的奇迹""东方金字塔"的西夏文化遗址是（　　）。
   A. 西夏王陵　　　B. 西夏长城遗址　C. 西夏磁窑遗址　D. 省嵬城遗址
6. 宁夏是中国最大的（　　）聚居区。
   A. 壮族　　　　　B. 满族　　　　　C. 回族　　　　　D. 维吾尔族
7. （　　）又称"肉孜节"，伊斯兰教历每年九月，称为斋月，斋月期间穆斯林要封斋1个月。
   A. 古尔邦节　　　B. 开斋节　　　　C. 圣纪节　　　　D. 宰牲节
8. 宁夏的主要特色风味美食有（　　）。
   A. 清蒸羊羔肉　贺兰山野生蘑菇面　　B. 烩羊杂碎　陇西腊肉
   C. 羊肉粉汤饺子　岐山臊子面　　　　D. 羊肉搓面　拔丝白兰瓜
9. 宁夏的民间歌谣中最具特色的是流传于六盘山地区的（　　）。
   A. 宴席曲　　　　B. 信天游　　　　C. 山花儿　　　　D. 骆驼曲
10. 下列特产中，产地为宁夏的有（　　）。
    A. 黄河鸽子鱼　土族刺绣　　　　　B. 灵武砟子炭　珍珠米

C. 灵武长枣　互助青稞酒　　　　　　D. 中卫硒砂瓜　康县中华猕猴桃

11. 下列工艺纪念品中，产地为宁夏的有（　　）。
    A. 太西煤雕　保安腰刀　　　　　　B. 通草堆画　惠山泥人
    C. 草编工艺品　高密剪纸　　　　　D. 炭雕工艺品　沙画

12. （　　）素有"塞上江南"的美誉。
    A. 青海　　　　B. 新疆　　　　C. 宁夏　　　　D. 甘肃

13. 全国首个新能源综合示范区是（　　）。
    A. 内蒙古　　　B. 宁夏　　　　C. 新疆　　　　D. 西藏

14. 西北地区的（　　）男装多衣服肥大，裤长及脚面；老年人扎裤腿，戴青色、白色圆形平顶小帽——"号帽"。
    A. 塔吉克族　　B. 哈萨克族　　C. 维吾尔族　　D. 回族

15. 1038 年，（　　）首领李元昊以宁夏为中心，建立地方割据政权，国号大夏（史称"西夏"）。
    A. 党项族　　　B. 女真族　　　C. 吐蕃　　　　D. 羌族

16. 全国唯一全境属于黄河流域的省级行政区是（　　）。
    A. 青海　　　　B. 西藏　　　　C. 宁夏　　　　D. 甘肃

17. 毛泽东于（　　）写下了著名的《清平乐·六盘山》。
    A. 1932 年　　 B. 1933 年　　 C. 1934 年　　 D. 1935 年

18. 下列为宁夏国家级旅游度假区的有（　　）。
    A. 中卫大漠黄河（沙坡头）旅游度假区
    B. 海阳旅游度假区
    C. 六盘水市野玉海山地旅游度假区
    D. 临夏永靖刘家峡旅游度假区

19. 被誉为"中国枸杞之乡"的是（　　）。
    A. 吉林　　　　B. 新疆　　　　C. 宁夏　　　　D. 青海

三、多项选择题（每题有 2~5 个正确答案，多选、少选或错选均不得分，请将你认为正确的选项填入括号内）

1. 下列舞蹈中，属于宁夏回族代表性民间舞蹈的有（　　）。
   A. 坐舞　　　　B. 宴席曲　　　C. 汤瓶舞　　　D. 踏脚舞
   E. 顶碗舞

2. 宁夏南部泾河、清水河流域分布着（　　）等以农业为主要经济生活的原始社会文化，它们都是黄河文化的重要组成部分。
   A. 仰韶文化　　B. 龙山文化　　C. 马家窑文化　D. 大汶口文化
   E. 齐家文化

3. （　　）是回族的主要节日。
   A. 开斋节　　　B. 西迁节　　　C. 古尔邦节　　D. 诺鲁孜节
   E. 圣纪节

4. 下列景区中，属于宁夏的国家 5A 级旅游景区的有（　　）。

A. 丘北县普者黑旅游景区　　　　　B. 银川市灵武水洞沟旅游区
C. 银川市镇北堡西部影视城　　　　D. 中卫市沙坡头旅游景区
E. 石嘴山市沙湖旅游景区

5. 下列特产中，属于宁夏最有名的地方特产的有（　　）。
   A. 枸杞　　　　B. 甘草　　　　C. 太西煤　　　　D. 贺兰石
   E. 滩羊二毛皮

6. 下列体育运动项目为回族的有（　　）。
   A. 射弩　　　　B. 木球　　　　C. 踏脚　　　　D. "掼牛"
   E. 武术

7. 下列属于回族风味小吃的有（　　）。
   A. 切糕　　　　B. 油香　　　　C. 馓子　　　　D. 酿皮
   E. 牛羊肉夹馍

8. 宁夏重点发展"六新六特六优"产业，下列产业属于"六新"的有（　　）。
   A. 新型材料　　　B. 清洁能源　　　C. 轻工纺织　　　D. 葡萄酒
   E. 文化旅游

第五节　新疆维吾尔自治区

一、判断题（判断下列各题是否正确，正确的请在答卷中相应题号后的括号内打"√"，错误的打"×"）

1. 新疆的最低点吐鲁番艾丁湖低于海平面154.31米，也是中国的陆地最低点。（　）
2. 新疆远离海洋，深处内陆，四周有高山阻隔，海洋气流不易到达，形成明显的热带大陆性气候。（　）
3. 《十二木卡姆》是哈萨克族的一种大型传统古典音乐。（　）
4. 叼羊、"姑娘追"、达瓦孜是具有新疆民族特色的体育活动。（　）
5. 坎儿井是新疆柯尔克孜族地区特有的水利灌溉工程。（　）
6. 《突厥语大词典》是一部用汉语注释突厥语的综合性知识图书。（　）
7. "巴扎"是维吾尔族的传统贸易集市，民族风情浓郁。（　）
8. 新疆特色工艺美术品包括地毯、唐卡、小刀、玉雕、艾德莱斯绸等。（　）
9. 新疆人用牛奶发酵而成的牛奶酒酒香微醺，清凉适口。（　）
10. 新疆地貌可以概括为"三山夹两盆"。（　）
11. 1884年在新疆地区建省，并取"故土新归"之意，改称西域为"新疆"。（　）
12. 公元前138年、公元前119年，汉武帝两次派遣苏武出使西域。（　）
13. 从460年到640年，以吐鲁番盆地为中心，建立了以维吾尔族人为主体居民的高昌国。（　）
14. 清政府平定准噶尔叛乱，中国西北国界得以确定。（　）
15. 1762年，清设立伊犁将军，实行军政合一的军府体制。（　）

二、单项选择题（下列各题的选项中，只有一项是正确的，请将正确答案的选项填入括号内）

1. 中国交界邻国最多、陆地边境线最长的省区是（　　）。
   A. 云南　　　　　　B. 内蒙古　　　　　C. 新疆　　　　　　D. 西藏
2. 新疆最高点是（　　）。
   A. 慕士塔格峰　　　B. 乔戈里峰　　　　C. 汗腾格里峰　　　D. 博格达峰
3. 中国最大的内陆河是（　　）。
   A. 塔里木河　　　　B. 伊犁河　　　　　C. 额尔齐斯河　　　D. 玛纳斯河
4. 16世纪初阿曼尼莎汗等人整理出了（　　）。
   A.《十二木卡姆》　 B.《龟兹》　　　　 C.《疏勒》　　　　 D.《高昌》
5. 新疆柯尔克孜族的长篇英雄史诗（　　）被誉为我国民族文学领域的"三大史诗"之一。
   A.《格萨（斯）尔》　　　　　　　　　B.《江格尔》
   C.《玛纳斯》　　　　　　　　　　　　D.《创世纪》
6. 《福乐智慧》是（　　）的劝诫性长诗。
   A. 维吾尔族　　　　B. 哈萨克族　　　　C. 柯尔克孜族　　　D. 回族
7. "姑娘追"是（　　）青年最喜爱的一种马上体育游戏。
   A. 维吾尔族　　　　B. 哈萨克族　　　　C. 塔吉克族　　　　D. 蒙古族
8. 达瓦孜是（　　）民间的一种杂技体育形式。
   A. 维吾尔族　　　　B. 哈萨克族　　　　C. 塔吉克族　　　　D. 蒙古族
9. （　　），西汉政权在乌垒（今轮台县境内）设立西域都护府，新疆正式成为中国领土的一部分。
   A. 公元前138年　　 B. 公元前119年　　 C. 公元前60年　　　D. 公元60年
10. 有"维吾尔音乐之母"的誉称，被列入《人类非物质文化遗产代表作名录》的维吾尔族艺术是（　　）。
    A. 十二木卡姆　　　B. 独塔尔　　　　　C. 赛奶姆　　　　　D. 达瓦孜
11. 巴扎是维吾尔族的传统（　　）。
    A. 歌舞盛会　　　　B. 宗教活动　　　　C. 贸易集市　　　　D. 经济项目
12. （　　）年，新疆维吾尔自治区成立，首府乌鲁木齐市。
    A. 1952　　　　　　B. 1955　　　　　　C. 1958　　　　　　D. 1965
13. 西迁节是（　　）的节日。
    A. 维吾尔族　　　　B. 哈萨克族　　　　C. 蒙古族　　　　　D. 锡伯族
14. 楼兰故城遗址位于新疆巴音郭楞蒙古自治州若羌县境内的罗布泊西北角，是（　　）时期古城遗址。
    A. 春秋　　　　　　B. 战国　　　　　　C. 秦汉　　　　　　D. 汉晋
15. 最负盛名的和田玉产自（　　）。
    A. 青海　　　　　　B. 新疆　　　　　　C. 甘肃　　　　　　D. 宁夏
16. （　　）有"瓜果之乡"的美誉。

A. 甘肃　　　　　B. 新疆　　　　　C. 陕西　　　　　D. 宁夏

17. 自（　　）开始，新疆地区正式成为中国版图的一部分。
    A. 商朝　　　　　B. 周朝　　　　　C. 秦朝　　　　　D. 汉朝

18. 由于（　　）大部分地区春夏和秋冬之交日温差极大，故历来有"早穿皮袄午穿纱，围着火炉吃西瓜"之说。
    A. 青海　　　　　B. 甘肃　　　　　C. 新疆　　　　　D. 宁夏

19. （　　）是中国最大的内陆淡水湖。
    A. 青海湖　　　　B. 博斯腾湖　　　C. 卡拉库里湖　　D. 赛里木湖

20. 被誉为"塞外江南"的是（　　）。
    A. 伊犁谷地　　　B. 吐鲁番　　　　C. 塔里木河　　　D. 赛里木湖

21. 新疆盛产美玉，又以新疆和田玉最负盛名，其开发利用已有（　　）多年的历史。
    A. 4000　　　　　B. 5000　　　　　C. 6000　　　　　D. 7000

22. 新疆各种食品色香味俱佳，（　　）已风靡全国。
    A. 烤羊肉串　　　B. 烤全羊　　　　C. 抓饭　　　　　D. 手抓羊肉

23. 新疆各种食品色香味俱佳。（　　）是新疆一大名馔。
    A. 烤羊肉串　　　B. 烤全羊　　　　C. 抓饭　　　　　D. 手抓羊肉

24. （　　）自然条件好，有利于棉花生长，是我国最大的优质商品棉和国内唯一的长绒棉生产基地。
    A. 河南　　　　　B. 甘肃　　　　　C. 新疆　　　　　D. 宁夏

25. （　　）已成为我国葡萄酒酿造大省，酿酒葡萄种植面积全国第二，产量居全国之首。
    A. 山东　　　　　B. 甘肃　　　　　C. 新疆　　　　　D. 宁夏

三、多项选择题（每题有2~5个正确答案，多选、少选或错选均不得分，请将你认为正确的选项填入括号内）

1. 新疆著名的盆地有（　　）。
   A. 柴达木盆地　　　　　　　　B. 塔里木盆地
   C. 准噶尔盆地　　　　　　　　D. 鄂尔多斯盆地
   E. 四川盆地

2. "维吾尔"是维吾尔族的自称，意为（　　）。
   A. "幸福"　　　　B. "快乐"　　　　C. "坚强"　　　　D. "团结"
   E. "联合"

3. （　　）是新疆盛大的民族节日。
   A. 古尔邦节　　　B. 诺鲁孜节　　　C. 那达慕大会　　D. 肉孜节
   E. 西迁节

4. 下列选项中，（　　）是维吾尔族的传统舞蹈。
   A. 顶碗舞　　　　B. 赛乃姆　　　　C. 手鼓舞　　　　D. 农乐舞
   E. 长鼓舞

5. 新疆"十四五"期间重点发展（　　）等十大特色产业。
   A. 石油石化　　　B. 纺织服装　　　C. 林果　　　　　D. 葡萄酒

E. 旅游

6. 新疆（　　）资源总量高，占全国预测总量的四分之一以上。
   A. 石油　　　　　B. 天然气　　　　C. 宝石　　　　D. 石棉
   E. 铜

7. （　　）是新疆少数民族最喜欢的食品，也是逢年过节、婚丧嫁娶的必备食品。
   A. 烤羊肉串　　　B. 抓饭　　　　　C. 手抓羊肉　　　D. 烤包子
   E. 烤馕

8. 新疆地貌可以概括为"三山夹两盆"，其中三山指（　　）。
   A. 阿尔泰山　　　B. 天山　　　　　C. 昆仑山　　　　D. 祁连山
   E. 贺兰山

参考答案及解析

第八章 港澳台地区导游基础知识

第一节 香港特别行政区

一、判断题（判断下列各题是否正确，正确的请在答卷中相应题号后的括号内打"√"，错误的打"×"）

1. 香港居民口头语言以普通话为主。（　　）
2. 香港属热带气候区。（　　）
3. 维多利亚港是亚洲第一、世界第三大海港。（　　）
4. 香港地形主要为丘陵，海拔最高点为太平山（958米）。（　　）
5. 舞狮在香港又称醒狮，逢年过节或是店铺开业都有醒狮表演的传统。（　　）
6. 粤菜是香港的主要菜系。香港传统粤菜以广州菜为主。（　　）
7. 香港行人和车辆靠右行。（　　）
8. 1999年7月1日，中国对香港恢复行使主权，香港成为中华人民共和国的一个特别行政区。（　　）
9. 浅水湾位于香港岛太平山南面，依山傍海，海湾呈新月形。（　　）
10. 香港人只有中国的传统观念，没有西方的习俗。（　　）
11. 香港和广州两地政府正全力打造深港科技创新合作区，实现"一区两园"发展。（　　）
12. 香港从秦朝开始便置于中央政权的管辖之下。（　　）
13. 香港是一座高度繁荣的自由港和国际大都市，是全球第二大金融中心。（　　）
14. 香港最大的岛屿是香港岛，其次是大屿山。（　　）
15. 香港是世界上人口密度最高的地区之一，人均寿命全球第一。（　　）

二、单项选择题（下列各题的选项中，只有一项是正确的，请将正确答案的选项填入括号内）

1. 香港邻近大陆架，洋面广阔，岛屿众多，（　　）生产环境得天独厚。
   A. 采矿业　　　B. 渔业　　　C. 养殖业　　　D. 制造业
2. 香港是一座高度繁荣的自由港和国际大都市，是全球第（　　）大金融中心。
   A. 一　　　B. 二　　　C. 三　　　D. 四
3. 香港的区域范围包括香港岛、九龙、新界和周围的（　　）个岛屿。
   A. 262　　　B. 226　　　C. 246　　　D. 236
4. 香港位于中国南部、珠江口以东，西与中国澳门隔海相望，北与广东省深圳市相邻，南临广东省（　　）万山群岛。

　　A. 中山市　　　　B. 汕头市　　　　C. 珠海市　　　　D. 佛山市

5. （　　）是香港作为世界级金融中心的著名地标，位于香港岛中环金融街8号，面向维多利亚港。

　　A. 维多利亚港　　　　　　　　B. 香港会议展览中心

　　C. 国际金融中心　　　　　　　　D. 金紫荆广场

6. （　　）位于香港会展中心的新翼海旁的博览海滨花园内，是为纪念香港回归祖国而设立。

　　A. 金紫荆广场　　B. 星光大道　　C. 维多利亚港　　D. 香港海洋公园

7. 香港（　　）又名"啬色园"，是香港最著名的庙宇之一。

　　A. 孔子庙　　　　B. 太平山　　　　C. 陈家祠　　　　D. 黄大仙祠

8. 香港绝大多数家庭恪守（　　）传统饮食方式，喜欢喝早茶、下午茶。

　　A. 广式　　　　　B. 潮式　　　　　C. 粤式　　　　　D. 粤菜

9. 香港汇聚了世界各地的美食，香港旺角、（　　）尖沙咀东部和九龙城等地有些街道尽是食肆。

　　A. 铜锣湾　　　　B. 深水埗　　　　C. 新界　　　　　D. 油尖旺

10. 公元前214年，秦始皇派兵进攻百越各部族，夺取岭南，设桂林郡、南海郡、象郡3个郡，把香港一带纳入其领土，属（　　）管辖。

　　A. 广州市　　　　B. 广东省　　　　C. 顺德区　　　　D. 番禺县

11. 20世纪80年代初，在（　　）提出的"一国两制"方针指导下，我国政府从1982年9月开始就解决香港问题与英国政府进行谈判。

　　A. 邓小平　　　　B. 毛泽东　　　　C. 周恩来　　　　D. 陈毅

12. 20世纪80年代始，香港的（　　）大部分转移到内地，各类服务业得到全面高速发展。

　　A. 金融业　　　　B. 制造业　　　　C. 旅游业　　　　D. 转口贸易业

13. （　　）是中国境内一座连接香港、广东珠海和澳门的桥隧工程，全长55千米，是"一国两制"下粤港澳密切合作的重大成果。

　　A. 粤港澳大桥　　B. 南沙大桥　　　C. 珠海大桥　　　D. 港珠澳大桥

14. 九龙及香港岛之间的（　　），因港阔水深、四面抱拥，有利船只航行，是世界三大天然良港之一。

　　A. 维多利亚港　　B. 深圳港　　　　C. 曼彻斯特港　　D. 利物浦港

15. （　　）是香港颇具代表性的传统表演艺术，已成为香港本地文化的重要印记，是香港民众喜爱的娱乐方式。

　　A. 潮剧　　　　　B. 粤剧　　　　　C. 湘剧　　　　　D. 川剧

16. （　　）素有"东方明珠"之称。

　　A. 香港　　　　　B. 澳门　　　　　C. 新加坡　　　　D. 台湾

17. 香港的最高峰为新界中部的（　　）。

　　A. 大帽山　　　　B. 太平山　　　　C. 凤凰山　　　　D. 大东山

18. （　　）是清朝对外开放的唯一商埠。

A. 福州　　　　B. 广州　　　　C. 泉州　　　　D. 明州

三、多项选择题（每题有 2~5 个正确答案，多选、少选或错选均不得分，请将你认为正确的选项填入括号内）

1. 20世纪80年代末至20世纪90年代初红极一时的歌手有（　　）。
   A. 罗文　　　　B. 林子祥　　　　C. 梅艳芳　　　　D. 叶倩文
   E. 林忆莲

2. 香港电影业始于1913年的首部香港电影《庄子试妻》，粤语片在20世纪50年代异常繁荣。香港涌现出了一大批电影明星和优秀导演，如（　　）。
   A. 李小龙　　　　B. 周润发　　　　C. 张国荣　　　　D. 徐克
   E. 周杰伦

3. 香港人说话办事讲究有个好兆头，数字（　　）最受欢迎。
   A. 7　　　　B. 8　　　　C. 6　　　　D. 4
   E. 0

4. 香港的内部交通由（　　）等组成。
   A. 轨道交通（港铁）　　　　B. 公共汽车（巴士）
   C. 轻便铁路（轻铁）　　　　D. 电车
   E. 渡轮

5. 流行于民间的传统食品一直扎根香港，如（　　）。
   A. 芝麻饼　　　　B. 花生饼　　　　C. 小椰堆　　　　D. 卤肉饭
   E. 鸡蛋仔

6. 香港由（　　）以及262个大小离岛组成。
   A. 香港岛　　　　B. 九龙　　　　C. 丞仔　　　　D. 路环
   E. 新界内陆地区

7. 香港下辖（　　）地区。
   A. 香港岛　　　　B. 九龙半岛　　　　C. 湾仔　　　　D. 沙田
   E. 新界

8. 香港港岛地区的主要旅游景点有（　　）。
   A. 香港会议展览中心　　　　B. 金紫荆广场
   C. 星光大道　　　　D. 维多利亚港夜景"幻彩咏香江"灯光秀
   E. 黄大仙祠

9. 根据发音谐音，香港人送花忌讳赠送（　　）。
   A. 剑兰　　　　B. 百合花　　　　C. 茉莉　　　　D. 梅花
   E. 菊花

10. 香港人忌讳别人打听个人隐私，如（　　）。
    A. 住址　　　　B. 婚姻状况　　　　C. 收入　　　　D. 年龄
    E. 工作

11. 香港的特色产业涵盖了金融服务业、贸易物流业、钟表业、（　　）等多个领域。
    A. 玩具游戏产业　　B. 专业服务业　　C. 文化产业　　D. 旅游业

E. 时尚产业
12. 香港的小吃有（　　）。
   A. 年糕　　　　　　B. 粽子　　　　　　C. 蛋卷　　　　　　D. 杏仁饼
   E. 鸡蛋仔
13. 香港汇聚了世界各地的美食，（　　）等地有些街道尽是食肆。
   A. 旺角　　　　　　B. 铜锣湾　　　　　C. 尖沙咀东部　　　D. 浅水湾
   E. 九龙城
14. 维多利亚港简称"维港"，对香港具有深远的影响。关于维多利亚港，以下说法正确的有（　　）。
   A. 维多利亚港是位于香港特别行政区的香港岛和九龙半岛之间的海港
   B. 维多利亚港是亚洲第一、世界第三大海港
   C. 维多利亚港一直影响香港的历史和文化
   D. 维多利亚港是香港经济和旅游业发展的主导因素之一
   E. 维多利亚港是香港成为国际化大都市的关键因素之一
15. 香港保留着不少端午节的传统民俗，如（　　）。
   A. 举行龙舟竞渡　　　　　　　　　B. "放纸龙"仪式
   C. 用龙舟进行祭祀　　　　　　　　D. 游龙舟水
   E. 吃粽子

第二节　澳门特别行政区

一、判断题（判断下列各题是否正确，正确的请在答卷中相应题号后的括号内打"√"，错误的打"×"）

1. 澳门，全称中华人民共和国澳门特别行政区，简称"澳"，是国际自由港、世界金融中心。（　　）
2. 澳门属热带季风气候，冬季天气较冷且干燥，雨量较少；夏季气温较高，湿度大，降雨量充沛。（　　）
3. 金莲花广场是为庆祝中国政府对澳门恢复行使主权而设立的。（　　）
4. 马介休、非洲鸡、辣大虾、血鸭、红豆猪手、酿蟹盖、烧沙丁鱼等，都是著名的澳门菜式。（　　）
5. 澳门人禁忌数字是"7"。（　　）
6. 澳门从秦朝起就成为中国领土，属东海郡。（　　）
7. 1887年葡萄牙政府与清朝政府签订了《中葡会议草约》和有效期为40年的《中葡和好通商条约》（至1928年期满失效）后，正式通过外交文书的手续占领澳门。（　　）
8. 大三巴牌坊为澳门著名的地标，是"澳门八景"之一，位于炮台山下，左邻澳门博物馆和大炮台名胜，是圣保禄大教堂的前壁遗址。（　　）
9. 汉语和葡萄牙语是澳门现行官方语言，市民沟通普遍讲粤语，英语在澳门也很流行。（　　）

10. 澳门是中国领土的一部分，位于中国大陆东南沿海，地处珠江三角洲的西岸，隔海东望即是香港。（ ）
11. 1999年中华人民共和国恢复对澳门行使主权。（ ）
12. 所谓澳门文化，其实是传统中华文化和以拉丁文化为特质的西方文化共存的并行文化，是以中华文化内涵为主、与拉丁文化相容的、具有多元色彩的共融文化。（ ）
13. 澳门海岸带拥有独特的地质旅游资源，主要为岩溶地貌景观和海岸景观。（ ）
14. 澳门先秦属百越地，古称"濠镜澳"，约公元前5世纪，被正式纳入中国版图，属南海郡番禺县地。（ ）
15. 在澳门，中西方的传统节日和习俗都得到居民的接受和尊重，中国人、葡萄牙人等一同欢庆。（ ）

二、单项选择题（下列各题的选项中，只有一项是正确的，请将正确答案的选项填入括号内）

1. （ ）对澳门经济的影响举足轻重，澳门与蒙特卡洛、拉斯维加斯并称为"世界三大赌城"。
   A. 轻工业   B. 旅游业   C. 博彩业   D. 酒店业
2. （ ）是澳门的一个主题公园式的大型旅游购物中心，坐落于外港新填海区海岸。
   A. 澳门渔人码头   B. 大三巴牌坊   C. 妈阁庙   D. 金莲花广场
3. 澳门特别行政区以"堂区"作为行政区划单位，有（ ）个堂区和1个无堂区划分区域，但"堂区"并非正式的行政机构建置。
   A. 5   B. 6   C. 7   D. 8
4. （ ）4月25日，葡萄牙革命成功，实行非殖民地化政策，承认澳门是被葡萄牙非法侵占的，并首次提出把澳门交还中国。
   A. 1974年   B. 1964年   C. 1997年   D. 1999年
5. 港珠澳大桥是"一国两制"框架下粤港澳三地首次合作共建的超大型跨海通道，全长（ ）千米。
   A. 45   B. 55   C. 65   D. 75
6. 汤显祖把对澳门的新奇印象写进题为（ ）的作品里。
   A.《雅山迷路》   B.《紫箫记》   C.《香山逢贾胡》   D.《牡丹亭》
7. 澳门餐饮主打（ ）和葡式澳餐。
   A. 湘菜   B. 粤菜   C. 川菜   D. 顺德菜
8. （ ）年12月20日零时，中华人民共和国正式恢复对澳门行使主权。
   A. 1974   B. 1987   C. 1997   D. 1999
9. 澳门和内地之间共有（ ）条陆路相连的跨境通道。
   A. 3   B. 4   C. 5   D. 6
10. 澳门半岛和氹仔岛是由（ ）条大桥连接起来的，而路氹填海区则把氹仔岛和路环岛连为一体。
    A. 1   B. 3   C. 2   D. 4
11. （ ）4月13日，中葡两国总理在北京签订《中华人民共和国政府和葡萄牙共和国政府关于澳门问题的联合声明》及两个附件。
   A. 1986 年   B. 1987 年   C. 1988 年   D. 1989 年
12. （　　）是澳门现存庙宇中有实物可考的最古老的庙宇，也是澳门文物中原建筑物保存至今时间最长的。
   A. 黄大仙祠   B. 莲峰庙   C. 妈祖庙   D. 妈阁庙
13. 澳门北方的澳门半岛连接广东省（　　），与香港相距 60 千米，距离广州 145 千米。
   A. 珠海市   B. 深圳市   C. 广州市   D. 中山市
14. 澳门南部路环岛最高点为（　　），海拔 170.6 米，是澳门最高的山峰。
   A. 东望洋山   B. 塔石塘山   C. 莲花山   D. 炮台山
15. 澳门文化，是（　　）和以拉丁文化为特质的西方文化共存的并行文化，是以中华文化内涵为主、与拉丁文化相容的、具有多元色彩的共融文化。
   A. 中华文化   B. 优秀传统文化   C. 传统中华文化   D. 传统中国文化
16. 被称为"澳门的象征"的景点是（　　）。
   A. 大三巴牌坊   B. 妈祖阁   C. 东望洋山   D. 葡京游乐场
17. 澳门大三巴牌坊的"三巴"是（　　）的粤语音。
   A. 西班牙语   B. 葡萄牙语   C. 法语   D. 英语
18. 澳门金莲花广场的大型雕塑"盛世莲花"重（　　）。
   A. 6.5 吨   B. 8.2 吨   C. 9.9 吨   D. 12.2 吨

三、多项选择题（每题有 2~5 个正确答案，多选、少选或错选均不得分，请将你认为正确的选项填入括号内）

1. 澳门的主要桥梁有（　　）。
   A. 澳氹大桥   B. 西湾大桥   C. 莲花大桥   D. 港珠澳大桥
   E. 南澳大桥
2. 澳门的主要产业有（　　）。
   A. 制造业   B. 博彩业   C. 旅游业   D. 金融业
   E. 房地产业
3. 澳门中西节日名目繁多，部分公众假期是依照中国民间或西方传统节日而定的，包括（　　）。
   A. 农历新年   B. 清明节   C. 复活节   D. 中秋节
   E. 追忆节
4. 澳门人的礼仪禁忌包括（　　）。
   A. 忌数字"13"和"星期五"   B. 不喜欢别人问个人年龄、婚姻和收入
   C. 不喜欢在家里招待客人   D. 忌送手帕
   E. 忌送粽子
5. 澳门特制的（　　）是很多旅客喜欢的食品。
   A. 杏仁饼   B. 蛋卷   C. 花生糖   D. 鸡仔饼
   E. 凤梨酥
6. 澳门历史城区的建筑主要包括（　　）。

A. 妈阁庙　　　　B. 港务局大楼　　　C. 大三巴牌坊　　　D. 圣安多尼教堂
E. 东望洋炮台

7. 澳门土地结构类型比较简单，主要由（　　）构成，具有南高北低的规律性。
   A. 平地　　　　　B. 台地　　　　　　C. 高原　　　　　　D. 山地
   E. 丘陵

8. 澳门由澳门半岛和（　　）二岛组成。
   A. 观塘　　　　　B. 氹仔　　　　　　C. 大埔　　　　　　D. 路环
   E. 西贡

9. （　　）是澳门现行官方语言。
   A. 汉语　　　　　B. 葡萄牙语　　　　C. 英语　　　　　　D. 法语
   E. 粤语

10. （　　）是澳门人辞旧迎新的两件大事。
    A. 守岁　　　　　B. 打麻将　　　　　C. 发"利市"　　　　D. 逛花市
    E. 逛超市

11. 澳门人吃"开年"饭必备（　　）。
    A. 雄鸡　　　　　B. 发菜　　　　　　C. 发糕　　　　　　D. 生菜
    E. 鲤鱼

12. 下列有关澳门的说法，正确的有（　　）。
    A. 澳门有"东方蒙特卡洛"之称
    B. 大三巴牌坊是澳门的象征
    C. 普济禅院是澳门三大古刹中历史最悠久的
    D. 普京娱乐场是澳门最具规模的博彩娱乐场
    E. 金莲花广场是澳门一个著名地标及旅游景点

13. 澳门妈阁庙庙内主建筑有（　　）。
    A. "神山第一"殿　B. 正觉禅林　　　　C. 天王殿　　　　　D. 弘仁殿
    E. 观音阁

14. 澳门餐饮主打（　　）。
    A. 粤菜　　　　　B. 川菜　　　　　　C. 葡式澳餐　　　　D. 马来菜
    E. 泰国菜

15. 澳门葡式菜被视为世界上独一无二的菜式，它实际上是（　　）烹饪技术的结晶。
    A. 葡萄牙　　　　B. 非洲　　　　　　C. 印度　　　　　　D. 马来西亚
    E. 中国广东

第三节　台湾省

一、判断题（判断下列各题是否正确，正确的请在答卷中相应题号后的括号内打"√"，错误的打"×"）

1. "台湾"一名源于台湾南部少数民族"台窝湾"社的社名，意为"滨海之地"。（　　）

2. 台湾岛上 2/3 面积为山地和丘陵，西部多山脉，中部多丘陵，东部多平原。（   ）
3. 大陆沿海居民于隋唐时期开始移居台湾拓垦，宋代时期逐渐增多，规模越来越大。
（   ）
4. 台湾最大、最有名的天然湖泊是日月潭。名称来由是因为日月潭中有一小岛，此岛以南湖形如日轮，以北似新月。（   ）
5. 阿里山位于嘉义县东北，是台湾最理想的避暑胜地，阿里山素有"神秘的森林王国"之称。（   ）
6. 台湾第一条东西横贯公路——中横公路系统从野柳风景区穿过。（   ）
7. 台湾盛产大米，著名的有"丝苗米"。（   ）
8. 1945 年，日本在第二次世界大战中战败，10 月 25 日，同盟国中国战区台湾省受降仪式在台北举行，自此，台湾及澎湖列岛已正式重入中国版图，所有一切土地、人民、政事皆已置于中国主权之下。（   ）
9. 自 1980 年起，台湾相继成立新竹科学工业园区、南部科学工业园区等科学园区，鼓励发展集成电路、电脑等高新技术产业。（   ）
10. 台湾的歌仔戏是一种重要的综合性表演艺术，它集雕刻、美术、文学、掌技、音乐、口技于一体。（   ）
11. 吴人沈莹所著《临海水土志》留下了世界上关于台湾最早的记述。（   ）
12. 台湾省包括及兰屿、钓鱼岛等附属岛屿和澎湖列岛及其周围海域，陆地总面积 3.6 万平方千米。（   ）
13. 台湾本岛上分为台东平原、台中丘陵、台西山地三部分。（   ）
14. 台湾岛上有 150 多条河流，特点是河床坡陡、流量大、瀑布、险滩多，为水力发电创造了良好的条件。（   ）
15. 台湾是一个多火山、温泉、地震、海啸的地区。（   ）
16. 从 7000 年前起到大约 400 年前，南岛语系居民的祖先曾先后漂流到台湾，成为目前所知台湾最早的居民。（   ）
17. 野柳风景区远望如一只海龟蹒跚离岸，昂首拱背而游，因此称其为"野柳龟"。
（   ）
18. 茶是台湾民众的传统饮品，台湾名茶有冻顶乌龙茶、正山小种茶、东方美人茶和铁观音等。（   ）

二、单项选择题（下列各题的选项中，只有一项是正确的，请将正确答案的选项填入括号内）

1. 中国政府自（   ）正式启用"台湾"一词。
   A. 明朝永乐年间　　B. 明朝万历年间　　C. 清朝康熙年间　　D. 清朝乾隆年间
2. 中国第一大岛是（   ）。
   A. 台湾岛　　　　　B. 海南岛　　　　　C. 崇明岛　　　　　D. 舟山岛
3. 台湾岛海拔最高处为（   ）的主峰，海拔 3952 米。
   A. 中央山脉　　　　B. 玉山山脉　　　　C. 阿里山山脉　　　D. 台东山脉
4. 台湾有文字记载的历史，可以追溯到（   ）。

A. 210 年　　　　B. 220 年　　　　C. 230 年　　　　D. 240 年

5. 公元 1661 年，（　　）率部进军台湾，次年驱逐盘踞台湾的荷兰殖民者，收复台湾。
   A. 戚继光　　　B. 郑成功　　　C. 林则徐　　　D. 邓世昌

6. 台湾高速铁路，又称"台湾高铁"，是连接（　　）之间的高速铁路系统，贯通台湾西海岸，以南港为起点，为台湾西部走廊的主要交通骨干。
   A. 台北与高雄　　B. 台北与台中　　C. 台北与垦丁　　D. 台北与花莲

7. 台湾地区的城市中，被称为"港都"的是（　　）。
   A. 台北　　　　B. 台中　　　　C. 高雄　　　　D. 基隆

8. 下列品种中，属于台湾盛产的著名的大米是（　　）。
   A. 丝苗米　　　B. 蓬莱米　　　C. 油黏米　　　D. 小町米

9. 20 世纪 50—60 年代，台湾风行怀乡文学，代表作家有林海音，其代表作为（　　）。
   A.《瀛海纪游》　B.《观海集》　　C.《城南旧事》　D.《台湾赋》

10. 中国地方戏曲剧种中唯一诞生于台湾的剧种是（　　）。
    A. 布袋戏　　　B. 歌仔戏　　　C. 傩戏　　　　D. 高甲戏

11. 台湾唯一拥有海域和陆地的公园是（　　）。
    A. 野柳公园　　B. 阳明山公园　C. 玉山公园　　D. 垦丁公园

12. 台湾民众的传统饮品是（　　）。
    A. 咖啡　　　　B. 可可　　　　C. 水果汁　　　D. 茶

13. 台湾的支柱产业是（　　）。
    A. 以电子工业为主导的高新技术产业和服务业
    B. 农业与旅游业
    C. 工业与服务业
    D. 文化创意产业

14. 下列小吃中，属于台湾特产的是（　　）。
    A. 蚵仔煎　杏仁饼　　　　　　B. 蚵仔面线　盖碗茶
    C. 卤肉饭　油香　　　　　　　D. 担仔面　凤梨酥

15. 台北市的标志性建筑之一是（　　）。
    A. 台北故宫博物院　　　　　　B. 台北 101 大楼
    C. 红毛城　　　　　　　　　　D. 台北小巨蛋体育馆

16. （　　）是台湾最大、最有名的天然湖泊。
    A. 日月潭　　　B. 鲤鱼潭　　　C. 澄清湖　　　D. 梅花湖

17. 台湾的动物超过 2.5 万种，最著名的是（　　）。
    A. 黑熊　　　　B. 云豹　　　　C. 蝴蝶　　　　D. 蓝鹊

18. 冻顶乌龙茶、文山包种茶、东方美人茶是（　　）的名茶。
    A. 福建　　　　B. 台湾　　　　C. 广西　　　　D. 浙江

19. 在台湾，被誉为"开台圣王"的是（　　）。
    A. 施琅　　　　B. 沈光文　　　C. 郑成功　　　D. 刘铭传

20. （　　）铁路全长 72 千米，是世界上仅存的三条高山铁路之一，途经热、暖、温、寒四带，景致迥异。

A. 台北　　　　　B. 高雄　　　　　C. 阿里山　　　　D. 垦丁
21. 台湾本岛唯一的热带区域公园是（　　）。
　　A. 太鲁阁公园　　B. 野柳风景区　　C. 溪头　　　　　D. 垦丁公园
22. 台湾主要的少数民族是（　　）。
　　A. 畲族　　　　　B. 苗族　　　　　C. 土家族　　　　D. 高山族

三、多项选择题（每题有2~5个正确答案，多选、少选或错选均不得分，请将你认为正确的选项填入括号内）

1. 阿里山位于嘉义市东北，是台湾最理想的避暑胜地。日出、（　　）合称阿里山"五奇"，景区素有"神秘的森林王国"之称。
　　A. 云海　　　　　B. 晚霞　　　　　C. 森林　　　　　D. 瀑布
　　E. 高山铁路
2. 被称为"台湾三宝"的传统物产为（　　）。
　　A. 米　　　　　　B. 橡胶　　　　　C. 水果　　　　　D. 糖
　　E. 茶
3. 受欧美现代主义思潮的影响，台湾"现代主义文学"逐渐成为主流，代表作家有（　　）。
　　A. 李敖　　　　　B. 三毛　　　　　C. 白先勇　　　　D. 王文兴
　　E. 林清玄
4. 台北故宫博物院的镇馆之宝有（　　）。
　　A. 王羲之《快雪时晴帖》　　　　　B. 肉形石
　　C. 翠玉白菜　　　　　　　　　　　D. 商代蟠龙纹盘
　　E. 毛公鼎
5. 下列物品中，属于台湾人送礼禁忌的有（　　）。
　　A. 甜果　　　　　B. 粽子　　　　　C. 扇子　　　　　D. 手帕
　　E. 镜子
6. 台湾的港口中，属于国际商港的主要港有（　　）。
　　A. 台北港　　　　B. 高雄港　　　　C. 基隆港　　　　D. 台中港
　　E. 花莲港
7. 高雄著名的景点有（　　）。
　　A. 六合夜市　　　B. 垦丁公园　　　C. 鹅銮鼻公园　　D. 驳二艺术特区
　　E. 圆山文化遗址
8. 台湾中秋三大件是（　　）。
　　A. 月饼　　　　　B. 凤梨酥　　　　C. 柚子　　　　　D. 番石榴
　　E. 烤肉
9. 常见的台湾小吃有（　　）。
　　A. 蚵仔煎　　　　B. 蚵仔面线　　　C. 甜不辣　　　　D. 担仔面
　　E. 盐酥鸡